Kohlhammer

Kirsten Huxel

Die empirische Psychologie des Glaubens

Historische und systematische Studien
zu den Pionieren der Religionspsychologie

Verlag W. Kohlhammer

Die Deutsche Bibliothek – CIP-Einheitsaufnahme

Huxel, Kirsten:
Die empirische Psychologie des Glaubens : historische und systematische Studien zu den Pionieren der Religionspsychologie / Kirsten Huxel. - Stuttgart ; Berlin ; Köln : Kohlhammer, 2000
   ISBN 3-17-016301-9

Alle Rechte vorbehalten
© 2000 W. Kohlhammer GmbH
Stuttgart Berlin Köln
Verlagsort: Stuttgart
Umschlag: Data Images GmbH
Gesamtherstellung:
W. Kohlhammer Druckerei GmbH + Co. Stuttgart
Printed in Germany

Inhalt

Vorwort 11

Einleitung 13

1. Der Gegenstand und seine Bestandsaufnahme 13
   1.1 Die theologische Tradition der Psychologie des Glaubens 13
   1.2 Die frühe empirische Tradition der Psychologie des Glaubens 19
   1.3 Die Aufnahme der empirischen Tradition innerhalb der Theologie und der Abbruch der genuin theologischen Psychologietradition 23

2. Die Aufgabe 27

3. Das Verfahren 28

4. Die Vorgehensweise 31

I. Die Religionspsychologie Granville Stanley Halls 33

1. Die Bildungsgeschichte der grundlegenden Lebenseinsichten Halls bis zum Erscheinen der ersten religionspsychologischen Veröffentlichung 36
   1.1 Das puritanische Elternhaus 39
   1.2 Die Mutter 40
   1.3 Der Vater 41
   1.4 „Boy Life in a Massachusetts Country Town" 42
   1.5 Adoleszenz: Beginn der Suche nach einem persönlichen Lebensplan 44
   1.6 Der Weg zu einem philanthropischen Intuitionismus 46
   1.7 Theologiestudium in New York: die Entfremdung von der Lehre seiner kirchlichen Herkunft 50
   1.8 Theologiestudium in Berlin: die Perspektive einer wissenschaftlichen Betrachtungsweise der Religion nach ihren subjektiven Manifestationen 51
   1.9 Die Entscheidung für eine Karriere in Philosophie mit geschichtlichem Schwerpunkt 55
   1.10 Von der Philosophie zur Psychologie 58
   1.11 Zweite Studienzeit: James' Psychologie in Harvard 60
   1.12 Das kategoriale Grundkonzept der Hallschen Psychologie 61
   1.13 Halls Reformprogramm der amerikanischen Philosophie 67
   1.14 Der Enthusiasmus für eine streng empirisch arbeitende experimentelle Psychologie - oder: „aufgegangen in empiricism" 69

2. Das Programm einer psychologisch fundierten Pädagogik
und der Beginn der empirischen Religionspsychologie 76
   2.1 Die Vorstellung der Aufgabe: eine szientifische Neuinterpretation
   des Christentums 76
   2.2 Die erste Fassung einer Entwicklungspsychologie der Religion 79
   2.3 „Child study": das Unternehmen einer empirischen
   Entwicklungspsychologie und Pädagogik 95
   2.4 Die Definition der Psychologie als metaphysikfreie „Science" 103
   2.5 Die Clark-Schule der Religionspsychologie 108
      2.5.1 William H. Burnham 111
      2.5.2 Arthur H. Daniels 112
      2.5.3 Ellsworth G. Lancaster 114
      2.5.4 Colin A. Scott 118
      2.5.5 A. Caswell Ellis und George E. Dawson 120
   2.6 Halls Rückkehr zum „child study"-Unternehmen und der Beginn
   der Beschäftigung mit einer Psychologie der adoleszenten Wiedergeburt 122

3. Die religionspsychologische Interpretation des Christentums als
evolutionistische Menschheitsreligion 124
   3.1 Die Psychologie der adoleszenten Wiedergeburt 124
      3.1.1 Die Konzeption einer „genetischen" Psychologie 126
      3.1.2 Die „sechs Glaubensartikel" der Hallschen Ontologie und Kosmologie 131
      3.1.3 Die Durchführung der Anthropologie als Psychologie 134
      3.1.4 Die Durchführung der Theologie als Religionspsychologie 142
   3.2 Die genetische Interpretation der Versöhnungslehre 155
   3.3 Die genetische Interpretation der Erlösungslehre 165
      3.3.1 Der Kultus der neuen Religion als „Superhygiene" 165
      3.3.2 Die Psychologie der seneszenten Wiedergeburt 168

4. Schluß 172

II. Die Religionspsychologie James Henry Leubas 175

1. Die Bildungsgeschichte der grundlegenden Lebenseinsichten Leubas
bis zum Erscheinen der ersten religionspsychologischen Veröffentlichung 175
   1.1 Erstes Bild: Der Vater 176
   1.2 Zweites Bild: Die reformierte Tradition seiner Heimatgemeinde 176
   1.3 Drittes Bild: Die moralische Bekehrung 178
   1.4 Viertes Bild: Im Bannkreis des neuen Weltbildes der Naturwissenschaften. 179
   1.5 Fünftes Bild: Fußfassen in der neuen Welt - der Abschluß der religiösen
   Identitätsfindung 179

1.6 Sechstes Bild: Vom Sprachlehrer zum Psychologen - das Finden
der Lebensaufgabe 180
1.7 Siebtes Bild: An der Clark-Universität - die Entscheidung für
den eigenen Weg als Religionspsychologe 188
1.8 Der positivistische Ansatz der Leubaschen Religionspsychologie 190
    1.8.1 Der Positivismus Auguste Comtes 190
    1.8.2 Der Positivismus Herbert Spencers 195
2. Die Psychologie der Bekehrung 198
    2.1 Das Konzept einer „Science of Religion" 198
    2.2 Vom Wesen des religiösen Lebens und seiner Geschichte 200
    2.3 Der ursprüngliche Plan und seine Durchführung 204
    2.4 Materialgrundlage und Ergebnis der Bekehrungsstudie 206
    2.5 Die religionspsychologische Kritik der theologischen Lehre
    vom ordo salutis 213
    2.6 Skizze einer psychophysiologischen Ethik und Pädagogik 217
3. Der Plan eines systematischen Studiums des religiösen Lebens 221
    3.1 Die Grundlegung des Gesamtsystems von 1912 225
        3.1.1 Die religionspsychologische Verfahrensweise der Theoriebildung 228
        3.1.2 Die Definition der Religion als Typus menschlichen Verhaltens 231
        3.1.3 Die religionspsychologische Untersuchung der „religiösen Mittel" 240
        3.1.4 Die Funktion der Religion im Gesamtzusammenhang
        menschlichen Lebens 245
        3.1.5 Die zukünftige oder ideale Gestalt der Religion 250
    3.2 Erster Trakt des religionspsychologischen Theoriegebäudes:
    Die Psychologie der „objektiven" oder „geschäftsmäßigen" Religion 254
        3.2.1 Die kategoriale Psychologie der „geschäftsmäßigen" Religion 256
        3.2.2 Die empirische Psychologie der „geschäftsmäßigen" Religion 260
    3.3 Zweiter Trakt des religionspsychologischen Theoriegebäudes:
    Die Psychologie der „subjektiven" oder „mystischen" Religion 266
        3.3.1 Themagegenstand, Vorgehensweise und Verfahren der Studie 267
        3.3.2 Das Psychogramm der mystischen Persönlichkeit
        und ihrer Entwicklung 270
        3.3.3 Offenbarungsbegriff und Bewußtseinstheorie 274
    3.4 Die Funktion des Gebäudes: Kritik und Reform der christlichen Kirchen ... 280
        3.4.1 Die destruktive Funktion der Religionspsychologie 281
        3.4.2 Die konstruktive Funktion der Religionspsychologie 285
        3.4.2.1 Die Lehre der neuen Kirchen 287
        3.4.2.2 Die Praxis der neuen Kirchen 291
4. Schluß 293

III. Die Religionspsychologie Edwin Diller Starbucks ... 296

1. Die Bildungsgeschichte der grundlegenden Lebenseinsichten Starbucks bis zum Erscheinen seines religionspsychologischen Hauptwerkes von 1899 ... 296

1.1 Der Stammbaum eines Pioniers der neuen Welt ... 297
1.2 Die Heimatgemeinde der Quäker ... 298
1.3 Von der Mission als Puritaner ... 299
1.4 Die erste Berufung als Pädagoge ... 301
1.5 Der Stachel einer als unecht erlebten Bekehrungserfahrung ... 302
1.6 Zweifel und Rekonstruktion, oder: die pantheistische Interpretation der evolutionistischen Wirklichkeitskonzeption ... 302
1.7 Der philosophische Ansatz zu einer Entwicklungstheorie der Religion ... 305
1.8 Die Lektüre der komparativen Religionstheorie James Freeman Clarkes ... 306
1.9 Das Programm einer psychologisch fundierten und pädagogisch orientierten „Science of Religion" als Lebensaufgabe ... 308
1.10 Eine metaphysische Erleuchtungserfahrung ... 310
1.11 Religionspsychologische Studien an der Clark-Universität ... 315

2. Das religionspsychologische Werk ... 316

2.1 Die Erforschung religiöser Erfahrung unter ihrem entwicklungspsychologischen Aspekt ... 317

    2.1.1 Das religiöse Bewußtsein des Individuums nach seinen Entwicklungsgesetzen als Gegenstand szientifischer Erforschung. Starbucks Konzeption der Religionspsychologie als Wissenschaft ... 317

    2.1.2 Formen religiöser Entwicklung. Der Gehalt von Starbucks religionspsychologischer Theorie (erster Teil) ... 328

    2.1.3 Bekehrung als Kondensform menschlicher Entwicklung. Der Gehalt von Starbucks religionspsychologischer Theorie (zweiter Teil) .. 334

    2.1.4 Starbucks Religionspsychologie der Bekehrung und ihr Verhältnis zur theologischen Psychologie des Glaubens ... 345

    2.1.5 Pädagogische Ausblicke ... 351

2.2 Die Erforschung religiöser Erfahrung unter ihrem fundamentalpsychologischen Aspekt ... 354

    2.2.1 Der Affekt als Fundament religiöser Erfahrung ... 358
    2.2.2 Die physikalistische Interpretation religiöser Erfahrung ... 367
    2.2.3 Die funktionalpsychologische Interpretation religiöser Erfahrung ... 370
    2.2.4 Die physiologische Interpretation religiöser Erfahrung ... 372
    2.2.5 Die fundamentalpsychologische Theorie Starbucks als Versuch einer Rehabilitierung der intuitionistischen Erkenntnistheorie auf dem Boden des Szientismus ... 374

2.3 Explikative Erweiterungen des fundamental- und entwicklungspsychologischen Systems ... 375

2.3.1 Die Erforschung religiöser Erfahrung unter ihrem entwicklungspsychologischen Aspekt. Fortsetzung: Die Komplettierung des
menschlichen Lebenszyklus 377
2.3.2 Die Starbucksche Schule der Religionspsychologie 386
2.3.3 Zur Entwicklung der Religionspsychologie: Standortbestimmung
und Blick in die Zukunft eines Fachs 389
2.3.4 Die Einordnung der Religionspsychologie als Zweig
einer als „Science of Sciences" zu etablierenden Philosophie 391

3. Das pädagogische Werk. Die Religionspsychologie als Grundlagen-
wissenschaft einer szientifischen Pädagogik 393
3.1 Die Stationen der pädagogischen Forschungstätigkeit 394
3.2 Das pädagogische Programm 396

4. Schluß 410

IV. Die Pioniere der Religionspsychologie aus theologischer Sicht.
Der exemplarische Sinn ihrer historisch-systematischen Betrachtung 414

Literaturverzeichnis 425

1. Quellen 425
    1.1 Granville Stanley Hall 425
    1.2 James Henry Leuba 429
    1.3 Edwin Diller Starbuck 432
    1.4 Religionspsychologie und Psychologie allgemein 435
    1.5 Sonstige 438

2. Literatur 441

Abkürzungsverzeichnis 447

Vorwort

Die Arbeit an diesen Studien wurde im Vertrauen darauf aufgenommen, daß sich nicht nur die äußere, sondern auch die innere Wirklichkeit des Glaubens bei genauem Hinsehen auf die Sache mit Gewinn für diese selbst wissenschaftlich beschreiben läßt. An diesem Vertrauen bin ich seitdem nicht prinzipiell irregeworden, wohl aber hat sich mir der Blick dafür geschärft, wie überraschend flüchtig sich dieses unmittelbar Nahe unserem Erfassen gegenüber erweist, wenn wir es genauso wie ein Äußeres meinen anschauen, ergreifen und abmessen zu können.

Auch die empirische Psychologie des Glaubens Granville Stanley Halls, James Henry Leubas und Edwin Diller Starbucks, deren Pionierleistung auf dem Gebiet der Religionspsychologie im folgenden untersucht werden soll, hat diese naheliegende Verwechslung nicht vermeiden können. Die Gründe und Motive hierfür werden im Zuge einer Rekonstruktion des lebensweltlichen Entstehungszusammenhangs ihrer Systeme aufzuhellen versucht. Das Unternehmen ist darin geeignet, uns über die Rekonstruktion dreier faszinierender Bildungsgeschichten in die Auseinandersetzung mit einer ganzen Epoche zu führen. Denn wer den Flußverlauf dieser Lebenswerke nachverfolgt, wird dabei unversehens auf eine Stromschnelle der euroamerikanischen Wissenschaftsgeschichte treffen.

Diese Arbeit wurde im Dezember 1998 als Dissertation im Fach Systematische Theologie von der Evangelisch-theologischen Fakultät der Universität Tübingen angenommen. Ihre Abfassung wurde ermutigt, wissenschaftlich begleitet und persönlich mitgetragen von Prof. Dr. Eilert Herms, dem ich an erster Stelle herzlich danken will. Sehr gefreut habe ich mich, daß das Entstehen der Arbeit durch ein Stipendium der Graduiertenförderung der Universität Mainz und die Drucklegung durch einen Zuschuß der Vereinigten Evangelisch-Lutherischen Kirche Deutschlands finanziell unterstützt worden ist. Bei den Vorbereitungen zur Veröffentlichung habe ich durch Prof. Dr. Hans-Jürgen Fraas und Prof. Dr. Friedrich Schweitzer Rat und Unterstützung erfahren. Hierfür danke ich beiden ganz herzlich.

Daß ich dieses nicht ohne Mühe gewachsene Buch nun leichten Herzens aus den Händen gebe, ist insbesondere Tim Haberkorn und Martin Harant zu verdanken. Sie haben mir durch ihr umsichtiges Korrekturlesen des Skripts die gute Zuversicht vermittelt, daß ein Buch letztlich erst vollständig bei seinen Lesern und Leserinnen reift. Ich widme es meinen Eltern - Helmut und Ute Huxel - in Liebe und Dankbarkeit.

Tübingen, im Februar 2000   Kirsten Huxel

Einleitung

1. Der Gegenstand und seine Bestandsaufnahme

Johannes Calvin hat seine „Unterweisung in der christlichen Religion" mit den Worten begonnen: „All unsere Weisheit, sofern sie wirklich den Namen Weisheit verdient und wahr und zuverlässig ist, umfaßt im Grunde eigentlich zweierlei: die Erkenntnis Gottes und unsere Selbsterkenntnis."[1] Den Gehalt dieser beiden Erkenntnisarten in ihrem Zusammenhang zu entfalten hat die protestantische Theologie seit jeher als ihre Aufgabe ergriffen. Sie erfüllt diese Aufgabe, indem sie sich an dasjenige hält und darauf besinnt, was ihr im Glauben zu erkennen gegeben ist. Einer der Gegenstände, auf den sie so reflektierend stößt, ist die psychische Wirklichkeit dieses Glaubens selbst, das Sein und Werden des inneren Christenmenschen - sein „Herz", seine „Seele", sein „Gemüt". Die Wachstumsstrukturen und -gesetze dieser inneren Wirklichkeit zu erkennen bereitet das zuverlässige Wahrheitsfundament für eine christliche Praxis, der es in allem letztlich um Seelsorge, um die *cura animarum*, geht. Wie ist es in der Theologie nun um diese lebenspraktische Weisheit einer Psychologie des Glaubens bestellt? Dies soll die folgende Bestandsaufnahme skizzenhaft erheben:

1.1 Die theologische Tradition der Psychologie des Glaubens

Theologische Betrachtungen des Seelenlebens hat es seit der Frühzeit des Christentums gegeben. Davon zeugen Überlieferungen wie Tertullians „De anima"[2] und Gregor von Nyssas „Gespräche mit Makrina über Seele und Auferstehung"[3]. Einen ersten Höhepunkt erreichen diese Betrachtungen in Augustins „Confessiones":[4]

---

[1] J. CALVIN, Unterricht in der christlichen Religion/Institutio Christianae Religionis, nach der letzten Ausgabe übers. und bearb. von O. WEBER, Neukirchen-Vluyn ⁵1988 (1955), I 1,1. Dabei ist wesentlich, daß Calvin „Selbsterkenntnis" immer nur im Zusammenhang (I,1 insges.) von „Gotteserkenntnis" thematisiert, weil für ihn „Selbsterkenntnis" des Menschen nur heißen kann: Erkenntnis seiner selbst in seiner Daseinsform als Geschöpf Gottes, das in jedem Moment seines Lebens angewiesen bleibt auf dasjenige Schöpfungs- (Buch I), Versöhnungs- (Buch II) und Erlösungshandeln (Buch III-IV) Gottes, das dieser kraft seines ewigen Ratschlusses für jeden einzelnen vorherbestimmt hat (I 16; III 21-24).

[2] Um 210.

[3] De anima et resurrectione: um 380.

[4] A. AUGUSTINUS, Confessiones/Bekenntnisse, lat. u. dt., eingel., übers. u. erl. v. J. BERNHARDT, München ⁴1980 (1955). S. dort zum folgenden die Interpretation BERNHARDTs, 986f. Dazu a. H. CHADWICK, Augustin, Göttingen 1987, 72-80.

Auf eine bislang unerhörte Weise macht hier ein Mensch der ausgehenden Antike seine Person zum Gegenstand frommer Selbsterforschung, indem er die Übernahme eines öffentlichen Amtes zum Anlaß nimmt, sich in einem doppelten Sinne zu bekennen. Augustin bekennt sich zu Gott, und er bekennt seine Schuld, d. h. er legt Rechenschaft ab für sein bisheriges Leben.[1] Das „Unerhörte" seiner Selbstdarstellung liegt in der Weise, wie sie sich vollzieht.[2] Wir haben es nicht mit den Memorabilien eines Caesar oder Cicero zu tun, nicht auf die Dokumentation persönlicher Lebenstaten hebt die Darstellung ab, vielmehr kommen die biographischen Ereignisse immer nur als äußere Eckdaten innerlicher Wachstumsereignisse in den Blick: Die Bildung der Seele fällt mit dem Sinn des menschlichen Lebensweges zusammen. Ein Mensch erforscht sein Seelenleben auf der Suche nach sich selbst und dem Grund und Ziel seines Lebens,[3] macht sich aus seiner Gottvergessenheit heraus auf den Weg, in den Tiefen seiner memoria Gott,[4] den Grund und das Ziel *allen* Lebens,[5] und in ihm Glückseligkeit[6] zu finden.

Weitaus formaler und ohne ausgesprochen persönliche Züge tritt uns später die Psychologie der mittelalterlichen Scholastik entgegen. Aber auch die akribischen Unterscheidungen der scholastischen Seelenlehre stehen systematisch im Dienst praktischer Frömmigkeit. Das zeigt ein Blick auf Thomas von Aquins „Summa theologiae"[7]: Deren Anthropologie setzt mit einer Abhandlung über die menschliche Seele ein. In einem ersten Schritt wird analysiert, was es mit der Seele und ihren Vermögen dem Wesen nach auf sich hat,[8] um in einem nächsten Schritt dann zu erkennen, worin der bestimmungsmäßige Endzweck des Menschen, seine Seligkeit, und die Mittel, diese zu erlangen, bestehen.[9] Thomas' Verfahrensweise zeigt: Die Psychologie zu Anfang verfolgt nicht ein rein spekulatives, sondern durchaus lebenspraktisches Interesse, denn sie ist letztendlich hingeordnet auf eine Theorie des rechten Sakramentsgebrauchs.[10]

Einen besonders reichen, wenn auch zuweilen extravaganten Beitrag zur Beschreibung christlicher Innerlichkeit haben die Schriften der mittelalterlichen Mystik geleistet. Das Ideal der mystischen Frömmigkeitspraxis lenkt das Augenmerk der theologischen Reflexionsarbeit ganz auf das fromme Erleben der indi-

---

[1] BERNHARDT, 986f.
[2] Vgl. dazu BERNHARDT, 989f.
[3] Bücher 1-9.
[4] C X 8-26.
[5] Bücher 10-14.
[6] C X 8; X 24-26.
[7] THOMAS V. AQUIN, Summa theologica, lat./dt., Die deutsche Thomasausgabe, Salzburg 1933ff.
[8] Summa theologica, I 75-90.
[9] Summa theologica, II-III.
[10] Summa theologica, III 60ff.

viduellen Gottessuche und bringt auf diese Weise geradezu eine dogmatische Konzentration auf den Gegenstand der Seelenlehre hervor: Meister Eckhart von Hochheim etwa sucht das gesamte Gnadengeschehen als „Gottesgeburt in der menschlichen Seele" zu verstehen.[1]

In ihrem Bemühen um eine konkrete Seelsorgepraxis wird die Gestalt christlicher Frömmigkeitserfahrung dann von den Reformatoren thematisiert. Allen voran die Theologie Martin Luthers kreist in ihrem Zentrum um ein genaues Verständnis der erfahrbaren Wirklichkeit des Glaubens, weil sie diesen als die elementare Grundbewegung gelingender Lebensführung im ganzen begreift. Wenn Luther den Rechtfertigungsglauben als die allein sinn- und heilvolle Gestalt menschlicher Lebenswirklichkeit ausweist, dann wird von ihm darin die eigentümliche Qualifikation dieser Lebenswirklichkeit in ihrem Außen- *und* Innenaspekt beschrieben: Ein Leben im Glauben zu führen, das heißt für den Menschen, auf eine spezifische Weise zu handeln gegenüber Gott und der Umwelt;[2] darin besteht der Außenaspekt christlicher Glaubenswirklichkeit. Daß solches Handeln gelingt, vermag sich der Mensch jedoch keinesfalls selbst zu verschaffen, sondern dies kann nur durch das verwandelnde Wirken des Dreieinigen Gottes im Herzen des Menschen vollbracht werden. Darin besteht der Innenaspekt christlicher Lebenswirklichkeit: Daß der Glaube, in dem alle Werke geschehen sollen, eine spezifische Gestalt des Innersten ist, worin sich der Mensch ganz Gottes Gnadenhandeln hingibt und dessen Wirkungen ungehindert an sich geschehen läßt.[3]

Eine dezidierte und wirkungsmächtige Seelenlehre hat der Reformator Philipp Melanchthon ausgebildet. Sein „Commentarius de anima"[4] wird bis ins 18. Jahrhundert hinein die Lehrordnung der theologischen und philosophischen Psychologie an protestantischen Universitäten bestimmen. Seine kurze Darstellung[5] der „conversio impii" bzw. des „modus regenerationis"[6] in der Apologie der Augs-

---

[1] D. MIETH, „Meister Eckhart", in: Gestalten der Kirchengeschichte, hg. v. M. GRESCHAT, Bd. 4, Stuttgart 1983, 124-154, bes. 140ff.

[2] Dies wird im Sermon „Von den guten Werken" ausgeführt: LUTHERs Werke in Auswahl, hg. v. O. CLEMEN, Berlin ^{6}1966 (1912) (im folgenden zitiert als Cl), dort Bd. I, 227-298, bes. 229-241. Der Glaube ist das Werk des 1. Gebots, das alle Werke der anderen Gebote einschließt. Menschliches Leben ist wesentlich Handeln, darum gelungenerweise Handeln im Glauben: Cl I, 237 Z. 26ff.

[3] So Luther in seiner Auslegung des Magnificats: „Das Magnificat verdeutscht und ausgelegt. 1520 und 1521", Cl II, 133-187, bes. 142 Z. 14ff., 143f. Zu Gottes unmittelbarem Wirken im Herzen des Menschen: Cl II, 134 Z. 7, 153 Z. 12f., 171 Z. 30ff., 172 Z. 1ff., 173 Z. 12f. Und „De servo arbitrio", Cl III, 94-293, dort bes. 126 Z. 23ff.

[4] Aus dem Jahr 1540 (Neufassung ca. 1553).

[5] R. SEEBERG, Art.: Heilsordnung, ^{3}RE, Bd. 7, 593-599; E. FAHLBUSCH, Art.: Heilsordnung, ^{3}EKL, Bd. 2, 471-475.

[6] Die Bekenntnisschriften der evangelisch-lutherischen Kirche (BSLK), Göttingen ^{10}1986, 173, 16.

burgischen Konfession[1] hat zudem das Vorbild für die spätere dogmatische Lehre von der Heilsordnung gestellt:[2]

In der Lehre von der Heilsordnung thematisiert der christliche Glaube in reflexiver Selbstbesinnung den Prozeß, wie der einzelne am Heilsgeschehen Anteil gewinnt. In ihr handelt es sich somit um die kategoriale Theorie eines in der Glaubenserfahrung präsenten Phänomenzusammenhangs, deren einzelne Kategorien wesentliche Strukturen und Konstitutionsbedingungen dieses Zusammenhangs betreffen und sachlogisch zu beschreiben versuchen. Als solche ist die Lehre von der Heilsordnung und ihre Kategorien nicht mit der zeitlichen Abfolge - unter Umständen gleichnamiger - empirischer Einzelerfahrungen zu identifizieren, obgleich sie in der Folgezeit vielfach in diesem Sinne mißverstanden worden ist.[3] Ihre klassische Kategorienreihe, wie sie seit den Systemen der lutherischen Orthodoxie in etwa zusammenhängend verhandelt wird,[4] umfaßt bei Franz Buddeus, der ihren terminus technicus „ordo salutis" prägt,[5] die folgenden Glieder: vom Glauben an Christus, von der Wiedergeburt und Bekehrung, von der Rechtfertigung, von der Heiligung und Erneuerung.[6]

Diese Kategorienreihe ist in die Erbauungsliteratur des Pietismus eingegangen und von August Hermann Francke[7] zur Beschreibung des biographisch datierbar vorgestellten Heilsprozesses vom Sünden- zum Gnadenstand herangezogen worden. Die theoretische Beschreibung sowie praktische Gestaltung der konkreten Frömmigkeitserfahrung und ihres Bildungsfortschritts stand bereits im Zentrum des pietistischen Reformvorhabens Philipp Jacob Speners:[8]

Gegen jede Form orthodoxer Erstarrung zu einem reinen Buchstabenglauben ist Spener an der apostolisch einfachen[9], lebendigen Praxis[10] des Glaubenslebens gelegen. Nicht in bloßem Wissen, sondern der Bildung des Herzensaffekts und

---

[1] BSLK 172, 24-54.

[2] So E. HERMS, „Die Wirklichkeit des Glaubens", in: DERS., Offenbarung und Glaube, Tübingen 1992, 138-167, dort 139ff.

[3] SEEBERG, 598; J. A. STEIGER, Art.: ordo salutis, TRE, Bd. XXV, 371-376, dort 372f.

[4] J. Gerhard nennt die Reihenfolge: Gesetz und Evangelium, Buße, Rechtfertigung durch den Glauben, gute Werke; J. A. Quenstedt stellt den Prozeß unter den Gesichtspunkt „de gratia spiritu sancti applicatrice" und ordnet ihm folgende Glieder zu: vocatio, regeneratio, conversio, iustificatio, unio mystica, renovatio (bei SEEBERG, 594).

[5] FAHLBUSCH, 473. Obgleich der Begriff freilich schon früher hin und wieder benutzt worden ist: STEIGER, 372.

[6] J. F. BUDDEUS, Institutiones theologiae dogmaticae, Leipzig 1723, 4. Buch, 3. Kap.: de fide in Christum, itemque de regeneratione et conversione; 4. Kap.: de iustificatione hominis peccatoris coram Deo; 5. Kap: de sanctificatione seu renovatione.

[7] Steiger, 374; Fahlbusch, 473.

[8] P. J. SPENER, Pia Desideria, hg. v. K. ALAND, Berlin ³1964.

[9] Ebd. 74.

[10] Theologie ist für ihn ein habitus practicus: ebd. 69, 76.

der Frömmigkeitsübung[1] möchte er den wahren Sinn des theologischen Studiums erkannt und durch den lebendigen Umgang mit der Schrift ein geistliches Priestertum aller Gläubigen aufgerichtet sehen[2]. Ein heiliges Leben in beständiger Buße zu führen,[3] das in äußeren Glaubensfrüchten sein Wirkung zeigt,[4] heißt für ihn zuvörderst, Gott den Dienst in seinem eigenen Tempel zu erweisen.[5] Die Auferbauung des „innern oder neuen Menschen"[6] wird als das vordringlichste Geschäft des Christenmenschen verstanden. Der „hochwichtige Artikel von der Wiedergeburt"[7] rückt so in den Mittelpunkt theologischer Aufmerksamkeit.

In den USA hat die ganz auf praktische Evangelisation ausgerichtete Theologie der Erweckungsbewegung[8] eine weitere für unseren Zusammenhang bemerkenswerte Psychologie hervorgebracht: Für Jonathan Edwards besteht wahre Religion größtenteils in bestimmten Affektzuständen, die als durch Gottes Geist affizierte und auf göttliche Gegenstände gerichtete Neigungen des Willens den Ursprung allen Handelns der Gläubigen bilden. In seinem „Treatise Concerning Religious Affections"[9] von 1746 sucht er nun genau diejenigen Zustände des menschlichen Affektlebens zu identifizieren, die für den christlichen Gnadenstand charakteristisch sind.[10] Diese zeichnen sich für Edwards dadurch aus, daß sie in einer Erleuchtung des Herzens, einer neuen spirituellen Einsicht, Gotteserkenntnis und -liebe gründen, mit einem vollständigen Wandel der menschlichen Natur einhergehen, einen christusförmigen Charakter hervorbringen und sich in Werken manifestieren.[11] In Edwards Erfahrungstheologie hat die Interpretation

---

[1] Ebd. 70.
[2] Ebd. 58-60.
[3] Ebd. 64.
[4] Ebd. 60-62.
[5] Ebd. 80.
[6] Ebd. 79f.
[7] So der Titel von SPENERs programmatisch zu verstehender Predigtsammlung: Der hochwichtige Articul von der Wiedergeburt, Franckfurt/M. ²1715.
[8] G. A. BENRATH, Art.: Erweckung/Erweckungsbewegungen, TRE, Bd. X, 205-220, dort 208. Einen weltliterarischen Niederschlag hat die Lehre vom ordo salutis in J. BUNYANS „The Pilgrim's Progress: From This World to That Which Is to Come", London 1800, gefunden.
[9] E. WILLIAMS/E. PERSONS (Hg.), The Works of President Edwards, Bd. IV, New York 1968 (repr. 1817).
[10] Vgl. dazu die drei Teile des Werkes: I. „Concerning the nature of the affections, and their importance in religion", II. „Shewing what are no certain signs that religious affections are gracious, or that they are not", III. „Shewing what are distinguishing signs of truly gracious and holy affections".
[11] So in Teil III, nachdem in Teil II solche Momente des Affektlebens benannt worden sind, die nicht als sichere Anzeichen des Gnadenstandes gelten können - nämlich: Grad der Heftigkeit und Unwillkürlichkeit, ein äußerlich frommes Erscheinungsbild, das Auftreten außergewöhnlicher Erfahrungen sowie eine bestimmte Erfahrungsabfolge gemäß eines vorgegebenen Bekehrungsschemas.

der Lehre von der Heilsordnung als einer *empirischen* Theorie ihre für die amerikanische Tradition klassische Formulierung gefunden.

Die demgegenüber keinesfalls empirisch mißzuverstehende, sondern phänomenologisch-psychologische Betrachtungsweise ist dann im 19. Jahrhundert von Friedrich Daniel Ernst Schleiermacher[1] in die Theologie eingeführt worden: Schleiermacher versucht den gesamten Bestand der evangelischen Glaubenslehre aus dem Gehalt des christlichen Selbstbewußtseins zu entfalten und erhebt darin den entwicklungsmäßigen Übergang[2] vom „Bewußtsein der Sünde"[3] zu dem der „Gnade"[4] - einschließlich der darin mitgesetzten Voraussetzungen[5] - zum systematischen Gestaltungsprinzip.[6]

Dieser psychologische Ansatz ist in der Nachfolge Schleiermachers mehr oder weniger in seinem Sinne und unter diversen anderen Einflüssen von einer ganzen Reihe von Theologen aufgegriffen worden: Johann Christian Konrad von Hofmann, Albrecht Ritschl, Wilhelm Herrmann, Gustav Vorbrodt, Julius Kaftan, Paul Drews, Martin Schian, Otto Baumgarten, Friedrich Niebergall, Georg Wobbermin, um einige zu nennen.[7] Dieser Ansatz geht darüber hinaus ein in die Konzeption einer geisteswissenschaftlichen Psychologie, wie sie Wilhelm Dilthey, Georg Simmel, Ernst Troeltsch, Eduard Spranger und Rudolf Otto vorgeschwebt hat.

Wir wollen diese Bestandsaufnahme der theologischen Psychologietradition vorerst damit beschließen, indem wir zu guter Letzt unser Augenmerk noch auf einen christlichen Denker richten, der auf die Dialektische Theologie des 20. Jahrhunderts großen Einfluß genommen hat - auf Sören Kierkegaard. Dessen philosophisch-theologischen Hauptwerke[8] - „Entweder-Oder", „Der Begriff Angst", „Furcht und Zittern", „Philosophische Brocken" und „Krankheit zum Tode" - betreiben samt und sonders Psychologie in Gestalt einer Selbstreflexion des Glaubens: Kierkegaard reflektiert auf das menschliche Selbstsein hinsichtlich seiner existentiellen Strukturen und Bedingungen. Dabei wird dieses Selbstsein just als die ureigenste Aufgabe menschlichen Existierens aufgedeckt. Denn erst

---

[1] F. D. E. SCHLEIERMACHER, Der christliche Glaube nach den Grundsätzen der evangelischen Kirche im Zusammenhange dargestellt (2. Aufl., Berlin 1830), hg. v. M. REDEKER, 2 Bde., Berlin 1960. Beachtenswert für unseren Zusammenhang auch dessen: Psychologie, aus Schleiermacher's handschriftlichem Nachlasse und nachgeschriebenen Vorlesungen hg. v. L. GEORGE, in: F. Schleiermacher's sämmtliche Werke, 3. Abt., Bd. 6, Berlin 1862.

[2] SCHLEIERMACHER, Der christliche Glaube, Zweiter Teil.

[3] Ebd. §§ 65-85.

[4] Ebd. §§ 86-169.

[5] Ebd. Erster Teil.

[6] HERMS, „Die Wirklichkeit des Glaubens", 142f.

[7] O. SCHEEL, „Die moderne Religionspsychologie", ZThK 18 (1908), 1-38, bes. 29ff.

[8] S. KIERKEGAARD, Gesammelte Schriften, aus dem Dänischen übertragen u. mit wiss. Anm. vers. v. E. HIRSCH u. a., Düsseldorf/Köln 1952ff.

im Prozeß seines Daseins vermag der einzelne für Kierkegaard von einem anfänglich verzweifelten Mißverhältnis aus zu einem wahren, in Gott gegründeten Verhältnis zu seinem Selbst zu gelangen.

Wir sehen: Psychologische Betrachtungen haben offensichtlich immer schon zu allen Zeiten auf die eine oder andere Weise hinzugehört, wenn sich der Glaube auf sich selbst und seine Wirklichkeit besonnen hat. Doch die Bestandsaufnahme zeigt zugleich auch, was angesichts dessen überraschen muß: Überall sind Ansätze zu finden, mehr oder weniger neue Versuche, die psychische Dimension christlichen Lebens zu begreifen, aber keine einheitliche, kontinuierlich ausgebaute und voll entfaltete Psychologie des Glaubens. Derjenige Topos protestantischer Theologie, unter dem ihre Ausarbeitung dogmatisch zu leisten wäre - die Lehre von der Heilsordnung - erweist sich hinsichtlich seines Umfangs, seiner Einheit und systematischen Stellung vielmehr weiterhin umstritten.[1] Unterdessen ist diese Aufgabe in einem außertheologischen Kontext aufgegriffen und dort einer neuartigen Bearbeitungsweise unterzogen worden:

1.2 Die frühe empirische Tradition der Psychologie des Glaubens

Am Ausgang des 19. Jahrhunderts, als sich die wissenschaftliche Psychologie von der Philosophie emanzipierte und aus einem Zweig der Metaphysik zu einer naturwissenschaftlichen Disziplin formierte, ist eine neue Psychologie des Glaubens auf den Plan getreten: die der empirischen Religionspsychologie. Auf dem lebendigen Traditionshintergrund der amerikanischen Erweckungsbewegung, deren geistiger Vater, Jonathan Edwards, oben schon erwähnt worden ist, kommt es in den religiös regen USA[2] bereits in der ersten Generation der empirischen Psychologie zu einer Beschäftigung mit den Phänomenen des religiösen Lebens.[3]

Einer der Gründerväter der amerikanischen Psychologie und Pädagogik selbst, Granville Stanley Hall, hatte bereits 1881 in öffentlichen Vorlesungen erste Schritte zu einer Entwicklungspsychologie des religiösen Bewußtseins unternommen und deren Ergebnisse 1882 in „The Moral and Religious Training of

---

[1] So urteilen gemeinsam: FAHLBUSCH, a. a. O. ; A. KÖBERLE, Art.: Heilsordnung, RGG³, Bd. III, 189f.; HERMS, „Die Wirklichkeit des Glaubens", 138.

[2] FABER, 10; Darstellung der Anfänge in Amerika dort im 1. Abschnitt, 3-65.

[3] J. B. PRATT, „The Psychology of Religion", Harvard Theological Review 1 (1908), 435-454, hier zitiert nach dem Wiederabdruck in: O. STRUNK JR. (Hg.), Readings in the Psychology of Religion, New York 1959, 17-31; J. S. VAN TESLAAR, „The Problems and Present Status of Religious Psychology", Journal of Religious Psychology 7 (1914), 214-236; E. L. SCHAUB, „The Present Status of the Psychology of Religion", Journal of Religion 2 (1922), 362-379; DERS., „The Psychology of Religion in America during the Last Quater-Century", a. a. O.; J. W. HEISIG, Art.: Psychology of Religion, in: Encyclopedia of Religion, hg. v. M. ELIADE, Bd. 12, New York/London 1986, 57-66; P. HOPKINS, „A Critical Survey of the Psychology of Religion", in: O. STRUNK, Readings in the Psychology of Religion, 46-61.

Children"[1] zusammengestellt. Der berühmte Leiter der Clark-Universität hat damit nicht nur 1904 die erste religionspsychologische Zeitschrift der Welt, „The American Journal of Religious Psychology"[2], begründet, sondern auch die ersten Forschungen empirischer Art auf diesem Gebiet eingeleitet:[3]

Mehr oder weniger unter seinem Einfluß[4], wobei das genaue Maß im einzelnen kaum mehr festzustellen ist, entstehen in den 1890er Jahren an der Clark-Universität in Worcester zahlreiche Einzelstudien auf dem Grenzgebiet zwischen Psychologie, Anthropologie und Pädagogik, so daß geradezu von einer „Clark school of religious psychology"[5] gesprochen werden kann. Die Untersuchungen William H. Burnhams[6] (1891), Arthur H. Daniels'[7] (1896), Colin A. Scotts[8] (1896) und Ellsworth G. Lancasters[9] (1897) sind durch die Adoleszenzthese ihres wissenschaftlichen Lehrers Hall angeregt und unternehmen es, diese in jeweils verschiedener Hinsicht zu explizieren, statistisch zu belegen und gesetzmäßig zu erklären.

Neben diesen direkten Schülern Halls, die in der Folgezeit keine wichtigen Beiträge zur Religionspsychologie mehr geleistet haben,[10] sind aus der Clark-Schule auch die beiden anderen Pioniere der Religionspsychologie hervorgegangen, die ebenso wie Hall mit einem gewissen Recht jeweils für sich in Anspruch nehmen können, durch ihre Veröffentlichungen die empirische Religionspsycho-

---

[1] Princeton Review 10 (1882), 26-48 (im folgenden zitiert als MRT).

[2] The American Journal of Religious Psychology and Education, erschienen in 4 Bänden vom Mai 1904 bis zum Juli 1911. Danach wurde es unter dem Titel „Journal of Religious Psychology, Including Its Anthropological and Sociological Aspect" fortgesetzt, bis 1912 noch vierteljährlich, später unregelmäßig erscheinend, bis es 1915 ganz eingestellt werden mußte (im folgenden zitiert als JRP).

[3] Daß die Bedeutung Halls für die Formation der Religionspsychologie nicht - wie vielfach geschehen - vergessen oder zumindest unterschätzt werden darf, daran erinnern zurecht: PRATT, 18, 20f.; W. TRILLHAAS, Art.: Religionspsychologie, RGG³, Bd. V, 1021-1025, dort 1021; B. BEIT-HALLAHMI, „The Psychology of Religion 1880-1930: The Rise and Fall of a Psychological Movement", Journal of the History of the Behavioral Sciences 10 (1974), 84-90, dort 85; H. J. BOOTH, „Pioneering Literature in the Psychology of Religion: A Reminder", Journal of Psychology and Theology 6 (1978), 46-53, dort zu Hall 47f.; D. M. WULFF, Psychology of Religion. Classic and Contemporary Views, New York 1991, 43-53, bes. 49-53.

[4] BEIT-HALLAHMI, „The Psychology of Religion 1880-1930", 84f.; s. u. unter Teil I, 2.5.

[5] PRATT, 18. Vgl. dazu die Bibliographien in JRP 1 (1904), 111f. und G. S. HALL, Life and Confessions of a Psychologist, New York/London 1924, 382-389 (im folgenden zitiert als LCP).

[6] W. H. BURNHAM, „The Study of Adolescence", PS 1 (1891), 174-195.

[7] A. H. DANIELS, „The New Life: A Study of Regeneration", AJP 4 (1893), 67-122.

[8] C. A. SCOTT, „Old Age and Death", AJP 8 (1896), 67-122.

[9] E. G. LANCASTER, „The Psychology and Pedagogy of Adolescence", PS 5 (1897), 61-128.

[10] Halls Schüler werden in den meisten Geschichtsdarstellung nicht einmal namentlich aufgeführt. Genannt werden sie etwa in der geschichtlichen Einführung von P. E. JOHNSON, Psychology of Religion, New York 1959, 19.

logie begründet zu haben:[1] James Henry Leuba und Edwin Diller Starbuck. 1896 erscheint die Dissertation Leubas zum Bekehrungsphänomen in Halls „American Journal of Psychology", die von vielen Historikern als die erste dezidiert religionspsychologische Untersuchung größeren Umfangs gehandelt wird. Leubas „Studies in the Psychology of Religious Phenomena"[2] kommen darin Starbucks Doktorthesen zum selben Thema um ein Jahr zuvor.[3] Dieser hatte schon seit dem Spätjahr 1893 unabhängig von Hall und Leuba Fragebogenerhebungen zur Bekehrungserfahrung unternommen.[4] Deren umfangreiche Ergebnisse werden von Starbuck 1899 zur ersten Buchveröffentlichung in der Geschichte der Religionspsychologie zusammengestellt, die mit ihrem Titel „Psychology of Religion"[5] den Namen[6] des neuen Forschungszweiges prägen wird.

Dessen rasches Aufblühen erreicht seinen frühen Höhepunkt im Spätwerk des bedeutenden Psychologen und Philosophen William James', der in seinen berühmten „Varieties of Religious Experience"[7] bereits auf die reiche empirische Datensammlung seines früheren Schülers Starbuck[8] sowie die literarischen Fallstudien Leubas[9] zur Bekehrungserfahrung zurückgreifen kann. In diesen 1901 als Gifford Lectures über natürliche Religion in Edinburgh gehaltenen Vorlesungen hat James die Forschungsergebnisse der Religionspsychologie um die Jahrhun-

---

[1] Diesen Anspruch erhebt Starbuck gegen Hall in „Religion's Use of Me", in: V. FERM (Hg.), Religion in Transition, London 1937, 201-260, dort 226f. (im folgenden zitiert als RUM); gegen Hall und Leuba in „Life and Confessions of G. Stanley Hall", Journal of Philosophy 21 (1924), 141-154; RUM, 230ff. Zu Leubas Anspruch s. dessen „The Making of a Psychologist", in: V. FERM, Religion in Transition, 173-200, dort 181f. (im folgenden zitiert als MPR).

[2] AJP 7 (1896), 309-385 (im folgenden zitiert als SPR).

[3] E. D. STARBUCK, „Contributions to the Psychology of Religion I. A Study of Conversion", AJP 8 (1897), 268-308; „II. Some Aspects of Religious Growth", AJP 9 (1897), 70-124 (im folgenden zitiert als CPR I und II).

[4] RUM 223ff.

[5] E. D. STARBUCK, The Psychology of Religion. An Empirical Study of the Growth of Religious Consciousness, London 1899.

[6] BEIT-HALLAHMI, „The Psychology of Religion 1880-1930", 84. Zuvor meist unter dem Titel „science of religion" o. ä. begegnend. O. STRUNK JR., „Humanistic Religious Psychology", in: DERS., The Psychology of Religion. Historical and Interpretative Readings, New York 1971, 116-123, dort 119, stellt einen terminologischen Unterschied in der Bezeichnung der Religionspsychologie fest, der nur im englischsprachigen Raum anzutreffen sei: Hier solle mit der Bezeichnung „Psychology of Religion" ein eher objektiver Zugang, mit der Bezeichnung „Religious Psychology" hingegen eine religionsfreundliche bzw. -abhängige Zugangsweise angezeigt werden.

[7] W. JAMES, The Varieties of Religious Experience (1902), in: The Works of William James, hg. v. F. H. BURCKHARDT, Bd. 15, Cambridge/London 1985 (im folgenden zitiert als VRE).

[8] Vgl. VRE 6, 74f., 147, 150, 164f., 168-173, 176, 195, 202, 206, 209, 217-219, 226, 259, 282f., 312f.

[9] Vgl. VRE 31, 166-168, 180-183, 200-202, 205, 208, 398.

dertwende auf brillante Weise zusammengefaßt und im Rahmen seiner radikalempiristischen und pluralistischen Philosophie gedeutet.[1] Vor allem von ihm und Leuba geht in den USA die weitere Entwicklung aus.

Die genannten Pioniere haben so die religionspsychologische Bewegung in Gang gesetzt und sind auch in den nächsten Jahren - neben George Albert Coe[2], James Bissett Pratt, Irving King, Edward Scribner Ames und anderen - deren führende Inspiratoren und Promotoren gewesen. Sie haben für die Religionspsychologie als Pioniere die Weichen gestellt, indem sie deren Gegenstand, Aufgabe und Verfahren erstmals formulierten und damit deren kategoriale Grundlagen und methodische Ausrichtung entscheidend vorbestimmten:

Ihnen allen ist gemeinsam, daß sie die Psychologie des religiösen Bewußtseins als eine streng empirisch verfahrende „objektive Tatsachenwissenschaft" betreiben wollen, als eine „Science of Religion", die die Grundsätze und Methoden der auf allen andern Gebieten bereits so erfolgreichen Naturwissenschaften nun auch auf dem Gebiet der Religion zur Anwendung bringt. Durch Beobachtung, Experiment, mathematisch-statistische Erhebungs- und Auswertungsverfahren und gesetzmäßige Erklärung sollen die Phänomene des religiösen Bewußtseins in ihren empirischen Erscheinungsformen auf eine ganz neue unverstellte Weise beschrieben und interpretiert werden. Darin erhebt die empirische Psychologie des Glaubens der theologischen gegenüber den Anspruch, ohne Rückgriff auf vorgeprägte Kategorien der Tradition, gänzlich metaphysikfrei, die reinen Erfahrungstatsachen selbst in den Blick nehmen zu können. Ihre Resultate beanspruchen, weder reflexiv vermittelt noch dogmatisch deduziert zu sein, sondern im Zuge eines kontrollierten Verfahrens induktiv gewonnen aus der Verallgemeinerung „direkter" Einzelobservationen. Als solche beanspruchen sie dann auch, die psychologischen Theorien der theologischen und philosophischen Tradition an Genauigkeit und Sachadäquanz überbieten und auf ihren „tatsächlichen" Wahrheitswert hin überprüfen zu können. Ihre urteilende Kritik erstreckt sich dabei nicht nur auf die Interpretation und Reformulierung einzelner klassischer Lehrbegriffe, sondern tendiert mehr oder weniger explizit dazu, die theologisch-philosophische Psychologietradition mit ihrem Reflexionsverfahren vollständig abzulö-

---

[1] Vgl. dazu N. G. HOLM, „Historische Einführung", in: CH. HENNING/E. NESTLER, Religion und Religiosität. Bad Boller Beiträge zur Religionspsychologie, Frankfurt/M. u. a. 1998, 15-26, dort 17f., 20.

[2] G. A. COE, The Spiritual Life. Studies in the Science of Religion, New York 1900. Es spricht für die später (unter 2.) getroffene Themenauswahl, daß auch die Religionspsychologie Coes an die Adoleszenzthese Halls und seiner Schüler anknüpft, also selbst bereits einen bestimmten Forschungsstand der Psychologie der Bekehrung als gesichert voraussetzt: vgl. dazu etwa ebd. Kap. I-II sowie: DERS., „A Study in the Dynamics of Personal Religion", Psychological Review 6 (1899), 484-505, dort 484f.

sen und die Behandlung ihres Gegenstandes ganz in die anscheinend überlegene Obhut der empirischen Religionspsychologie zu verlegen.

1.3 Die Aufnahme der empirischen Tradition innerhalb der Theologie und der Abbruch der genuin theologischen Psychologietradition

In Deutschland werden die religionspsychologischen Ansätze der amerikanischen Empiriker rasch aufgegriffen, und zwar zunächst von protestantischen[1] Theologen, die sich von ihnen neue Impulse für ihre eigene Theoriearbeit und pastorale Praxis erhoffen.[2] Wobbermins Übersetzung[3] von James' „Varieties of Religious Experience" und Vorbrodts Herausgabe von Starbucks „Psychology of Religion"[4] markieren hier den Beginn einer von enthusiastischen Erwartungen geprägten Aufbruchsepoche[5]. Die empirischen Theorieansätze zünden nicht zuletzt deshalb, weil sie auf ein wohl vorbereitetes Terrain psychologischen Interesses treffen, das - wie gesehen - eine genuin theologische Traditionsgeschichte besitzt. Dabei ist die Rezeption der Religionspsychologie keineswegs unumstritten.[6] Während die einen - wie Otto Scheel[7] - eine Psychologisierung der Dogmatik, ja gesamten Theologie befürchten, wird eine solche von anderen in mehr - so Gustav Vorbrodt[8] - oder weniger - so Hermann Mulert[1] - radikaler Form geradezu eingefor-

---

[1] So wie die Religionspsychologie insgesamt eine vornehmlich protestantische Affäre zu sein scheint: S. HILTNER, „The Psychological Understanding of Religion", in: O. STRUNK JR. (Hg.), Readings in the Psychology of Religion, 74-104, dort 101.

[2] „Die Funktion der Religionspsychologie in der Protestantische Theologie um 1900" analysiert jüngst die gleichnamige Studie von CH. HENNING, in: DERS./E. NESTLER (Hg.), Religion und Religiosität zwischen Theologie und Psychologie, 79-98, dort 79.

[3] W. JAMES, Die religiöse Erfahrung in ihrer Mannigfaltigkeit. Materialien und Studien zu einer Psychologie und Pathologie des religiösen Lebens, dt. v. G. WOBBERMIN, Leipzig 1907.

[4] E. D. STARBUCK, Religionspsychologie. Empirische Entwicklungsstudie religiösen Bewußtseins, unter Mitwirkung v. G. VORBRODT übers. v. F. BETA, 2 Bde., Leipzig 1909; vgl. dort Vorbrodts Übersetzungs-Vorwort, V-XXV. 1912 begründet Vorbrodt die „Zeitschrift für Religionspsychologie".

[5] Über die freilich nicht nur empiristischen Wurzeln der Bewegung informiert die zeitgenössische Darstellung von O. SCHEEL, „Die moderne Religionspsychologie", a. a. O. Sorgfältig, jedoch eher zurückhaltend kritisch werden die bisherigen Beiträge der Amerikaner rezipiert von E. W. MAYER in: „Über Religionspsychologie", ZThK 18 (1908), 293-324, bes. 303ff.

[6] Vgl. etwa G. VORBRODT, „Thesen und Antithesen", ZThK 18 (1908), 60-67, dort 60: Der Streit um die Rezeption der Religionspsychologie wurde dabei als ein Streit um die „Psychologisierung der gesamten Theologie" geführt. Vgl. die Beiträge G. WOBBERMINS zu diesem Streit, versammelt in dessen Aufsatzband: Zum Streit um die Religionspsychologie, Berlin 1913.

[7] O. SCHEEL, „Religionspsychologie und Dogmatik", ZThK 17 (1907), 310f.; DERS., „Religionspsychologie neben der Dogmatik", ZThK 18 (1908), 149f.

[8] G. VORBRODT, „Religionspsychologie und Dogmatik", ZThK 17 (1907), 307-310; DERS., „Noch einmal: Religionspsychologie und Dogmatik", ZThK 17 (1907), 387-389; DERS., „Reli-

dert. Das Unternehmen, die Systematische Theologie insgesamt nach der - transzendental-psychologisch modifizierten - Methode der Religionspsychologie zu entfalten, wird von Georg Wobbermin[2] schließlich sogar in die Tat umgesetzt.

Die Theorien der amerikanischen Pionierstudien haben so in der frühen Phase der deutschen Religionspsychologie als inspirierende Anstöße zu einem Aufbruch gewirkt,[3] für den von Anfang an auch die Völkerpsychologie Wilhelm Wundts[4] prägend ist und für den im weiteren dann noch andere Theorieansätze mitbestimmend werden: insbesondere die Tiefenpsychologie Sigmund Freuds und Carl Gustav Jungs sowie die experimentalpsychologische Richtung der Schule von Oswald Külpe um Wilhelm Stählin[5], Karl Girgensohn und Werner Gruehn. Nach anfänglich rasantem Aufblühen kommt die religionspsychologische Bewegung jedoch - wie in den USA[6] - bereits in den 30er Jahren wieder ins Stocken. Daß sie in Deutschland schließlich völlig erliegt, ist auf den „Exorzismus der Religionspsychologie"[7] durch die Nationalsozialisten zurückzuführen. Die sich schon zuvor abzeichnende Krise aber ist nicht zuletzt mit verursacht durch eine Gegenbewegung innerhalb der protestantischen Theologie, die die religionspsychologische Forschung bisher weitgehend vorangetrieben hatte:

Die „Psychologismus"-Kritik der Dialektischen Theologie unter der Führung Karl Barths wendet sich gegen jegliche Form der „Erlebnisreligion", die sie als „Anthropologisierung der Theologie"[8] und damit als Verrat an der eigenen Sache

---

gionspsychologie als Methode und Objekt der Dogmatik", ZThK 18 (1908), 60-67; DERS., „Stellung der Religionspsychologie zur Theologie", ZThK 20 (1910), 431-474.

[1] H. MULERT, „Die Dogmatik muß psychologischer werden", ZThK 17 (1907), 62f.; DERS., „Das Religionspsychologische in der Dogmatik", ZThK 17 (1907), 436-438.

[2] G. WOBBERMIN, Die Religionspsychologische Methode in Religionswissenschaft und Theologie, Leipzig 1913: Wobbermin stellt darin sein Unternehmen vor, die Systematische Theologie insgesamt nach der transzendental-psychologisch modifizierten Methode der Religionspsychologie zu entfalten: Zweites Buch, vierter und fünfter Teil. Das Resultat dieses Unternehmens dann in: DERS., Systematische Theologie nach religionspsychologischer Methode, 3 Bde., Leipzig 1921-1926.

[3] Einen guten geschichtlichen Überblick über die frühe deutsche Rezeption der amerikanischen Anstöße bietet FABER, II. Teil: „Die Bedeutung der Religionspsychologie für die Dogmatik", bes. 127f.

[4] W. WUNDT, Völkerpsychologie, 10 Bde., Leipzig 1900-20.

[5] Stählin begründet 1914 das „Archiv für Religionspsychologie (und Seelenführung)".

[6] Die Gründe für den ebenso rapiden Aufstieg wie Verfall der Bewegung in den USA werden reflektiert von: BEIT-HALLAHMI, „Psychology of Religion 1880-1930", 86-89. Zur Phase des Aufstiegs vgl. die ausführlichere Darstellung von E. L. SCHAUB, „The Psychology of Religion in America during the Past Quater-Century", Journal of Religion 4 (1926), 113-134. Der Verfall wird analysiert von O. STRUNK JR., „The Present Status of the Psychology of Religion", The Journal of Bible and Religion 25 (1957), 287-292.

[7] U. STENGLEIN-HEKTOR, „Im Jagdgrund der Erlebnisleute. Bemerkungen zur Ablehnung der Religionspsychologie in der Dialektischen Theologie, in: CH. HENNING/E. NESTLER (Hg.), Religion und Religiosität zwischen Theologie und Psychologie, 79-98, dort 79.

[8] K. BARTH, Kirchliche Dogmatik, Bd. 1, Zürich 1986 ([1]1932), 18-20.

betrachtet. Unter ihr Verdikt fällt die liberale Theologie Wilhelm Herrmanns ebenso wie die religionspsychologische Schule Wobbermins und Oskar Pfisters[1] Versuch, die psychoanalytische Methode in die kirchliche Seelsorge einzuführen[2]. Ihr grundsätzliches Veto wird von Emil Brunner programmatisch zusammengefaßt: In „Erlebnis, Erkenntnis und Glaube"[3] zeichnet Brunner den Psychologismus als Paradefall des modernen Subjektivismus, worin der Mensch sich selbst vergötternd zum Maßstab aller Dinge mache.[4] In ihm werde der transzendente Charakter des Glaubens[5] radikal mißverstanden und eine „falsche Innerlichkeit"[6] hervorgebracht. Gegen eine solche emotionale Werkgerechtigkeit sei Luthers Rechtfertigungslehre gerichtet und insofern geradezu als „prinzipieller Antipsychologismus" zu verstehen.[7]

Die Dialektische Theologie hat mit ihrer Kritik hellsichtig auf die Gefahren einer bedingungslosen Importierung religionspsychologischer Voraussetzungen und Verfahren in die Theologie aufmerksam gemacht und auch bereits auf den wunden Punkt der Religionspsychologie - deren konzeptionelle Schwäche als rein empirischer Tatsachenwissenschaft - hingewiesen[8]. Aber in ihrer überschießenden Kritik hat sie zugleich auch die genuin theologische Psychologietradition mitabgebrochen. Obgleich sie deren Wert nicht generell bestreitet,[9] wird dem Verstehen des Glaubens als „Erleben" doch eine klare Absage erteilt[10]. In ihrer grundsätzlichen Abneigung gegenüber jeder Form von „Erlebnisreligion" versäumt sie es so, angemessenere Wege zur Erfassung der seelischen Wirklichkeit des Glaubens aufzuweisen. In ihrem Gefolge wird innerhalb der Theologie bis heute die Möglichkeit und Berechtigung, eine Psychologie des Glaubens zu schreiben, in Zweifel gezogen und damit ein klassisches Gegenstandsfeld der Theologie weitgehend unbearbeitet gelassen.

Dies erweist sich jedoch für die pastorale Praxis als eine letztlich unhaltbare Situation. Weil alternative theologische Konzepte ausbleiben oder nicht befriedigen können, greifen die Praktiker der Seelsorge seit den 60er Jahren doch wieder auf Theorien der empirischen Psychologietradition zurück, nun freilich auf an-

---

[1] O. PFISTER, Analytische Seelsorge, Göttingen 1927.

[2] Gegen diesen Versuch wendet sich programmatisch der Seelsorgetheoretiker der Dialektischen Theologie: E. THURNEYSEN, Die Lehre von der Seelsorge, München 1949, §10-11, bes. 178.

[3] E. BRUNNER, Erlebnis, Erkenntnis und Glaube, Tübingen 1921, zum Psychologismus dort bes. 32-59.

[4] BRUNNER, 1f.

[5] BRUNNER, 35f.

[6] BRUNNER, 34, 36.

[7] BRUNNER, 35, 37 Anm. 1, 58f.

[8] BRUNNER, 41, 45ff.

[9] BRUNNER, 46f.

[10] So programmatisch BRUNNER, 1 und 1. Kap. insges.

dere Ansätze und mit anderen Schwerpunkten des theoretischen Interesses als in der Rezeptionsphase zu Beginn des Jahrhunderts. Insbesondere die Psychoanalyse Sigmund Freuds findet durch die Arbeiten Joachim Scharfenbergs[1] neue theologische Beachtung.

Dem großen Interesse, mit dem seither psychologische Theorieansätze vor allem in der Praktischen Theologie - im Rahmen der Pastoralpsychologie und Religionspädagogik - Aufnahme gefunden haben,[2] stand lange Zeit die auffällige Abstinenz gegenüber, über die Bedingungen dieser Rezeption und ihre Zulässigkeit grundlegend zu reflektieren. Nachdem man innerhalb der Theologie das Thema „Psychologie" vielfach tabuisiert oder doch zumindest für suspekt gehalten hat, sind erst in neuerer Zeit überhaupt wieder Versuche einer Verhältnisbestimmung zwischen Theologie und Psychologie bzw. Religionspsychologie gewagt und unternommen worden.[3] Dabei konzentrieren sich die theoretischen Bemühungen allerdings meist auf eine Verhältnisbestimmung von institutionell als getrennt vorausgesetzten Fachdisziplinen und klären weniger den systematischen Stellenwert der psychologischen Fragestellung *innerhalb* der Theologie. Bis heute ist weder die Wiederaufnahme und Fortschreibung der genuin theologischen Psychologietradition in Angriff genommen noch die kritische Aufarbeitung der vergangenen und gegenwärtigen Rezeption der empirischen Psychologietradition durch die Theologie geleistet. Von der amerikanischen Pionier- und Blüte-

---

[1] Genannt sei hier nur: J. SCHARFENBERG, Sigmund Freud und seine Religionskritik als Herausforderung für den christlichen Glauben, Göttingen 1968; sowie DERS., Einführung in die Pastoralpsychologie, Göttingen ²1990. Den Versuch, die Tiefenpsychologie C. G. Jungs für eine „synoptische" Neukonzeption der Religionspsychologie fruchtbar zu machen, hat U. MANN unternommen in: Einführung in die Religionspsychologie, Darmstadt 1973, vgl. etwa 2, 47-53, 75ff.

[2] D. RÖSSLER, Grundriß der Praktischen Theologie, Berlin/New York 1986, darin: „Seelsorge und Psychologie", 173-180, bes. 174-177. Als „Hilfswissenschaft" der Praktischen Theologie wird die Psychologie programmatisch immer wieder betrachtet seit E. PFENNIGSDORF, Praktische Theologie. Ein Handbuch für die Gegenwart, Bd. 1, Gütersloh 1929, 14-17.

[3] A. VERGOTE, Religionspsychologie (franz. 1966), Olten 1970; H. MÜLLER-POZZI, Die Psychologie des Glaubens. Versuch einer Verhältnisbestimmung von Theologie und Psychologie, München 1975. Eine Wechselwirkung zwischen Psychologie und Theologie erwartet H.-J. FRAAS, Die Religiosität des Menschen. Grundriß der Religionspsychologie, Göttingen 1990, 35ff. Eine ältere Verhältnisbestimmung findet sich bei FABER, II. Teil: „Die Bedeutung der Religionspsychologie für die Dogmatik", 127-162. Als „synoptische" Zusammenarbeit von empirisch-psychologischer, historisch-religionswissenschaftlicher und systematisch-theologischer Arbeitsweise versucht U. MANN die Religionspsychologie als eigenständiges Fach zu konzipieren: a. a. O. zum „synoptischen" Zusammenhang bes. Kap. III, 60-81 und die Schlußbetrachtung; zu den einzelnen Arbeitsweisen s. Kap. V-VIII. Vgl. a. die Beiträge in: CH. HENNING/E. NESTLER (Hg.), Religion und Religiosität zwischen Theologie und Psychologie, a. a. O. Die neueste umfassende Darstellung bietet M. UTSCH, Religionspsychologie. Voraussetzungen, Grundlagen, Forschungsüberblick, Stuttgart u. a. 1998.

zeit der empirischen Religionspsychologie hat so bislang einzig das Gesamtwerk William James' durch Eilert Herms eine kritische Darstellung aus theologischer Perspektive erfahren.[1] Die Unaufgeklärtheit der Lage wird dadurch keineswegs erleichtert, daß die Religionspsychologie ihrerseits bis heute weder eine gründliche Bestandsaufnahme ihrer eigenen historischen Ursprünge vorgelegt hat noch zu einer überzeugenden Klärung ihrer wissenschaftstheoretischen Grundlagen, und damit auch ihrer Verhältnisbestimmung zur Theologie, vorgestoßen ist.

2. Die Aufgabe

Die vorliegende Untersuchung will einen Teil dieser anstehenden Aufarbeitung in Angriff nehmen, indem sie in systematischer Absicht die geschichtlichen Anfänge der empirischen Religionspsychologie aufzuhellen sucht. An den klassischen Systemen drei ihrer Pioniere - Hall, Leuba und Starbuck - wird sie *exemplarisch* die Eigenart derjenigen empirischen Psychologie des Glaubens studieren, die durch jene frühen Ansätze als Theorietradition auf den Weg gebracht worden ist.

Dabei soll es nicht allein um die Vorstellung einzelner wirkungsmächtiger Konzeptionen und Theoriebausteine gehen, sondern um die Sichtung dreier religionspsychologischer Gesamtsysteme. Deren Konstruktionsprinzipien, Anliegen und Probleme gilt es, im Zusammenhang freizulegen und als Exemplare ihrer Gattung zur theologischen Psychologietradition ins Verhältnis zu setzen.

Die Untersuchung geht darin von der sie leitenden Annahme aus, daß alle drei religionspsychologischen Theoriegebäude - wie wissenschaftliche Theorien überhaupt - auf philosophischen bzw. religiös-weltanschaulichen[2] Voraussetzungen gründen.[3] Inhalt und Herkunft dieser kategorialen Voraussetzungen zu rekonstruieren wird darum vorrangige Aufgabe der Analysen sein. Erst wenn sie erhoben sind, kann in einem zweiten Schritt dann beurteilt werden, wie sich die Leitüberzeugungen des christlichen Glaubens zu ihnen verhalten und ob eine positive Rezeption der auf ihnen aufruhenden empirischen Theorien durch die Theologie geboten erscheint.

---

[1] E. HERMS, Radical Empiricism. Studien zur Psychologie, Metaphysik und Religionstheorie William James', Gütersloh 1977; vgl. a. dessen Nachwort zu: W. JAMES, Die Vielfalt religiöser Erfahrung in ihrer Mannigfaltigkeit, übers. und hg. v. E. HERMS, Olten 1979.

[2] Inwiefern die „Religion des Psychologen" einen Einfluß auf die Aufnahme bzw. Gestalt der religionspsychologischen Theoriearbeit ausübe, wird zumindest ansatzweise reflektiert im Abschlußkapitel des Sammelbandes: H. N. MALONY (Hg.), Current Perspectives in the Psychology of Religion, Grand Rapids 1977: „The Religion of Psychologists", 380-433, mit Beiträgen von B. Beit-Hallahmi, H. Newton Malony und C. W. Ellison.

[3] Das notiert knapp auch: N. G. HOLM, Einführung in die Religionspsychologie, München/Basel 1990.

Indem die Untersuchung so die frühen Ansätze der empirischen Religionspsychologie auf die Bedingungen ihrer Konstitution und damit zugleich auf die ihrer theologischen Rezeption hin befragt, versucht sie einen historisch-systematischen Beitrag zur Psychologiedebatte innerhalb der Theologie zu leisten, der für die noch ausstehende Entfaltung einer theologischen Psychologie von Nutzen sein kann.

3. Das Verfahren

Um das Konstruktionsprinzip und Anliegen der frühen amerikanischen Religionspsychologie darstellen und problematisieren zu können, soll das kategoriale Ursprungs- und Sinnfundament ihrer drei Pioniersysteme freigelegt werden. Dieses Fundament ist nicht im empirischen Theoriebetrieb mittels Beobachtung, sondern aus Reflexion umfassender Lebenserfahrung gewonnen. Zu seiner Freilegung muß deshalb auf diese - den empirischen Theoriebetrieb zweifelsohne mit - umfassende Lebenserfahrung der Autoren selbst zurückgefragt werden. Im Nachvollzug der Stationen ihrer persönlichen Bildungsgeschichte gilt es, diejenigen grundlegenden Überzeugungen und Lebensinteressen zu rekonstruieren, die die Autoren in reflexiver Auseinandersetzung mit ihrer individuellen Lebens- und Zeitsituation sukzessive ausgebildet haben und die ihre wissenschaftliche Arbeit nicht nur formal motivierten, sondern zugleich inhaltlich bestimmten.

Das hierin angezeigte Verfahren bringt den hermeneutischen Grundsatz Diltheys[1] zur Anwendung, ein wissenschaftliches System jeweils als Darstellung einer spezifischen Weltanschauung „aus dem Leben zu verstehen". Es expliziert so nacheinander an drei Konkretionen, was es heißen kann, im Sinne Husserls[2] wissenschaftliche Intentionalität auf ihren „lebensweltlichen Boden", auf dem sie gründet und bleibend eingebunden ist, rückzubeziehen.

Dieser lebensweltlichen Einbettung ihrer wissenschaftlichen Theorien sind sich alle drei Autoren selbst jedenfalls durchaus bewußt gewesen. Alle drei haben diese Einsicht unter anderem darin zum Ausdruck gebracht, daß sie, ihr Lebenswerk überblickend, Rechenschaft darüber ablegten, worin sie den innerlichen

---

[1] W. DILTHEY, Weltanschauungslehre. Abhandlungen zur Philosophie der Philosophie, Ges. Schriften, hg. v. B. GROETHUYSEN, Bd. VIII, Stuttgart ²1969, 78-87 u. ö.

[2] Ohne dabei freilich behaupten zu wollen, diesen Rückbezug in der Weise einer transzendentalen Epoché vollzogen zu haben, die sich als Methode einer im echten Sinne absolut letztbegründenden, objektiven Wissenschaft versteht. So E. HUSSERL in: Die Krisis der europäischen Wissenschaften und die transzendentale Phänomenologie. Eine Einleitung in die phänomenologische Philosophie, hg. v. W. BIEMEL, Haag ²1962, dritter Teil, A.: „Der Weg in die phänomenologische Transzendentalphilosophie in der Rückfrage von der vorgegebenen Lebenswelt aus".

Zusammenhang zwischen ihrem wissenschaftlichen Schaffen und ihrer persönlichen Bildungsgeschichte verstanden wissen wollten.

Die Einsicht in diesen Zusammenhang hat sich ihnen *erstens* nahegelegt durch ihre Profession als Psychologen: So ist etwa Leubas Auge durch die Laborarbeit der experimentellen Observation geschult für die Subjektivität bzw. Fallibilität menschlicher Wahrnehmung.[1] Hall wiederum ist auf diese Einsicht gestoßen durch den genetischen Ansatz seiner Psychologie[2], die Rezeption der Freudschen Psychoanalyse[3] und die Begegnung mit den gerade aufkommenden Testverfahren zur Persönlichkeitsforschung im Rahmen der angewandten Psychologie[4]. Vor diesem Hintergrund ist es für ihn dann nur konsequent, nach der psychologischen Genese auch der eigenen Forscherpersönlichkeit zu fragen, eine „Selbstanalyse" zu unternehmen bzw. Kriterien für die Persönlichkeitsprüfung des Psychologen selbst - „standards by which to test testers" - zu benennen.[5]

Darüber hinaus scheint sich diese Einsicht *zweitens* für die Autoren in Gestalt der soeben prominenten Philosophie des Pragmatismus aufzudrängen, die alle wissenschaftlichen Theorien als unhintergehbar von Temperament und Lebensinteressen ihrer Autoren abhängig betrachtet und die Möglichkeit *absoluter* Erkenntnis verwirft. Als klassische Formulierung dieser Sicht sei auf James' Pragmatismus-Vorlesungen aus den Jahren 1906/7 verwiesen.[6] Wie James so besitzen von daher auch Hall, Leuba[7], Starbuck[8] und andere Religionspsychologen[9] zu-

---

[1] S. unter Teil II, 2.3 und 3.1.1 zum Beitrag seiner experimentellen Studien zur religionspsychologischen Theoriebildung.

[2] LCP 2, 6; DERS., „The Genetic View of Berkeley's Religious Motivation", JRP 5 (1912), 139-162, bes. 140.

[3] LCP 1, 4, 10ff.

[4] LCP 13ff.

[5] LCP 13ff. Vgl. auch HALLs „genetische" Darstellungen in: Founders of Modern Psychology, New York/London 1912 (im folgenden zitiert als FMP): bes. die Darstellung Lotzes (FMP 69, 73) und E. v. Hartmanns (FMP 181) sowie Halls Forderung an Wundt, eine entsprechende Selbstdarstellung vorzulegen (FMP 440).

[6] W. JAMES, Pragmatism and The Meaning of Truth (1907/9), Cambridge/London 1975. Vgl. bes. Lecture I, 11: „The history of philosophy is to a great extent that of a certain clash of human temperaments." Dasselbe gilt für James freilich nicht nur für die Philosophie und den Philosophen, sondern ganz genauso für die Wissenschaft und alle anderen Berufe, für „men Science" wie für „practical men" (Pragmatism, 18). James unterscheidet dabei zwischen Lebensanschauungen sogenannter „tender-minded" und „tough-minded" Charaktertypen (Pragmatism, 13-16, 23, 126ff., 140).

[7] J. H. LEUBA, A Psychological Study of Religion, New York 1912, 275 Anm. (im folgenden zitiert als PSR).

[8] RUM 201f.

[9] Etwa G. A. COE, The Psychology of Religion, Chicago 1917, XI-XV, der in seinem Vorwort einige seiner persönlichen „Haltungen" gegenüber Religion und Religionspsychologie präsentiert, weil er davon überzeugt ist, diese den Lesern als seinen eigenen hermeneutischen Zugang zur Sache offenlegen zu müssen: „The investigator of the psychology of religion, whatever be the case with others, cannot afford to neglect the psychology of his own psycholo-

mindest in Ansätzen ein Bewußtsein für die subjektive Perspektivität des eigenen religionspsychologischen Standpunkts. Daneben haben sie freilich zugleich auch den szientischen Anspruch festhalten wollen, diese durch das kontrollierte Verfahren ihrer empirischen Methodik in gewissem Maße doch wieder überwinden und damit die Objektivität ihrer Theorien zumindest annäherungsweise garantieren zu können.[1]

Und nicht zuletzt auch noch aufgrund eines *dritten* Traditionshintergrundes mag es dem ein oder anderen unserer Autoren als ein Bedürfnis und eine Notwendigkeit erschienen sein, die Werke einer Person als Ausdruck ihrer Innerlichkeit und deren Bildungsgeschichte zu verstehen: Das ist das zumindest bei dem puritanisch verwurzelten Hall, möglicherweise aber auch bei dem in reformierter Tradition erzogenen Leuba nachweislich wirksame Motiv der Gewissenserforschung bzw. des Strebens nach Selbsterkenntnis.[2] Dieses Motiv hat insbesondere Hall dazu veranlaßt, in „Life and Confessions of a Psychologist" ein mit Augustins „Confessiones" an Offenheit eiferndes Selbstbekenntnis seines Lebens abzulegen, das, obschon die eigene Person sichtlich stilisierend, auf jeden Fall bemerkenswerte Einblicke ermöglicht.

Daß sich somit allen drei Autoren unter dem Eindruck unterschiedlicher Einflußkreise dieselbe Einsicht nahegelegt hat, eröffnet unserem Unternehmen die günstige Gelegenheit, bei der Rekonstruktion der inneren Entwicklungslinie ihrer religionspsychologischen Denksysteme vorzugsweise auf *literarische Selbstzeugnisse* rückgreifen zu können.

In der Auswertung dieser Selbstzeugnisse soll es freilich um keine tiefenpsychologische Interpretation der jeweiligen Forscherpersönlichkeit gehen. So wie dies etwa Erik H. Erikson und Erich Fromm für die Person Martin Luthers[3] oder in Ansätzen auch Dorothy Ross[4] für Hall versucht haben, indem sie noch hinter die literarischen Zeugnisse auf womöglich tieferliegende Persönlichkeitsschichten zurückfragen und so mitunter spekulative Psychogramme erstellen. Demgegenüber wird sich die Auswertung hier schlicht an den Wortlaut der vorliegenden Dokumente halten, um aus ihnen nach den üblichen Regeln der Textauslegung zu erheben, was die Autoren über die Bildungsgeschichte ihrer systemprägenden

---

gizing." Vgl. auch DERS., „My Own Little Theatre", in: V. FERM (Hg.), Religion in Transition, 90-125, bes. 90f.

[1] HALL in LCP 1f., 4, 6; STARBUCK in RUM 202.

[2] Vgl. z. B. LCP 2f., 14 u. ö.

[3] E. ERIKSON, Der junge Mann Luther. Eine psychoanalytische und historische Studie, München 1965; E. FROMM, Die Furcht vor der Freiheit, Frankfurt/M. u. a. 1983, 56-86, 92ff., 235. Der Intention, weniger der Ausführung nach auch für D. F. Strauß von J. F. SANDBERGER, „David Friedrich Strauß", in: Gestalten der Kirchengeschichte, hg. v. M. GRESCHAT, Bd. 9, 2, 20-32, vgl. bes. 21.

[4] D. ROSS, G. Stanley Hall. The Psychologist As Prophet, Chicago/London 1972; dort etwa über Halls Verhältnis zu seinen Eltern: 9ff., 22, 27f., 97f.

Lebenseinsichten zum einen direkt berichten, zum anderem in ihren zum Teil vorpsychologischen Frühschriften indirekt bekunden. Aus der Vogelperspektive, die wir auf diese Weise über ihr Wirken und sein Werden einnehmen, werden sich Einflüsse und Entwicklungen ihres Denkens aufzeigen lassen, die die Autoren zwar in ihren Schriften bezeugen, nicht immer aber auch dezidiert herausgestellt haben. In diesem Verfahren sollen die folgenden Fragen leitend sein:

Erstens: Was hat die Autoren jeweils veranlaßt, ihre religionspsychologische Theoriearbeit aufzunehmen und voranzutreiben? Von welchen Lebensinteressen und -einsichten wird ihr wissenschaftliches Unternehmen dabei getragen, und wie bestimmen jene die spezifischen Problemstellungen und Lösungsmodelle ihrer Systeme?

Zweitens: Ist eine Entwicklung der Denkrichtung erkennbar, sei es als Richtungsänderung, schrittweise Erweiterung oder gehaltliche Explikation ursprünglicher Aufgabenbestimmungen und Theorieansätze?

Drittens: Vermögen die von ihnen vorgetragenen Lösungsvorschläge den jeweils selbst gestellten Problemstellungen bzw. ihren Lebensinteressen schließlich gerecht zu werden?

Viertens: Was ist von ihrer jeweiligen Konzeption der Religionspsychologie als Wissenschaft zu halten? Kann die von ihnen vorgeschlagene Weise der Gegenstandserfassung und ihre Methodenwahl Aussicht auf Erfolg versprechen?

Und fünftens: Wie sind Ansatz und Ertrag ihrer Forschungsarbeit aus theologischer Perspektive zu bewerten? Kann es der Theologie sinnvoll erscheinen, die religionspsychologischen Theorieangebote zur Bewältigung ihrer eigenen Theorie- und Praxisaufgaben aufzugreifen?

4. Die Vorgehensweise

Um die thematisch erfaßte Aufgabe nach dem angezeigten Verfahren zu bewältigen, empfiehlt sich die folgende Vorgehensweise:

In den Teilen I-III der Untersuchung werden die Systeme Halls, Leubas und Starbucks sowie gegebenenfalls die Theorieanschlüsse ihrer jeweiligen Schule dargestellt und aus theologischer Perspektive kritisch betrachtet. Dabei wird als Form der Darstellung innerhalb eines jeden Teils die Geschichte des Zustandekommens des religionspsychologischen Systems zum Leitfaden gewählt:

Im jeweils ersten Abschnitt (1.) wird die Bildungsgeschichte des Autors bis zum Erscheinen seiner ersten bzw. maßgeblichen religionspsychologischen Veröffentlichung rekonstruiert. Die einzelnen Unterabschnitte markieren die zu unterscheidenden Stationen bzw. Einflußbereiche dieser Bildungsgeschichte.

In den mittleren Abschnitten (2. und 3.) wird die Entwicklung des Systems in seinen verschiedenen Theoriephasen nachgezeichnet.

Ein Schlußabschnitt (4.) überblickt das entfaltete Lebenswerk des jeweiligen Autors nochmals im ganzen und akzentuiert Hauptpunkte der in ihm aufgewiesenen Problematik.

Teil IV hält resümierender Weise den Ertrag der dreiteiligen Untersuchung fest und fragt darin nach dem exemplarischen Sinn der vorgenommenen historisch-systematischen Betrachtung für die protestantische Theologie.

I. Die Religionspsychologie Granville Stanley Halls

Das Lebenswerk Granville Stanley Halls unter dem Gesichtspunkt seiner Pionierleistung für die Religionspsychologie zu betrachten, ist nicht unbedingt selbstverständlich. Mit seinem Namen wird in der Wissenschaftsgeschichte gewöhnlich eher anderes verbunden, nämlich dreierlei:[1]

Erstens erinnert man sich an ihn als einen der Begründer der naturwissenschaftlichen Psychologie Amerikas neben James und Ladd[2], der sich vor allem durch die Schaffung institutioneller Organisationsstrukturen um den Aufbau dieser neuen Wissenschaft verdient gemacht hat.

Zweitens gilt er als „father of the child study movement"[3], der pädagogischen Reformbewegung seit 1881, von der aus die amerikanische Entwicklungspsychologie des Kindheits- und Jugendalters ihren Ausgang genommen hat[4].

Und drittens als derjenige, der durch seine Einladung Sigmund Freuds und Carl Gustav Jungs an die Clark-Universität 1909 der Psychoanalyse zum ersten Mal eine öffentliche Plattform in Amerika schuf und auch im folgenden deren wissenschaftliche Anerkennung mitforcierte.[5]

---

[1] ROSS, XIIIf.; E. G. BORING, A History of Experimental Psychology, New York 1957, 517-524; S. C. FISHER, „The Psychological and Educational Work of Granville Stanley Hall", AJP 36 (1925), 1-52; G. MURPHY/J. KOVACH, Historical Introduction to Modern Psychology, New York u. a. ³1972 (1949), 290f.; H. ODUM, „G. Stanley Hall", Journal of Social Forces 3 (1924), 139-146; E. C. SANFORD, „G. Stanley Hall, 1846-1924", AJP 35 (1924), 313-321, bes. 317; C. E. STRICKLAND/C. BURGESS (Hg.), Health, Growth, and Heredity in Natural Education, New York 1965, 1-26, bes. VIIf., 2f., 5, 7, 11; E. L. THORNDIKE, „G. Stanley Hall, 1846-1924", National Academy of Sciences, Biographical Memories 12 (1928), 132-180; R. I. WATSON, The Great Psychologists from Aristotle to Freud, New York ²1968 (1963), 371-380, bes. 371, 379f.

[2] G. T. LADDs (1842-1921) „Elements of Physiological Psychology", New York 1887, stellt das erste Handbuch zur physiologischen Psychologie in englischer Sprache dar; BORING, 524-527; A. A. ROBACK, History of American Psychology, New York 1952, 102f.

[3] R. I. WATSON/H. C. LINDGREN, Psychology of the Child and the Adolescent, New York/London ⁴1979 (1959), 10-13, 30; STRICKLAND/BURGESS, 3.

[4] MURPHY/KOVACH, 405.

[5] Vgl. etwa HALLs „The Freudian Child and Ambivalence", Psychological Bulletin 11 (1914), 67-68; „The Freudian Methods Applied to Anger", AJP 26 (1915), 438-443, bes. 438, 443; sowie sein Vorwort zu: S. FREUD, A General Introduction to Psychoanalysis, New York 1920; LCP 409-414, 583; ROSS, „Hall's Genetic Psychology and Freud", Kap. 18, 368-394, bes. 381ff. und 395-412; J. C. BURNHAM, „Sigmund Freud and G. Stanley Hall: Exchange of Letters", Psychoanalytic Quaterly 29 (1960), 307-316. Die fünf Vorlesungen Freuds, die den Beginn der amerikanischen Psychoanalyse markieren, sind abgedruckt in: S. FREUD, „The Origin and Development of Psychoanalysis", Lectures Delivered before the Department of Psychology As a Part of the Celebration of the Twentieth Anniversary of the Opening of Clark University September, Worcester/Mass. 1909, 1-38.

Hat er somit für die Pionierzeit der amerikanischen Psychologie eine fast ebenso bedeutende Rolle gespielt wie James, mit dem er immer wieder - meist zu seinem Nachteil - verglichen wurde,[1] so ist sein Forschungsbeitrag im Unterschied zu diesem jedoch weitaus weniger gewürdigt worden.[2] Er ist in erster Linie als der rhetorisch versierte „Propagandist"[3] und enthusiastische „Prophet"[4] seiner Wissenschaft, als ihr Organisator[5] und der Stimulator anderer[6] in die Geschichtsbücher eingegangen. Sein literarisches Werk selbst ist jedoch größtenteils in Vergessenheit geraten. Hierfür mag es vielerlei Gründe geben:

Bereits zu Lebzeiten hat die ambivalente Persönlichkeit Halls die Wirkung seiner Ideen nicht nur in außergewöhnlichem Maße gefördert, sondern mitunter auch blockiert. Wie bei kaum einem anderen seines Fachs hat der Eindruck seiner Person offensichtlich zur Stellungnahme gereizt und eine ganze Reihe auffallend unterschiedlicher Fremdzeugnisse hervorgebracht.[7] Auch die schriftliche Präsentation seiner Werke mag einer breiteren Rezeption hinderlich gewesen sein.[8] Nicht nur die als Germanismus empfundene Extravaganz seines Stils wurde gerügt, sondern auch die episch breite, „unsystematische"[9] und eher literarisch-künstlerische als naturwissenschaftliche[10] Form seiner Darstellung. Trotz der enormen Produktivität seines Schaffens - Wilsons Bibliographie listet insgesamt

---

[1] Vgl. etwa ROBACK, 154-162; R. B. PERRY, The Thought and Character of William James, 2 Bde., Boston/Toronto 1935, dort Bd. II, 3-24; BORING, 517, 519f.

[2] ROBACK, 154; SANFORD, 320f.

[3] FISHER, 51f.; SANFORD, 320; THORNDIKE, 141.

[4] So der Titel von ROSS' Biographie.

[5] Hall gründete allein vier wichtige Zeitschriften: The American Journal of Psychology (1889), The Pedagogical Seminary (1891), The Journal of Religious Psychology and Education (1904) und The Journal of Applied Psychology (1917). Darüber hinaus war er Mitbegründer der American Psychological Association und hat an der Johns Hopkins- und Clark-Universität eine der ersten Abteilungen für empirische Psychologie an amerikanischen Universitäten unterhalten.

[6] MURPHY/KOVACH, 175; STRICKLAND/BURGESS, 5; WATSON, 377.

[7] Dazu HALL selbst in LCP 567ff.; BURNHAM, 97-101; LEUBA, MPR 181ff.; L. PRUETTE, G. Stanley Hall: Biography of a Mind, New York 1926, VIIf.; ROSS, XV u. ö.; STRICKLAND/BURGESS, 2; THORNDIKE, 142-154, zitiert Starbuck, der nach dem Tod Halls eine Fragebogenerhebung zu dessen Persönlichkeit angestellt hat. STARBUCK hat deren Ergebnis als Nachruf vor der American Psychological Association am 30. 12. 1924 zur „Session in Memory of G. Stanley Hall" vorgetragen und dabei als Ergebnis der Untersuchung eine extreme Bandbreite von Einschätzungen der Hallschen Persönlichkeit festgestellt: „G. Stanley Hall As a Psychologist, Psychological Review 32 (1925), 103-120, bes. 107, 110.

[8] STRICKLAND/BURGESS, 25: „Hall's cast of thought was betrayed by his writing, which is all too frequently marred by lengthy, rambling, Teutonic sentences, complicated by esoteric terms, irrelevant scientific technicalities and blatant contradictions." Vgl. auch HALL selbst: LCP 32, 124.

[9] BURNHAM, 101; FISHER, 52; SANFORD, 316.

[10] THORNDIKE, 141.

439 Titel auf, darunter 14 zum Teil voluminöse Buchveröffentlichungen[1] - hat Hall dennoch keine Theorie entwickelt, die bleibend mit seinem Namen verbunden in die Geschichte der Psychologie eingegangen wäre[2].

Sind Halls Psychologie und Pädagogik also in den anonymen Strom des allgemeinen Fortschritts dieser Fachwissenschaften eingetaucht,[3] so gilt dies in noch weitaus stärkerem Maße für seine Religionspsychologie[4]. Darin wird jedoch zum einen vergessen, daß die Religionspsychologie als neues Wissenschaftsgebiet in den 90er Jahren des letzten Jahrhunderts unmittelbar als ein Sprößling[5] derjenigen pädagogischen Reformbewegung hervorgegangen ist, zu der Hall - wie erwähnt - den entscheidenden Impuls gegeben hatte und dessen herausragender Führer er zu diesem Zeitpunkt war. Zum anderen wird darin übersehen, daß Halls pädagogisch orientierte Entwicklungspsychologie des Kindheits- und Jugendalters bereits von Anfang an mit der religionspsychologischen Fragestellung aufs engste verknüpft ist. So kann der im Januar 1882 veröffentlichte Vortrag von 1881 „The Moral and Religious Training of Children"[6] sowohl als der Beginn der amerikanischen „child study"-Bewegung wie auch der Geschichte der Religionspsychologie betrachtet werden. Es ist bezeichnend für die grundlegende Bedeutung dieses Aufsatzes, daß Hall ihn im folgenden an signifikanter Stelle zweimal wiederaufgelegt hat: Einmal im Eröffnungsband der von ihm 1891 gegründeten Zeitschrift „Pedagogical Seminary", dem neuen Forum der „child study"- Bewegung in ihrer vitalsten Phase.[7] Und ein zweites Mal 1906 in Verbindung mit der ebenfalls grundlegenden Frühschrift „The Education of the Will"[8], gestaltet als das programmatische Abschlußkapitel seines pädagogischen Handbuchs „Youth"[9], das Auszüge seiner umfangreichen Adoleszenzpsychologie von 1904[10] für den praktischen Gebrauch zugänglich macht[11]. Obwohl das religionspsychologische Thema somit von Anfang an im Zentrum der Hallschen Entwicklungspsychologie und Pädagogik auftaucht, wird der systematische Sinn die-

---

[1] L. N. WILSON, „Bibliography of the Published Writings of G. Stanley Hall, 1866-1924", in: „Granville Stanley Hall. In Memoriam", Clark University Library Publications 7, Worcester/Mass. 1925; auch bei THORNDIKE, 155-180.

[2] So urteilen auch SANFORD, 320f.; STRICKLAND/BURGESS, 5, 24f.

[3] ROSS, 366, 422.

[4] Zu Halls Beitrag zur Religionspsychologie vgl. etwa D. M. WULFF, 43-53, bes. 49ff.

[5] MURPHY/KOVACH, 202.

[6] Im folgenden abgekürzt als MRT.

[7] „The Moral and the Religious Training of Children and Adolescents", PS 1 (1891), 196-210.

[8] Princeton Review 10 (1882), 306-325 (im folgenden zitiert als EW).

[9] Youth. Its Education, Regimen and Hygiene, New York 1906, Kap. XII.

[10] Adolescence. Its Psychology and Its Relation to Physiology, Anthropology, Sociology, Sex, Crime, Religion and Education, 2 Bde., New York 1904 (im folgenden zitiert als AP).

[11] Youth, Preface, V.

ser Stellung in der Sekundärliteratur erstaunlicherweise kaum reflektiert. Die Erörterung seines Beitrags zur Religionspsychologie wird vor allem auf eine Kurzbesprechung des recht spät publizierten Werks „Jesus, the Christ, in the Light of Psychology"[1] aus dem Jahr 1917 beschränkt sowie auf den Hinweis, daß Hall in seinem Hauptwerk von 1904 das Phänomen der Bekehrung als eine natürliche und normale Erscheinung der Adoleszenzentwicklung hervorgehoben habe.[2] Auch wenn Halls Religionspsychologie unter seinen Fachkollegen eine mitunter größere Anerkennung gefunden hat als seine übrigen Theorien,[3] wird sie lediglich als eine Ausstrahlung seiner allgemeinen Entwicklungspsychologie[4] bzw. *eine* Episode seines Schaffens[5] verstanden. Sie in ihrer systematischen Bedeutung für sein Werk im ganzen auszuwerten, wie es nun im folgenden geschehen soll, wird uns daher einen forschungsgeschichtlich bisher ungewohnten, jedoch überraschend aufschlußreichen Blick auf dieses Gesamtwerk und seinen inneren Plan eröffnen.

1. Die Bildungsgeschichte der grundlegenden Lebenseinsichten Halls bis zum Erscheinen der ersten religionspsychologischen Veröffentlichung

In diesem Kapitel sollen die lebensgeschichtlichen Ursprünge der Hallschen Vorstellungswelt aufgesucht und darin nachgezeichnet werden, wie von hier aus der kategoriale Rahmen bereitgestellt ist, innerhalb dessen sich sein wissenschaftliches Schaffen insgesamt bewegt hat.[6]

Die Quellenlage ist im vorliegenden Fall überaus günstig: Hall selbst hat im Laufe seines Lebens immer wieder autobiographische Skizzen sowie kleinere Prosawerke mit klar erkennbaren autobiographischen Motiven veröffentlicht, die in seine beiden Aufsatzbände „Aspects of German Culture"[7] und „Recreations of

---

[1] New York/London 1917 (im folgenden zitiert als JP).

[2] FISHER, 44f.; BORING, 523; ROSS, 331, 334f., 416-419. Auch wenn ROSS zugibt: „The psychology of religion had been the earliest thread of Hall's own, distinctive psychology."

[3] FISHER, 44; ODUM, 143. Als angeblicher Religionskritiker und abtrünniger Theologiestudent hat sich Hall offensichtlich noch am ehesten Sympathien erworben: STRICKLAND/BURGESS, 4; ROSS, 418.

[4] FISHER, 43.

[5] THORNDIKE, 140.

[6] So auch BURNHAM, 101: „In case of Dr. Hall one can hardly get a clear understanding of his written psychological contribution without a knowledge of his great personality; for like most writers in treating of a subject, he gave no adequate account of his method, his point of view, and his personal equation".

[7] Boston 1881 (im folgenden zitiert als AGC). Der Sammelband bietet neben HALLs Frühschriften in erster Linie Aufsätze, in denen Eindrücke seiner beiden Studienaufenthalte in Deutschland festgehalten sind.

a Psychologist"[1] eingehen und in seinem umfassenden Selbstbekenntnis „Life and Confessions of a Psychologist"[2] gipfeln.[3] Daneben besitzen wir seine vorpsychologischen Frühschriften, deren Dokumentation bis zu Beiträgen in der Studentenzeitung seiner College-Zeit zurückreichen.[4] Diese Selbstzeugnisse werden ergänzt durch die zahlreich vorhandenen Fremdzeugnisse, insbesondere die seiner beiden Schüler Wilson[5] und Pruette[6], die zwar offensichtlich als Laudatio gestaltet, dennoch einige interessante Materialien aus ansonsten unveröffentlichten Briefen und Vorlesungen beisteuern. Darüber hinaus kann sich die folgende Darstellung auf die neueste und umfassendste Biographie von Dorothy Ross stützen, die viele Details der Hallschen Lebensgeschichte auf der Basis eines reich zusammengetragenen Fundus aus Familienbeständen und Materialien der Clark-Universität recherchiert hat.[7]

Wenn Hall in „Life and Confessions of a Psychologist" das Bekenntnis seines Lebens niederschreibt, dann hat man sich dies nicht nur als die Autobiographie eines einzelnen und seines eng umgrenzten Lebens vorzustellen. Vielmehr spricht hier der genetische Psychologe, der die Ontogenese seiner Person immer nur im Zusammenhang der Phylogenese seiner Gattung verstanden wissen will.[8] Darin scheint sich der biologisch denkende Szientist der Moderne in gewisser Hinsicht mit dem frommen Menschen der ausgehenden Antike Augustin vergleichen zu wollen, der die „Confessiones"[9] seines persönlichen Mikrokosmos (Conf., Bücher 1-9) ebenfalls nicht abgesehen von, sondern auch immer nur im Zusammenhang menschlicher Existenz im allgemeinen, des Makrokosmos der Schöpfung im ganzen (Bücher 10-14), begreifen mag.[10] So spricht es denn vielleicht nicht nur für den genetischen Zugang, sondern zugleich für den biblisch-christlichen Traditionshintergrund Halls und den religiösen[11] Charakter seines wissenschaftli-

---

[1] New York 1920 (im folgenden zitiert als RP).

[2] LCP.

[3] Vgl. daneben noch die autobiographischen Notizen in FMP. In Auszügen ins Deutsche übersetzt von R. SCHMIDT als: G. S. HALL, Die Begründer der modernen Psychologie. Lotze, Fechner, Helmholtz, Wundt, Leipzig 1914. Die amerikanische Originalausgabe enthält außerdem noch Darstellungen zu Eduard Zeller und Eduard von Hartmann.

[4] Vgl. die Bibliographie bei ROSS, 439f. Die Titelnennung erfolgt im Verlauf der Darstellung.

[5] L. N. WILSON, G. Stanley Hall: A Sketch, New York 1914.

[6] PRUETTE, a. a. O.

[7] ROSS, XVIII.

[8] LCP 144.

[9] AUGUSTINUS, a. a. O.

[10] Zu dieser Interpretation vgl. den Anhang von BERNHARDT, ebd. 987; sowie CHADWICK, 72-80, bes. 74.

[11] Zur religiösen Dimension seines Selbstverständnisses vgl. etwa die Schlußpassage (LCP 596), in der Hall sich nicht scheut, den phylogenetischen Entwicklungsstand seiner Persönlichkeit mit dem Jesu oder Buddhas zu vergleichen.

chen Werkes, daß er die Geschichte seines Lebens mit einer Art „Völkertafel"[1] seiner Ahnenreihe beginnt und enden läßt mit einer Art „Kirchengeschichte"[2] derjenigen Institutionen[3], als deren Apostel er sich versteht. Wenn Hall den Stammbaum seiner Familienchronik[4] bis auf die Anfänge des neuenglischen Puritanismus, die ehrbaren Frauen und Männer der Mayflower sowie der Flotte John Winthrops, zurückverfolgt, dann ziehen an unserem geistigen Auge die wichtigen Stationen der amerikanischen Geschichte mit vorbei. Dann erscheint dieses Leben aufgetaucht aus dem stolzen Strom seiner Gattung, aus dessen gesammeltem Erbe es sein „psychophysisches Make-up"[5] bezieht, um schließlich in diesen Strom auch wieder einzugehen, nachdem es seinen persönlichen Beitrag zu dessen Evolution geleistet und darin Anteil gewonnen hat an der Unsterblichkeit seiner Gattung. Damit spiegelt sich in der Anlage von Halls Selbstdarstellung die Grundidee seiner Psychologie wieder. Deren lebensgeschichtliche Wurzeln wollen wir uns nun vor Augen führen:

Granville Stanley Hall wird am 1. Februar 1844 in dem kleinen Farmerdorf Ashfield in Massachusetts als erster Sohn von Abigail Beals und Granville Bascom Hall geboren.[6]

> „Again, but for the reminiscent survey set down in this volume, I never should have realized how much I owe to my parents and how in all my *thun* and *haben* I have simply reproduced their lives, with a few amplifications offset by grave shortcomings in which I have fallen below them; how deeply I am indebted, body and soul, to the country farm life of my early years; how early all my very fundamental traits were developed so that despite all changes in

---

[1] Kap. I.

[2] Zu Halls Interpretation der Institutionen „Universität" und „Science" als „ecclesia invisibilis" vgl. etwa AP Bd. 2, XVI, 519; LCP 546.

[3] Clark-Universität (Kap. VII), empirische Psychologie (Kap. VIII), pädagogische Reformbewegung (Kap. IX).

[4] LCP 22-27.

[5] LCP 26, 82. Eine Tradition, die im Hause Halls gepflegt worden ist: LCP 27.

[6] Da keine offizielle Geburtsurkunde existiert, ist sowohl der ursprüngliche Name als auch das genaue Geburtsdatum Halls strittig. Nach Halls eigener Aussage hat er keine Taufe empfangen. Über die Schwierigkeiten, die ihm das Fehlen von Geburts- und Taufurkunde bei den Formalitäten anläßlich seiner Heirat in Deutschland 1879 bereitet haben, berichtet er in „Getting Married in Germany", Atlantic Monthly 47 (1881), 36-46, bes. 41 u. 44.
Wahrscheinlich hat sich Hall den Vornamen „Granville" bei seinem College-Eintritt in Anlehnung an den Namen seines Vaters nachträglich selbst zugelegt. Dazu ROSS, 3ff., bes. Anm. 3 und 10. Die Angaben über das Geburtsjahr schwanken - sogar bei Hall selbst - zwischen 1844-46, die Angaben über den Geburtstag zwischen den Daten 1. Februar und 6. Mai. Das hier angenommene Datum wird durch Halls Heiratsurkunde und das Zeugnis seiner Schwester belegt. Zur Diskussion von Halls Geburtsdatum vgl.: P. FINNER, „Concerning the Centennial of G. Stanley Hall", School and Society 60 (1944), 30f.; A. J. CHIDSTER, „In What Year Was G. Stanley Hall Born?", School and Society 63 (1944), 420f.; F. H. SWIFT, „Sleuthing for the Birth Date of G. Stanley Hall", School and Society 63 (1946), 249-252.

environment I am yet the same in every basal trait that I was in childhood or even in infancy, in which everything in me was preformed..."[1]

Dieses elementare Bildungsmilieu seiner Kindheit wollen wir in den folgenden Abschnitten 1.1 - 1.5 nun genauer zu beschreiben versuchen.

1.1 Das puritanische Elternhaus

„I came of sturdy, old, New England, Puritan stock that had been long enough in this country to be more or less acclimated, that in the moral atmosphere of my home I heard more of duty than of pleasure, that religious influence and tradition were very strong, that generations of toil and life close to nature had toned down the spirit of enterprise and adventure that must have animated my pioneer ancestors in their migrations from the old world to the new, and that after long dormancy the same spirit had shown some degree of resurgence in the excelsior impulsions of both my parents."[2]

Statt von diesem latent vorhandenen „Pioniergeist", der die beiden Eltern auszeichnet, ist das Leben der Halls jedoch weitaus mehr geprägt durch den arbeitsreichen und kargen Farmalltag. Der Geist innerhalb der Familie wird beschrieben als von gegenseitiger Zuneigung bestimmt, die allerdings aufgrund der puritanischen Atmosphäre wenig Ausdrucksmöglichkeiten findet.[3] Im Zentrum des elterlichen Interesses steht die Erziehung der drei Kinder:[4]

„If ever parents lived for their children, mine did. We were not only their offspring but as we developed they looked to us to realize their own youthful ambitions, the thwarting of which they always felt so keenly that it actually clouded their lives. They alone of all their brothers and sisters ardently aspired to a larger horizon and to be and do something worth while in the world, and were always oppressed by a sense of failure. We children were incessantly exhorted to 'make good' in their place, to succeed as they had fallen by the way. As we matured this became more and more of a spur to us, and education seemed to both them and us to open the only way."[5]

Um verstehen zu können, wie Stanley Hall in der stellvertretenden Erfüllung[6] der elterlichen Ambitionen seinen eigenen Lebensplan suchen und finden wird, wollen wir zunächst einen näheren Blick auf den Charakter dieser elterlichen Ambitionen werfen.

---

[1] LCP 7, ä. a. 86.
[2] LCP 81.
[3] LCP 79-86; vgl. auch PRUETTE, Kap. 2: „The Puritan". Gehorsam ist oberstes Gebot der Hallkinder: LCP 96; ROSS, 5.
[4] LCP 79f., 82, 84f.
[5] LCP 79f.; vgl. a. HALLs Aussage in: Senescence: The Last Half of Life, New York 1922, XX (im folgenden zitiert als SP).
[6] So HALL selbst: LCP 73, 80, 86, 147; SP XX. Dies scheint nicht nur für ihn, sondern auch für seine beiden Geschwister zu gelten, was ein Blick auf deren Berufe belegt: Halls jüngerer Bruder ergreift das Predigeramt, seine Schwester wird Lehrerin (LCP 83).

1.2 Die Mutter

Abigail Beals Hall[1], von der Stanley Hall nur in der höchsten Verehrung spricht, erscheint hier vor allem in zweierlei Hinsicht interessant: zum einen hinsichtlich des religiösen Ernstes ihres kongregationalistischen Glaubensbekenntnisses und zum anderen hinsichtlich ihrer Ambitionen als Erzieherin.

> „The Beals family tradition of piety went back to my great-grandfather, Joseph Beals, whose life was commemorated in a trait (no. 254) entitled, *The Mountain Miller*, which for many years had a very wide circulation. This little memoir was not only the subject of some pride but was very precious to my mother's family as presenting a standard of Christian life to be striven towards."[2]

Dieses kleine Erbauungsbuch von William A. Hallock erzählt die Geschichte der Bekehrung von Halls Urgroßvater, Joseph Beals, und dessen ekstatischer Spiritualität.[3] Das Bild dieses Bekehrten und religiösen Enthusiasten präsentiert sich Hall in seiner Kindheit als Ideal christlichen Lebens, die Mauerreste der Mühle des „Mountain Miller" stellen eine Art Wallfahrtsort dar.[4] Auch die Mutter scheint in ihrer Jugend[5] eine Bekehrungserfahrung in Form eines öffentlichen Bekenntnisses durchlaufen zu haben, von der aus sie den Beginn ihrer persönlichen Frömmigkeitsgeschichte datiert. Ihre religiösen Tagebücher, aus denen Hall, tief beeindruckt, sogar Auszüge zitiert, zeigen sie in ihrem aktiven Streben nach Heiligung, in ihrem Ringen zwischen geistlichem und fleischlichem Leben um die bekennende Ganzhingabe an die göttliche Providenz.[6]

> „Faith was to her not a matter of creed; nor did the doubt she speaks of have anything to do with doctrine. Belief meant simply the presence, and doubt the absence of the feeling that all God's dealings with us are for our good."[7]

„Poise and uniformity of deportment" ist das stoische Ideal dieser Frömmigkeit, alle Abweichungen hiervon alarmieren das religiöse Bewußtsein, dessen Gefühlshaushalt der regelmäßige Gegenstand frommer Selbsterforschung darstellt.

Es ist naheliegend, in dieser Gestalt protestantischer Frömmigkeit die Wurzeln auch von Halls eigenem Verständnis eines religiösen Lebens zu sehen; zu denken ist etwa an die hervorragende Bedeutung des Bekehrungsmotivs in seiner Religionspsychologie und seine Kennzeichnung des menschlichen Lebenssinns als

---

[1] LCP 27-47; ROSS, 4; WILSON, G. Stanley Hall: A Sketch, 13ff.
[2] LCP 29.
[3] LCP 29 Anm.1.
[4] LCP 30f.
[5] Im Alter von ca. 22 Jahren; zu erschließen aus LCP 27, 38.
[6] LCP 35-45.
[7] LCP 42.

„Selbsterkenntnis" bzw. „-bekenntnis"[1]. Die Bedeutung des konfessionalen Impulses, dem Hall eine heilsame Wirkung beimißt, ist ihm nicht erst durch die Rezeption der Freudschen Psychoanalyse nahegelegt, sondern erscheint durch das Milieu seiner religiösen Herkunft zumindest vorbereitet.[2] Der nicht zur Ruhe kommende religiöse Ehrgeiz der Mutter[3], ihre Furcht vor der Mittelmäßigkeit einer angepaßten Weltfrömmigkeit und ihr Streben nach frommer Vervollkommnung werden als „dread of mediocrity"[4] auch für den Lebensplan des Sohnes eine wichtige Rolle spielen.

Aber noch in einer anderen Hinsicht ist der berufliche Weg Halls präfiguriert im Leben seiner Mutter, nämlich hinsichtlich ihres Wirkens als Erzieherin. Abigail Beals Hall, die als einzige ihrer Familie eine höhere Ausbildung im fortschrittlichsten Stil ihrer Zeit genießt,[5] ist vor ihrer Heirat als Sonntags- und Dorfschullehrerin tätig, die ihren Unterricht in Notizbüchern gewissenhaft vor- und nachbereitet und ihren Schwerpunkt bei der Charakterbildung ihrer Schüler setzt[6]. Dieselbe pädagogische Sorgfalt legt sie auch bei der Erziehung ihrer eigenen Kinder an den Tag. So richtet sie beispielsweise bei der Geburt ihres Ältesten ein Memorandum ein, in dem sie die Stationen seiner kindlichen Entwicklung schriftlich festhält. Dieses Memorandum wird von Hall als das erste ihm bekannte Dokument einer kindlichen Entwicklungspsychologie bezeichnet[7], die er selbst dann seit 1881 im großen Stil auf den Weg gebracht hat.

1.3 Der Vater

Auch Granville Bascom Hall[8] zeigt als einziger des extrem konservativen Hallclans ursprünglichen amerikanischen Pioniergeist und Ambitionen zu Höherem.[9] Mit 18 Jahren „kauft" er sich für die verbleibenden Jahre seiner Minderjährigkeit von den Verpflichtungen der väterlichen Farm frei, um auf eigene Faust nach einer weiterführenden Ausbildung zu streben. Das wenige, was er sich anzueignen vermag, genügt zumindest, um für einige Zeit als Lehrer tätig zu wer-

---

[1] LCP 2f., 85; EW 322.
[2] LCP 3, 7, 12f., 131, 395; AP Bd. 1, 589.
[3] LCP 39, 45.
[4] LCP 45. Nämlich in Gestalt hochfliegender Ambitionen, die sich im jugendlichen Hall formieren, um in den folgenden Lebensjahren ihrer Verwirklichung zuzustreben.
[5] LCP 27, 32f.
[6] LCP 33ff.
[7] LCP 46.
[8] LCP 47-81; ROSS, 4ff.; WILSON, G. Stanley Hall: A Sketch, 14-18, bes. 17: „The father was law and the mother gospel in this home, and if the children linger a little more lovingly in their thought of the 'gospel,' later judgement has shown them also the beauty of the 'law'."
[9] LCP 56ff.

den.[1] Insgesamt gesehen bringen ihm seine jugendlichen Lehr- und Wanderjahre zwar Erfahrungen auf unterschiedlichsten Gebieten, vermögen seine ursprünglichen Ambitionen allerdings nicht zu erfüllen.[2] Auch er erwirbt sein Brot für den Rest seines Lebens schließlich wieder als Farmer wie die Generationen vor ihm in seiner Familie. All seinen Ehrgeiz scheint er im weiteren in die Führung seiner Farm, die Erziehung seiner Kinder[3] sowie die aktive Teilnahme am öffentlichen Geschehen in Kirche und Gemeinwesen[4] zu legen. Hier tut er sich nicht selten als Redner hervor, der zwar keinerlei Neigung zu religiösem Spiritualismus zeigt, jedoch mit Emphase die Moralprinzipien seines calvinistischen Bekenntnisses vertritt und für die Lösung von Gegenwartsfragen interpretierend heranzieht. Ihm scheint aus seiner Religiosität vor allem das Motiv zu praktischer Weltzugewandtheit und Wissenschaftlichkeit zu erwachsen. Ein beredtes Zeugnis seines fortschrittlichen Geistes gibt der Abdruck einer öffentlichen Ansprache aus der Zeit um 1860:[5]

Wir hören darin Granville Halls leidenschaftliches Plädoyer an sein Farmerauditorium, sich den praktischen Anwendungen der neuen Naturwissenschaften gegenüber aufzuschließen.[6] Deren Zukunftschancen für den Bereich der Agrartechnik werden mit einem vergleichbar religiösen Enthusiasmus ausgemalt, wie wir ihn in den Reden Stanley Halls als Propagandisten der „Science" wiederfinden werden.[7] Wie in dem späteren Pädagogikprogramm des Sohnes Identität und Fortschritt der Nation so hängt auch hier nach Ansicht des Vaters Rettung und gegenwärtige Berufung der Farmerzunft entschieden ab von der *Erziehung* der nachfolgenden Generation:

> „Hence we must educate our sons. We must educate them farmers - practical, scientific, efficient, intelligent farmers."[8]

1.4 „Boy Life in a Massachusetts Country Town"

So ist es zunächst auch das Farmleben, das den ersten Bildungsraum für den Jungen Stanley Hall bereitstellt.[9] Die Hallkinder haben Anteil an allen Aktivitä-

---

[1] LCP 60f.
[2] LCP 60ff.
[3] LCP 63, 73, 75, 79f.
[4] LCP 62ff., 76, 110.
[5] LCP 65-72.
[6] LCP 68ff.
[7] Vgl. z. B. auch G. Bascom Halls Plädoyer für eine effektive Tierzucht (LCP 71) mit Stanley HALLs Eintreten für eugenische Praktiken in: „Eugenics: Its Ideals and What It Is Going to Do", Religious Education 6 (1911), 152-159.
[8] LCP 68.
[9] LCP 53-56; Kap. II, 87-108.

ten der Farm und des Dorfes, deren Landwirtschaft, Viehzucht, Handwerk und Gewerbe nahezu den gesamten Bestand menschlicher Kultur abbildet und zu dieser einen unmittelbaren und umfassenden Zugang gewährt. In seiner Entwicklungspsychologie und Pädagogik wird Hall später nicht müde, dieses alte neuenglische Landleben als die ideale Umgebung einer gesunden Entwicklung vor allem des vorpubertären Kindes herauszustellen. Dessen reiche Erlebniswelt hat viele der Motive gestiftet, mit denen sich seine „child study"-Untersuchungen im einzelnen beschäftigen werden.[1] In „Boy Life in a Massachusetts Country Town Forty Years Ago"[2] aus dem Jahr 1891 hat Hall diesem im Verschwinden begriffenen Lebensraum erstmals eine eigene heimatkundliche Skizze mit pädagogischem Ausblick gewidmet:

> „this life as its best appears to me to have constituted about the best educational environment for boys at a certain stage of their development ever realized in history, combining physical, industrial, technical with civil and religious elements in wise proportions and pedagogic objectivity. Again, this mode of life is the one and the only one that represents the ideal basis of a state of citizen voters as contemplated by the framers of our institutions. Finally, it is more and more refreshing in our age, and especially in the vacation mood, to go back to sources, to the fresh primary thoughts, feelings, beliefs, modes of life of simple, homely, genuine men. Our higher anthropology labors to start afresh from the common vulgar standpoint as Socrates did, from what Maurice calls the *Ethos*, and Grote the *Nomos* of common people, and of a just preceding and a vanishing type of civilization, to be warmed with its experience and saturated with its local colour."[3]

Um den degenerativen Tendenzen der modernen städtischen Industriegesellschaft entgegenzusteuern, sucht Hall später im Ruf zurück zum Elementaren und Naturverbundenen als der ursprünglich synthetischen Lebensform den pädagogischen Weg zu nationalem Fortschritt und zur Entwicklung einer höheren Menschheitsstufe.[4]

---

[1] Zum kindlichen Erleben von Tieren (LCP 91-96) vgl. etwa: G. S. HALL/W. F. BUCKE, „Cyno-Psychoses: Children's Thoughts, Reactions, and Feelings towards Pet Dogs", PS 10 (1903), 459-513; G. S. HALL/CH. E. BROWNE, „The Cat and the Child", PS 11 (1904), 3-29.
Kindliche Phantasien zu Naturphänomenen (LCP 101f.) werden untersucht in: G. S. HALL/J. E. W. WALLIN, „How Children and Youth Think and Feel about Clouds", PS 9 (1902), 460-506; G. S. HALL/CH. E. BROWNE, „Children's Ideas of Fire, Heat, Frost, and Cold", PS 10 (1903), 27-85; G. S. HALL, „Note on Cloud Fancies", PS 10 (1903), 96-100; DERS., „Note on Moon Fancies", AJP 14 (1903), 88-91; DERS., „A Study of Children's Interest in Flowers", PS 12 (1905), 107-140.
Zu kindlichen Spielen und anderen Aktivitäten (LCP 96-101): „A Study of Children's Collections", The Nation 41 (1885), 190, ebenfalls in: PS 1 (1891), 234-237.

[2] Proceedings of the American Antiquarian Society 7 (1891), 107-120, hier zitiert nach: Aspects of Child Life and Education, Boston 1907, 300-321 (im folgenden zitiert als ACL).

[3] Ebd. 300f. Vgl. ä. auch LCP 56, 96, 143f.

[4] „Boy life...", 319f.; LCP 176f., 374; SP 415.

1.5 Adoleszenz: Beginn der Suche nach einem persönlichen Lebensplan

Mit Anbruch der Pubertät finden wir Stanley Hall zum ersten Mal jenseits dieses kindlichen „Urstandes"[1] in Einklang mit ländlicher Natur und Kultur. Wir hören nun von adoleszenten Krisenerfahrungen: Zum einen im Zusammenhang mit dem erwachenden Sexualleben, dessen unaufgeklärte Manifestationen ein tief beunruhigtes Bewußtsein persönlicher Schuld und außergewöhnlicher Verderbtheit hervorrufen.[2] Zum anderen treten massive Todesängste auf, die mit gesundheitlichen Unregelmäßigkeiten in dieser Periode einhergehen.[3] Auch diese Krisenerfahrungen werden hier nicht aufgrund eines biographischen Interesses erwähnt, sondern um auf sie als lebensgeschichtliche Wurzeln zentraler Motive in Halls Religions- und Entwicklungspsychologie aufmerksam zu werden. Denn just die Regulation des adoleszenten Sexuallebens und die Überwindung der Todesfurcht („thanatophobia") werden darin später als die beiden Hauptfunktionen des religiösen Instinktes in Erscheinung treten.

In Auseinandersetzung mit den elterlichen Ambitionen für seine Zukunft erstehen in Stanley Hall nun erste Entwürfe für seinen weiteren Lebensplan: Der Vater erwartet im Sohn eine zukünftige Stütze für die Bewirtschaftung der Farm.[4] Die Mutter - ihrem religiösen Lebenszentrum gemäß - wünscht sich eine Ausbildung zum Predigeramt.[5] Stanley Halls eigene Interessen hingegen sind artistischer Art.[6] Er träumt davon, ein bewunderter Musiker zu sein, wozu ihm allerdings die tiefere Begabung fehlt.[7] Er erprobt sich als öffentlicher Redner und zeigt seine literarischen Ambitionen in kleineren Prosawerken und einer ersten Selbstbiographie.[8] Seine Suche nach einer eigenen Identität scheint sich kulminativ in einer Erfahrung zu konzentrieren, die Hall in „Note on Early Memories"[9] 1899 als sein jugendliches Gipfelerlebnis[10] folgendermaßen festgehalten hat:

---

[1] „Note on Early Memories", PS 6 (1899), 485-512: „Childhood is the paradise of the race from which adult life is a fall" (ebd. 496). „The country is the child's heaven" (ebd. 492).

[2] LCP 131ff.

[3] LCP 137f.

[4] LCP 63; ROSS, 7.

[5] ROSS, 4, 7.

[6] „Note on Early Memories", 510; LCP 115ff.

[7] LCP 115ff. und in AP Bd. 1, 579f. als anonymes Selbstzeugnis.

[8] LCP 117-121; „Note on Early Memories", 510.

[9] A. a. O., 507; WILSON, G. Stanley Hall: A Sketch, 23f. Hall hat dieses Erlebnis später in einer romantischen Erzählung verarbeitet: „How Johnnie's Vision Came True", RP 128-146. Auch darin geht es ihm im ersten Teil (128-137) um den visionären Blick eines 14jährigen Jungen auf seine zukünftige Karriere (129, 132, 137) und Mission in der Welt (136), seine Ambition, „to be, and do, something significant for the world" (135f.).

[10] Vgl. dazu auch ROSS, 12, vor allem aber PRUETTE (Kap. 1, 11-28), die dieses Erlebnis nach Halls Erzählung szenisch ausmalt und ihm darin eine sinnbildliche Bedeutung beimißt (26f.).

„One distant summit I had never climbed since one day in the early teens, when I had spent a good part of a whole Sunday there alone trying to sum myself up; gauge my good and bad points till I found I had been keyed up to a Jeffrey rage[1], and walked back and forth vowing aloud that I would overcome many real and fancied obstacles and to do and be something in the world. It was resolve, vow, prayer, idealization, life plan, all in a jumble, but it was an experience that has always stood out so prominently in memory that I found this revisitation solemn and almost sacramental. Something certainly took place in my soul then, although propably it was of less consequence than I thought for a long time afterward. My resolve to go to college, however, was clenched then and there, and that hill will always remain my Pisgah[2] and Moriah[3] in one."

Dieser „hilltop experience" hat Hall einen religiös-sakramentalen Sinn beigemessen, der offensichtlich keine spezifisch konfessionellen Züge trägt, sondern von der inneren Dynamik des Gesamtgeschehens lebt: An einem Sonntag begibt sich ein Junge auf der Schwelle zum Erwachsensein in die Natur, um in selbstgewählter Abgeschiedenheit eine Zwischenbilanz seines Lebens zu ziehen. Seine Selbsterkenntnis gipfelt in einem ekstatischen Selbstbekenntnis, das sich auf die weitere Richtung seines Lebens bezieht, dem feierlichen Versprechen, „to do and be something in the world."[4]

Wir erkennen in diesem Gelübde die stellvertretende Aufnahme der unerfüllten Ambitionen seiner Eltern, die Hall in seiner Autobiographie - wie oben zitiert - mit ganz ähnlichen Worten charakterisiert hat:

„They alone of all their brothers and sisters ardently aspired to a larger horizon and to be and do something worth while in the world..."[1]

So entspricht dann auch der erste konkrete Schritt zur Erfüllung des gefaßten Lebensplans, nämlich das College zu besuchen und damit nach einer weiterführenden Ausbildung zu streben, dem gemeinsamen Nenner dieser elterlichen Ambitionen.

Aber nicht nur für den persönlichen Bildungsweg Halls, sondern auch noch in einem weiteren Sinne erscheint dieses Gipfelerlebnis für unsere Darstellung aufschlußreich. In ihm haben wir den biographischen Anknüpfungspunkt und zugleich das paradigmatische Formular zur Beschreibung derjenigen Bekehrungs-

---

[1] Anspielung auf Richard Jeffries „Story of My Heart", worin dieser von einer pantheistischen Ekstase mitten in der Natur berichtet; vgl. AP Bd. 1, 563, 569ff.; Bd. 2, 85, 135, 150, 162.

[2] Gipfel, auf dem Mose vor seinem Tod ins gelobte Land sehen durfte: Dtn 34, 1.

[3] Anspielung auf Abrahams Opfer auf Moria: Gen 22, 1-9.

[4] Auch die beiden beschämendsten Erfahrungen seines Lebens, an die sich Hall erinnert, können auf dem Hintergrund dieses Schlüsselerlebnisses sinnvoll gedeutet werden: Sich im Dorf als Schweinehirt zeigen zu müssen (LCP 76f.) ist degradierend, denn es widerspricht dem Entschluß, „etwas zu sein in der Welt". Sich durch ein ärztliches Attest die Befreiung vom Militärdienst bewirkt zu haben (LCP 148ff.) erzeugt einen bleibenden Impuls zu Buße und Wiedergutmachung durch zivilen Dienst für das Land, denn es ist nicht vereinbar mit dem Gelübde, „etwas zu tun in der Welt".

und Initiationserfahrungen vor uns[2], die Hall in seiner Entwicklungs- und Religionspsychologie als universale Phänomene der Adoleszenzzeit in den Brennpunkt der Aufmerksamkeit rücken wird.[3]

1.6 Der Weg zu einem philanthropischen Intuitionismus

Die folgenden Jahre bringen für Hall eine schrittweise Ausweitung seines Lebenshorizonts[4], innerhalb dessen sich sein Plan, „to do and be something in the world", zu realisieren hat.

Mit 16 sammelt er erste ermutigende Erfahrungen als Lehrer in den Dorfschulen der näheren Umgebung.[5]

1862 tritt er ins Williston Seminary in Easthampton ein, um sich aufs College vorzubereiten.[6] Seine Erfahrungen mit den dortigen Drillmethoden haben sein späteres Programm einer umfassenden Reform des amerikanischen High School-Wesens mitbeeinflußt, in dem er sich vor allem gegen dessen einseitige Instrumentalisierung nach den Ansprüchen der Eintrittsexamina zum College richtet.[7]

Ein Jahr darauf wird Hall im Williams College aufgenommen, dem er bis 1867 angehört.[8] In sein erstes Jahr fällt eine religiöse Bekehrungserfahrung, die sich während einer der alljährlichen Erweckungsversammlungen im Frühling ereignet. Diese Erfahrung scheint jedoch mehr ein Produkt der allgemeinen Begeisterungswelle, die das College erfaßt, sowie der Erwartungen seiner Studienkollegen und Eltern zu sein, als von einem tieferen Sinneswandel zu zeugen.[9] Ihre Bedeutung tritt zumindest hinter das oben erwähnte Hügelerlebnis zurück. Hierfür spricht auch die Kritik, die Hall in seiner Religionspsychologie gerade gegenüber - allzu frühen, abrupten und heftigen - Erweckungsbekehrungen stets ge-

---

[1] LCP 79 Z. 35 - 80 Z. 2.

[2] Zur Deutung der Erfahrung als Initiation bzw. Bekehrung s. „How Johnnie's Vision Came True", 134, 136; vgl. auch PRUETTE, 15, 24.

[3] AP Bd. 2, Kap. XIII-XIV.

[4] LCP 146.

[5] LCP 138-143; WILSON, G. Stanley Hall: A Sketch, 25f.

[6] LCP 151-156; ROSS, 14f.

[7] „How Far Is the Present High School and Early College Training Adapted to the Nature and Needs of Adolescents?", School Review 9 (1901), 649-665; „The High School As the People's College", PS 9 (1902), 63-73; „What Changes Should Be Made in Public High Schools to Make Them More Efficient in Moral Training", Proceedings of the Third Annual Convention of the Religious Education Association (1906), 219-223; AP Bd. 2, 503-527; Educational Problems, 2 Bde., New York 1911 (im folgenden zitiert als EP), dort Bd. 2, Kap. XXIII, „The American High School".

[8] LCP 156-177; ROSS, 15-29; WILSON, G. Stanley Hall: A Sketch, 26-36.

[9] LCP 163; ROSS, 16f. verläßt sich hier nicht allein auf Halls autobiographische Rückerinnerung, sondern wertet daneben zusätzlich die Korrespondenz mit seiner Familie aus dieser Zeit aus; WILSON, G. Stanley Hall: A Sketch, 33ff.

äußert hat.¹ Aus dieser Erfahrung resultiert jedenfalls kein ersichtlicher Beitrag für die anstehende Näherbestimmung seines Lebensplanes, für den sich nämlich erst noch herauskristallieren muß, *was* es denn eigentlich für ihn, Stanley Hall, inhaltlich zu tun gäbe und zu sein in der Welt.

Zunächst scheint Hall diese Näherbestimmung in einer Fortsetzung seiner bisherigen artistischen Ambitionen zu erwägen. Darauf deutet der Enthusiasmus hin, mit dem er im folgenden seine literarisch-poetischen Interessen kultiviert.² Insbesondere die Lektüre romantischer Literatur, allen voran Ralph Waldo Emersons³, prägt diese als „golden period of my life"⁴ bezeichneten Williams-Jahre. Halls neues Selbstbewußtsein als „literary man"⁵ erweist sich allerdings nur schwer vereinbar mit den mitgebrachten Werten seiner puritanischen Herkunft, denn deren praktisch-nüchterner Geist und religiös-moralischer Impetus stellt sein elegantes Ideal in Frage.

Ein inneres Ringen um das zu verfolgende Lebensideal setzt bei ihm ein, das sich in seinen Beiträgen zur Studentenzeitschrift „Williams Quaterly"⁶, deren Mitherausgeber⁷ Hall ist, niederschlägt: In „Bryant"⁸ wird die erhabene Verbindung von poetischem Künstlertum und christlicher Caritas gepriesen.

In „The Student's Sin"⁹ warnt Hall vor den Gefahren freischweifender Spekulation und Phantasie. Der Hybris literarischer Ambitionen wird zunächst die einfache Demut des Predigeramtes gegenübergestellt, um schließlich das disziplinierte literarische mit dem religiösen Leben wieder versöhnend zu vereinigen.

Denselben Konflikt reflektiert das Gedicht „A Life Without a Soul"¹⁰ im Bild des konventionellen Antagonismus zwischen „Kopf" und „Herz", womit der Antagonismus zwischen spekulativem Vermögen und emotionalem Leben bzw. der Antagonismus zwischen dem Lebensbereich der Literatur versus dem der Religion und Moral als der konkreten Erfahrungswelt gemeint ist. Auch hier wird vor einer einseitigen Verselbständigung der Intellektseite gewarnt und eine harmonische Koexistenz als schöpfungsgemäßer Zustand angestrebt.

Die Aufgabe, den aufgebrochenen Konflikt zwischen traditioneller Glaubens- und moderner Bildungswelt zu lösen, mag auch einen Teil der Anziehungskraft

---

[1] MRT 46, 48; AP Bd. 2, 291 u. ö.
[2] LCP 160ff.; Ross, 19-22. Vgl. etwa HALLs Gedicht „Bryant", Williams Quaterly 13 (1866), 245-249.
[3] Ralph Waldo Emerson: 1803-1882; H. W. SCHNEIDER, A History of American Philosophy, New York/London, ²1963, 242-248, bes. 247.
[4] LCP 162.
[5] Ross, 19, in Auswertung von Korrespondenz.
[6] Ross, 21f.
[7] „Editor's Table", Williams Quaterly 14 (1867), 195f.
[8] A. a. O. 248.
[9] Williams Quaterly 14 (Aug. 1866), 19-26; zur Interpretation vgl. auch Ross, 21f.
[10] Williams Quaterly 14 (Aug. 1866), 35-41.

ausgemacht haben, die die idealistische Philosophie des überragenden Präsidenten von Williams, Mark Hopkins, auf Hall ausgeübt hat.[1] Hopkins sucht in einer grandiosen Gesamtschau die Erkenntnisse aller Wissenschaften zu einer humanistischen Synthese zu vereinen: In „An Outline Study of Man"[2] entwirft er Stufenpyramiden kosmischer Seinsformen, Klassifikationsmodelle zur menschlichen Natur und ihrer Vermögen[3] und hat dabei stets das eine Ziel vor Augen - sein Ideal von der allumfassenden Einheit des menschlichen Personseins[4] sowie dessen Harmonie mit dem göttlichen Gesetz des Universums[5] zu demonstrieren:

> „God would have men govern their lives on the same principle on which He governs the universe. Let them do that, and their lives will be brought into harmony with Him, into harmony with themselves, and ultimately into harmony with all their surroundings."[6]

Für Hall ist darin ein „abgeschlossenes, zusammenfassendes und kohärentes System"[7] des Wissens eröffnet, das in seiner erhabenen theistischen Grundorientierung[8] der Religion bzw. genauer: dem Christentum den Platz anweist, die zentrale Rolle für den Fortschritt der Menschheit[9] zu spielen.

> „Perhaps there could hardly be in the same scope a better introduction to anthropology in general and to the study of psychology in the larger modern sense for minds in our stage of development and which had to be evolved within the lines laid down by Christian thought. We certainly felt at the close that we had been initiated into the great problems of the world, that we had had a bird's eye view of human knowledge, effort, and affectivity..."[10]

Es ist dasselbe Ideal einer synthetischen Gesamtsicht, das Hall selbst als wissenschaftliche Zielvorstellung und pädagogische Notwendigkeit propagieren wird.[11] Dieses Ideal äußert sich erstmals - wie wir unter 1.9 und 1.13 sehen werden - auf dem Gebiet der Philosophie, für das Hall das Vorherrschen von Schulstreitigkeiten durch einen philosophiegeschichtlichen Ansatz überwinden möchte.[12] Und es äußert sich dann später in seiner Konzeption der Psychologie, die Hall als die allumfassende Wissenschaftssynthese einer genetischen „Science

---

[1] LCP 166-170, 183; ROSS, 22f.; vgl. auch HALLs Würdigung in „Philosophy in the United States", Mind 4 (1879), 89-105, dort 96, und die Widmung zu AGC (1881), in der HALL Hopkins als seinen „ersten Lehrer in Physiologie" bezeichnet.
[2] New York 1873.
[3] S. dazu dessen Diagramme im Appendix, 509ff.
[4] HOPKINS, 24f., 49. Das Personsein des Menschen wie das Gottes (261) ist durch *Freiheit* gekennzeichnet.
[5] HOPKINS, 291, 297.
[6] HOPKINS, 297.
[7] LCP 166.
[8] HOPKINS, 83, 290; Kap. XII, 275-301.
[9] HOPKINS, 297f.
[10] LCP 168.
[11] Vgl. etwa LCP 370, 429. Über die Ähnlichkeit beider Systeme vgl. auch ROSS, 23.
[12] „Philosophy in the United States", 105.

of Man" zu konstruieren versucht (3.3.1).[1] Vorläufige Versuche einer solchen komparativen und synthetischen „Science of Man" hat Hall in Kursen und Vorlesungen an der Clark-Universität jahrelang selbst unternommen.[2]

Neben Mark Hopkins hat noch ein anderer Lehrer in Williams für Hall die Möglichkeit einer Synthese seiner miteinander streitenden Ideale eröffnet und damit seine schließliche Wendung von romantisch-literarischen Interessen zur Philosophie mitbeeinflußt. Das ist John Bascom[3], unter dessen Eindruck Hall seine intellektuellen Ambitionen auf neue Weise mit den vorhandenen religiös-moralischen Ansprüchen zu versöhnen vermag.[4] Seine folgenden studentischen Schriften spiegeln den Anbruch der Lösung seines Konflikts, die bisher mehr postuliert als vollzogen zu sein schien:

In „The Inventive Mood"[5] gelangt Hall zu einem neuen Verständnis von der Einheit des menschlichen Erkenntnisvermögens. Das imaginative bzw. spekulative Vermögen erscheint nun selbst als „intuitive Vernunft" und steht damit nicht länger im Gegensatz zur emotionalen Natur des Menschen, zu Moral und Religion, sondern scheint gemeinsam mit diesen aus intuitiven Quellen zu entspringen, d. h. für Hall letztlich aus göttlicher Inspiration. Die intellektuelle und artistische Suche nach Wahrheit „um ihrer selbst willen" muß darum nicht länger als egoistische Selbstbezogenheit des Individuums interpretiert, sondern kann sogar als höchste „Philanthropie" ausgerufen werden - so in einer poetischen Ansprache im Juni 1867.[6] Denn für Hall ist es nun gerade die gemeinsame Suche nach Wahrheit, die die Gemeinschaft von Menschen trägt und innerhalb derer jeder einzelne dieser Gemeinschaft zu dienen vermag.

Dieselbe Summe zieht er aus seiner Lektüre John Stuart Mills - „my first love and hero in philosophy"[7]-, zu der er durch Bascom angeleitet wird.[8] In seiner Mill-Interpretation vom August 1867[9] sucht er in Mills Ethik den Anknüpfungspunkt aufzuzeigen, um einen ethischen Utilitarismus und selbstbewußten Individualismus miteinander verbinden zu können. Indem Hall das Selbstinteresse des Individuums nicht länger nur als lasterhaftes Egoismusstreben, sondern vielmehr

---

[1] LCP 13, 406-414.

[2] Vgl. etwa die Rekonstruktion seiner Sicht aus Vorlesungsmitschriften von PRUETTE, Kap. IX, 205-225; LCP 365ff.; „Confessions of a Psychologist", PS 8 (1901), 92-143, dort 93.

[3] J. BASCOM, The Principles of Psychology, New York 1869; DERS., Science, Philosophy and Religion, New York 1871; DERS., The Philosophy of English Literature, New York 1874; DERS., Ethics, New York 1879.

[4] LCP 157; ROSS, 24f.

[5] Williams Quaterly 14 (Nov. 1866), 108-117; vgl. zur Interpretation auch ROSS, 25.

[6] „Philanthropy", in: An Oration by JOHN M. TAYLOR and a Poem by G. STANLEY HALL, Delivered on Class Day, June 27, 1867, North Adams 1867.

[7] LCP 162.

[8] LCP 161f., 185; ROSS, 27.

[9] „John Stuart Mill", Williams Quaterly 15 (Aug. 1867), 18-29.

als den instinktiven Impuls zur Verwirklichung des Höchsten Gutes versteht, vermag er nun als Synthese zu folgern, daß die Pflicht gegenüber dem eigenen Selbst alle anderen Pflichten zur Verwirklichung des Gemeinwohls gerade einschließe und fordere.

Damit finden wir Hall am Ende seiner Williams-Zeit bei der Position eines philanthropischen Intuitionismus angekommen, in der die anthropologische Grundüberzeugung angelegt ist, von der seine Psychologie und Pädagogik getragen sein wird: Hall sieht im Intuitiven als dem Instinktiven und Unbewußten der menschlichen Natur die ursprünglichste und gesundeste Lebenskraft des Menschen, worin sich das Individuum mit der Generationen übergreifenden Gemeinschaft seiner Gattung in harmonischer Verbindung befindet. Die Hingabe des einzelnen an das ambitionierte Unternehmen wissenschaftlicher Erkenntnisfindung ist für ihn nicht hybride Gottlosigkeit, sondern selbst eine neue Form des philanthropischen Gottesdienstes, ist Teilnahme an der unsichtbaren Gemeinschaft der Wahrheitssuchenden und am ewigen Vollkommenheitsstreben der Menschheitsgattung.[1]

Am Ende der Williams-Zeit sind Halls Ambitionen damit zwar in ihrer intellektuellen Richtung näherbestimmt, über den genauen Gegenstand dieser intellektuellen Ambitionen ist jedoch immer noch nicht abschließend entschieden:

„„...still being very uncertain as to what I would be and do in the world; I entered Union Theological Seminary in September, 1867."[2]

1.7 Theologiestudium in New York: die Entfremdung von der Lehre seiner kirchlichen Herkunft

Sein philosophisches Interesse und der Einfluß des Theisten Mark Hopkins führt Hall - den damaligen Studienbedingungen gemäß geradezu zwangsläufig - zur Theologie. Für die darin eingeschlagene Predigerlaufbahn, die dem Herzenswunsch seiner Mutter entsprechen würde, verspürt Hall jedoch von Anfang an wenig innere Neigung und Eignung. Diese Abneigung, aus der Theologie einen Beruf zu machen, wird durch die Erfahrungen in New York nur noch bestätigt:

Das zweijährige Theologiestudium am Union Theological Seminary[3], an dem alle vorherrschenden protestantischen Konfessionen der Region, kongregationalistische und presbyterianische Kirchen, vertreten sind, hat insgesamt einen wenig ansprechenden Eindruck auf ihn hinterlassen und seine Entfremdung von der orthodoxen Lehre seiner kirchlichen Herkunft sogar gerade befördert[4]. Hall sieht

---

[1] „Confessions of a Psychologist", 120, 143; LCP 545-547.
[2] LCP 177; ROSS, 29f.
[3] LCP 177-185; ROSS, 31-34; WILSON, G. Stanley Hall: A Sketch, 36-38.
[4] LCP 177, 181, 183f.

sich weitaus mehr vom multikulturellen und -religiösen New Yorker Stadtleben angeregt als von seinen theologischen Studien.[1] Unter der reichen Lektüre dieser Zeit finden sich dann auch bezeichnenderweise nur Autoren zum Religionsthema, die einen radikal kritischen oder übergeordneten religionswissenschaftlichen Standpunkt vertreten,[2] Ernest Renan, Friedrich David Strauß, Ludwig Feuerbach und James Freeman Clarke. In ihnen allen findet Hall moderne Interpretationen des Christentums vor, die er in „Jesus, the Christ, in the Light of Psychology" nutzen und verbinden wird: Von Renan mag er den konsequenten Naturalismus in konstruktiver Absicht, von Strauß die Scheidung zwischen Mythos und Geschichte übernommen haben, von Feuerbach die zentrale Idee, das Göttliche als Projektion der Menschenseele zu verstehen, von Clarke den Versuch, das Christentum als ideale Synthese aller Religionen zu verstehen.

Daß sein theologisches Studium die Entfremdung von seiner kirchlichen Herkunft zunehmend hervortreten läßt, stellt Halls berufliche Zukunft erneut prinzipiell in Frage. Als Alternative erwägt er, eine Universitätslaufbahn anzustreben.[3] Im Juni 1869 ermöglicht ihm das Stipendium eines vermögenden Sponsoren, zu einem lang ersehnten Studienaufenthalt nach Europa aufzubrechen, das zu dieser Zeit immer noch die Wiege der höheren amerikanischen Universitätsausbildung darstellt.[4]

1.8 Theologiestudium in Berlin: die Perspektive einer wissenschaftlichen Betrachtungsweise der Religion nach ihren subjektiven Manifestationen

Von Oktober 1869 bis Ende 1870 studiert Hall in Berlin.[5] Die Begegnung mit der liberalen Atmosphäre dieser Stadt und dem „gemüt"vollen deutschen Lebensgefühl erlebt er als erfrischenden und befreienden Kontrast zu den bisherigen Restriktionen seiner puritanischen Herkunft,[6] was sich vor allem in seiner später immer wieder geäußerten Kritik am „puritanischen Sonntag" niederschlägt sowie in seinem Reformvorschlag, diesen in einen Tag der regenerativen „Rassenhygiene" umzugestalten.[7]

---

[1] LCP 178-181.
[2] LCP 184f. Strauß und Renan hat HALL in JP eine Schlüsselstellung für die wissenschaftliche „Leben Jesu-Forschung" eingeräumt. Zu Strauß: JP 128-131; zu Renan: JP 131ff.
[3] LCP 184; ROSS, 33.
[4] LCP 178, 182f.; ROSS, 31.
[5] ROSS, 35-41; von Hall wird dieser Aufenthalt in verklärender Weise stets als 1. „Triennium" stilisiert: LCP 219; insgesamt ebd. 186-196; WILSON, G. Stanley Hall: A Sketch, 39-41.
[6] LCP 186-188, 219ff.; ROSS, 35f.
[7] EP Bd. 2, Kap. XIII, „Sundays Observance", 223-240, bes. 224f., 228, 231f., 237, 239. Erstmals in PS 15 (1908), 217-229; dort 219, unter dem Stichwort „Rassenhygiene". S. a. „A Conversion", RP 147-174, dort 164f.

„The hated Puritan Sunday which all my life before had been a dreaded day of gloom and depression now became one of joy and holiday recreation."[1]

Hall entwickelt eine tiefe Liebe zur deutschen Kultur, die er in mehreren Einzelskizzen seines Aufsatzbandes „Aspects of German Culture"[2] von 1881 festgehalten hat, eine Liebe und Bewunderung, die die Konzeption seiner Religionspsychologie in nicht unwesentlicher Weise mitbestimmen wird.

Auch die Begegnung mit der deutschen Theologie hat im Unterschied zu seinem Studium in New York emanzipatorische und zugleich konstruktive Impulse wecken können.[3] Halls Hauptinteresse gilt dabei den Kursen Isaak August Dorners[4], dessen vermittlungstheologischer[5] Ansatz seinen eigenen Bemühungen, zwischen der puritanischen Tradition seiner Heimatkirche und den Faszinationen des modernen Bildungslebens zu vermitteln, entgegengekommen sein muß. Seine Rezeption der Dornerschen Theologie ist dokumentiert in der dreiteiligen Aufsatzreihe „Outlines of Dr. A. Dorner's System of Theology"[6], in der Vorlesungsmitschriften in ausgearbeiteter Form veröffentlicht sind:

In dieser Darstellung hat Hall sein Verständnis des Dornerschen Ansatzes als eines entwicklungsgeschichtlichen niedergelegt.[7] Er ergreift an dessen Dogmatik die Möglichkeit, die *wissenschaftliche* Beschäftigung mit der Religion als die objektive Selbstverifikation des Christentums zu verstehen, in der die natürliche Entwicklung religiöser Gewißheit selbst zu ihrem Ziel komme, indem sie in wissenschaftliche Gewißheit überführt werde.[8] Diese Gewißheit ist nach der Interpretation Halls eine solche, welche mit dem reinen Wesenskern des Christentums insofern übereinstimme, als in ihr eine vollkommene Einigung von erkennendem Subjekt und erkanntem Objekt verwirklicht werde.[9] In ihr findet er sowohl den orthodoxen Autoritätsglauben - an Kirche bzw. Schrift - überwunden[10] als auch den Wert der Glaubensgewißheit gegen moderne Auflösungstendenzen - von seiten eines intellektualistischen Idealismus bzw. radikalen Skeptizismus - gesi-

---

[1] LCP 219; vgl. auch die Briefe an seine Eltern bei ROSS, 35.

[2] S. u. unter 2.1; vgl. a. „The German Teacher Teaches", EP Bd. 2, Kap. XIV.

[3] LCP 190; ROSS, 36f. Nach seiner Rückkehr aus Deutschland fühlt sich Hall religiös gereift: LCP 222. Zu seiner positiven Würdigung Dorners vgl. a. AGC 14.

[4] 1809-1884. Zu dessen theologischem Ansatz siehe: I. A. DORNER, System der christlichen Glaubenslehre, Berlin 1879/81, sowie die Darstellungen in: K. BARTH, Die protestantische Theologie im 19. Jahrhundert, Zürich 1946, 524-534; H. STEPHAN/M. SCHMIDT, Geschichte der deutschen evangelischen Theologie seit dem deutschen Idealismus, Berlin 1960, 195f.

[5] Zur Vermittlungstheologie s. M. KÄHLER, Geschichte der protestantischen Dogmatik im 19. Jahrhundert, München 1962, 82-146, zu Dorner dort 127ff.

[6] Presbyterian Quaterly Review 1 (1872), 720-747; 2 (1873), 60-93, 261-273.

[7] „Outlines...", 726ff., 737f., 742-747.

[8] „Outllines...", 724.

[9] „Outlines...", 723f.

[10] „Outlines...", 721f., 724.

chert¹. Während Dorner jedoch gerade auf den *objektiven Gehalt* dieser wissenschaftlichen Glaubensgewißheit als dessen Norm besonderen Nachdruck legt,² scheint sich Halls Interesse ausschließlich auf die Beschreibung der *leeren Form* dieser Gewißheit als einer „ideal-real unity"³ zu konzentrieren.

Neben diesen Anregungen durch sein eigenes dogmatisches System besteht Dorners andere, folgenreichere Wirkung darin, Hall in die Theologie Schleiermachers eingeführt zu haben.⁴ Schleiermacher bleibt für Hall seitdem „the greatest of all modern religious thinkers"⁵, insofern er den Anbruch einer psychologisch fundierten Betrachtungsweise des religiösen Lebens markiere.⁶ Dabei wird es sich freilich als entscheidend für die Konzeption der Hallschen Religionspsychologie erweisen, daß diese sich im Grunde nur von Schleiermachers Ansatz *inspirieren* läßt, dessen kategoriales Psychologieverständnis selbst aber gerade nicht rezipieren möchte. Letzteres wird von Hall später vielmehr als vorempirisch „unvollkommen"⁷ zurückgewiesen und durch ein „rein" szientifisches Verständnis der Psychologie (1.11-1.14) zu ersetzen versucht, das irrtümlicherweise - wie wir noch sehen werden - vorgibt, gänzlich ohne kategoriale Leitannahmen auskommen zu können.

Das früheste Zeugnis von Halls Begeisterung für Schleiermacher findet sich in seiner autobiographischen Kurzgeschichte „A Leap-Year Romance"⁸ von 1878. Es zeigt zugleich eine weitere eigentümliche Schleiermacher-Fehlinterpretation Halls und läßt auch den Anknüpfungspunkt an dessen bisherige Lebenseinsichten erkennen:

> „'We come now,' said the Professor, 'to Schleiermacher whose position is in many respects the exact opposite of the pure, dry intellectualism of Hegel. The former believed that feeling, not thought, is the absolute; that growth in the consciousness of dependence, not independence, is the true measure of human progress; that enthusiasm is better than reasoning or science; that it is delicacy and intensity of feeling that make genius in the artist, conscience in the reformer, faith in the devotee and the truest nobility in man, and especially in woman. The highest and absolute form of feeling is a sense of dependence upon something that is above us."⁹

---

¹ „Outlines...", 721, 723.
² „Outlines...", 741f.; vgl. DORNER, System der christlichen Glaubenslehre, 4f., 8. Dorners Schleiermacherrezeption kann von HALL auch durchaus kritisch betrachtet werden, so in „The Present Condition of Philosophy", AGC 295.
³ „Outlines...", 723.
⁴ LCP 190; ROSS, 37f.; „Outlines...", 721, 725f., 733, 736, 740, 746f.
⁵ AP Bd. 2, 326.
⁶ AP Bd. 2, 324-330. Dies hat Hall möglicherweise bereits aus dessen „Reden" herausgelesen, vgl.: F. D. E. SCHLEIERMACHER, Über die Religion. Reden an die Gebildeten unter ihren Verächtern, Berlin 1799, hg. v. H.-J. ROTHERT, Hamburg 1970, 87 Z. 20ff.
⁷ AP Bd. 2, 325. Dazu unter 3.1.4.
⁸ Appleton's Journal 5 (1878), 211-222, 319-330.
⁹ Ebd. 214; ä. auch im Munde Prof. Moors alias HALL selbst, ebd. 319.

Hall sieht sich durch Schleiermachers Theorie der Frömmigkeit legitimiert, das religiöse Leben einzig und absolut nach seinen subjektiven Manifestationen („feeling") verstehen zu dürfen und nicht nach den ihm fraglich gewordenen objektiven Lehrbeständen („thought"):[1] Der Wert des religiösen Lebens scheint ihm dadurch gerettet werden zu können, daß er es zur höchst entwickeltsten Emotionsform überhaupt erklärt,[2] und es scheint zugleich mit allen übrigen Formen des Bildungslebens vermittelbar, so daß er es anderen Formen des Wertempfindens (ästhetischen und ethischen) bzw. anderen Quellen kultureller Schaffenskraft an die Seite stellen kann. Als solches komme es dann zwar im Gegensatz zu einem „reinen" „misanthropen"[3] Intellektualismus, nicht aber im Gegensatz zum menschlichen Streben nach Wissen und Fortschritt überhaupt zu stehen, sondern könne im Gegenteil sogar als deren höchste Vollendungsgestalt[4] begriffen werden.

Hall vermeint in Schleiermachers Bestimmung der Frömmigkeit als „Gefühl schlechthinniger Abhängigkeit"[5] offensichtlich eine theologische Interpretation desjenigen Intuitionismus wiederzufinden, zu dessen Position er sich während seiner Zeit am Williams College durchgearbeitet hat.[6]

Es ist bezeichnend für Halls selektive Rezeption der Schleiermacherschen Position, daß er sich stets ausschließlich auf dessen Bestimmung des allgemeinen Wesens der Frömmigkeit[7], nicht aber auch auf den von Schleiermacher in diesem Zusammenhang ebenfalls entwickelten Begriff der gleichwesentlichen Individuation und Geschichtlichkeit des frommen Lebens bezogen hat[8]. Er übersieht, daß Schleiermacher seine „Reden" nicht - wie Hall selbst[9]- als Plädoyer einer universalen „natürlichen Religion" verstanden wissen will, sondern die Existenz einer solchen in seiner 5. „Rede" vielmehr gerade verwirft[10] und dem Aufklärungsstandpunkt seinen Begriff der „positiven Religionen" entgegenhält.

---

[1] AP Bd. 2, 327ff.

[2] Vgl. auch AP Bd. 2, 326.

[3] „A Leap-Year Romance", 319.

[4] Ebd. 215.

[5] „Outlines...", 737.

[6] Als Sinnbild höchst entwickelter menschlicher Daseinsweise aus Rezeptivität erscheint in seiner Kurzgeschichte von 1878 wie in seiner späteren Psychologie die romantische Verklärung eines marienhaften „ewig Weiblichen" und „reiner Frauenliebe": „A Leap-Year Romance", 214, 218f., 319; AP Bd. 1, Kap. VII, 511f.; Bd. 2, Kap. VII, 624, 646.

[7] F. D. E. SCHLEIERMACHER, Über die Religion, 2. „Rede"; DERS., Der christliche Glaube, a. a. O., § 4.

[8] Der christliche Glaube, §§ 7-10, sowie - zur christlichen Individuationsform - §§ 11-14.

[9] AP Bd. 2, 326ff.

[10] Über die Religion..., 131, 138.

1.9 Die Entscheidung für eine Karriere in Philosophie mit geschichtlichem Schwerpunkt

In seinem Jahr in Berlin hat Hall jedoch nicht nur Theologie studiert, sondern wahlweise Eindrücke in den verschiedensten Fachgebieten gesammelt, darunter auch in Physiologie, Medizin und Pathologie, in erster Linie und Vorliebe aber in Philosophie.[1] Hier ist es Friedrich Adolf Trendelenburg[2], der seine schließliche Wende zur Philosophie mit historischem Ansatz und auf empirischer Basis veranlaßt hat:

Auch in Trendelenburg begegnet Hall wieder einem vermittelnden, die gesamte Philosophiegeschichte synthetisieren wollenden Systemdenker, der den Gegensatz zwischen Idealismus und Realismus überbrücken möchte:[3] Dies unternehmen seine „Logischen Untersuchungen"[4], indem sie das der aristotelischen Kategorienlehre entnommene[5] Prinzip der „Bewegung" als die eine erzeugende Grundtätigkeit nachzuweisen suchen, welche Denken und Sein gemeinsam bedingt.[6] Damit ist für Trendelenburg das verbindende Anschauungsprinzip zwischen der inneren Gedankenwelt des Zwecke setzenden Geistes und der äußeren Objektwelt der in Kausalität bewegten Materie angegeben. Sogleich ist damit für Trendelenburg die grundlegende Möglichkeitsbedingung von Erfahrung bzw. Erkenntnis überhaupt gefunden: Weder „Raum" und „Zeit",[7] Kants Anschauungsformen der Vernunft a priori, noch Hegels „reiner Gedanke",[8] sondern die Kategorie einer „konstruktiven Bewegung"[9] ist für Trendelenburg das letztlich ursprüngliche Apriori der Erfahrung, aus welchem er alle anderen apriorischen Kategorien für das Bewußtsein allererst hervorgebracht sieht. Dabei erweisen sich diese für ihn - gegen Kant [10] - nicht mehr nur als rein subjektive Begriffe des Verstandes, sondern zugleich auch als die Grundkategorien des objektiven Seins. Die Kluft zwischen Denken und Sein, sowohl in Gestalt des Kantschen Dualis-

---

[1] LCP 189ff.; ROSS, 38ff.; vgl. a. AGC 66.

[2] 1802-1872.

[3] S. etwa dessen kleine Schrift: Über den letzten Unterschied der philosophischen Systeme, Berlin 1847, hg. v. H. GLOCKNER, Stuttgart 1949; sowie dessen: Geschichte der Kategorienlehre, Berlin 1846, Repr. Hildesheim 1963.

[4] 2 Bde., ^{3}1879 (^{1}1840), Repr. Hildesheim 1964, 511-529, 538.

[5] Geschichte der Kategorienlehre, 1-195.

[6] Logische Untersuchungen, bes. I, 141-155, 170ff.; insgesamt: 100-277; vgl. a. Geschichte der Kategorienlehre, 362-380.

[7] Logische Untersuchungen, I, 156-235. Zu Trendelenburgs Kantkritik s. HALLs „Why Kant Is Passing", 370-426, dort 374f., 420.

[8] Geschichte der Kategorienlehre, 355-362.

[9] Logische Untersuchungen I, 236-331.

[10] Etwa in: Logische Untersuchungen I, 237; Geschichte der Kategorienlehre, 364f.

mus¹ als auch in Gestalt des Hegelschen Geistmonismus², scheint somit im Zuge eines theistisch verstandenen „Ideal-Realismus"³ überwunden. Wir werden sehen, daß damit genau die erkenntnistheoretische bzw. ontologische Grundposition beschrieben ist, die der Psychologe Hall vertreten wird (1.12).

Trendelenburgs Einfluß - nicht zuletzt dessen Zentralkategorie der „Bewegung" bzw. „Entwicklung" - eröffnet Hall zugleich einen ersten Zugang zur Philosophie Hegels. Mit dieser wird er sich in den folgenden Jahren in sowohl positiver wie negativer Auseinandersetzung befinden: Als erste Frucht dieser Auseinandersetzung erscheint 1872-74 seine Teilübersetzung der jüngsten Hegeldarstellung von Karl Rosenkranz⁴, die Hall nach seiner Rückkehr nach Amerika in Harris' „Journal of Speculative Philosophy" sukzessive veröffentlicht.⁵ Zu William Torrey Harris, dem Führer einer Gruppe amerikanischer Hegelianer in St. Louis, hat Hall zu dieser Zeit eine für ihn beruflich folgenreiche Verbindung gepflegt.⁶ In dessen Journal erscheint 1878 dann auch Halls Abhandlung „Notes on Hegel and His Critics"⁷, die die philosophische Grundlegung seines psychologischen Ansatzes vorträgt. Was Hall an Hegels Philosophie angezogen hat, ist dessen Versuch, eine umfassende „synthetische" Wirklichkeitsinterpretation vorzutragen, worin Wissenschaft und Religion im Rahmen einer universalen Entwicklungsgeschichte zusammenfallen. So zumindest nach der rechtshegelianischen Interpretation von Rosenkranz⁸, welche die Selbstoffenbarung des absoluten Geistes mit der des christlichen Gottes identifiziert.⁹ Hall hat die Begegnung mit der Hegelschen Geschichtsphilosophie, die - vermittelt durch den philoso-

---

¹ Zur Kantkritik s. insgesamt: Logische Untersuchungen I, 156-170; Geschichte der Kategorienlehre, 288-297.

² Zur Auseinandersetzung mit Hegel s. Logische Untersuchungen, I, 36-129; Geschichte der Kategorienlehre, 355-362.

³ Logische Untersuchungen, II, 461-510, 529: „Auf diesem Wege wird ein Realismus gegründet, der nicht in Materialismus ausschlagen kann; denn seine Bestimmungen gehen durch den inneren Zweck vom Gedanken im Grunde der Dinge aus; und ein Idealismus, denn er begründet sich durch eine dem Denken und Sein gemeinsame Tätigkeit, welche in der Auffassung der Erscheinung den zwingenden Anweisungen des Gegebenen folgt."

⁴ K. ROSENKRANZ, Hegel als deutscher Nationalphilosoph, Leipzig 1870. Eine alternative Darstellung von Halls erster Begegnung mit der Hegelschen Philosophie bietet WILSON, G. Stanley Hall: A Sketch, 40, 42: Dessen Beschreibung der Hallschen Deutschlandaufenthalte scheinen sich jedoch vor allem an dessen eigenen Selbststilisierungen zu orientieren (vgl. 39-49).

⁵ „Hegel As the National Philosopher of Germany", Journal of Speculative Philosophy 6 (1872), 53-82, 97-129, 258-279, 340-350; 7 (1873), 17-25, 44-59, 67-74; 8 (1874), 1-13. Als Buchveröffentlichung dann unter demselben Titel, St. Louis 1874.

⁶ LCP 22, 358f.; ROSS, 45-49, 56f., 68, 79.

⁷ Journal of Speculative Philosophy 12 (1878), 93-103.

⁸ ROSENKRANZ, 183-192, bes. 185, 189f., 199-216.

⁹ LCP 201, 358f.; ROSS, 46ff.; vgl. auch „A Note on Hegel, His Followers and Critics", AGC 154ff., bietet einiges über den Aufsatz von 1878 hinausgehendes.

phiegeschichtlichen Ansatz und die Hegelkritik seines Lehrers Trendelenburgs - hier ihren Ausgang genommen hat, später gern als das „mystisch poetische" Vorstadium desjenigen Evolutionismus bezeichnet, der die zentrale Grundkategorie seines eigenen Werkes bildet.[1] Dabei ist bezeichnend, daß er die Lehre Darwins nicht nur als eine der philosophischen Lehre Hegels analoge, sondern diese selbst szientifisch überbietende Entwicklungstheorie versteht, wie unter 1.12 genauer zu sehen sein wird.[2]

Halls Standpunkt am Ende seiner Studienzeit in Deutschland ist vielleicht am besten als eine Art „Vermittlungsphilosophie" zu charakterisieren. In ihr soll *erstens* die historische Sichtweise, zu der Hall neben Trendelenburg auch durch Johann Droysen[3] herangeführt worden ist, die vermittelnde Synthese leisten zwischen allen bisherigen philosophischen bzw. theologischen Schulstreitigkeiten. Dabei sieht sich Hall offensichtlich durch die historische Sichtweise in die allen dogmatischen Absolutheitsansprüchen der Einzelsysteme selbst wiederum überlegene Lage versetzt, philosophische Positionalität einerseits prinzipiell anerkennen zu können - „urging that philosophy is at best the expression of personal opinion, and can never have anything like authority over others"[4]. Andererseits meint er zugleich, diese Positionalität zwar nicht beseitigen, aber doch - im Hegelschen Sinne - „aufheben" zu können auf der anscheinend superpositionalen Ebene einer synthetischen Gesamtschau, die die einzelnen Positionen als phylo- bzw. ontogenetische Entwicklungsstationen oder Individuationsformen menschlicher Denkevolution überblickt. Um individuelle Einseitigkeiten auszugleichen, solle der Pädagoge dem Materialisten ein Idealist, dem Idealisten ein Materialist werden.[5] So Hall über seine spätere pädagogische Umsetzung dieses Konzepts:

> „I tried, however, to teach the whole field of the history of philosophy in such a way as to incline my students to a sympathetic attitude toward all philosophical systems and to make them in turn idealists, positivists, sensationalists, pantheists, materialists, associationists, and all the rest to the end that there be no indoctrination or effort at discipleship but that each should choose his own position intelligently and according to his own predisposition..."[6]

In dieser Vermittlungsphilosophie soll *zweitens* der *szientifische Ansatz* neue Lösungsmöglichkeiten eröffnen und darin den aufgebrochenen Graben zwischen

---

[1] Etwa LCP 359.
[2] Bereits in seiner Korrespondenz mit Harris aus den Jahren 1871/72 bezeichnet Hall die Lehre Darwins als das szientifische Analogon Hegelscher Dialektik: Harris Papers, ausgewertet von ROSS, 45ff., vgl. vor allem den Brief vom 19. Juni 1872 sowie HALLs Aufsatz „Philosophy in the United States", 100.
[3] LCP 189; ROSS, 40. Hall hat auch für DROYSENs „Grundriß der Historik" (Berlin 1862) eine Übersetzung ins Englische angefertigt, die allerdings nie zur Veröffentlichung gelangt ist.
[4] AGC 98.
[5] „Confessions of a Psychologist", 139.
[6] LCP 234.

traditioneller Philosophie und den aufstrebenden Naturwissenschaften überbrücken. Insbesondere dieser Gedanke wird sich im Lauf des nächsten Jahrzehnts für Hall zunehmend präzisieren und zum Programm einer „neuen Philosophie" heranreifen, das mit dem Programm einer „neuen Psychologie" im wesentlichen zusammenfällt.

Zum Zeitpunkt seiner Rückkehr aus Deutschland, Ende 1870, hat sich Halls Lebensplan damit insoweit konkretisiert, daß nun über Gegenstand und Inhalt seiner intellektuellen Ambitionen näher entschieden ist: Den Abschluß seines Theologiestudiums in New York mit dem „divinity degree" will er nicht als Befähigung zum Predigeramt, sondern für eine Lehrtätigkeit in Philosophie mit geschichtlichem Schwerpunkt verwenden. Einen geeigneten Wirkungsort zu finden, erweist sich jedoch angesichts der zweifelhaften religiösen Orthodoxie des Bewerbers als überaus schwierig. Erst Ende 1872 gelingt es Hall, eine Stelle am Antioch College in Ohio anzutreten.

1.10 Von der Philosophie zur Psychologie

Die religiös liberale Atmosphäre in Antioch, eines westlichen Vorpostens des Unitarismus, erlaubt Hall eine freie Entfaltung persönlicher Interessen und vielseitige Betätigungsfelder.[1] Seine Lehrtätigkeit umfaßt neben Kursen in Philosophie englische, französische und deutsche Sprache sowie Literatur.[2] Darüber hinaus gewinnt er eine gewisse Popularität als liberaler Prediger in den unitarischen Kirchen der Umgebung.[3] Insgesamt gesehen stellen die vier Jahre in Antioch eine anregende und erfolgreiche Zeit für Hall dar, vermögen seine ursprünglichen Ambitionen auf dem Gebiet der Philosophie jedoch nur wenig zu befriedigen.[4] In ihnen vollziehen sich allerdings nahezu unmerklich zwei wichtige Weichenstellungen für seine wissenschaftliche Laufbahn der späteren Jahre: Zum einen tritt Hall hier erstmals als pädagogischer Redner und Organisator hervor.[5] Zum anderen vollzieht sich hier seine allmähliche Distanzierung vom Hegelschen Idealismus und seine Hinwendung zum szientifischen Evolutionismus.[6] Ab 1873 schließt Halls Kurs in Philosophie Vorlesungen über Psychologie

---

[1] LCP 196-199; ROSS, 50-61; WILSON, G. Stanley Hall: A Sketch, 50-62.
[2] LCP 199; ROSS, 50f.
[3] LCP 201; ROSS, 51.
[4] LCP 199; ROSS, 54.
[5] LCP 202; ROSS, 51, 53, 58; vgl. auch die Arbeit Prof. Moors alias G. S. Hall in „A Leap-Year Romance", 216, 319; WILSON, G. Stanley Hall: A Sketch, 56f. Hall hat später ein enormes Vortragspensum bewältigt, das einen Teil seiner Berühmtheit begründet hat. M. CURTI, The Social Ideas of American Educators, Littlefield 1959, 426, schätzt, daß Hall insgesamt etwa 2500 außercurriculäre Vorlesungen gehalten hat.
[6] Darwins, Spencers und Huxleys. LCP 199ff.; ROSS, 58f.

mit ein,[1] in die er für die weitere Entwicklung der Philosophie große Erwartungen setzt. Dieses aufkeimende Interesse an der Psychologie scheint durch das Erscheinen zweier bahnbrechender Werke angeregt worden zu sein:

1870/72 erscheint die zweite Ausgabe von Herbert Spencers[2] „Principles of Psychology"[3], die eine Darstellung des menschlichen Bewußtseins nach dem Prinzip seiner natürlichen Evolutionsgeschichte unternimmt. Hall hat seine Abhängigkeit von Spencer zwar nie ausdrücklich betont, sein eigenes Werk zeigt jedoch auffällige Parallelen zu dessen Grundkonzeption (1.12): Wie später Hall so sucht erstmals Spencer eine „synthetische Philosophie" aller Wissenschaften zu konstruieren, deren Einheit durch das allen gemeinsame Evolutionsprinzip gestiftet wird. Darin wird die Psychologie zwar auf der Datenbasis der Physiologie gegründet, erscheint innerhalb des Systems der Wissenschaften jedoch als spezialisierte Abteilung der Biologie.[4] Dasselbe biologistische Verständnis der Psychologie wird dann auch für Halls eigenes Werk leitend sein (3.1.1).

Die Lektüre eines anderen soeben erschienen bahnbrechenden Werkes der Psychologiegeschichte, das Hall in Antioch rezipiert hat, wird von ihm demgegenüber eigens hervorgehoben.[5] Das ist der erste Band von Wilhelm Wundts „Grundzüge der physiologischen Psychologie" aus dem Jahr 1873.[6] In Wundts weltweit erstem experimentellen Labor für Psychologie in Leipzig (seit 1875) wird sich Hall später als erster amerikanischer Student eintragen können[7] und in dieser Zeit einen echten Enthusiasmus für eine „streng empirische", d. h. experimentell arbeitende Psychologie entwickeln (1.14), deren Verfahrensweise - in Verbindung mit der biologistischen Grundorientierung - für seine Konzeption der Psychologie prägend sein wird.

Zunächst jedoch bricht Hall nach Cambridge auf, um in Harvard unter William James die neue Psychologie zu studieren.[8]

---

[1] Ross, 59.

[2] 1820-1903. Zu dessen Beitrag für die Entwicklung der neueren Psychologie vgl. Watson, 312-318, 322.

[3] London 1870-73 (1855).

[4] H. Spencer, The Principles of Psychology, New York 1883, 1. Bd., Kap. I-VI, zur Physiologie; Kap. VII, „The Scope of Psychology", 129-142, über das Verhältnis der Psychologie zur Biologie dort § 54f., 134-140, bes. 138, worin Spencer freilich die Eigenständigkeit der Psychologie gegenüber der Biologie als Fachgebiet ausdrücklich betont. Vgl. dazu a. Watson, 313, 315ff.

[5] LCP 199f.

[6] 2. Bd., Leipzig 1874; zur Bedeutung des Wundtschen Werkes vgl. Watson, 261-279.

[7] Ross, 85.

[8] Seinen Lehrauftrag in Antioch muß er 1876 wegen einer notwendig gewordenen institutionellen Umstrukturierung räumen: Ross, 59ff.; Wilson, G. Stanley Hall: A Sketch, 63f.

1.11 Zweite Studienzeit: James' Psychologie in Harvard

James war wie Hall mit der ganzen Breite seines philosophischen Interesses auf die neue Psychologie gestoßen, die er während eines Aufenthalts in Deutschland 1867/68 bei Helmholtz und Wundt kennengelernt hatte.[1] Als Hall 1876 in Cambridge eintrifft, hatte James - zu diesem Zeitpunkt Assistenzprofessor für Physiologie - soeben damit begonnen, in Harvard Kurse in „physiologischer Psychologie" zu etablieren,[2] in denen die Psychologie als „natural science" durchgeführt werden sollte.[3] Damit hatte sich erstmals auch an einer Universität Amerikas ein Paradigmenwechsel auf dem Gebiet der Psychologie vollzogen.

Traditionellerweise galt diese Disziplin bisher als ein Zweig der Philosophie und wurde entsprechend nach deren Methode betrieben: als reflexive Selbstbesinnung des erkennenden Subjekts auf sein Bewußtsein, auf dessen Struktur und Konstitutionsbedingungen, wie es dem erkennenden Subjekt in Unmittelbarkeit erschlossen ist. Psychologie als „natural science" zu betreiben bedeutete demgegenüber, die Anwendung der Grundsätze und Methoden des szientifischen Empirismus auf das Gebiet der klassischen Seelenlehre auszuweiten. Für den Jamesschen Empirismus ist dabei charakteristisch, daß er gegenüber dem szientifischen Materialismus die Reduzierbarkeit psychischer Phänomene auf physische bestreitet und statt dessen mit dem irreduziblen Nebeneinander beider Phänomenklassen rechnet.[4] Das hat für ihn zugleich eine methodische Konsequenz: James will die klassische empirische Methode der Observation um die der Introspektion erweitern. D. h. er nimmt in Analogie zur Beobachtbarkeit physischer Fakten nun auch die introspektive Beobachtbarkeit psychischer Fakten an. Das auf diesem Verfahrenswege in den Blick kommende Faktenmaterial wird als ein erst *vermittelst* des Aktes der empirischen Observation bzw. Introspektion *gewonnenes* und nicht schon in *unmittelbarer* Selbsterschlossenheit dem erkennenden Subjekt vorgegebener Phänomenbestand begriffen. Die psychischen Phänomene werden als Einzelfakten aufgefaßt, die selbst Sinnesdaten der Erfahrung entstammen,[5] nicht aber als transzendentale Konstitutionsbedingungen *von* Erfahrung. Sie

---

[1] PERRY, II, Kap. LII, 3-24, dort 3f.; R. S. HARPER, „The Laboratory of William James", Harvard Alumni Bulletin 52 (1948), 169f.; G. E. MYERS, William James: His Life and Thought, New Haven/London 1986, 3, 485f.

[2] PERRY, II, 8-14; ROSS, 62-80. Hall selbst hat die Darstellung seiner Harvard-Zeit in LCP 203f. auf wenige Notizen beschränkt und damit vor allem die Bedeutung seiner Beeinflussung durch James weitgehend übergangen. Das Motiv hierfür hat man wahrscheinlich in der berühmten Kontroverse um die Begründung der experimentellen Psychologie in Amerika zu sehen, in der Hall gegenüber James ehrgeizige, aber unbegründete Primatansprüche erhoben hat. Dazu PERRY, II, Kap. LII.

[3] HERMS, Radical Empiricism, 71-87.

[4] HERMS, Radical Empiricism, 72f.

[5] HERMS, Radical Empiricism, 74.

werden so in den Gegenstandsbereich der empirisch erforschbaren und nach Kausalgesetzen erklärbaren Erfahrungswelt eingeordnet, die auf diese Weise „erstmals" als homogen einheitliche verstanden werden soll.[1] Genau in diesem Punkte vermeint die szientifische Psychologie nämlich die bisherige überbieten zu können: Indem sie den Dualismus der klassischen Erkenntnistheorie - zwischen einer psychisch verfaßten inneren und einer physisch verfaßten äußeren Welt - zu überwinden verheißt.[2] In der Jamesschen Psychologie soll dies gelingen durch die Aufnahme der Evolutionstheorie Darwins, die im Unterschied zur Spencerschen das Auftreten absoluter Neuanfänge im Evolutionsprozeß zu denken erlaubt und die im Verbund mit der Physiologie somit das zweite Standbein der neuen „natural science" stellt.[3]

James' frühe Lehre in Psychologie hat sich - dem traditionellen Stil folgend - noch vor allem auf Textarbeit konzentriert, ihre Positionen also vorwiegend aus der kursorischen Lektüre und Kritik neuerer psychologischer Literatur gewonnen.[4] Daneben wurden in zwei Räumen der Lawrence Scientific School aber zugleich auch erste experimentelle Forschungen unternommen.[5]

Dieser Jamessche Ansatz einer szientifischen Psychologie und die mit ihm einhergehenden institutionellen Neuerungen sind es, denen Hall in Harvard begegnet und die ihn schließlich dazu ermutigt haben, in der neu entstehenden Psychologie genau dasjenige hoffnungsvolle Betätigungsfeld seiner Ambitionen zu erblicken, nach dem er bisher auf der Suche gewesen war.[6]

Hall hat wie James seine Psychologie aus den Wurzeln des britischen Empirismus herausgearbeitet[7] und seinen Ansatz darin als Auseinandersetzung mit der Philosophie Hegels formuliert, wie sie ihm in der Interpretation von Rosenkranz[8] und in der Kritik Trendelenburgs[9] vor Augen steht:

1.12 Das kategoriale Grundkonzept der Hallschen Psychologie

In „Notes on Hegel and His Critics" würdigt Hall 1878 das echte philosophische Motiv und die wirkungsvollen Impulse des Hegelschen Systems, kritisiert jedoch

---

[1] HERMS, Radical Empiricism, 73.
[2] HERMS, Radical Empiricism, 73, 83.
[3] HERMS, Radical Empiricism, 74-78, 80.
[4] Insbesondere der Werke Spencers, Bains und Taines: PERRY, II, 14.
[5] Diese Räume können als das erste - wenn auch nicht institutionell von der Universitätsleitung bestätigte - Labor für experimentelle Psychologie in Amerika gelten: PERRY, II, 13f., 22; BORING, 318, 507.
[6] ROSS, 63.
[7] PERRY, II, 5f.
[8] Siehe oben unter 1.9 und „Notes on Hegel", 94.
[9] Siehe oben unter 1.9 und „Notes on Hegel", 98ff., 102.

dessen hermetische Abgeschlossenheit und spekulative Methode.[1] Demgegenüber sieht er in der neuen philosophiegeschichtlichen Betrachtungsweise und vor allem in der physiologischen Psychologie - wie James - die alten philosophischen Fragen auf wirkungsvolle Weise neu in Angriff genommen und insbesondere hinsichtlich des zentralen, noch ungelösten Erkenntnisproblems einer bahnbrechenden Lösung zugeführt.[2] Diese Lösung betrifft die Überwindung des metaphysischen Dualismus zwischen Subjekt und Objekt, zwischen Geist und Materie. Bereits erkennbar von seinem neuen psychologischen Standpunkt aus begibt sich Hall mitten in die philosophische Debatte seiner Zeit um Hegels Kategorienlehre, wie sie ihm im Kontakt mit dem Kreis amerikanischer Hegelianer um Harris in den letzten Jahren begegnet war.[3]

An die Stelle der Primärkategorie des „reinen Gedankens" als ausdehnungsloser[4] und statischer[5] Grundform des Seins, wie sie Hall in der Hegelschen Philosophie zu finden vermeint, setzt er - mit Trendelenburg - als neue Grundkategorie die „Bewegung" ein, die er als absolutes, unmittelbar gegebenes Apriori und zugleich Medium aller Erfahrung versteht. Mit ihr als Grundkategorie des Seins, des physischen wie des psychischen, sieht er den bisherigen metaphysischen Dualismus gelöst, nämlich die ontologisch ursprüngliche Verbindung zwischen der äußeren Objektwelt *bewegter* Materie und dem inneren Leben des Subjekts in seiner Gedanken*bewegung* gefunden. Von der Kategorie der „Bewegung" aus versucht Hall auch die beiden anderen von ihm - in Kantscher Tradition - festgehaltenen Kategorien „Raum" und „Zeit" als von der Primärkategorie der „Bewegung" abhängige sekundäre Grundkategorien zu begreifen: „Zeit" als die innere, subjektive, „Raum" als die äußere, der Objektwelt angehörige Erscheinungsform von „Bewegung".[6]

Um die Gültigkeit dieses metaphysischen Konzepts zu belegen, werden von Hall als Kronzeugen die neuesten Ergebnisse der physiologischen Psychologie ins Feld geführt: In ihnen sieht er den Nachweis erbracht, daß von allen Sinneswahrnehmungen die Sinneswahrnehmung der Bewegung[7] die ursprünglichste und elementarste sei, sofern allein in ihr äußerer Stimulus und innere Empfindung noch ganz ungeschieden seien, nämlich unmittelbar zusammenfallen würden[8].

---

[1] Ebd. 102f.
[2] Ebd. 101f.
[3] Zu Harris s. o. unter 1.9.
[4] „Notes on Hegel", 93-98.
[5] Ebd. 98ff.
[6] Ebd. 100, Z. 14f.: „Time is the internal result, space the external condition, of movement."
[7] Zur zentralen Bedeutung der Kategorie der Bewegung für Halls Erkenntnistheorie und deren psychologistische Interpretation vgl. a. „The Graphic Method", AGC 66.
[8] Ebd. 99ff.

Wenn Hall seine Theorie dabei als korrigierende Weiterentwicklung des Hegelschen Monismus[1] bzw. als psychologische Neuinterpretation des dialektischen Prinzips[2] verstehen möchte, so deutet dies darauf hin, daß hier Trendelenburgs „Ideal-Realismus" mit der psychologischen Interpretationsebene der Spencerschen „Principles of Psychology" verschmolzen werden soll:

Bereits Spencer, dessen „Principles of Psychology" Hall erstmals in Antioch begegnet war, hatte als Grundperzeption des Bewußtseins eine elementare „Wahrnehmung von Bewegung" nachzuweisen versucht. Als physiologischen Ort dieser Grundperzeption bestimmt er den muskulären Tastsinn, durch den die Raumbewegungen der Objektwelt dem Subjekt zur unmittelbaren Sinnesempfindung kommen.[3] Diese These hat eine weitreichende Bedeutung für Spencers Auseinandersetzung mit der Kantschen Erkenntnistheorie:

Die Perzeptionen von Raum[4] und Zeit[5] werden - gegen Kant - als erst sekundäre Wahrnehmungen vorgestellt, die auf dem Boden vorausliegender Grundperzeptionen von Bewegung selbst prozessual aufgebaut seien.[6] Damit wird die - schon bei Hume begegnende - empiristische These von der erfahrungsbedingten Erzeugung aller Verstandesbegriffe in modifizierter Gestalt wiederaufgegriffen und mit der ebenfalls in modifizierter Gestalt festgehaltenen transzendentalphilosophischen These[7] zu verbinden gesucht: Spencer hält die transzendentalphilosophische These Kants insofern fest, als auch er mit apriorischen Konstitutionsbedingungen von Erfahrung rechnet. Er deutet diese aber auf dem Boden der für ihn leitenden Evolutionstheorie um in Bedingungen, die ausschließlich für das *Individuum* vorgegeben sind, und zwar in der Weise des *Instinkts*, dessen Verfassung selbst wiederum in der „Gattungserfahrung" begründet ist. So vermeint Spencer, auch der empiristischen These gerecht werden und von allen erfahrungsleitenden Kategorien beides zugleich behaupten zu können: Daß sie einerseits als intuitive Formen für jedes Individuum apriorische, erfahrungskonstitutive Geltung haben und gleichzeitig andererseits doch auch selbst wiederum aus Erfahrung stammen, nämlich aus - im Verlauf der Evolution instinktiv verfestigter - Gattungserfahrung.

---

[1] Vgl. auch „The Philosophy of the Future", Nation 27 (1878), 283f.
[2] „Notes on Hegel", 97, 100.
[3] SPENCER, Principles of Psychology, 2. Bd., Kap. XIV-XVI, bes. Kap. XVI „The Perception of Motion".
[4] SPENCER, Kap. XI „The Perception of Space", 178-203.
[5] SPENCER, Kap. XV „The Perception of Time", 206-215.
[6] Die Raumwahrnehmung nämlich als Wahrnehmung einer durch Bewegung und deren Perzeption vermittelten Relation koexistierender Raumpositionen, die Zeitwahrnehmung als Wahrnehmung einer wiederum durch Bewegung und deren Perzeption vermittelte Wahrnehmung einer Relation aufeinanderfolgender Zeitpositionen: SPENCER, 231 und I, § 208.
[7] SPENCER, 195.

Das gemeinsame Aufnahmebecken für beide erkenntnistheoretischen Streitpositionen, in das diese untereinander vermittelt eingeordnet werden, stellt somit die Evolutionstheorie bereit - eine Theorie, die mit ihrem zentralen Prinzip der Entwicklung selbst wiederum in der Grundkategorie der „Bewegung" gründet. Weder Spencer noch Hall, der die in dieser Hinsicht so leistungskräftig erscheinende Evolutionstheorie ebenfalls zum Leitkonzept seiner „genetischen Psychologie" erheben wird, bemerken jedoch, daß eben genau diese Grundkategorie letztlich ungeklärt ist. Denn unklar bleibt sowohl, woher sie stammt, als auch, welchen epistemologischen Status sie von daher besitzt. Soll sie im Sinne Halls - mit Trendelenburg - als das absolute Apriori aller Erfahrung, mithin strenggenommen auch der Gattungserfahrung, gelten, so kann sie jedenfalls nicht selbst aus Erfahrung stammen. Sie kann folglich dann auch nicht empirisch, sondern nur tranzendentalphilosophisch aufzeigbar sein.

Halls Versuch, das kategoriale Grundkonzept seiner „genetischen"[1] Psychologie, das die Genese des Bewußtseins aufdecken möchte, *empirisch* durch Ergebnisse physiologischer Observation zu begründen, erweist sich somit als zirkulär, weil in den Ergebnissen dieser empirischen Forschung - siehe Spencer - dasselbe Grundkonzept bereits vorausgesetzt ist. Damit aber sind auch alle späteren Versuche Halls hier schon als vergeblich zu kennzeichnen, welche die Psychologie rein auf das empirische Verfahren der Observation gründen und als metaphysikfreie „Science" (2.4) konzipieren wollen. Immer wieder wird sich zeigen lassen, daß seine gesamte psychologische Theoriebildung dem hier erstmals präsentierten kategorialen Leitkonzept, das selbst nicht durch empirische Observation gewonnen sein kann, grundlegend verpflichtet bleibt.

Halls „Notes on Hegel"[2] bilden die Grundlage für die noch im selben Jahr erscheinende Abhandlung „The Muscular Perception of Space"[3], mit der er sich 1878 das erste in Amerika vergebene philosophische Doktorat im Fach „Psychologie" erwirbt.[4] In ihr handelt es sich weniger um eine auf eigenen experimentellen Forschungen basierende Arbeit[5] als vielmehr um die spekulative Entwicklung einer These mit forschungsgeschichtlicher Begründung. In Auswertung neuerer psychologischer Literatur, insbesondere der motorischen Psychologie Alexander Bains[6] und John Hughling Jacksons[1] sowie der Physiologie Wundts[2], sucht Hall

---

[1] Ebd. 100: „We quite agree with Hegel that we may be said to know a thing, even the mind itself, most truly when our thought has followed all its changes in time, or has traced all its processes above, but we insist that the dialectic method is in no real sense genetic."

[2] Zur Interpretation der Abhandlung vgl. a. FISHER, 3-7; ROSS, 68ff.

[3] Mind 3 (1878), 433-450.

[4] Die Hegelabhandlung war den Thesen als Appendix beigeheftet: ROSS, 70 Anm. 22, 79; BORING, 519.

[5] HALL erwähnt solche - erfolglos gebliebenen - Forschungen nur in „The Muscular Perception of Space", 436.

[6] Ebd. 439, 446, 450. Vgl. auch ROSS, 74.

die Existenz eines unmittelbaren Muskelsinns nachzuweisen, den er als das universal ursprünglichste und einfachste Substrat des psychischen Lebens betrachtet.[3] Dieser wird von ihm als eine selbst qualitativ räumliche[4] Empfindung der Bewegung charakterisiert, durch die in doppelter Weise - als „sense of motion"[5] und als „sense of force"[6] - eine unmittelbare Raumwahrnehmung zustande komme[7]. Damit hat Hall also genau dasjenige Sinnesvermögen physiologisch näher zu beschreiben versucht, das seine Hegelkritik soeben als das von der Psychologie entdeckte „missing link" angezeigt hatte, worin er die Überwindung des metaphysischen Dualismus- bzw. Erkenntnisproblems angebahnt sieht[8]. Als Ergebnis seiner psychologischen These postuliert Hall einen „ultimativen Monismus"[9] bzw. eine neue „Identitätsphilosophie" und verfolgt darin erneut ein „vermittlungsphilosophisches" Anliegen, das sowohl den Standpunkt einer „absoluten Philosophie" im Stile Hegels als auch den einer „absoluten Science" überwinden möchte.

Hall ist seiner eben skizzierten Ausgangsposition prinzipiell treu geblieben: Auch alle anderen psychologischen Frühschriften lassen seine mechanistische Verstehensweise des Psychischen deutlich erkennen. So arbeitet er etwa in „Color Perception"[10] an einer Theorie, die das Zustandekommen der Farbwahrnehmung allein aus den senso-motorischen Vorgängen der Retina, also unabhängig von der geistigen Interpretationsleistung des Subjekts, erheben möchte. Auch die aus dem Rahmen fallende Arbeit „Laura Bridgeman"[11] läßt den innerlichen Zusammenhang zu obiger Position insofern erkennen, als Hall darin anscheinend implizit die Leistungskraft des unmittelbaren Muskelsinns demonstrieren will.[12] Und zwar an der Fallstudie einer Person, für die, obwohl von allen anderen Sinneswahrnehmungen abgeschlossen und einzig auf die Wahrnehmungen ihres Tastsinnes angewiesen, eine erstaunlich verständige Umweltkommunikation festgestellt werden könne.

---

[1] „The Muscular Perception of Space", 445.
[2] Ebd. 435.
[3] Ebd. 445, 448.
[4] Ebd. 443.
[5] Ebd. 438: zur Wahrnehmung des leeren Raums.
[6] Ebd. 440: zur Wahrnehmung des erfüllten Raums.
[7] Ebd. 442, 447.
[8] Hier ebd. 446f., 450.
[9] In „The Sentiment of Rationality" (The Works of W. James, Bd. 5, 32-64, dort 53) hat JAMES 1879 Hall also völlig zurecht zu derjenigen „mind-matter"-Schule gerechnet, in Auseinandersetzung zu deren Monismus „at any cost" James im folgenden seine pluralistische Philosophie entwickelt.
[10] Proceedings of the American Academy of Arts and Sciences 5 (1878), 402-413.
[11] Mind 4 (1879), 149-172.
[12] Vgl. „Laura Bridgeman", 156, 164f.

Aber nicht nur in den wenig wirkungsvollen Frühschriften, sondern auch in seinen großen entwicklungspsychologischen und pädagogischen Entwürfen der späteren Zeit ist die bleibende Wirksamkeit seiner kategorialen Ausgangsposition deutlich zu erkennen. Hier ist vor allem auf die Passagen seiner Adoleszenzpsychologie zu verweisen, in denen Hall die philosophische bzw. fundamentalpsychologische und -pädagogische Position umreißt, die seinen empirischen Theorien zugrunde liegt (3.1.1-3.1.4).[1]

Was hat Hall mit seiner Hinwendung zur physiologischen Psychologie nun erreicht? D. h. was leistet diese für die konsistente Verfolgung seines Lebensplanes, und wie ist der Zusammenhang seines psychologischen Ansatzes zu seinen bisherigen Einsichten eigentlich zu verstehen?

Zur Beantwortung dieser Frage erinnern wir uns zunächst daran, daß Hall in einer bestimmten Phase seiner Bildungsgeschichte selbst mit einem Dualismusproblem und einem damit verknüpften epistemologischen Zweifel beschäftigt war, den er hier auf einer nicht mehr nur persönlichen Ebene beizulegen sucht. So hat er in der Theorie eines unmittelbaren Muskelsinnes wohl eine physiologische Parallelkonzeption oder gar Begründung desjenigen Intuitionismus erblicken können, durch den er während seiner Krise am Williams College den Dualismus zwischen den religiös-moralischen Ansprüchen seiner puritanischen Herkunft und der intellektuellen bzw. artistischen Anziehungskraft seiner neuen Bildungswelt schließlich versöhnen kann.[2] Er findet in der physiologischen Psychologie somit *erstens* - wie bereits in der Philosophiegeschichte - einen Weg, sein „vermittlungsphilosophisches" Anliegen weiter verfolgen zu können; d. h. zu vermit-

---

[1] AP Bd. 2, Kap. X, 40-70; Kap. XII, 144-159, 229ff.; Kap. XVI, 540-548.
Erstens ist hinzuweisen auf HALLs Auflistung seiner „sechs Glaubensartikel", die sein Grundverständnis vom Aufbau der Wirklichkeit entwickeln: AP Bd. 2, Kap. XVI, 540-547. Darin wird als 1. Kategorie „der Raum", als 2. „eine ätherische Materie" genannt und im 3.-6. Artikel das dynamische Wesen der Wirklichkeit seinen Aspekten nach expliziert.
Zweitens ist auf HALLs Grundkonzeption des Psychischen zu verweisen, die er als einen „höheren Monismus" bzw. „fortentwickelten Evolutionismus" charakterisiert [AP Bd. 2, Kap. X, 40-70, und bereits früher in: „Some Aspects of the Early Sense of Self", AJP 9 (1898), 351-395, dort 374-379, 393ff.] und einer nicht-materialistischen und nicht-genetischen Auffassung der Seele entgegenstellt (AP Bd. 2, Kap. X, 40. Die klarste Bezugnahme Halls auf seine frühe Konzeption einer unmittelbaren Sinneswahrnehmung der Bewegung als Ursprung allen Bewußtseins findet sich vielleicht dort 67 Z. 18-32).
Drittens auf seine Skizze einer neuen „Identitätsphilosophie" bzw. eines „allumfassenden Humanismus", in der die ideale Zielvorstellung seines pädagogischen Reformprogramms konzipiert wird: AP Bd. 2, Kap. X, 144-159, 229ff.
Und *viertens* nicht zuletzt auf Halls Darstellung der Muskulatur als Organ des menschlichen Willens (AP Bd. 1, Kap. III, 129-236, bes. 129-132), worin zugleich der unmittelbare Zusammenhang aufscheint, den Hall in seiner Pädagogik zwischen Muskel- und Willenstraining, zwischen Körperkultur und Tugendbildung, aufgestellt hat: AP Bd. 1, 131f., 189ff.

[2] Auf diesen Zusammenhang zwischen Psychologie und seinem bisherigen Lebensproblem deutet auch „Laura Bridgeman", 171 Z. 18ff., hin.

teln zwischen der religiösen bzw. philosophischen Orthodoxie, hier repräsentiert durch das Absolutheit beanspruchende System Hegels, und dem verlockend aufstrebenden Bildungsleben, wie es für ihn nun von den „Sciences" verkörpert wird. Halls Kritik der Hegelschen Kategorie des „reinen Gedankens" liegt damit auf der Linie seiner Ablehnung einer selbstbezogenen freischweifenden Spekulation in „The Student's Sin". Es ist derselbe Vorwurf eines „reinen Intellektualismus" und damit einhergehenden leibfeindlichen bzw. naturentfremdeten Dualismus, den er gleichermaßen gegenüber der calvinistischen Tradition seiner kirchlichen Herkunft[1] wie der idealistischen Tradition[2] des amerikanischen Bildungslebens erhebt.

Hall findet in der neuen Psychologie jedoch zugleich auch noch *zweitens* ein neues aussichtsreiches Betätigungsfeld, das sowohl seinen intellektuellen Ambitionen als auch seinen „philanthropischen" Ansprüchen zu genügen verheißt. Er erwartet von der Psychologie nämlich nicht nur, daß sie das Erkenntnisproblem löst, sondern die Philosophie als Wissenschaft selbst neu strukturiert und darin eine gesellschaftsgestaltende Aufgabe übernimmt. Darin wird die pädagogische Orientierung der Hallschen Psychologie bereits in ihrer physiologischen Anfangsphase deutlich: In einem von James[3] anonym unterstützten offenen Brief[4] in „Nation" vom September 1876 tritt Hall mit seinem Ruf nach Reform der amerikanischen Philosophie und ihrer Lehre erstmals an die Öffentlichkeit. Er wird in weiteren Beiträgen der folgenden Jahre bekräftigt und programmatisch ausgearbeitet:[5]

1.13 Halls Reformprogramm der amerikanischen Philosophie

In seiner Bestandsaufnahme „Philosophy in the United States" von 1879 klagt Hall ein, daß für die Lehre der traditionellen philosophischen Fächer ein mitunter maroder Zustand des amerikanischen Erziehungswesens zu verzeichnen sei.[6] Die Ursachen hierfür sieht er zum einen in der immer noch bestehenden Abhängigkeit der Philosophie vom religiösen Konfessionalismus und Dogmatismus sowie von

---

[1] Vgl. etwa AP Bd. 1, Kap. III, 191; Bd. 2, Kap. X, 44; Kap. XVI, 547; s. a. ROSS, 336.
[2] Etwa AP Bd. 2, Kap. X, 40, 44, 52; insgesamt auch Kap. XII, 59f.; Kap. XVI, 534-539.
[3] JAMES unterstützt Halls Anliegen - etwas weniger polemisch - im Vorwort des Herausgebers in derselben Ausgabe: Nation 23 (1876), 178f.
[4] „College Instruction in Philosophy", Nation 23 (1876), 180.
[5] „The Philosophy of the Future" (1878), a. a. O. ; „Philosophy in the United States"(1879), a. a. O.; „A Note on the Present Condition of Philosophy", AGC 295-303; „The New Psychology", Andover Review 3 (1885), 120-135, 239-248, d. i. HALLS Antrittsvorlesung an der Johns Hopkins-Universität in Baltimore vom 6. 10. 1884.
[6] „Philosophy in the United States", 94.

philosophischen Schulstreitigkeiten.¹ Zum anderen im praktisch-ökonomischen Geist der amerikanischen Gesellschaft, die aus Furcht vor praxishemmender Introspektion, antireligiösem Materialismus und Skeptizismus das Streben nach Selbsterkenntnis allein auf religiösem Gebiet gelten lasse.² Um die hierdurch verursachte Unterentwicklung und Heterogenität des intellektuellen Milieus in Amerika zu beheben,³ ruft Hall auf zu einer umfassenden Reform des Faches im Dienste einer neuen patriotischen wie philanthropischen Philosophie, die die verschiedenen Strömungen des amerikanischen Geisteslebens zu einer großen nationalen Synthese zusammenschließen soll⁴.

Einen wesentlichen Beitrag für diese Identitätsfindung Amerikas in der Fortschrittsgemeinschaft der Menschheit⁵ sieht Hall in der Öffnung gegenüber den beiden Entwicklungen des Fachs, die er selbst bislang mitvollzogen hat:⁶ erstens in der Öffnung gegenüber dem philosophiegeschichtlichen Ansatz, worin er den kontrovers subjektiven Standpunkt philosophischer Schulpositionen überwunden glaubt, und zweitens in der Öffnung gegenüber den neuen Naturwissenschaften. Insbesondere von der Psychologie solle die Philosophie den entscheidenden Impuls empfangen, um die bisher selbstverständlich und absolut geltenden Ausgangshypothesen der Einzelwissenschaften im Sinne des neuen dynamischen Verständnisses der Wirklichkeit grundlegend zu überprüfen. Von der Philosophie auf psychologischer Basis wird in der Zukunft erwartet, daß sie als „Science of Sciences" die Zusammenarbeit aller Einzelwissenschaften koordiniere und damit die Schlagkraft ihrer Leistung für den gesellschaftlichen Fortschritt optimiere.⁷ In diesem Reformprogramm zieht Hall die institutionelle Konsequenz aus dem kategorialen Grundkonzept seiner Psychologie, indem er die Übernahme des szientifischen Verfahrens und leitenden Evolutionsprinzips nun auch von der Philosophie und über diese vermittelt von allen anderen Wissenschaften fordert.

Die offene Polemik in Halls Bestandsaufnahme der amerikanischen Philosophie ist wahrscheinlich nicht zuletzt aus seiner persönlichen deprimierenden Lebenssituation als angehender Universitätslehrer der Philosophie erwachsen.⁸ Denn auch mit seinem 1878 erworbenen Doktorgrad in Psychologie erweist es sich für

---

¹ Ebd. 90f., 95.
² Ebd. 92f., 95; vgl. auch FMP 69; AGC 300f., 306-309.
³ „Philosophy in the United States", 95, 104f.
⁴ Ebd. 105; „The New Psychology", 134.
⁵ Ebd. 239.
⁶ „College Instruction in Philosophy", 180; „Philosophy in the United States", 89ff., 101, 105; „Philosophy of the Future", 283f.
⁷ „Philosophy of the Future", 283; „The New Psychology", 134f.
⁸ Vgl. etwa „Philosophy in the United States", 91; „College Instruction in Philosophy", 180: „This whole field of study is generally given into the hands of one of the older and 'safer' members of the faculty", so daß - könnte man ergänzen - einem jungen und unorthodoxen Szientisten wie HALL folglich kein Gestaltungsfeld eröffnet wird.

ihn weiterhin als unmöglich, eine angemessene Anstellung in diesem Fach zu finden.[1] Ohne Aussicht auf eine Verwirklichung seiner Ambitionen in der gegenwärtigen Situation an amerikanischen Universitäten bricht Hall im Spätsommer 1878 erneut nach Deutschland auf, um sich in den Hochburgen physiologischer Forschung seiner Zeit in der neuen Psychologie fachlich weiter zu qualifizieren.

1.14 Der Enthusiasmus für eine streng empirisch arbeitende experimentelle Psychologie - oder: „aufgegangen in empiricism"

Sein Weg führt zunächst wieder nach Berlin.[2] Hall arbeitet dort im Institut Bois-Reynolds über die Physiologie des Muskelsystems unter dessen Assistenten Hugo Kronecker, mit dem er zusammen 1879 eine Studie über „Die willkürliche Muskelaktion"[3] herausgibt. Die Bewunderung für Helmholtz[4], den er in Vorlesungen und privaten Besuchen persönlich kennenlernt, bestärkt nur noch mehr seine Faszination, noch konsequenter als bisher Psychologie ausschließlich als „natural science" zu betreiben.[5] In einem Brief[6] schreibt Hall, er komme immer mehr zur Überzeugung, daß alle Zweige der Philosophie „rest upon psychology, and that psychology is essentially a branch of physiology".

In „Founders of Modern Psychology"[7] hat Hall sechs Forscherpersönlichkeiten, denen er während seiner Aufenthalte in Deutschland begegnet ist, eine philosophie- bzw. psychologiegeschichtliche Studie gewidmet: Zeller, Lotze, Fechner,

---

[1] ROSS, 80f.

[2] Hall hat die autobiographische Darstellung seines zweiten Deutschlandaufenthalts erneut merkwürdig stilisiert: LCP 204-216; FMP V. Zum einen hat er die tatsächlich kürzere Dauer des Aufenthalts auf ein „Triennium" verlängert. Zum anderen scheint die Zuordnung Zellers, Lotzes, Fechners und Hartmanns zum ersten „philosophischen" sowie Helmholtz' und Wundts zum zweiten „psychologischen" Triennium weniger - wie behauptet - biographisch begründet zu sein als einer sachlichen Gruppierung dieser Autoren zu entsprechen. Daß Hall etwa Zeller erst während seines zweiten Aufenthalts kennenlernte, vgl. dazu ROSS, 83 Anm. 8, 208, 272. Zu Halls Eindrücken in Deutschland vgl. seine Korrespondenz mit James: PERRY, II, 15-22.

[3] Archiv für Anatomie und Physiologie, Physiologische Abtheilung, Suppl. Bd., 1879, 11-47.

[4] Hermann Ludwig Friedrich von Helmholtz (1821-1894); vgl. LCP 208f.; FMP 248; ROSS, 82f.; PERRY, II, 18.

[5] In Briefen an Norton, bei ROSS, 82f., 87, sowie in AGC 98, 297, 299.

[6] An Norton vom 8. 1. 1879, bei ROSS, 82.

[7] In diesem Werk handelt es sich um die Ausarbeitung von 1912 gehaltenen Vorlesungen, die selbst wiederum z. T. auf eigenen Vorlesungsmitschriften HALLs sowie früheren Aufsätzen in AGC basieren; vgl. FMP V. Auch wenn viele der darin benannten Einschätzungen erst vom späteren Standpunkt der Abfassungszeit 1912, von dem aus Hall die Weiterentwicklung der jeweiligen Systeme im Vergleich zu seinem eigenen überblickt, zu verstehen sind, können doch aus dieser Darstellung auch Schlüsse auf Halls frühe Einschätzung seiner Lehrer gezogen werden.

Hartmann, Helmholtz und Wundt. Aufgrund dieser Darstellung sind wir in der Lage, im folgenden einige der Punkte benennen zu können, in denen sich Hall von seinen deutschen Lehrern angeregt bzw. zur Kritik herausgefordert sieht. Das uneingeschränkt positivste Urteil findet sich darin über Helmholtz, bei dem der unbedingte Herrschaftsanspruch der „Science" über die Philosophie am deutlichsten ausgeprägt ist:

> „He was probably the greatest master of experimental physical science of the nineteenth century...experimental psychology will go back to Helmholtz if it is to remain truly scientific and to make sure progress along experimental lines."[1]

Helmholtz verkörpert für Hall das Idealbild des naturwissenschaftlichen Psychologen, der in seinen physiologischen Theorien zur Optik und Akustik die Erkenntnistheorie seit Kant nicht mehr als eine ihm vorliegende Voraussetzung behandele, sondern mit seiner Laborforschung selbst einer Kritik unterzogen habe.[2] Darin geht Helmholtz für Hall noch einen Schritt weiter als Lotze[3], der erst den Übergang von einer metaphysischen zur naturwissenschaftlichen Psychologie markiere und wegen der spekulativen Überreste seiner Psychologie, etwa seiner immaterialistischen Konzeption der Seele, kritisiert wird.[4]

In eine ähnliche Richtung zielt auch Halls Kritik gegenüber Wundt[5], von dem er, Ende 1879 in Leipzig eintreffend, sichtlich enttäuscht ist.[6] Bei der Darstellung des Wundtschen Werkes, dem in „Founders of Modern Psychology" das weitaus längste Kapitel gewidmet wird, ist der durchgehend kritische Ton bei aller eingeräumten Würdigung für dessen Pionierleistung nicht zu überhören.[7] Halls Kritik konzentriert sich darin insbesondere auf dessen Willenstheorie[8], und zwar in zweierlei Hinsicht.[9] Zum einen kritisiert Hall, daß Wundt von einer „rein empirischen" - verstehe: mechanistischen - Erklärung des Willens in spekulativer Weise

---

[1] FMP 302 und 306, vgl. insgesamt 244-309; vgl. auch sein Urteil in einem Brief an James vom 26. 10. 1879 in: PERRY, II, 18.

[2] FMP 253-256, 303f.

[3] Rudolph Hermann Lotze: 1817-1881; FMP 60-121; „Hermann Lotze" in AGC 94-100, bes. 98ff.

[4] FMP 93, 101ff.; LCP 210; ROSS, 94; PERRY, II, 17.

[5] FMP 308-458; PERRY, II, 17f.; LCP 206; ROSS, 84ff.

[6] Hall in einem Brief an James: „Wundt is more and more exasperating. He seems to me a grand importer of English ideas...and an exporter of the generalized commonplaces of German physiology...inexact...and as a man who has done more speculation and less valuable observing than any man I know who has had his career. His experiments, which I attend I think utterly unreliable and defective in method" (bei ROSS, 85).

[7] Auch in LCP 206 nennt Hall Wundt wenig schmeichelhaft „somewhat of a usurper, not entirely scientific".

[8] W. WUNDT, Grundzüge der physiologischen Psychologie, Bd. III, Leipzig 1911, Kap. 17, 271-295.

[9] FMP 387, 390, 405, 408, 412, 452.

abweiche.¹ Zum anderen moniert er, daß dessen Theorie den Willen durchgängig als bewußten Agenten erfasse und für die psychologische Beschreibung einer unbewußten Willenstätigkeit keinerlei Raum belasse.² In unserer Darstellung wollen wir uns zunächst dem ersten Kritikpunkt zuwenden.

Es ist als ein indirekter Angriff auf Wundts Theorie des Willens zu verstehen, wenn Hall in seiner Zeit in Leipzig seinen ganzen Ehrgeiz daransetzt, die Wundtsche Theorie des Reflexbogens zu widerlegen, wie er in einem Brief an James berichtet:³

> „I am drifting into laboratory work more than I expected, sometimes dig at it all day except when in lectures...at present all my interest centres in *reflex action*, on which I am working with Ludwig - my first work alone. I think - though it is really too soon to say it - that I can disprove some essential points of Wundt's elaborate theory in the *Mechanik*..."⁴

Hall bezieht sich hier auf seine Arbeit im Labor Carl Ludwigs, in dem er eine geraume Zeit damit verbringt, einen Froschmuskel in minutiöser Weise physiologisch zu erforschen, woraus ihm eine unmittelbare Begeisterung für die physiologische Arbeitsweise erwächst.⁵ In einem Brief an James schreibt er enthusiastisch, er sei nunmehr völlig „*aufgegangen* in empiricism".⁶

> „My ideal of a philosopher is not a laboratory man who doesn't rely much on books, but studies mind in the twitch of a frog's muscle, and yet just this independent look at nature is what has opened new impulses and enthusiasm for me such as nothing else has..."⁷

Den Grund dieser Begeisterung hat er in seiner Adoleszenzpsychologie mit folgenden Worten beschrieben:⁸

> „As the year progressed the history of previous views were studied and broader biological relations were seen...I realized that the structure and laws of action of muscles were the same in frogs as in man, that such contractile tissue was the only organ of the will, and had done all man's work in the world, made civilization, character, history, states, books, and words. As the work went on, I felt that the mysteries not only of motor education and morality, but of energy and the universe, centred in this theme..."

Die Erforschung des Reflexbogens erscheint Hall als Schlüssel zum Verständnis der physischen Bedingtheit der Psyche, ja der durchgehenden - göttli-

---

¹ So verdankt sich für Wundt etwa die Raumwahrnehmung einem Urteilsschluß des Subjekts und wird nicht ausschließlich als ein rein senso-motorischer Vorgang beschrieben: FMP 364; vgl. auch ROSS, 86.
² WUNDT, Grundzüge der physiologischen Psychologie, Bd. III, 272.
³ Vom 27. 12. 1879, bei PERRY, II, 18f.
⁴ Gemeint ist W. WUNDT, Untersuchungen zur Mechanik der Nerven und Nervenzentren, 2 Bde., Erlangen 1871-1876.
⁵ AP Bd. 1, 129ff.; LCP 205f.; PERRY, 17, 22; ROSS, 84f.
⁶ PERRY, II, 20f., was James im folgenden selbst nach Deutschland lockt; vgl. PERRY, II, 22.
⁷ PERRY, II, 21.
⁸ AP Bd. 1, 130.

chen - Gesetzmäßigkeit des Universums insgesamt.¹ Infolgedessen plant er, eine grundlegende Arbeit über den Reflexbogen zu schreiben.² Im Unterschied zu James jedoch, der wenig zuvor den Entschluß gefaßt hatte, ein psychologisches Lehrbuch zu verfassen,³ das nach langem Verzug und mit sichtlichem Ringen um den Gegenstand⁴ dann 1890 als seine berühmten „Principles of Psychology"⁵ erscheint, hat Hall den Plan eines vergleichbaren Grundlagenwerkes zur physiologischen Psychologie, von dem er in einem Brief an James berichtet,⁶ niemals verwirklichen können. Aus seiner Leipziger Arbeit entspringt allein eine Abhandlung „Über die Reaktionszeit am Ort des Reizes"⁷, für die thematische Behandlung des Reflexbogens bzw. eine Überblicksarbeit zur physiologischen Psychologie hingegen lassen sich in seinem Werk der folgenden Jahre allenfalls Spuren entdecken⁸. Die Ursache hierfür ist jedoch weniger darin zu suchen, daß Hall an der Konzeption einer physiologisch fundierten Psychologie prinzipiell irre geworden wäre, als darin, daß sich ihm die wissenschaftliche Behandlung des psychologischen Gegenstandes in den nächsten Jahren aus eher pragmatischen Gründen allmählich verschiebt, wie wir im einzelnen sehen werden. Hall hat seine mechanistische Verstehensweise des Psychischen vielmehr auch später nicht mehr grundlegend in Zweifel gezogen, jedenfalls nicht bewußt und absichtlich. Er hat sich auch nicht mehr um eine nähere theoretische Bestimmung des psychophysischen Zusammenhangs bemüht, die Entscheidung der Streitfrage um eine interaktionistische oder parallelistische Fassung dieses Zusammenhangs bezeichnenderweise stets offen gelassen.⁹ Ihm scheint aus der Übernahme dieses Ansatzes auch gar kein beunruhigendes Problem zu entstehen, wie etwa für James, der die Möglichkeit menschlicher Freiheit durch die Behauptung eines

---

¹ AP Bd. 1, 130 Z. 39 - 131 Z. 1, Z. 7f.
² LCP 209.
³ PERRY, II, 34ff.
⁴ HERMS, Radical Empiricism, 84f. Auch JAMES ist der Reflexbogen als Schlüssel psychologischer Theoriebildung erschienen. In „Psychology: Briefer Course" (The Works of W. James, Bd. 14, Cambridge/London 1984) von 1892 wird der Stoff der „Principles of Psychology" konsequent nach dem Aufbau des Reflexbogens angeordnet. Dazu HERMS, Radical Empiricism, 75, 85; ROSS, 88.
⁵ W. JAMES, The Principles of Psychology (1890), Cambridge/London 1983 (im folgenden zitiert als PP).
⁶ Vom 26. 10. 1879; bei PERRY, II, 17f.
⁷ Zusammen mit J. VON KRIES, Archiv für Anatomie und Physiologie, Physiologische Abtheilung, Suppl. Bd., 1879, 1-10.
⁸ „A Sketch of the History of Reflex Action. I. Introductory", AJP 3 (1890), 71-86. Auf diesen ersten, als Einleitung gedachten Teil hat Hall keine Fortsetzung folgen lassen. Vgl. auch FMP in seiner Darstellung der Geschichte der physiologischen Psychologie und ihrer bahnbrechenden Werke sowie die zahlreichen Zusammenfassungen physiologischer Forschungsbeiträge in AP.
⁹ Z. B. FMP 411f.; LCP 430f.

psychophysischen Determinismus prinzipiell in Frage gestellt sieht.¹ Für Hall hat das „Aufgehen im Empirizismus" im Gegenteil geradezu einen befreienden Effekt, was man sich im Blick auf seine Herkunft folgendermaßen klarmachen kann:

Auf die Abhängigkeit der Psyche von physischen Bedingungen aufmerksam zu werden, hat für den Puritaner Hall eine befreiende Wirkung, da es das Subjekt von der Pflicht zur vollkommenen Beherrschung seiner emotionalen Natur zu entlasten vermag und damit im Falle einer Unbeherrschtheit auch vom Vorwurf einer religiösen „Schuld" und „außergewöhnlicher Verderbtheit"². Wir erinnern uns in diesem Zusammenhang an das emotional restriktive Milieu seines calvinistischen Elternhauses, in dessen religiös-moralischer Atmosphäre Hall „heard more of duty than of pleasure"³. Sowie an seine Adoleszenzzeit, in der das Erwachen des Sexuallebens quälende Selbstzweifel hervorruft, die als religiöse Krise erlebt werden.⁴ Sodann an die emanzipatorische Wirkung, die die Begegnung mit dem „gemüt"vollen Lebensstil in Deutschland und der liberalen Atmosphäre Berlins auf den Studenten Hall gemacht hat.⁵ Und nicht zuletzt an seine eigentümliche Interpretation Schleiermachers, dessen Begriff des „Gefühls schlechthinniger Abhängigkeit" er in den entstellenden Satz zusammenfaßt, „that growth in the consciousness of dependence not independence, is the true measure of human progress".⁶

Eine Abhängigkeit des Personlebens von physischen Determinismen aufzuzeigen kann von Hall somit verständlicherweise als befreiende Kritik der Restriktionen seiner religiösen Herkunft erlebt werden, ohne darin aber zugleich einen grundsätzlichen Bruch mit dieser bedeuten zu müssen: Die geduldige Hingabe an die mühevolle Detailarbeit des Laboralltags - „the perfect joy which lies in a full self-sacrifice"⁷ - mag für ihn den Anspruch moralischer Pflichterfüllung und religiöser Selbstbeschränkung vielmehr sogar gerade näherzukommen als eine philosophische Arbeitsweise „freischweifender Spekulation"⁸ eines praktisch irrelevanten und darum amoralischen philosophischen Ästhetizismus.⁹ Die einheitliche Gesetzmäßigkeit alles Natürlichen erkennen zu können besitzt für

---

¹ HERMS, Radical Empiricism, 79-87.
² S. o. unter 1.5 nach LCP 131ff.
³ S. o. unter 1.1 nach LCP 81; vgl. a. LCP 589.
⁴ S. o. unter 1.5.
⁵ S. o. unter 1.8.
⁶ S. o. unter 1.8 nach „A Leap-Year Romance", 214.
⁷ AGC 206f., ä. a. 93; FMP 114; LCP 209.
⁸ Vgl. dazu AP Bd. 1, 129f.; ROSS, 93. Der moderne Forscher wird mit dem religiösen Propheten, Apostel, Märtyrer, Einsiedler und Asketen verglichen: LCP 542. Sein Arbeitsgeist gleicht für HALL einer Obsession: LCP 588; vgl. a. „Confessions of a Psychologist", 133ff.
⁹ Vgl. etwa HALLs Kritik am späten Lotze in AGC 98ff.

Hall selbst eine religiöse Qualität,[1] ist vielleicht als Aufscheinen derjenigen göttlichen Providenz zu verstehen, die im Frömmigkeitsleben der Mutter eine zentrale Rolle gespielt hat.

Vermeiden muß Halls Empirizismus allein ein doppeltes Extrem: Einen radikalen Materialismus auf der einen Seite, der die Existenz einer moralischen Verantwortung des Menschen gänzlich abstreitet, die nach Halls religiös-moralischem Selbstverständnis überhaupt nicht geleugnet werden kann.[2] Und einen extremen Idealismus und Subjektivismus auf der anderen Seite, von denen aus eine hybride Allwissenheit bzw. Allmächtigkeit der menschlichen Erkenntnistätigkeit bzw. willentlicher Freiheit behauptet werden könnte. Genau dies sind dann auch die sich gegenüberstehenden Geistesrichtungen, die Halls philosophiegeschichtliche Skizzen[3] in ihrer synthetischen Gesamtschau menschlicher Denkentwicklung auffinden und die seine Psychologie zu vermitteln sucht.

Halls Enthusiasmus für eine physiologische Psychologie wird somit insofern verständlich, als er in ihr die Chance zur Rehabilitierung derjenigen Seite der menschlichen Natur erblicken kann, die er im Milieu seiner puritanischen Herkunft wie im Intellektualismus der amerikanischen Universitätsphilosophie gleichermaßen restringiert findet, das ist die Seite des Gemüts, des Instinktiven und Unbewußten - Instanzen, zwischen denen selbst nicht weiter begrifflich klar unterschieden wird. Womit wir beim zweiten Kritikpunkt angekommen sind, den Hall an Wundts Willenstheorie geübt hat:

Im Unterschied zu dessen Konzeption der Psychologie ausschließlich als *Bewußtseins*psychologie[4] erschließt sich Hall unter Einfluß zweier anderer Lehrer in Deutschland der Blick für einen weiteren Bereich des Seelischen, für den er durch seinen romantischen Intuitionismus bereits vorbereitet ist, das ist der Bereich des Unbewußten[5]. Dessen Konzeption tritt ihm zum einen in Gestalt der Fechnerschen Schwellentheorie[6] entgegen, zum anderen in Gestalt der „Philoso-

---

[1] AP Bd. 1, 130 Z. 39 - 131 Z. 8.

[2] Vgl. etwa „The Graphic Method", AGC 72.

[3] Etwa in „The New Psychology", 131-134; FMP 112-117. HALL nennt dort je *drei* Richtungen: kategorialer Idealismus, Materialismus und Subjektivismus. In „The Muscular Perception of Space", 450, nennt Hall *zwei* sich gegenüberstehende Positionen: eine absolute Philosophie à la Hegel und eine absolute „Science" à la Tyndal.

[4] W. WUNDT, Grundzüge der physiologischen Psychologie, Bd. III, 110, 296, 489. Im Unterschied dazu HALL in „The New Psychology", 121: „Neither the instinctive nor the conscious should be allowed to become the key or type by which to explain the other, as has so often occured."

[5] Über die Herkunft der Konzeption informiert: L. C. WHYTE, The Unconscious before Freud, London 1979. HALL selbst nennt Leibniz als ersten Vertreter dieser Vorstellung: FMP 53.

[6] Gustav Theodor Fechner: 1801-1887; FMP 122-177, dort bes. 142, 148f., 158, 171, 173. Zu autobiographischen Eindrücken der Persönlichkeit Fechners vgl. ebd. 167; PERRY, II, 18; LCP 207.

phie des Unbewußten" Eduard von Hartmanns[1], der von Hall als der Überwinder der *Bewußtseins*philosophie seit Descartes, als neuer „Kopernikus"[2] der Philosophie, gefeiert wird. Was Hall an Hartmanns System bewundert, ist dessen synthetische Leistung und kosmologische Dimension, die seiner eigenen Vorstellung der gegenwärtig benötigten Philosophie am nächsten kommt:

„If we ever have a new idealism in the world again, it will be somewhat along the lines of Hartmann's Unconscious."[3]

Die synthetische Leistung des Hartmannschen Systems entspricht darin Halls eigenem Interesse, die klassischen Werke der Philosophie - vor allem Schellings, Hegels und Schopenhauers - mit den neuen Erkenntnissen der Naturwissenschaften - vor allem der Physiologie und Biologie - in Versöhnung zu bringen, durch ein gemeinsames Prinzip zu einer Identitätsphilosophie zusammenzuschmelzen.[4] Dieses Einheitsprinzip wird von Hall einmal als das kosmologische „Unbewußte"[5] bestimmt, ein andermal als teleologischer „Evolutionismus"[6], wobei der Zusammenhang beider im Sinne Hartmanns zu denken ist: Das absolute Unbewußte wird als das identische Dritte hinter Materie und Bewußtsein vorgestellt, das Grund, Quelle und übergreifende Einheit des Weltwesens bildet. Es erscheint als diejenige intelligente Kraft, die einheitlich - sowohl die Natur regierend als auch im Menschen als rationaler Geist hervortretend - das Geschehen der universalen Evolution in teleologischer Gerichtetheit vorantreibt.[7]

Das ist das Verständnis des Unbewußten, wie es sich Hall angeeignet hat, noch bevor die Freudsche Psychoanalyse auf diesem vorgeprägten Boden ihren Eindruck hinterlassen kann. In Halls Konzeption ist das Unbewußte später weniger durch die zerstörerische Triebkraft eines animalischen Es als durch einen alles Lebendige - organische wie anorganische Natur - durchwaltenden Logos gekennzeichnet. In der Hartmannschen Fassung und weniger im Sinne der Konzeption und Begrifflichkeit Darwins[8] hat auch die Evolutionstheorie in Halls Psy-

---

[1] Eduard von Hartmann: 1842-1906. Als Hall den jungen HARTMANN kennenlernt (FMP 182), hatte dieser bereits als 22jähriger seine „Philosophie des Unbewußten. Versuch einer Weltanschauung", 3 Bde., Berlin 1869, geschrieben. Zu Halls Darstellung von dessen Gesamtsystem vgl. FMP 178-243.

[2] FMP 229, 238f.

[3] FMP 239.

[4] FMP 190f., 196, 206, 237, 239. Auch über Fechner ist Hall in Tuchfühlung mit Schellings Identitätsphilosophie gekommen: FMP 125.

[5] FMP 192, 208, 238f.

[6] FMP 191, 204, 223, 226, 234. HALL hat Hartmanns Ethik als die erste „genetische" bezeichnet: FMP 227; „Hartmann's System of Pessimistic Ethics", AGC 175-185.

[7] FMP 191, 204, 219, 223.

[8] Der nach Halls Darstellung von Hartmann und Fechner kritisiert wird; FMP 132, 196, 203.

chologie und Pädagogik Eingang gefunden,[1] obgleich sich Hall stets gerne selbst als „*Darwin* of the mind"[2] verstanden wissen wollte. „Evolution" ist für ihn nicht das sinnoffene Geschehen eines grausamen Überlebenskampfes nach dem Zufallsprinzip, sondern vielmehr das sinnhafte Vervollkommnungsstreben einer immanenten Providenz.

Die Hartmannsche Philosophie können wir somit als das geheime Bindeglied identifizieren, aufgrund dessen Hall innerhalb der amerikanischen Psychologie später so übergangslos zwischen einer Psychologie in der Nachfolge Darwins und der Psychoanalyse Freuds zu vermitteln versteht.[3]

2. Das Programm einer psychologisch fundierten Pädagogik und der Beginn der empirischen Religionspsychologie

2.1 Die Vorstellung der Aufgabe: eine szientifische Neuinterpretation des Christentums

Hall, der 1879 in Berlin geheiratet hat[4], sieht sich nach seiner Rückkehr aus Deutschland vor die Aufgabe gestellt, im Alter von 35 Jahren endlich eine feste berufliche Anstellung zu finden, um für den Unterhalt seiner jungen Familie aufkommen zu können.[5] Dies erweist sich angesichts seiner Qualifikation in einem Fach, das an amerikanischen Universitäten noch kaum Fuß gefaßt hat, erneut als überaus schwierig, zumal sich Hall durch seine polemischen Aufrufe zur Reform der amerikanischen Philosophie[6] insbesondere in Harvard wenig beliebt gemacht hatte.[7] Seine einzige alternative Hoffnung, an der Johns Hopkins-Universität in Baltimore einen Lehrstuhl zu erlangen, wird enttäuscht.[8] Auch seine erste Lehrtätigkeit in Philosophiegeschichte am Williams College stößt auf nur geringes studentisches Interesse und wird darum bald wieder niedergelegt.[9] Eine vorübergehende Beschäftigung findet Hall in der Veröffentlichung einer Essay-Sammlung, worin er von einem Kreis liberal gesinnter Männer unterstützt wird, die sich an

---

[1] Vgl. dazu auch ROSS, 89-94. Hall berichtet über seinen Zugang zum Evolutionismus (LCP 357-367) stilisierend, bereits in seiner Jugend durch das Wort „evolution" hypnotisiert gewesen zu sein; ebd. 357.

[2] LCP 360.

[3] STRICKLAND/BURGESS, 7.

[4] Die Geschichte seiner Beziehung zu Miss Fisher, einer ehemaligen Schülerin aus Antioch, wird erzählt in: „A Leap-Year Romance", (1878) a. a. O., sowie „Getting Married in Germany", (1881) a. a. O.

[5] ROSS, 95-98, 107; LCP 210, 216.

[6] S. o. unter 1.13.

[7] ROSS, 103, 105.

[8] ROSS, 104f.

[9] ROSS, 107f.

einer Versöhnung zwischen moderner „Science" und liberaler Religion interessiert zeigen:[1]

In seinen 1881 in Boston herausgegebenen „Aspects of German Culture" ergreift Hall die Gelegenheit, seinen vor allem in Deutschland gereiften vermittlungstheologischen bzw. -philosophischen Standpunkt der amerikanischen Öffentlichkeit vorzulegen und dieser darin zugleich eine gemäßigtere Vorstellung seiner Person als bislang zu präsentieren.[2] Die fragmentarisch-heterogene[3], collagenhafte Stoffsammlung des Werkes, das sowohl theoretische Abhandlungen als auch impressionistische Milieubeschreibungen[4] enthält, wird zusammengehalten durch Halls Plädoyer für eine konstruktive Verbindung aus moderner, wissenschaftsoffener Kultur und christlicher Tradition.[5] Der darin angeschlagene Ton ist versöhnlich und optimistisch:

Gegenüber jeder Form von Intoleranz[6] und Fanatismus, rigoroser Religionskritiker[7] einerseits wie kirchlicher Absolutheitsansprüche andererseits, vertritt Hall apologetisch den Standpunkt einer jungen, dem Fortschritt gegenüber aufgeschlossenen Bildungsschicht, die der Kirche nicht verlorengehen, sondern in ihr konstruktive Aufbauarbeit leisten will.[8] Der Philosophie[9] wird die dringende praktische Aufgabe zugewiesen, den Weg zu einer neuen, die Nation[10] verbindenden Lebensanschauung zu ebnen, die die notwendige Orientierung an Idealen ermöglichen kann[11] und darin dem Abgleiten in einen philosophischen Pessimismus[12] widersteht. Hall sucht die Arbeit der neuen Wissenschaften nicht als Gefahr für das Christentum, sondern umgekehrt als dessen Chance zur gesellschaftlichen Rehabilitierung aufscheinen zu lassen, also nicht nur die

---

[1] ROSS, 108.

[2] Große Teile dieses Aufsatzbandes wurden von HALL unmittelbar während seiner Deutschlandaufenthalte verfaßt und bereits als Briefe von Berlin und Leipzig in „The Nation" publiziert (AGC 3). Daneben sind in dem Band auch Halls Dissertation und psychologische Frühschriften enthalten.

[3] So auch HALL selbst in der Einleitung: AGC 3.

[4] Etwa: „The Passion Day", 33-40; „The Leipzig 'Messe'", 73-79; „A Pomerian Watering Place", 80-86; „Emperor Wilhelm's Return", 87-92.

[5] So etwa AGC 14, 315; ROSS, 108, 112; vgl. auch „Philosophy in the U.S.", 67f., über den Wert der Institution des puritanischen Sonntags.

[6] Vgl. etwa Halls Stellung zur Judenfrage in „The New 'Cultus' War", 51-57.

[7] Die Nation hat für Hall lediglich die Wahl zwischen Christentum oder Anarchie: AGC 310. Patriotismus und christlicher Glauben gehen seiner Ansicht nach Hand in Hand: AGC 315.

[8] AGC 16f., 312, 316.

[9] Vgl. vor allem „The Present Condition of Philosophy", 295-303, bes. 301.

[10] Zu Halls patriotischem Impetus vgl. „First Impressions on Returning Home", 304-320, bes. 320.

[11] AGC 50, 154, 299-302.

[12] Vgl. AGC 300 und zum allgemeinen geistesgeschichtlichen Phänomen eines philosophischen Pessimismus: „Some Recent Pessimistic Ethics", 41-50; „Hartmann's New System of Pessimistic Ethics", 175-185.

religiöse Unbedenklichkeit der „Science", sondern gerade deren humanistische Mission zu demonstrieren.[1] Daß die Religion durch Wissenschaft gerade gerettet werden könne, ist das seinen „Aspekten der deutschen Kultur" gemeinsame Grundmotiv:

Die einzige Kur der gegenwärtigen Glaubenskrise[2] sieht Hall in einer Vertiefung des religiösen Bewußtseins durch das Studium just derjenigen Forschungsmethoden und -resultate, die ihm selbst während seiner Deutschlandaufenthalte begegnet sind:[3] Diese werden innerhalb der Theologie für Hall repräsentiert durch die historische Bibelkritik der Tübinger Schule[4], innerhalb der Philosophie durch die Ersetzung der spekulativen durch die szientifische Methode und insbesondere durch das Interesse an der empirischen Psychologie und Physiologie[5]. Indem das Christentum die Materialisierung und Sentimentalisierung[6] seiner Glaubensbekenntnisse und Rituale aufgeben und diese statt dessen als wertvolle und nützliche *Symbole* der Wahrheit begreifen lernen solle, deren Perfektionsgrad stets an ihren lebenspraktischen Effekten zu bemessen sei, werde der Blick frei für ein tieferes Verständnis ihrer psychologischen und moralischen Bedeutung[7], für:

„a profound psychological meaning in the atonement, Trinity, etc.; a matchless didactic method in the doctrines of inspiration, the deity of Christ, and eternal punishment; a moral and aesthetic cultus in the rites and material equipment of the Church, and an incomparable instrument of discipline and social order in its organization..."[8]

„Every thinker of psychologic insight must regard Christianity, at least in its leading motives, as the highest and most philosophical common sense, adapted to the practical needs of ordinary life."[9]

Zu diesen fundamentalen Wahrheiten des christlichen Glaubens gehören für Hall die folgenden Überzeugungen:

„The essential divinity of the highest form of human nature, its supremacy over the physical world, the great moral power of love and self-sacrifice, the remote and cumulative consequences attached to our good or evil deeds, - these and many other truths..."[10]

---

[1] Besonders deutlich wird Halls apologetische Absicht in „The Vivisection Question", 18-24, 25-32, bes. 21f. und 24.
[2] AGC 9f., 300f., 316.
[3] S. o. unter 1.8, 1.9, 1.14.
[4] AGC 8, 16, 317; vgl. a. „Contemporary Psychologists. I. Professor Eduard Zeller", AJP 4 (1891), 156-175.
[5] AGC 19, 99, 103ff., 107ff., 119f., 297f.
[6] AGC 317.
[7] AGC 39.
[8] AGC 16f.
[9] AGC 309.
[10] Ebd.

Damit skizziert Hall ganz zu Beginn seiner öffentlichen Wirkungstätigkeit in Ansätzen das Programm seiner Religionspsychologie[1], dessen erstes keimhaftes Auftreten wir nun als nächstes zu Gesicht bekommen.

2.2 Die erste Fassung einer Entwicklungspsychologie der Religion

Nachdem alle Versuche, als Universitätslehrer in seinem Fach Fuß zu fassen, vorerst fehlgeschlagen sind, gelangt Hall zu dem Schluß, „that neither psychology nor philosophy would ever make bread, and that the most promising line of work would be to study the applications of psychology to education."[2]

In dieser Umorientierung nimmt er ein ihn bereits früher beschäftigendes Interessengebiet wieder auf, auf dem er schon in Antioch als engagierter Redner und Organisator hervorgetreten war.[3] Und so werden seine lang gehegten Ambitionen schließlich gerade auf demjenigen Gebiet eine erste Erfüllung finden, das den gemeinsamen Nenner seiner elterlichen Ambitionen gebildet hatte:[4]

Von Präsident Eliot erhält Hall Ende 1880 das Angebot für eine Vorlesungsreihe in *Pädagogik*, welche die erste ihrer Art in Harvard darstellen soll.[5] Die insgesamt 12 Veranstaltungen werden von Februar bis April 1881 als öffentliche Samstagmorgen-Vorlesungen in Boston gehalten und finden eine überwältigende Resonanz bei der adressierten Lehrerschaft der Umgebung und ortsansässigen Presse.

Der sensationelle Erfolg[6] erklärt sich aus dem allgemein brennend gewordenen Interesse an einer Umstrukturierung des Erziehungswesens, so daß die enthusiastische Rhetorik Halls erstmals auf fruchtbaren Boden fällt. Das lokale Interesse war vor allem geweckt durch das „Quincy-Experiment" Francis Parkers, das, 1875 in einer Vorstadtschule von Boston begonnen, 1880 soeben ein jähes Ende fand. Als erster „romantischer Pädagoge" Amerikas[7] hatte Parker darin versucht, die Konzeptionen Pestalozzis und Fröbels praktisch in die Tat umzusetzen, was aufgrund seines mangelnden programmatischen Talents unter den reformwilligen Parteien aber letztlich mehr Konfusion als gestalterische Schlagkraft hervorrufen konnte. Die Reformfrage war zudem brennend geworden durch die rapide Expan-

---

[1] AGC 313f. kann als thesenartige Zusammenfassung des im folgenden dargestellten Programms verstanden werden.

[2] LCP 215.

[3] Vgl. oben 1.10.

[4] Vgl. oben 1.2, 1.3.

[5] ROSS, 112ff., 118ff.; LCP 216f. HALL hat daneben zugleich auch eine recht erfolgreiche Vorlesungsreihe über Philosophiegeschichte halten können; EP Bd. 2, 241ff.

[6] Den Hall lebenslang als Triumph erinnert: ROSS, 113; LCP 217f.; PRUETTE, 114ff.

[7] ROSS, 117f.; STRICKLAND/BURGESS, 3.

sion des öffentlichen Schulwesens seit den 1840er Jahren[1], im Zuge deren eine neue Generation von Erzieherinnen und Erziehern herangewachsen war, die jetzt ihrer organisierten Professionalisierung und Orientierung an modernen pädagogischen Prinzipien entgegenstrebte.

Dieses aufnahmebereite Auditorium vermag Hall durch die intellektuelle Weite seines pädagogischen, psychologischen und geschichtlichen Horizonts und die synthetische Kraft seines Denkens, das sich nicht auf einen Streit einzelner Schulpositionen einläßt, derart zu beeindrucken, daß es in ihm den benötigten Strategen erblickt, der die divergierenden Reformbestrebungen programmatisch zu einigen und praktisch gegen konservative Widerstände aus Verwaltung, Kirche und Wirtschaft durchzusetzen versteht.[2] Mit der Autorität der „Science" erhebt Hall die Vorstellungen des pädagogischen Romantizismus zur dominanten Doktrin der beginnenden amerikanischen Reformbewegung des Erziehungswesens.[3] Wie Pestalozzi, Fröbel und deren amerikanischer Nachfolger Parker läßt er ein „Evangelium der Kindheit"[4] erklingen, daß auf die puritanischen Ohren seiner Zuhörer, gewohnt, Kinder als kleine arbeitsfähige Erwachsene zu betrachten, einen heute nur schwer nachvollziehbaren idealistisch verklärenden, ja befreienden Eindruck gemacht haben muß.[5]

Die früheste Fassung dieses Programms, für das Hall in den nächsten Jahren auf verschiedenen Foren geworben hat, besitzen wir in seiner am 6. September 1881 vor der American Social Science Association in Saratoga vorgetragenen und im Januar 1882 veröffentlichten Abhandlung „The Moral and Religious Training of Children", die sowohl als das erste Dokument der amerikanischen „child study"-Bewegung als auch der empirischen Religionspsychologie gehandelt wird.

Erziehung ist die Hauptaufgabe eines Staates und erste patriotische Pflicht seiner Bürger, insbesondere für ein junges und multikulturelles Land wie Amerika mit republikanischer Verfassungsform, lautet darin Halls These.[6] Denn:

> „a republic demands for its continued existence a higher standard of both knowledge and virtue among the people than any other form of government..."[1]

---

[1] ROSS, 113-117.
[2] ROSS, 116, 118f.; vgl. dazu auch CURTIS Einschätzung von Halls Erfolg als pädagogischer Programmredner, 425.
[3] ROSS, 118. Zur Geschichte des amerikanischen Erziehungswesens dieser Zeit siehe: M. B. KATZ, The Irony of Early School Reform: Educational Innovation in Mid-Nineteenth Century Massachusetts, Cambridge 1968, 115-162; DERS., „The 'New Departure' in Quincy, 1873-1881: The Nature of Nineteenth Century Educational Reform", New England Quaterly (März 1967), 3-30.
[4] CURTI, 411.
[5] So auch ROSS, 300, 302. Zu Halls Rolle in der „child study"-Bewegung s. dort insges. Kap. 15; zum Niedergang der Bewegung: Kap. 16.
[6] MRT 26-29; vgl. a. später immer wieder, etwa in EP Bd. 2, 342f.

Durch eine Konzentration auf die öffentlichen Bildungsinstitutionen zu nationaler Konsolidierung, Einheit und Stärke emporzusteigen - hierfür hat Hall als leuchtendes Vorbild die imposante Entwicklung Deutschlands im 19. Jahrhundert vor Augen,[2] insbesondere die preußische Erziehungsreform nach der nationalen Katastrophe von 1806/7, deren Grundidee er in Fichtes „Reden an die deutsche Nation" von 1808 verkörpert findet. In diesen hatte Fichte als Grundmaßnahme für den Wiederaufbau seines Vaterlandes das Konzept vorgelegt, durch die Gestaltung einer allgemeinen Volksbildung einen neuen Geist in der Nation hervorzubringen.[3] Eine vergleichbare national zukunftsträchtige Erziehungsreform sucht Hall nun auch in seinem eigenen Land zu initiieren. Darin erweitert er im Grunde lediglich seinen früheren Reformruf für eine neue Universitätsphilosophie[4], die alle Strömungen des amerikanischen Geisteslebens zu einer großen patriotischen bzw. philanthropischen Synthese zu vereinen hoffte, zum Plan einer umfassenden Reform des öffentlichen Erziehungswesens insgesamt.

Die inhaltliche Überzeugung dieses Patriotismus bzw. Philanthropismus, den Hall bereits in einer studentischen Rede am Williams College verkündet hatte,[5] besteht für ihn im Glauben an die elementare Positivität der menschlichen Natur und die regulative Funktion von Erkenntnis, im: „belief that human nature is at bottom good, and trust in the beneficient, regulative power of knowledge".[6] Diese im Grunde guten und gesunden instinktiven Prädispositionen der menschlichen Natur sowie ihre Entwicklungsgesetze zu erkennen, um den natürlichen Entwicklungsverlauf des Individuums, das den seiner Gattung insgesamt rekapituliere, zu beschleunigen, abzukürzen und vor Irrungen zu sichern, sei Aufgabe der Erziehungslehre.[7] Darin besteht das bleibende Grundprogramm seiner psychologisch fundierten Pädagogik, das Hall bis zu seinem abschließenden Hauptwerk „Educational Problems" von 1911 nur noch zunehmend entfalten wird.[8]

Das Gestaltungsprinzip dieser Erziehungslehre sei dabei weder identisch mit einem der Natur sich selbst überlassenden Laissez-faire, noch erschöpfe es sich in der Vermittlung intellektueller Kenntnisse, sondern bedeute vielmehr in erster Linie Verhaltens- und Charakterbildung, die mit der Existenz eines freien Willens des Menschen nicht als Ausgangsposition rechnet, sondern als auf dem Wege des Erziehungsprozesses selbst erst zu verwirklichende Zielgestalt des Personseins:

---

[1] MRT 27; siehe auch „Chairs of Pedagogy in Our Higher Institutions of Learning", Bureau of Education Circulation of Information 2 (1882), 35-44, dort 37.
[2] MRT 26.
[3] FICHTES Werke, hg. v. I. H. FICHTE, Bd. VII, Berlin 1971, 257-516, dort etwa 274, 276f., 280 u. ö.
[4] Vgl. oben unter 1.13.
[5] Nämlich in „Philanthropy" aus dem Jahr 1867, vgl. unten 1.6.
[6] MRT 27 Z. 39- 28 Z. 3.
[7] MRT 32f.
[8] EP Bd. 1, VIII.

„Moral freedom is attained only in so far as the highest motives are spontaneously and autonomously acted upon, and as lower selfish motives are disregarded. This real freedom is the end of education, and if it be assumed at the beginning education is impossible."[1]

Hall verbindet damit das progressive Ideal des romantizistischen Naturalismus mit dem Anliegen sowohl der konservativen Schuldisziplin als auch des demgegenüber moderneren Programms der Charakterbildungsbewegung, welche seit den 1840er Jahren die Kontrolle niederer, selbstbezogener Leidenschaften des Menschen durch dessen höhere Vermögen pädagogisch zu kultivieren strebte.[2]

Diese Verbindung scheint Hall gerade durch die szientifisch-biologische Interpretation des Naturalismusideals zu gelingen: Die Aufnahme der Rekapitulationstheorie[3] ist der entscheidende Kunstgriff, mit dem ein Problem gelöst werden kann, das sich für seine Zuhörerschaft gestellt haben mag, das ist der Widerspruch des neuen Ideals, eine natürliche Selbstrealisierung des Individuums zu gewähren, zum traditionellen religiös-moralischen Anspruch, den egoistischen Willen des einzelnen dem Gemeinwohl gerade unterwerfen zu müssen.[4] Dieser Widerspruch wird von Hall durch das Rekapitulationsgesetz dadurch zu lösen versucht, daß er mittels dessen die natürliche Selbstrealisierung des Individuums in der Weise ihres Entwicklungsgesetzes mit dem Schicksal ihrer Gattung verknüpft sieht. Die Ausbildung der natürlichen Instinktdispositionen muß nämlich dann nicht zwangsläufig als egoistische Selbstbezogenheit verstanden werden, wenn die Ausbildung des philanthropischen Impulses selbst als zur Entwicklung bestimmte Disposition des Individuums begriffen wird. Damit treffen wir auf eine Einsicht, die Hall allerdings nicht erst als empirischer Psychologe gewinnen muß, sondern die wir bereits als Hauptgedanken seiner Mill-Interpretation von 1867 kennengelernt haben.[5]

Für unseren Darstellungszusammenhang ist nun die folgende Beobachtung entscheidend: Halls pädagogisches Programm fällt in dieser ersten Fassung mit einer Entwicklungspsychologie der religiösen Natur des Menschen im wesentlichen zusammen, weil darin die religiöse Entwicklungslinie das teleologische Prinzip der Persönlichkeitsentwicklung im ganzen angibt und die Ausbildung religiöser Identität deren eigentlichen Zielpunkt darstellen soll:

„religion is the most generic kind of culture as opposed to all systems or departments which are one-sided. All education culminates in it because it is the chief among human interests, and because it gives inner unity to the mind, heart, and will."[6]

---

[1] MRT 28; vgl. auch „Educational Needs", North American Review 136 (1883), 284-290, dort 288.
[2] ROSS, 114f., 123.
[3] MRT 32, 39.
[4] ROSS, 122f.
[5] Siehe oben unter 1.6.
[6] MRT 33.

Als „Religion" bezeichnet Hall dasjenige natürliche Vermögen[1], das den konfessionell unterschiedlichen Religionen und verschiedenen Individuationsformen von Religiosität als *instinktive* Ausgangsdisposition gemeinsam zugrunde liege. Seine aus den Konzeptionen Trendelenburgs und Spencers herausgebildete Erkenntnistheorie (1.12) ist als der leitende kategoriale Rahmen seiner Religionstheorie hier deutlich zu erkennen. Diese Ausgangsdisposition scheint nach Ansicht Halls nicht nur eine für alle Individuen identische Form religiöser Entwicklung, sondern zugleich auch eine, wenn auch vage, gemeinsame inhaltliche Fassung von Religiosität vorzugeben, die als „alienation from and reunion with God" beschrieben wird:[2]

> „So far as the psycho-pedagogic or practical character is concerned, and rigorously *excluding every other aspect of it*, religion is most fundamentally characterized as the popular culture of the highest ideal as opposed to material utility, which dominates so many of our intellectual interests, by reconformity of life to it. It may be formulated as unity with nature, as the readjustment of conduct to conscience, as restored harmony with self, reunion with God, newly awakened love for Jesus, fresh insight into his mind, as new impulse to do his will. The common element is obvious. There has been a loss of the primitive relation or attitude to the highest or ideal norm, and man struggles back, not without pain and great effort, to restore the lost relationship. In a word, there must be atonement with implication of previous estrangement."[3]

Eine genauere Bestimmung des Gehalts dieses allen Religionen und Konfessionen gemeinsamen Ideals sowie die Möglichkeit seiner Erkenntnis, Art und Ursache der Entfremdung sowie deren Wiederaufhebung im Akt der Versöhnung - dies alles hat Hall als Probleme sekundärer Relevanz hinter die eine große Frage nach dem Entwicklungsgesetz des religiös-moralischen Instinkts zurückgestellt.[4] Die Beantwortung dieser für ihn zentralen religionspsychologischen Frage steht dabei im praktischen Dienst, einheitliche Lehrpläne für den religiös-moralischen Unterricht an öffentlichen Schulen zu entwickeln, die sich auf den überkonfessionellen Konsens aller Glaubensgemeinschaften stützen und darin die derzeitige „babylonische Sprachverwirrung" konfessioneller bzw. pädagogischer Gegensätze beenden soll.[5] Hall sucht somit für die multikulturellen und multikonfessionellen USA, in denen sich das Grundrecht der Religionsfreiheit in einer verfassungsrechtlichen Trennung von Kirche und Staat niedergeschlagen hat, nichts anderes als eine allgemeine religiös-moralische Volksbildung zu errichten, die sein Bedürfnis nach idealer Stärkung und Einheit der Nation zu befriedigen vermag.[6] Dabei wird in enthusiastischer, aber letztlich auch autoritärer Weise unter-

---

[1] Ebd.
[2] MRT 31, 33.
[3] MRT 31.
[4] MRT 31f.
[5] MRT 30, 43 Z. 15-21.
[6] „The Relation of Church to Education", PS 15 (1908), 186-196, bes. 195f.

stellt, daß über Inhalt und Geltung eines gemeinsamen Ideals im Grunde keine Diskussion unter den Konfessionen bestehe, daß sich diese vielmehr vor allem nur auf die praktisch-pädagogische Umsetzung beschränke.[1] Das Ideal soll nämlich deshalb unstrittig sein, da es der instinktiven Natur des Menschen selbst zugehöre und im Zuge seines onto- wie phylogenetischen Entwicklungsprozesses lediglich unterschiedliche - wiederum natürlich bedingte - Kultivierungen erfahre. Damit hat Hall jedoch offensichtlich unter der Hand seine eigene biologistisch-naturalistische Fassung dieses Ideals als vermeintlich anthropologische Grundkonstante allen geschichtlichen Individualisierungsformen von Religion gewaltsam eingetragen.

„The points of difference between sects, and perhaps to some extent between the ethnic religions, have their justification in natural differences of race, temperament, culture, and associative connections of thought and feeling generally which are not developed in childhood. All differences of this sort should have a very subordinate place or none at all in the religious training of the young."[2]

Der Erfolg des Hallschen Pädagogikprogramms erklärt sich aus dem für ihn so typischen synthetischen Verfahren, konkret darin, daß er seiner Zuhörerschaft die Kompatibilität des modernen Naturalismusprinzips[3] mit den pädagogischen Wertvorstellungen christlicher Tradition zu vermitteln versteht. Wenn *natur-* und *gott*gemäße Entwicklung als identisch zusammenfallen, liegt es nahe, den Garanten für das Gelingen dieser Entwicklung in einer *natur*wissenschaftlichen - als der echt *theo*logischen - Erforschung ihrer genetischen Bedingungen zu sehen. Dementsprechend will der passionierte Szientist Hall die von ihm propagierte Pädagogik auf die Basis der naturwissenschaftlich betriebenen Psychologie stellen - ein Konzept, das von ihm freilich in dieser Anfangsphase vor allem als *Programmanzeige* vorgelegt wird. Unter Heranziehung neuerer pädagogischer Literatur[4], insbesondere der Erziehungslehre Fröbels, konzipiert Hall hier bereits die Grundlinie seiner Entwicklungs- bzw. Religionspsychologie, die später mit breiter empirischer, physiologischer und statistischer Begründung ausgearbeitet wird.

Hall unterscheidet innerhalb der religiös-moralischen Entwicklung des Kindes vier Phasen:

1. Phase: das Säuglingsalter:[5] „To be really effective and lasting, moral and religious training must begin in the cradle."[6] Mit Fröbel geht Hall davon aus, daß

---

[1] MRT 30f.
[2] MRT 33.
[3] Hall gilt im folgenden als Hauptvertreter einer „natural education", dazu vgl. STRICKLAND/BURGESS, 2, 16ff.
[4] Insbesondere Fröbel, s. etwa MRT 33 Anm.1, 34, 36, 41.
[5] MRT 33-35.
[6] So wörtlich bereits in AGC 313.

das Kleinkind sich in einem gesunden Urstand befinde, dem es nicht vorzeitig entrissen werden sollte,[1] „that the unconsciousness of a child is rest in God"[2]. Erziehung erschöpft sich für ihn in dieser Phase in einer sorgfältigen Körperpflege einerseits und der Kultivierung einer ruhigen Atmosphäre andererseits, in der gegenüber der Mutter Gefühle - wie Dankbarkeit, Vertrauen, Abhängigkeit, Liebe etc. - aufkommen, die späterhin auf die Gottesbeziehung übertragen werden könnten.[3]

2. *Phase: das Kindergartenalter*[4] wird als Entwicklungsstadium beschrieben, in der das Kind zu einer unabhängigen Persönlichkeit heranzuwachsen beginnt. Die Erziehungsstrategie bestehe hier positiv darin, die natürlichen Entwicklungspotentiale des Kindes zu fördern, sowie negativ darin, den erwachenden kindlichen Egoismus durch feste Regeln elterlicher Autorität zu begrenzen.[5] Der pädagogische Zugang soll über die unmittelbare Sinneserfahrung von Naturobjekten erfolgen, die noch nicht auf der Ebene religiös-moralischer bzw. naturwissenschaftlicher Theorien reflektiert werden, jedoch für deren spätere Intellektualisierung den notwendigen Boden bereiten sollen.[6]

> The awe and sublimity of a thunder-storm, the sights and sounds of a spring morning, objects which lead the child's thoughts to what is remote in time and space, old trees, ruins, the rocks, and, above all, the heavenly bodies, - the utilization of these lessons is the most important task of the religious teacher during the *kindergarten* stage of childhood."

Der bevorzugte Erfahrungsraum für die Ausbildung dieser „natürlichen Religion"[7] der Kindheit ist für Hall, wie wir bereits bei der Darstellung seiner persönlichen Bildungsgeschichte gehört haben,[8] das Landleben. Indem er so einen sinnlichen Objektunterricht favorisiert, macht er Front gegenüber jeder Form religiös-moralischer bzw. intellektueller Frühreife[9], die in seinen Augen die pädagogische Hauptsünde darstellt. Als diplomatischer „Vermittlungspädagoge" lehnt Hall freilich alle Rigorismen ab, somit auch eine einseitige Beschränkung in dieser Entwicklungsphase einzig auf einen anschaulichen Objektunterricht. Daneben will er vielmehr ebenso eine allerdings behutsame Interpretation nichtsinnlich vermittelter innerer Erfahrung zum Zuge kommen lassen:[10]

> „At the same time all truth is not sensuous, and this training alone tends to make the mind pragmatic, dry and insensitive or unresponsive to that other kind of truth the value of which

---

[1] MRT 34.
[2] MRT 33.
[3] MRT 34f.
[4] MRT 35-40.
[5] MRT 36, 40.
[6] MRT 37.
[7] Ebd.
[8] Siehe oben unter 1.4.
[9] MRT 37ff.
[10] MRT 37f.

is not measured by its certainty so much as by its effect upon us...We must learn to interpret the heart and our native instincts as truthfully as we do external nature, for our happiness in life depends quite as largely upon bringing our beliefs into harmony with the deeper feelings of our nature as it does upon the ability to adapt ourselves to our physical environment. Thus not only all religious beliefs and moral acts will strengthen if they truly express the character instead of cultivation affectation and insincerity in opinion, word, and deed, as with mistaken pedagogic methods they so commonly do. This latter can be avoided only by leaving all to naturalism and spontaneity at first, and feeding the soul only according to its appetites and stages of growth."

Eine Religionspädagogik nach naturalistischem Prinzip bedeute in dieser Lebensphase lediglich eine einfache Unterweisung in solche religiöse Lehren, die weder angezweifelt noch mißverstanden werden könnten, während eine verfrühte Teilnahme an der öffentlichen Frömmigkeitspraxis der Kirchen wie auch das Bemühen, ein persönliches Gottesverhältnis zu kultivieren, nur zu einem übertriebenen Selbstbewußtsein oder morbider Gewissenhaftigkeit führen könne.[1]

„The child's real communion with God is in fact far too immediate and inward to be more than faintly typified by any forms of conscious worship which it can share."[2]

Dieses ontogenetische Entwicklungsstadium entspricht nach Ansicht Halls dem phylogenetisch innerhalb der Religionsgeschichte der Menschheit aufweisbaren Gottesbewußtsein, das Gott als fernen, unpersönlichen und unerbittlichen Gesetzgeber der Naturordnung vorstelle, der Ehrfurcht statt Liebe hervorrufe und, statt durch die Gläubigen in Dienst genommen werden zu können, sich gerade durch die - ihn von allen sozialen Gesetzen unterscheidende - Unveränderlichkeit und Universalität seiner Naturgesetze präsentiere. Daß das jüdische Gottesbewußtsein dem christlichen als notwendige propädeutische Vorstufe auch ontogenetisch voranzugehen habe,[3] wird Hall wie hier so auch später immer wieder als der religionspsychologische Paradefall dienen, an dem die pädagogische Applikation des Rekapitulationsprinzips einleuchtend gemacht werden soll:

„First the law, the schoolmaster, then the Gospel; first nature, then grace, is the order of growth."[4]

In solchen Formeln kann Hall ein plakatives Sammelbecken für die unterschiedlichen pädagogischen Überzeugungen seiner Zuhörerschaft bereitstellen, in dem sich konservative Traditionalisten und avantgardistische Naturalisten in ihrem Anliegen gleichermaßen wiederfinden können.

3. Phase: Das vorpubertäre Kindheitsalter der ersten Schuljahre[5] ist nach Halls Pädagogik geprägt durch seine klare Konzentration auf die religiös-morali-

---

[1] MRT 38f.
[2] MRT 39.
[3] Ebd.
[4] MRT 40.
[5] MRT 40-43.

sche Gewissensbildung¹. Das Gewissen wird dabei als das komplexeste entwicklungsfähigste, aber auch -bedürftigste Vermögen des Menschen beschrieben,² das zwar auf einer ererbten Prädisposition aufruhe,³ jedoch keinerlei angeborenermaßen fertigen Erkenntnisbestand bereitstelle, der als apriorisches Wissen durch einen direkten Zugriff des Intellekts lediglich aktualisiert werden müsse. Damit wendet sich Hall gegen die klassisch rationalistische Tradition der Morallehre.

> „The old superstition that children have innate faculties of such a finished sort that they flash up and grasp the principle of things by a rapid sort of first 'intellection,' an error that made all departments of education so trivial, assumptive and dogmatic for centuries before Comenius, Basedow and Pestalozzi, has been banished everywhere save from moral and religious training, where it still persists in full force."⁴

Hall vertritt demgegenüber eine gemäßigt empiristische Erkenntnistheorie, die, wie wir noch genauer sehen werden,⁵ durch die Aufnahme des Evolutionsprinzips allerdings eine sozusagen „neorationalistische" Wendung erhält. Sie scheint hier erstmals auf in seiner Entwicklungstheorie des Gewissens:

Das „Gewissen", verstanden als Sammelbegriff für die höheren Intuitionen des Menschen⁶, formiert sich nach Ansicht Halls zuallererst in Gestalt von Empfindungen ohne Einsicht, welche, durch unbewußte Affizierung der sozialen Umwelt und unterstützt von ererbten Prädispositionen hervorgerufen, anfangs in derart schwacher und labiler Ausprägung vorhanden seien, daß sie der sorgsamen Vormundschaft äußerer Autorität unbedingt bedürften. Letztere soll - dies ist die pädagogische Hauptmaxime - stets so einfühlsam operieren, daß sie am natürlichen Entwicklungsvermögen und Interesse des Kindes den Maßstab ihres jeweiligen Vorgehens gewinnt.⁷ An die Stelle der klassischen Morallehre, innerhalb derer der Bestand ethischer Pflichten in Form direkter Paränese bzw. im Rahmen divergierender Lehrsysteme als Gegenstände intellektuellen Wissens begegne, solle dieser im Sinne des neuen naturalistischen Konzepts „impressively..., but objectively" zur unmittelbaren Anschauung gelangen, und zwar durch exemplarische Illustrationen aus Geschichte und Literatur.⁸ Hiermit kritisiert Hall den katechetischen bzw. konfessorischen Stil des amerikanischen Religionsunterrichts samt dessen klassischer Institution, der Sonntagsschule,⁹ und plädiert dafür,

---

¹ MRT 40f.
² MRT 40 Z. 35f.
³ MRT 41 Z. 17.
⁴ MRT 41.
⁵ S. u. unter 3.1.3.
⁶ MRT 41 Z. 12-22.
⁷ MRT 41.
⁸ MRT 40 Z. 36 - 41 Z. 4, 41 Z. 34 - 42 Z. 3.
⁹ „Pedagogical Methods in Sunday-School Work", The Christian Register 74 (1895), 719f.; „The School Held in Chicago during April, 1899", Kindergarten Magazine 11 (1899), 592-607;

dessen größtenteils „wertloses", ja mitunter sogar pathologisches Unterrichtsmaterial durch eine neue Auswahl propädeutisch geeigneterer Stoffsammlungen zu ersetzen. Darin will Hall das Rekapitulationsprinzip nun sogar für die konkrete Gestaltung des Lehrplans fruchtbar machen, indem er aus der gattungsgeschichtlichen Abfolge der literarischen Kulturgüter den groben Leitfaden auch für ihre individualgeschichtliche Applizierbarkeit gewinnt.

> „The Old Testament, rather than the New, is the Bible for childhood. A good, protracted course of the law must pedagogically prepare the way for the apprehension of the Gospel. Even for the Old Testament, a propaedeutic selection of the choicest moral tales from Catholic legends, classic and Hindoo mythology, ancient myths and fables, German märchen, and perhaps from other religions, etc., should serve as a sort of introduction."[1]

Die Rekapitulationstheorie, als jüngste Entdeckung der biologischen Morphologie soeben gefeiert und bereits von Herbart und seiner Schule auf die menschliche Kulturgeschichte übertragen,[2] avanciert somit zum Leitmodell der Hallschen Religionspsychologie und -pädagogik. Daß das Individuum als Ausdruck der „rudimentären Organe" seiner Seele, wenn auch abgekürzt, so doch möglichst vollständig den gesamten Verlauf der Religionsgeschichte - von der Natur- zur Offenbarungsreligion - rekapitulieren müsse, um seine volle Reife zu erlangen, ist die Generalthese dieser Entwicklungslehre. Sie wird von Hall im folgenden zur religionspsychologischen Deutung kindlicher Entwicklung immer expliziter herangezogen:

> „Every child that lives and is normal is an abject fetish worshipper: it is an animist, a polytheist. It passes through all the stages of idolatry, and it *must* pass through them if its finer, higher qualities are to be developed."[3]
> „All failed to see that the child must be a good pagan..."[1]

Zusammenfassungen von HALLs Vortragsthesen dort 592-595, 599-607, 604-607; „Some Fundamental Principles of Sunday School and Bible Teaching", PS 8 (1901), 439-468; „The Religious Content of the Child-Mind", in: Principles of Religious Education, New York/London/Bombay 1901, 159-189, dort 163ff.

[1] MRT 42; so a. später in EP Bd. 1, 157-165.

[2] Sog. „culture epoch theory": CURTI, 415; FISHER, 48; EP Bd. 1, 136, 148, 195. Fragt man danach, unter welchen lebensgeschichtlichen Umständen Hall die Rekapitulationstheorie in seine kategoriale Konzeption der Wirklichkeit aufgenommen hat, so läßt sich hierüber allein soviel rekonstruieren: HALL mag die populär gewordene Formulierung dieser an sich älteren Vorstellung durch Haeckel während seines Deutschlandaufenthalts kennengelernt haben, wo zu dieser Zeit eine akademische Debatte über diese entbrannte. Möglicherweise hat dabei auch Haeckels Nähe zu Hartmanns Denken eine Rolle gespielt (FMP 196, 205). Hall selbst sieht die Lehre allerdings bereits erstmals von Lessing formuliert (MRT 39).

Über die Geschichte der Rekapitulationstheorie informiert: J. A. KLEINSORGE, Beiträge zur Geschichte der Lehre vom Parallelismus der Individual- und der Gesamtentwicklung, Jena 1900; E. NORDENSKIÖLD, The History of Biology, New York 1928, 505-526, bes. 521f. Zu Halls Rezeption s. a. STRICKLAND/BURGESS, 8ff.; ROSS, 89-92.

[3] „Pedagogical Methods in Sunday-School Work", 719, s. a. 720; „The Religious Content of the Child-Mind", 165-177; EP Bd. 1, 136f., 183.

*4. Phase: Das frühe Jugendzeitalter*². Halls erster Entwurf einer Entwicklungspsychologie in pädagogischer Absicht besitzt ihren berühmten Schwerpunkt in der religionspsychologischen Beschreibung der frühen Adoleszenz:

> „Probably the most important changes for the educator to study are those which take place between the ages of twelve and sixteen, when the young adolescent receives from nature a new capital of energy and altruistic feeling. It is a veritable second birth, and success in life depends upon the care and wisdom with which this energy is husbanded. These changes constitute a natural predisposition to a change of heart, and may perhaps be called, in Kantian phrase, its *schema*. Even from the psychophysic stand-point it is a correct instinct which has slowly led so large a section of the Christian church to centre its entire cultus upon regeneration. In this I of course only assert the neuro-physical side, which is everywhere present, tho everywhere subordinate to the spiritual side. As everywhere, too, the physical is regulative rather than constitutive. It is therefore not surprising that statistics show - so far as I have yet been able to collect them - that far more conversions, *pro rata*, take place during the adolescent period..."³

Das innerhalb des amerikanischen Protestantismus prominente Phänomen der Bekehrung, das Hall selbst aufgrund seiner Sozialisierung von Anfang an als Kulminationspunkt religiös-moralischer Bildung vor Augen getreten ist,⁴ dient in seiner naturalistisch reduzierten Version nun als Grundmodell, um den psychophysischen Prozeß dieser Epoche menschlicher Persönlichkeitsentwicklung im allgemeinen zu beschreiben. Auch darin vermag er einen für seine Zuhörerschaft klassischen Topos christlicher Erziehungslehre im Geist des romantizistischen Reformwillens neu zu vermitteln: Möglicherweise konnte sich diese daran erinnert sehen, daß bereits Rousseaus „Emile"⁵ die jugendliche Reifezeit als eine naturalistisch interpretierte „zweite Geburt" beschrieben hatte.⁶

Ohne bereits dezidiert auf Ergebnisse empirischer Studien rückgreifen und statistische Daten benennen zu können, rekurriert Hall hier in ganz allgemeiner Weise erstmals wie im folgenden immer wieder⁷ auf den Zusammenhang physischer Veränderungen in dieser Wachstumsperiode mit der psychischen Neuformation einer im echten Sinn religiösen Persönlichkeitsstruktur.¹ Diese verwirklicht sich für ihn darin, daß die bisherige Unselbständigkeit des kindlichen Individuums und dessen gegenwartsbezogener Egoismus zugunsten eines zukunfts-

---

¹ EP Bd. 1, 149.
² MRT 43-48.
³ MRT 43.
⁴ Vgl. unten unter 1.2, 1.5, 1.6.
⁵ J.-J. ROUSSEAU, Emile oder die Erziehung, dt. v. L. SCHMIDTS, Paderborn u. a. ¹¹1993, viertes Buch, bes. 210f.
⁶ Auf diese wahrscheinliche Assoziation machen STRICKLAND/BURGESS, 19ff., aufmerksam. Vgl. auch ROSS, 120 Anm. 55.
⁷ „Pedagogical Methods in Sunday-School Work", 720; „Modern Methods in the Study of the Soul", Christian Register 75 (1896), 131-133, dort 132; „The Religious Content of the Child-Mind", 177ff.

orientierten Lebens aus freier Selbstbestimmung aufgebrochen werde, so daß sich dieses als *Person* von nun an selbst frei bestimme, und zwar zur opferbereiten Hingabe an die höheren Ideale der Menschheitsgattung:

> „The life of the mere individual ceases and that of the person, of the race, begins."[2]
> „In short, the previous selfhood is broken... and a new individual is in process of crystallization. All is solvent, plastic, peculiarly susceptible to external influences."[3]

Alles komme - so Hall - nun darauf an, in welche Richtung die neuen Bestrebungen, die die bisherigen Grenzen des individuellen Lebens transzendieren, gelenkt würden. Und so schlage denn auch jetzt erst die eigentliche Stunde der Religion und ihrer pädagogischen Kultivierung:[4]

> „At the age we have indicated, when the young man instinctively takes the control of himself into his own hands, previous ethico-religious training should be brought to a focus and given a personal application, which, to be most effective, should be according to the creed of the parent. It is a serious and solemn epoch, and ought to be fittingly signalized. Morality now needs religion, which cannot have affected life much before. Now duties should be recognized as devine commands, for the strongest motives, natural and supernatural, are needed for the regulation of the new impulses, passions, desires, half-insights, ambitions, etc., which come to the American temperament so suddenly before the methods of self-regulation can become established and operative."

Die natürliche Persönlichkeitsentwicklung scheint nun - so können Halls Aussagen zusammengefaßt werden - der Religion in viererlei Hinsicht zu bedürfen:[5]

Erstens, um die sich vollziehende natürliche Charakterumwandlung rituell zu institutionalisieren.

Zweitens, um die neuen Pflichten zu individueller Aneignung zu bringen, was sich am effektivsten im Rahmen der Interpretation von Religion, wie sie das jeweilige familiäre Bekenntnis vorsieht, gestalte.

Drittens, um die das individuelle Leben transzendierende Verantwortung innerlich zu begründen, zu sanktionieren und zu motivieren.

Und schließlich *viertens*, um alle in der Adoleszenz neu entstehenden Persönlichkeitstendenzen zu integrieren und unter Umständen zu regulieren. Insbesondere das erwachende Sexualleben soll durch eine erzieherische Kanalisierung der Aufmerksamkeit, d. h. vor allem durch seine religiöse Sublimierung, vor einer letztlich zu Stagnation oder Regression führenden frühreifen bzw. exzessiven Entwicklung bewahrt werden.[6] Der für Halls religionspsychologische Konzeption berühmt-berüchtigte Zusammenhang zwischen erwachendem Sexualleben und

---

[1] MRT 44.
[2] Ebd.
[3] MRT 45.
[4] MRT 47.
[5] Ebd.
[6] MRT 45f.

zur Reife kommender Religiosität wird in dieser Abhandlung zum ersten Mal verkündet, und zwar unter der Formel:

„Between love and religion God and nature have wrought a strong and indissoluble bond."[1]

Was hier zunächst nur als ein mehr oder weniger kontingentes lebensgeschichtliches Zusammentreffen bzw. wechselseitiges Beeinflussen aussehen mag, wird dann in Halls Adoleszenzpsychologie von 1904 als ein ganz und gar wesentlicher Zusammenhang präsentiert: das menschliche Reproduktionsleben nämlich als zentrales Herzstück einer Evolutionsreligion vorgestellt.

In dieser ersten Fassung zielt Halls religionspsychologische Konzeption vorerst vor allem nur auf eine Korrektur der bisherigen religionspädagogischen Praxis, insbesondere derjenigen in der Tradition der amerikanischen Erweckungsbewegungen: Angesichts des behaupteten Zusammenhangs zwischen dem Anbruch der Geschlechtsreife und der Ausbildung reifer Religiosität wird vor der Kultivierung vorpubertärer Bekehrungen, ja dezidierter religiöser Erfahrungen überhaupt, nachdrücklich gewarnt, weil solche nach Halls Ansicht den allmählichen, aber umfassenden Reifungsprozeß in unnatürlicher Weise intensivieren, forcieren und damit letztlich pervertieren oder gar zum Stillstand bringen würden.[2] Neben der Erzeugung religiöser Frühreife soll darüber hinaus eine ängstliche Restriktion religiöser Wahrheitssuche überwunden und damit ein künstlich gepflegter religiöser Infantilismus verhindert werden. Statt dessen will Hall das pädagogische Bemühen an die erwachende Freiheit des Jugendlichen adressieren, dabei den drohenden Gefahren adoleszenter Krisenerfahrungen durch kultivierende Eingriffe jedoch zugleich vorgebeugt wissen.

Die konkrete Ausgestaltung dieser - man möchte sagen: - „indirekten pädagogischen Manipulation" wird von Hall dann freilich nicht mehr geleistet. Dies ist symptomatisch für seinen ganzen Entwurf, dem durchgängig eine geradezu programmatische Vagheit eignet, die seinen Erfolg allerdings sogar begünstigt haben mag.

An dieser Stelle gilt es nun noch eine These durch weitere Beobachtungen zu stützen, die einen Grundpfeiler der bisherigen Interpretation gebildet hat: die These nämlich, daß Halls pädagogisches Programm in dieser ersten Fassung mit dem einer Entwicklungspsychologie der religiösen Natur des Menschen im wesentlichen zusammenfällt, weil für ihn die religiöse Entwicklungslinie das teleologische Prinzip der Persönlichkeitsentwicklung im ganzen angibt.

Daß sich diese These offensichtlich nicht allen Interpreten aufzudrängen scheint, ist in dem von uns eingangs notierten Befund bereits angedeutet: Denn obgleich das religionspsychologische Thema - wie soeben gehört - von Anfang

---

[1] MRT 45f.
[2] MRT 46, 48.

an im Zentrum der Hallschen Entwicklungspsychologie und Pädagogik auftaucht, bleibt der systematische Sinn seiner Stellung in der Sekundärliteratur erstaunlicherweise unreflektiert. Es könnte darum erstens der Einwand erhoben werden, daß die soeben dargestellte Schrift nicht charakteristisch für Halls Ansatz im ganzen, sondern aus bestimmten Gründen einseitig sei, etwa weil sie sich als Gelegenheitsschrift an eine besonders religiös interessierte Zuhörerschaft wende oder als opportunistisches Zugeständnis Halls an traditionelle Kreise der Gesellschaft zu verstehen sei.[1] Und/oder zweitens könnte vermutet werden, daß erst unsere Darstellung - durch ihre auf den religionspsychologischen Gehalt konzentrierte Blickrichtung - zu dieser überspitzten These gelange, die sich im Blick auf andere Texte „rein" ethischen Inhalts jedoch nicht länger halten lasse. Aus diesem Grund ist der genauen Verhältnisbestimmung von Religion und Moral innerhalb Halls Theorie nochmals eine die bisherige Interpretation überprüfende Untersuchung zu widmen:

Die Untersuchungsbedingungen hierfür sind günstig. Denn noch im selben Jahr hat Hall eine weitere für sein Werk grundlegende Abhandlung veröffentlicht, die zur eben besprochenen in einer engen Beziehung steht: „The Education of the Will"[2] (1882). Dafür, daß beide Schriften in einem inneren Zusammenhang stehen, spricht bereits vor jedem inhaltlichen ein rein formales Argument: In seinem pädagogischen Handbuch „Youth" hat Hall beide in nur leicht abgewandelter Gestalt zu einem einzigen Kapitel vereinigt,[3] das den kulminativen Abschluß bzw. die zusammenfassende Zielkonzeption des gesamten Werks bildet. Das inhaltliche Argument tritt hervor, wenn wir uns die Hauptthese dieser ethischen Programmschrift vergegenwärtigen:

Tugendbildung ist notwendig und grundlegend Willensbildung - so könnte diese kurz und prägnant zusammengefaßt werden. Von einer als spekulativ betrachteten dezidierten Wesensbestimmung des Willens bewußt absehend, wird über die Konstitution des Willens allein folgendes festgestellt:

> „All we say is that, so far as the will of an individual in action may be regarded as made of or even conditioned by consolidated traces or residua of past volitions, so that in a sense we will with all we have willed, and in a direction which is the resultant of actual ideo-motor experience, so far its laws of growth may be best observed, and later best applied."[4]

---

[1] Zu einer solchen Interpretation neigt beispielsweise ROSS, wenn sie Halls Religionstheorie erörtert: etwa ROSS, 142, 185. Die Adoleszenzthese von 1881 wird von ihr lediglich als eine unter anderen Konzeptionen der Hallschen Theorie verhandelt, die religionspsychologische und -pädagogische Pointe von MRT bleibt unberücksichtigt; vgl. ROSS, 301.

In FISHERs Darstellung (a. a. O.) werden Halls religionspsychologische bzw. -pädagogische Frühschriften gänzlich übergangen.

[2] Princeton Review 10 (1882), 306-325. Ebenfalls in verkürzter Version in einer der ersten Ausgaben von PS veröffentlicht: PS 2 (1892), 72-89.

[3] Youth, Kap. XII: „Moral and Religious Training", 324-366.

[4] EW 307.

Insofern der Wille auf vorgängige Erfahrung angewiesen sei, könne er nicht als ein angeborenermaßen fertiges, sondern müsse als ein zur Entwicklung bestimmtes und darum der pädagogischen Kultivierung bedürftiges Vermögen verstanden werden. Die Notwendigkeit einer Denken und Handeln sowie alle Einzeltugenden[1] integrierenden „Willenskultur" („will-culture")[2] drängt sich für Hall dabei insbesondere unter den Bedingungen der gegenwärtigen Lebenswelt auf, in der er als Folgeerscheinung zunehmender Urbanisierung und Arbeitsteilung degenerative und desintegrative Tendenzen wirksam findet. Als größtes Hindernis, eine solche auf den Willen konzentrierte Tugendbildung effektiv umzusetzen, wird hier erneut die konfessionelle Bindung und Zersplitterung der pädagogischen Instanzen beklagt:

> „The third and greatest difficulty is, that with the best effort to do so, so few teachers can seperate morality from religious creed. So vital is the religious sentiment here that it is hard to divorce the end of education from the end of life, proximate from ultimate grounds of obligation, or finite from infinite duties. Those whose training has been more religious than ethical can hardly teach morality *per se* satisfactorily to the *noli me tangere* spirit of denominational freedom, so wisely jealous of conflicting standards and sanctions for the young."[3]

Deshalb besteht für Hall der Königsweg letztlich darin, einen grundlegenden Konsens über den Kern religiöser Wahrheitsgewißheit als Basis einer allgemeinen Moralerziehung zu erzielen:

> „First, we may try to assume, or tediously enucleate a consensus or religious truth as a basis of will training..."[4]

Nur weil dieser Konsens jedoch derzeit noch ausstehe, will er hier zunächst in abstrahierender und unvollkommener Weise eine rein naturalistische Morallehre zu entwickeln versuchen:[5]

> „Meanwhile a second way, however unpromising, is still open. Noble types of character may rest on only the native instincts of the soul or even on broadly interpreted utilitarian considerations; while if morality without religion were only a bloodless corpse or a plank in a shipwreck, there is now need enough for teachers to study its form, drift, and uses by itself alone."[6]

In der späteren Zusammenfügung beider Aufsätze in „Youth" wird diese hier aus pragmatischen Gründen vorläufig vollzogene Ausblendung des Religionsthemas dann noch im selben Redezusammenhang wieder aufgehoben. Womit

---

[1] EW 309, 320; Youth, 326.
[2] EW 308.
[3] EW 309.
[4] Ebd.
[5] Später scheint HALL jedoch immer skeptischer geworden zu sein, ob ein solcher Konsens der Kirchen in absehbarer Zeit wird erreicht werden können: EP Bd. 1, 197ff.
[6] EW 310.

implizit deutlich geworden ist, daß für Hall von Moral weder befriedigend noch abschließend geredet werden kann abgesehen von Religion.[1]

Wie aber wird der Konstitutionszusammenhang beider von ihm nun genau bestimmt? Wird das moralische Leben stets oder doch nur in gewissen Fällen durch das religiöse fundiert vorgestellt? Oder ist das Verhältnis beider vielmehr umgekehrt so gedacht, daß Religion selbst erst auf einer Art natürlicher Moralität basieren bzw. im Zuge eines Entwicklungsprozesses aus jener erwachsen soll?

Welcher Ansicht Hall zuneigt, ist nicht eindeutig zu klären, da genaue Begriffsbestimmungen überall fehlen. Zumindest die erste Möglichkeit scheint jedoch schon aus dem Grund auszufallen, als Hall eine rein auf natürlicher Basis entwickelte Tugendbildung überhaupt in Erwägung ziehen kann.[2] Zwar sieht er die Ausübung des Willens an einen Bestand vorgängiger *Erfahrung* geknüpft, möchte diesen jedoch - auf der Linie seiner biologistischen Erkenntnistheorie - gerade nicht mit der individuellen *Selbst*erfahrung der Person, sondern mit ihrer vorindividuellen natürlichen Instinktdisposition identifizieren, worin dem einzelnen der „Erfahrungs"bestand seiner Gattung insgesamt offenstehe. Die Ausübung des Willens entspricht nach dieser Vorstellung somit weniger einem durch individuelle Selbstgewißheit geleiteten Freiheitsgebrauch der Person als vielmehr einem überwiegend unbewußt gesteuerten *Reaktionsablauf*, für den entweder angeborene Instinktintuitionen oder erworbene, zu Reflexen geronnene Habituationen den Kurs vorgeben.[3]

> „Our deliberate volitions are very few compared with the long series of desires, acts and reactions, often contradictory, many of which were never conscious, and many once willed but now lapsed to reflexes, the traces of which, crowding the unknown margins of the soul, constitute the elements of the conscious will."[4]

Ist für den *Physiologen* Hall der Willensakt im Grunde nichts anderes als eine Anspannung der Muskulatur bzw. deren Kontraktion,[5] so heißt entsprechend für den *Pädagogen* Willens- respektive Tugendbildung in erster Linie Habitualisierung oder besser: Mechanisierung von Verhaltensmustern[6]. Deren pädagogische Kultivierung will er darum vorzugsweise durch Körperhygiene und eine Muskel-

---

[1] Dies entspricht auch genau dem Argumentationsduktus in EP Bd. 1, Kap. IV-V, 143, 188, 207, 209, 221, bes. 222.

[2] Als sog. „week-day work"-Programm der Religionspädagogik vorgeschlagen in EP Bd. 1, 197ff.

[3] EW 313ff., 321; vgl. a. EP Bd. 1, 277.

[4] EW 314.

[5] So in der zusammen mit E. M. HARTWELL veröffentlichten Studie „Bilateral Asymmetry of Function", Mind 9 (1884), 93-109, dort 109: „muscle-tension and contraction, the only act of will".

[6] EW 314.

kultur initiieren, die das griechische Athletenideal und die jüngste Turnerbewegung Deutschlands zum Vorbild hat[1].

Erst auf einer späteren höchsten Stufe erscheint der Wille als „mental-will"[2] für Hall dann auch inhaltlich bestimmt. Was aber „Tugend" eigentlich ist bzw. welche „Güter" eigentlich gewollt werden sollen, das wird von ihm nirgends des näheren entfaltet, sondern als ein - für alle anscheinend selbstverständlicher - common sense vorausgesetzt. Darum kann für ihn die Aufgabe der Religion auch nicht darin bestehen, gerade hierauf die Antwort zu enthalten, nämlich die je spezifisch inhaltliche Ausgestaltung personaler Gewißheit über die zu erstrebenden Lebensgüter zu sein. Was Religion ihrem Wesen nach ist, ob Empfindung[3], ob Instinkt, ob Ideal, wird vielmehr nur unklar bestimmt, allein soviel ist gewiß, daß reife Moralität ihrer jedenfalls bedürfen und daß sie selbst das Ziel jeder vollständigen Persönlichkeitsentwicklung darstellen soll. In eben diesem - inhaltlich unbestimmten - Sinne kann von ihr dann als dem teleologischen Prinzip menschlicher Entwicklung im ganzen gesprochen werden.

2.3 „Child study": das Unternehmen einer empirischen Entwicklungspsychologie und Pädagogik

Hall hat mit seinen Reden zur kindlichen Entwicklungs- und Erziehungslehre im folgenden eine ganze „child study"-Bewegung ins Rollen gebracht. Seine später immer wieder erhobene Forderung, eine szientisch betriebene Pädagogik auf der Basis der empirischen Psychologie zu gründen, ist in einem Vortrag vom Frühjahr 1882 vor der National Education Association[4] zum ersten Mal zu hören:

Auch hier wieder hat Hall als Vorbild die jüngste Entwicklung in Deutschland vor Augen.[5] Im Rahmen einer generellen Bemühung um eine Professionalisierung des Erziehungswesens wird von ihm die Begründung einer szientischen Pädagogik und deren universitäre Institutionalisierung angeregt, die, selbst zur Philosophie gehörig, auf einer „real and true philosophy of mind"[6] basieren soll, wie sie Hall erstmalig in der Geschichte durch die neu entstandene empirische Psychologie verwirklicht sieht. Der Arbeitsauftrag einer solcherart psychologisch

---

[1] EW 306, 320. Vgl. dazu Youth, 326: „The trouble that few realize what physical vigor is in man or woman, or how dangerously near weakness often is to wickedness, how impossible healthful energy of will is without strong muscles, which are its organ, or how endurance and self-control, no less than great achievement, depend on muscle-habits."
[2] EW 322f.
[3] EW 309.
[4] Schriftlich dokumentiert in: „Chairs of Pedagogy in Our Higher Institutions of Learning", (1882) a. a. O.
[5] „Chairs...", 36-38, 40-43; s. auch „Educational Needs", 288f.
[6] „Chairs..", 40.

fundierten Pädagogik wird in dieser ersten Formulierung des „child study"-Programms folgendermaßen skizziert:

> „In this exploration the ideal professor of pedagogy should and easily could do original work by studying the faculties of children, active, passive, and at rest, and the various phases of their growth by inductive methods already suggested and fruitful, a more detailed exposition of which the writer hopes shortly to present. A cross-section, as it were, of the adult mind is not what is wanted, yet such are most of the current treatises on mental philosophy. It is the fundamental law of mental development, as well of action and assimiliation, that must be made the basis of methods of teaching, topics chosen, and their order."[1]

Das Pionierprojekt des hier propagierten Forschungsunternehmens, bei dem es sich um eine der ersten Fragebogenuntersuchungen in der Geschichte der empirischen Psychologie handelt,[2] hat Hall 1883 in „The Contents of Children's Minds"[3] vorgestellt. Angeregt von zwei Studien, die eine von Lazarus 1869 mit Schulkindern in Berlin[4], die andere von Lange 1879 in Plauen durchgeführt, versucht Hall darin, den Vorstellungsbestand Bostoner Kinder zum Zeitpunkt ihrer Einschulung zu inventarisieren. Befragt wird deren Kenntnis elementarer Objekte und Tätigkeiten aus der kindlichen Lebenswelt[5], um so den Voraussetzungshorizont zu bestimmen, bei dem der schulische Lehrplan anzusetzen habe. In diesem Zusammenhang wird unter anderem, ohne allerdings einen erkennbaren Schwerpunkt der Untersuchung zu bilden, der *religiöse* Vorstellungsbestand der Kinder, vor allem ihre Gottesvorstellung, protokolliert und, wenn auch nicht statistisch aufbereitet, so doch in einer reichhaltigen Sammlung kindlicher Antworten illustriert.[6]

Hall hat in seinem Forschungsunternehmen versucht, die methodische Anlage seiner beiden Vorgängerstudien nach den Maßstäben empirischer Wissenschaftlichkeit weiterzuentwickeln, indem er die Versuchsbedingungen zu kontrollieren,[7] deren Ergebnisse mittels anthropologischer und psychologischer Prinzipien

---

[1] „Chairs...", 41.

[2] ROSS, 129. Halls Aussage zufolge wurde die Untersuchung unter Mithilfe von Mrs. Quincy Shaw im September 1880 begonnen.

[3] In: Princeton Review 11 (1883), 249-272; aufgrund ihrer pionierhaften Bedeutung in der Folgezeit mehrfach neu aufgelegt: unter dem Titel „Contents of Children's Minds on Entering School" in: PS 1 (1891), 139-173; als Broschüre bei E. L. Kellogg, New York 1893; hier zitiert nach ACL 1-52.

[4] ACL III, zu Lazarus dort 1-9; zu Lange 9f. Nach ROSS (125) handelt es sich um die folgenden Studien: F. BARTHOLOMAI, „The Contents of Children's Minds on Entering School at the Age of Six Years", in: Städtisches Jahrbuch, Berlin und seine Entwicklung, 4 (1870); K. LANGE, „Der Vorstellungskreis unserer sechsjährigen Kleinen", in: Allgemeine Schulzeitung, Darmstadt 56 (1879), 327ff.

[5] CC 14-19. Befragungsgegenstände sind etwa Tiere, Pflanzen, Körperteile, Himmelserscheinungen, Handwerksberufe etc.

[6] CC 14-19.

[7] CC 11ff.

auszuwerten[1] und schließlich in pädagogische Regeln umzusetzen[2] unternimmt. Dabei bleibt er sich allerdings stets bewußt, keine Methode strenger, mathematisch-naturwissenschaftlicher Exaktheit anzuwenden, hält sein Verfahren jedoch angesichts der spezifischen Art und Komplexität des Untersuchungsgegenstandes offensichtlich für allein sachgemäß und durchaus aussagekräftig. Wer vom passionierten Szientisten Hall möglicherweise die Anwendung physiologischer Arbeitsweisen, etwa experimenteller Laborforschungen, erwartet hat, sieht ihn hier als philosophischen Philanthropisten ein auch später immer wieder bekräftigtes überraschend zurückhaltendes Methodenideal verfolgen:

> „It is characteristic of an educated man, says Aristotle in substance, not to require a degree of scientific exactness on any subject greater than that which subject admits. As scientific methods advance, not only are increasingly complex matters subjected to them, but probabilities (which guide nearly all our acts) more and more remote from mathematical certainty are valued."[3]

Die hier gewählte und auch später stets bevorzugte *Observationsmethode* der „child study"-Untersuchungen will dem naturalistischen Anliegen entsprechen, den kindlichen Entwicklungsstand möglichst unter seinen natürlichen Lebensbedingungen zu studieren[4] und dabei lediglich genauer als gewöhnlich in den Blick zu fassen[5]. Die neue Entwicklungspsychologie des Kindes besitzt darin eine methodische Nähe zu zwei anderen Wissenschaftsgebieten, mit denen sie, wie wir noch sehen werden, zugleich in einem inhaltlichen Komparationszusammenhang steht: die tierische Verhaltensforschung einerseits und die anthropologisch-ethnologische Feldforschung andererseits.[6] Worin unterscheidet sich dann aber diese wissenschaftliche Observation von denjenigen Beobachtungen des Alltags, in denen nach Ansicht Halls die Natur des Gegenstands nur minder adäquat zur Anschauung gelangt?[7]

Auf diese Frage nach den erkenntnistheoretischen Voraussetzungen seines Forschungsprojekts können wir von ihm selbst freilich keine explizite Antwort erhalten. Deshalb bleibt uns im folgenden nur, verstreute Hinweise zusammenzustellen, um aus ihnen sodann eine Antwort hypothetisch zu rekonstruieren:

---

[1] CC 11, 21f., 29, 33, 39.
[2] CC 23ff.
[3] CC 21.
[4] Vgl. musterhaft dazu HALLs Observation des Spielverhaltens zweier Jungen, die er jahrelang während seiner Sommerferien beobachtet hat: „The Story of a Sand Pile", in: Scribner's Magazine 3 (1888), 690-696, hier zitiert nach ACL 142-156. Die „Moral" seiner Geschichte hat Hall selbst durch deren Charakterisierung als „an idyl of recapitulation" (ACL VI) auf den Punkt gebracht.
[5] CC 31.
[6] CC 39 Z. 11ff.; ACL IX; „Educational Needs", 286-288.
[7] „Educational Needs", 286.

1. Hinweis: „Child study" bedeutet für Hall ein Studium der kindlichen Natur, „wie sie wirklich ist", und nicht, wie sie sich aus der falliblen Erinnerungsperspektive des Erwachsenen darbiete bzw. im Licht traditioneller Verstehenskategorien interpretiert werde.[1]

2. Hinweis: Die alltägliche Einstellung produziere lediglich persönliche Meinungen, die durch die jeweilige Aufmerksamkeit bedingt und von individuellen Interessen geleitet seien.[2] Demgegenüber könne die statistische Überprüfung zuverlässigere Wahrscheinlichkeitsaussagen ermöglichen.

3. Hinweis: Die tieferen Regungen der kindlichen Seele blieben dem alltäglichen Blick gewöhnlich verborgen und könnten erst durch die Anwendung einer besonderen Strategie zum Vorschein gebracht werden.[3]

Worin genau besteht nun diese besondere Strategie der „child study"-Untersuchungen, die diesen „unvoreingenommenen" und „unverstellten", annäherungsweise „objektiven" Beschreibungszugang zur Natur des Kindes verwirklichen soll?

Sie umfaßt als *ersten* Schritt die Erstellung eines Fragebogenformulars, das selbst wiederum auf ein allgemeines Vorverständnis vom Untersuchungsgegenstand sowie einer darauf aufbauenden provisorischen Vorversuchsreihe gegründet ist:

> „Many preliminary half days of questioning small groups of children and receiving suggestions from many sources, and the use of many primers, object-lesson courses, etc., now in use in this country, were necessary before the first provisional list of one hundred and thirty-four questions was printed. The problem first considered was strictly practical, namely, what may Boston children be, by their teachers, assumed to know and have seen when they enter school; although other purposes more psychological shaped other questions used later."[4]

Sie umfaßt als *zweiten* Schritt ein Arrangement von Interviewbedingungen, durch das die hauptsächlichen Fehlerquellen der Befragung, beispielsweise unwahrhaftige oder fiktive Antworten, weitestgehend eliminiert werden sollen:[5] Dieses Arrangement besteht hier in einer sorgfältigen Kreuzbefragung der

---

[1] Ebd.: „Most of us regard children, even our own, whom we have seen daily for years, in the light of traditional ideas, sentiments, mental categories, etc., commonly ascribed to or implied in them in our juvenile literature and art, and philosophies of mind."

[2] CC 21: „Yet, on the whole, we seem to have here an illustration of the law that we really see not what is near or impresses the retina, but what the attention is called and held to, and what interests are awakened and words found for."

[3] CC 31: „As a reasoning electric light might honestly doubt the existence of such things as shadows because, however near or numerous, they are always hidden from it, so the most intelligent adults quite commonly fail to recognize sides of their own children's souls which can be seen only by strategy."

[4] CC 11.

[5] CC 11ff.

Kinder, aufgeteilt in Kleingruppen und durchgeführt von eigens dazu von Hall selbst instruierten Pädagoginnen und Pädagogen.

Die Strategie umfaßt als *dritten* Schritt einen kritischen Vergleich der Befragungsresultate durch 64 Pädagoginnen und Pädagogen, durch welche die Sorgfalt der jeweiligen Arbeitsweise kontrolliert werden soll.[1]

Aus diesem Gesamtbestand werden dann *viertens* die zuverlässigsten Teilergebnisse statistisch erfaßt, was im vorliegenden Fall eine Untersuchungsmenge von rund 200 interviewten Kindern ergibt.[2]

Das tabellarisch dargestellte Ergebnis, dem Hall zwar keine streng statistische, aber eine gewisse repräsentative Signifikanz beimißt, wird *fünftens* hinsichtlich seiner immanenten Aussagewerte expliziert und durch konkrete Antwortbeispiele illustriert.[3] Im vorliegenden Fall werden hier zum ersten Mal die implizit gesetzten Versuchsvariablen offenkundig: das sind der Vergleich der Geschlechter, Nationalitäten, ländlichen mit städtischen Sozialisierung sowie der Einfluß einer Kindergartenvorschulung.[4]

Die statistischen Ergebnisse werden *sechstens* im Lichte psychologischer Prinzipien, etwa dem Gesetz der Apperzeption[5], interpretiert.

Und sie werden schließlich *siebtens* in konkrete pädagogische Ratschläge umgesetzt.[6] In unserem Fall kehren hier dieselben Überzeugungen wieder, die Hall auch in seinem ersten Entwurf einer pädagogisch orientierten Entwicklungspsychologie des Kindes für die besagte Lebensphase vorgetragen hatte, ohne diese bereits mit empirischen Daten belegen zu können, nämlich vor allem zwei: die Überzeugung, daß objektiver Anschauungsunterricht[7] notwendig und das Landleben[8] als Bildungsraum einer gesunden Persönlichkeitsentwicklung in diesem Alter gegenüber der Stadt überlegen sei.

Soweit die strategische Vorgehensweise, wie sie an dieser ersten Pionierarbeit studiert werden kann. Worin besteht angesichts dieser Rekonstruktion nun tatsächlich die von Hall programmatisch postulierte Überlegenheit und damit Wissenschaftlichkeit des „child study"-Unternehmens, im Zuge dessen die Erziehungslehre auf eine empirisch exakte Grundlage gestellt werden soll?[9]

Im *positivsten* Falle offensichtlich in folgendem: Das bisherige Wissen vom Gegenstand wird neuerlich am Gegenstand selbst kritisch überprüft, gegebenen-

---

[1] CC 13.
[2] Ebd.
[3] CC 13, 32ff.
[4] CC 20, 22f., 24ff.
[5] CC 22f., nach Herbart und Wundt; dazu ROSS, 127.
[6] CC 23ff.
[7] CC 24ff.
[8] CC 23, 37.
[9] So HALL in: „Child Study: The Basis of Exact Education", Forum 16 (1893), 429-441, worin er die bisherige Entwicklung dieses jungen Forschungsgebietes überblickt.

falls korrigiert und erweitert. Hierzu muß dieser Gegenstand in einem besonderen Akt der Aufmerksamkeit (vgl. Hinweis 2. und 3.) einer sorgfältigen Observation unterzogen werden, die sich nicht ihrem Wesen nach, aber im Grad ihrer Vollkommenheit von der alltäglichen Beobachtung des Gegenstandes unterscheiden soll:

> „We want also minute objective studies, such as any intelligent mother or teacher could make if they would focus their attention on one subject, such as fear, shame, anger, pity, (etc.)..."[1]

Der höhere Vollkommenheitsgrad der Observation wird zum einen darin verwirklicht, daß der Gegenstand unter Absehung bisheriger Selbstverständlichkeiten auf neue unvoreingenommene Weise in den Blick kommen soll. Zum anderen darin, daß der Gegenstandsbereich eine größere Menge von Individuen umfaßt, die als Repräsentanten ihrer Klasse nach den für diese geltenden Gesetzmäßigkeiten untersucht werden. Theoretisches Wissen vom Gegenstand und lebenspraktischer Bezug zu diesem sollen so in ihrer wechselseitigen Aufeinanderangewiesenheit begriffen werden, Wissenschaft und erzieherische Praxis voneinander profitieren.[2]

Im *negativsten* Falle ist jedoch ernsthaft daran zu zweifeln, ob dieser erhobene Anspruch auf eine wissenschaftlich exaktere Betrachtung des Gegenstandes tatsächlich eingelöst werden kann, und zwar aus folgenden Gründen:

Da die Reflexion auf den spezifischen Gegenstandsbezug sowie den Gegenstand des wissenschaftlichen Unternehmens offenbar ausfällt, ist fraglich, ob das neue „Wissen" vom Gegenstand an Sachgemäßheit die bisherigen „bloßen Meinungen" über diesen wirklich überbieten kann. Es erscheint jedenfalls widersprüchlich, für das wissenschaftliche Unternehmen per se eine größere Unvoreingenommenheit propagieren zu wollen, obwohl dieses notwendig und sogar ausgesprochenermaßen selbst in einem bestimmten Vorwissen vom Gegenstand gründet. Daß dieses Vorwissen, das nicht durch das wissenschaftliche Unternehmen produziert, sondern in Anspruch genommen wird, dann allerdings nicht offengelegt worden ist, stellt die Wissenschaftlichkeit dieses Unternehmens selbst grundlegend in Frage, d. h. die Sachgemäßheit, kritische Selbstaufgeklärtheit, Vorurteilslosigkeit und objektive Durchsichtigkeit des Verfahrens. Sowohl das Vorwissen des Wissenschaftlers, der die Untersuchung zunächst in ihrem Versuchsaufbau konstruiert und ihre Einzelergebnisse am Ende auswertet, als auch das Vorwissen der Observatoren, seien sie nun selbst wiederum Wissenschafter oder aber instruierte Laien, bleibt völlig unaufgeklärt. Es erhält erst durch das

---

[1] „Child Study: The Basis of Exact Education", 439.

[2] „Child Study: The Basis of Exact Education", 429: „The Future of the movement depends largely upon long, hard work yet to be done and requires the coöperative effort of many people - teachers, parents and men of science...".

hier angewandte Verfahren, die Theorien Halls im Gesamtzusammenhang ihrer Entstehung und vorwissenschaftlichen Fundierung innerhalb seiner persönlichen Lebensgeschichte zu verstehen, für seinen speziellen Fall eine gewisse Durchsichtigkeit, die strenggenommen für alle Beteiligten des Forschungsprozesses anzustreben wäre.

In bezug auf den Theoriestatus der „child study"-Untersuchungen erhebt sich angesichts dieser Defizite allerdings das schwerwiegende Bedenken, ob hier nicht doch wieder alte oder neue Vorurteile, also rein subjektive persönliche Meinungen, unter dem Titel einer pseudoobjektiven Wissenschaftlichkeit autoritativ sanktioniert werden. Dann aber wäre damit nicht nur für das gegenwärtige Unternehmen ein ernsthafter Erkenntnisprozeß verhindert, sondern ein solcher darüber hinaus auch für die Zukunft systematisch in die Irre geführt.

Als konkretes Beispiel für das hermeneutische Defizit des Hallschen Verfahrens sei auf die von den Kommentatoren vielfach bemerkte „agrarian bias"[1] bzw. „rurial nostalgia"[2] dieser ersten Studie verwiesen: Daß der ländliche Bildungsraum gegenüber dem degenerativen Stadtleben eine gesündere kindliche Entwicklung ermögliche, ist eine Überzeugung, die nicht erst das Auswertungsergebnis hervorbringt, sondern der Versuchsanordnung im Sinne des *naturalistischen Vorverständnisses* Halls von Anfang an zugrunde liegt. Dieses ist nämlich in einem doppelten Sinne als *naturalistisch* zu bezeichnen: einmal, insofern Hall eine Erziehung „according to nature" fordert, sodann, indem er diese durch den Ruf „get back to nature" als den elementaren Bildungsraum des Kindes realisieren will. Darauf, daß es sich hierbei um ein der Versuchsanordnung selbst zugrundeliegendes *Vorverständnis* handelt, deuten nicht nur die konkreten Einzelfragen der Untersuchung hin,[3] die fast durchgängig eher auf Objekte bzw. Tätigkeiten der ländlichen Erfahrungswelt abzielen, sondern bereits der Umstand, daß den Auswirkungen des Einflusses ländlicher oder städtischer Sozialisierung überhaupt Aufmerksamkeit geschenkt wird.

Die hier an der Pionierstudie der empirischen Entwicklungspsychologie gemachten Beobachtungen sind von exemplarischer und prinzipieller Natur: Sie können auf alle folgenden Arbeiten der „child study"-Bewegung übertragen werden, also auch auf diejenigen Arbeiten der Clark-Schule der 1890er Jahre, in denen eine religionspsychologische Thematik angegangen wird.

Hall selbst hat in den darauffolgenden Jahrzehnten vor allem Untersuchungen zu einzelnen „Instinkt-Gefühls"-Komplexen[4] unternommen: über den Sammel-

---

[1] STRICKLAND/BURGESS, 13.
[2] ROSS, 127.
[3] CC 14-19.
[4] „Instinct-feelings", vgl. etwa „A Study of Fears", AJP 8 (1897), 147-249, dort 147.

trieb von Kindern, deren Lügenverhalten, Lachen, Furcht, Ärger, Mitleid etc.[1] Darin wird der religionspsychologische Gegenstandsbereich zwar mitunter gestreift, jedoch nie zum Hauptthema einer eigenen Studie erhoben.[2] Neben pädagogischen Verwertungsinteressen geht es Hall in all diesen Projekten vor allem um eine sog. „Transzendentalkritik" des menschlichen Gefühlstrieblebens:[3] Auf der Linie seiner Erkenntnistheorie in der Nachfolge Trendelenburgs und Spencers (1.12) versucht er, eine psychologische Unterscheidung zu treffen zwischen dem, was von diesem Gefühlstriebleben als „rein" bzw. „transzendental" im Sinne von „instinktiv" und was demgegenüber als Resultat individueller Erfahrung zu gelten habe. Insbesondere für das Studium des menschlichen Gefühlstrieblebens hält Hall die experimentellen und introspektiven Methoden der empirischen Psychologie für weitgehend unbrauchbar, für allein angemessen hingegen die naturalistische Observationsmethode[4] des „child study"-Projekts; denn:

> „We can neither excite the stronger emotions in the laboratory nor cooly study ourselves while they are on under natural conditions. Moreover, the many instinct-feelings come to but very partial and incomplete expression in any single individual. To bring them out clearly, averages, mosaics, composites from many lives may, I think, be used to show both the relative depth and the vastly wider ranges of psychic experience. Childhood, too, must be explored, because despite the higher reaches of the adult consciousness much is, and by the necessities of growth must be, forever lost to it. There is a standpoint from which the adult mind, like the adult body, is decadent."[5]

Es fällt nun allerdings auf, daß von der immensen Fülle des von Hall in der Folgezeit zusammengetragenen Umfragematerials nur vergleichsweise wenig zur Veröffentlichung gelangt. Diese relativ magere Bilanz deutet *erstens* auf eine methodische Schwierigkeit hin, die Hall selbst bei der Durchführung seines Programms feststellen muß. So notiert er in „Children's Lies" 1890:

> „From the nature of the subject, and from the diverse degrees, not only of interest, but even of trust-worthiness of the individual returns, as well from the fact that the experience and

---

[1] „A Study of Children's Collections", The Nation 41 (1885), 190, sowie PS 1 (1891), 234-237; „Children's Lies", AJP 3 (1890), 59-70, sowie PS 1 (1891), 211-218; mit A. ALLIN, „The Psychology of Tickling, Laughing, and the Comic", AJP 9 (1897), 1-41; „A Study of Fear", a. a. O.; „A Study of Anger", AJP 10 (1899), 516-591; „Pity" mit F. H. SAUNDERS, AJP 11 (1900), 534-591.
[2] Über religiöse Furcht vgl. „A Study of Fears", 223f., 242. Lachen über Religiöses zeige den Übergang zu einem neuen Entwicklungsstadium an: „The Psychology of Tickling...", 31f. Die Passionsgeschichte als grandioses Meisterstück einer Pädagogik des ethisch konstruktiven Mitleidens: „Pity", 560ff., 590f.
[3] „A Study of Fears", 248.
[4] Zum Ansatz einer frühkindlichen Entwicklungspsychologie auf observatorischer Basis s. „Notes on the Study of Infants", PS 1 (1891), 127-138. In dieser Studie hat HALL möglicherweise Beobachtungen an seinen eigenen beiden Kindern einfließen lassen: vgl. etwa 128ff.
[5] „A Study of Fears", 147.

opinion of many teachers were gathered, the results hardly admit tabular statistical presentation."[1]

Aus diesem Grund hat Hall offensichtlich nur wenige der gesammelten Ergebnisse einer wissenschaftlichen Verwertung für würdig befunden. Dies stellt für ihn jedoch nicht den methodischen Ansatz seines Programms selbst prinzipiell in Frage, sondern scheint ihm lediglich ein Problem seiner praktischen Durchführbarkeit zu bedeuten: nämlich einmal die Schwierigkeit, zuverlässige Befragungsergebnisse von den ihm zuarbeitenden, nicht eigens dafür ausgebildeten Laien zu erhalten, zum anderen die Schwierigkeit, das Chaos an Datenmaterial schließlich sinnvoll zu klassifizieren. Beide Schwierigkeiten haben ihn allerdings keineswegs dazu veranlassen können, das inhärente hermeneutische Problem seines Forschungsprogramms systematisch zu reflektieren.[2]

Die bemerkenswert magere Veröffentlichungsbilanz der folgenden Jahre deutet *zweitens* aber auch auf eine berufliche Umorientierung hin:[3]

2.4 Die Definition der Psychologie als metaphysikfreie „Science"

Der Erfolg seiner Pädagogikvorlesungen trägt Hall 1882 eine Teilzeitstelle als Dozent für Psychologie und Pädagogik an der Johns Hopkins-Universität in Baltimore ein, die 1884 in eine volle Professur umgewandelt wird.[4] Daß er sich gegen seine beiden Mitstreiter um die Stelle, George S. Morris und Charles Sanders Peirce, durchsetzen kann, hat Hall nicht zuletzt dem Stil seiner jüngsten Selbstvorstellung zu verdanken. Vor der gesellschaftlichen, religiös konservativ gesinnten[5] Öffentlichkeit und der ihr verpflichteten Universitätsleitung vermag er sich durch die Popularität seines praktisch-pädagogischen Engagements zu empfehlen und durch seinen Ruf, ein enthusiastischer Vorkämpfer der „Science" zu sein, der zugleich religiöse Bedenken zu beruhigen versteht.[6]

Seine Antrittsvorlesung in Baltimore, „The New Psychology"[7], besitzt dann auch einen ausgesprochen apologetischen Akzent.[8] Die neue Psychologie wird

---

[1] „Children's Lies", 59; dazu a. „A Study of Fears", 239.

[2] HALL beschränkt sich vielmehr auf eine Bestandsaufnahme dieser Schwierigkeiten: „Pedagogical Inquiry", Journal of Proc. and Addresses, N.E.A. (1885), 506-511, dort bes. 507, 511.

[3] ROSS, 131f., 165.

[4] ROSS, 134ff.; LCP 225ff.; zur Zeit in Baltimore insgesamt LCP 225-257.

[5] Nämlich presbyterianisch: LCP 245.

[6] ROSS, 137f., 142.

[7] Vom Oktober 1884, ROSS, 139. Abgedruckt in: Andover Review 3 (1885), 120-135, 239-248. Auszugsweise veröffentlicht außerdem als „Experimental Psychology", Mind 10 (1885), 245-249.

[8] Dies zeigt auch bereits die Tatsache ihrer Veröffentlichung im Andover Review, dem Forum liberaler Theologie in Neu England, an.

von Hall darin gegenüber anderslautenden Mißtrauensvoten als ein für die Entwicklung der Religion rein konstruktives, ja sogar durch und durch christliches Unternehmen verteidigt:

> „That deeper psychologic insights, in direction to which attention in this field is already turning, are to effect a complete atonement between modern culture and religious sentiments and verieties is now becoming more and more apparent. The development of these insights will gravely affect the future of religion."[1]
>
> „This whole field of psychology is connected in the most vital way with the future of religious belief in our land, and cannot longer be neglected in theological courses with impunity."[2]
>
> „The new psychology, which brings simply a new method and a new standpoint to philosophy, is I believe Christian to its root and centre; and its final mission in the world is not merely to trace pretty harmonies and small adjustments between science and religion, but to flood and transfuse the new and vaster conceptions of the universe and of man's place in it - now slowly taking form, and giving to reason a new cosmos, and involving momentous and far-reaching practical and social consequences - with the old Scriptural sense of unity, rationality, and love beneath and above all, with all its wide consequences. The Bible is being slowly re-revealed as man's great text-book in psychology - dealing with him as a whole, his body, mind, and will, in all the larger relations to nature, society - which has been so misappreciated simply because it is so deeply divine. That something may be done here to aid this development is my strongest hope and belief."[3]

Es ist für die rapide Entwicklung der amerikanischen Psychologie sicherlich nicht unerheblich, daß alle führenden Vertreter ihrer Anfangsphase, James, Ladd[4] wie hier Hall, eine konstruktive Einstellung gegenüber der christlichen Tradition eingenommen haben.[5] Daß dabei Halls augenscheinlich linientreuer „Rettungs"versuch der „mythopoetischen" Wahrheiten des Christentums im Zeitalter ihrer zunehmenden Diffamierung genau besehen jedoch die folgenreiche Uminterpretation des Christentums in eine evolutionistische Menschheitsreligion[6] einschließen soll, läßt sich für seine Zuhörer angesichts der Attraktivität seines Programms, das die religiös-moralische Auferbauung der Nation verspricht,[7] zu diesem Zeitpunkt schwerlich erahnen.

Hall befindet sich in Baltimore erstmals in einer Position, in der seine von Jugend an gehegten Ambitionen, „to do and be something in the world", eine Ver-

---

[1] Ebd. 134.

[2] Ebd. 247.

[3] Ebd. 247f.

[4] Von Hause aus - wie Hall - ein Theologe: BORING, 524, 526. Vgl. etwa G. T. LADD, „Influence of Modern Psychology upon Theological Opinion", The Andover Review 14 (1890), 557-578.

[5] ROSS, 184f. In ganz ähnlichen Worten wie hier hat HALL dies vor der gesellschaftlichen Öffentlichkeit vertreten in „The Relation of Physiology to Psychology", Christian Register 69 (1890), 698f.; „The New Psychology As a Basis of Education", The Forum (Philadelphia) 17 (1894), 710-720, bes. 713f., 719.

[6] S. dazu u. unter 3.

[7] „The New Psychology", 120f., 134, 247f.

wirklichung finden. Mit einer dementsprechend enthusiastischen Hingabe hat er seine neuen gestalterischen Möglichkeiten als Universitätslehrer ergriffen.[1] Statt sein populäres Projekt einer Erziehungsreform intensiv[2] weiterzubetreiben, verlegt er seine Aufmerksamkeit fortan auf den institutionellen Aufbau der noch jungen empirischen Psychologie als dem wissenschaftlich reputierlicheren Unternehmen.[3] Das Bild, das seine Gestaltung dieses Fachs in Baltimore darbietet, ist das einer rigoros szientifisch verstandenen Disziplin, deren Zentrum[4] die experimentelle Laborarbeit bildet.[5] In dieser Schwerpunktsetzung möchte Hall offensichtlich dasjenige Ideal einer physiologisch fundierten Psychologie realisieren, zu dem er während seines zweiten Deutschlandaufenthalts erweckt worden war.[6] Sein Labor, eines der ersten des Landes,[7] wird in den folgenden Jahren zur Ausbildungsstätte vieler später namhafter Psychologen - wie James McKeen Cattell, Joseph Jastrow, John Dewey, Edmund C. Sanford, Jujiro Motora, um nur einige zu nennen.[8]

---

[1] Seine pädagogische Grundhaltung und Arbeitsweise als akademischer Lehrer hat HALL in „Confessions of a Psychologist. Part I", 92-143, beschrieben.

[2] Hall hat sein pädagogisches Projekt freilich nur etwas zurückgestellt, keineswegs aber gänzlich aufgegeben, wie folgende Publikationen dieser Zeit belegen: G. S. HALL (Hg.), Methods of Teaching History, Boston 1883 (Pedagogical Library, Vol. 1); G. S. HALL/J. M. MANSFIELD, Hints toward a Select and Descriptive Bibliography of Education. Arranged by Topics, and Indexed by Authors, Boston 1886.

[3] ROSS, 165.

[4] ROSS, 167; LCP 227, 234. HALLs psychologisches Interesse hat sich daneben freilich auf eine ganze Fülle anderer Gebiete erstreckt, wie etwa Psychopathologie, „Psychical Research", komparative Tierpsychologie etc. Über seine Aktivitäten insgesamt informiert ROSS, 155-168; LCP 254ff.

[5] HALL hat diesen Schwerpunkt allerdings offensichtlich selbst mehr durch seine Lehre und Organisation als durch eigene experimentelle Forschungen vorangetrieben, wie die vergleichsweise magere Liste an Veröffentlichungen zeigt: DERS./H. P. BOWDITCH, „Optical Illusion of Motion", Journal of Physiology 3 (1882), 297-307; G. S. HALL, „Reaction-Time and Attention in the Hypnotic State", Mind 8 (1883), 170-182; DERS./E. M. HARTWELL, „Bilateral Asymmetry of Function", a. a. O.; G. S. HALL/H. H. DONALDSON, „Motor Sensations on the Skin", Mind 10 (1885), 557-572; G. S. HALL/J. JASTROW, „Studies of Rhythm", Mind 11 (1886), 55-62; G. S. HALL/Y. MOTORA, „Dermal Sensitiveness to Gradual Pressure Changes", AJP 1 (1887), 72-98.

[6] S. oben unter 1.14.

[7] Wenn auch nicht, wie Hall später in Anspruch nimmt, das erste. Zur berühmten Kontroverse über das Anrecht, das erste experimentelle Labor der empirischen Psychologie in Amerika gegründet zu haben: PERRY, II, Kap. LII; ROSS, Kap. 13, bes. 242-248; HALL, „On the History of American College Text-Books and Teaching Logic, Ethics, Psychology and Allied Subjects. With Bibliography", Proc. of the American Antiquarian Society 9 (1894), 137-174, 160; „Editorial", AJP 7 (1895), 3-8, bes. 3f.

[8] Zu Cattell (1860-1944) s. BORING, 532-540, 548; zu Jastrow (1863-1944) s. BORING, 540-542, 549; zu Sanford (1859-1924) s. BORING, 542, 549; zu Dewey (1859-1952) s. BORING, 552ff.; Yujiro Motora ist einer der Begründer der japanischen Psychologie.

1887 gründet Hall die erste Zeitschrift der Disziplin in englischer Sprache, „The American Journal of Psychology", und schafft sich damit ein Forum, um deren Forschungsfeld in seinem Sinne zu fokussieren und definieren:[1]

In aggressiver Exklusion rationaler und introspektiver Psychologie soll das Organ für streng empirische Studien reserviert bleiben, wird als Programm in Halls Herausgebervorwort angekündigt.[2] Dieselbe antispekulative Polemik prägt den Ton seiner zahlreichen Rezensionen zur psychologischen Fachliteratur.[3] Ob an Deweys „Psychology"[4], Ladds „Elements of Physiological Psychology"[5] oder später an James' „Principles of Psychology"[6]- stets wird die mangelnde Stringenz der Autoren in ihrer Anwendung der „objektiven", „exakten", „rein" szientifischen Begrifflichkeit und Methodik kritisiert, wofür Hall als Maßstab seiner Kritik für sich selbst den „Standpunkt der Tatsachen"[7] beansprucht. Die Lösung metaphysischer, insbesondere erkenntnistheoretischer Fragen, die er in seiner Harvardzeit noch unmittelbar durch die neue Psychologie anzugehen gedachte,[8] wird zwar nicht als mögliches Zukunftsziel gänzlich aufgegeben,[9] jedoch vorerst rigoros zurückgestellt, um jedem antagonistischen Rückfall in eine „vorwissenschaftliche" Theoriephase der Psychologie vorbeugend zu wehren.[10] In dieser Hinsicht soll dann wohl auch Halls eigener Beitrag zur ersten Ausgabe der Zeitschrift exemplarischen Charakter besitzen. „Dermal Sensitiveness to Gradual Pressure Changes"[11] zeigt Hall unbeirrt den in seinen Doktorthesen eingeschlagenen Forschungsweg fortsetzen und demonstriert seine vorbehaltlose Handhabung der Observationsmethode:

Obwohl aus der Versuchsbeschreibung klar hervorgeht, daß sich die Observation einer synthetischen Urteilsleistung des die Observation vollziehenden Sub-

---

[1] LCP 227; ROSS, 169-179.

[2] „Editorial Note", AJP 1 (1887), 3f.; neuerlich bekräftigt in „Editorial", AJP 7 (1895), bes. 4, 6. Daß HALL als einziger Gründervater der amerikanischen Psychologie eine radikale Abkehr von der Philosophie vollzogen habe, wird mitunter sogar als seine spezifische Leistung gewürdigt: vgl. FISHER, 1f.

[3] „Psychological Literature", AJP 1 (1887), 128-164.

[4] New York 1887, s. HALLs Rezensionen in AJP 1 (1887), 146-149, 154-159.

[5] A. a. O., dazu s. HALLs Rezension in AJP 1 (1887), 159-164.

[6] Vgl. HALLs Rezension zu James' „Principles of Psychology", AJP 3 (1891), 578-591, dort 588ff.

[7] „Psychological Literature", 156 Z. 54.

[8] S. oben unter 1.12.

[9] Die alten metaphysischen Fragen nach dem Wesen der von der Psychologie zu untersuchenden Phänomene werden als offene Fragen der Forschung notiert, deren Beantwortung zum gegenwärtigen Zeitpunkt noch höchst ungewiß sei: „Psychological Literature", 158 Z. 10-22.

[10] Ebd. 163: „Science is not ontology, but phenomenology, and there is nothing in physiological psychology to disprove the author's creed nor our own." Vgl. auch später „Why Kant Is Passing", AJP 23 (1912), 370-426, dort 420; s. a. „Editoral", 6; ROSS, 151.

[11] Eine zusammen mit Y. MOTORA angefertigte Studie, a. a. O.

jekts verdankt,¹ deren individuelle Abhängigkeit im Sinne der Variabilität ihrer Urteilsleistung sogar ausdrücklich hervorgehoben wird,² bleibt eine grundlegende Reflexion auf das Wesen dieser subjektiven Erkenntnisleistung dennoch dahingestellt. Hall und Motora begnügen sich damit, ein Phänomen der Sinneserfahrung rein quantitativ zu beschreiben, ohne dessen psychologische Qualität zu erfassen. Die wenigen Hinweise, die wir aus dem Versuchsprotokoll entnehmen können, deuten darauf hin, daß diese sozusagen am Rande bemerkte Erkenntnisleistung des Subjekts als Resultat eines instinktiven Bewußtseins*habitus* bzw. eines mechanistisch funktionierenden Erkenntnis*apparats*³ verstanden wird. Hall scheint an seiner materialistischen Konzeption der Psyche somit unverändert festzuhalten, auch wenn er seinen ursprünglichen Ausgangspunkt dieser Konzeption inzwischen modifizieren mußte:

Sah er sich nämlich noch 1882 auf der Linie seiner Dissertationsthese „very near attaining the *quale* of a real pure sensation"⁴, so zeigt er sich 1885 auf dem Hintergrund weiterer Forschungsprojekte⁵ nicht mehr davon überzeugt, einen solchen „simple motor sense in the skin at the root"⁶ jemals nachweisen zu können, und hat seitdem auf eine weitere Suche nach einem ursprünglichsten Sinnesdatum als physiologische Beweisbasis seiner monistischen Philosophie, die die ursprüngliche Identität von Geist und Materie behauptet,⁷ verzichtet⁸. Im psychologischen Fachstreit zwischen einer „materialistischen" oder „pneumatischen"

---

¹ Dies geht etwa aus folgenden Formulierungen in der Versuchsbeschreibung hervor:
- 75 Z. 24: „the percipient decides",
- 75 Z. 27: „The wrong judgements by all observers",
- 77 Z. 11f.: „to make up his mind with confidence",
- 87 Z. 13: „little attention has been paid",
- 87 Z. 20: „acts of comparison and judgements",
- 87 Z. 23: „held in memory",
- 87 Z. 32: „a judgement is made",
- 88 Z. 14f.: „the attention rather singles out an instant or degree of pressure and compares it" u. v. a.

² Ebd. 84, 88f.; so a. in „Bilateral Asymmetry of Function", 109.

³ Ebd. 91, 94 Z. 34-95 Z. 1.

⁴ In der zusammen mit H. P. BOWDITCH unternommenen Untersuchung „Optical Illusions of Motion", 301.

⁵ Vgl. vor allem die mit H. H. DONALDSON publizierte Studie „Motor Sensations on the Skin", a. a. O.

⁶ „Experimental Psychology", 247: The difficulties of experimenting on smell and taste, dizziness and the muscle-sense, are being slowly overcome, and new sensations, such as local signs and innervation-feelings - no more accessible to direct experiences than atoms - are postulated. All who have absorbed themselves in these studies have seen the logical possibility of every purely materialistic theory of knowledge."

⁷ „Review of William James's Principles of Psychology", 590.

⁸ Freilich nicht auf diese selbst, wie AP zeigt.

Seelenkonzeption[1] hat Hall dann im folgenden beide Positionen als in gleicherweise einseitige Spielarten eines „mono-ideism"[2] abgelehnt und - seiner diplomatischen Synthesestrategie folgend - einer „concomitance theory" zugestimmt,[3] sprich: eine wirkliche Lösung des Problems offen gelassen. Von hier aus ist dann auch das rätselhafte Schwanken seiner Aussagen allein aus der jeweiligen polemischen Stoßrichtung zu erklären, mit der er einmal rein materialistische Konzepte[4], ein andermal die rationalistische „hylephobia"[5] seiner Kollegen bekämpft. Symptomatisch für diese „Vermittlungs"psychologie ist seine Theorie der Hypnose:

Nachdem Hall das Hypnosephänomen, das ihm als Studienobjekt ekstatischer Adoleszenzriten dient[6] und als Kronzeuge für die Existenz eines Unterbewußtseins herangezogen wird[7], zunächst ausschließlich als Automatismus des Reflexbogens erklärt hat,[8] sieht er sich später unter dem Eindruck des jüngsten Interesses der Psychologie für das Aufmerksamkeits-Phänomen dazu veranlaßt, diese Hypothese zu relativieren. Statt jedoch von hier aus einen Blick auf die intentionale Struktur des Bewußtseins zu werfen, wird ein solcher weiterhin systematisch blockiert, der hypnotische Zustand bezeichnenderweise nurmehr als „tonic cramp of the attention" interpretiert.[9]

In dieser Phase der Theoriebildung, in der Hall von Baltimore aus einen aggressiven Szientismus propagiert, ist die religionspsychologische Thematik abgesehen von einer nicht schriftlich dokumentierten Vorlesungsreihe[10] auffällig abwesend. Sie taucht erst wieder auf, als sich Hall erneut pädagogischen Aufgaben zuwendet, dies veranlaßt durch eine berufliche Umorientierung und eine persönliche Tragödie (2.5-2.6).

2.5 Die Clark-Schule der Religionspsychologie

Im Frühjahr 1888[11] übernimmt Hall das reizvolle Angebot, als Präsident die Gründung einer von Jonas Clark gestifteten Universität in Worcester zu betrei-

---

[1] „Psychological Literature", 175.
[2] „Reaction-Time and Attention in the Hypnotic State", 182.
[3] „Psychological Literature", 163.
[4] „Experimental Psychology", 247.
[5] „Psychological Literature", 152.
[6] „Ecstasy and Trance", The Christian Register 71 (1892), 56, als Vortrag 1891 gehalten.
[7] „Recent Researches on Hypnotism", Mind 6 (1881), 98-104, 101.
[8] Ebd. 103f.
[9] „Reaction-Time and Attention in the Hypnotic State", 180, 182; so a. in „Ecstasy and Trance", 56.
[10] Ross, 164f.
[11] Ross, 179, 194.

ben.[1] Damit wird ihm der gestalterische Rahmen eröffnet, sein Ideal von einer der „reinen Wissenschaft" geweihten „wahren Universität" zu verwirklichen.[2] In einer einjährigen Studienreise durch die Bildungszentren Europas sammelt er Ideen und knüpft internationale Verbindungen für sein ehrgeiziges Unternehmen, die neue Hochschule zur führenden des Landes zu machen.[3] Die im Oktober 1889 eröffnete Clark-Universität kann in vielem als direkte Ablegerin der Universität in Baltimore betrachtet werden.[4] Nicht nur, daß Hall seinen Lehrkörper aus dem dortigen rekrutiert, seine Laborgeräte und einen Stamm ehemaliger Studenten mit sich führt, er übernimmt auch die Politik des Hopkins-Präsidenten Gilman, eine kleine, aber bestens ausgerüstete Eliteuniversität zu organisieren, deren Schwerpunkt in der Graduiertenabteilung und freier Forschung besteht.[5] Was Hall darin vorschwebt, ist die Ausbildung einer nationalen Expertenaristokratie, einer „true aristocracy of mind", die ein neues geistiges „Übermenschentum" verwirklichen soll.[6] Wie im philanthropischen Intuitionismus seiner College-Zeit scheint Hall dabei den selbstbewußten Individualismus einer wissenschaftlichen Avantgarde mit dem calvinistischen Ideal religiös-moralischer Pflichterfüllung verbinden zu wollen.[7] Der Teilhabe an der „unsichtbaren" Geistgemeinschaft[8] der wahren „Alma mater"[9] erhält quasi ekklesialen[10] Charakter, die Mitarbeit an der Menschheitsevolution[11] eine soteriologische Bedeutungsqualität:

> „In this function, according to my conception, the university as distinct from the college or every other institution of learning culminates. Research is its native breath, its vital air; and in the transvaluation of all kinds of educational worth that impends, those institutions will shine like stars of the first magnitude which have best cultivated this spirit and produced the best quality and largest quantity of new discoveries and inventions. This work is more

---

[1] ROSS, Kap. 11, 186-204.
[2] ROSS, 199ff. Vgl. dazu seine Eröffnungsrede von 1889: „Address Delivered at the Opening of Clark University", Clark University Opening Exercises, Worcester/Mass. 1889, 9-32, bes. 18f., 24. HALL selbst erzählt seine apologetisch stilisierte Geschichte der Clark-Universität in LCP Kap. VII, 258-353. Über den prägenden Einfluß der Persönlichkeit Halls für den Aufbau der Universität s.: W. A. KOELSCH, Clark University 1887-1987. A Narrative History, Worcester/Mass. 1987, bes. Kap. 2: „Hall's University", 42-81.
[3] ROSS, 195; LCP 264-278.
[4] LCP 247ff.
[5] LCP 248ff., 339f.; ROSS, 193; zu HALLs Elitekonzept vgl. etwa „Confessions of a Psychologist", 96, 110, 129, 131f.
[6] „Confessions of a Psychologist", 110, 132.
[7] LCP 341f.; „Confessions of a Psychologist", 131: Diese sind einerseits „masters of knowledge", andererseits „servants".
[8] LCP 339: „the Holy Ghost of science".
[9] „Confessions of a Psychologist", 143.
[10] LCP 340: „university is becoming the real church of the future".
[11] „Confessions of a Psychologist", 143: „to advance the kingdom of man", „prepare the way for the superman that evolution intimates we are to wait".

sacred and religious[1] than any other vocation of man, not only because it includes religion in its scope, but because the university is the chief and fittest organ for the evolution of the super-man, bringing out the highest and most complete results of a truly literal education which without it is a truncated and arrested thing. Here humanity at its best blossoms and yields its choicest fruitage in these real seminaries of the soul. Here youth learns to scorn and despise the luxury and selfishness of mere knowing and passive culture and passes on to the higher stage of doing and efferent achievement. Here it learns that the true organ and instrument of knowing is doing, and the vanity of merely remembered attainment which has to be carried and does not ripen into the power that carries."[2]

Mit dem religiösen Enthusiasmus dieses Wissenschaftspathos gelingt es Hall in der Folgezeit, eine ganze Generation junger Forscher zu inspirieren,[3] die im Geiste seiner eigenen Vorstellungswelt erste Schritte in einem neuen Forschungszweig unternehmen:

In den 1890er Jahren entstehen an der Clark-Universität eine ganze Reihe von Arbeitsprojekten, die sich auf der Gradwanderung von Psychologie, Anthropologie und Pädagogik dem Gegenstand der Religion in empirischer Methode nähern.[4] Mehr oder weniger selbständig und von Halls unmittelbarer Direktive unabhängig gehen aus ihnen die frühesten Veröffentlichungen[5] in der Geschichte der Religionspsychologie hervor (2.5.1-2.5.5). Darunter vor allem die Dissertationen[6] Leubas[7] und Starbucks[8], deren religionspsychologisches Werk in den beiden folgenden Teilen dieser Arbeit zur Darstellung kommt. Fernerhin ließe sich zeigen, daß nicht zuletzt auch die Religionspsychologie Coes aus einer Explikationsbemühung der Adoleszenzthese Halls[9] und seiner Schüler erwachsen ist.[1]

---

[1] Vgl. LCP 338: „research is nothing less than a religion".

[2] „Confessions of a Psychologist", 120f.; vgl. dazu etwa Halls Warnungen vor der Hybris eines selbstbezogenen Wissens in „The Student's Sin".

[3] Vgl. Halls Selbstdarstellung als Universitätslehrer: „Confessions of a Psychologist", a. a. O.

[4] In seiner neuerlichen Standortsbestimmung des AJP hat HALL im „Editorial" von 1895 die religionspsychologische Fragestellung ausdrücklich in den streng empiristisch abgegrenzten Gegenstandsbereich der von ihm herausgegebenen Zeitschrift eingegliedert.

[5] Eine Zusammenfassung der bis 1911 an der Clark-Universität publizierten Schriften s. WILSON, „List of Papers in the Field of Religious Psychology Presented at Clark University", in: DERS. (Hg.), Publications of the Clark University Library 2 (1911), 1-9.

[6] S. dazu „Degrees Conferred", in: Clark University 1889-1899. Decennial Celebration, Worcester/Mass. 1899, 453-457, eine Liste der Promotionen in Psychologie von 1891-1899, dort 455ff.

[7] Ebd. 456: 29. Juli 1895, als Arbeit wurde eingereicht: SPR.

[8] „Degrees Conferred", 45: 3. August 1897, als Arbeit eingereicht: CPR.

[9] Zu Halls Konzept der Adoleszenz vgl. a. R. E. GRINDER, „The Concept of Adolescence in the Genetic Psychology of G. Stanley Hall", Child Development 40 (1969), 355-369.

Die gesellschaftliche Bedeutung der von Hall auf den Weg gebrachten Adoleszenzpsychologie illustriert das Urteil H. W. SCHNEIDERs, Religion in 20th Century America, Cambridge 1952, 60: „If there was anything distinctive in the American pattern early in the century, it was the concentration of religious educators on the period of adolescence".

2.5.1 William H. Burnham

Als früheste für die Geschichte der Religionspsychologie interessante Studie eines Hall-Schülers[2] ist Burnhams „Study of Adolescence" von 1891 zu nennen.[3] Sie knüpft an Halls Abhandlung „The Moral and Religious Training of Children" von 1882 an, deren Wiederabdruck nicht zufällig in unmittelbarem Anschluß an Burnhams Studie in der Erstausgabe des von Hall begründeten journalistischen Organs der „child study"-Bewegung, *Pedagogical Seminary*, erscheint.[4] Von einem komparativen - „Physiologie, Anthropologie, Neurologie and Psychologie" umfassenden - Standpunkt aus hebt Burnham hier zum Vorstoß an, die bisher bestehende Entwicklungspsychologie des Kindes durch eine Adoleszenzpsychologie in pädagogischer Orientierung zu ergänzen.[5] Neben der Auswertung medizinischer und psychologischer Fachliteratur werden von ihm dabei insbesondere zwei „empirische" Verfahrensweisen angewandt, die auch für Halls Adoleszenzpsychologie von 1904 typisch sein werden:

Burnham zieht erstens literarische Beschreibungen, vor allem autobiographische Erfahrungsberichte dieser Lebensphase, als Quellenmaterial heran.[6] Und ergänzt diese dann zweitens, um einzelne Detailfragen gezielter studieren zu können, durch das Verfahren der Fragebogenuntersuchung, wie es von Hall erstmals im Rahmen des „child study"-Unternehmens propagiert worden ist.[7] Auch die beiden Umfragen Burnhams, deren erste lediglich 20 Personen umfaßt,[8] beanspruchen dabei selbst noch keinen statistisch repräsentativen Aussagewert.[9] Während es in der zweiten späteren Untersuchung um eine Bestandsaufnahme der psychophysischen Eigentümlichkeiten adoleszenter Entwicklung geht,[10] ist die erste, noch unter Halls direkter Leitung in Baltimore unternommene Befragung von religionspsychologischer Relevanz[11]. Seine Untersuchung adoleszenter Krisenerfahrungen des „Zweifels" fördert nämlich ein Resultat zutage, welches Halls

---

[1] So COE selbst in: „My Own Little Theatre", 94; „A Study in the Dynamics of Personal Religion", 484f.; The Spiritual Life, 12f. und Kap. I-II.

[2] Burnham war bereits Halls Schüler in Baltimore und ist diesem später nach Worcester gefolgt, wo er als Dozent für Pädagogik tätig war; ROSS, 180.

[3] „The Study of Adolescence", PS 1 (1891), 174-195.

[4] Und zwar als gekürzte Version unter dem Titel „The Moral and Religious Training of Children and Adolescents", PS 1 (1891), 196-210.

[5] BURNHAM, 175.

[6] BURNHAM, 177ff., 188-193; vgl. AP Bd. 1, Kap. VIII. Dies ist auch die von JAMES in VRE angewandte „empirische" Verfahrensweise.

[7] BURNHAM, 179f., 182ff.

[8] BURNHAM, 182.

[9] BURNHAM, 179.

[10] BURNHAM, 179.

[11] BURNHAM, 182.

Adoleszenzthese, daß sich die Jugendzeitentwicklung durch ein religiöses Erwachen auszeichne, neuerlich stützt.

Burnham stellt fest, daß das Auftreten von adoleszenten Krisenerfahrungen des Zweifels in der Mehrzahl der Fälle mit religiösen Lebensfragen verbunden ist bzw. durch solche hervorgerufen wird:

„In the majority of cases the beginning of the doubt concerned matters of religion."[1]

Vor allem aufgrund dieses Untersuchungsergebnisses ist Burnhams Studie in die Geschichte der Religionspsychologie eingegangen. Die Illustration und Interpretation dieses Ergebnisses werden im weiteren Verlauf der Untersuchung ins Zentrum der Aufmerksamkeit gerückt und bilden so einen Schwerpunkt der Studie im ganzen.[2]

Im Anschluß an seinen Lehrer Hall sucht auch Burnham darin die Bedeutung der Adoleszenzentwicklung insgesamt als „second birth" des Individuums zu einem Leben für die Gattung zu beschreiben. Diese neue Geburt findet er in verschiedenen Konfirmations- und Initiationsriten der Völker und Religionen universal institutionalisiert.[3] Sie soll, so lautet die - dem Naturalismusprinzip folgende - religionspädagogische Pointe der Studie,[4] entsprechend ihrer natürlichen Entwicklungstendenz kultiviert bzw. optimiert werden.

2.5.2 Arthur H. Daniels

Auch die Dissertation[5] eines anderen Clark-Schülers zeigt sich deutlich erkennbar von der Hallschen Adoleszenzthese aus dem Jahr 1882 inspiriert. Es hat den Anschein, als sei Daniels in „The New Life: A Study of Regeneration"[6] aus dem Jahr 1893 von Hall darauf angesetzt,[7] den anthropologischen Beweis für das Phänomen adoleszenter Wiedergeburt zu führen, nachdem dessen Existenz durch Burnhams Näherbestimmung seiner psychophysischen Anzeichen neuerlich bestätigt worden ist.[8] Auch diesen anthropologischen Begründungsversuch hat Hall später in seine Adoleszenzpsychologie von 1904 aufgenommen und in „Savage Pubic Initiations, Classical Ideals and Customs, and Church Confirmation" zu

---

[1] BURNHAM, 183.
[2] BURNHAM, 183-191.
[3] BURNHAM, 174.
[4] BURNHAM, 183, 193ff.
[5] Vom 21. Juni 1893, s. „Degrees Conferred", 455.
[6] AJP 4 (1893), 61-106.
[7] DANIELS, 63, 88, 106.
[8] DANIELS bezieht sich mehrfach auf Burnhams Studie, deren Thesen er als gesichertes Forschungsergebnis behandelt: 84f., 91, 93.

einem umfassenden Einleitungskapitel[1] für seine Psychologie der Bekehrung ausgebaut.

Daniels verfolgt in seiner Studie das Anliegen, die obsolet gewordene traditionelle Lehre von der „Wiedergeburt" im Lichte der neueren Anthropologie und Psychologie wissenschaftlich zu rehabilitieren und für ihre theologische Neuformulierung Impulse zu wecken:[2]

> „I try to show that so far from being an arbitrary, traditional formula, regeneration is one of the deepest needs of the human body and soul, felt among savage and civilized men of all races and times. It is an attempt to re-base the doctrine on sound anthropological and psychological principles, in the hope and confidence that it will not only strengthen the pulpit and give it greater dignity with the educated, more interest and power with the masses, but also widen and deepen the sympathy between theology and other sciences."[3]

In einem *ersten* Schritt werden von ihm hierzu Initiationsriten und Zeremonien der Adoleszenz aus verschiedenen Kulturen beschrieben[4] und auf ihre gemeinsamen Grundzüge befragt[5]. In ihrer „tieferen psychophysischen" Signifikanz möchte auch Daniels diese samt und sonders als Ritualisierungen der Geburt „eines neuen Lebens" des Individuums für die Gemeinschaft verstehen:

> „The recognition in so many different ways and by almost every race, of the transition from youth to manhood, from the narrow domestic circle to membership in the community, has a deep psychological as well as physical significance. The boy as a member of the family, supported by others and feeling almost no responsibility, when becoming a man enters upon a new kind of life. He must now not only assume the core of himself, but must work for the good of the whole community. And the way which these simple, crude people adapted to impress him with the significance and sacredness of this new life, was to put him through a series of ceremonies."[6]

In einem *zweiten* Schritt versucht Daniels dann, die psychophysischen Veränderungen näher zu charakterisieren, die der Formation dieses neuen Lebens der Person zugrunde liegen:[7] insbesondere den Anbruch der Geschlechtsreife[8] und das Erwachen des religiös-moralischen Lebens[9]. Angesichts der hierbei zu verzeichnenden massiven Wachstumsphänomene vermeint er, für alle adoleszenten Initiationsriten eine einzige gemeinsame Funktion erkennen zu können. Diese bestehe darin, den natürlichen Entwicklungsprozeß zu kontrollieren und stabilisieren:

---

[1] AP Bd. 2, Kap. XIII.
[2] DANIELS, 61f.
[3] DANIELS, 63.
[4] DANIELS, 63-73.
[5] DANIELS, 73-79.
[6] DANIELS, 77.
[7] DANIELS, 79-93.
[8] DANIELS, 79ff.
[9] DANIELS, 86, 91.

„We may believe that the initiation rites of primitive people had as one object the prevention of excess and promotion of steadiness and self-control."[1]

Von hier aus gelangt Daniels schließlich in einem *dritten* Schritt zu religionspädagogischen und theologischen Schlußfolgerungen: In dem christlichen Institut der „Wiedergeburt" handele es sich aus wissenschaftlicher Sicht um eine Spielart der instinktiven, universal verbreiteten Kultivierung eines natürlichen und notwendigen Entwicklungsprozesses der Adoleszenz.[2] Diese habe in ihrer christlichen Gestalt selbst ihre ethisch bestimmteste, positivste und umfassendste Ausprägung gefunden,[3] die es bleibend zu kultivieren,[4] aber im Lichte einer Immanenztheologie neu zu interpretieren gelte[5]. Die reformulierte Lehre von der „Wiedergeburt" solle diese erstens als einen ganz und gar natürlichen und normalen Entwicklungsprozeß begreifen, der nicht die Rettung von der Erbsünde, sondern die Verwirklichung der ursprünglichen Gottebenbildlichkeit anzeige.[6] In ihr brauche zweitens nicht mehr genauer zwischen „Wiedergeburt" und „Bekehrung" differenziert zu werden, weil das dieser dogmatischen Spitzfindigkeit zugrundeliegende Problem, zwischen göttlichem und menschlichem Handeln zu unterscheiden, innerhalb des immanenztheologischen Ansatzes zwangsläufig entfalle.[7]

Dieser dogmatische Reformvorschlag Daniels ist einer der ersten, aber beileibe nicht der letzte Versuch eines Religionspsychologen, die „obsoleten Haarspaltereien" der ordo salutis-Lehre dadurch zu „erhellen", daß sie im Lichte modernerer, für den szientifischen Wissenschaftsbetrieb augenscheinlich akzeptablerer Theologien um ihre spezifisch christliche Pointe gebracht werden.

2.5.3 Ellsworth G. Lancaster

Die Reihe der Clark-Studien zur Adoleszenzpsychologie wird komplettiert durch Lancasters Dissertation „Psychology and Pedagogy of Adolescence"[8] aus dem Jahr 1897.[9] Auch diese entnimmt den Ansatz ihrer Untersuchung wieder ausgesprochenermaßen der Hallschen Adoleszenzthese von 1882 und sucht, jene fortschreibend, den mentalen Aspekt jugendlicher Entwicklung näher zu beleuchten.[1]

---

[1] DANIELS, 92.
[2] DANIELS, 94f., 103.
[3] DANIELS, 101.
[4] DANIELS, 95ff.
[5] DANIELS, 99f.
[6] DANIELS, 100, 102.
[7] DANIELS, 99.
[8] PS 5 (1897), 61-128: Als Dissertation angenommen am 11. Juni 1897; „Degrees Conferred", 456.
[9] Über den inneren Zusammenhang der Arbeiten s. LANCASTER, 61-65.

beleuchten.¹ Hierzu hat der Autor zusammen mit Hall einen Fragebogen entworfen, der von 827 Personen beantwortet worden ist² und damit die bis dahin zahlenmäßig umfassendste Erhebung zur Adoleszenspsychologie darstellt.

Auf ihre wissenschaftliche Vorgehensweise untersucht, zeigt sich diese ihrem Umfang nach pionierhafte Studie jedoch noch weitgehend frei von allen hermeneutischen und statistischen Vorüberlegungen:

Die Rücksendungen zu Fragen über physische und psychische Veränderungen im Alter zwischen 12-25 Jahren werden ohne jegliche methodische Reflexion auf ihre repräsentative Aussagequalität offensichtlich einzig nach ihrem Wortlaut zahlenmäßig erfaßt und in sog. „typischen Beispielketten" aneinandergereiht.³ Die Zusammenfassungen der Ergebnisse zu Schlußfolgerungen geschieht pauschal und derart unkontrolliert, daß sie sich einer kritischen Einsicht in ihr Zustandekommen größtenteils entziehen. Unwillkürlich drängt sich daher die Vermutung auf, der Autor habe sein mitgebrachtes Vorverständnis empirisch zu belegen gesucht und gefunden, ein Verdacht, der allerdings kaum mehr weiter analysiert, sondern nur am Zitatbeispiel einer religionspsychologisch relevanten Passage der Studie selbst *illustriert* werden kann:

> „*Religion*. (1) Was there more inclination to pray, read scripture, hymns, attend church, confession, prayer meeting, and were there new feelings toward God, Jesus? (2) New inclinations to do duty, bear witness, influence *others* religiously, go on missions? (3) Were there *doubts*, questionings, need of new grounds of faith, or was religious experience desired? All this in full.
> 598 answer these questions. Of these 518 - 232 M., 286 F., report new religious inclinations between 12 and 25 - mostly 12 to 20, while 80-60 M., 20 F., report no religious emotions. More than 5 out of 6 have had these religious emotions.
> This proportion is too small, probably, for those who report no religious interest are mostly repulsed by some creed or dogma. The interest exists aside from the church. The returns show that religion before this age was a mere form. Now it becomes full of meaning. It is a new interest and very many speak of it as a sudden awakening. It is spontaneous, like the interest in art or music, or the love of nature. Where no set form have been urged, the religious emotion comes forth as naturally as the sun rises. There are many doubts, but they all center around some doctrine insisted on by the church, which contains no religion at all."⁴

Dieselbe hermeneutische Undurchsichtigkeit ist für die breit angelegte Auswertung literarischer Zeugnisse zu attestieren, die im zweiten Teil der Studie das bisherige Durchschnittsbild der Adoleszenzentwicklung durch einen Blick auf die Jugend eminenter Persönlichkeiten ergänzen will.⁵ Auch hier wieder sei zur Illustration der Verfahrensweise Lancasters ein Auswertungsergebnis angeführt:

---

[1] LANCASTER, 61-64, 62f. Anm. 1.
[2] LANCASTER, 67.
[3] LANCASTER, 67-79.
[4] LANCASTER, 95.
[5] LANCASTER, 106-118.

"Deep religious emotions are mentioned in case of 53. The years spoken of as the times of deepest emotions and the largest number of conversions are 14 to 18. The avarage is 16 for conversion or uniting with the church. The largest number is at 15. All of these were boys."[1]

Wir erhalten keinerlei Angaben über die angewandten Auswahlkriterien, welche beispielsweise über die Aufnahme eines literarischen Werkes in die Untersuchungsmenge oder etwa über die Identifizierung einzelner Passagen in ihm als „tiefe religiöse Emotionen" ausdrückend entschieden haben. Die mit diesem Literaturprojekt verfolgte Absicht kann jedoch auch keineswegs nur exemplarisch illustrativen Charakter besitzen, denn hierfür ist das dezidiert *statistische* Verwertungsinteresse wiederum allzu offensichtlich.

Und noch einmal soll sich die Unklarheit der Theoriebildung steigern, wenn Lancaster in einem letzten Schritt, nämlich erneut innerhalb eines gänzlich undurchsichtigen Deduktionsverfahrens, dazu anhebt, aus seiner bisherigen „deskriptiven" Theorie normative Schlußfolgerungen abzuleiten.[2] Wie bei allen bisherigen Autoren ist bei ihm dabei ein durch die eigene Einstellung zur Religion bestimmtes Interesse erkennbar:

Der Wert von Religion als oberstes Ziel menschlicher Entwicklung soll unbedingt gerettet und in einer Zeit zunehmender Säkularisierung bewahrt werden.[3] Der wissenschaftliche Nachweis dieses bleibenden Wertes wird über das Argument der *Natürlichkeit* von Religion geführt, worin anscheinend imaginierte Gegner an mehreren Fronten zugleich geschlagen werden sollen:

Das Wesen der Adoleszenzentwicklung insgesamt als „zweite" bzw. „neue Geburt" oder „Wiedergeburt" zu beschreiben weist ein Phänomen wissenschaftlich als tatsächlich gegeben und natürlich aus, das von einer prominenten christlichen Tradition der amerikanischen Gesellschaft besonders protegiert wird. Allen modernen religiösen Zweiflern und radikalen Bilderstürmern kann somit im statistischen Datengewande empirischer Wissenschaftlichkeit entgegengehalten werden: „The new birth is no myth, but a fact, admitted by science as well as the church."[4]

„Die neue Geburt ist kein Mythos, sondern eine Tatsache"- das heißt nun aber zugleich auch gegenüber den antiszientifischen Supranaturalisten in Sachen Religion, daß diese ganz und gar natürlich, also auch wissenschaftlich erfaßbar, nämlich nach psychologischen Entwicklungsgesetzen beschreibbar sei.

Es heißt ferner, daß ihre „faktische", nicht aber ihre „metaphysische", d. h. „transzendente" Bedeutungsdimension nachgewiesen sei. Denn ausschließlich die immanente, ethische Signifikanz der Wiedergeburt soll betont werden:

---

[1] LANCASTER, 107.
[2] LANCASTER, Kap. III, 119-129.
[3] LANCASTER, 127f.
[4] LANCASTER, 127 Z. 35f.

> „Aside from all relations to a future life, the religious emotions should be regarded as the most valuable of all for immediate results in character."[1]

Und es soll schließlich auch gegenüber allen partikularistischen Konfessionalisten bedeuten, daß Religion eine natürliche und universale Entwicklungstatsache, und damit an keine spezifischen kirchlich sanktionierten Formen gebunden sei:

> „Religion does not mean subscription to any particular creed. This mistake has been made. The Christian Endeavor movement is a great witness to the fact that religion without particular denominational creeds meets the needs of young people."[2]

Zwar wird auch von Lancaster - wie bei allen bisherigen Autoren - die christliche Ritualisierung der Wiedergeburt als vollkommenste Ausprägung des formal wie inhaltlich universalen Phänomens gewürdigt und weiterhin religionspädagogisch mit Einschränkungen empfohlen.[3] Ihre Favorisierung erscheint aber kaum sachlich begründet, vielmehr vor allem kulturell bedingt, zufällig und darum letztlich beliebig. Es kann schon allein deshalb kein sachlicher Grund für ihren Vorzug vorgebracht werden, weil das Wesen der Religion und ihrer adoleszenten Wiedergeburt auf ein szientifisch vertretbares Rudiment zusammengeschrumpft ist, das intellektualisierbarer Vorstellungsgehalte gänzlich entbehrt und nur noch durch eine „allgemeine religiöse" Emotionshaltung bestimmt ist: als eine Haltung der Reverenz und Solemnität sowie des Enthusiasmus für die Verwirklichung eines Ethos, dessen überindividuellen Ideale hinsichtlich Gehalt und Geltung selbst nie zur Debatte stehen. Jede Art von Ideal, besonders aber die Liebe zur Natur,[4] scheint geeignet, das pädagogische Ziel jugendlicher Erweckung hervorzubringen, ungeachtet dessen, daß mit jedem „noblen Vorbild" immer bereits eine eigentümliche Konzeption dessen mit eingeführt wird, *wovon, wie* und *wozu* das Individuum eigentlich erweckt werden soll. Wichtig scheint allein das bloße *Daß* dieser Erweckung, also die reine Mobilisierung zu einer wie auch immer bestimmten Aktivität. Lancaster wörtlich: „The pedagogy of adolescence may be summed up in one sentence. *Inspire enthusiastic activity.*"[5]

Darunter ließen sich dann ganz unterschiedliche Aktivitätsprogramme - sogar totalitäre - gleichermaßen verorten. Angesichts des evolutionistischen Welt- und Menschenbildes unserer Autoren läßt sich bei ihnen freilich vermuten, daß sie als inhaltliche Bestimmung dieser Aktivität vor allem die Übernahme der biologischen Funktionen des geschlechtsreifen Individuums für Erhalt und Fortpflanzung des Gattungslebens im Auge haben.

---

[1] LANCASTER, 127 Z. 33ff.
[2] LANCASTER, 127 Z. 36-40.
[3] LANCASTER, 128.
[4] LANCASTER, 97, 126ff.
[5] LANCASTER, 127.

2.5.4 Colin A. Scott

In einer anderen Hinsicht mit Halls Adoleszenzthese verknüpft ist Scotts Dissertation „Old Age and Death"[1] von 1896. Bereits 1882 hatte Hall auf die wechselseitige Beziehung zwischen erwachendem Sexualleben und der Geburtsstunde reifer Religiosität hingewiesen. Hieran anknüpfend scheint Scott nun in seiner Studie, die Nahtstelle dieser Verbindung aufzeigen zu wollen:

Er findet sie in der menschlichen Konfrontation mit dem Todesproblem, das, wie seine Fragebogenuntersuchung zu Vorstellungen über „Alter", „Tod" und „zukünftiges Leben"[2] sowie seine anthropologischen Studien zu Bestattungsriten[3] folgern, onto- wie phylogenetisch erst auf einer bestimmten Entwicklungsstufe des Menschen aufgetreten sei[4]. Nämlich erstmalig drängend werde mit dem Erwachen des Sexual- und Liebeslebens, das dem Menschen die Zerschneidung sozialer Beziehungen durch den Tod unerträglich mache und für ihn die Frage nach dem Überleben von Menschengemeinschaft aufkommen lasse.[5] An dieser Stelle sieht Scott den ursprünglichen Impuls zur Entstehung *religiöser* Vorstellungen und Praktiken sich entzünden,[6] die für ihn jeweils eine psychologische Funktion besitzen:[7] im Falle des Unsterblichkeitsglaubens[8] und von Bestattungsriten eine kathartisch-heilsame und ethisierende Wirkung für die lebenden Hin-

---

[1] AJP 8 (1896), 67-122. Als Dissertation angenommen am 30. Juni 1896: „Degrees Conferred", 456.

[2] SCOTT, 85-109.

[3] SCOTT, 115f., 118f.

[4] SCOTT, 112, 118.

[5] SCOTT, 110-113.

[6] SCOTT, 114, 120ff. Vgl. etwa 121f.: „To conclude, as biologically death and sex come in together, so in the higher psychical life their irradiations are the most closely associated. Sex and reproduction, first a means of overcoming death, sacrifices in doing so the continuity of individual life, but intensifies it by the whole course of evolution. So in the soul-life, love is greater than death, not mystically, but simply as a matter of fact, while the conception of death serves to intensify the psychical life, and give a foil and sense of earnestness to all our enthusiasms. This great background thought has framed not only the deepest love, but also the greatest productions of art, religion and philosophy. God and immortality have risen in obedience to the infinite yearnings with which it stirs the soul. Whatever ontological truth may lie behind these ideas, and that is a question which we have not entered upon here, it remains for us to use these ideas to the full as the psychological functions which we have attempted to show they are, and to bring thus into the here and now of one life-time the best and highest realization of which it is at present capable. In any case the deep life of love, with the care for offspring, and the natural and spiritual continuity or immortality which they ensure, is the tidal wave upon which all these ideas are upborne, and which, showing itself before maturity and lingering often in its highest radiations into age, in its best function and discharge unites into one whole the different periods of life."

[7] SCOTT, 113f., 120.

[8] Zu dieser Problematik vgl. später auch die Studie des Clark-Schülers R. J. STREET, „A Genetic Study of Immortality", PS 6 (1899), 267-313.

terbliebenen. Dabei besteht eine besondere Pointe der Scottschen Interpretation des Unsterblichkeitsglaubens darin, daß er diesen in seiner ursprünglichsten Gestalt nicht auf die *egoistische* Verlängerung des persönlichen Lebens abzielen, sondern vielmehr den *altruistischen* Wunsch befriedigen findet, das Überleben der Gemeinschaft gesichert zu sehen.[1] Ungeachtet dessen, ob den religiösen Vorstellungen, die also ursprünglich aus dem menschlichen Liebesleben hervorgehen sollen, dabei in Wahrheit „ontologische Realitäten" entsprechen, kann ihnen Scott so einen unverzichtbaren Wert für das psychische Gleichgewicht des Menschen zuerkennen. Diese wertvolle Funktion bestehe darin, die kontrollierte Entladung bzw. Sublimation von Emotionen bzw. Assoziationskomplexen zu ermöglichen,[2] deren Repression, wie die psychologische und medizinische Literatur zur Genüge demonstriere,[3] zu pathologischen Deformationen führen würde.

Scott hat damit eine funktionalpsychologische Deutung religiöser Vorstellungen und Praktiken, insbesondere des Unsterblichkeitsglaubens, vorgetragen, die ohne Rekurs auf die - metaphysikverdächtige - Wahrheitsfrage auszukommen meint und die dessen pragmatischen Wert dabei entschlossen verteidigt. Allerdings nicht ohne in den Vorstellungsbestand christlicher Tradition modifizierend einzugreifen:

Als für den modernen Szientisten anstößige Züge werden dabei die eschatologische sowie personale Dimension der christlichen Hoffnung auf ewiges Leben als egoistische und darum defektive Projektionen eines ursprünglicheren „ewigen Gegenwartsbewußtseins" systematisch zurückgedrängt.[4] Psychologisch sanktioniert wird hingegen der evolutionistische Glaube an die Unsterblichkeit der Menschheitsgattung, dem dann offensichtlich auch nicht mehr nur pragmatische Bedeutung für die menschliche Lebensbewältigung, sondern dem nun sogar ein ontologischer Wahrheitswert zugebilligt sein dürfte. Scott kann damit seine persönliche Überzeugung wissenschaftlich begründet sehen, die - wie die Daniels' - immanenztheologische Züge trägt, was seine wertenden religions- und kirchengeschichtlichen Darstellungen deutlich zu erkennen geben. Als Beleg hierfür sei seine Kurzzusammenfassung der Lehre Jesu angeführt:

> „The teaching of Christ was certainly not markedly eschatological, the most characteristic passages having been drawn from Him only in response to caviling objectors. 'The kingdom of heaven is now among you.' The oneness of man and God was perhaps the pressing message of His best period. To this 'here and now' doctrine the Christianity of the middle ages presents a striking contrast."[5]

---

[1] SCOTT, 118.
[2] SCOTT, 113f.
[3] SCOTT rekurriert beispielsweise auf Leubas Bekehrungsstatistik und Freuds psychoanalytische Praxis: 114.
[4] SCOTT, 112.
[5] SCOTT, 111f.

2.5.5 A. Caswell Ellis und George E. Dawson

Unsere Vorstellung der Clark-Schule sei vorerst[1] mit einer Reihe von Arbeiten abgeschlossen, die die bisherigen Ergebnisse zur Entwicklungspsychologie der Religion[2] nun religionspädagogisch[3] fruchtbar machen wollen.

An erster Stelle ist hier A. Caswell Ellis' Studie „Sunday School Work and Bible Study in the Light of Modern Pedagogy" von 1896 zu nennen.[4] In ihr wird für eine Reform der Sonntagsschule nach modernsten wissenschaftlichen Maßstäben plädiert,[5] wozu Ellis vor allem eine historische[6] und statistische[7] Bestandsaufnahme[8] zur Ausgangslage dieser Institution erstellt hat.

Was bei Ellis gefordert wird - die Umsetzung der neuen genetisch-psychologischen Prinzipien - und bereits in einem kurzen praktischen Vorschlagskatalog anklingt,[9] wird in George E. Dawsons „Children's Interest in the Bible"[10] von 1900 konkret:

Mit seiner 1000 neuenglische Schulkinder umfassenden Fragebogenuntersuchung beabsichtigt Dawson, die religionspädagogische Lehrplangestaltung auf eine empirische Basis zu stellen. In Ansatz und Auswertung der Studie, die die Interessen und Präferenzen der Kinder für biblische Bücher, Personen, Charaktere und dramatische Szenen in Abhängigkeit von deren Alter untersucht,[11] sehen wir nun die uns bekannten Prinzipien[12] gestaltend am Werke:

Wir identifizieren *erstens* das Naturalismusprinzip, welches im spontan vorhandenen Interesse des Kindes den pädagogisch lediglich zu fördernden Ausdruck eines *natürlichen* Entwicklungsimpulses erblickt.[13]

Wir treffen *zweitens* - als nun auch pädagogisch angewandte Deutekategorie - das Rekapitulationsprinzip wieder,[14] das sich vor allem in den beiden zunächst

---

[1] Insofern Leuba und Starbuck ebenfalls zur Clark-Schule gerechnet werden können.
[2] Diese werden von ELLIS in „Sunday School Work and Bible Study in the Light of Modern Pedagogy", PS 3 (1896), 363-412, zusammenfassend referiert: 364-368.
[3] Etwa bei ELLIS, 368-375, 391, 401f.
[4] Auch diese Studie versteht sich ausgesprochenermaßen als von Hall angeregt und geleitet: ELLIS, 402.
[5] ELLIS, 367, 391.
[6] ELLIS, 375-389. In ELLIS' Dissertation vom 18. Juni 1897 handelt es sich ebenfalls um eine historische Studie: „The History of the Philosophy of Education", s. „Degrees Conferred", 456.
[7] ELLIS, 389-391.
[8] Zur Ausbildungssituation der Pädagoginnen und Pädagogen vgl. ELLIS, 391-401.
[9] ELLIS, 368-375, sowie seine Bibliographie empfohlener Literatur: 401-412.
[10] PS 7 (1900), 151-178. Auch DAWSON promovierte an der Clark-Universität: am 2. August 1897 über „Psychic Rudiments and Morality", s. „Degrees Conferred", 456.
[11] DAWSON, 154.
[12] DAWSON, 151-154, rekurriert auf die Ergebnisse des „child study"-Unternehmens.
[13] DAWSON, 151, 154.
[14] DAWSON, 151.

lediglich deskriptiv, dann aber auch normativ verstandenen Hauptthesen Dawsons niederschlägt,[1] die wir darum kurz referieren wollen:

- These I: Das Interesse am Alten Testament liegt dem Interesse am Neuen Testament entwicklungsgeschichtlich voraus und zugrunde:[2]

> „Have we not in the development of children's interest in the main divisions of the Bible a verification of an age-long belief? The Christian world has long been familiar with the thought that the Old Testament is preparatory to the New."[3]

- These II: Das Interesse an Jesus wird erst in der Adoleszenzzeit ausgeprägt[4] und bezieht sich dann weniger auf die göttlichen als die menschlichen Züge seiner Person[5].

Und wir sehen *drittens*, auch Dawson - wie selbstverständlich - auf Halls Interpretation der Adoleszenz als Wiedergeburt zurückgreifen:

> „We may conclude, therefore, that just as Jesus and the Christian type of consciousness represented a new birth for the race, so does the flowering out of the altruistic and reflectively religious consciousness of adolescence represent a new birth for the individual."[6]

Was ist von dieser augenscheinlich sogar statistisch belegten und pädagogisch nutzbaren Zementierung religionspsychologischer Konzeptionen zu halten?

Zunächst zu Dawsons Anwendung des Naturalismusprinzips: Gegen den Ansatz der Studie, nach den altersbedingten Interessen der Kinder zu fragen, ist keinerlei Einwand zu erheben, er scheint vielmehr pädagogisch durchaus verheißungsvoll. Allerdings wäre hier genügend zu berücksichtigen, daß dabei nicht, wie Dawson fälschlicherweise annimmt, die Interessen der Kinder in einer irgendwie bestehenden „natürlichen" Reinform, sondern stets nur deren innerhalb eines bestimmten religiösen Bildungsmilieus immer schon kultivierte Ausprägungen erhoben werden können. Das aber heißt, daß das Ergebnis der statistischen Studie lediglich den gegenwärtig vorliegenden status quo widerspiegeln und quantitativ erfassen kann, dessen „Gesundheit" oder „Krankheit" gerade pädagogisch in Frage steht. Wenn Dawson zwischen wünschenswerten „healthy interests" und pädagogisch zu transformierenden „unhealthy interests" bzw. „bad tendencies" unterscheidet,[7] dann ist bereits von ihm selbst die Stelle angezeigt, an der sein zugrundegelegtes Naturalismusprinzip inhaltlich näherzubestimmen wäre, um durch die quantitative Beschreibung bestehender Verhältnisse nicht zu zementieren, was gerade innovativ verändert bzw. optimierend gesteuert werden soll. Das Naturalismusprinzip ist zumindest dahingehend zu spezifizieren, daß

---

[1] Diese wurden, lediglich weniger explizit, auch bereits von Hall und Ellis vertreten.
[2] DAWSON, 157ff., 161.
[3] DAWSON, 161.
[4] DAWSON, 172-175.
[5] DAWSON, 169f., 178.
[6] DAWSON, 160.
[7] DAWSON, 151.

zwar alle auftretenden Phänomene als *natürliche*, nicht aber zugleich auch als alle in gleicher Weise *wünschbare* Entwicklungserscheinungen begriffen werden können. Dies erkennt der empirische Naturalist auch implizit an, wenn er von „gesunden" bzw. „degenerativen" Entwicklungstendenzen spricht. Ihm scheint lediglich nicht bewußt zu sein, daß sein Urteilen darin bereits mit den normativen Vorentscheidungen eines Menschenbildes arbeitet, das selbst nicht erst im Zuge eines „rein deskriptiven" empirischen Verfahrens „objektiv" hervorgebracht worden ist.

Zweitens zu Dawsons pädagogischen Anwendung des Rekapitulationsprinzips: Zwar scheint die hermeneutische Regel „erst Gesetz - dann Evangelium" auf den ersten Blick eine gewisse reizvolle Plausibilität zu besitzen, doch auf den zweiten Blick erweist sich ihre empirische Fundierung als keineswegs genügend gesichert. So ist eine altersmäßig frühere Präferenz oder Eignung alttestamentlicher Texte durch die von Dawson gebotenen Daten weder klar zu belegen[1] noch in Gestalt entwicklungsgeschichtlicher Stufen eindeutig abgrenzbar. Vielmehr geht aus der tabellarischen Auswertung der Befragung klar hervor, daß alt- und neutestamentliche Interessen in einer Altersstufe durchaus gleichzeitig auftreten. Die Vorliebe für neutestamentliche Kindheitsgeschichten Jesu müßte ihr zufolge sogar - noch vor allem Interesse für alttestamentliche Erzählungen - als die ontogenetisch primäre beurteilt werden.[2] - Bereits diese wenigen Argumente lassen die behauptete Geltung eines religionspädagogischen Rekapitulationsprinzips als eine unbeweisbare Stilisierung erscheinen.

2.6 Halls Rückkehr zum „child study"-Unternehmen und der Beginn der Beschäftigung mit einer Psychologie der adoleszenten Wiedergeburt

Thematik und Ergebnisse von Ellis' und Dawsons Studien werden von Hall selbst in „Some Fundamental Principles of Sunday School and Bible Teaching"[3] aufgegriffen. Durch diese ihrem Charakter nach eher „dogmatisch"[4] zu nennende Abhandlung aus dem Jahr 1901 erhalten wir deutliche Hinweise darauf, daß Hall zu diesem Zeitpunkt offensichtlich schon mit zwei Großprojekten beschäftigt ist, welche die von ihm bisher nur knapp umrissene Adoleszenzthese nun umfassend

---

[1] S. z. B. DAWSON, 167, 169.
[2] DAWSON, 156f.
[3] A. a. O., vgl. dort zur AT-These 440-443, 455ff. und zur Jesus-/Adoleszenzthese 443-448. Nochmals umfassend zusammengefaßt später in EP Bd. 1, Kap. IV, bes. 157-184.
[4] So HALL selbst: „Some Fundamental...", 440.

nach den in ihr enthaltenen Aspekten entwickeln soll: die Adoleszenzpsychologie von 1904 und die Jesus-Psychologie von 1917.[1]

Halls darin vollzogene Rückkehr zum „child study"-Unternehmen scheint zugleich die Überwindung einer persönlichen Krise zu markieren, die mit Thematik und Aussageintention dieser Projekte in einem engen Zusammenhang steht.[2] Denn nach dem von hochfliegenden Idealen gekennzeichneten enthusiastischen Beginn an der Clark-Universität muß Hall 1890-1896 eine Zeit herber Enttäuschungen seiner privaten wie beruflichen Hoffnungen hinnehmen:[3]

Am Beginn dieser Phase der Depression steht eine private Tragödie: Während seiner Abwesenheit ersticken am 15. Mai 1890 die geliebte Frau und seine kleine Tochter.[4] Hall, allein mit seinem Sohn, findet sich jäh dem Glück seines bisherigen Familienlebens entrissen.

Eine berufliche Dürreperiode schließt sich an, für die symptomatisch ist, daß zwischen 1891-95 keine nennenswerten Forschungsarbeiten, sondern nur Neuauflagen alter Thesen aus seiner Feder hervorgehen:[5]

An der Clark-Universität entbrennt ein erbitterter Streit um seine finanzielle und organisatorische Leitung der Universität, im Zuge dessen Hall in Auseinandersetzung mit der Partei des Stifters Jonas Clark schließlich zu einschneidenden Kompromissen genötigt wird.[6]

Sein aggressiver und zum Teil unlauterer Führungsanspruch innerhalb der amerikanischen Psychologie treibt ihn auch überregional unter seinen wissenschaftlichen Fachkollegen in die berufliche Isolation,[7] die sich - wie seine private - erst in den späten 1890er Jahren lockern und entspannen soll[8].

Während dieser Zeit kehrt der rigorose Szientist von seinem Gipfelsturm in die experimentelle Psychologie zurück zur gemäßigteren, aber gesellschaftlich erfolgreichen Ebene des „child study"-Unternehmens seiner wissenschaftlichen Jugendzeit und erlebt darin eine „Recreation"[9] seines enthusiastischen Idealismus. So hat Hall dann auch nicht zufällig seine frühe Adoleszenzthese und das

---

[1] Über den inneren Zusammenhang dieser beiden Werke hören wir von HALL hier bereits aufschlußreiche Vordeutungen: „Some Fundamental...", 44f.; vgl. a. „Confessions of a Psychologist", 132f.

[2] So auch ROSS, 208, 254, 256, 259f., 338f.

[3] Dazu insgesamt ROSS, Teil 3: „Collapse and Recovery 1890-1896".

[4] ROSS, 207-229.

[5] ROSS, 252.

[6] ROSS, 209-230.

[7] ROSS, 231-250.

[8] ROSS, 271f. (beruflich), 274f. (privat). 1899 heiratet HALL erneut; vgl. dazu „Preestablished Harmony - a Midsummer Revery of a Psychologist", RP 175-183.

[9] Diese Vokabel und das Thema der Erholung bzw. Verjüngung taucht dann auch just seit dieser Zeit in HALLs Schriften auf: Vgl. etwa „Boy Life...", 300f., in dem unter 1.4 angeführten Zitat sowie in den Erzählungen des Aufsatzbandes RP, dort II-VIII.

Projekt einer szientifischen Reinterpretation des Christentums gerade in *der* Zeit wiederaufgenommen, als er selbst in reifen Jahren eine Art „neue Geburt" und Verjüngung seiner Lebens- und Schaffenskraft erfährt.[1] Daß der Blick auf die heilsame Bedeutung der adoleszenten Wiedergeburt dabei vom Standpunkt einer seneszenten Imagination aus geworfen wird, kann an seiner Kurzgeschichte „How Johnnie's Vision Came True"[2] und nicht zuletzt an seiner späteren Seneszenzpsychologie[3] überdeutlich abgelesen werden.

3. Die religionspsychologische Interpretation des Christentums als evolutionistische Menschheitsreligion

3.1 Die Psychologie der adoleszenten Wiedergeburt

Die Adoleszenzpsychologie[4] von 1904 ist Halls erster[5] großer Wurf und das Werk, das ihn berühmt gemacht hat. Nach Jahren reicher organisatorischer Aufbau- und eher karger Veröffentlichungstätigkeit hebt der Fünfzigjährige hier zum ersten Mal zu einer großen Buchveröffentlichung in monumentalem Stile an, der er in den kommenden zwanzig Jahren noch einige weitere ähnlichen Kalibers folgen lassen wird. Das Werk besitzt monumentalen Charakter - das ist nicht allein äußerlich, angesichts seiner üppigen Seitenzahl,[6] sondern viel mehr noch im Blick auf seinen konzeptionellen Gehalt hin gemeint. Dabei scheint die Arbeit zunächst rein monographisch zu sein und das in ihr behandelte Einzelproblem nicht einmal sonderlich neu. Was wir aufgrund der Ankündigung ihres Titels erwarten, ist eine umfassende psychologische Ausführung der alten Adoleszenzthese[7] von 1881/82 unter Berücksichtigung ihrer verschiedenen - physiologischen, anthropologischen, soziologischen, religionspsychologischen und pädagogischen - Aspekte, mit statistischen Daten belegt und unter Heranziehung neuester wissenschaftlicher Studien empirisch untermauert.

Diese Erwartung wird auch keineswegs enttäuscht: Hall erweist sich vielmehr als überaus fleißiger Archivar und Enzyklopäde der Adoleszenzforschung, der

---

[1] Vgl. a. ROSS, 254, 256, 260.

[2] RP 137-146.; ROSS, 259.

[3] S. u. unter 3.3.2.

[4] Der volle Titel lautet: „Adolescence. Its Psychology, and Its Relation to Physiology, Anthropology, Sociology, Sex, Crime, Religion, and Education".

[5] Hall bezeichnet das Werk in seinem Vorwort (Bd. 1, XIX) überraschenderweise als sein „erstes Buch", womit er es möglicherweise als sein erstes echt szientifisches auszeichnen möchte.

[6] Das zweibändige Werk besitzt insgesamt an die 1400 Seiten.

[7] Die Adoleszenz verstanden als eine „neue Geburt", als eine physische wie psychische Formationsperiode fortgeschrittenen Menschentums: vgl. dazu die Zusammenfassung in AP Bd. 1, XIII Z. 15 - XIX Z. 7.

nicht nur deren neueste szientifische Ergebnisse sichtet, sondern einen denkbar breiten und bunten Materialfundus präsentiert, der sich aus allen nur verfügbaren Bibliotheken des Wissens bedient und darin die ungeheure Belesenheit des Autors eindrücklich illustriert. Neben dezidiert psychologischen bzw. physiologischen Erörterungen inszeniert Hall Panoramaflüge über Kulturgeschichte und Weltliteratur[1], Völker-[2] und Missionskunde[3], die Geschichte des amerikanischen Schul- und Universitätswesens[4], soziologische Studien zur Pathologie und Kriminologie[5]. Die nahezu unerschöpfliche Stoffülle macht das Werk für die Leserschaft nur schwer durchdringlich und angesichts ungewöhnlicher Satzlängen sowie Perikopenführung überaus ermüdend. Vor allem dieser Leseeindruck[6] hat Hall zwei Jahre später dazu veranlaßt, in „Youth" eine populäre Kurzversion seiner Adoleszenzpsychologie herauszugeben, die um allzu gelehrte[7] und provokante[8] Passagen gestrafft und bezeichnenderweise auch mit einem Fremdwortregister[9] versehen ist. Unter die anthologische Zensur des Pädagogen Hall fallen dort allerdings leider zwangsläufig auch die aufschlußreichsten Blüten der Metaphysik des Philosophen, so daß das für den praktischen Gebrauch bestimmte Handbuch die - im folgenden zu rekonstruierende - große religionsphilosophische Gesamtvision nurmehr erahnen läßt, auf deren Hintergrund eine Erziehungslehre konkreter Einzelmaßnahmen ersteht.[10]

Es wird nun unsere Aufgabe sein, uns bei der Darstellung von Halls Adoleszenzpsychologie nicht in der Besprechung psychologischer oder pädagogischer Detailfragen zu verlieren, etwa einzelne Feinheiten oder aber Ungenauigkeiten und Widersprüche der Argumentation aufzuzeigen[11], sondern eben diese große Gesamtvision aufzuspüren, worin sich uns die besagte innerliche Monumentalität

---

[1] Vgl. Kap. VII.
[2] Kap. XIII.
[3] Kap. XVIII.
[4] Kap. XVI.
[5] Kap. V.
[6] Vgl. etwa THORNDIKES Rezension: „The Newest Psychology", Educational Review 28 (1904), 217-227, dort 217, 224, 226.
[7] Etwa breite Erörterungen physiologischer und medizinischer Fachliteratur in AP Kap. I, II, IV, IX.
[8] Anstößig wirkten vor allem die ausführlichen Passagen zur Sexuallehre in AP Kap. VI, VII, XI.
[9] Youth, 367-371.
[10] Ausgefallen sind in „Youth" gegenüber AP die Kapitel I, II, IV, VI, VII, IX, X, XI, XII, XIII, XIV, XVIII, damit also auch die für HALLs psychologische Kategorienlehre grundlegenden Kapitel X und XII. Die ausführliche Darstellung der Psychologie der Bekehrung in Kap. XIIf. wird ersetzt durch den Wiederabdruck ihrer ursprünglichen Kurzfassung in MRT, das zusammen mit EW das kulminative Schlußkapitel in „Youth" bildet.
[11] Worin sich die Sekundärliteratur erschöpft. Vgl. beispielsweise die Rezension von W. H. WINCH in: Mind 14 (1905), 259-264.

des Werkes enthüllt. Dann wird sich zeigen, daß Hall von der zentralen Schaltstelle einer Adoleszenzpsychologie aus nichts weniger als eine umfassende Weltkonzeption entworfen hat, deren evolutionistische Heilsgeschichte durch und durch religiösen Charakter besitzt. Womit zugleich für die hier primär intendierte Ortsbestimmung und Darstellung des religionspsychologischen Gehalts dieser Schrift Entscheidendes angedeutet ist: Wir bekommen in der Hallschen Religionspsychologie nämlich nicht nur einen einzelnen wichtigen Aspekt seiner Adoleszenzpsychologie in den Blick, sondern das Herzstück dieser Universalvision selbst, sozusagen das innere Motiv seiner evolutionistischen Heilsgeschichte. Um dies zu belegen, müssen wir uns nun zunächst die konzeptionelle Absicht und den Aufriß des Werks verdeutlichen.

3.1.1 Die Konzeption einer „genetischen" Psychologie

Wie Hall in seiner Einleitung ankündigt, beabsichtigt er eine nicht nur auf die Adoleszenz beschränkte, sondern von hier aus auch auf alle früheren und späteren Lebensjahre ausgezogene *genetische* Seelenlehre zu schreiben,[1] die auf der in Vorbereitung befindlichen - tatsächlich jedoch nie zustandegekommenen - Psychologie des Autors basiere[2]. Die eigentümliche Neuheit und wissenschaftliche Bedeutung dieser genetischen Seelenlehre sieht er darin, daß in ihr die Evolutionskonzeption erstmals auch auf das Gegenstandsgebiet der Psyche Anwendung finde[3]. Während Hall sich in den 1880er und 1890er Jahren insbesondere für eine physiologisch fundierte, experimentell verfahrende Psychologie stark gemacht hat[4] - ein Anspruch, an dem auch 1904 weiterhin festgehalten wird[5] -, plädiert er nun verstärkt für eine neuerliche Grundlegung der Psychologie, die für ihre Umgestaltung von einer spekulativ verfahrenden philosophischen Disziplin zur echten „Science"[6] sogar noch entscheidender erachtet wird: nämlich die Gründung der Psychologie auf das Fundament der Biologie[7]. Dies ist eine Forderung,

---

[1] AP Bd. 1, XIX. Hall hat den langen Weg durch sein üppiges Werk nur durch einige wenige Lesehilfen zu dessen systematischem Konstruktionsprinzip angeleitet, die sich vor allem in der Einleitung (Bd. 1, V-XIX) und dann in zwei Eingangsnotizen zum 2. Bd. (AP Bd. 2, 1) bzw. zu Kap. XVI finden (AP Bd. 2, 363).

[2] Hall weist in AP Bd. 1, V darauf hin, daß er Grundzüge dieser „Psychologie" bereits hier skizziert habe, nämlich in Kap. X, XII und XVI. Es wird eine unserer Aufgaben sein, den Gehalt dieser impliziten „Psychologie" im Zusammenhang zu rekonstruieren.

[3] AP Bd. 1, V.

[4] S. o. unter 1.12, 2.4.

[5] Dies belegen vor allem die Eingangskapitel: AP Bd. 1, Kap. I-III und Bd. 2, Kap. IX.

[6] AP Bd. 2, 48f.

[7] AP Bd. 1, VIII. Vgl. dazu auch „Evolution and Psychology" in: Fifty Years of Darwinism. Modern Aspects of Evolution, Centennial Addresses in Honor of Charles Darwin before the

die Hall bereits in seiner Lektüre der Spencerschen „Principles of Psychology" in Antioch kennengelernt hat[1] und die er inzwischen in den Werken Romanes', Baldwins und Drummonds ansatzweise eingelöst sehen kann[2]. Aus dieser Gründung auf die Biologie ergeben sich für die Seelenlehre Halls weitreichende Konsequenzen:

Sie schließt *erstens* eine umfassende Veränderung des *Gegenstandsbereichs* der Seelenlehre ein, die Hall freilich lediglich als eine Erweiterung verstanden wissen will. Statt - wie dies in einer spekulativen Theorie des Selbstbewußtseins bzw. der introspektiven Psychologie geschehe - allein die Phänomene des *erwachsenen* Bewußtseins zu erfassen, sollen nun *alle* natürlichen Erscheinungen des Psychischen überhaupt in Rechnung gezogen und für die theoretische Synthese einer „natural science of man"[3] ausgewertet werden. Das bedeutet für Hall vor allem, gerade die ursprünglichen, unbewußten und gattungsmäßigen Elemente des Psychischen in den Blick zu nehmen, wie sie seiner Ansicht nach in folgenden Forschungsgebieten in Erscheinung treten:[4] in der tierischen Verhaltenskunde, ethnologischen Erforschung primitiver Kulturen, der humanmedizinischen Pathologie und Kriminologie, der Betrachtung der Volksseele in Mythos, Kunst und Literatur sowie last, but not least, vielmehr hier gerade besonders im Blick: der Entwicklungspsychologie des Kindheits- und Jugendzeitalters.

Der Rückbezug der Seelenlehre auf ihren weiteren natürlich-biologischen Entstehungszusammenhang hat *zweitens* weitreichende Konsequenzen für die *hermeneutischen Prinzipien*, von denen die Betrachtung dieses Gegenstandsbereichs angeleitet ist. Als diese werden nämlich von der Biologie zum einen die Evolutionstheorie[5] und - als deren Zusatzbestimmung - zum anderen das Rekapitulationsprinzip[6] mit übernommen. Deren begeisterte Anwendung hat in Halls Psychologie mitunter recht exotische Theorieblüten getrieben: So wird von ihm beispielsweise das Entwicklungsstadium des vorpubertären Kindes als die ontogenetische Rekapitulation eines pygmäischen Erwachsenenlebens beschrieben.[7]

---

[1] Vgl. o. unter 1.10 und 1.12.
[2] G. J. ROMANES, Mental Evolution in Animals, New York 1884; DERS., Mental Evolution in Man, New York 1889; J. M. BALDWIN, Mental Development in the Child and the Race, New York 1895; H. DRUMMOND, The Lowell Lectures on the Ascent of Man, New York 1894. Dazu ROSS, 261, 263, 265.
[3] AP Bd. 1, IX; Bd. 2, 548.
[4] AP Bd. 1, VII; Bd. 2, 64ff.
[5] AP Bd. 1, V-XIX.
[6] AP Bd. 1, VIII. Diese Generalthese Halls hat sich allerdings nicht durchsetzen können: THORNDIKE, „The Newest Psychology", 219f.; CURTI, 415; FISHER, 148.
[7] AP Bd. 1, XI Z. 26 - XIII Z. 14; Bd. 1, 44f., 48f.

Die Gründung der Psychologie auf das Fundament der Biologie hat schließlich *drittens* auch eine *methodische* Konsequenz, welche für Hall aus der Erweiterung bzw. Veränderung ihres Gegenstandsbereichs und dessen eigentümlicher Gegebenheitsweise notwendig folgt:[1] Weil für Hall das Bewußtsein des Erwachsenen nur ein einzelner Typ unter anderen möglichen Formen des Bewußtseins bzw. gar nur eine singuläre Entwicklungsstufe darstellt, und zwar überdies noch eine entwicklungsmäßig späte, partielle und möglicherweise sogar abnorme, darum kann seiner Ansicht nach eine vollständige Selbsterkenntnis der Seele, die sowohl ihr unbewußtes Fundament als auch ihren entwicklungsgeschichtlich sekundären Überbau erfassen will, nicht auf dem Wege der Introspektion[2] erreicht werden. Eine solche könne vielmehr nur zustande kommen durch die minutiöse Methode der *Observation*[3] seelischer Erscheinungsweisen, die deren Mannigfaltigkeit ihren verschiedenen Entwicklungs- und Perversionsformen nach umfassend zu beschreiben vermöge.

Damit ist deutlich, wie sich durch die biologische Fundierung der Psychologie sukzessive deren Gegenstandsbereich und dessen Erfassung grundlegend geändert haben: Aus der ursprünglich philosophischen Disziplin, die ihr vornehmliches Geschäft in der Klärung der erkenntnistheoretischen Fragestellung sah, versucht Hall just im Überspringen dieser Fragestellung und ihrer Ersetzung durch den genetischen Ansatz[4] eine allumfassende „Science of man"[5] zu konstruieren. Das ist eine umfassende Wissenschaft vom Menschen bzw. - was für ihn dasselbe zu sein scheint - eine Synthese aller Menschenwissenschaft, die auf die philosophischen Disziplinen offensichtlich nicht mehr zur Klärung ihrer grundlegenden Voraussetzungen angewiesen ist, sondern diese selbst als zu ihrem Gegenstandsgebiet gehörend mitumschließt. Von dieser als große Wissenschaftssynthese gestalteten Psychologie erhofft sich Hall, den von ihm diagnostizierten Realitätsverlust eines epistemologischen Kritizismus[6] zu überwinden und den abgerissenen Kontakt der Wissenschaft zum Leben darin wiederherzustellen, daß in der Psychologie - so wie Hall dies bereits früher für die Philosophie gefordert hatte - eine praxisbezogene Theorie erstehe, die die nationalen wie internationalen Aufgaben der Zeit[7] zu lösen verstehe. D. h. jene eine große philanthropische[1] Auf-

---

[1] AP Bd. 1, VII: „Our consciousness is but a single stage and one type of mind: a late, partial, and perhaps essentially abnormal and remedial outcrop of the great and underlying life of man-soul." Ä. a. VI und Bd. 2, 62, 66.

[2] Vgl. a. FMP 428ff.

[3] AP Bd. 1, VII; Bd. 2, 59, 66.

[4] AP Bd. 1, V-VIII. Die Evolutionsthese als einheitsstiftendes Prinzip: Bd. 2, 550.

[5] AP Bd. 1, IX, so bereits in „Editorial", AJP 7 (1895), 4.

[6] AP Bd. 1, Vff.

[7] Daß das theoretische Bemühen Halls auf die Lösung von Lebensaufgaben gerichtet ist, wie er sie durch die ihm vor Augen stehende geschichtliche Situation gestellt sah, vgl.: AP Bd. 1, VIII, IX, XVI-XVIII.

gabe zu erfüllen, von deren Idee wir Hall seit seiner College-Zeit fasziniert sahen:[2] die Verwirklichung eines höheren Humanismus, auf den Weg gebracht durch die Erziehung Amerikas zur Nation, ja die „Erziehung des Menschengeschlechts" überhaupt[3], das reif werden soll, auf eine höhere Stufe seiner Evolutionsgeschichte einzutreten.

Wegbereiter dieser als „kingdom of man"[4] bezeichneten eschatologischen Evolutionsstufe und zugleich Prototyp dieses höheren Menschentums eines „super-man"[5] ist dabei für Hall nun kein geringerer als Jesus Christus[6]. Von daher ist es nicht nur eine chronologische Zufälligkeit, sondern Ausdruck eines tiefen sachlichen Zusammenhangs, daß Hall ungefähr zeitgleich mit seiner Arbeit zur Adoleszenzpsychologie auch das Projekt seiner großen Jesus Christus-Psychologie in Angriff genommen hat. Hören wir deren Kernthesen in Veröffentlichungen schon seit 1896,[7] so lesen sich einzelne Passagen seiner Adoleszenzpsy-

---

[1] Vgl. auch AP Bd. 2, 389.
[2] S. o. unter 1.6, 1.13.
[3] Vgl. hier AP Bd. 1, XVI.
[4] AP Bd. 1, XVIII, 169.
[5] AP Bd. 1, 48.
[6] AP Bd. 2, 321, 328, 361. Daß den sog. „lyrischen Referenzen" Halls an einen psychologischen Christus darin ein spezifisch systematischer Sinn zukommt, wird von ROSS (325f.) nicht genügend herausgearbeitet.
[7] Die wichtigsten darunter sind:
- „Modern Methods in the Study of the Soul", a. a. O. (1896). HALL stellt darin (132) die fünf Hauptpunkte einer „neuen Orthodoxie" vor, die er durch die genetische Religionspsychologie aufgerichtet sieht. Diese umfaßt 1. eine Revision der *Gotteskonzeption* in Übereinstimmung mit der „Science", nun als immanente Gottheit gefaßt, 2. eine Neuformulierung des *Christusideals*, Christus als „super-man" und höchste anthropomorphische Realisation des universalen Liebesgesetzes verstanden, 3. eine Reinterpretation des *Sündenbewußtseins*, Sünde neuinterpretiert als Stillstand und Perversion menschlicher Entwicklung, 4. die Betonung der physischen wie psychischen Bedeutung der *Bekehrung* und 5. ein neues *Schriftverständnis*.
- „Some Fundamental Principles of Sunday School and Bible Teaching", a. a. O. (1901).
- „A New Universal Religion at Hand", Metropolitan 14 (1901), 778-780.
- „The Jesus of History and of the Passion *versus* the Jesus of the Resurrection", JRP 1 (1904), 30-64.
- „The Psychology of the Nativity", JRP 7 (1915), 421-465.
Vgl. aber auch:
- „The Efficiency of the Religious Work of the Young Men's Christian Association", PS 12 (1905), 478-486, bes. 484ff.
- „The Education of Ministers, and Sunday School Work among the Unitarians", PS 7 (1905), 490-495.
- HALLs Herausgebervorwort zur ersten Ausgabe von JRP, worin er das Programm des neuen Organs der Religionspsychologie umreißt: „Editorial", JRP 1 (1904), 1-6.
Es ist bezeichnend, daß diese für die Bedeutung des religionspsychologischen Zentrums von Halls Werk aufschlußreichen Veröffentlichungen in ROSS' Bibliographie fast alle ungenannt bleiben. Daß die religionspsychologische Thematik den frühesten Faden der Hallschen Psy-

chologie¹ bereits geradezu als Kurzfassungen dieses dann erst 1917 erscheinenden Werkes. Hier wie dort wird Jesu Menschentum als nicht weiter transzendierbar² und das Christentum als höchste Stufe menschlicher Entwicklung dafür geeignet erklärt, die zukünftige Rolle einer menschlichen Universalreligion zu übernehmen:³

„At the top of the curve of life comes Christianity, forever supreme because it is the norm for the apical stage of human development, glorifying adolescence and glorified by it..."⁴

Das Christentum bzw. sein Stifter werden als Sinnbilder vollendeter Adoleszenzentwicklung gezeichnet, von deren Erfolg der Evolutionsfortschritt der Menschheitsgattung im ganzen abhängig sei⁵:

„If such a higher stage is ever added to our race, it will not be by increments at any later plateau of adult life, but it will come by increased development of the adolescent stage, which is the bud of promise for the race."⁶

Hall setzt im folgenden eine zweibändige Gelehrsamkeit daran, dieses grandiose Entwicklungspotential der Adoleszenz all seinen verschiedenen Aspekten nach als die Geschichte der *Wiedergeburt* zu einem onto- wie phylogenetisch höheren Menschentum zu entfalten.⁷ Während Band 1 zunächst vor allem der physischen⁸ Dimension dieser neuen Geburt gewidmet ist, wendet sich Band 2 sodann verstärkt ihrer psychischen⁹ Dimension zu, nämlich ihrem sinnlichen (Kap. IX),

---

chologie selbst aufnimmt, wird von ihr erst bei der Besprechung von JP ansatzweise gewürdigt: ROSS, 416-419.

¹ AP Bd. 1, 523; Bd. 2, 255, 321, 327f., 334-338, 361, 744-746.
² AP Bd. 2, 745.
³ AP Bd. 2, 744f.
⁴ AP Bd. 2, 361.
⁵ AP Bd. 2, 71, 94. Zur Bedeutung der Adoleszenz für den Evolutionsfortschritt der Menschheitsgattung: AP Bd. 1, 50.
⁶ AP Bd. 1, 50. Vgl. auch AP Bd. 2, 94: „While adolescence is the great revealer of the past of the race, its earlier stages must be ever surer and safer and the later possibilities ever greater and more prolonged, for it, and not maturity as now defined, is the only point of departure for the superanthropoid that man is to become. This can be only by an ever higher adolescence lifting him to a plane related to his present maturity as that is to the well adjusted stage of boyhood where our puberty now begins its regenerating metamorphoses."
⁷ Daß Hall dieses christliche Paradigma zwar für einen anderen als traditionellerweise für ihn reservierten Inhalt benutzt, ist zwar richtig, nicht aber, daß es damit seine religiöse zugunsten einer rein ethischen Dimension gänzlich verliert; gegen ROSS, 330f., 334f.
⁸ AP Bd. 1, 308; vgl. a. 127, 169, 187: „second birth" im physischen Sinne. Eine Sonderstellung nimmt in Bd. 1 allein Kap. VIII ein: „Adolescence in Literature, Biography, and History".
⁹ Wieder nimmt das letzte Kap. XVIII des 2. Bandes zur Psychologie und Pädagogik „adoleszenter" Völker dabei eine Sonderstellung ein.

instinktiv-affektiven (Kap. X-XV)[1] sowie intellektuellen (Kap. XVI-XVII) Aspekt. Damit wird die genetische Geschichte der Adoleszenz als Prozeß einer mehrdimensionalen „Wiedergeburt" bzw. - was für Hall dasselbe ist - „Bekehrung" erzählt, und dies prominente Motiv christlicher Tradition avanciert zum Paradigma menschlicher Entwicklung überhaupt, wobei charakteristische Züge seiner traditionsgeschichtlichen Herkunft einerseits festgehalten werden, sein Wesen und seine Bedeutung jedoch andererseits grundlegend umgedeutet wird. Von diesem Motiv her läßt sich Halls monumentale Universalvision als Plan einer biologistisch-soteriologischen Evolutionsreligion verstehen, deren metaphysisches „Credo" im folgenden entfaltet werden soll.

3.1.2 Die „sechs Glaubensartikel" der Hallschen Ontologie und Kosmologie

Im Rahmen seiner Entwicklungspsychologie und -pädagogik des adoleszenten Intellekts (Kap. XVI) bietet Hall nicht nur eine historische Darstellung der amerikanischen Universitätsphilosophie[2], sondern skizziert darüber hinaus die ersten Prinzipien seiner eigenen Philosophie[3], die auch seiner Psychologie selbst ausgesprochenermaßen zugrunde liegen sollen[4]. Die programmatisch behauptete metaphysische Voraussetzungslosigkeit seiner empirischen Entwicklungspsychologie wird an dieser Stelle somit unterlaufen: Hall hat diese ersten Prinzipien seiner Theoriebildung dabei bezeichnenderweise in Form eines dogmatischen Credos[5], bestehend aus sechs „Glaubensartikeln"[6], vorgetragen, also angezeigt, daß sie als *Postulate* seiner Ontologie und Kosmologie selbst nicht weiter empirisch-wissenschaftlich begründet oder abgelehnt, sondern nicht anders als *geglaubt* werden können[7]. So taucht ein rudimentärer Prototyp dieses Credos dann auch just im Rahmen einer psychologischen Neukonzeption der Gottesvorstellung auf, worin Hall 1896 die Grundzüge seiner - von Daniels und Scott geteilten - szientifischen Immanenztheologie umrissen hat.[8]

Wir erkennen in diesem Credo nun metaphysische Grundüberzeugungen wieder, denen wir bereits im Zusammenhang seiner Doktorthesen von 1878 be-

---

[1] Daß Hall Sexualität und Liebe (Kap. XI-XII) sowie Religion (Kap. XIII-XIV) und Sozialität (Kap. XV) sämtlich als Gefühls-Instinktkomplexe versteht, geht etwa aus AP Bd. 2, 363 hervor.
[2] AP Bd. 2, 531-554.
[3] AP Bd. 2, 539-548.
[4] AP Bd. 2, 539 Z. 26f., 547 Z. 25ff.
[5] AP Bd. 2, 540 Z. 2.
[6] AP Bd. 2, 440 Z. 2, 547 Z. 26. Von Hall auch „Theologia prima" genannt.
[7] Vgl. etwa AP Bd. 2, 539 Z. 27.
[8] „Modern Methods in the Study of the Soul", 132.

gegnet sind.¹ Zur Erinnerung: Hall hatte dort als erkenntnistheoretische Begründung seiner Monismuskonzeption² die Existenz einer qualitativ räumlichen Empfindung der Bewegung nachzuweisen versucht und als das ursprünglichste Substrat psychischen Lebens vorstellig gemacht, worin in einer primären Sinneswahrnehmung Subjekt- und Objektwelt unmittelbar zusammenfallen sollen.³ Daß sich seine *mechanistische* Monismuskonzeption seitdem nicht wesentlich verändert hat, läßt sich durch einen Blick auf den Inhalt seiner sechs Glaubensartikel klar belegen:

- *Erster Glaubensartikel*: „I believe in space"⁴.

Zur ersten, absoluten und als solche unbedingten Grundkategorie der Wirklichkeit wird von Hall der *Raum* erklärt, der als ebenso kontinuierliche und uniforme wie unendliche tabula des Universums dessen Geschehensbewegung zuallererst ermögliche. „God, soul, thought, everything that truly is, is somewhere, although we can neither locate it nor define its form."⁵

- *Zweiter Glaubensartikel*: „I believe in being or ether"⁶.

Sein wird seinem Wesen nach als *substantielles* Sein aufgefaßt, nämlich als ein den Raum erfüllender *Stoff*. Dessen Qualität wird als eine schwerelose, nicht sinnlich erkennbare, sondern *ätherische*, d. h. für Hall irgendwie „geistige" Alternativform von Materie beschrieben.

- *Dritter Glaubensartikel*: „I believe in energy"⁷.

In diesem dritten Glaubensartikel kommt die aristotelische Grundkategorie „Energie" bzw. „Bewegung" ins Spiel, durch die Hall im Anschluß an seinen Lehrer Trendelenburg die mechanistisch-statische Konzeption der Wirklichkeit zugunsten eines mechanistischen Dynamismus überwinden möchte.

- *Vierter Glaubensartikel*: „We believe in reason, law, and cause in the universe"⁸.

Daß diese Dynamik des Weltgeschehens nicht im Sinne eines regellosen „kosmischen Wetters", sondern vielmehr als ein *vernünftiges*, nach *Kausalitätsgesetzen geregeltes* Geschehen zu verstehen sei, wird durch den vierten Artikel sichergestellt.

- *Fünfter Glaubensartikel*: „Faith in life abounding"¹.

---

¹ In „Notes on Hegel and His Critics" sowie „The Muscular Perception of Space", s. oben unter 1.12.
² Auch in AP Bd. 2, 40, spricht Hall von seiner Konzeption als einem neuen und höheren „Monismus".
³ Noch hier in AP hat Hall den Tastsinn als „mother sense" schlechthin zu erklären versucht: AP Bd. 2, 2-9, bes. 5.
⁴ AP Bd. 2, 540f., bes. 541 Z. 8f.
⁵ AP Bd. 2, 540 Z.11ff.
⁶ AP Bd. 2, 543f., bes. 543 Z. 6.
⁷ AP Bd. 2, 543f., 544 Z. 16f.
⁸ AP Bd. 2, 544f., bes. 545 Z. 13f.

Der fünfte Artikel präzisiert diese Konzeption des Weltgeschehens dann noch einmal dahingehend, daß es sich in ihm um einen Prozeß der *Entwicklung* handele, der unentwegt von niederen zu immer höheren und vollkommeneren Formen des Lebens fortschreite.

- *Sechster Glaubensartikel*: „Conviction...that there is something like good-will or beneficence at the root of things"[2].

Daß dieser Evolutionsprozeß einen der menschlichen Existenz gegenüber *wohlwollenden Bewegungsgrund* und eine von hier aus gesicherte *positive Entwicklungsrichtung* besitze, wird schließlich im letzten Glaubensartikel bekräftigt. In ihm spricht sich ein ungebrochener Fortschrittsoptimismus aus, der Wachstum stets an eine Überwindung von „pain" und Zunahme von „pleasure" gekoppelt sieht. Optimismus und Enthusiasmus[3] krönen somit das Schlußlied des Hallschen Credos und begleiten als Fanfare im weiteren seine gesamte Theoriebildung, die sich darin als eine Art Nationalphilosophie[4] für das junge aufstrebende Amerika anbieten möchte.

Hall hat die Geltung dieses metaphysischen Credos, wie gesagt, *postuliert* und allein durch das pragmatistische Argument seiner lebenspraktischen Leistungskraft zu begründen versucht. Dieser besagte lebenspraktische Vorzug bestehe gegenüber einem religiösen Dogmatismus auf der einen und einem materialistischen Szientismus auf der anderen Seite darin, die ersehnte Versöhnung zwischen Vernunft und Religion verwirklichen zu können[5]- ein Versöhnungswerk, mit dem wir Hall in gewissem Sinn seit seiner College-Zeit beschäftigt sehen. Dies bedeutet, dem modernen Menschen eine religiöse Sicht der Welt anzubieten, welche ihm ein „Daheimfühlen" im Universum, Friede, Heil und ein Verständnis von Einheit ermögliche[6]. Zu dieser Sicht soll die „Science" nicht einen nur destruktiven, sondern sogar entscheidend konstruktiven Beitrag leisten. Denn sie ist für Hall sozusagen das technische Teleskop bzw. Mikroskop, das dem Menschen einen Einblick in den Lauf der göttlichen Providenz und ihrer qualitativen Güte gewähre:[7]

> „Science, set like a great and growing island in the middle of a stormy, foggy sea, is the most precious achievement of the race thus far. It has made nature to speak to man with the voice of God, has given man provision so that he knows what to expect in the world, has eliminated shock, and, above all, has made the world a uni-verse coherent and consistent throughout, not the prey of caprice and supermundane beings, and not the victim of the con-

---

[1] AP Bd. 2, 545f., bes. 546 Z. 20.
[2] AP Bd. 2, 546f., bes. 547 Z. 11ff.
[3] Etwa AP Bd. 2, 538; so auch BURNHAM, 90f., 102.
[4] Vgl. AP Bd. 1, IX; Bd. 2, 548.
[5] AP Bd. 2, 547f. Vgl. auch Halls Diagnose der Kluft zwischen „Science" und Theologie als ein zu lösendes Zeitproblem in AP Bd. 1, XVII.
[6] AP Bd. 2, 542-547.
[7] AP Bd. 2, 544.

flict of good and evil powers in the world, but a great whole with a logical character, working in every part, could we but know it, with the exactness and regularity of a machine."

3.1.3 Die Durchführung der Anthropologie als Psychologie

Wer den Gehalt der Hallschen Anthropologie zu rekonstruieren versucht, wird ihn deckungsgleich zu dem seiner Psychologie[1] finden. Dies können wir uns als Konsequenz seiner evolutionistischen Identitätsphilosophie[2] mit ihren sechs kategorialen Prinzipien folgendermaßen verdeutlichen:

Die Einheit des Universums wird darin durch die Einheit des Raumkontinuums (Artikel 1) garantiert. Die Einheit aller Lebensformen wiederum wird getragen vom Zusammenhang ihrer Entwicklung aus einer einzigen gemeinsamen Seinssubstanz (Artikel 2). Im Unterschied zu seinen Fachgenossen kennt Hall nämlich gerade keinen „Horror vor dem Materialismus", den er als krankhafte „misophobia" jener vielmehr leidenschaftlich bekämpft[3]. Logos und Bios werden von ihm so als die untrennbaren Erscheinungsformen einer einzigen universalen Lebenssubstanz verstanden, wobei sich ihm als deren vermittelnde Kategorie die „Bewegung" angeboten hat (Artikel 3):

> „In lower forms of life, thought is motion, and later consciousness seems to develop inversely as movement."[4]

Dieselbe Kategorie, als „Energie", dient ihm dann auch dazu, den Übergang zwischen den beiden Seinsformen Materie und Geist innerhalb des menschlichen Organismus zu erklären. Hierzu hat Hall ansatzweise eine Art metabolische „Transsubstantiationslehre"[5] entwickelt, die er offensichtlich in einer speziellen „Psychologie des Hungers" bzw. der „Ernährung"[6] weiter zu entfalten plante:

> „The true beginning for a psychology essentially genetic is hunger, the first sentient expression of the will to live, which with love, its other fundamental quality, rules the world of life. The more we know of the body, the more clearly we see that not only growth but every function has a trophic background; that through all the complex chemical bookkeeping of income and expenditure, every organ is in a sense a digestive organ; that the body is a machine for the conservation, distribution, and transmission of energy; and that man is, physically considered, what he eats and what he does with it, or, better, what he completely digests."[7]

---

[1] Zu Halls Manifest der Psychologie s. AP Kap. X; vgl. auch den Hinweis in der Einleitung AP Bd. 1, V.

[2] Hall selbst nennt seine Position in AP Bd. 2, 40 „a new and higher monism and evolutionism more evolved".

[3] AP Bd. 2, 41.

[4] AP Bd. 2, 67 Z. 22ff.

[5] AP Bd. 2, 10.

[6] AP Bd. 2, 9, 63.

[7] AP Bd. 2, 9.

"...we can well understand that the nervous system, which is the master tissue of the body, may be the seat of the highest complexity, where matter is most nearly transubstantiated into soul. Pleasure and pain are closely linked with satiety and hunger...In a sense every desease is due to cell hunger, and old age and death are progressive starvation."[1]

Weil Bios und Logos für Hall somit einer gemeinsamen Seinswurzel entstammen[2] bzw. zwei ineinander überführbare Seinsweisen vorstellen sollen, darum können beide für ihn nicht getrennt voneinander,[3] kann das Bewußtsein nur innerhalb des Naturzusammenhangs im ganzen studiert werden, muß der Psychologe zugleich Biologe sein, gilt: „nemo psychologus nisi biologus"[4]. Denn die Seele wird nicht nur als das Spitzenresultat dieser universalen Entwicklung, sondern sogar als deren Kompendium verstanden, das als bewußtes, vor allem aber unbewußtes Reservoir alle Stadien dieser Naturgeschichte in sich trage und gegebenenfalls zu rekapitulieren vermöge.

Wer von hier aus versucht, Halls *Erkenntnistheorie* systematisch zu rekonstruieren und sie philosophiegeschichtlich einzuordnen, könnte diese treffend als eine Verbindung aus „biologistischer Anamnesislehre" und vorkritischer common sense-Epistemologie charakterisieren:[5]

Nach dieser Theorie verdankt sich jede Form von Erkenntnis nicht einer originären Konstitutionsleistung des transzendentalen Subjekts,[6] sondern entweder einer objektiven Sinneswahrnehmung,[7] die äußere Raumzeitdinge direkt und vollkommen zuverlässig zu erfassen versteht. Oder aber sie verdankt sich einer Art „Wiedererinnerung" des Individuums an in seiner Intuition bereits vorhandene Erkenntnisse, die aus dem unermeßlichen „Erfahrungs"reservoir ererbter[8] „Ideen" geschöpft werden. Daß alle Sätze der Erkenntnis einerseits *aus Erfahrung* stammen - so die empiristische Generalthese -, nämlich aus äußerer oder innerer Erfahrung, und zugleich aber auch als *synthetische Urteile a priori*[9] auf-

---

[1] AP Bd. 2, 10 Z. 16 - 20, Z. 33f.

[2] AP Bd. 2, 55 Z. 6ff.: „nature and mind have the same root...mind is invisible nature even though nature be not verified by empirical methods as visible mind."

[3] AP Bd. 2, 63, vgl. a. 55.

[4] AP Bd. 2, 55.

[5] AP Bd. 2, 50f., 65, 553.

[6] Dies hat HALL gegen Kant geltend gemacht in „Why Kant Is Passing", bes. 372, 379.

[7] „A Genetic View of Berkeley's Religious Motivation", 142-144, 160ff.; „Why Kant Is Passing", 378f., 411.

[8] Vererbung als eine Form der „Erinnerung": AP Bd. 1, 412.

[9] Dieser Terminus wird von Hall selbst freilich nicht verwandt, mag hier jedoch zur präzisen Kennzeichnung seiner Position dienen: Denn Hall wendet sich zwar gegen einen sog. „reinen Apriorismus" (AP Bd. 1, VI) respektive - was für ihn offensichtlich damit gemeint ist - „Kreatianismus", nicht aber gegen jede Form apriorischen Wissens überhaupt.

gefaßt werden sollen, kann von Hall auf der Linie Spencers[1] deshalb zusammengedacht werden, weil er mit einem dem Individuum „apriorisch" im Sinne von „instinktiv" vorgegebenen Bestand angeborener *Gattungs„erfahrung*" rechnet. Damit wird im Grunde das altrationalistische Verständnis der Vernunft als eines nicht nur rein formalen, sondern gerade auch seinen Inhalten nach *allgemeinmenschlichen* Vermögens in modifizierter Gestalt neuaufgelegt. Diese Neuauflage kommt dadurch zustande, daß der epistemologische Zweifel am rationalistischen Vernunftkonzept, sei es von seiten empiristischer, sei es von seiten transzendentalphilosophischer Kritik, durch den Einbau der ontologisierten Evolutionsthese ausgeräumt zu sein scheint.

In diesem Zusammenhang wird dann auch Halls regelrechte Phobie vor einer Interpretation des philosophischen Geschäfts als Psychologie im Sinne von Epistemologie verständlich,[2] die in seinen Augen durch die Umgestaltung der Psychologie in eine szientische Disziplin zu überwinden ist. Nicht ein epistemologischer Kritizismus, der die Tendenz besitze, entweder in einen nutzlosen, selbstgenügsamen Streit akademischer Schulpositionen oder gar in einen prinzipiellen Skeptizismus auszuarten, wird von der Psychologie erwartet, sondern - wie von allen anderen Naturwissenschaften - Orientierungswissen für „ein praktisches Land wie Amerika".[3] Hall würde deshalb selbst auch nicht von einer Neuauflage des Rationalismus, sondern wohl eher von einer gesunden, das Instinktive bzw. Intuitive der menschlichen Natur aufwertenden common sense-Philosophie sprechen, die er durch seine genetische Theorie begründen möchte.[4] Die Psychologie soll auf diese Weise zwar die Grundwissenschaft der Philosophie bzw. aller menschlichen Wissenschaft überhaupt darstellen, aber dies nicht, weil sie eine Theorie über die Möglichkeitsbedingungen von Erkenntnis überhaupt einzuschließen, sondern weil sie die *faktische* „Embryologie der Psyche"[5] bzw. „Archäologie des Geistes"[6] zu schreiben habe.

Innerhalb ihrer soll das unermeßliche Reservoir des von der Menschheitsgattung erworbenen Erkenntnisbestandes durch Offenlegen seiner entwicklungsgeschichtlichen *Genese* zugleich *inhaltlich* ansichtig werden, und zwar so, daß die einzelnen Erkenntnisgehalte darin *in ihrem Zusammenhang* erscheinen: nämlich eingeordnet in eine umfassende „Science of man",[7] wie sie auch Halls verehrtem

---

[1] S. oben unter 1.12. Hall hat über die philosophiegeschichtliche Stellung seiner Erkenntnistheorie nicht ausdrücklich reflektiert, ja diese nicht einmal systematisch im Zusammenhang vorgetragen. Vgl. nur die Notiz AP Bd. 1, 41.
[2] AP Bd. 1, V-IX; Bd. 2, 48f., 535-539.
[3] AP Bd. 1, Vf.; Bd. 2, 548.
[4] Vgl. dazu etwa AP Bd. 2, 54, 69, 537, 539, 665.
[5] AP Bd. 2, 57.
[6] AP Bd. 2, 61; BURNHAM, 101f.: „a psychological paleontology".
[7] AP Bd. 1, IX; Bd. 2, 548.

Lehrer Mark Hopkins[1] vorgeschwebt hatte. Wie eine solche große „genetische Naturgeschichte"[2] auf materialistischer Basis aussehen soll, hat Hall 1908 in „A Glance at the Phyletic Background of Genetic Psychology" eindrücklich illustriert.[3] Innerhalb dieser übergreifenden Menschheitswissenschaft erscheinen die einzelnen philosophischen Positionen, in die sich die Vernunft geschichtlich individualisiert und relativiert, allesamt - im Hegelschen Sinne: - „aufgehoben" in einer aperspektivischen Gesamtsynthese.[4]

Was Hall zuvor in seinem Ruf nach einer Philosophie mit geschichtlichem Ansatz[5] und hier, diesen noch überbietend[6], in seiner Konzeption einer evolutionistischen Psychologie zu initiieren sucht, hat etwa zeitgleich in vergleichbarer Weise ein anderer Trendelenburg-Schüler[7], Wilhelm Dilthey, in seinem Programm einer „Philosophie der Philosophie"[8] auf deutschen Boden verwirklichen wollen. Ein kurzer Vergleich läßt den verwandten Ansatz ihrer Systeme und deren inhärente Problematik deutlich hervortreten:

Hall wie Dilthey heben in ihrer Bewunderung für die Naturwissenschaften dazu an, ein analoges Erfolgskonzept nun auch für die Philosophie zu entwickeln, durch das deren Prestigeverlust in der wissenschaftlichen bzw. gesellschaftlichen Öffentlichkeit wettgemacht werden soll. Dies meinen beide dadurch erreichen zu können, daß sie den Streit der metaphysischen Systeme, durch den sie den Fortschritt der Philosophie derzeit gelähmt sehen, in einer vermeintlich objektiven

---

[1] S. oben unter 1.6.

[2] AP Bd. 2, 51. Nicht nur die Psychologie, sondern auch die Geschichtswissenschaft hat für HALL denselben universalen Umfang, den er durch das leitende szientifische Evolutionsprinzip abgesteckt sieht: „The Pedagogy of History", PS 12 (1905), 339-349, dort bes. 339.

[3] AJP 19 (1908), 149-212. Zur materialistischen Basis dieser Naturgeschichte s. 147-151, 157f., 180f.

[4] Die Synthese- und Kritikfunktion der genetischen Psychologie für die Philosophiegeschichte wird von HALL eingehend beschrieben in: „A Genetic View of Berkeley's Religious Motivation", 137-142.

[5] S. oben unter 1.9 und 1.13.

[6] AP Bd. 2, 51.

[7] S. oben unter 1.9.

[8] W. DILTHEY, Gesammelte Schriften, hg. v. B. GROETHUYSEN, Stuttgart 1959ff. Dort insbesondere Bd. VIII: „Weltanschauungslehre. Abhandlungen zur Philosophie der Philosophie", worin Dilthey das Programm einer „Philosophie der Philosophie" (etwa 206-219) mit historischer bzw. psychologischer Grundlegung (10-25) entwickelt, das seine 1883 geäußerte Forderung nach einer (auch) für die Geisteswissenschaften „grundlegenden Wissenschaft" offensichtlich zu erfüllen sucht. Dilthey hatte in seiner „Einleitung in die Geisteswissenschaften" (Ges. Schriften, Bd. 1) - gegen sein ursprüngliches Vorhaben (Vorrede, XIX) - nämlich nur eine sich von anderen Begründungsversuchen abgrenzende negative Antwort erteilt, seitens der herkömmlichen Philosophie der Geschichte und Soziologie einerseits (Buch 1, Kap. XIV-XVII) und seitens der Metaphysik andererseits (Buch 2), nicht aber selbst schon einen ausgearbeiteten konstruktiven Vorschlag unterbreitet.

Superhistorie[1] „aufzuheben" versuchen. Darin übersehen jedoch beide Systeme, daß sie - auf der Linie der Hegelschen Geschichtsphilosophie - in exzeptioneller Weise für sich selbst die - für endliche Personen allerdings niemals einholbare - Position des „absoluten" Geistes beanspruchen, während sie alle anderen Positionen gerade auf die Einseitigkeit und Relativität ihrer jeweiligen Einzelperspektive verweisen[2]. Im Zuge dieses Kunstgriffs haben dann auch beide ihre eigenen Systeme in ihren Geschichtsdarstellungen jeweils an die Spitze der menschlichen Geistesentwicklung gehievt, meint etwa Hall, durch seine genetische Psychologie die Evolutionsstufe des Übermenschen „Zarathustra" selbst auf den Weg bringen zu können:

> „That some day psychology will be able to give us, in place of the crude phenomenologies and abstract constructions of the history of philosophy from Hegel to our day, a true genetic, natural history of normal stages in human development, using systems as human documents, somewhat as it now uses returns from children, is a new, if yet a little dreamy, possibility, which, when it is realized as it is sure to be sometime, will give a larger range to our pilgrim's progress through life. If this ever be, there will be not one Zarathustra, but several, and perhaps many varieties, and they will not exemplify the present types of philosophy as laid down in our introductions, but the psychology of each will include all, only with characteristic diversities of emphasis."[3]

Wie Nietzsches[4] so verkörpert darin auch Halls „Zarathustra" den - offensichtlich von Hall selbst bereits verwirklichten - Prototyp eines Menschentums zukünftiger Evolutionsstufe: das ist ein Persondasein, das, aus der urwüchsigen Kraft der menschlichen Willensnatur[5] schöpfend und über alle Traditionen selbstmächtig erhaben, ein Leben in autonomer Integrität führt, das, statt selbstentfremdet und degeneriert unter der Herrschaft des Intellekts bzw. gesellschaftlicher Konventionen zu stehen, in gesunder Triebhaftigkeit geleitet ist vom eige-

---

[1] Vgl. hier HALL, AP Bd. 2, 49ff.

[2] Vgl. beispielsweise DILTHEY, Bd. VIII, 8 Z. 1 - 4, 12f.. Einen solchen Vorwurf, d. h. die Relativität und Perspektivität der eigenen Position nicht erkannt zu haben, hat DILTHEY selbst etwa - zu Recht - gegenüber Hegel (127) und - zu Unrecht - gegenüber Schleiermacher (129) erhoben.

HALL hat seine „genetische Psychoanalyse" am eindrücklichsten am Exempel Berkeleys vorgeführt: „The Genetic View of Berkeley's Religious Motivation", bes. 144-162. Es ist wohl nicht zufällig, daß Hall darin die Einseitigkeit und Abhängigkeit von Persönlichkeit und religiösen Interessen gerade *des* Philosophen aufzeigen möchte, der als Prototyp eines subjektiven Idealismus wie epistemologischen Skeptizismus und Verfechter einer immaterialistischen Metaphysik gilt. S. a. „Why Kant Is Passing", bes. 381f., 423.

[3] AP Bd. 2, 51.

[4] In seinem Anliegen, die einseitige kirchliche Ansprache des sanguinen und melancholischen Temperamenttyps zu überwinden, kann auch Coe das Männlichkeitsideal von Nietzsches Zarathustra als Anreiz zur Korrektur des gängigen christlichen Jesus- und Menschenbildes rezipieren: G. A. COE, The Spiritual Life, 243f., 248, 257.

[5] Der „Wille" bildet für Hall das Zentrum der neuen Psychologie: AP Bd. 2, 58. Tugendbildung bedeutet für ihn, wie gehört, nichts anderes als - selbst wiederum grundlegend motorisch verstandene - Willensbildung: AP Bd. 1, 131f.

nen Instinkt- und Gefühlsleben¹. Einem Instinkt- und Gefühlsleben freilich, das weniger durch die individuelle Erfahrung des einzelnen als vielmehr durch das „Erfahrungs"erbe der Gattung geprägt ist, wie Hall in seinem „allgemeinen psychonomischen Gesetz" formuliert:

> „which assumes that we are influenced in our deeper, more temperamental dispositions by the life-habits and codes of conduct of we know not what unnumbered hosts of ancestors, which like a cloud of witnesses are present throughout our lives, and that our souls are echochambers in which their whispers reverberate."²

Im Unterschied zu Nietzsches Zarathustra verkörpert Halls „super-man" allerdings ein Persondasein, dessen Gefühlstriebleben ganz und gar nicht rauschhaft „dionysisch", sondern eher „apollinisch" diszipliniert vorgestellt ist: nämlich ein Persondasein, das in harmonischem Einklang mit dem Naturgesetz bzw. der allgemeinen Weltseele steht, als deren vereinzeltes Fragment Hall die individuelle Seele begreift³. Dieses im Grunde stoische Lebensideal⁴ paßt dann auch sehr gut zur Wiederaufnahme des - selbst wiederum in stoischer Tradition stehenden - altrationalistischen Vernunftbegriffs.

Es mag an dieser Stelle vielleicht befremdlich erscheinen, Halls Psychologie ausgerechnet eine Wiederaufnahme des altrationalistischen *Vernunft*begriffs nachweisen zu wollen. Wurde nicht im Gegenteil soeben betont, daß in ihr das Gefühlstriebleben und gerade *nicht* der Intellekt die Zentralinstanz menschlichen Personseins bilden soll? An der bisherigen Interpretation kann jedoch festgehalten werden, wenn zugleich folgendes im Auge behalten wird:

Trotz seiner Intellektualismuspolemik, die vor allem eine antimetaphysische Stoßrichtung besitzt, hat Hall das Gefühlstriebleben der Person keineswegs als eine irrationale Instanz im krassen Gegensatz zum intellektuellen Vermögen der Seele betrachtet.⁵ Die Pointe seiner Theorie besteht allein darin, das überwiegend vor- bzw. unbewußte sowie transindividuelle Wesen menschlicher ratio zu betonen. Die klassischen Einteilungen der zunächst emphatisch abgelehnten metaphysischen Seelenlehre werden von Hall dann im Grunde weiterhin in Anspruch ge-

---

¹ AP Bd. 2, 61: „the instinct-feelings in each person are broader, deeper, and more nearly comprehensive of the traits of the whole human race. It is in the latter alone that man is a microcosm, comprising anything like the large totality of human experience, so that for it, and not for conscious mind, it can be said that nothing human or prehuman is alien."
² AP Bd. 2, 61.
³ AP Bd. 2, 66.
⁴ Ideal der „goldenen Mitte" zwischen oszillierenden Extremen: AP Bd. 2, 89, 373, 432.
⁵ Eine wirklich „anti-intellektualistische" bzw. „anti-rationalistische" Haltung kann dem überzeugten Szientisten und Elitaristen Hall darum keinesfalls nachgesagt werden, gegen CURTI, 425.

nommen, wenn auch in ihrer traditionellen begrifflichen Prägnanz unübersehbar abgeschliffen:[1]

Darauf deutet bereits sein Vorgehen im 2. Band seiner Adoleszenzpsychologie hin, der die adoleszente Wiedergeburt hinsichtlich ihrer psychischen Dimension ins Visier nimmt. Nacheinander wird darin eine Psychologie der Sinneswahrnehmung (Kap. IX), des Gefühlstrieblebens bzw. - ununterschieden davon - des Willens (Kap. X-XV) und schließlich des Intellekts (Kap. XVI) geboten, die klassische Kategorienlehre also stillschweigend übernommen. Eine dezidierte Wesensbeschreibung sowohl der seelischen Instanzen im einzelnen wie auch ihres Verhältnisses zueinander im innerseelischen Strukturzusammenhang ist hierbei freilich fast unmerklich zugunsten einer Fülle „rein" empirischen Datenmaterials entfallen. Das hat zur Folge, daß unter anderem gerade *die* Instanz, die im Zentrum der neuen Psychologie stehen soll,[2] der Wille, gänzlich ungeklärt bleibt:

Hat man sich den individuellen Willensakt etwa als eine rein mechanistische Gefühlstriebreaktion vorzustellen, die ein genetischer Code innerhalb eines unbewußten Speicherprogramms determiniert? Worin genau soll eigentlich der Zusammenhang von Tugend- und Muskelbildung bestehen; wird der individuelle Wille durch Aufbau und Training von Muskelmasse etwa gar inhaltlich konditioniert?[3] Oder soll nicht doch vielmehr der Intellekt, zumindest auf den höheren Stufen menschlicher Entwicklung, vorherrschender Bestimmungsgrund des individuellen Willens sein, worin der einzelne sein eigenes Gefühlsleben frei mittels Einsicht zu kontrollieren oder gar - wie im Falle der „Science" - an der genetischen Codierung des Gefühlstrieblebens seiner gesamten Gattung gestaltend mitzuwirken vermag? - Es widerspricht jedenfalls bereits einer simplen Antiintellektualismusthese, daß Hall gerade die „Science" als die größte Errungenschaft der Menschheitsgattung gefeiert hat, die „wahre" Universität immer wieder als die unsichtbare communio sanctorum einer *intellektuellen* Elite stilisiert.[4]

An der Schaltstelle des Willens wird deutlich, daß der Hallsche Monismus die psychologische Bestimmung des menschlichen Personseins als einer leib-seelischen *Einheit* im Grunde nur beschwört, nicht aber in seinem wesentlichen Funktionszusammenhang wirklich zu beschreiben vermag.[5] Hierfür ist symptomatisch,

---

[1] Daß Halls Psychologie einer scharfen Definition der von ihm verwendeten Kategorien gänzlich entbehrt, wird von FISHER (26ff.) festgestellt.

[2] AP Bd. 2, 58.

[3] Darauf deuten etwa Aussagen wie die folgende in AP Bd. 1, 131 hin: „character might be in a sense defined as plexus of motor habits."

[4] So auch hier mit den Worten: „true university, invisible, not made with hands, but eternal as science, and which is the supreme need of the country." (AP Bd. 2, 519; vgl. insgesamt a. AP Bd. 2, 554-560). „Laboratories and seminaries are the workshops of the Holy Ghost for youth." (AP Bd. 2, 556).

[5] AP Bd. 2, 44-49.

daß Hall den Theoriestreit zwischen dualistischen, parallelistischen und interaktionistischen Lösungsmodellen innerhalb der Psychologie im Zuge antimetaphysischer Polemik ganz einfach diskreditiert, jedes ernsthafte Nachdenken durch einen autoritären Gewaltstreich also schlichtweg verbietet, genauso, wie er bereits die Erkenntnistheorie als eine degenerative bzw. senile Krankhaftigkeit des Geistes abzuqualifizieren versuchte.[1]

Somit ist deutlich geworden, daß Hall zwar wie selbstverständlich auf die bekannten Kategorien der klassischen Seelenlehre zurückgreift, ohne sich jedoch zugleich auch deren klassischen Bestand an Problemen bzw. Aporien zu stellen. Der Verzicht hierauf hat dann freilich Konsequenzen für die innere Konsistenz und Klarheit seiner psychologischen Theorie. Denn was soll unter einer Psychologie als Unternehmen von „Selbst-erkenntnis" überhaupt noch verstanden werden, wenn in ihr auf die Wesensstruktur dieses „Selbst" nicht mehr reflektiert wird? Wenn von ihr gar nur noch im uneigentlichen Sinn als einer Theorie des „*Selbst-Bewußtseins*"[2] gesprochen werden kann, weil sie - ihrer Pointe nach - dieses ja gerade in ein „*Gattungs-Unterbewußtsein*" aufzulösen unternimmt.[3] Zumindest tendiert die Hallsche Psychologie aufgrund ihres biologischen Ansatzes dazu, die Bedeutung des Selbst wie die des Bewußtseins für die Seelenlehre zu marginalisieren, indem sie die „Seele" wesentlich als eine transpersonale, überindividuelle Instanz konzipiert.

Damit soll ihre Erkennbarkeit und theoretische Beschreibbarkeit jedoch nicht etwa in Zweifel gestellt, sondern überraschenderweise sogar erst ermöglicht werden - was nicht durch Reflexion und Introspektion erreichbar ist, soll nun mittels Observation gelingen:[4] Das Seelische scheint sich für den Observatoren in der rekapitulierenden Ontogenese des Kindes nämlich gleichsam „objektiv" darzustellen. Es erscheint im Zuge seiner beherzten Materialisierung geradezu „handgreiflich" faßbar. Auch wenn Hall seinen ehemaligen Versuch, einen primären Muskelsinn zu lokalisieren,[5] inzwischen aufgegeben hat, verfolgt er doch weiterhin sein altes Grundanliegen, durch einen monistischen Materialismus die bisherige epistemologisch fragende und „fruchtlos streitende" Psychologie überwinden zu wollen.[6] Denn einzig ein solcher Materialismus scheint für ihn die handfeste praktische Lebensrelevanz einer psychologischen Wissenschaft zu garantieren, die der religiös-moralischen Transformation[7] des Menschengeschlechts zuarbeiten kann.

---

[1] AP Bd. 1, Vf.; Bd. 2, 45ff.
[2] AP Bd. 2, 66.
[3] AP Bd. 2, 65: „Our souls are phyletic long before and far more than they are individual."
[4] „Some Aspects of the Early Sense of Self", AJP 9 (1897), 351-395, dort 386, 393.
[5] „Some Aspects...", 376 Anm. 1.
[6] „Some Aspects...", 374, 376, 378f.
[7] „Some Aspects...", 394f.

Wie aber haben wir uns eigentlich das Ziel dieser menschlichen Entwicklung vorzustellen? Ist die Entwicklung des *Selbst*bewußtseins, wie die Ontogenese zeigt, dieses Telos, oder nicht doch vielmehr der degenerative Sündenfall vom vollkommenen Urstand kindlicher Unbewußtheit, der im Zuge einer religiös-moralischen Re-evolution auf höherer Ebene gerade wiederhergestellt werden muß?[1] Geht es in Halls kindzentriertem („child-centred") Erziehungsprogramm also um Schutz und Förderung der kindlichen Individualität[2] oder nicht doch letztlich nur um dessen Utilitarisierung für den biologischen Evolutionsfortschritt der Menschheitsgattung, dem sich der einzelne freiwillentlich und freudig in der Weise der *Selbsthingabe* unterzuordnen hat?

Halls Psychologie ohne „Selbst" gipfelt jedenfalls folgerichtig in seinem Bekenntnis zum Glauben an die Unsterblichkeit der Gattung, durch das er den christlichen Glauben an ein ewiges Leben der *Person* als wissenschaftlich untragbar abgelöst sieht.[3] Damit stoßen wir auf den theologischen Gehalt seiner metaphysischen Gesamtvision, der nun in einem letzten Schritt entfaltet werden soll.

3.1.4 Die Durchführung der Theologie als Religionspsychologie

Auch die Theologie der Hallschen Gesamtvision wird als Psychologie vorgetragen, sie ist deckungsgleich zu dem, was wir nun als seine Religionspsychologie vorstellen wollen:

Bereits bei der Bestimmung des Umfangs derjenigen Textkomplexe, die für eine Rekonstruktion des religionspsychologischen Gehalts einschlägig sind, kommt der grundlegende Unterschied der hier vertretenen zu anderen Interpretationen von Halls Adoleszenzpsychologie zum Ausdruck.[4] Üblicherweise wird hierfür nämlich einzig Kap. XIV des Werkes, zur Psychologie der Bekehrung, in Betracht gezogen und die Religionspsychologie damit lediglich als ein einzelner Aspekt der Hallschen Psychologie unter anderen verhandelt. Dieser gängigen Interpretation wird hier die These entgegengesetzt, daß wir in Halls Religi-

---

[1] Vgl. etwa „A Glance at the Phyletic Background of Genetic Psychology", 211; „The Religious Content of the Child-Mind", 162. In „Some Aspects...", 388 kennt HALL zwei Entwicklungstendenzen: eine *zentripetale* in Richtung einer Hingabe des Selbst an das soziale Ganze und eine *zentrifugale* in Richtung einer Selbstaffirmation des individuellen Selbst.

[2] Wie beispielsweise CURTI (412) meint.

[3] AP Bd. 2, 67.

[4] Typisch ist hierfür beispielsweise CURTIs Würdigung Halls als Pädagogen, die trotz ausführlicher Zusammenfassungen von Halls Position zu Einzelfragen kein Wort über das zentrale psychologische und pädagogische Thema der Wiedergeburt verliert bzw. diese nur ein einziges Mal unter dem Stichwort „Katharsis" streift: CURTI, 427. Die im Grunde unübersehbare Bedeutung der Religionspsychologie für das Hallsche Gesamtwerk leuchtet ansatzweise auf in der Kurzlaudatio von ODUM, 143.

onspsychologie gerade das teleologische Leitmotiv seiner Gesamtkonzeption selbst zu Gesicht bekommen, das wir bereits als das Motiv einer mehrdimensionalen Wiedergeburt oder Bekehrung identifiziert haben. Es hat deshalb keineswegs nur den Rang einer exotischen Randnotiz, wenn Hall über die Grundtatsache seiner Entwicklungspsychologie bemerken kann: „Indeed, the chief fact of genetic psychology is conversion".[1] Wobei allerdings sofort hinzugefügt werden muß, daß er „Bekehrung" dabei weniger im traditionellen Sinn als eine *Revolution* der Person, sondern vielmehr als deren natürliche *Re-evolution* interpretiert.[2]

So verstanden fällt dann aber Halls Religionspsychologie *im weitesten Sinn* mit dem Textbestand seiner Adoleszenzpsychologie zusammen, ist letztere doch insgesamt nichts anderes als Entwicklungspsychologie der - als natürlich vorausgesetzten - Wiedergeburt, die in ihrer physischen (Bd. 1) wie psychischen (Bd. 2) Dimension all ihren Aspekten nach beschrieben werden soll.

Aber auch wer diese Interpretation nicht teilen will und die Hallsche Theorie der spezifisch religiösen Wiedergeburt in einem engeren Sinn zu rekonstruieren sucht, wird sich kaum auf Kap. XIV allein beschränken können:

Denn *erstens* liegt es auf der Hand, die anthropologisch-ethnologische Studie zu adoleszenten Initiationsriten in Kap. XIII als komparatives Präludium zu Kap. XIV zu betrachten, worin Hall, wie bereits sein Schüler Daniels, den gattungsmäßig universalen, allgemein-natürlichen Status des Bekehrungsmotivs demonstrieren möchte.[3]

Zweitens bietet es sich an, auch die beiden Folgekapitel, Kap. XV und XVI,[4] mit heranzuziehen, insofern diese offensichtlich die beiden Haupteffekte der Wiedergeburt,[5] moralisches Erwachen (Kap. XV) und intellektuelle Rekonstruktion[6] (Kap. XVI), genauer zu beschreiben versuchen.

Drittens fordert zudem Halls Schlußkapitel „Ethnic Psychology and Pedagogy, or Adolescent Races and Their Treatment" (Kap. XVIII) einige Beachtung: Innerhalb einer Theorie der Mission wird das bislang individualpsychologisch behandelte Thema dort in seiner völkerpsychologischen Dimension betrachtet, Mission nämlich als „Völkerbekehrung"[7] verstanden. Auch in diesem missionspädagogischen Interesse, das in den folgenden Jahrzehnten immer

---

[1] AP Bd. 2, 357 Z. 33f.
[2] AP Bd. 2, 362 Z. 4f.
[3] AP Bd. 2, 232, 280.
[4] Kap. V: „Social Instincts and Institutions"; Kap. XVI: „Intellectual Development and Education".
[5] AP Bd. 2, 331.
[6] Vgl. dazu AP Bd. 2, 315ff.
[7] AP Bd. 2, 728. Vgl. auch „Mission Pedagogy", The Journal of Race Development 1 (1910), 127-146, 503-518.

wieder aufflammen wird,[1] ist Hall in die Fußstapfen seines verehrten Lehrers Mark Hopkins getreten.[2]

Und *viertens* schließlich ist zu bedenken, daß die religiöse Wiedergeburt der Adoleszenz nach Halls Ansicht nicht nur durch das Erwachen der Sexualität vorbereitet, sondern sogar selbst als eine höhere Sublimationsform menschlichen Liebeslebens realisiert wird.[3] Daher muß der hier relevante Textbestand auch noch um folgende Passagen zusätzlich erweitert werden: zum einen um die Abhandlung der „Liebe" als der Zentralmacht psychischen Lebens in Kap. XI[4] und zum anderen um die Behandlung ihrer Manifestationsformen, als „Liebe zur Natur" und „intellektuelle Liebe" in Kap XII[5] sowie Liebe als „Sexualität" in Kap. VI-VII und vielen anderen verstreuten Passagen zur Geschlechterdifferenz[6].

Damit aber umfaßt auch die zur Rekonstruktion der Religionspsychologie *im engeren Sinn* heranzuziehende Textmasse einen über Kap. XIV weit hinausgreifenden Materialbestand, der fast mit dem kompletten Inhalt des 2. Bandes identisch ist.[7] Hall interpretiert zumindest die gesamte psychische Dimension adoleszenter Entwicklung, und analog dazu offensichtlich auch die physische Dimension,[8] als ein Geschehen der Wiedergeburt bzw. Bekehrung, das nicht nur im uneigentlichen Sinne diesen Titel trägt, sondern ein in der Tat durch und durch *religiöses* Geschehen bezeichnet.

Daß sich Halls Interesse überhaupt in dieser Vehemenz auf die Adoleszenz und ihre Interpretation als Zeit der Wiedergeburt gerichtet hat, verdankt sich zweifellos der prominenten Aufmerksamkeit für diese Entwicklungsperiode seitens einer christlichen Tradition, die Hall von Kindheit an vor Augen stand. Wie in 1.2 gehört, hat sich ihm durch das familiäre Milieu seiner Kindheit just das Bild eines Bekehrten als Ideal gelungenen menschlichen Lebens präsentiert. So lag es für ihn wohl unmittelbar nahe, auch das prägende Gipfelerlebnis seiner eigenen Adoleszenz, in dessen Zentrum ein Lebensplan bestimmendes Bekenntnis steht (1.5), als sein persönliches Bekehrungserlebnis zu interpretieren, das die

---

[1] „Missionary Pedagogy", EP Bd. 2, Kap. X, 42-72.

[2] Dieser war lange Zeit Präsident des „Board of Foreign Missions": EP Bd. 2, 43.

[3] AP Bd. 2, 142.

[4] AP Bd. 2, 139, 294f.

[5] Vgl. a. AP Bd. 1, 136ff.; Bd. 2, 315ff.

[6] Z. B. Kap. VII, Kap. XVIII; Bd. 1, 71, 511, 567; Bd. 2, 562, 568, 617 u. ö.

[7] Ausgenommen allein Kap. IX, „Changes in the Senses and the Voice", das sachlich auch mehr zu Bd. 1 und der dortigen Entfaltung der physischen Dimension der Wiedergeburt gehört. Kap. X, „Evolution and the Feelings and Instincts Characteristic of Normal Adolescence", expliziert, wie bereits dargestellt, das für alle anderen Kapitel grundlegende psychologische Leitkonzept.

[8] So auch schon in MRT 43ff.; „Modern Methods in the Study of the Soul", 132; „Pedagogical Methods in Sunday-School Work", 720.

spätere Erweckungsbekehrung seiner College-Zeit (1.6) an Bedeutung weit übertrifft. Daß es sich im Bekehrungs- bzw. Wiedergeburtsmotiv um ein vorgegebenes Interpretament seiner amerikanischen Heimat handelt, wird von Halls Adoleszenzpsychologie dann auch deutlich festgehalten:

Nachdem im vorbereitenden Kap. XIII, „Savage Pubic Initiations, Classical Ideals and Customs, and Church Confirmation", zunächst eine Sammlung säkularer und kirchlicher Riten präsentiert wurde, die die universale Institutionalisierung adoleszenter Initiation und damit die Natürlichkeit dieses Phänomens demonstrieren soll,[1] wird das große Zentralkapitel zur Bekehrung selbst mit einem geschichtlichen Überblick zur methodistischen Erweckungsbewegung[2] eröffnet und damit klargestellt:

> „the modern idea of a re-birth as essential to the salvation of the soul hereafter is chiefly a Puritan and more specifically a New England orthodox Congregationalist idea."[3]

Im Anschluß an seinen geschichtlichen Überblick hat Hall dann einen reichen Bestand statistischen Datenmaterials aus eigenen Quellen und anderen ihm vorliegenden Erhebungen zusammengetragen und ausgewertet.[4] Dieser Datenbestand dient ihm jedoch offensichtlich nicht dazu, eine dezidiert quantitative Aussage über das altersmäßige Vorkommen des Bekehrungsphänomens zu treffen, wie dies etwa die vergleichbaren Darstellungen Starbucks und Coes beabsichtigen, sondern lediglich dazu, sein bevorzugtes Auftreten während der Adoleszenz im allgemeinen – zu welchem genauen Zeitpunkt auch immer – empirisch zu belegen.[5] Nicht auf der zahlenmäßigen Erfassung also, sondern auf der Interpretation des Phänomens liegt der Schwerpunkt der ganzen Darstellung.[6] Die statistische Datensammlung dient nur als Ausgangsmaterial, um diejenige These vom entwicklungsmäßigen Zusammenhang zwischen reifer Religiosität und Sexualität bzw. Liebe[7] frei zu entfalten, die Hall erstmals 1881/82 vorgestellt hatte.

Es ist bei der Entfaltung dieser These dann auch nicht mehr weiter erkennbar, worin sich das Selbstbewußtsein Halls, eine empirische Theorie von allgemeingültiger Wissenschaftlichkeit zu bieten, eigentlich rechtfertigen läßt. Daß die hier vorgetragene Psychologie des religiösen Bewußtseins, als dessen „unvollkomme-

---

[1] AP Bd. 2, 301: „In its most fundamental sense, conversion is a natural, normal, universal, and necessary process at the stage when life pivots over from an autocentric to an heterocentric basis."
[2] AP Bd. 2, 281-288.
[3] AP Bd. 2, 281, s. a. 280.
[4] AP Bd. 2, 288-292.
[5] S. dazu Halls Kritik der statistischen Alterserhebungen in AP Bd. 2, 291 Z. 18-31.
[6] AP Bd. 292-362.
[7] AP Bd. 1, XV, 294; Bd. 2, 126f., 292-301. Diese These kehrt, wenn auch weniger betont, in JP 204 wieder sowie in: Morale: The Supreme Standard of Life and Conduct, New York 1920 (im folgenden zitiert als Morale), 10.

ner" Vordenker Schleiermacher namhaft gemacht wird[1], und die zur selben Zeit in Arbeit befindliche Jesus-Psychologie dazu bestimmt sind, die metaphysische Dogmatik der christlichen Theologie abzulösen,[2] ist jedenfalls der unverhohlene Anspruch ihres Autors:

> „Theology at its best is an attempt to describe religious experiences, especially feelings and intuitions"[3]; „psychology...is slowly taking the place once held by theology as the intellectual expression of the religious instinct".[4] „The religious life and growth might be almost said to consist in gradually transforming theological into psychological ideas..."[5]

Auch wenn man Hall als Motiv dieser intendierten Auflösung der Theologie in Religionspsychologie zugute hält, darin dem christlichen Mandanten in einer Zeit öffentlicher Diskreditierung gerade wieder zu seiner wissenschaftlichen Rehabilitierung verhelfen zu wollen,[6] ist doch fraglich, ob die hierfür gewählten Mittel und Wege wirklich geeignet und sachgemäß sind, um dies gesteckte Ziel erreichen zu können. Hall hat den Gehalt der christlichen Glaubensgewißheit nämlich weniger behutsam nachbuchstabiert und szientifisch interpretiert als vielmehr an dessen Stelle seine ganz persönliche religiöse Gewißheit sowie ein zu ihr passendes szientifisches Wirklichkeitsverständnis eingesetzt und in den Rang wissenschaftlicher Allgemeingültigkeit erhoben. Dies versucht er zu erreichen, indem er sich traditioneller Loci christlicher Theologie ausschließlich dem Wortlaut nach bzw. motivisch bedient und aus ihnen in freier Umgestaltung eine evolutionistische Religion der Menschheit konstruiert, die einem eugenischen Fruchtbarkeitskult huldigt. In dieser genetischen Psychologie der Religion, die im Grunde eine genetisch-psychologische Religion[7] darstellt, wird die christliche Heilsgeschichte sodann Punkt für Punkt umgeschrieben:

„Sünde" ist darin für Hall egoistische Überindividualisierung[8] sowie Entwicklungsstillstand, Degeneration bzw. Perversion des biologischen Erbguts[9], forciert durch die Dekadenz der Kultur und vor allem des Stadtlebens[10]. Demge-

---

[1] AP Bd. 2, 326f.

[2] AP Bd. 2, 326-328; s. a. EP Bd. 1, 143: „Theologie als transzendierte Anthropologie".

[3] AP Bd. 2, 319.

[4] AP Bd. 2, 324.

[5] AP Bd. 2, 325. So auch in „Editorial", JRP 1 (1904), 4: „we believe it the function and duty of psychology to bear a hand in reformulating ancient dogma in showing a natural basis for, and preformation in the soul of many a venerable tenet of theology, and thus, in the main, in fulfilling and not destroying those basis on which Christian and other religious founders have built."

[6] AP Bd. 2, 329f. Vgl. a. „Editorial", JRP 1, 4f.

[7] So HALL selbst in „The Education of Ministers, and Sunday School Work among the Unitarians", 490.

[8] Als negativer Antipode einer altruistischen Hingabe an die Gattung; vgl. a. „The Education of Ministers", 491.

[9] AP Bd. 1, 38; Bd. 2, 329, 354.

[10] AP Bd. 1, 173.

genüber werden primitive Völker¹, das Kind sowie das weibliche Geschlecht²
wegen ihrer unversehrteren Ursprünglichkeit als Residuen einer natürlichen
imago Dei³ des Menschen verehrt.

Der eschatologische Entwicklungsweg wird als Wiederherstellung dieser ursprünglichen Natürlichkeit, „the paradise of restored intuitive human nature"⁴, beschrieben. Er realisiert sich für Hall in einer unwillkürlichen und unbewußt verlaufenden Evolution bzw. ab einer bestimmten Entwicklungsstufe in einer bewußten Re-evolution durch „Offenbarung", die als Leben in der „Selbsthingabe" an das ältere Seelensubstrat des gattungsmäßigen Unterbewußten interpretiert wird:

> „It (erg.: the larger self, with which we are continuous) answers prayers because it made them. What successfully appeals to it and receives its sanction, we call sacred, divine, biblical, and its messages are revelation."⁵

Eschatologisches Ziel dieses Entwicklungsprozesses ist dann auch nicht mehr das von Jesus verkündete „Königreich Gottes", sondern Halls ersehntes „kingdom of man"⁶, als die zukünftige Evolutionsstufe einer Menschheitsrasse des Übermenschen⁷.

Als dessen „totemische Verkörperung" wird Person und Leben des „Superanthropoiden" Jesus verehrt.¹

Ewiges Leben soll der einzelne nicht mehr als Individuum, sondern allein durch sein Aufgehen im Entwicklungsfortgang des Gattungslebens innerhalb eines - als solches *ewig* vorgestellten - evolutionistischen *Immanenz*geschehens erwarten.

Zur Erreichung dieses eschatologischen Zieles scheint es sowohl für das *Individuum* wie für die *Gattung* im ganzen einer spezifischen „Heilsordnung" zu bedürfen:

a. Zunächst für das *Individuum*: Dieses benötigt, um sein natürliches Entwicklungspotential voll zu entfalten und der Evolution seiner Gattung optimal dienen zu können, nach Halls Konzeption eine physische wie psychische „Wiedergeburt". Es ist sozusagen die „kultische" Aufgabe des Erziehungswesens, diese „Wiedergeburt" in ihren beiden Dimensionen zugleich auf den Weg zu bringen. Das alle Einzelanweisungen zusammenfassende Lehrbuch der hierfür

---

¹ AP Bd. 2, 650, 691, 748.
² AP Bd. 2, 616, 624, 646f. Die Frau steht für Hall an der Spitze der Evolution (AP Bd. 2, 561).
³ AP Bd. 2, 561.
⁴ AP Bd. 2, 647. Hierin läßt sich ein Theoriebruchstück romantischer Pädagogik erkennen. „Dr. Hall was a typical *Romantiker*", urteilt auch SANFORD, 319f.
⁵ AP Bd. 2, 342.
⁶ AP Bd. 1, 169.
⁷ AP Bd. 1, 48: „Super-race of the future".

benötigten pädagogischen „Erweckung"[2] hat Hall 1911 in seinem zweibändigen Werk „Educational Problems" abschließend vorgelegt.

Als „physical salvation"[3] soll sich diese „Wiedergeburt" auf dem Weg einer gesunden Ernährung[4], Körperhygiene und Muskelkultur[5] realisieren, die - dem griechischen Athletenideal folgend[6]- in unmittelbaren Zusammenhang mit Willens- und Tugendbildung rücken[7]. Dementsprechend hat Hall in „Christianity and Physical Culture"[8] von 1902 als vorrangige Aufgabe christlicher Jugendarbeit die Institutionalisierung einer Muskel- und Sportkultur im Stile der Jahnschen Turnerbewegung gefordert.[9]

In ihrer *psychischen* Dimension besteht diese Wiedergeburt in einer religiösmoralischen Auferbauung sowie intellektuellen Rekonstruktion, worin das Individuum sein gesamtes persönliches Leben dem Heil seiner Gattung, d. h. deren Reproduktion und Evolution, unterstellt. Am Beginn und bleibend im Zentrum dieser altruistischen Selbsthingabe des Individuums an das Heilsgeschick seiner Gattung steht für Hall dabei das menschliche *Reproduktionsleben*[10], in dem sich der Kontakt des Individuums mit dem großen „Biologos", der „pleromal sea of life"[11], erstmals in bezwingender Weise realisiere[12]. Der Anbruch der pubertären Geschlechtsreife muß in seiner Konzeption deshalb folgerichtig als die Geburtsstunde der *Religion* gefeiert werden. Deren spezifische Funktion besteht dann auch in nichts anderem, als die Naturgewalt des Sexus in - für die Evolution der Menschheit - förderliche Formen zu kanalisieren:[13]

Damit ist *erstens* die Beschränkung der Sexualität auf ihre biologische Fortpflanzungsfunktion gemeint.[14] Wenn Hall in seinem „Hohen Lied der Liebe"[15] den Liebesakt als eine Art heilige Kommunion stilisiert, dann ist darin die religiöse Weihe des Reproduktionsgeschehens selbst und keineswegs etwa ein in Sinnenfreude pur genießendes Ausleben von Sexualität intendiert. Letzteres gilt ihm vielmehr, und darin bleibt Hall ganz seinen puritanischen Moralvorstellun-

---

[1] AP Bd. 2, 337.
[2] EP Bd. 1, XII, auch „dispensation" genannt: VII.
[3] AP Bd. 1, 169, 187.
[4] AP Bd. 1, 4, 252.
[5] AP Bd. 1, 21, 192, 204f.
[6] AP Bd. 1 192f., 204f.
[7] AP Bd. 1, 129-132.
[8] PS 9 (1902), 374-378.
[9] S. a. „Relation of the Church to Education", 194.
[10] AP Bd. 1, 413; Bd. 2, 124.
[11] AP Bd. 1, 412.
[12] AP Bd. 1, 413.
[13] AP Bd. 1, 464. Diese Verhältnisbestimmung von Religion und Sexualität wird später erneut referiert in: Morale 259-264.
[14] AP Kap. XI.
[15] AP Bd. 2, Kap. XI, bes. 123f.

gen verhaftet, geradezu als Inbegriff des Sündhaften[1], wird als *die* Aberration vom Natürlichen schlechthin betrachtet, auf die - quasi als biologische Interpretation der „Erbsünde"- die fatalsten Folgen für Individuum und Gattung, nämlich Wachstumsstillstand und Perversion, defektive bzw. degenerative Fortpflanzung, zurückgeführt werden. Dieser puritanische Tenor seiner Sexualethik ist umso auffälliger, als sich Halls Adoleszenzpsychologie stets um sexuelle Aufklärungsarbeit bemüht zeigt. Wider Erwarten wird dann aber sogar das Keuschheitsideal einer „unbefleckten Empfängnis"[2] aufgerichtet und ein mariologisch[3] stilisierter Fruchtbarkeitskult[4] initiiert, in dessen Zentrum die junge Frau und werdende Mutter[5] mit ihrer monatlich gefeierten „Sabbat"woche[6] steht:

> „Biological psychology dreams of a new philosophy of sex which places the wife and mother at the heart of a new world and makes her the object of a new religion and almost of a new worship, that will give her reverent exemption from sex competition and reconsecrate her to the higher responsibilities of the human race, into the past and future of which the roots of her being penetrate; where the blind worship of mere mental illumination has no place; and where her real superiority to man will have free course and be glorified and the ideals of the old matriachates again find embodiment in fit and due degree." [7]

Die wahre Selbsterkenntnis der Frau und das gesamte Ziel ihrer Pädagogik soll nach Ansicht Halls auf die Anerkenntnis ihrer biologischen Bestimmung zur Mutterschaft zielen.[8] Sein alternatives Emanzipationsprogramm ist gegen jede Tendenz gerichtet, die natürliche Geschlechterdifferenz einzuebnen, empfiehlt, diese vielmehr im Dienste der Evolution sogar zunehmend zu betonen.[9]

Neben dieser Reduktion der Sexualität auf die Funktion der Reproduktion ist darüber hinaus *zweitens* und nicht minder wichtig die Sublimation der Sexualität zu Formen einer höheren Erotik des Guten, Schönen und Wahren intendiert.[10]

---

[1] Onanie und Masturbation als Inbegriff der Degeneration: AP Bd. 1, 432-453, bes. 452.

[2] AP Bd. 2, 124.

[3] AP Bd. 2, 646: „I keenly envy my Catholic friends their Maryology".

[4] So wörtlich: „Worship of reproduction" bzw. „worship of motherhood".

[5] AP Kap. VII als Hymne an die junge Frau und werdende Mutter. Auf diese biologische Funktion soll dann auch die gesamte Erziehung des weiblichen Geschlechts hingeordnet werden: AP Bd. 2, Kap. XVII.

[6] AP Bd. 2, 511f., 639.

[7] AP Bd. 2, 562, vgl. a. 139.

[8] AP Bd. 2, 609, 627, 635, 644.

[9] AP Bd. 2, 562, 568, 617, zu HALLs Betonung der Geschlechterdifferenz vgl. a. Bd. 1, 71, 511, 567. Als frühe Zusammenfassung seiner Vorstellungen zur Frauenfrage s. „Adress on Founder's Day at Mt. Holyoke College, Nov. 5, 1896", The Mount Holyoke News 6 (1896), 64-72.
Wir sind ein wenig versucht, in diesem romantisch-religiösen Minnesang auf das ewig mütterlich Weibliche (AP Bd. 2, 624, 646) den Niederschlag von Halls reich dokumentierter Verehrung für seine eigene Mutter zu entdecken (s. oben unter 1.2).

[10] AP Bd. 1, 462ff.; Bd. 2, 293-301.

Mittels *Religion* soll sich das sexuelle Potential zur altruistischen[1] bzw. philanthropischen[2] Liebe gestalten, in affektive Herzensbildung[3], intellektuelle Selbsterkenntnis[4] und moralische Selbstkontrolle münden und somit die Realisierung eines vollkommenen Menschentums begründen. So ist Philosophie für Hall nichts anderes als die intellektuelle Sublimation von Religion und ihrem unterliegenden Lebensimpuls nach letztlich mit dieser identisch.[5]

b. Aber nicht allein im ontogenetischen, sondern auch im *phylogenetischen* Sinne scheint Hall eine physische wie geistige „Heilsordnung" zu kennen:

Eine solche ist etwa in seinem Programm der „Rassenhygiene" zu vermuten,[6] die die gesteigerte Reproduktion des genetisch Gesunden und Vorteilhaften als Aufgabe propagiert und darin geradezu eine eugenische Prädestinationslehre[7] entwirft.

Auch wer Hall zugute halten mag, seinen philanthropischen *Absichten* gemäß, etwa in seiner Missionspädagogik, gerade *anti*chauvinistische bzw. *anti*imperialistische Ziele verfolgen zu wollen,[8] kann die totalitären Züge seines Programms doch kaum verkennen. Diese mögen mit dafür verantwortlich sein, daß Halls Psychologie in der nachfolgenden Wissenschaftsgeneration erst unter Verdacht und schließlich in Vergessenheit geriet.[9] Der unverhohlene und gänzlich ungetrübte Optimismus, mit dem Hall sich beispielsweise immer wieder für eugenische Menschenzuchtpraktiken[10] ausgesprochen hat, ist nicht nur als eine befremdende, zeitbedingte Entgleisung zu betrachten, sondern als die unmittelbare ethische Konsequenz seines evolutionistischen Grundideals, die jedes biologistische System wie das seine notwendig, wenn auch mehr oder minder deutlich erkenn-

---

[1] AP Bd. 2, 374.

[2] AP Bd. 2, 389.

[3] AP Bd. 2, 370, 444, 447.

[4] AP Bd. 2, 528.

[5] „Why Kant Is Passing", 421ff.; s. a. „The Genetic View of Berkeley's Religious Motivation", 145ff., 160.

[6] Etwa für Amerika: AP Bd. 1, 34-40. Vgl. auch AP Bd. 2, 718-726. Die Zukunft der Welt gehört nach Halls Ansicht der fruchtbarsten Rasse (AP Bd. 2, 718), Mission gelte es gezielt als Rassenpolitik zu betreiben (Kap. XVIII).

[7] So etwa in EP Bd. 1, 440-443.

[8] AP Bd. 2, Kap. XVIII, etwa 650, 662, 665, 714. Vgl. auch: „The Negro in Africa and America", PS 12 (1905), 350-368, bes. 368; „Civilization and Savagery", Massachusetts History Society Proceedings 17 (1902), 4-18; Morale 313.

[9] STRICKLAND/BURGESS, 26.

[10] Wir haben bereits oben unter 1.3 darauf hingewiesen, daß Hall sich hier nicht nur nicht im Widerspruch zu seinem konservativ-religiös eingestellten Elternhaus sehen konnte, sondern leicht sogar als treuer Nachfolger seines Vaters Granville Bascom Hall, der als fortschrittsbegeisterter Farmer öffentlich für eine durch die wissenschaftliche Agrartechnik in neuer Effektivität ermöglichte Viehzucht eingetreten war. Vgl. etwa EP Bd. 1, 443: „Nations must not breed from inferior specimen any more than farmers, for neither can long endure the law of deminishing returns."

bar, ziehen muß. Eugenik stellt für Hall die *eine* Hälfte seines evolutionistischen Glaubensbekenntnisses dar, ist für ihn die neue Religion der Zukunft, die aus der biologistischen „Re-interpretation" des Christentums erwächst:

> „This means according to the newest and highest psychogenetic criticism simply that Jehovah's laws are at bottom those of eugenics. The supreme criterion of virtue indeed is living in every item for the interests of posterity. The world is for the chosen, the best. It belongs to those who come after us, who will be in number like the grains of sand upon the shore. That their seed fail not is the supreme blessing. The entire Old Testament from the myth of Eden to the latest prophets needs a new eugenic exegesis, while the dominant theme of the New Testament is love, the strongest thing in the soul of man, centered upon service and welfare of the race. Love and serve God and man; that is the quintessence of our religion. We only need to turn a little larger proportion of the love and service we have directed toward God, who does not need it, to man who does, and we have eugenics..."[1]

Damit haben wir in Halls Programm einer eugenischen „Rassenhygiene" eine Art ordo salutis-Lehre der menschlichen Physis geortet. Ebenso gerechtfertigt ist es nun, in seinem Wissenschafts- und Universitätsprogramm eine analoge ordo salutis-Lehre des menschlichen Geistes zu erblicken:

Denn Hall hat die neue „Science" und die Universität als deren Institution in religiös stilisierter Redeweise geradezu als moderne ecclesia[2] propagiert. Die von ihm postulierte Selbsthingabe bzw. Selbstverleugnung[3], die von der „auserwählten" akademischen Elite[4] für den überindividuellen, „ewigen" Heilsprozeß der Wissenschaft erwartet wird, mutet an wie die szientifische Übersetzung einer calvinistischen Prädestinationsethik. Dementsprechend gewichtig muß dann auch die Funktion und Bedeutung wissenschaftlicher Psychologie bzw. Religionspsychologie beurteilt werden: Sie erscheinen als unverzichtbare Unternehmungen menschlicher „Selbsterkenntnis", und zwar offensichtlich deshalb, weil sie die Wachstumsbedingungen *und* Ziele[5] des Evolutionsprozesses[6], also die Wertkriterien menschlichen Handelns überhaupt, zu erkennen geben.[7] Wie Halls Auflösungsversuch der Theologie in Religionspsychologie exemplarisch zeigt, tritt hier der Szientist mit dem unüberbietbaren Selbstanspruch auf, nicht nur das Wissen zur technischen, sondern darüber hinaus gar zur religiös-moralischen Lebensbewältigung insgesamt bereitstellen zu können. Die Wahrheiten religiöser, insbesondere christlicher Tradition sollen darin freilich - zumindest ist das die Intention - ihrer Essenz nach festgehalten werden:

---

[1] „Eugenics: Its Ideals and What It Is Going to Do", 157.
[2] Vgl. etwa AP Bd. 2, 519f., 554-560.
[3] AP Bd. 2, 557.
[4] AP Bd. 2, 558ff.
[5] Durch den Blick auf die Genese scheint sich für Hall immer auch eine Vision der Zukunft zu enthüllen: AP Bd. 2, 43.
[6] AP Bd. 1, 20-31, 54f., 128; Bd. 2, 152.
[7] Sie arbeiten darin mit am „true paradise of restored human nature" (AP Bd. 2, 647), sie gestalten Politik (Bd. 2, 665) und Missionsstrategie (Bd. 2, 734).

Verschiedene alttestamentliche Perikopen, vor allem aber kulminativ die Geschichte des Leben Jesu sollen ihren Sinn als *Mythen* beibehalten, die die universale Entwicklungsbewegung von der catabasis zur anabasis, von der Depression zur Exaltation, bleibend gültig beschreiben.[1] Das biblische Zeugnis, dessen Herzstück auch für Hall das christologische Bekenntnis bildet,[2] wird in den höchsten Tönen, aber letztlich eben nur von Gnaden des Szientisten, als die zutreffende Symbolisierung der universalen „Bekehrungsgeschichte"[3] gewürdigt. Sie in ihrer vollkommenen Adäquanz zu erfassen scheint freilich erst der Hallschen Entwicklungspsychologie selbst vorbehalten:

> „It is, however, our great good fortune to live in an age when our Bible is being slowly re-revealed as the best utterance and reflex of the nature and needs of the soul of man, as his great text-book in psychology..."[4]
>
> „The Gospel story is the most adequate and classic, dramatic representation of the truest formulae of the most critical revolution of life, to successfully accomplish which is to make catharses of our lower nature and to attain full ethical maturity without arrest or perversion; this is the very meaning of adolescence. As Jesus, the totemic embodiment of the race, gathered, unified, and epitomized in his own life the many elements of the autosoteric motive that were before scattered and relatively ineffective and made thereby a new focus of history to which so many lines before converged, from which they have since diverged, so each youth can now, thanks to him, condense in his own life the essential experience of the race by sympathetic participation in this great psychopheme. His catabasis under the burden of sin explored and idealized every stage of the thanatic pathway we must all pass, and his anabasis of resurrection from the depths of humilation, renunciation, and self-immolation to Deity itself is the Eternal Gospel, for it shows that human nature, in what Reischle calls its thymetic care, is sound, resilient, positive, and can not be overwhelmed. Now, having attained a sense of fundamental impulsion as by a higher power (which Jesus construed as sonship), feeling a mission, an inner call (such as he found in realizing the Messianic ideals of his day), and seeking a sphere of influence as he would found a new heavenly kingdom, youth is truly adult and ready to enter upon his career."[5]

Wir wollen mit der Exegese dieses längeren Zitats aus dem religionspsychologischen Kernkapitel zur Bekehrung unsere Darstellung der Hallschen Adoleszenzpsychologie beschließen. Denn an ihm kann zweierlei abgelesen werden:

Erstens, wie Hall, hier geradezu eine Kurzfassung seines 1917 erschienenen Werkes „Jesus, the Christ, in the Light of Psychology" bietend, das Evangelium von Jesus Christus als ein mythisch-allegorisches Drama der Wiedergeburt interpretiert und dessen Heilsbedeutung in einer kathartischen Wirkung auf die jugendlichen Rezipienten bestimmt. Diese Bedeutung und Wirkung *teilt* das Christuszeugnis freilich *mit anderen* „Symbolisierungen" dieser „universalen Metamorphose", die für Hall das zentrale Thema der „wahren Philosophie menschli-

---

[1] AP Bd. 2, 312, 333-338.
[2] AP Bd. 2, 321.
[3] AP Bd. 2, 333.
[4] AP Bd. 2, 321; ä. a. 445; „Editorial", JRP 1 (1904), 2.
[5] AP Bd. 2, 337f.

cher Geschichte" bildet,[1] und zwar insbesondere mit Erscheinungen aus dem Naturbereich[2]: etwa dem Wechsel von Tag und Nacht, den Rhythmen der Jahreszeiten, den Gezeiten sowie den bekannten Metamorphosen der Flora und Fauna. Von hier aus - und nicht nur von seinem transzendentalistischen[3] bzw. romantisch-pädagogischen[4] Ideal her - wird dann noch einmal deutlich, warum Hall das *Natur*erleben als das Fundament religiöser Entwicklung überhaupt betrachtet[5].

Halls evolutionistische Heilslehre kann darin *zum einen* als Spielart einer pantheistischen *Naturreligion* verstanden werden.[6] Die wissenschaftliche Beschäftigung mit der „Allmutter" Natur[7] besitzt für ihn quasi sakralen Charakter. Denn insofern die „Science" das religiöse Naturempfinden zu steigern vermöge, eigne der Selbsthingabe an sie eine spirituelle Qualität.

Halls nach christlichen Motiven frei umgestaltete evolutionistische Heilslehre kann *zum anderen* aber auch als eine Spielart *natürlicher Religion* verstanden werden: Die elementaren religiösen Wahrheiten erscheinen darin als allen Menschen natürlicherweise angeboren - diese Vorstellung ist ein Implikat der oben rekonstruierten Hallschen Erkenntnistheorie:

"If rightly conceived and taught, the human soul is so constituted that it can never for a moment doubt the basal verities of religion..."[8]

Dem Christentum kommt die Rolle einer Universalreligion dann allein dergestalt zu,[9] daß es die synkretistische Gesamtsumme dieser Wahrheiten, wie sie alle Religionen und Weltansichten partiell enthalten,[10] darstellen soll[11]. Das Christentum wird „the great adapter and adopter"[12] genannt, das die multikulturell auftretenden religiösen Wahrheiten zu synthetisieren verstehe. Alle konfessionellen bzw. individuellen Unterschiede religiöser Überzeugungen werden aus der Sicht dieser absoluten Superhistorie somit tendenziell eingeebnet.

Zweitens läßt sich an der zitierten Passage ablesen, wie Halls Vorstellung davon, was Bekehrung respektive Wiedergeburt inhaltlich sei, deutlich erkennbar am Erlebnismuster seines eigenen adoleszenten Gipfelerlebnisses[13] ausgerichtet

---

[1] AP Bd. 2, 304, 331.
[2] AP Bd. 2, 331f.
[3] Siehe oben unter 1.6.
[4] Siehe oben unter 2.2.
[5] AP Bd. 2, 146, 158, 231.
[6] AP Bd. 2, Kap. XII, bes. 134ff., 144ff.
[7] AP Bd. 2, 145.
[8] AP Bd. 2, 330.
[9] Wie insbesondere aus Halls Missionspädagogik hervorgeht.
[10] Vgl. Halls pädagogische Grundregel: in AP Bd. 2, 530: „all-sided sympathetic appreciation".
[11] AP Bd. 2, 320, 323, 745f. S. a. „Mission Pedagogy", 129, 140f., 142.
[12] EP Bd. 2, 50; vgl. a. 49, 52, 66f., 69, 72.
[13] Vgl. das auch hier begegnende Motiv eines „Hill Difficulty" in AP Bd. 2, 340.

ist, das sich bezeichnenderweise mitten in der Natur ereignet hatte.[1] Deren Bedeutung besteht für ihn nämlich in einem initiatorischen Ereignis, in dem der Jugendliche sein Erwachsenwerden bzw. - allgemeiner: - der einzelne sein Zuschreiten auf ein reiferes Menschentum darin realisiert, daß er eine intuitive Berufung zu einem persönlichen Lebensplan in der Weise einer Selbstverpflichtung übernimmt. Das ist ein das weitere Leben prägendes Schlüsselerlebnis, worin dem einzelnen eine Vision seines zukünftigen Seins und Tuns in der Welt aufgeht und ein erster Entwurf seiner sozialen Stellung und Aufgabe vorschwebt.[2] Eine solche - wir würden sagen: - „Identitätsfindung", die die Wiederherstellung einer vorübergehend zerbrochenen Personintegrität auf einer neuen höheren Ebene einschließt, macht für Hall das Wesen der Bekehrung, ja religiöser Erfahrung überhaupt, aus:

> „Religion is the reinstallation of the individual or the race in the true place in the world, recovery to health or wholeness."[3]

Religiöse Erfahrung, als Vollendung menschlichen Wachstums verstanden,[4] konstituiert sich darin für Hall in der natürlichen Oszillation von einer Schmerz- zu einer Lusterfahrung[5], deren Wendepunkt durch die Selbsthingabe des Menschen an seine tiefere Gattungsnatur herbeigeführt werde, worin der unbewußte Lebensimpuls der menschlichen Natur gesundend und heilsam wirke[6]. Und zwar auf eine derart natürlich verläßliche Weise, daß eine spezifisch konfessionelle Bildungsarbeit weitgehend unnötig erscheint, wie Halls Kritik an jeglicher Form dogmatischer Standardisierung, Intensivierung bzw. Intellektualisierung des Prozesses einschärfen möchte.[7] So wird das Proprium des Christentums[8] in der ebenso notwendigen wie schlechthin natürlichen Aufgabe einer spezifischen Erziehungsleistung bestimmt: nämlich den Wandel der Personen zu „zweimal Geborenen"[9] - „once as individuals and once as representatives of the species"[10] - vollständig zu machen,[11] sie zu einem ihr Selbst hin- bzw. aufgebenden[1] Leben

---

[1] Siehe oben unter 1.5.

[2] Vgl. auch AP Bd. 2, 73: „Nature's first call is heard to go out from home to some promised land or career".

[3] AP Bd. 2, 352, s. a. 351ff. Vgl. a. die Definition der Religion in AP Bd. 2, 351 mit MRT 31, 33.

[4] AP Bd. 2, 328f.

[5] AP Bd. 2, 312f., 76, sowie weitere analoge Oszillationen in 76-89.

[6] AP Bd. 2, 304, 313, 349; EP Bd. 1, 182: Offenbarung ereignet sich in der Hingabe an den kosmischen Gattungsmenschen in jedem einzelnen.

[7] AP Bd. 2, 305, 342-347.

[8] S. a. „Relation of the Church to Education", 186.

[9] Dies ist eine umdeutende Aufnahme des Jamesschen Terminus „twice-born"; vgl. JAMES, VRE 73, 122f., 139ff., 334f., 385, 508.

[10] AP Bd. 2, 304.

[11] Ebd.

im Interesse der Gattung heranzuführen. So daß aus ihnen schließlich Repräsentanten eines neuen Menschentyps erstehen, die in ihrem alle Rassen[2], Religionen[3] und Philosophien[4] in sich vereinigenden Supermenschentum[5] in uns die Vorstellung synthetischer Anthropoiden erwecken.

3.2 Die genetische Interpretation der Versöhnungslehre

Haben wir Halls Adoleszenzpsychologie von 1904 als eine Entwicklungsgeschichte der Wiedergeburt respektive Re-evolution zu einem onto- wie phylogenetisch höheren Menschentum verstehen gelernt, so ist darin bereits angedeutet, was wir in „Jesus, the Christ, in the Light of Psychology" von 1917[6] nun in den Blick bekommen sollen: die historisch gewordene Allegorie[7] dieser genetischen Heilsgeschichte in der Person Jesus und der von ihm ausgelösten Bewegung, dem Christentum.

Der Titel des Werks ist dabei im Sinne eines doppelten Arbeitsauftrages zu verstehen: Zum einen ist es Hall an einem Psychogramm des *Menschen Jesus*[8] gelegen, das dessen Charakterstruktur[9], Persönlichkeitsentwicklung[10] und Erbgut[11] im Lichte der modernen Psychologie und Freudschen Psychoanalyse[12] zu rekonstruieren, deuten, ja mitunter bis in Gedanken und Gefühlslagen hinein auszuspinnen[13] unternimmt. Zum andern soll es um eine Psychologie des *geglaubten Christus* gehen, die den Ursprung dieses Glaubens erklären und den Sinn seiner dogmatisch-theologischen Symbolisierung psychologisch interpretieren möchte.[14]

In keinem anderen Werk wird so wie hier der theologische Hintergrund des Psychologen Hall fruchtbar und erkennbar, der einst ein schwer zu überzeugender

---

[1] AP Bd. 2, 303.

[2] AP Bd. 2, 359.

[3] AP Bd. 2, 320, 323.

[4] AP Bd. 2, 553.

[5] AP Bd. 2, 320, 326, 359.

[6] Den Keim zu diesem Werk bildet die Abhandlung „The Jesus of the History..." von 1904, offensichtlich als Programmschrift in der ersten Ausgabe von JRP veröffentlicht. Vgl. auch das dortige Herausgebervorwort: „Editorial", 1-6.

[7] JP 465, 729; vgl. a. schon EP Bd. 1, 206.

[8] Etwa: JP XVIII, 161ff., 300, 305, 307, 314, 324, 377f., 564 u. v. a. Sowie ansatzweise auch von dessen Zeitgenossen, etwa Johannes d. T. (JP 289ff.), und Anhänger (JP 421, 448, 453ff.).

[9] JP 414ff., 436.

[10] JP 258, 314, 324, 340ff.

[11] JP 273f., 280.

[12] JP 552f., 560, 589, 731. Parabeln seien wie Träume psychoanalytisch zu entschlüsseln: 522.

[13] Vgl. etwa JP 300, 305ff., 378.

[14] JP 218, 250, 408, 446, 595.

Theologiestudent[1] und liberaler Prediger[2] gewesen ist, der die schwerste Krise seines Lebens[3] in einer Art Neubekehrung zum Christentum überwunden und im Zuge dessen die Arbeit an seiner Jesus-Psychologie begonnen hat, über die er hier bekennt, daß sie einen persönlichen Bildungs- und Reifungsprozeß bedeutet habe:

> „But I wish especially to testify that however conclusions here set forth impress the reader, my studies (no small part of which have been made on Sundays) have gradually transformed my inner and in some respect my outer life for the better, so that I almost wonder if there be not a kind of conversion as normal for senescence as that of church is for adolescence."[4]
>
> „Thus on the whole I count myself a disciple of the great Master of souls and claim Christian fellowship with all those everywhere who live to love and serve. All who do this belong to the living church of Christ, and we are brethren in him. My very heart and soul go out to this great regenerator who showed individuals, communities, races and nations the one and only way by which they could be saved."[5]

Die Psychologie Jesu und der christlichen Religion ist so gesehen als der späte Rekonstruktionsversuch, als Dogmatik und Missionswerk des verhinderten Pastoren Hall zu sehen, der ihm angesichts seiner offensichtlichen Unorthodoxie das „odium theologicum"[6] eingetragen hat.[7]

Wieder hat Hall einen nur mühsam zu erklimmenden Berg an Exzerpten seiner ungeheuren Belesenheit angehäuft. An die Leser werden alle nur verfügbaren Materialien herangetragen,[8] aus denen dann als Mosaik die große Vision eines evolutionistisch reinterpretierten Christentums ersteht: Vor unseren Augen wird eine Anthologie von Jesusbildern ausgebreitet, in Kunst[9] und Literatur[10] im Spiegel der Jahrhunderte. Wir überblicken die historisch-kritische Leben Jesu-Forschung[11], Dogmengeschichte - unter anderem nach Dorners Darstellung referiert[12] - und die zeitgenössische Pathologie Jesu seiner psychologischen Fachkollegen[13]. Uns wird eine Florilegiensammlung moderner Christentumspolemik, vor allem Nietzsches[14], eine Auseinandersetzung mit den Theorien der Tübinger

---

[1] S. oben unter 1.8 und 1.9.

[2] S. oben unter 1.10.

[3] S. oben unter 2.6.

[4] JP XXVI. Zur Entstehungsgeschichte des Werkes vgl. Hall selbst in seiner Einleitung: JP XXVf.

[5] JP XXX. Vgl. a. JP XXIX zur Definition dessen, wer Christ bzw. Schüler Jesu sei.

[6] JP 534, 668; Ross, 418.

[7] JP 218, 250, 408, 446, 595.

[8] So auch BURNHAM, 94.

[9] JP Kap. I, 5ff.

[10] JP Kap. II, 39-125.

[11] JP 126-156.

[12] JP 157-161, bes. 157.

[13] JP 161-172. Wobei sich Hall hartnäckig für Jesu psychische Gesundheit einsetzt: JP 165ff.

[14] JP 172-185.

Schule¹ geboten. Zahllose Rezensionen der vorliegenden Literatur also, aber auch eigenes Quellenstudium von Neuem Testament und Apokryphen² sowie das bekannte Fragebogenverfahren³.

Doch was ist der Sinn dieses ganzen enzyklopädischen und exegetischen Gelehrtenfleißes? Nur eine weitere Darstellung des Leben Jesu, von der die Fachwelt spätestens seit Albert Schweitzers desillusionierender Forschungsgeschichte⁴ weiß, daß sie einmal mehr fiktive und unvermeidlich subjektive Züge tragen wird?

Nach Halls eigener Ansicht jedenfalls soll hier grundlegend Neues zur Entfaltung kommen: eine wissenschaftliche Psychologie der christlichen Religion und ihres Stifters, die alle bisherige Theologie, aber auch Psychopathologie zu überbieten weiß. Hall schwört auf ihre Reinterpretationsleistung⁵ als einem echten Offenbarungsereignis, von ihm gar zur dritten Geistesgabe stilisiert⁶. Nachdem die kritische Literatur der Gegenwart ihr destruktives Werk⁷ vollbracht, den historischen Jesus von christlicher Metaphysik emanzipiert,⁸ bis zur Unkenntlichkeit reduziert und in Frage gestellt habe, will hier nun der Psychologe zur Hilfe herbeieilen,⁹ um auf dem Trümmerhaufen sein neues Zion zu errichten. Um die Rekonstruktion des Christentums¹⁰ und Jesus als des wahren Übermenschen¹¹ soll es gehen, und damit - wie bei dem im Geiste seiner Herkunft praktisch gesinnten Hall stets - um die Lösung dringender Gegenwartsaufgaben.¹² Deren Brisanz erscheint in Gegenwart eines noch nicht beendeten Weltkriegs¹³

---

¹ JP XXVII, 155, 185ff. Bereits in „Contemporary Psychologists. I. Professor Eduard Zeller" hatte HALL seinen ehemaligen Lehrer (FMP 5) und Trendelenburg-Nachfolger Zeller als Repräsentanten der Tübinger Schule vorgestellt (163f., 156, 169), der die drängende Aufgabe einer szientifischen Neuformulierung des Christentums in Angriff genommen habe (164, 169f.). In FMP 3-61 wird er von HALL aufgrund seiner „psychologischen" Studien zur vergleichenden Religions- und Philosophiegeschichte sogar unter die Gründer der Psychologie als Wissenschaft eingereiht: bes. FMP 54f.
² JP Kap. IV-XI, etwa 703.
³ JP 15, 701ff. In „The Jesus of History...", 33ff., greift HALL auf seine Studie „Pity", (1900), a. a. O., zurück und faßt die Ergebnisse einer Umfrage zum Auferstehungsglauben zusammen (50ff.).
⁴ A. SCHWEITZER, Geschichte der Leben-Jesu-Forschung, Tübingen 1984 (Nachdruck der 2. Aufl. von 1913. Die 1. Aufl. von 1906 unter dem Titel: „Von Reimarus zu Wrede. Eine Geschichte der Leben-Jesu-Forschung"), vgl. etwa dort 48f., 620, 622, 624.
⁵ JP XXIII, XXVII, 160, 715; „Editorial", JRP 1 (1904), 4f.
⁶ JP XXIV, 215, 234.
⁷ JP XXVIf.
⁸ JP 156.
⁹ JP VIII, 156, 216, 250, 714; „The Jesus of the History...", 63f.
¹⁰ JP 692, 715. Als Arbeitsauftrag formuliert in: „The Jesus of the History...", 51, 63f.
¹¹ JP 108ff., 238ff., 260, 715.
¹² JP XXIVf., 676.
¹³ JP Xf., XXIII.

neuerlich verschärft: Was in diesem Zeitalter der Veräußerlichung[1] und Desintegration not tue, sei Re-subjektivierung[2] und Verinnerlichung[3], die Integrität und moralische Orientierung für den einzelnen sowie Einheit für die Kultur im ganzen[4] schaffe, eine große religiöse Synthese[5] also, die zwar wieder wie einst vom Christentum, aber nicht mehr von den Kirchen erwartet werden könne[6].

Neu sind die sozialkritischen Töne, mit denen Hall das Proletarierelend des industriellen Zeitalters anspricht und damit zu erkennen gibt, daß die sozialistische Internationale auch in seinen Ohren nicht ohne Wirkung geblieben ist. Er diagnostiziert einen Bedarf an echten „Führern"[7] für die Massen und beschwört deren gesunde Volksseele:

> „The masses that dominate democracy are predominantly good, not bad, are probably on the whole more creative than destructive and more nearly christian at heart than we have ever realized."[8]

Erneut bietet Hall seine Psychologie als synthetisierende Vermittlerin an: Nicht nur die intellektuelle Elite[9], die ihm weiterhin am Herzen liegt, sondern auch das einfache Volk als die Substanz und Hoffnung jeder Demokratie,[10] Adoleszenz und Seneszenz[11] gleichermaßen sollen durch sein revidiertes Christentum angesprochen, mobilisiert werden. Ein derartiges Vermittlungswerk[12] wird von der Hallschen Psychologie im folgenden ein „realistisch-idealistisches"[13] Theoriespagat erfordern:

Denn auf der einen Seite sucht seine Konzeption selbst die *realistisch-naturalistische Materialisierung* des Christentums, soeben beklagt, bis zum Äußersten voranzutreiben.[14] Wird die lebendige Vergegenständlichung des Jesusbildes und dessen konsequente Modernisierung gefordert,[15] die Hall für die ersehnte Wirkung der christlichen Botschaft auf die Massen[16] und die Jugend[17] notwendig hält. In diesem Zusammenhang werden als Vorbilder die mittelalterlichen

---

[1] JP VIIf., XV.
[2] JP 337, 363.
[3] JP XXV.
[4] JP VIIf., XXV, XXIX, 237.
[5] JP 237.
[6] JP XXIII, 237.
[7] JP XI, 38.
[8] JP XXVIII, s. a. XI, 172-184.
[9] JP XXVI, 114, 125.
[10] JP XI, XXVIIf., 113f.
[11] JP XXVI.
[12] JP XVIII.
[13] Vgl. Trendelenburgs „Real-Idealismus" oben unter 1.8.
[14] JP 62, 679ff.
[15] JP 28, 30.
[16] JP VIII, 695.
[17] JP 34, 112, 114, 217, 589.

Mirakel- und Passionsspiele wiederentdeckt,[1] von deren kathartischer Eindruckskraft Hall sich während seiner Deutschlandaufenthalte durch Besuche in Oberammergau mehrfach überzeugen konnte[2]. In diesem Zusammenhang wird der Protestantismus wegen seiner puritanischen Unterdrückung des ästhetischen Elements kritisiert[3] und der Katholizismus um seine spirituelle Anschaulichkeit beneidet[4].

Auf der anderen Seite - und hier schlägt das Herz des Intellektuellen - ist für Halls Konzeption aber zugleich auch ein extremer *Idealismus*[5] charakteristisch. Indem er eine allegorische Psychologisierung des Christusgeschehens durchführt, läßt er einen geradezu gnostischen Erlösermythos erstehen, der leicht und ohne nennenswerte Verluste von seiner historischen Verankerung völlig entbunden werden könnte.[6]

Eins nämlich scheint sich für Hall aus beiden Anliegen gemeinsam zu ergeben: daß die Bedeutung der Historizität der Ereignisse[7] jedenfalls der Frage nach der gegenwärtigen psychologischen Effektivität ihrer Botschaft erklärtermaßen unterzuordnen sei.[8] Um die kathartische[9] Wirkungskraft des Jesusbildes auf ein Höchstmaß zu steigern, werden Künstler und Wissenschaftler gar dazu aufgerufen, in freier Imagination[10] bewußt das *Konstrukt* eines idealen Übermenschen zu entwerfen,[11] der alle nur erdenklichen physischen wie psychischen Vorzüge in sich vereinen soll[12]. Und darin vermeint Hall, noch nicht einmal Geschichtsfälschung zu betreiben, sondern lediglich den evangelischen Darstellungen in ihrem Ungenügen dadurch aufzuhelfen, daß er den in ihnen begraben liegenden Jesus zum wahren und lebendigen Christus einer zukünftigen Menschheitsära[13] auferstehen lasse.[14] Ob künstlerische Fiktion, Historie oder allegorischer Mythos der Volksseele[15] - einerlei, was für Hall zählt ist einzig die unbezweifelbare Macht

---

[1] JP 57-66.
[2] JP 61, 681. HALL hat seine Eindrücke dokumentiert in „The Passion Play", AGC 33-40.
[3] JP 153, 235: „Protestantism has stripped religion of all its beauty, while Puritanism robbed it of its joy."
[4] Vgl. HALL über das Nacherleben des Kreuzgangs: JP 679ff. Zur Mariologie: JP 275.
[5] JP 45: „christlicher Idealismus".
[6] JP 243f.
[7] JP 250. An der Historizität wird vor allem aus pragmatischen Gründen festgehalten: JP 218f.
[8] So bereits in „The Jesus of the History...", 30f., 62ff.
[9] JP 65, 244, 684.
[10] JP 155, 236.
[11] JP 26f., 29, 31, 33.
[12] JP 35-38.
[13] JP 733.
[14] JP 312, 325, 359.
[15] JP 33f., 129.

und Wahrheit der Idee,[1] die aus und um den geschichtlichen Nukleus gesponnen sei[2]. Der Eckstein seiner revidierten Heilsgeschichte ist uns bekannt, hier nur zuweilen klarer ausgemeißelt:

Jesus - das ist der wahre Supermann der Menschheit,[3] das hypostasierte[4] Symbol ihres Evolutionsziels,[5] Idealtypus der Adoleszenz,[6] Allegorie der Menschenseele,[7] Apotheose der menschlichen Natur,[8] das Sinnbild ihrer Entwicklungsfähigkeit, gesunden Selbstheilkraft,[9] Vergöttlichung[10].

Mit rationalistischer Theologie und historischer Kritik ist sich Hall insoweit einig, daß jeder Supranaturalismus[11] im Bericht der Evangelien aufzulösen, auch Jesus nur innerhalb der Grenzen und Gesetze des Natürlichen als Mensch aus Fleisch und Blut begreifbar sei: seine Wunder somit psychotherapeutische Erfolge,[12] sein Sterben in der sicheren Gewißheit seines Scheiterns trostlos wie kein anderes,[13] sein Tod absolut endgültig,[14] seine Auferstehung sinnbildhaft[15] und - material verstanden: - eine unbewußte Wunschsuggestion[16].

Im Unterschied zu jenen[17] soll ihm Jesus jedoch nicht nur als das hervorragende Exempel eines neuen Ethos gelten, sondern wahrer inkarnierter Gottmensch sein,[18] dessen Bedeutung die Loci des Dogmas treffend symbolisieren, würden diese nur psychologisch richtig ausgelegt. Damit ist von Hall genau besehen eine Allegorese[19] gemeint, die auf Schritt und Tritt einer genetisch-biologischen „Tiefenbedeutung" des Evangeliums auf die Spur zu kommen glaubt:

Zu ganz unerwartet neuen Ehren kommt hierbei die Inkarnationslehre,[20] mit der Halls rationalistische, historisch-kritische Vorgänger meist nur wenig anzu-

---

[1] JP 33f., 129, 214f., 234, 595, 644.
[2] JP 218.
[3] JP 108ff., 238ff., 260, 715.
[4] JP 144.
[5] JP X, 113.
[6] JP 30, 325, 588f., 674.
[7] JP 465, 729.
[8] JP 236, 282, 325.
[9] JP XIII.
[10] JP 281f.
[11] JP 132f., 446.
[12] JP XX, 307, 601ff., 628, 666.
[13] JP XIV, XVI, 407f.
[14] JP 446, 639, 704.
[15] JP XIV, 697.
[16] JP XIV, 448, 469.
[17] JP 215.
[18] JP 238, 240, 260; „The Jesus of the History...", 30f.
[19] JP XXII, 113, 216.
[20] Hierzu sind einschlägig die Ausführungen in JP Kap. IV, „The Nativity", die auf HALLs Abhandlung „The Psychology of the Nativity" von 1915 (a. a. O.) basieren.

fangen wußten. Bei Hall wird sie, um 180 Grad gewendet und neu gedeutet, zum Zentraldatum des Christusgeschehens:

> „It stands for the process by which the divine, which is the projection into the sky, and the organization into a supreme personality of the ideals of the best that is in human nature, was brought back from its objectivity and heterization, and resolved back again into the same humanity that had evolved it..."[1]

Die Inkarnation - das sei die Rehumanisierung und Resubjektivierung Gottes[2], er, der vormals eine objektivierte Projektion der Seele, werde nun auf einer höheren Stufe[3] als mit ihr identisch erkannt:

> „God is Mansoul transzendentalized."[4]
> „God is the soundest core and essence, the truest instinct of man. As known he is our own deepest self-knowledge and as unknown he is man's sub- or unconscious nature, and hence his objectivity is always secondary and never primary. The antithesis between God and man is then really that between the individual and the *genus homo*..."[5]

Die Inkarnation kommt für Hall also der Apotheose der Menschenseele gleich,[6] und zwar weniger der Vergöttlichung des individuellen Selbstbewußtseins als der des Gattungsbewußtseins („race-soul")[7]. Dieses Gattungsbewußtsein wird von ihm zum einen als das unbewußte Instinktfundament des *individuellen* Selbstbewußtseins verstanden, worin der einzelne mit der gesamten Erfahrung seiner Gattung in Beziehung stehe, zum anderen aber auch als der gesunde common sense einer *kollektiven* Volksseele: „the soul of the people is the very soul of God".[8]

Daß sich die menschliche Seele ihrer eigenen göttlichen Natur (wieder) bewußt werde, macht für Hall den Sinn der christologischen Rede aus, welche den Menschensohn als Sohn Gottes identifiziert: „Thus only a son of man can become son of God."[9]

Aber nicht in jeder Seele sei das Göttliche mit dem Menschlichen bereits immer schon eine Vereinigung eingegangen, sondern nur in der des Heiligen und Erwählten, der sein persönliches Leben dem der Gattung unterstellt - wie Jesus:[10] „The genus man was God-man"[11] - das soll der zusammengefaßte Sinn von Inkarnations- und Kenosislehre sein. Denn auch die letztere kommt in Halls Psy-

---

[1] JP XV.
[2] JP 214, 219, 238, 241, 443.
[3] Zu den Stadien dieses Prozesses s. JP 286f.
[4] JP 339.
[5] JP 285.
[6] JP 281.
[7] JP 144, 282.
[8] JP 285.
[9] Ebd.
[10] Ebd.
[11] JP 283.

chologie zu neuen Ehren, wird als Metapher des evolutionären Fortschritts herangezogen:[1]

> "As the somatization of the immortal and all-conditioning germ plasm is specialization, and thus progress toward death, so Jesus had to die because the *ewiger Männliche* in him was taking on such concrete and specific details that he was unable to continue longer to be the adequate medium of the divine. His humanity had to be sloughed off in the interests of the race-soul as this, which had been embodied in but had to be freed from him, entered the higher form of the spirit."[2]

Das Göttliche in der eigenen Seele wahrzunehmen, was für Hall die zentrale Selbsterkenntnis Jesu ausmacht,[3] bedeute, es als eine Immanenz zu verstehen, die die eigene Individualität notwendig transzendiere. Als Konsequenz dieser Erkenntnis habe sich Jesu Mission[4] gerade erst in der bewußten Selbstentäußerung, in der Aufgabe seines individuellen Selbst an das Gattungsleben, realisieren können:[5]

> "Thus in realizing Messianity within, Jesus transcended individuality, and his soul became totemic of his race, the palladium of its ideals. In gathering this into himself he also diffused his self into the larger soul of the gens and became its generalized type, so that his identity was expanded and merged into that of his people...so as Jesus' soul ceased to be individual and became racial, his body, which could not incorporate the race, must die, and the larger body, viz., the community - that is, the disciples, the elect, the Church - must take its place. The soul such as his had become needed a new and larger incarnation, not in one person but in a group."[6]

Diesen Weg der äußersten Selbstaufgabe an das Leben der Gattung erstmals beschritten zu haben und hierdurch zum totemischen Gattungsmenschen erstanden zu sein, darin besteht für Hall Jesu Heilstat für den Fortschritt der Menschheitsevolution. Eine Heilstat, die zwar nicht für alle Menschen ein für allemal vollzogen,[7] jedoch von ihnen allen nachvollziehbar sei. Das ist für Hall der Sinn des evangelischen Mysteriums:[8] „dying and rising with Jesus"[9] - daß der einzelne im Mitvollzug der ewigen Dynamogenese[10] von der catabasis zur anabasis[11] seine Initiation zu einem reifen Menschentum erhalte: „The selfish ego must die and the higher social self of service must arise from its tomb."[12]

---

[1] JP XXI, 143f., 241, 389.
[2] JP 144.
[3] JP XXI, 336, 338, 352, 386 u. a.
[4] Auch Jesus entwirft bei Hall - wie dieser in seiner Jugend selbst - einen Lebensplan: JP 307.
[5] JP 367, 386.
[6] JP 338.
[7] JP 555.
[8] JP 154, 700.
[9] JP 700.
[10] JP 675.
[11] JP 421, 694; „The Jesus of the History...", 43.
[12] JP 700.

Hierin macht sich zugleich die inzwischen notwendig gewordene Abgrenzung gegen das Übermenschentum Nietzsches bemerkbar,[1] das auch in Halls Augen durch den chauvinistischen Imperialismus Deutschlands und die Erfahrung des Weltkriegs diskreditiert worden ist: Nicht der stolze Individualismus eines Herrenmenschentums und einer Supernation, der nur sich selbst affirmierende Egoismus Zarathustras soll zelebriert werden, sondern die liebende und dienende Selbstaufgabe des Gattungsmenschen.[2] Und doch wird eines bleibend festgehalten: das ist das Männlichkeitsideal des Supermannes, dessen virilen, soldatischen Tugenden Hall in „Morale" 1920 zum Programm eines neuen Zivilcharakters erheben wird (3.3.1).

Was in Jesus als dem Idealbild eines „ewig Männlichen" damit gefunden, verlangt nach einem weiblichen Pendant. Hall - in seiner bereits geschilderten romantisierenden Verehrung - will dieses in Maria finden, die er als Sinnbild des „ewig Mütterlichen, Weiblichen" und neue Göttin dem Christus an die Seite stellt.[3] Und, um die Heilige Familie vollzumachen, wird beiden schließlich noch der Junge Jesus zugesellt, der im Zuge einer genetischen Adaption der apokryphen Kindheitsevangelien[4] den Part des „ewig Kindlichen"[5] erhält.

Der klassische Fall eines hypostasierten Ödipuskomplexes also, der hier als Dreigestirn am Himmel der Hallschen Menschheitsreligion erscheint. Diese erwartet nun als ihr eschatologisches Ereignis,[6] daß die Apotheose der Menschennatur - in ihren drei genannten trinitarischen Gestalten - eine universalmenschliche Verwirklichung finde, daß die alters- und geschlechtsspezifische Selbsthingabe des Individuums an seine biologische Bestimmung zum allgemeinen Lebensziel avanciere.

Darin soll also die genetisch-psychologische „Tiefenbedeutung" des für das Christentum zentralen Versöhnungswerkes zwischen Gott und Mensch[7] bestehen: in einem Prozeß menschlicher *Selbst*erlösung.[8] Das ist die „Bekehrung" zur eigenen Intuition der Seele, die „Wiedergeburt" ihrer atavistischen Instinktnatur,[9]

---

[1] JP XXVII, 108-118, 172-184, 426; vgl. auch Morale 10-16, 30. S. dazu a. „Nietzsche", Massachusetts Historical Society 48 (1914), 176-184, bes. 177-180: HALL analysiert dort das Verhältnis zwischen Nietzsches Philosophie und dem deutschen Kriegsimperialismus.

[2] JP IX, XXII, 113, 239f.

[3] JP 20, 53, 93, 269ff., 275.

[4] JP 53, 252ff.

[5] JP 354, 674.

[6] Und zwar dies offensichtlich durch Halls Psychologie selbst vorangetrieben.

[7] JP XV, 732.

[8] JP 296, 555, 581, 727. Vgl. später Morale 369: „Nothing or no one can save us but ourselves."

[9] JP VII, 242, 282f., 553, 673f.

worin Erbsünde[1] sowie Todesfurcht („thanatophobia")[2] überwunden und eine neue Menschheitsstufe[3] angebrochen sei. Das ist die Autotherapie[4] der Seele, die ihre gesunde Selbstheilkraft[5] zu nutzen lerne, wie exemplarisch im Gebet[6], und die das Leben der Person um ihre ureigene Kraft- und Energiequelle[7] beständig rezentriere. Für diese regenerative Dynamogenese[8] menschlicher Selbsterlösung bildet die „Pendelbewegung"[9] des Evangeliums von Tod und Auferstehung Jesu Christi für Hall zwar nicht die einzige, aber unter andern kosmischen Gezeiten[10] die denkbar vollkommenste Allegorie[11]. So kann er dann die Auferstehung[12], wenn auch nicht im realistischen Sinne *wirklich*, im idealistischen Sinn jedoch als gänzlich *wahr* verstehen. Sie ist für ihn Symbol der gesunden Unbesiegbarkeit[13] und Positivität[14] der Menschenseele, die sich gerade in Krisenerfahrungen manifestiere[15]. Sie bedeute nicht deren individuelle, aber sehr wohl ihre gattungsmäßige Unsterblichkeit.[16] Sie ist für ihn die bleibend gültige Metapher, die für die positive Selektionsteleologie[17] des gesamten Evolutionsverlaufes bzw. dessen „Gnade" steht, von der uns der 6. Glaubensartikel seines Credos gekündet hat.

---

[1] JP 243, 503: „Thus the fall of man was from instinct and intuition to self-consciousness, which is like a wart made on a tree by the sting of an insect, except that when the end of perfection is attained it may be eliminated." Vgl. a. JP 722f., 726. Die Sünde wird von Hall einmal als Degeneration, Hyperindividualisierung und -intellektualisierung, ein andermal als anachronistische Animalität (JP VII) charakterisiert.

[2] JP 687f.

[3] Diese soll nach HALLs Forderung von jugendlicher Plastizität und Entwicklungsfähigkeit (JP 468) und zugleich von ethischer Maturität (JP 485) geprägt sein.

[4] JP 296, 421, 458.

[5] JP 673f., 687.

[6] Das ist die Pointe der Hallschen Religionspsychologie des Gebets: JP 488-516.

[7] JP 442.

[8] JP 313, 675.

[9] JP 408.

[10] JP 717.

[11] JP XIX, 465, 722, 729. So schon „The Jesus of the History...", 30, 39, 43f.

[12] JP 697, 715; „The Jesus of the History...", bes. 46f., 51f., 63.

[13] JP IX, 497f., 502. So auch die Moral von HALLs Geschichte „A Conversion", RP 174: „The lesson of their lives had been that there is a redemptive power in the depths of human nature in all of us that can bring the best results out of the direst evil."

[14] JP 514, 577, 720f.

[15] JP XI, XIII. Als eine solche konstruktive Krisenerfahrung hat HALL den Weltkrieg verstanden, s. vor allem Morale 1.

[16] JP XXI, 508, 515.

[17] JP 214. Dies wird später deutlicher noch in Morale 350 ausgesprochen: „it is only the law of selection that sinners die."

3.3 Die genetische Interpretation der Erlösungslehre

3.3.1 Der Kultus der neuen Religion als „Superhygiene"

Wie mag der Mensch nun diese positive göttlich-kosmische Energie,[1] „the great evolutionary urge",[2] die er von der ursprünglichen Kraft- und Orientierungsquelle seiner inneren Intuition ausgehen fühle, zur Steigerung seiner Vitalität und Lebensfülle einsetzen?

Dies wird in Halls nächstem Werk des näheren beschrieben: „Morale. The Supreme Standard of Life and Conduct" von 1920 ist so gesehen als eine Art psychologisch-pädagogische Gebrauchsanweisung der neuen Religion und ihres „Kultus"[3] zu verstehen. Deren Ausgestaltung ist im Rahmen des bisher Gehörten dann auch völlig konsequent. Um eine „Superhygiene"[4] für die Hervorbringung - man möchte sagen: „Züchtung"[5] - zukünftiger Supermenschen soll es gehen. Denn das ist das erklärte Ziel:

> „It is simply this - to keep ourselves, body and soul, and our environment, physical, social, industrial, etc., always at the very tip-top of condition."[6]

Halls „morale"-Begriff ist deshalb nur unpräzise mit „Moral" oder „Moralität" zu übersetzen,[7] besitzt vielmehr eine eigene biologistische Bedeutungsqualität, wird als „the cult of condition"[8] folgendermaßen charakterisiert:

> „Morale is thus health. It means wholeness or holiness, the flower of every kind of hygiene. It is the state in which the whole momentum of evolution is at its best and strongest in us. It is found wherever the universal hunger for more life is best getting its fill. The great religious, especially the Christian founders who strove to realize the kingdom of God, that is, of man here and now, are perhaps the world's very best illustrations of high morale. It is the race seeking expression in the individual, or in the antique phrases of theology it is God coming to consciousness in man."[9]

Mit „morale" ist somit *erstens* die eugenische Gesundheit des einzelnen intendiert: durch Körper- und Muskelkultur[10], gesunde Ernährung[11], geschlechtsspezifische Sexualhygiene[12], regenerative Freizeitkultur[1], aber auch durch humanisti-

---

[1] Morale 2.
[2] Morale 23.
[3] Vgl. etwa die Redeweise „the cult of condition": Morale 16.
[4] Morale 1: „super-hygiene".
[5] Zur eugenischen Menschenzüchtung s. Morale 256.
[6] Morale 1.
[7] Morale 2, 6.
[8] Morale 16.
[9] Morale 17f.
[10] Morale 32, 36, 144, 146 u. ö.
[11] Morale 32-34.
[12] Vgl. bes. Kap. VI, „Morale, Sex, and Women", sowie Kap. XVI, „Morale and Feminism".

sche Erziehung², Wissenschaft³ und Religion, deren Behandlung Hall erneut das kulminative Abschlußkapitel widmet⁴.

Mit „morale" ist *zweitens* aber zugleich auch die - selbst wiederum dem eugenischen Ziel untergeordnete - Gesundheit des Gemeinwesens intendiert: die Wohlordnung der gesellschaftlichen Berufsstände⁵, der ökonomischen Verhältnisse⁶, der Staatsleitung⁷ und des Erziehungswesens⁸.

Der soeben beendete Weltkrieg ist dabei für Hall nicht nur eine Bankrotterklärung⁹ für die bisherige „morale" der Gesellschaft, sondern überraschenderweise - vielleicht nur aus amerikanischer Perspektive überhaupt nachvollziehbar - zugleich ihr größter Drill- und Tugendmeister.¹⁰ Der echte Soldat mit seiner tonischen Männlichkeit¹¹ gilt ihm nämlich als die vollkommenste Verkörperung ihres Ideals:

„Morale is the soul of the soldier."¹²
„The ideal soldier comes perhaps nearer being the ideal man than does the workman, scholar, farmer, savant, or the ideal of any occupation...The true soldier carries a certain atmosphere of tonic, out-of-door healthfulness and life abounding that is a mental and physical tonic to all he meets and is the very opposite of weakness, invalidism, or flabbiness."¹³

Von daher ist Halls Werk nicht etwa, wie es zuweilen den Anschein haben mag,¹⁴ als ein Almanach für Armeeangehörige und Kriegsveteranen zu verstehen, sondern der Titel von Kap. XI muß als die fürs Ganze geltende Programmanzeige

---

[1] HALLs Plädoyer für eine Vergnügungs- und Freizeitkultur wendet sich gegen den traditionellen puritanischen Rigorismus: Morale 208; Kap. IV, „Morale and Diversions"; Kap. XIX, „Morale and Prohibition". Vgl. auch sein Plädoyer „Recreation and Reversion", PS 22 (1915), 510-520.

[2] Morale Kap. XVII, „Morale and Education".

[3] Morale 213: als die höchste Verkörperung von Realitätssinn und Selbsthingabe. Vgl. auch 168f.

[4] Morale Kap. XX, „Morale and Religion" bietet Kurzzusammenfassungen der in AP und JP entwickelten Überzeugungen.

[5] Morale Kap. X, „Morale, Tests and Personnel Work": Dies nämlich ist das Sinnziel von Persönlichkeitstests, welche die professionsmäßige Eignung einer Person feststellen sollen.

[6] Morale Kap. XIII, „The Labor Problem"; Kap. XV, „Morale and the 'Reds'"; Kap. XV, „Morale and Profiteering".

[7] Morale Kap. XVIII, „Morale and Statesmanship".

[8] Morale Kap. XVII, „Morale and Education".

[9] Morale 20. Über die konstruktiven Impulse des Weltkrieges s. a.: „Some Relation between War and Psychology", AJP 30 (1919), 211-223.

[10] Morale 1, 22, 16, 24.

[11] Morale 142f.

[12] Morale 18.

[13] Morale 142.

[14] Vgl. etwa Morale Kap. V, „The Morale of Placards, Slogans, Decorations, and War Museum"; Kap. VII, „War Aims and Knowledge"; Kap. XI, „Specific Morale for the Army"; Kap. XII, „Morale and Rehabilitation of the Wounded".

gelesen werden: „The Soldier Ideal and Its Conservation in Peace"! Die „morale" der Gesellschaft, allen voran des Soldatenstandes, die Hall in Konfrontation mit der harten Realität des Krieges natürlicherweise hervorgebrochen sieht, soll für die Friedenszeit bewahrt werden und die Grundlage eines neuen Zivilcharakters bilden.[1] Statt religiös motivierter Weltflucht („other-worldliness") mannhafte Begegnung der Wirklichkeit im Hier und Jetzt,[2] statt moderne Hyperindividualisierung Unterordnung des einzelnen unter den Geist seiner Truppe, Gattungsleben über Einzelleben[3] - lauten die Devisen.

Daß dies einem eher heidnischen als christlichen Menschenbild entspricht, ist Hall dabei bewußt.[4] Daß seine Utopie eines reibungslos wie ein Ameisen- und Bienenstaat[5] funktionierenden Gemeinwesens sehr bald schon die bittere Realität des Totalitarismus werden soll, kann er nicht ahnen. Vieles von dem, was, als praktische Konsequenzen seiner Theorie vorgestellt, aus der Distanz geschichtlicher Erfahrung sofort erschreckende Bilder aufkommen läßt, kann von Hall in seinen verheerenden Ausmaßen sicherlich kaum imaginiert worden sein. So - mag man zugute halten - geht es ihm bei aller Bewunderung für einen geradezu preußischen Soldatendrill[6] doch keineswegs um die gleichschaltende Uniformisierung aller Gesellschaftsglieder.[7] So hat er sich trotz uneingeschränkter Begeisterung für die Zukunftschancen der Eugenik[8] doch niemals für die aggressive Ausrottung alles Labilen und Defektiven ausgesprochen[9]. Und doch ist nicht zu übersehen, daß seine Konzeption, insbesondere die der „Sünde" als Hyperindividualisierung und Degeneration,[10] einer totalitären[11] Geringschätzung des Individuums und darum naheliegenden Mißachtung seiner Menschenwürde zumindest Vorschub leistet:

> „The world was never so populous, but the future belongs not to the races that are most fecund but to those which add to this a selective environment that conserves the best and eliminates the worst or least fit to survive, so that quality and not numbers alone holds its true place as a cofactor. The philanthropy and the medical arts that keep the unfit alive do not improve mankind."[12]

---

[1] Morale 147.
[2] Morale 58, 150, 293, 343.
[3] Morale 143, 314, 348, 364; vgl. JP 426.
[4] Morale 143.
[5] Morale 365; JP 474; „The Fall of Atlantis", RP 15.
[6] Morale 143.
[7] Morale 150.
[8] Morale 114, 256, 364; JP 109, 184f.
[9] Dieses besitzt vielmehr laut JP 484 sogar eine positive Funktion, weil es zur philanthropischen Fürsorge herausfordere.
[10] Morale 350, 364f.
[11] Über Halls Nähe zum Totalitarismus s. STRICKLAND/BURGESS, 26.
[12] Morale 364.

Wie wir uns eine Gesellschaftsordnung nach dem Muster der hier umrissenen „morale" vorzustellen haben, finden wir in der Utopia-Erzählung „The Fall of Atlantis"[1] von 1920 literarisch ausgemalt. Am pseudonymen Bild des Untergangs von Atlantis hat Hall in ihr seinen Hoffnungen und Befürchtungen für die Entwicklung der Menschheitszivilisation Ausdruck verliehen[2] und seine Vision von den Ideal- und Degenerationsbedingungen der gesellschaftlichen Institutionsbereiche eindrücklich illustriert.[3] Mit großem Detailreichtum wird uns darin vorgeführt, wie in Halls „Brave New World" die öffentliche Hand durch eugenische Praktiken[4] und religiös-moralische Erziehungsinstitutionen[5] die totalitäre Kontrollfunktion über die Familien[6] und den einzelnen ergreifen soll.

3.3.2 Die Psychologie der seneszenten Wiedergeburt

Anleitung zu einer „morale"[7] für das Alter - unter diesem Titel werden wir Halls letztes psychologisches Werk „Senescence. The Last Half of Life" aus dem Jahr 1922 in den Faden unserer Darstellung einreihen können. Mit ihm hat Hall seine obige Konzeption nicht nur des näheren für ein bestimmtes Lebensalter konkretisiert, sondern zugleich auch seine Entwicklungspsychologie des menschlichen Lebenszyklus komplettiert.[8]

Wie sooft kann Hall bei der Abfassung auch dieses Werks auf eine ganze Reihe von Arbeiten zurückgreifen, die er von seinen Schülern an der Clark-Universität zum Thema in den Jahrzehnten zuvor hat anfertigen lassen.[9] Und doch ist dieses Werk zugleich wie kein anderes eine genetisch-psychologische Auseinandersetzung mit der ganz persönlichen Lebenssituation, der des Alters und bevor-

---

[1] RP 1-127. HALL bezeichnet diese Erzählung in seinem Vorwort (V) selbst als „in some sense an aftermath of my 'Morale'".

[2] RP 5.

[3] Zum Gesundheitswesen (III, 17-28), zu Recht, Politik und Wirtschaft (IV, 28-45), zum Erziehungswesen (V, 45-71), zur Religion (VI, 71-99, s. a. 34), zur Frauenfrage (VII, 99-116).

[4] RP 13, 19, 32, 59f., 108.

[5] Initiatorische Mysterienkulte für die Adoleszenz (RP 76f., 84f.), sog. „heart-formers" als spirituelle Leiter (RP 81f., 86 u. ö.), anthropomorphische Gottesmenschkulte (RP 76f., 91f.), ein öffentlich initiierter „immanenter Gerichtstag" nach dem Tod jedes einzelnen (RP 30).

[6] RP 45f.

[7] SP 406.

[8] SP VII.

[9] C. SCOTT, „Old Age and Death", a. a. O.; J. R. STREET, „A Genetic Study of Immortality", a. a. O. (1899); C. W. S. JOHN, The Psychology of Senescence, Master's Thesis, Clark University, Worcester/Mass. 1912; W. T. SANGER, The Study of Senescence, Clark University, Worcester/Mass. 1915. Zu HALLS eigener Vorarbeit vgl. bes.: „Thanatophobia and Immortality", AJP 26 (1915), 550-613; „Old Age", Atlantic Monthly 127 (1921), 23-31.

stehenden Todes.[1] Noch einmal nämlich scheint sich Hall hier in der Zeit seiner Emeritierung die Frage zu stellen, was es denn in diesem letzten Lebensabschnitt für ihn noch „zu sein und zu tun gäbe in der Welt". Eine wissenschaftliche Bemühung um Selbsterkenntnis wird erstrebt,[2] wie er sie auf einer dezidiert persönlichen Ebene in der zur selben Zeit begonnenen Autobiographie[3] betreibt. Ein abschließendes Nachdenken über seinen Lebensplan also,[4] bei dessen fälliger Reorientierung[5] zugleich ein generalisierender Blick auf diese letzte Lebensepoche geworfen wird,[6] die der Neuengländer Hall im folgenden poetisch als „true Indian summer of life"[7] beschreibt.

Die vorliegende Seneszenzpsychologie kann uns nun als ein beredtes Zeugnis für die innere Konsistenz des Hallschen Werkes gelten und der sich in ihm durchhaltenden Kontinuität einer religiösen Gesamtvision. Sie ist aber auch ein Paradestück, um die zahllosen offensichtlichen Widersprüche[8] zu studieren, in die sich sein Autor im einzelnen dadurch verstrickt hat, daß er eine verfolgte Idee in seiner Begeisterung allzu leicht überstrapaziert:

Sollten wir in seiner Adoleszenzpsychologie noch alles Heil dieser Welt und die Summe alles Menschlichen gerade von der Jugend erwarten, so hier wiederum alles von der Seneszenz.[9] Mit einem vergleichbaren Enthusiasmus nun gerade deren positive Funktion zu beschwören, muß für seine evolutionistische Konzeption zumal ein besonderes Problem bedeuten, weil diese als postreproduktives Lebensalter vom Gattungsleben via Vererbung ausgeschlossen bleibt.[10]

Befand sich die Menschheit 1904 soeben noch auf der pubertären Schwelle zum Erwachsenenalter, so jetzt 1922 bereits im kritischen Überschritt zur Seneszenz.[11] Sollten wir bisher Übermenschen in der jugendlichen Gestalt Jesu erwarten, so werden wir nun auf alte, aber vitale und kraftstrotzende Weise wie Zarathustra[12] als reife Führerpersönlichkeiten[13] vorbereitet. Vieles von dem, was

---

[1] SP 246, 368. Der 70. Geburtstag, den Hall soeben gefeiert hat, wird von ihm als der traurigste und schwerste Meilenstein des menschlichen Lebensweges bezeichnet.

[2] SP XIV, 380.

[3] SP XIX.

[4] SP XVII.

[5] SP XIV, 8.

[6] SP 363.

[7] SP 434ff.

[8] Als Beispiel sog. „blatant contradictions", wie STRICKLAND/BURGESS (25) bemerken. Vgl. a. SANFORD, 318: „he is careless of details and even of minor errors"; CURTI, 396.

[9] SP 36, 367, 413, 419, 434, 436, 405: „This brings me to the main thesis of this book, which is that intelligent and well-conserved senectitude has very important social and anthropological functions in the modern world not hitherto utilized or even recognized."

[10] SP 257, 397.

[11] SP 30.

[12] SP 411, 428, 434.

[13] SP 387, 431f.

zuvor von der Adoleszenz zu leisten war, ist hier der Seneszenz vorbehalten bzw. neu aufgegeben:[1] eine Rekonstruktion des Selbst, aus der eine neue Lebensaufgabe bzw. -hingabe an den Dienst für Gesellschaft und Gattung hervorgeht,[2] welche die hierfür benötigte Passion und Energie aus den philanthropischen Sublimationen der vita sexualis[3] schöpft.

Doch alle diese Inkonsistenzen bestätigen lediglich die Stichhaltigkeit unserer bisherigen Interpretation, welche schon die Hallsche Adoleszenzpsychologie mit ihrem Zentralmotiv der Wiedergeburt bzw. Bekehrung im Ansatz als eine Entwicklungspsychologie nicht nur der Jugendzeit, sondern des menschlichen Lebens im ganzen zu begreifen suchte. So lassen sich dann auch im Rückblick Ansätze zum Plan einer Seneszenzpsychologie bereits in Halls Hauptwerk von 1904 deutlich erkennen.[4] Es scheint sich hier wie bei seinem nur oberflächlich ausgeprägten Interesse für eine Statistik des Bekehrungsalters zu verhalten: Im Grunde ist ihm der genaue Zeitpunkt der Wiedergeburt gleichgültig, nur auf das *Daß* kommt es ihm an und darauf, was dieses für den onto- wie phylogenetischen Evolutionszusammenhang bedeute.

Dieser Befund kann dann jedoch nicht unerheblich für unsere Einschätzung seines wissenschaftlichen Unternehmens im ganzen sein: Weniger nämlich auf die empirische quantitativ genaue Erfassung der einzelnen Lebensstadien scheint es Halls Entwicklungs- und Religionspsychologie abgesehen zu haben als auf die Entfaltung einer *Idee*[5] von der evolutionistischen Bedeutung der Entwicklungsphänomene. Eines aber ist in Anbetracht der hier notierten Inkonsistenzen sicher: daß diese Idee nicht selbst aus dem quasi neutralen Datenbestand rein empirischer Einzelstudien abgeleitet, sondern bereits vor jeder Konzeption wie Auswertung solcher Studien vorhanden gewesen ist.

Die alte Idee somit in frischem Gewande – unter Heranziehung einer Fülle neuen Theorie- und Zahlenmaterials präsentiert. Was ist dann überhaupt das Neue, das uns nötigt, auch dieses Werk in unsere Rekonstruktion der Hallschen Religionspsychologie miteinzubeziehen? Antwort: Nichts wirklich Neues eigentlich, sondern nur das Auftauchen einer religionspsychologischen Thematik, die aufgrund der Ausführlichkeit ihrer hiesigen Behandlung und der bis dahin noch unerreichten Deutlichkeit der Pointe unsere geschärfte Aufmerksamkeit erheischt. Es ist dies die Thematik des Todes,[6] der Todesfurcht[1] und des Unsterb-

---

[1] SP 427.
[2] SP 403, 435.
[3] SP 101, 397, 413, 415.
[4] AP Bd. 2, 26, 120, 292, 554. So auch Hall selbst in SP VII. Vgl. a. „Thanatophobia and Immortality", 612, worin HALL den Arbeitsauftrag einer Gerontologie entwirft.
[5] Bzw. eines *Ideals*: SP 29.
[6] SP insbesondere Kap. IX.

lichkeitsglaubens, an deren Psychologie Hall in den letzten Jahrzehnten immer wieder gearbeitet hat.[2] Wir hören ihn hier nun sein alle diese Einzelstudien resümierendes Gesamturteil sprechen: Der Tod des Individuums sei an Körper und Seele endgültig,[3] der christliche Glaube an die Unsterblichkeit der Person zwar eine pragmatisch nützliche[4] Wunschsuggestion zur Linderung der zentralen Furcht des Lebens, der „thanatophobia",[5] die als Erkenntnis der eigenen Endlichkeit geradezu das Zentralereignis der Menschwerdung[6] bilde. Dieser Glaube ist für Hall jedoch wissenschaftlich nicht länger haltbar. Womit sich sofort die Frage nach einer anderen für das menschliche Leben befriedigenderen Lösung erhebt,[7] und damit die Frage nach einer psychologisch vertretbaren Religion.

Sei es nun, daß der seit der Veröffentlichung seiner Jesus-Psychologie inzwischen auf ihn eingestürmte Haß der Theologenschaft dazu beiträgt, Hall noch weiter aus dem Hafenbecken seiner kirchlichen Heimat hinauszutreiben,[8] sei es, daß ihn die natürliche Tendenz seines Gegenstandes oder auch nur Laune dazu veranlaßt haben mögen: Noch nie zuvor haben wir ihn jedenfalls so offen einen paganen Pantheismus[9] verkünden hören, den wir als „Metareligion" immer schon hinter seiner psychologischen Interpretation des Christentums hervorlugen sahen, die Hall darum hier auch keinesfalls zu widerrufen braucht, sondern in seinem materialistisch[10] verstandenen Vitalismus[11] eingeschlossen weiß:[12]

> „Thus back of Christianity is an older, larger, meta-Christian, meta-human religion found in the love of nature, and old men ought to grow progressively interested first in animals, then

---

[1] SP 145, 439, 515. Mit dem Phänomen der Furcht hat sich HALL eingehend psychologisch auseinandergesetzt: „A Study of Fears", a. a. O.; „A Synthetic Study of Fear", AJP 25 (1914), 149-200, 321-392: Furcht ist für ihn eine durch onto- wie phylogenetische Erinnerung bestimmte Antizipation von Schmerz (ebd., 149f.).

[2] AP Bd. 2, 67; JP Kap. 11; Morale 353f. Vgl. bes. „Thanatophobia and Immortality": eine Abhandlung über die menschliche Einstellung zum Tod und den Glauben an die Unsterblichkeit. Die darin zusammengetragenen anthropologischen, religionsgeschichtlichen, entwicklungs- und religionspsychologischen Studien bilden den Grundstock zu der in SP vorgelegten Theorie. Liebestrieb und Todesfurcht werden von HALL darin als die beiden großen Affirmationen - der eine als die positive, die andere als die negative - des „will to believe" verstanden: „Thanatophobia and Immortality", 550.

[3] SP 438.

[4] SP 487.

[5] SP 451, 472; vgl. a. „Thanatophobia and Immortality", 550.

[6] SP 459.

[7] Das ist für Hall der Glaube an die Unsterblichkeit der Gattung: SP 478, 486.

[8] Zu seiner Kritik an der Kirche vgl. SP 25, 27, 365.

[9] SP 418, 499. Vgl. bereits EP Bd. 1, 139f., 143; Halls pantheistisches Plädoyer ist jedoch hier noch ganz eingeordnet in seine Entwicklungspsychologie der kindlichen Religion, der ja offen heidnische Züge zugestanden werden.

[10] SP 429ff., 488ff.

[11] SP 435.

[12] SP 81, 38, 451, 417ff.

in plants, then in the inanimate world, with a view to the ending of life in a pantheistic absorption."[1]

Wir können in diesem Schlußcredo Halls die Religiosität seines jugendlichen Hügelerlebnisses (1.5) mit dem Transzendentalismus seiner College-Zeit (1.6) wie der Identitätsphilosophie seiner deutschen Lehrer Fechner[2] und Hartmann[3] verschmelzen sehen zu einer einzigen umfassenden Lebenssynthese. Im Geist der romantischen Poesien Bryants und Tennysons, mit deren erhabenen Elegien wir sein psychologisches Lebenswerk ausklingen hören,[4] hat Hall darin offensichtlich seinen persönlichen Trost in dem von ihm zugleich wissenschaftlich sanktionierten Glauben gefunden, durch seinen nahen Tod in den ewigen Strom des Lebens und seiner Gattung als in den heimatlichen Schoß der „großen Allmutter Natur"[5] zurückzukehren.

4. Schluß

Als Hall 1924 stirbt und die wissenschaftliche Welt seinen Nachlaß sichtet, werden sich Freunde und Feinde in einem einig sein können: Er, der angetreten war, in der stellvertretenden Annahme der elterlichen Ambitionen „etwas zu sein und zu tun in der Welt", hat in der Geschichte der empirischen Religionspsychologie, Psychologie und Pädagogik in der Tat unauslöschliche Spuren hinterlassen. Er hat diese Wissenschaften in den USA mit begründet und sie innerhalb seiner Konzeption so eng miteinander verknüpft, daß sie als die untrennbaren Aspekte einer einzigen umfassenden Wissenschaft vom Menschen erscheinen: einer evolutionistischen „Science of man", die das große Versöhnungswerk zwischen moderner Kultur und christlicher Tradition leisten möchte, das Hall seit seiner College-Zeit, als der Reiz der modernen Bildungswelt mit den vertrauten Werten seiner puritanischen Herkunft für ihn erstmals kollidierten, zum Inhalt seines Lebensplans macht. Der persönliche Konflikt wird ihm darin symptomatisch für eine allgemeine Gegenwartsdiagnose: Hall sieht die moderne Welt insgesamt bedroht durch ihren degenerativen Hang zu intellektualistischem Selbstzweifel und der Alldominanz praktischer, insbesondere ökonomischer Verwertungsinteressen. Aus diesem Grund sucht er die am religiösen Identitätsverlust krankende Personintegrität des modernen Menschen zu heilen durch eine psychologische Rehabi-

---

[1] SP 498; vgl. schon EP Bd. 1, 187: für eine pantheistische Evolutionsreligion.
[2] SP 493; FMP 122-177.
[3] JP 553; FMP 178-243.
[4] SP 516-518.
[5] SP 416, 429, 434f., 489.

litierung des Bereichs der Innerlichkeit, der als traditionelle Domäne der Religion[1] zusammen mit dieser ins gesellschaftliche Abseits geriet.

Indem Halls genetische Psychologie Gefühl, Intuition und Instinkt als *das* Fundament psychischen Lebens betrachtet, hat sie - in traditioneller Redeweise: - das „Herz" als Zentrum menschlichen Personseins ausgewiesen und dessen Bildung zum Ziel des gesamten Erziehungswesens gesetzt.[2] Darin wird ein Proprium christlicher Lehre und Praxis festgehalten[3] und auch hinsichtlich seiner Form nach traditionellem Muster bestimmt: nämlich als das Fundamentalereignis der „Bekehrung", das sich in der Abkehr des menschlichen Herzens von der Sünde und seiner Hinkehr zum Höchsten Gut realisiert. Es wird auch von Hall als ein Offenbarungsgeschehen gekennzeichnet, das sich gerade in der menschlichen Selbsthingabe vollzieht, dem einzelnen vom Ursprung seiner innersten Natur her ausgesprochenermaßen unwillkürlich widerfährt. Und es ist auch aus seiner Sicht Christus, der diese Hingabe durch sein Leben in idealer Weise repräsentiert.

Soweit Hall diese christlichen Einsichten festhält, ist sein religionspsychologischer Ansatz aus theologischer Perspektive zu würdigen. Kaum mehr einleuchten kann dieser jedoch in allem weiteren dort, wo er diesen formalen Kern seiner Religionspsychologie mit den Überzeugungen seiner evolutionistischen Menschheitsreligion erfüllt, d. h. das Höchste Gut des Menschen selbst inhaltlich bestimmt:

Dieses fällt dann nämlich - und darin bleibt Hall ganz ein Kind der von ihm beklagten modernen Welt - mit der sinnlich gegebenen Wirklichkeit schlichtweg zusammen, wird als „Menschheit", deren „Evolution" und als das „Leben des Universums" in ganz materialistisch verstandener Immanenz von ihm vergöttlicht, verewigt. Diese materialistische Immanenztheologie wird zunehmend bestimmend, obwohl das sinnlich Sichtbare zunächst nur als sekundäres Symbol einer höheren unsichtbaren Wahrheit erschien mit der Tendenz, sogar marginalisiert zu werden: so etwa in Halls Beurteilung der Historizität Jesu, der Bedeutung positiver Religionen und geschichtlicher Offenbarung. Der Realitätsverlust, der sich darin einschleicht, wird schließlich dadurch wettzumachen versucht, daß Hall das Höchste Gut selbst sinnlich objektiviert und im Zuge seiner krassen Verdinglichung auf den Boden der Alltagswelt bzw. physikalisch-wissenschaftlicher Objekterfahrung zurückholt.[4] Der Mensch, die Seele, die natürliche Welt im

---

[1] Vgl. etwa „Modern Methods in the Study of the Soul", 132.

[2] So etwa in „Pedagogical Methods in Sunday-School Work", 720; „The Education of the Heart", Kindergarten Magazine 11 (1898), 592-595, 599-600, 604-607; EP Bd. 1, 197.

[3] Dies hat HALL wohl auch selbst so gesehen, vgl. etwa „Relation of the Church to Education", 186f.

[4] Daß HALLs common sense-Epistemologie die Sinneswahrnehmung äußerer Objekte als die ebenso direkte, unmittelbare wie zuverlässige Quelle menschlicher Erkenntnis versteht, s. „The

ganzen sollen geheiligt sein, und zwar nicht trotz, sondern gerade wegen ihres szientifisch beschreibbaren materialen Seinscharakters. Die „Science" ist als *Feind* der Religion innerhalb einer dualistischen Zweiweltentheorie durch Halls monistischen Pantheismus tatsächlich überwunden, jedoch nicht etwa von der Religion rückbindend eingeholt, sondern umgekehrt: diese in eine sich selbst als Religion gebärdende empiristische „Science" vollends verschlungen.

Genetic View of Berkeley's Religious Motivation", 142-144, 160ff.; „Why Kant Is Passing", 378f., 411.

II. Die Religionspsychologie James Henry Leubas

1. Die Bildungsgeschichte der grundlegenden Lebenseinsichten Leubas bis zum Erscheinen der ersten religionspsychologischen Veröffentlichung

Stellen wir an den zweiten Gründervater[1] der empirischen Religionspsychologie, James Henry Leuba, die Frage nach den biographischen Wurzeln seiner lebenslangen Forschungen auf dem Gebiet der Religionspsychologie, so hören wir von ihm selbst folgende Antwort:

> „To answer that question and explain why the psychology of religion became a life-long interest, I must go back to my life at Neuchâtel. It will be seen that the selection of psychology as a career was not altogether haphazard, for the most impressive experiences of my youth had made me unusually curious about human nature."[2]

Diese eindrücklichen Erfahrungen, die die entscheidenden Weichen für seinen Weg als Religionspsychologen gestellt haben, sollen in diesem Kapitel aufgesucht werden. Wir wollen sie zunächst anhand derjenigen autobiographischen Bilder[3] aufrufen, die Leuba selbst in „The Making of a Psychologist of Religion" 1937 und in wenigen anderen verstreuten Notizen aufgezeichnet und so für uns festgehalten hat.[4]

---

[1] Je nach Standpunkt der Kommentatoren wird Leubas Leistung für die Religionspsychologie unterschiedlich beurteilt. Die einen sehen in ihm den radikalen Bilderstürmer, der Religion weniger verstehen als entthronen wollte, so typisch: S. HILTNER, „The Psychological Understanding of Religion", 83. Die anderen wiederum schätzen an ihm gerade seine Religionskritik als Vorwegnahme derjenigen Freuds, so: B. BEIT-HALLAHMI, Art.: Leuba, J. H., in: Encyclopedia of Religion, hg. v. M. ELIADE, Bd. 8, New York/London 1986, 520; M. ARGYLE/B. BEIT-HALLAHMI, The Social Psychology of Religion, Boston 1975, 198f.
In Deutschland ist die frühe Religionspsychologie Leubas deutlich zurückhaltender als die Starbucksche und Jamessche rezipiert worden. Eine der wenigen Darstellungen findet sich bei G. WOBBERMIN, „Leuba als Religionspsychologe", Religion und Geisteskultur 7 (1913), 282-291, der darin vor allem Leubas Konzeption des Ursprungs und Wesens der Magie im Unterschied zu Ursprung und Wesen der Religion diskutiert.

[2] MPR 175.

[3] Das vorhandene Quellenmaterial, aus dem wir die Bildungsgeschichte Leubas rekonstruieren können, ist weitaus schmaler als im Falle Halls. Die folgenden Ausführungen tragen darum zwangsläufig den Charakter einer mehr oder weniger skizzenhaften Collage, was durch ihre sachliche Gruppierung und Kennzeichnung als „Bilder" zum Ausdruck gebracht werden soll.

[4] Ebd. und in PSR 275 Anm. 1; DERS., God or Man? A Study of the Value of God to Man, London 1934, XII (im folgenden zitiert als GM).

1.1 Erstes Bild: Der Vater

James Henry Leuba wird 1868 in der französischen Schweiz geboren. Sein Vater ist Uhrfabrikant in dem kleinen, aber feinen Städtchen Neuchâtel, wo Leuba in einer „intelligenten und ernsthaften" protestantischen Atmosphäre aufwächst.[1]

> „My parents were earnest Church members. There was, however, in my father a critical attitude and a curiosity sufficient to have made of him a downright heretic had he possessed enough knowledge. He looked sympathetically into several religious movements with which he happened to come in contact, in search it seemed to me, of a simpler religion, less theological and more practical. In any case, I did not learn from him implicit obedience to established authority."[2]

Der Vater zeigt sich in einer selbstbewußten Weise religiös interessiert, wobei ihm die Bindung an das eigene Gewissen offensichtlich über die an bestimmte Traditionen und Autoritäten geht. In seine Fußstapfen werden wir Leuba später eintreten sehen und dessen begonnene Wegsuche nach einer ebenso undogmatisch einfachen wie praktisch wirkungsvollen Religion fortsetzen finden. Dabei wird Leuba im Verlauf seiner Bildungsgeschichte Wirklichkeitskonzeptionen begegnen, die sein handwerklicher Vater freilich noch nicht im Blick haben konnte, die nun aber aus ihm einen solchen offenen „Häretiker" werden lassen, wie jener es seiner Ansicht nach bereits hätte sein können. Ein „Häretiker" und scharfer Kritiker der traditionellen Kirchen und ihrer Dogmen allerdings, der dabei nicht aufhört, „Religion als eine wirkliche Lebensmacht"[3] zu würdigen und in der Hoffnung auf eine „Reformation of the Churches"[4] zeitlebens mit verschiedenen ethisch-religiösen Bewegungen zu sympathisieren[5]. Zumindest wird die religiös selbständige Haltung seines Vaters auch Leuba dazu ermutigt haben, in seinem Verhältnis zu den ihm begegnenden Traditionen von Anfang an eine bemerkenswerte Treue zum eigenen Wahrheitsbewußtsein an den Tag zu legen, wie sich im folgenden zeigen wird.

1.2 Zweites Bild: Die reformierte Tradition seiner Heimatgemeinde

> „It was the custom at Neuchâtel for young men who had reached adolescence to undergo an intensive religious instruction, lasting through several months, in preparation for their first Communion and the ratification of the vows made in their behalf, by their parents, at the baptismal ceremony. The pastor under whose instruction I came was a member of the

---

[1] PSR 275 Anm. 1; GM XII.

[2] MPR 175.

[3] So LEUBA in seinem in deutscher Sprache verfaßten Aufsatz „Theologie und Psychologie", Religion und Geisteskultur 8 (1914), 109-118, dort 117. Vgl. a. PSR 275 Anm. 1.

[4] So der Titel des posthum von seinem Sohn herausgegebenen Alterswerk: Boston 1950 (im folgenden zitiert als RC).

[5] GM XII.

famous Godet family, the son of Frederick Godet, the New Testament scholar. My state of mind during that period is well described by the expression 'puzzled misery.' It was not so much the fault of the pastor - a good and intelligent man - but that of the religion he faithfully taught us: a mitigated Calvinism, as I remember it. We had to learn by heart and profess belief in the catechism and in at least one creed. The Ten Commandments gave me no trouble, I felt their value and accepted them wholeheartedly. But the creed and catechism appeared to me so strange, so remote from what I could understand, and practically so irrelevant or worse, that they left me reticent and chilled. Why demand of me an affirmation of belief in these doctrines? The authority of the Church by which they were presented, backed, as I was told, by God Himself, awed me, but did not produce faith. And yet I was not able to formulate any sufficient reason for standing up against my teacher and the Church and say, 'I do not believe.' In puzzled misery I went to my first Holy Communion and took upon myself the vows made in my behalf at baptism. But the entrance into full Church membership evoked no moral enthusiasm. Whatever social passion could have been awakened in me by the Gospels had been smothered by fantastic, incomprehensible doctrines; and - horrible indeed - I had been taught that without these doctrines, which touched none of the springs of life in me, there was no salvation for me or humanity! There was obviously something wrong with me, or was it with religion? I did not know; I did not even clearly formulate these questions."[1]

Die bewußte Begegnung mit der reformierten Tradition seiner Heimatgemeinde ruft in dem Präparanden Leuba einen Zustand geistlicher Verwirrung und des Elends hervor. Er erlebt sich unfähig, große Teile der christlichen Lehre seiner Kirche, und zwar nicht etwa aufgrund ihrer abstoßenden Präsentation, sondern offensichtlich aufgrund ihres Traditionsgehalts selbst, nachvollziehen und glaubend anerkennen zu können. Abgesehen von den Zehn Geboten bleiben diese Lehren ihm unverständlich und fremd, erscheinen ihm praktisch irrelevant, ja sogar schädlich. Da sich sein jugendliches Selbstbewußtsein jedoch noch nicht gegenüber der Übermacht äußerer Autoritäten zu behaupten vermag, äußern sich seine Zweifel zunächst nur in sprachlos dumpfer Ungewißheit über das Heil seiner selbst wie das der Menschheit insgesamt und im Ausbleiben eines religiösen wie moralischen Erwachens: „There was obviously something wrong with me, or was it with religion?" - Während Leuba sich am Anfang seiner religiösen Identitätskrise noch geneigt zeigt, diese Frage im ersten Sinne zu entscheiden, werden wir ihn später als einen Religionspsychologen kennenlernen, dessen gesundes Zutrauen in die persönliche Einsicht schließlich den Sieg davongetragen hat und der nun alles daransetzt, die Antwort, im zweiten Sinne entschieden, nun auch wissenschaftlich zu erweisen.

---

[1] MPR 175ff.

1.3 Drittes Bild: Die moralische Bekehrung

„The second powerful and altogether different religious experience of my life came with the arrival of the Salvation Army to my home town."[1]

Der aggressive Missionseifer der Heilsarmee ruft einen ungeahnten Ausbruch religiöser Intoleranz im ganzen Kanton hervor:

„The poor Salvationists were insulted, stoned, and finally thrown into jail. My father sided with those who demanded religious freedom and joined some citizens to form a guard for the officers of the Army as they went to and from their meetings. Blows were exchanged. As to the police, they declared themselves unable to keep the peace. The whole canton was in commotion..."[2]

Während der Vater Zivilcourage zeigt und für die alte Schweizer Tradition religiöser und politischer Freiheit einsteht, vermögen sich Kirchenleute und Klerus mit ihrer Haltung während der Turbulenzen für Leuba kaum zu empfehlen.[3] Statt dessen beeindruckt ihn der Mut und die Kompromißlosigkeit der Hingabe bei den Mitgliedern der Heilsarmee:[4]

„Drawn in these stirring events I attended the meetings of the Army and came to know several of its leaders. Their courage and uncompromising devotion to a moral ideal captured my admiration. They talked a great deal, it is true, of the blood of Christ, of the Cross, of Heaven and Hell, but for me these beliefs were thrown into the background by the life of the loud-mouthed, tactless heroes who urged them. The moment came when I could no longer resist the appeal of the moral ideal they were for ever holding up before us: no compromise with evil, no half-way measure, no divided self; every impurity had to be disavowed, the divine Will alone was to rule.

In the conversion through which I passed, the doctrinal background, presented so vividly and tirelessly by my friends of the Army, played a remarkably small role. It is the moral ideal itself which moved me. I saw it as an Absolute which it was my duty and privilege to realize. There was, in addition, an acute sense of guilt for having fallen short of a perfection regarded as attainable. This ethico-religious experience was perhaps the most beneficial one of my life; it was certainly the most violent one. But, I repeat, in spite of the vociferous affirmations of my religious friends, I did not feel that belief in the atoning sacrifice of Christ was a condition of salvation; the forces working in me had no vital relation to that doctrine."

Leuba vermag der Anziehungskraft dieser unerschrockenen religiös-moralischen Heroen nicht länger zu widerstehen und erfährt eine „ernsthafte Bekehrung", deren bleibenden Wert er nicht in der Annahme bestimmter Glaubensüberzeugungen, sondern im Erwachen für ein absolutes moralisches Ideal erachtet, das keinen Kompromiß, keine Halbherzigkeit und kein gespaltenes Selbst duldet.

---

[1] MPR 177.
[2] Ebd.
[3] MPR 178.
[4] MPR 178f.

1.4 Viertes Bild: Im Bannkreis des neuen Weltbildes der Naturwissenschaften

In der Folgezeit verschwindet der Einfluß der Heilsarmee allmählich wieder aus Leubas Leben in Neuchâtel, und er findet sich mehr und mehr von seinen Studien der Naturwissenschaften in Anspruch genommen. Unmerklich adaptiert er die sich ihm neu auftuende szientifische Sicht der Wirklichkeit, in deren Zentrum die Darwinsche Theorie der Evolution steht:

> „My scientific studies had doubtless a profound influence upon me, unfavourable to the traditional theology, but it worked so gradually that I was hardly aware of its effects. We were driven so hard that there was little time for us students to read and think outside of the prescribed courses. I made time, however, to read Darwin and Huxley, and found in the theory of evolution, then fighting for recognition, explanatory ideas which seemed to me fundamental. The sciences to which I was being introduced, physics, chemistry, geology, biology, presented a method for finding truth, and pointed to a world so completely different from the method and the conception of the pious people among whom I had moved, that I felt keenly the contrast. With regard to the 'truths,' preached by the Churches, which appeared to me in direct contradiction with Darwinism and science in general, I found myself siding without hesitation with science."[1]

Hatte sich Leuba bereits zuvor nur schwer mit dem kirchlichen Milieu seiner Heimat identifizieren können, so steht er jetzt, in eine modernere und attraktivere Welt eingetreten, dem Angebot gegenüber, sich von jener, insbesondere ihrer ihm dunkel gebliebenen Lehre, mit ruhigem Gewissen entfernen zu dürfen, weil allem Anschein nach mit guten, nämlich vom Standpunkt wissenschaftlicher Wahrheitserkenntnis aus vorgetragenen Gründen.

1.5 Fünftes Bild: Fußfassen in der neuen Welt - der Abschluß der religiösen Identitätsfindung

Nachdem Leuba den akademischen Grad eines Bakkalaureus der Naturwissenschaften erworben hat, führt ihn sein weiterer Weg nach Amerika.[2]

> „When, during the second half of the last century, great watch manufactures were set up in the United States and brought ruin to the dominant industry of a large part of Switzerland, my father conceived the project of invading the enemy's country to seek there a livelihood for his large family. It was at that time, for a man in his circumstances, a very bold project, and our first years in America were difficult and lean years indeed."

Dem engen Milieu seiner Heimat nun auch räumlich entronnen, gilt es für Leuba, in der sich ihm auftuenden neuen Welt Fuß zu fassen, d. h. als erstes die englische Sprache zu erlernen, in welcher - von einer Reihe französischer Aufsät-

---

[1] MPR 179f.
[2] MPR 174.

ze abgesehen - seine späteren religionspsychologischen Schriften verfaßt sein werden.

> „Good luck led me to a small Pennsylvania college where I was induced to join the senior class while learning my living by sweeping classrooms and tending store fires. Somebody, interested in the establishment of a French branch of the New York Y.M.C.A., discovered me there and I was induced to become its secretary."[1]

Leuba nimmt seine bereits in Neuchâtel bestehenden Beziehungen zur Y.M.C.A. wieder auf, findet bei dieser eine Anstellung als Sekretär in New York und damit eine Aufgabe, deren sozialer Impetus dem ethischen Ideal seiner Bekehrungserfahrung entsprochen haben mag.

> „I laboured there two years and found much satisfaction in helping young men to live honestly and happily, and to make their way in the great metropolis. But the prayer-meetings became more and more a burden to me, and the moment came when I could no longer go on with the strictly religious part of the activities I was expected to lead. I resigned to the great relief both of the zealots among the directors and of myself."[2]

Aber erneut gelingt es ihm nicht, sich mit dem religiösen Fundament und der Frömmigkeitspraxis seiner neuen Arbeitsstelle zu identifizieren. Die Summe aller bisherigen widerständigen Einsichten macht ihm ein weiteres Mitleben in dieser kirchlichen Institution unmöglich, so daß er schließlich den ehrlichen Bruch vollzieht. Darin löst sich sein ethisches Ideal zum ersten Mal offen vom kirchlich-religiösen, mit dem es seit seinem Erwachen innerhalb einer „ethisch-religiösen" Bekehrungserfahrung zunächst noch, wenn auch von Anfang an bereits nur oberflächlich, verbunden war. Und Leubas religiöse Identitätskrise mag als abgeschlossen gelten: Die Zweifel, die sich in Auseinandersetzung mit der kirchlichen Tradition seiner Herkunft eingestellt hatten - „There was obviously something wrong with me, or was it with religion?" -, scheinen sich ihm nun ein für allemal eindeutig im letzteren Sinne entschieden zu haben.

1.6 Sechstes Bild: Vom Sprachlehrer zum Psychologen - das Finden der Lebensaufgabe

Leuba vermag sich seinen weiteren Unterhalt zunächst als Sprachlehrer in Neu England zu verdienen, ohne darin allerdings bereits eine sinnvolle Erfüllung seiner Lebensaufgabe sehen zu können.

> „My next occupation was that of teacher of French and German in a reputed New England prepatory school. While there, I heard that Clark University was offering a number of scholarships and I was fortunate enough to secure one of them to study psychology under G. Stanley Hall and Edmund Sanford, two pioneers of the new science. I had found my way.

---

[1] MPR 174.
[2] MPR 180.

But why not remain a teacher of languages? For the very good reason that I had absolutely no task and hardly any respect for that occupation. And why select psychology among the sciences?"[1]

„The physical and biological sciences were throwing a wonderful light upon the mysteries of the world, but what I wanted to understand above all was the working of the human mind. Psychology, thought I, would in particular clear up, among other things, the wonders of conversion and of the religious life in general."[2]

Aus dieser Zeit besitzen wir ein Zeugnis, das belegt, wie sich in Leuba beim Studium der französischen Literatur und der sich in ihr spiegelnden Geistesgeschichte selbst das Interesse an den psychischen Fundamenten der menschlichen Natur meldet, so daß die Wahl eines Psychologiestudiums als konsequente Verfolgung dieses Interesses verstehbar wird. In diesem Zeugnis handelt es sich um eine Vorlesungsreihe, die 1893 unter dem Titel „National Destruction and Construction in France As Seen in Modern Literature and in the Neo-Christian Movement"[3] erscheint und neben einer ersten physiologischen Studie[4] Leubas erste Veröffentlichung darstellt. Für uns besteht der besondere Wert dieser von ihm selbst in späteren Bibliographien[5] nicht mehr angeführten Abhandlung darin, daß Leuba in ihr eine Charakterskizze seiner eigenen historischen Epoche zeichnet, die für sein gesamtes religionspsychologisches Werk aufschlußreich ist, weil sie den Horizont umreißt, innerhalb dessen er seine persönliche Lebensaufgabe bleibend gestellt sieht.

In der genannten Vorlesungsreihe analysiert Leuba den nationalen Destruktions- und beginnenden Konstruktionsprozeß Frankreichs im ausgehenden 19. Jahrhundert, wie er ihn in der zeitgenössischen Literatur des Landes wiedergespiegelt findet. Dabei ist offensichtlich, daß der Autor hierin keine ausschließlich auf die französische Nation beschränkte Entwicklung in den Blick fassen, sondern eine universalgeschichtliche Entwicklungstendenz aufzeigen will:[6]

„The throes through which France is passing will soon reach to other nations. These throes are not to be feared, for they are but as the struggle of the butterfly endeavoring to set itself free from its gross-imprisoning chrysalis; man is about to take an epoch-making step toward the more complete realization of his divine nature."[7]

Diese besteht für Leuba im Anbruch einer neuen Menschheitsepoche, in der der einzelne die volle Verwirklichung seiner göttlichen Natur, seine „moral-self-

---

[1] MPR 175.
[2] MPR 180.
[3] AJP 5 (1893), 496-539 (im folgenden zitiert als NF).
[4] „A New Instrument for Weber's Law with Indication of a Law of Sense-Memory", AJP 5 (1893), 370-384.
[5] Sie wird nur ein einziges Mal, in SPR 310 Anm. 2, ohne Titel erwähnt.
[6] NF 497, 538f.
[7] NF 539.

consciousfication"¹, realisiere. Wie in der französischen Revolution von 1789 geschichtlich zum ersten Mal politische Freiheit und Gleichheit ausgerufen worden seien, so jetzt erneut auf französischem Boden erstmals das Prinzip der Unabhängigkeit des individuellen Gewissens von allen äußeren Autoritäten: kirchlicher Traditionen einerseits wie der Herrschaft einer „unfehlbaren" Vernunft² andererseits. Frankreich sei dabei, der damaligen Deklaration der politischen und sozialen nun die Deklaration der religiösen und moralischen Menschenrechte hinzuzufügen. Diese „religiöse Revolution" bedeutet aus der Sicht Leubas nichts anderes als die Rückkehr zur einfachen Religion Christi in ihrer ursprünglichen, von kirchlichen Zusätzen noch unverfälschten Version, d. h. eine Rückkehr zur universalen Religion des Herzens und der tätigen Liebe, die aus den „heiligen Offenbarungen des menschlichen Gewissens" ihre Inspiration beziehe.³ In ihr sei die Freiheit des menschlichen Willens wieder an den ihr gebührenden Platz zurückgestellt, von dem sie zuletzt der materialistische Determinismus der Wissenschaften vertrieben hätte.⁴ Religion könne nun wieder neu als eine Form sui generis des menschlichen Lebens begriffen werden, ohne daß die Errungenschaften der Aufklärung und der französischen Revolution, Unabhängigkeit der Vernunft und Freiheit des Gewissens, preisgegeben werden müßten.⁵ Damit sieht Leuba den scholastischen Intellektualismus auf beiden Fronten überwunden,⁶ die Herrschaft dogmatischer Bekenntnisreligionen wie auch die Herrschaft eines dogmatischen Kults der Vernunft gleichermaßen gebrochen⁷. Denn Frankreichs geschichtliche Entwicklung des letzten Jahrhunderts habe das Ungenügen beider Lebenskonzeptionen deutlich zutage gefördert⁸ und zu einem nationalen Leiden an seelischer Dürre und moralischer Trägheit⁹ geführt, dessen heilsame Krisis Leuba im folgenden beschreiben will:

> „The French are left without a belief by which to direct their lives; they are adrift. They know it, and their conscious wandering in a world without issue and without meaning, vents itself in pessimism. Sensualism and, rarely, stoicism, in which they seek refuge, are not remedies but only phases of the desease."¹⁰

---

¹ NF 538.
² Im Rationalismus, Materialismus, Determinismus und Positivismus: NF 496f., 538.
³ NF 531, 534f., 537f.
⁴ NF 533.
⁵ NF 533, 536.
⁶ NF 496, 512, 537.
⁷ NF 496, 534f., 537.
⁸ Vgl. den Überblick in NF 496f.
⁹ NF 512. Demselben geistigen Klima ist Pierre Coubertins olympisches Programm entsprungen, vgl. E. HERMS, „Der religiöse Sinn der olympischen Idee", in: DERS., Sport. Partner der Kirche und Thema der Theologie, Hannover 1993, 25-46.
¹⁰ NF 497.

Die vollständige Auflösung aller Glaubensüberzeugungen und Moralprinzipien der französischen Nation spiegelt sich für Leuba in den Produktionen ihrer Literatur wieder:

Und zwar in einer *ersten Phase*[1] im dekadenten Sensualismus und gepflegten Pessimismus einer l'art pour l'art, welche die überreizte, krankhaft introspektive Empfindsamkeit des Künstlers zum amoralischen Selbstzweck erhebe.

> „The facts of conscience, at all times present with the well-balanced man, have been crowded below the threshold of consciousness by sensuous and intellectual presentations."[2]

Die psychische Konstellation, die für diese l'art pour l'art charakteristisch ist, wird von Leuba dabei in der Begrifflichkeit protestantischer Bekehrungsterminologie beschrieben:

Das „Fleisch" habe den „Geist" überwuchert und sei nunmehr zur einzigen seelischen Realität geworden.[3] Hierdurch werde ein dualistischer Bewußtseinszustand indiziert, in dem sinnlicher Drang und die Sehnsucht nach einem spirituellen Ideal miteinander in Konflikt stehen.[4] Damit ist für Leuba jedoch auch schon die konstruktive Reaktion angebahnt, deren Entstehungsbedingungen er zwar auch in geschichtlichen Ereignissen sucht - etwa in der auf die Niederlage von 1870 folgenden Phase des nationalen Wiederaufbaus[5] -, deren tiefere Ursache er jedoch psychologisch verortet:

> „in the moral and religious nature of man: an abnormal and consequently painful psychic state, as the one at the base of French pessimism, tends constantly, in virtue of its unnaturalness, to pass over into another psychic state, more in harmony with the fundamental needs of human nature."[6]

Leuba identifiziert im Menschen eine natürliche Tendenz zu religiös-moralischer Wiederanpassung, durch die die Überwindung der Krise schließlich in Selbsterlösung herbeigeführt werde. Der Beginn dieses unwillkürlichen Prozesses religiös-moralischer Wiederanpassung - und damit der hier beschriebenen *zweiten Phase*[7] - äußert sich für Leuba dabei in einer schmerzvollen Sehnsucht nach einem vorerst nur vage gefühlten Ideal:

> „this soaring upwards is in its first stage a religious mysticism uniting sensual with ideal love. This mysticism performs the function of a bridge between the 'flesh' and the 'spirit.' It

---

[1] NF 498-510.
[2] NF 520.
[3] NF 515.
[4] NF 517, 520.
[5] NF 521-526.
[6] NF 521.
[7] NF 510-519.

is highly interesting as showing the close connection existing between sexual and religious feelings."[1]

Zwar paralysierten altes „fleischliches" Leben und vage gefühltes „geistliches" Ideal in diesem Anfangsstadium noch einander und erzeugten weiterhin moralische Trägheit,[2] dennoch habe der „Patient" die Krisis damit bereits überschritten und in sich selbst die Bedingungen seiner Genesung entdeckt.[3] Der Geist einer solchen beginnenden religiös-moralischen Wiederanpassung der Menschheit meint Leuba sowohl in der Philosophie als auch in den Naturwissenschaften entdecken zu können und sieht damit die neue Einsicht in die Freiheit des menschlichen Willens und seiner Fähigkeit zur Moral auf neue Weise nun sogar wissenschaftlich gestützt: Denn die Phänomene des religiösen Lebens würden von den Wissenschaften nicht länger diskreditiert, sondern im Rahmen eines spiritualistischen statt materialistischen Gesamtkonzepts der Wirklichkeit sogar prinzipiell rehabilitiert. Dies geschehe vor allem durch die jüngsten Entdeckungen der Psychologie, die durch ihre empirische Beschreibung außergewöhnlicher Geistphänomene deren positive Funktion innerhalb der menschlichen Natur zu erhellen und damit den bisherigen Gegensatz zwischen ihrer positivistischen oder transzentendalistischen Erklärung zu überbrücken verstehe:

> „The psychological studies have no doubt been a factor in this evolution and especially the mysterious revelation of hypnotism, telepathy and those of spiritualism. Many expect psychology to throw a bridge between postivism and transcendentalism."[4]

Eine *weitere Phase*[5] des Fortschritts zur nationalen Genesung durch eine sich anbahnende religiös-moralische Erweckung markiert für Leuba sodann der Erfolg der neo-christlichen Bewegung. Daß diese ihren Eroberungszug nicht mit Hilfe der ungebildeten Masse, sondern der intellektuellen Universitätsjugend führe, wird als Zeichen der Aufgeklärtheit und geistigen Reife dieser neuen „religiösen Revolution" begrüßt:

> „It is the vindication of intelligence, it is the glorification of the democratic spirit, it is also a sign of the recognition that the evil lies in great part in a false exercise of the mental faculties."[6]

In der neuen religiösen Bewegung bestehe der aufgeklärtere und reifere Vernunftgebrauch darin, der doppelten Einheit der menschlichen Natur, emotionalem und intellektuellem Leben gleichermaßen, Rechnung zu tragen[7] durch die Befrei-

---

[1] NF 520. Letzteren Gedanken wird Leuba später auf breiter Ebene in seiner Psychologie der Mystik weiterverfolgen; s. u. unter 3.3.2.
[2] NF 520.
[3] NF 512.
[4] NF 511.
[5] NF 526-539.
[6] NF 526.
[7] NF 497.

ung von einem pervertierten Intellektualismus, der die *Intuition* als natürliche Quelle menschlichen Handelns zuvor blockiert bzw. destruiert habe.[1]

Von den drei Führern der neo-christlichen Bewegung will Leuba nun einzig Paul Desjardins[2] als denjenigen anerkennen, der das Problem einer moralischen Rekonstruktion seinem wesentlichen, universalen Aspekt nach anvisiere:[3] Denn im Unterschied zu Ernest Lavisse[4] suche dieser die moralische Reform nicht auf dem Fundament eines nationalen Patriotismus zu errichten, sondern auf dem tieferen Fundament der menschlichen Natur und ihrem moralischen Zentrum selbst, dem Gewissen, in dem alle Tugenden wiederum, darunter auch der Patriotismus, eingeschlossen seien.[5] Und im Unterschied zu Melchior de Vogüé[6] vertraue Desjardins als Motor der Reform auch nicht mehr auf die römisch-katholische Kirche, sondern auf eine überkonfessionelle Vereinigung all derer, die sich an den kategorischen Imperativ der Pflicht und die Kraft christlicher Liebe gebunden wüßten.[7] Von Desjardins' 1892 gegründeten L'Union pour l'Action moral[8] hat sich Leuba die Ausbreitung einer spiritualisierenden Mission von Frankreich aus über die ganze Welt hin erwartet[9], für deren Erfolg er begeistert aufruft: „Let us unite with Desjardins and his friends in his effort to shake off the encumbrance of the past"[10]. Und über die Wirkung von Desjardins' Schriften[11] äußert er bekennend:

---

[1] NF 512.

[2] 1859-1940.

[3] NF 537; zu Desjardins insgesamt 531-539. Zu dessen Person und Werk s. A. HEURGON-DESJARDINS (Hg.), Paul Desjardins et les décades de Pontigny. Études, témoignages et documents inédits, Paris 1964.

[4] Französischer Historiker: 1842-1922.

[5] NF 526ff., 535ff.

[6] Französischer Schriftsteller und Weggenosse Desjardins': 1848-1910.

[7] NF 533ff.; zu Vogüé insgesamt 528-531, 536f.

[8] Gegründet am 11. 1. 1892. Der Aufruf zu der Desjardins vorschwebenden Reformbewegung ergeht von ihm seit Ende 1891 in einer Serie von Artikeln im Journal des Débats; dazu A. CANIVEZ, „'Le Devoir présent' de Paul Desjardins et les réactions de Jules Lagneau", in: HEURGON-DESJARDINS, 48-76, dort 48ff.

[9] NF 534, 539.

[10] NF 539.

[11] 1. Le Devoir présent, Paris 1892: stellt ein kleines Pamphlet in der Mission einer moralischen Reform dar, die von der Unterwerfung des animalisch-instinktiven Egoismus als Grund allen Übels ausgeht. Dazu NF 532 und CANIVEZ, 48ff.

2. „La Conversion de l'Eglise", Journal des Débats, 1. Nov. 1892: erwägt eine umfassende Umgestaltung - oder besser: Destruktion - der römisch-katholischen Kirche, die als Rückkehr zum ursprünglichen Geist Christi verstanden wird. Dazu und zum folgenden NF 538f.

3. „La Vraie Eglise", Journal des Débats, April 1893: Hier bekennt sich Desjardins zu einem Christentum, das ihn nun nicht mehr zur Reformation, sondern gerade zur vollkommenen Abkehr von der römisch-katholischen Kirche dränge, die in einem jahrhundertelangen Heidentum den wahren Geist Christi verhüllt habe, wie u. a. durch die moderne Metaphysik ans Licht gekommen sei. Dazu NF 531.

„From these perusals we have received one of the most Christ-like impressions that ever man made upon us. We have discovered no reason for restriction of approval or of admiration."[1]

Wer Leubas Begeisterung für die neo-christliche Bewegung Paul Desjardins' auf dem Hintergrund seiner bisherigen Bildungsgeschichte zu verstehen sucht, wird finden, daß es wohl vor allem der unkompliziert auftretende Moralpathos seines Landsmannes[2] gewesen sein muß, der ihn unwiderstehlich angezogen hat: dessen tatkräftiges Programm, das die moralische Dekadenz durch klare Ideale wie Nächstenliebe, Freiheitsgeist und Opferbereitschaft überwinden will (vgl. Bild 1 und 2) und dabei verspricht, ohne Rückgriff auf äußerliche Autoritäten (Bild 1, 2 und 5) in der inneren Autorität des Gewissens ein nicht minder unerschütterliches Fundament anzubieten, das zugleich den Anforderungen des wissenschaftlichen Zeitalters standzuhalten vermag (Bild 4). Insofern die Bewußtseinsinhalte des subjektiven Gewissens nach Desjardins' Verständnis nun selbst als szientifische Erfahrungstatsachen gelten sollen, ja ihnen darin sogar der Vorrang über alle anderen Bewußtseinstatsachen eingeräumt wird, scheint sich der aufgeklärte Mensch der Moderne mit begründetem Vertrauen von ihnen leiten lassen zu können[3], wie Leuba, Desjardins' Lehre zusammenfassend, formuliert:

„Do not rely on an exterior revelation, do not trust in any external authority, nor even in reason, but rely on your deeper self. Learn from the facts of conscience, of which you are the passive witnesses. Do what they bid you do. Submit to your nature, to nothing else. Obey duty. The consequences of this obedience you will accept as necessary, as true. Faith in certain ideas will result from it, but it will be a rational and unshakable faith, for it will be born of your own experience."[4]

Hierfür ist wesentlich, daß Leuba das Gewissen als innere Autorität und unhintergehbares wie unerschütterliches Letztfundament menschlicher Gewißheit nicht mit einem intellektuellen Vernunftgebrauch identifiziert, sondern mit demjenigen vorrationalen Innersten der menschlichen Natur, das als „tieferes Selbst" nicht als *Produzent* seiner Einsichten, sondern als *Rezipient* von Offenbarung vorgestellt wird. Dieses Manifest der neuen religiösen Revolution, welche das Manifest einer „moral-self-consciousfication" ist, bringt für Leuba dabei lediglich ein immer schon in der Menschheitsgeschichte wirksames Leitprinzip zum vollen Bewußtsein:

„man does not acknowledge anything binding except that which he finds in himself; he may project it outwardly; he may first perceive it in some other person, who, then, becomes a revelator, and he may submit to his authority; or he may find the expression of his religious

---

[1] NF 531.
[2] Obwohl Desjardins wie auch dessen Lehrer Charles Secrétan Landsmänner von Leuba gewesen sind, gibt es dennoch keinerlei Indiz dafür, daß Leuba einem von beiden in der französischen Schweiz persönlich begegnet wäre.
[3] NF 534, 537f.
[4] NF 537.

needs in the articles of a creed, and, unconsciously reversing the psychic process which has taken place, attribute to the creed itself an authority which, in reality, it owes to its symbolic expression of soul-contents which have not yet reached self-consciousness. The essence of a person's belief rests always on facts directly experienced, whatever may be the person's opinion on church and on creedal authority."[1]

Keine äußerlichen, objektivierten Autoritäten - weder Kirche noch Glaubensartikel - kommen für Leuba als ursprüngliche Selbstgewißheit stiftende und bindende Instanzen in Frage, sondern einzig und allein die unmittelbaren Erfahrungen des Subjekts, denen als „facts directly experienced" selbst Tatsachencharakter, somit eine bestimmte Form von Objektivität, zugesprochen wird. Dies klingt wie die positivistische Interpretation der religiös selbständigen Gewissenshaltung von Leubas Vater (Bild 1), der mit einer dem Sohn imponierenden Zivilcourage für die alte Schweizer Tradition religiöser und politischer Freiheit eingetreten war (Bild 3).

Wer im Blick auf Leubas calvinistische Herkunft also vermutet, hier nichts anderes als die gutreformatorische Grundeinsicht von der Freiheit eines jeden Christenmenschen wiedererkennen zu können, dem sei allerdings Vorsicht geboten: Denn es bleibt abzuwarten, wie wir uns in Leubas Konzeption den genauen Konstitutionszusammenhang zwischen jenen „soul-contents which have not yet reached self-consciousness" und deren symbolisch-objektivierten Ausdrucksformen vorzustellen haben. Eine Untersuchung seines Glaubensbegriffs (2.4) sowie seiner Offenbarungs- und Bewußtseinstheorie (3.3.3) wird vielmehr zeigen, daß Leuba diesen traditionellerweise als Einheit aufgefaßten Konstitutionszusammenhang im Zuge seiner positivistischen Interpretation auf eigentümliche Weise auseinanderreißt: Indem er die „unmittelbaren Erfahrungstatsachen" des Subjekts nämlich als eine Art neutralen Stoff versteht, dem selbst noch überhaupt kein artikulierter bzw. artikulierbarer Vorstellungsgehalt eignet. Welche Konsequenzen sich daraus für Leubas Begriff von Erfahrung und damit zugleich für seine Konzeption der Religionspsychologie als *Erfahrungs*wissenschaft ergeben, wird im einzelnen herauszuarbeiten sein.

Im Blick auf das Folgende kann an dieser Stelle jedoch schon soviel angedeutet werden: Leubas literaturgeschichtliche Studie von 1893 nimmt Kernthesen seiner Religionspsychologie vorweg, die uns ab 1896 dann als getreue Schlußfolgerungen „rein empirischer" Forschungen präsentiert werden. Unverändert wird sich durch sein gesamtes Forschungsunternehmen jenes neo-christliche Grundanliegen durchhalten, das als der Wille zu einer religiös-moralischen Reform der Gesellschaft in „The Reformation of the Churches" seine abschließende Programmschrift erhält.

---

[1] NF 537.

1.7 Siebtes Bild: An der Clark-Universität - die Entscheidung für den eigenen Weg als Religionspsychologe

Im Rahmen seiner Vorlesungsreihe über französische Literatur und der sich in ihr spiegelnden Geistesgeschichte ist in Leuba somit das brennende Interesse erwacht, die psychischen Bedingungen der sich gegenwärtig abzeichnenden gesellschaftlichen Veränderungen wissenschaftlich zu erforschen.

Es gelingt ihm, einen Studienplatz in Psychologie an der neu gegründeten und von Hall geleiteten Clark-Universität in Worcester zu erlangen.[1] Anders als seine früheren Beschäftigungen vermag der damit eingeschlagene Weg seinen Lebensinteressen endlich zu entsprechen. Zwei Jahre nach Aufnahme seines Studiums beginnt er selbständig, religionspsychologische Forschungen zu betreiben, und wählt dafür nicht zufällig einen Phänomenbestand des religiösen Lebens zum Gegenstand, der auch in seiner eigenen Bildungsgeschichte eine wesentliche Rolle gespielt hat:

> „When, two years later, I had to choose a topic for a doctor's dissertation, I did not hesitate. No topic had been so interesting and important to me as Christian conversion. President Hall was not encouraging. Did he think that the subject was beyond me? I do not know. Ultimately, as I was insistent and confident, he blessed may undertaking with a phrase characteristic of that great teacher he was."[2]

Daß Leubas Dissertation zur Bekehrung dabei beansprucht, der originär erste Versuch zu sein, eine zentrale religiöse Erfahrung nach den Methoden der empirischen Psychologie wissenschaftlich zu untersuchen, erscheint angesichts der zwar zum Teil unveröffentlichten, aber bereits regen Forschungen der Clark-Schule[3], Halls und seiner Schüler, sowie Starbucks reichlich anmaßend.[4] Als durchaus glaubhaft hingegen kann seine Versicherung gelten, die Idee seines Projekts weder von Starbuck - wie dieser ihm später vorwirft[5] - übernommen zu haben noch von Hall angeleitet und durch dessen Adoleszenzthese beeinflußt worden zu sein. Denn Leuba mußte ja keineswegs erst an der Clark-Universität darauf aufmerksam gemacht werden, in der Bekehrungserfahrung dasjenige Herzstück einer neuen religiösen Revolution zu erblicken, deren psychologische Beschreibung zum Zwecke ihrer praktischen Beförderung im Brennpunkt wis-

---

[1] MPR 175.
[2] MPR 180f.
[3] S. oben unter Teil I, 2.5 dieser Arbeit.
[4] In seiner Rezension zu Starbucks „Psychology of Religion" [in: Psychological Review 7 (1900), 509-516, dort 509f. Anm. 1] wird freilich eingeräumt: „To prevent misapprehensions, I desire to say that Professor Starbuck had conceived the first idea of his research and had begun to circulate one of his questionnaires before my paper appeared in print." Damit ist Leuba jedoch weit davon entfernt einzugestehen, in seinem eigenen Projekt die Idee Starbucks selbst in Anspruch genommen zu haben.
[5] In einer Anspielung in RUM 231.

senschaftlicher Aufmerksamkeit zu stehen habe. Daß Leuba - ebenso wie Starbuck - seine unabweisbare Inspiration durch das „child study"-Unternehmen Halls jedoch fast gänzlich[1] abstreitet, scheint nicht nur mit seinem ehrgeizigen Prioritätsanspruch als Gründer der Religionspsychologie, sondern auch mit seiner persönlichen Abneigung zusammenzuhängen, die er Hall gegenüber gehegt hat. Diese Abneigung gründet nicht zuletzt in einer verschiedenen Einstellung der beiden Männer zum Christentum und seiner öffentlich präsenten kirchlichen Traditionen, wie in der folgenden autobiographischen Episode deutlich zum Ausdruck kommt:

> „My work for the doctor's degree was not yet entirely completed when President Hall offered to recommend me for a vacant position at Wesleyan University. He informed me, incidentally, that I would have to take turns with the faculty members in leading chapel. I protested that I could not do that. To my great astonishment I was told that if I would not conform to the customs of the land I would not get along. Dr. Hall was regarded in the town as in good religious standing, but those who associated with him intimately were better informed. The discovery of how widespread among men of influence was the attitude represented by the President of Clark University was one of the painful experiences of my early manhood. It has not been without influence in sustaining my efforts not only to seek the truth but to spread it as widely as I might."[2]

Erneut ist es Leubas Weigerung, im Widerspruch zur persönlichen Überzeugung an der gesellschaftlich von ihm erwarteten Frömmigkeitspraxis seiner Arbeitsstelle teilzunehmen, die es ihm unmöglich macht, seine berufliche Karriere im Eiltempo voranzutreiben: Als Konsequenz seiner Absage, unter den gestellten Bedingungen den durch Halls Empfehlung offenstehenden Posten anzutreten, muß sich Leuba in den nächsten beiden Jahren zunächst damit begnügen, in Worcester seinen Lebensunterhalt mit Vorlesungen über Psychologie und französische Literatur zu verdienen.

Doch trotz seiner kompromißlosen Hartnäckigkeit gestalten sich seine Lebensverhältnisse weiterhin günstig. Nach einer einjährigen Europareise zu führenden Psychologen und Pädagogen an deutschen und französischen Universitäten, über deren genaue Orte, Personen und Eindrücke wir nichts Näheres wissen, soll er bereits wenig später die Wirkungsstätte seines weiteren Forscherlebens finden: 1898 tritt Leuba eine Professur am Bryn Mawr College in Pennsylvania an, um dort eine Abteilung für Psychologie einzurichten, der er bis zu seiner Emeritierung angehören und vorstehen wird.

---

[1] Als einziges Zeichen der Wertschätzung kann LEUBAs Dank (SPR 370) und Widmung (PSR V) gelten, die neben Hall auch noch an seinen anderen Lehrer, Sanford, adressiert ist.
[2] MPR 181f. Vgl. dort 182f. zum folgenden.

1.8 Der positivistische Ansatz der Leubaschen Religionspsychologie

Der weitaus schmalere Quellenbestand ermöglicht es uns zwar nicht, das kategoriale Grundkonzept der Leubaschen Religionspsychologie hinsichtlich seiner lebensgeschichtlichen Ursprungsbedingungen ebenso detailliert aufzuzeigen wie bei Hall, dennoch lassen sich auch in seinem Falle Hauptlinien benennen, aus denen sein positivistischer Ansatz erwachsen ist.

In seinen Studien der Naturwissenschaften, die Physik, Chemie, Geologie und Biologie umfaßt haben, war Leuba bereits in der Schweiz in die Grundsätze und Methoden der „Science" eingewiesen worden (1.4). Sie werden von ihm an der Clark-Universität in Worcester (1.7) in eigenen empirischen Forschungen erstmals angewandt. Von Anfang an im Zentrum des neu adaptierten Weltbildes der Naturwissenschaften steht für Leuba die Evolutionstheorie, die ihm in der Schweiz zunächst in Gestalt der Theorien Darwins und Huxleys begegnet ist. Dieser Ansatz wird in den folgenden Jahren ergänzt und vertieft durch die Bekanntschaft mit dem Werk zweier Positivisten, die den Entwicklungsgedanken jeweils in einer spezifischen Weise mit ihrem Interesse an einer Rekonstruktion der Religion im Zeitalter der Wissenschaften verknüpfen: Auguste Comte (1.8.1) und Herbert Spencer (1.8.2).

1.8.1 Der Positivismus Auguste Comtes

Leuba findet in Comte einen Wissenschaftstheoretiker vor, der wie er selbst in seiner Studie der französischen Literatur und der sich in ihr spiegelnden Geistesgeschichte (1.6) es unternehmen möchte, der „gewaltigen sozialen Krise", die sich während dem 19. Jahrhundert im Abendland und allen voran in Frankreich abgezeichnet hat, den „einzig möglichen geistigen Ausweg" zu weisen.[1]

Dieser Ausweg besteht für Comte darin, den „positiven Geist als einzig mögliche Basis einer wahren Überwindung der geistigen und moralischen Anarchie zu begrüßen", durch die er die große neuzeitliche Krise vor allem gekennzeichnet sieht.[2] Allein durch ihn soll die „bis jetzt so vergeblich gesuchte" vernunftgemäße[3] „Versöhnung der gleichzeitigen Forderungen nach Ordnung und Fortschritt" gestiftet werden können.[4] D. h. in ihm soll eine der menschlichen Gesell-

---

[1] A. COMTE, Discours sur l'Esprit Positif (1844)/Rede über den Geist des Positivismus, franz./dt., übers., eingel. u. hg. v. I. FETSCHER, Hamburg 1957, 104f. Der Comtesche Ansatz wird hier zunächst anhand seiner „Rede über den Geist des Positivismus" vorgestellt, die, als einleitende Abhandlung zur „Astronomie" (ebd., 2f., 220-225) konzipiert, zugleich summarisch in sein System im ganzen einführt.

[2] Rede über den Geist des Positivismus, 114-117.

[3] Ebd., 124f.

[4] Ebd., 116f.; sowie insges.: Zweiter Teil, 1. Kap., II.

schaftsordnung und ihrem Fortschritt dienende Wissenschaft aufgerichtet werden, die den Grundlehrsatz von der Unwandelbarkeit der Naturgesetze universell ausdehnt[1] und mithin alle Gebiete des positiven Wissens - das sind für Comte Mathematik und Astronomie, Physik und Chemie, Biologie und Soziologie - innerhalb eines enzyklopädischen Systems[2] umfaßt.

Darin wird insbesondere die Anwendung des wissenschaftlichen Verfahrens der Beobachtung und gesetzmäßigen Erfassung[3] auch auf das menschliche Sozialleben eingefordert, das für Comte den eigentlichen Bezugspunkt des ganzen Wissenschaftssystems bildet.[4] Denn dieses zielt letztlich auf die Errichtung der Soziologie[5] als einer positiven Wissenschaft, die die menschliche Sozialentwicklung hinsichtlich ihrer gesetzmäßigen Strukturen erkennen und in rationaler Voraussicht[6] naturgemäß steuern soll. Von ihr, der positivistischen Soziologie, vor allem wird die heilsame Reorganisation der Gesellschaft und damit die Überwindung der gegenwärtigen Krise der Gesellschaft erwartet.[7] Eine vergleichbare Hoffnung wird Leuba dann mit dem Unternehmen seiner Religionspsychologie verbinden (2.1; 3.).

Durch die Aufrichtung seines positivistischen Systems versucht Comte, Wissenschaft und Technik, Theorie und Praxis[8] auf neue Weise einander zuzuordnen und in Einklang zu bringen.[9] Das soll gelingen können, weil der allgemeine gesunde Menschenverstand[10], der sich mit dem Wirklichen und Nützlichen beschäftige[11], dem „positiven Geist" unmittelbar entspreche.[12] Und zwar in der Weise, daß letzterer die „praktische Weisheit" methodisch fortschreibe und mittels Systematisierung zur „theoretischen Weisheit" in Form von Allgemeinheit und Festigkeit des Wissens überführe.[13]

Der „positive Geist", der diese Art des Philosophie- bzw. Wissenschaftstreibens kennzeichnet, soll sich darin auf das *Tatsächliche* (im Gegensatz zum Ein-

---

[1] Ebd., Erster Teil, 1. Kap., III, 4. Dies wird Leuba später in seinem Konzept der Religionspsychologie auch für das Gebiet der Religion einfordern (2.1).

[2] Rede über den Geist des Positivismus, 214f. Ein solches System hat COMTE vorgelegt in: Cours de philosophie positive, 6 Bde., Paris 1830-1842.

[3] Rede über den Geist des Positivismus, 32f.

[4] Ebd., Erster Teil, 1. Kap., III, 2.

[5] Ebd., 208f.; Cours de philosophie positive, Bd. 4-6; Système de politique positive, ou traité de sociologie instituant la religion de l'humanité, 4 Bde., Paris 1851-54.

[6] Rede über den Geist des Positivismus, Erster Teil, 1. Kap., III, 3, bes. a. 120f.

[7] Ebd., 112f., 124-127.

[8] Vgl. dazu Leubas Konzept der Religionspsychologie unter 2.1.

[9] Rede über den Geist des Positivismus, Erster Teil, 2. Kap., II.

[10] Vgl. dazu die Anknüpfung des Leubaschen „empirischen Idealismus" an die „einfachen Wahrnehmungen" des common sense: u. unter 3.4.2.1.

[11] Rede über den Geist des Positivismus, 94f.

[12] Ebd., Erster Teil, 3. Kap., II.

[13] Ebd., 100f.

gebildeten), das *Nützliche* (im Gegensatz zum Müßigen), das *Gewisse* (im Gegensatz zum Unentschiedenen endloser Schuldebatten), das *Genaue* (im Gegensatz zum Ungewissen), das *Positive* (im Gegensatz zum negativ Zerstörerischen) und das *Relative* (im Gegensatz zum Absoluten) beziehen.[1] In seiner vollen Durchsetzung, pädagogischen[2] und politischen[3] Popularisierung, sieht Comte dasjenige „positive oder reale Stadium" verwirklicht, das seine Geschichtsphilosophie als Telos der Menschheitsentwicklung angenommen hat.[4] Damit ist das berühmte Comtesche Dreistadiengesetz angesprochen, dessen Hauptaussagen wir uns hier kurz vor Augen führen wollen:[5]

Der Welterklärung des ersten „theologischen" oder „fiktiven" Stadiums[6] erkennt Comte darin die Funktion einer „ursprünglichen Philosophie" zu, mit der die Entwicklung der menschlichen Geistestätigkeit und des menschlichen Soziallebens ihren Anfang genommen habe. Die in drei Phasen - Fetischismus[7], Polytheismus und Monotheismus - fortschreitende Entwicklung dieses Stadiums sei gekennzeichnet durch eine zunehmende Ablösung der Herrschaft der Einbildungskraft (imagination)[8] durch die des Verstandes, der die „notwendige Gebundenheit aller natürlichen Phänomene an unveränderliche Gesetze" schrittweise aufdecke.[9] In diesem Prozeß ist für Comte bereits die Verfallsgeschichte der ursprünglichen Philosophie eingeleitet, die sich im folgenden fortsetze und zuspitze:

Das zweite „metaphysische" oder „abstrakte" Stadium[10] besitze den Charakter eines inkonsequenten und darum in geistiger wie sozialer Hinsicht das menschliche Leben zersetzenden Zwischenstadiums.[11] Denn der metaphysische Geist sei seinem Wesen nach zweideutig, weder auf die Dominanz der reinen Einbildungskraft noch auf die der Beobachtung gegründet. In ihm gewinne die argumentative Verstandestätigkeit zumindest soweit an Boden, daß auf eine freilich noch unklare Weise die echte wissenschaftliche Tätigkeit vorbereitet sei.[12] Die Metaphysik ist für Comte im Grunde jedoch nichts anderes „als eine Art durch auflösende

---

[1] Ebd., Erster Teil. 3. Kap., I., 82-91.
[2] Ebd., Dritter Teil, 1. Kap.
[3] Ebd., Dritter Teil, 2. Kap.
[4] Ebd., Erster Teil, 1. Kap., III.
[5] Ebd., Erster Teil, 1. Kap.
[6] Ebd., Erster Teil, 1. Kap., I.
[7] Vgl. dazu LEUBAs Kritik der Comteschen Fetischmustheorie in PSR 65f.
[8] Daß sich die religiöse Gottesvorstellung einer geistigen Imaginationsleistung verdanke, wird später auch Leuba in PSR 63ff., 113-117, behaupten. Vgl. dazu unter 3.1.3.
[9] Rede über den Geist des Positivismus, 8f.
[10] Ebd., Erster Teil, 1. Kap. II.
[11] Ebd., 20f.
[12] Ebd., 18-21.

Vereinfachungen schrittweise entnervter Theologie"[1], die die Restauration des theologischen Stadiums vergeblich erstrebe und darin für die Entwicklung des wahren, positivistischen Stadiums ein gefährliches Hindernis darstelle.[2] Der rückständige metaphysische Geist müsse deshalb ausgemerzt werden, weil er die Durchsetzung des „positiven Geistes" blockiere,[3] der allein die notwendige doppelte - geistige und soziale - Funktion der ursprünglichen Philosophie auf höherer Ebene übernehmen könne[4].

Die antimetaphysische Polemik Leubas scheint in der Comteschen hier ein anerkanntes Vorbild zu besitzen:[5] Bereits Comte will - wie Leuba in seiner Religionspsychologie später - den unvereinbaren Gegensatz von Wissenschaft und Theologie schonungslos aufdecken,[6] das Scheitern der metaphysischen Vermittlungsversuche vollends offenbar machen[7] und die Theologie durch eine positive Wissenschaft ersetzen, „die hinfort allein geeignet ist, einen wahrhaft sozialen Einfluß auszuüben"[8].

Einen solchen Einfluß kann die positivistische Wissenschaft Comtes Ansicht nach ausüben, weil sie nicht länger „objektiv" auf Gott bzw. das Universum, sondern „subjektiv" auf die Menschheit bezogen sei[9] und deren praktisches Leben organisiere[10].

Dieser Einfluß vollziehe sich vor allem in der Aufrichtung einer neuen Moral[11] und einem damit einhergehenden Aufschwung des menschlichen Sozialgefühls[12]. Darin werde die individualistische[13] und als solche „anarchistisch" zersetzende Moral des metaphysischen Stadiums endlich abgelöst und vom Geist des wissenschaftlichen Positivismus die ehemalige Funktion des theologischen Geistes, der seit langem schon seine soziale Kraft eingebüßt habe, übernommen.[14] Die Moral von Theologie und Metaphysik unabhängig zu machen und statt dessen positivistisch zu begründen[15] heißt für Comte, Theologie und Metaphysik in ihrem gefährlichen Unvermögen als Grundlage der Moral zu überführen und für die antisozialen Verirrungen der gegenwärtigen Krise selbst verantwortlich zu

---

[1] Ebd., 20f.
[2] Ebd., 24f.
[3] Ebd., Erster Teil, 1. Kap., III.
[4] Ebd., Erster Teil, III., 2.
[5] Vgl. unter 2.5, 3.1.3, 3.1.4, 3.2.1, 3.4.2.
[6] Rede über den Geist des Positivismus, Erster Teil, 2. Kap., III.
[7] Ebd., Erster Teil, 2. Kap., III, 4.
[8] Ebd., 66f.
[9] Ebd., Erster Teil, 2. Kap., I.
[10] Ebd., Erster Teil, 2. Kap., II, 1.
[11] Ebd., Zweiter Teil, 2. Kap.
[12] Ebd., Zweiter Teil, 3. Kap.
[13] Ebd., Erster Teil, 3. Kap., I.
[14] Ebd., 128-135.
[15] Ebd., Erster Teil, 2. Kap., II.

machen¹. Durch ihre widerspruchsvolle Lehre werde eine „kollektive Scheinheiligkeit" aufrechterhalten, die so lächerlich und widerwärtig sei,² daß sie alle aktiven Gemüter dazu treibe, die moralische Lehre auf immer fahrenzulassen³. Dieselbe Klage werden wir später in Leubas Diagnose der religiösen Gegenwartslage vernehmen.⁴

Demgegenüber sei der Geist des Positivismus - so Comte - unmittelbar sozial⁵ auf das menschliche Gattungsleben im ganzen gerichtet, als dessen Glied das Individuum allein Heil und Fortleben seiner Existenz erfahren könne.⁶ Indem der Geist des Positivismus den einzelnen sinnhaft auf das Ganze der Menschheit beziehe,⁷ vermöge er das „Gefühl für die Pflicht anzuregen und zu befestigen" sowie „tiefe Überzeugungen zu begründen, die wirklich geeignet sind, kraftvoll den Ansturm der Leidenschaften standzuhalten"⁸ - sprich: sowohl die geistige Elite als auch die Menge zu „versittlichen"⁹.

> „D'après la théorie positive de l'Humanité, d'irrécusables démonstrations, appuyées sur l'immense expérience que possède maintenant notre espèce, détermineront exactement l'influence réelle, directe ou indirecte, privée et publique, propre à chaque acte, à chaque habitude, et à chaque penchant ou sentiment; d'où résulteront naturellement, comme autant d'inévitables corollaires, les régles de conduite, soit générales, soit spéciales, les plus conformes à l'ordre universel, et qui, par suite, devront se trouver ordinairement les plus favorables au bonheur individuel."¹⁰

Damit ist diejenige ethische „Religion der Menschheit" vorbereitet, die Comte in seinem „Système de politique positive, ou traité de sociologie instituant la religion de l'humanité"¹¹ und seinem „Catéchisme positive"¹² einführen wird: Durch die Hingabe des einzelnen an das Ganze der Menschheit, die als „Grand Être" symbolisiert und kultisch verehrt wird, soll in ihr der Altruismus zum allgemeinen Prinzip menschlichen Handelns avancieren. So gipfelt Comtes Entwicklungstheorie in der Vision einer neuen Religion¹³, die er als dem Stadium der positiven Wissenschaften allein angemessen erachtet.

---

¹ Ebd., 136f.
² Ebd., 140f.
³ Ebd., 144f.
⁴ Vgl. unter 3.4.
⁵ Rede über den Geist des Positivismus, Zweiter Teil, 3. Kap., III.
⁶ Ebd., 148f.
⁷ Ebd., 148f., Erster Teil, 2. Kap., I.
⁸ Ebd., 144f.
⁹ Ebd., 148f.
¹⁰ Ebd., 144.
¹¹ A. a. O.
¹² A. COMTE, Catéchisme positiviste, ou sommaire exposition de la religion universelle, en onze entretiens systematiques entre une femme et un prêtre de l'humanité, Paris 1852.
¹³ Zu LEUBAS Rezeption des Comteschen Religionsbegriffs vgl. PSR 38, 307f., 355.

Einen in vielerlei Hinsicht ganz ähnlichen Versuch, Religion mittels Wissenschaft zu rekonstruieren, wird später Leuba auf dem Gebiet der Psychologie unternehmen, der Comte innerhalb seines Systems freilich noch keinen Platz zuweisen wollte. Comtes Idee einer „Religion der Menschheit"[1] wird von ihm kritisch[2] aufgegriffen und mit Henri Bergsons Evolutionskonzept einer „schöpferischen Entwicklung"[3] verbunden:

Leuba will die idealisierte Menschheit selbst wiederum als eine Manifestation des Élan Vital verstehen, der alles geschöpfliche Sein energetisch durchdringe und als solcher auch im Menschen als die unmittelbare Quelle religiös-moralischer Inspiration erfahrbar sei.[4]

1.8.2 Der Positivismus Herbert Spencers

In auffälliger Entsprechung zu Leubas Bildungsweg im ganzen, der sowohl Stationen des französisch- als auch englischsprachigen Raums umfaßt hat, ist auch das positivistische Grundkonzept seiner Religionspsychologie in der Auseinandersetzung mit dem Positivismus sowohl französischer als auch englischer Prägung gereift. Neben der Philosophie Comtes ist es hier das Werk Herbert Spencers, dessen Rezeption den Leubaschen Ansatz entscheidend geprägt hat.

Schon für den kategorialen Ansatz von Halls genetischer Psychologie hatte das System der Synthetischen Philosophie[5] Spencers - wie gesehen[6] - eine grundlegende Bedeutung besessen, die sich in allen Theorieansätzen der von Hall inspirierten Clark-Schule fortgesetzt hat.[7] Unbedenklich und kritiklos, jedenfalls ohne dessen erkenntnistheoretische Voraussetzungen jemals zu hinterfragen, rezipiert so auch Leuba die in seiner wissenschaftlichen Umgebung dominierende Spencersche Grundidee, den Entwicklungsgedanken zum Universalprinzip wissenschaftlicher Welterklärung zu machen.[8]

Bereits innerhalb des Spencerschen Systems, das nach einer Grundlegung seiner „Ersten Prinzipien"[9] eine Darstellung der Biologie[10], Psychologie[11], Soziologie[12] und Ethik[1] umfaßt, wird das Entwicklungsprinzip auch auf die Religion an-

---

[1] Vgl. dazu PSR 307-313 und unsere Darstellung unter 3.1.5.
[2] Vgl. vor allem PSR 321ff., 326f.
[3] H. BERGSON, Creative Evolution, New York 1911, 249, 251, 265.
[4] PSR 334ff.; vgl. dazu 3.1.5, 3.4.2.1.
[5] H. SPENCER, A System of Synthetic Philosophy, 10 Bde., London 1864-1891.
[6] Teil I, 1.12.
[7] Teil I, 2.5.
[8] Dazu im folgenden unter 2.2.
[9] H. SPENCER, First Principles, London ³1870 (1860-62).
[10] DERS., The Principles of Biology, London 1863-65.
[11] DERS., The Principles of Psychology, London ²1870-72 (1865).
[12] DERS., The Principles of Sociology, 2 Bde., London/Edinburgh 1877-83.

gewandt.² Religion erscheint darin nicht nur als *ein* möglicher Gegenstand von Wissenschaft, sondern ihrer evolutionstheoretischen Behandlung kommt sogar grundlegende Bedeutung für das System im ganzen zu. Darauf deutet ihre Einführung in den Prolegomena der Prinzipienlehre hin, worin sich Spencer im ersten Teil um eine Bestimmung der Ausgangsbasis seines Erkenntnisunternehmens bemüht.

Dort wird eine funktionale³ Theorie von Religion⁴ und „Science"⁵ entwickelt, die Spencer als die beiden komplementären Elemente⁶ des menschlichen Strebens um Wirklichkeitserkenntnis versteht: Während die „Science" den Bereich des Wißbaren auslote, relativiere und begrenze die Religion diesen Bereich, indem sie auf den transzendenten Bereich des nichtwißbaren Mysteriums der Wirklichkeit verweise.

> „The process of intelligence has throughout been dual. Though it has not seemed so to those who made it, every step in advance has been a step towards both the natural and the supernatural."⁷

Der bisherige Antagonismus beider Erkenntnisunternehmen zeigt für Spencer lediglich den jeweils noch unvollkommenen Stand ihrer Entwicklung an, den er durch eine Vermischung mit wesensfremden Elementen gekennzeichnet sieht.⁸ Durch eine zunehmende Reinigung sowohl der „Science" als auch der Religion könne jedoch eine „Versöhnung"⁹ beider herbeigeführt werden. Denn nach Ansicht Spencers führt der Erkenntnisweg der „Science" den Erkennenden in letzter Konsequenz selbst an die Grenze des Wißbaren heran und rührt damit an das unauflösliche Mysterium der Wirklichkeit, dessen Wesen die Religion zur Geltung zu bringen hat:¹⁰

> „Common Sense asserts the existence of a reality; Objective Science proves that this reality cannot be what we think it; Subjective Science shows why we cannot think of it as it is, and yet are compelled to think of it as existing; and in this assertion of a Reality utterly inscrutable in nature, Religion finds an assertion essentially coinciding with her own."

Von daher ist für Spencer die Erziehung in die Erkenntnisgegenstände der „Science" dann auch aller anderen Erziehung überlegen, weil sie die Bildung der

---

[1] DERS., The Principles of Ethics (1897), 2 Bde., Indianapolis 1978.
[2] First Principles, Kap. II; The Principles of Sociology, Bd. 1, Teil I, Kap. VIII-XXVI und Teil VI: „Ecclesiastical Institutions: Being Part VI of the Principles of Sociology", London/Edinburgh 1885.
[3] Vgl. dazu etwa First Principles, 104.
[4] First Principles, Kap. I-II.
[5] First Principles, Kap. III-IV.
[6] First Principles, 107f.
[7] First Principles, 105.
[8] Ebd.
[9] So der Themagegenstand von Kap. V: „The Reconciliation".
[10] Diese Absicht Spencers erkennt LEUBA in PSR 26-28.

„religiösen Kultur" selbst intendiere.¹ Wissenschaft erscheint als das Unternehmen, das die Religion im Verlauf ihrer Geschichte immer schon von irreligiösen Elementen gereinigt und damit ihre Entwicklung unterstützend vorangetrieben habe. Dieser Gedanke wird uns in Leubas Programm der Essentialisierung von Religion wiederbegegnen (2.2; 3.).

Spencers Religionsbegriff, der Religion mit der einen Seite des in Entwicklung begriffenen noetischen Impulses identifiziert, versucht auf diese Weise alle Formen und Stufen von Religion - vom Fetischismus bis zum Atheismus inklusive - zu umfassen:

> „Leaving out the accompanying moral code, which is in all cases a supplementary growth, a religious creed is definable as an *à priori* theory of the Universe: The surrounding facts being given, some form of agency is alleged which, in the opinion of those alleging it, accounts for these facts. Be it in the rudest Fetishism, which assumes a seperate personality behind every phenomenon; be it in Polytheism, in which these personalities are partially generalized; be it in Monotheism, in which they are wholly generalized; or be it in Pantheism, in which the generalized personality becomes one with the phenomena; we equally find an hypothesis which is supposed to render the Universe comprehensible. Nay, even that which is commonly regarded as the negation of all Religion - even positive Atheism, comes within the definition; for it, too, in asserting the self-existence of Space, Matter, and Motion, which it regards as adequate causes of every appearance, propounds an *à priori* theory from which it holds the facts to be deducible. Now every theory tacitly asserts two things: firstly, that there is something to be explained; secondly, that such and such is the explanation. Hence, however widely different speculators may disagree in the solutions they give of the same problem; yet by implication they agree that there is a problem to be solved. Here then is an element which all creeds have in common. Religions diametrically opposed in their overt dogmas, are yet perfectly at one in the tacit conviction that the existence of the world with all it contains and all which surrounds it, is a mystery ever pressing for interpretation. On this point, if on no other, there is entire unanimity."²

An dieser Identifizierung von Religion mit einem wesentlichen Teil des noetischen Impulses hat sich dann Leubas Kritik entzündet, der seinen eigenen Religionsbegriff in ausdrücklicher Auseinandersetzung mit dem Spencerschen „Intellektualismus" einführen wird.³ Zwar geht es auch Leuba darum, einen funktionalen Begriff von Religion auszubilden, der ihre praktische Lebensbedeutung verständlich machen kann (3.1.2), doch will er sie gerade nicht als eine inhaltlich qualifizierte Form von Gewißheit verstehen. Weil Leuba nämlich die Gewißheitsinhalte der christlichen Religion selbst in Zweifel zieht, der sittliche Wert von Religion ihm jedoch außer Frage steht, muß er sich konsequentermaßen für

---

[1] H. SPENCER, Education: Intellectual, Moral, and Physical, London/Edinburgh 1865, 50. So fragt Spencer in Kap. 1 seiner Erziehungslehre: „What knowledge is of most worth?" - Und antwortet darauf eindeutig (53): „Science": vgl. dazu LEUBA in PSR 24.

[2] First Principles, 43f.

[3] SPR 312f., 315, 321; „Introduction to a Psychological Study of Religion", Monist 11 (1901), 195-225, dort 203, 206ff., 215ff.; „Religion As a Factor in the Struggle for Life", JRP 2 (1907), 307-343, dort 311-314; PSR 26ff., 341f.

eine andere Lösung des Religionsbegriffs[1] entscheiden. Und zwar für einen Begriff, der sich ebenso gut in ein evolutionstheoretisches Konzept einfügen läßt und sich zudem noch besser als der Spencersche als ein streng szientifischer Begriff ausweisen kann, weil er nicht nur den Ergebnissen der Biologie und Anthropologie, sondern zugleich auch den neuesten Ergebnissen der Physiologie und Psychologie Rechnung trägt. Darin jedenfalls besteht Leubas Kritik an der Spencerschen Ethik[2] und Religionstheorie: daß sie noch lediglich historisch bzw. soziologisch verfahre[3].

Unbeschadet dieser expliziten Absetzung bleibt Leubas Ansatz implizit freilich weiterhin dem Spencerschen verhaftet: Schon sein Interesse für das Bekehrungsphänomen kann an eine Beschreibung Spencers anknüpfen.[4] Das Entwicklungsprinzip des religiösen bzw. moralischen Lebens wird auch seiner Form nach genau wie in Spencers Ethik (2.2) - als ein Prozeß des Streits und der Versöhnung zwischen Egoismus und Altruismus - verstanden.[5]

Und nicht zuletzt scheint der gesamte erste Trakt des Leubaschen Theoriegebäudes, das ist die Psychologie der „objektiven" bzw. „geschäftsmäßigen" Religion, ihrem kategorialen Theorieanteil nach (3.2.1)[6] vor allem aus einer Auseinandersetzung mit Spencers Entwicklungsgeschichte der Religion zu erwachsen, wie sie Spencer in Teil I und VI seiner „Principles of Sociology" vorgelegt hat.[7]

2. Die Psychologie der Bekehrung

2.1 Das Konzept einer „Science of Religion"

Leuba eröffnet sein religionspsychologisches Werk in „Studies in the Psychology of Religious Phenomena"[8] mit Hinweisen zur Wissenschaftstheorie, die sein positivistisches Verständnis von Wesen und Funktion der Religionspsychologie andeuten. „Hinweise" deshalb, weil er hier wie meist seinen Gegenstand mehr essayistisch als systematisch entfaltet, so daß im folgenden jeweils versucht werden muß, die inhärente Systematik seiner Theorie zu rekonstruieren:

---

[1] Bzw. Offenbarungs- und Glaubensbegriffs: s. dazu unter 2.5, 3.1.2, 3.3.3.

[2] „The Psycho-Physiology of the Categorical Imperative", AJP 8 (1897), 528-559, dort 529f. (im folgenden zitiert als PCI).

[3] Vgl. dazu unter 3.

[4] So schreibt LEUBA in SPR 321: „Conversion might be defined in the favorite terms of Herbert Spencer, as the unification by coördination, of the parts segregated by differentiation of the homogenious."

[5] The Principles of Ethics, Bd. 1, Teil I, Kap. 10-14; vgl. dazu a. PSR 199.

[6] Zur Kritik der Spencerschen Fetischismustheorie vgl. a. PSR 65f. und unter 3.1.3.

[7] The Principles of Sociology, Teil I, Kap. VIII-XXVI; Teil VI: „Ecclesiastical Institutions", a. a. O.

[8] Zum Wissenschaftsbegriff: SPR 309-312.

Leuba kennzeichnet Wissenschaft darin als einen Erkenntnisprozeß, dem es um die Bereitstellung von empirisch fundiertem Regelwissen zur praktischen Lebensbewältigung gehe und nicht um „knowledge for knowledge's sake".[1] In seiner Anwendung auf die Psychologie habe dies vier weitreichende Konsequenzen:

Erstens: interdisziplinäre Zusammenarbeit.[2] Wie die Psychologie selbst von Erkenntnissen und Methoden der Nachbardisziplinen, insbesondere der Biologie und Physiologie, profitiere, so könne sie ihrerseits die Resultate ihrer Forschungen der Pädagogik und Ethik zur Verfügung stellen.

Zweitens: Erweiterung des bisherigen Gegenstandsbereichs der Psychologie um eine „Science of Religion".[3] Wenn Psychologie Wissenschaft zur praktischen Lebensbewältigung sein wolle, dann könne sie nicht - wie bisher - den schöpferischsten aller Bereiche des psychischen Lebens außer acht lassen, dies um so weniger, als sich gerade auf dem Gebiet der Religion in der gegenwärtigen Lebenswelt große Umwälzungen anbahnten. Wir hören in Kurzfassung das Ergebnis seiner literaturgeschichtlichen Zeitanalyse wieder:

> „The fall of Christian orthodoxy is accompanied with recrudescence of religious fervor. Neo-Christian movements are in progress in France and in Germany, and have long since begun to agitate England and the United States. All over the civilized world men's hearts and brains are in travail with a new Revelation."[4]

Eine solche psychologisch verfahrende „Science of Religion" solle die religionsgeschichtliche und -philosophische Arbeit der letzten Jahrzehnte fortsetzen durch die noch ausstehende Untersuchung derjenigen subjektiven Phänomene des religiösen Lebens, die nach Leubas Ansicht die eigentliche Essenz des religiösen Lebens bilden:

> „If religion has any reality, it must perforce express itself in psychic and physiological phenomena. The work of a true Science of Religion, as we understand it, is to find out what these subjective manifestations are, and then to treat them as it would any other psychic fact. Neither the theories, nor the external practices, rites or ceremonies, but the deeper subjective realities experienced by the inidividual, constitute the material out of which the New Revelation will issue."[5]

Damit ist bereits ein drittes und viertes Implikat dieses Wissenschaftskonzepts angedeutet:

Drittens: Das naturwissenschaftliche Paradigma der neuen Psychologie soll nun auch auf den erweiterten Gegenstandsbereich der „Science of Religion" zur Anwendung kommen.

---

[1] SPR 309.
[2] SPR 310, vgl. a. 367 Anm. 1.
[3] SPR 310.
[4] Ebd.
[5] SPR 310f.

Viertens: Ziel dieser so auf das Gebiet der Religion ausgedehnten szientifischen Psychologie ist es nach Leubas Willen dann, ein praktisch relevantes Wissen hervorzubringen, das für die Bewältigung der sich gegenwärtig abzeichnenden religiösen Umwälzungen entscheidende Bedeutung gewinnt, dem offensichtlich nicht nur eine analytische, sondern überdies eine konstruktive Funktion zukommen soll; eine wissenschaftliche Theorie wird erwartet, die selbst die Rolle eines neuen Glaubens übernimmt oder zumindest einen solchen zu katalysieren versteht:

> „The new creed would be born; the wings of youth would no more be clipped in the spring of life by a scholastic dogmatism; and the soul-midwifery now extensively, but ignorantly, practiced by our revivalists and pastors, could be based upon a positive knowledge of the psychology of regeneration."[1]

Von der Religionspsychologie also scheint sich Leuba entscheidende Fortschritte zur Lösung seiner persönlichen Lebensaufgabe zu erhoffen: nämlich eine solche undogmatisch einfache wie zugleich praktisch wirkungsvolle Religion verwirklichen zu helfen, nach der bereits sein Vater (Bild 1) gesucht hatte; eine „neue Offenbarung" und einen „neuen Glauben" zu etablieren, worin die Wiedergeburt der Person, ihr Erwachen für ein absolutes moralisches Ideal, nicht wie bei ihm selbst durch einen „scholastischen Dogmatismus" gehemmt (Bild 2) oder kompliziert (Bild 3 und 5), sondern im Gegenteil auf der Basis des positiven Wissens einer „Science" (Bild 4 und 1.8) effektiv gefördert werden könne. Eine solcherart - und in diesem Anspruch steht Leuba ganz in der Tradition der Clark-Schule (Bild 7) - *religionspädagogisch* relevante Religionspsychologie soll darin zur Erfüllungsgehilfin derjenigen religiös-moralischen Revolution werden, die Desjardins und die neo-christliche Bewegung (Bild 6) soeben eingeleitet haben.

2.2 Vom Wesen des religiösen Lebens und seiner Geschichte

In diesem Konzept einer psychologischen „Science of Religion" ist bereits ein spezifisches Verständnis ihres Gegenstandes mit enthalten:

Nach Leubas Programm soll die Religionspsychologie nämlich die *Essenz* des religiösen Lebens in den Blick fassen, das sind diejenigen „subjektiven Erfahrungstatsachen" des Individuums,[2] die alle „objektiven" Manifestationen - wie kirchliche Lehre und Gottesdienstpraktiken - selbst erst fundieren. Worin soll nun das Wesen dieser sogenannten „subjektiven Erfahrungstatsachen" im Unterschied zu deren sekundären Objektivierungen bestehen?

---

[1] SPR 311.
[2] SPR 313, 315f., 320.

Antwort: „*The essence of Religion is a striving towards being, not towards knowing.*"[1] Nicht in einem *Wissen*, einer inhaltlich bestimmten Gewißheit also, sondern in einem „Streben nach Sein" sei der Wesenskern religiösen Lebens zu finden. Alle Definitionen von „Religion" - wie die Spencersche[2] -, die das „religiöse Motiv" mit dem „noetischen" bzw. „philosophischen" identifizieren und an inhaltliche Glaubensüberzeugungen binden, erklärt Leuba für inadäquat. Damit zeichnet sich in Leubas Theorie der Religion eine folgenreiche Reduktion ab, die uns bei der weiteren Entfaltung seines Systems immer wieder begegnen wird: Für diese Theorie ist charakteristisch, daß sie das traditionelle Verständnis von religiöser Lebensgewißheit als untrennbarer Einheit aus Gewißheitsinhalt und Motivationskraft nicht mehr festhält, sondern allein auf den letzteren Aspekt zu reduzieren versucht. Dies macht sich hier in seiner ersten Fassung einer Theorie der Religion darin bemerkbar, daß Leuba Religion ausschließlich über ein - für alle möglichen Inhalte scheinbar offenes - „religiöses Motiv" definiert.

Haben wir dieses religiöse Motiv etwa mit dem menschlichen Lebensdrang selbst zu identifizieren, mit dem Urtrieb eines vorrationalen Willens, der allen menschlichen Lebensäußerungen insgesamt zugrunde liegen soll? Auf diese naheliegende Vermutung erhalten wir durch Leubas Skizze einer Naturgeschichte der Religion jedoch eine abschlägige Antwort:

Das sogenannte „religiöse Motiv" erscheint in dieser Skizze vielmehr selbst nur als eine *partielle* Ausgestaltung eines umfasenderen „Lebensdranges", der im Zuge menschlicher Entwicklungsgeschichte eine funktionsspezifische Ausdifferenzierung erfährt.[3]

Die irrtümliche Vermischung des religiösen mit dem philosophischen Motiv geht für Leuba dabei zurück auf die primitivste Stufe der Religion, auf der diese noch alle fundamentalen Lebensbedürfnisse als Ausdruck eines „sense of physical dependence" in ganz ununterschiedener Weise umfasse.[4]

Erst auf einer nächsten Entwicklungsstufe trete das religiöse Motiv, vom noetischen zunehmend geschieden, in seiner *spezifischen Eigenart* hervor: erscheine als Ausdruck eines „sense of moral dependence" im Gefühl moralischer Unvollkommenheit und Schwäche, mit dem terminus technicus „Sündenbewußtsein"[5] genannt. Neben dem zuvor nur äußerlich geführten „Kampf ums Dasein" sei damit im Individuum selbst ein innerlicher Kampf zwischen einander widerstrebenden Begierden hinzugetreten.[6] Das sei die Entwicklungsstufe der ethischen Reli-

---

[1] SPR 313, ä. a. 314f.
[2] SPR 312f., 315, 321.
[3] Daß Religion im menschlichen Leben nicht notwendig auftreten müsse, vgl. a. später: „The Contents of Religious Consciousness", Monist 11 (1901), 536-573, dort 567, 569.
[4] SPR 313, 320f.
[5] SPR 320.
[6] SPR 316, 320.

gionen, für die das Auftreten eines dualen Bewußtseins, d. h. das Bewußtsein der Sünde und das vergebliche Streben nach ihrer Aufhebung, charakteristisch ist.[1]

Die äußerste Zuspitzung und zugleich Überwindung dieser Entwicklungsstufe des dualen Bewußtseins wird für Leuba sodann durch das Erscheinen Christi in der Menschheitsgeschichte markiert.[2] In ihm sieht er die einander widerstrebenden Begierden menschlichen Personseins erstmals geeint und damit die Sünde durch das Opfer des egoistischen Selbst zugunsten einer altruistischen Lebenshingabe vollständig überwunden.[3] In der „Wiedergeburt" der Person, im Prozeß ihrer Integritätsfindung bzw. -erneuerung, will Leuba somit die eigentümliche Lebenskraft des Christentums entdecken, dessen ursprüngliches Motiv, das er in der Geschichte der Kirche zwar durch Intellektualisierung immer wieder verdunkelt,[4] jedoch immer auch bleibend wirksam findet:

Nämlich zum einen wirksam im Leben der Heiligen und Mystiker – kein Zufall also, daß Leuba dieser Personengruppe seine wissenschaftliche Aufmerksamkeit als nächstes zuwenden wird.[5]

Zum anderen wirksam im Lebenswerk der großen Reformatoren, deren Reformimpuls jeweils von einer persönlichen Wiedergeburtserfahrung ausgegangen sei.[6]

Und neuerdings wiederentdeckt in der amerikanischen Erweckungsbewegung, in der die zentrale Rolle der Wiedergeburt erkannt und durch deren gesellschaftlichen Einfluß die Bekehrungserfahrung als normaler Kulminationspunkt christlicher Erziehung kultiviert worden sei.

Darin sieht Leuba einen entscheidenden Fortschritt erreicht, das Ziel der religiösen Entwicklungsgeschichte der Menschheit selbst freilich noch nicht verwirklicht. Denn auch in den amerikanischen Erweckungskirchen findet er das ursprüngliche Motiv der Wiedergeburt in einer starren Orthodoxie intellektualistisch verdunkelt, so daß es sich nicht als die – über alle Glaubensunterschiede hinweg – universal einheitliche Essenz des religiösen Lebens zu erkennen gebe.

Eine weitere Essentialisierung des spezifisch religiösen Motivs der Wiedergeburt müsse sich vielmehr in dessen Ablösung von allen metaphysisch-dogmatischen Komplizierungen bzw. Intellektualisierungen und in der Rückkehr zum reinen religiösen Empirismus der Religionsstifter vollziehen.[7] Eine solche Essentialisierung der Religion sieht Leuba nun allerdings nicht mehr in den Kirchen,

---

[1] SPR 315.
[2] SPR 317f. Darin erscheint das Christentum dem Buddhismus überlegen, vgl. „Religion: Its Impulses and Its Ends", Bibliotheca Sacra 58 (1901), 751-773, dort 773.
[3] SPR 315, 318.
[4] SPR 316, 318.
[5] Dazu u. unter 3.3.
[6] SPR 318f.
[7] SPR 318.

sondern gerade außerhalb ihrer in derjenigen intellektuellen Avantgarde aufgebrochen,[1] die wir bereits als die Trägerin der neo-christlichen Bewegung[2] vorgestellt bekamen und zu der er sich selbst zugehörig weiß:

> „It is a fact of common observation that our pulpits have almost completely forgotten those articles of the creed which formerly attracted chief attention, and that they are absorbed in preaching regeneration and sanctification. To be religious is no more to conjure and sacrifice, no more to adore, no more to believe in dogmas; it is to live righteously an altruistic life."[3]

Diese intellektuelle Avantgarde, aufgewachsen in einer Atmosphäre geistiger Freiheit und wissenschaftlichen Denkens, vermöge das traditionelle Glaubensbekenntnis der christlichen Kirchen nicht mehr nachzusprechen, d. h. nicht mehr zu glauben an eine interferierende göttliche Providenz, die supranaturalen Wirkungen des gottesdienstlichen Verkehrs mit einem personalen Gott und an die Unsterblichkeit der individuellen Seele, sondern fühle sich einzig und allein ihrem Gewissen[4] und dem Nächsten gegenüber verantwortlich. Sie befinde sich darin jedoch keineswegs jenseits aller Religion, sondern gerade auf deren fortgeschrittenster Evolutionsstufe, derjenigen Religionsstufe ohne Metaphysik nämlich, welche die Trennung des religiösen vom noetischen Motiv endlich vollziehe.[5]

Wir sehen nun klar, auf welche Weise Leubas Religionspsychologie am religiösen Fortschritt der Menschheit mitzuarbeiten trachtet:[6] indem sie in der Wiedergeburt bzw. Bekehrungserfahrung nicht etwa nur ein auffälliges Einzelphänomen,[7] sondern das schlechthin zentrale Entwicklungsprinzip des religiösen Lebens selbst in den Blick fassen und darin hinsichtlich seiner Essenz freilegen möchte.[8]

> „If we have in this essay insisted upon the absolute divorce which must be recognized between intellectual beliefs and religion, it is because in the rapture of this mischievous identification lies one of the most pregnant practical conclusions which modern life can derive from psychological investigation in religious life."[9]

Daß diese anscheinend rein empirisch erreichte Essentialisierung dann exakt die Überzeugungen von Leubas persönlicher Bildungsgeschichte festhält, ist eine

---

[1] SPR 319f.
[2] S. o. unter 1.6.
[3] SPR 318.
[4] Auf die spezifischen Inhalte dieses Gewissens hat Leuba hier freilich nicht reflektiert.
[5] SPR 314f.
[6] SPR 314ff.
[7] Auch wenn einzelne Aussagen den Anschein erwecken, für Leubas Themenwahl seien weniger systematische als pragmatische Gründe ausschlaggebend gewesen; vgl. etwa SPR 312: „We have chosen conversion because of its striking and well delineated characteristics, and on account of its paramount importance in religious life. Moreover, material for the study could be collected without too much difficulty."
[8] SPR 312, 320.
[9] SPR 314f.

sich bereits hier aufdrängende Vermutung, die sich im folgenden sukzessive bestätigen wird. Das antimetaphysische Pathos des Leubaschen Positivismus wird uns darin unwillkürlich an das Auguste Comtes erinnern (1.8.1):[1]

Denn wie jener so hat auch Leuba seine spekulative Geschichtstheorie der Menschheitsentwicklung als ein Stadienmodell konzipiert, das den Überschritt zur höchsten Stufe an die Aufgabe aller Metaphysik und Hinwendung zu den positiv gegebenen Tatsachen bindet.[2]

Und wie jener scheint auch Leuba das letzte Stadium als das Zeitalter der positiven Wissenschaften zu begreifen, gleichwohl mit einem bezeichnenden Unterschied: Nicht mehr die Philosophie, die für Leuba - gegen Spencer - nur der intellektualistische Ausläufer eines singulären menschlichen Motivs, nämlich des noetischen, darstellt, sondern die Psychologie, der das Comtesche System keinen Platz zuweisen wollte, ist es nun, die die Rolle der geheimen Königin der positiven Wissenschaften erhält.

2.3 Der ursprüngliche Plan und seine Durchführung

Leuba hat seine Studie zur Bekehrung, die das essentielle Motiv des religiösen Lebens selbst in den Blick nehmen möchte, ursprünglich dreiteilig konzipiert, allerdings nur die beiden ersten Teile im Rahmen seiner Dissertation veröffentlicht:

Teil I beschreibt und interpretiert die Bekehrungserfahrung als einen natürlichen Prozeß, der aus sechs empirisch identifizierbaren Phasen besteht.[3]

Teil II setzt diese religionspsychologische Theorie sodann in Beziehung zu den Lehraussagen protestantischer Theologie, um letztere einer empirisch-wissenschaftlichen Überprüfung zu unterziehen.[4]

Wie einige Vorankündigungen zeigen,[5] ist darüber hinaus noch ein Fortsetzungsteil geplant gewesen, der die physiologische Korrelationstheorie zum psychologischen Phasenmodell in Teil II entwickeln sollte. Aus welchen Gründen jedoch dieser III. Teil, von dessen Analysen sich Leuba wesentliche Beiträge zur Lösung wichtiger ethischer und philosophischer Probleme erhoffte, niemals fertiggestellt worden ist, kann allenfalls vermutet werden. Möglicherweise ist es

---

[1] Leuba hat in seinem Essay in knappen Andeutungen auf Comtes Dreistadiengesetz ausdrücklich Bezug genommen: SPR 313, 320.

[2] SPR 320: „When the division between metaphysics and science has been fully recognized in Religion, the church will take cognizance of facts only, and leave to independent specialists the post-experiential speculations."

[3] SPR 322-354.

[4] SPR 355-370.

[5] SPR 322, 370; vgl. a. in LEUBAs Rezension zu Starbucks „Psychology of Religion", 510f. Anm. 1.

weniger die Einsicht in die Undurchführbarkeit des Unternehmens, die Leuba im folgenden davon abhalten, seinen ursprünglichen Plan auszuführen, als vielmehr vor allem sein mangelndes Interesse an physiologischer Forschungsarbeit, die, wie wir unter 3.1.1 noch genauer sehen werden, für das Verfahren seiner Theoriebildung im Unterschied zur Psychologie James' und Halls keine konstitutive Rolle spielt: Laborexperimente gewinnen später nur noch im Rahmen von Leubas Psychologie der Mystik eine gewisse Bedeutung, sind aber auch dort nicht eigentlich physiologischer Art.[1] Seine religionspsychologischen Studien verdanken sich nämlich entweder der Auswertung von Fragebogenerhebungen oder der Auswertung literarischer Erfahrungsberichte sowie der fachlichen Auseinandersetzung mit psychologischen, anthropologischen und religionswissenschaftlichen Forschungsbeiträgen, nicht aber experimentell-psychologischen Verfahrensweisen[2].

Und doch können wir uns über die Art einer solchen ursprünglich geplanten physiologischen Korrelationstheorie eine recht genaue Vorstellung machen: Denn in „The Psycho-Physiology of the Categorical Imperative"[3] hat Leuba 1897 eine analoge Theorie zum kategorischen Imperativ vorgelegt, die nicht nur aus formanalogen Gründen stellvertretend für den fehlenden III. Teil der Bekehrungsstudie herangezogen werden kann (2.6).

---

[1] The Psychology of Religious Mysticism, New York 1925, 283ff. (im folgenden abgekürzt als MY). Das sind Experimente zum „Gefühl der Präsenz" (MY Kap. XI). Die Schilderungen über das Selbsterleben der Versuchspersonen werden darin bezeichnenderweise als „Observationen" behandelt.

[2] Daß LEUBA allerdings durchaus experimentell-psychologisch an der Clark-Universität und in seinem Labor am Bryn Mawr College gearbeitet hat, davon zeugen die folgenden Veröffentlichungen, allesamt Beiträge zur Kognitions- und Lernpsychologie:

1. „A New Instrument for Weber's Law with Indication of a Law of Sense-Memory", a. a. O.; zu Fehlurteilen und Wahrnehmungsirrtümern vgl. dort 375, 378, 382f.

2. „An Experiment on Learning to Make Hand Movements", Psychological Review 12 (1905), 351-369.

3. „An Apparatus for the Study of Kinaesthetic Space Perception", AJP 20 (1909), 370-373.

4. „The Influence of the Duration and of the Rate of Arm Movements upon the Judgement of Their Length", AJP 20 (1909), 374-385, bes. 376f., 379, 381.

5. „Note on the Orientation in the White Rat"; Journal of Comparative Psychology 9 (1929), 239-244; in dieser Studie zur Tier- und Lernpsychologie handelt es sich eigentlich um die Studie einer Schülerin, die LEUBA lediglich editiert hat: vgl. 239 Anm. 1.

Die Resultate dieser Studien, insbesondere die Beschreibung und Interpretation von Irrtümern und Illusionen der Versuchspersonen, gehen indirekt in Leubas religionspsychologische Konzeptionen ein, am deutlichsten erkennbar in seine Theorie der mystischen Erfahrung (s. u. unter 3.3.3).

[3] PCI.

2.4 Materialgrundlage und Ergebnis der Bekehrungsstudie

Im Anhang[1] seiner Dissertation gibt Leuba Auskunft über die empirische Materialgrundlage seiner religionspsychologischen Studie: Diese umfaßt Fallbeispiele von Bekehrungserfahrungen, die zum einen Teil literarischen Quellen - Biographien großer Erweckungsprediger und Erfahrungsberichten in religiösen Zeitschriften - entstammen, zum anderen Teil auf Antworten einer Fragebogenerhebung[2] sowie persönlichen Interviews basieren. Leuba findet bei der Auswertung dieses letzteren Materialfundus eine anfänglich erwartete Grenze seines Unternehmens überraschenderweise nicht bestätigt: Statt von traditioneller Phraseologie vorgeprägte und standardisierte Berichte meint er weitgehend wertvolle *Introspektions*resultate erkennen zu dürfen, die als getreue Beschreibungen persönlicher Erfahrungen auswertbar seien.[3] Dieses entscheidende Urteil über den Wert des ihm vorliegenden Untersuchungsmaterials wird von Leuba jedoch nicht nach den es leitenden Qualitätskriterien begründet und kann als Resultat seiner wissenschaftlichen „Intuition" von uns somit nur als letztlich unkontrollierbar zur Kenntnis genommen werden.

Darin läßt also auch seine Untersuchung dieselbe hermeneutische Unschärfe erkennen, die bereits für das gesamte „child study"-Unternehmen Halls zu diagnostizieren war:[4] Wie kommen Erfahrungsberichte überhaupt zustande, und was ist bzw. leistet Introspektion? Wie können deren Resultate wiederum sinngemäß ausgewertet werden? D. h. wie funktioniert eigentlich das intendierte Unternehmen szientifischer Observation und Hypothesenbildung? Dies zu beantworten, würde eine - im Kantschen Sinne - „Kritik" des wissenschaftlichen Vernunftgebrauchs, ja eine Reflexion auf die Möglichkeitsbedingungen menschlichen Erfahrens und Verstehens überhaupt erfordern, die das propagierte Ideal einer metaphysikfreien „Science" in seinen Grundfesten in Frage stellte und von Leuba hier - wie auch späterhin (3.1.1) - nicht geleistet wird.

Es ist nun bezeichnend für den Typus der Leubaschen Bekehrungstheorie, daß seine Fragebogenuntersuchung weniger statistische Absichten erkennen läßt als vielmehr allein das Interesse, einen quantitativ möglichst breiten Bestand zeitgenössischer Erfahrungsberichte zu erhalten, der im Verbund mit den klassischen

---

[1] SPR 371-385.

[2] Der Fragebogen ist abgedruckt in SPR 371. Zum Zwecke seiner Verbreitung wurde er an Missionare und Pastoren verschickt und darüber hinaus in folgenden Zeitschriften veröffentlicht: The Presbyterian (Philadelphia), The Christian (London), The Outlook (New York). Nicht überall scheint das Unternehmen Leubas dabei auf bereitwillige Mitarbeit gestoßen zu sein: Bezweifelten die einen nur den Nutzen einer solchen Studie, so bekundeten die anderen offene Ablehnung, überzeugt vom unüberwindlichen Gegensatz zwischen Wissenschaft und Religion bzw. eine Vivisektion „heiliger Erfahrung" befürchtend (SPR 272).

[3] SPR 371.

[4] Vgl. o. unter Teil I, 2.3.

Darstellungen der Literatur komparativ ausgewertet werden kann. Nur am Rande scheint es Leuba um eine Bestimmung etwa des häufigsten bzw. durchschnittlichen Bekehrungsalters zu gehen, das er übrigens beidesmal um das 25. Lebensjahr ansetzt.[1] In erster Linie geht es ihm vielmehr darum, die universale Gesetzmäßigkeit des Bekehrungsverlaufs zu beschreiben, welche all ihren geschichtlichen Individuationsformen gemeinsam zugrunde liegt[2]. Dabei gelangt er zu dem folgenden Ergebnis:

Leuba unterscheidet für den vollständigen Prozeß der Bekehrungserfahrung insgesamt sechs bzw. sieben „natürliche Phasen", deren Aufzählung allerdings nicht ganz einheitlich ist.[3] In einer Vorankündigung wird zunächst folgende Abfolge von Bewußtseinsphasen genannt: „The Sense of Sin, Self-Surrender, Faith, Joy, Appearance of Newness, The Rôle of the Will".[4] Die Durchführung in Teil I hingegen schiebt an vierter Stelle „Justification" ein, kommt somit auf insgesamt sieben Phasen, wobei die Erörterung des Willensproblems auf Teil II verschoben wird.[5]

Die genannten Phasen werden dann wiederum zwei Perioden zugeordnet, die den Bekehrungsprozeß in eine erste Periode emotionaler Abwärtsbewegung („diremption") und in eine zweite Periode emotionaler Aufwärtsbewegung („atonement") gliedern. Als „Bekehrung" im strikten Sinne wird innerhalb dieser Feineinteilung nur der Wendepunkt des emotionalen Richtungswechsels, als „Wiedergeburt" hingegen die gesamte zweite Periode mit positiver Emotionslage bezeichnet.[6]

Wie bereits aus dieser Übersicht hervorgeht, hat Leuba zur Beschreibung der empirischen Gesetzmäßigkeit des Bekehrungsverlaufs - wie selbstverständlich und gänzlich unreflektiert - die traditionelle Begrifflichkeit der ordo salutis-Lehre in Anspruch genommen. Dabei scheinen zunächst die theologischen Kategoriebegriffe mit einzelnen Zeitphasen einer empirisch vorgefundenen Erfahrungskette identifiziert zu werden. Näher besehen zeigt sich jedoch, daß die mit ihnen identifizierten Phänomene nur im uneigentlichen Sinn als empirische Phasen, vielmehr unbemerkt als die verschiedenen Aspekte eines einzigen idealen Erfah-

---

[1] SPR 317-385; hierzu ist auch die ergänzende Äußerung Leubas in seiner Starbuck-Rezension wichig: a. a. O. 516. Daß Leubas eigene Werte (25/25 Jahre) und die Starbuckschen (13 bzw. 16/17 Jahre) stark abweichen, erklärt sich Leuba daraus, daß sie von einer jeweils unterschiedlichen Bestimmung des Phänomens „Bekehrung" ausgehen: er selbst nämlich von der Bestimmung der Bekehrung als Typ einer solchen tiefen und umfassenden Charaktertransformation, wie sie erst im späteren Alter auftrete.

[2] SPR 322, 329, 336f., 371.

[3] SPR 322; zum Verständnis der Bekehrung als spezifische Phänomenabfolge eines psychischen Prozesses vgl. etwa 257 Z. 1, 360f.

[4] SPR 322, durchgeführt in 322-354.

[5] SPR 349ff., 354.

[6] SPR 337.

rungszusammenhangs verstanden werden, dessen empirische Zeitabfolge Leuba im Grunde nur sekundär interessiert. Besonders deutlich tritt dies in der mit „The Rôle of the Will" überschriebenen „Phase" hervor, deren Beschreibung nicht - wie angekündigt - in Teil I, sondern erst in Teil II geboten wird.[1] Daß es sich in dem darin in den Blick gefaßten Phänomenbestand keinesfalls um eine empirische Zeitphase handeln kann, sondern um einen die Konstitution der Bekehrung insgesamt und im allgemeinen betreffenden Gesichtspunkt, liegt auf der Hand. Derselbe Eindruck legt sich dann auch für die anderen sogenannten „Phasen", insbesondere die mit „Faith" bzw. „Justification" bezeichneten, nahe.

Darin aber zeigt sich: Leuba beansprucht zwar eine Theorie von *rein empirischem* Status vorzulegen, bleibt jedoch unausgesprochen stets derjenigen Theorietradition verhaftet, die sich der *reflexiven* Selbstbesinnung des Glaubens auf sein Gewordensein und dessen Konstitutionsbedingungen verdankt. Ja, im Grunde wird letztere von ihm nur modifiziert, und zwar mit der unhinterfragten Autorität des Szientisten, der da und dort Eingriffe in sie vornimmt, um diese Theorie in seinen eigenen szientifischen Kategorierahmen einzupassen.

Wie werden die Phänomene der Bekehrungserfahrung von Leuba dabei nun beschrieben und interpretiert? Zu seinem psychologischen Phasenmodell im einzelnen:

1. Phase: Leuba hat die empirisch auftretenden Einzelerfahrungen, die am Eingang der Bekehrung stehen, unter dem traditionellen Titel „Sündenbewußtsein" („sense of sin") subsumiert.[2] Dessen Konzeption ist gegenüber seiner traditionellen Auffassung allerdings auf spezifische Weise modifiziert:

Das Bewußtsein der Sünde stellt für Leuba ein natürlicherweise auftretendes und seinem Kern nach identisches Affektkonglomerat mit physiologischer Basis dar, das in dem - psychisches wie physisches Elend erzeugenden - Bewußtsein des Streits niederer gegen höhere Begierden besteht, der sich schließlich zugunsten der höheren entscheidet.[3] Dieses Affektkonglomerat besitzt für Leuba zwar eine Art emotionaler „Geschmacksrichtung", nicht aber bereits einen vorreflexiven Gehalt, der zu reflexiver Klarheit gebracht werden könnte. Vielmehr sieht er den natürlichen Kern der Sündenerfahrung durch sekundär hinzutretende inhaltliche Bestimmungen in Gestalt spezifischer Glaubensvorstellungen lediglich in wenig konstruktiver Weise kompliziert, intensiviert bzw. derart verändert, daß durch sie der natürliche Ablauf des Bekehrungsprozesses sogar gehemmt oder gestört werde.[4] Aus dieser Sicht werden insbesondere die calvinistischen und

---

[1] SPR 364-370.
[2] SPR 322-327.
[3] SPR 323, 325, 327, 329.
[4] SPR 323ff., 327: beispielsweise durch das Auftreten von Furcht.

methodistischen Kultivierungsgestalten von Bekehrung tendenziell negativ beurteilt:

> „The Calvinistic doctrines when preached without palliation were amply sufficient to produce tragic fears and induce grave bodily disorders...When fear becomes extreme, as under the ministration of Revivalists of the past centuries, it hinders the saving transformation."[1]

Wir werden in diesem Zusammenhang daran erinnert, daß Leuba eine solche Hemmung des erwarteten Prozesses subjektiver Erneuerung während seiner Präparandenzeit angesichts unverständlicher und beunruhigender Lehraussagen seiner calvinistischen Heimatkirche (Bild 2) am eigenen Leibe erfahren hatte.

2. Phase: Alle Erfahrungen am kritischen Wendepunkt des Bekehrungsprozesses werden als Phänomene der „Selbsthingabe" („self-surrender") gedeutet.[2] Auch in dieser Interpretation wird von Leuba zunächst eine Pointe reformatorischer Rechtfertigungslehre festgehalten: Nicht das aktive Streben der Person nach moralischer Gerechtigkeit ist es, das die Auflösung der alten und den Durchbruch der neuen Persönlichkeitsstruktur hervorbringen kann, sondern gerade das Eingeständnis ihres Versagens hierzu und ihre Einwilligung in eine psychische Haltung der Rezeptivität ist die notwendige Bedingung für ihren Übergang zu einem höheren religiösen Leben.[3] Ist für ihn in der „Selbsthingabe" der Person damit zugleich die hinreichende Bedingung ihrer Wiedergeburt gefunden? Leuba scheint nicht dieser Ansicht zu sein, denn auch seine Theorie sucht gerade die passive Unverfügbarkeit ihres Zustandekommens zu betonen, freilich mit einem wesentlichen Unterschied: Nicht ein unverfügbares Offenbarungshandeln transzendenten Ursprungs, sondern eine „Instanz" oder besser: ein depersonales „Geschehen" immanenten Ursprungs wird für den Eintritt des Personwandels verantwortlich gemacht: nämlich das natürlicherweise auftretende „neue organische Leben" selbst, das sich während der Rezeptionshaltung der Person gegen den egoistischen Selbstbehauptungswillen ihres aktiven Strebens unwillkürlich Bahn breche und sie zur altruistischen Selbsthingabe - als der qualitativen Bestimmung ihres neuen Lebens - quasi überwältige.[4] Nicht als eine spezifische Gestalt der Gottes- und Selbsterkenntnis also und nicht als ein spezifisches Bedingungsverhältnis von Gottes-, Nächsten- und Selbstliebe[5] wird die Persönlichkeitsstruktur des Wiedergeborenen charakterisiert, sondern - wie bei Comte und Spencer - als ein „Altruismus", der als purer Gegensatz den früheren „egoistischen" Lebensinteressen der Person unvermittelt gegenübersteht, zumindest in seinem Verhältnis zu jenen nicht differenzierter bestimmt wird.

---

[1] SPR 324.
[2] SPR 327-337.
[3] SPR 335.
[4] SPR 327, 329, 345, 369.
[5] Verstanden als Ausdruck des Doppelgebots bzw. - besser: - dreigliedrigen Gebots der Liebe: Mt 22, 37-39.

3. Phase: Die nach dem Überschritt des Wendepunkts realisierte Ganztransformation der Person[1] wird von Leuba - wiederum klassisch - mit dem Titel „Glaube" („faith" oder genauer: „faith-state") bezeichnet,[2] jedoch erneut mit einem modifizierten Bedeutungsgehalt versehen: Wie das Sündenbewußtsein so wird auch der „Glaubensstand" ausschließlich als eine *inhaltsleere* Affektlage begriffen, die als psychisches Korrelat eines biologischen Wachstumsprozesses ganz unabhängig vom Vorhandensein bestimmter Glaubensüberzeugungen („beliefs") auftritt.[3] Allein aufgrund einer Neigung des menschlichen Geistes, angesichts des rein assoziativen Zusammenseins von Affekten und Begriffen zwischen jenen Kausalzusammenhänge herzustellen, gelangten inhaltlich bestimmte Glaubensüberzeugungen in einem zweiten Schritt dann zu lebendiger Gewißheit.[4] Das aber soll heißen: Sie beziehen ihre reflexive Evidenz nicht aus ihrer Übereinstimmung mit einem Sachverhalt, wie er sich für das affektive Leben zunächst vorreflexiv präsentiert hat, sondern allein aus ihrem *zufälligen* Zusammensein mit einem ihnen gegenüber ursprünglich gänzlich unabhängigen Affektleben,[5] das somit nur in formal motivierender, nicht aber inhaltlicher Hinsicht als das Fundament von Erkenntnis gelten kann.

Wie kommt die Vernunft also zu ihren Inhalten, der Glaube zu seinen Gewißheiten? Auf diese klassische Frage der Erkenntnistheorie scheint Leuba implizit folgende Antwort zu geben: Die Inhalte interessieren gar nicht, weil nicht sie, sondern ein reiner Affektkern die Essenz religiöser Erfahrung bildet. Von daher wird die theologische Ausbildung von Glaubens-(„belief")-Systemen, wie sie sich in Übereinstimmung mit den herrschenden Wissenschaften einer jeweiligen Zeit vollziehe, bestenfalls als kontingenter Zusatz, schlimmstenfalls - wie in der Gegenwart - jedoch als schädliche und anachronistische Überfrachtung der reinen Affektessenz des „faith-state" verstanden:

> „If the religious *experiences* of our day are essentially the same as those of the beginning of our era, the conceptual world has changed wondrously. Nevertheless we still keep the precious stone in the old unbecoming setting, for fear, they say, that the stone will crumble to pieces if transferred to newer mounting, and we continue to assert that the old is genuine gold, because the genuinness of the stone has been, and is being repeatedly tested. Meanwhile, very many, and these among the best, are made to care little for the jewel on account of its repulsive setting."[1]

Diese Psychologie des Glaubens kann für Leuba auf dem Hintergrund seiner persönlichen Frömmigkeitserfahrung verständlicherweise befriedigend erscheinen, weil sie die positive Signifikanz des ihm fremd gebliebenen Credos bis zur

---

[1] SPR 329f., 349.
[2] SPR 337-349.
[3] SPR 338-342, 346.
[4] SPR 338, 346f.
[5] SPR 347, 349, 357.

Bedeutungslosigkeit zurückdrängt, ja sogar in eine negative umkehrt. Sie vermag ihre oberflächliche Plausibilität jedoch nur um den Preis zahlreicher Ungereimtheiten zu erkaufen: Wenn religiöses Evidenzerleben seinem Wesenskern nach inhaltsleer gedacht werden soll, aufgrund welchen formal andersartigen Evidenzerlebens soll dann aber diejenige - nämlich wohl kaum ähnlich inhaltsleere, nach dem Zufallsprinzip zusammengewürfelte - Erkenntnis zustande kommen, die Leuba in seinem wissenschaftlichen Unternehmen selbst hervorzubringen beansprucht? Und wie vermag dann noch - angesichts verschiedener Formen von Evidenzerleben - der Glaube als die umfassende Ganztransformation der Person gedacht werden, wenn er nur der Evidenzgrund eines Ausschnitts menschlichen Lebens, nämlich nur des partikular verstandenen religiösen, nicht aber rationalen Lebens, darstellen soll? Was, wenn nicht ein vorreflexiver Gehalt, macht darüber hinaus eigentlich die universale Einheitlichkeit des Glaubensphänomens aus, die Leuba nachdrücklich betont,[2] m. a. W. was gewährleistet überhaupt die Identifizierbarkeit einer Erfahrung als „Glaube"? Leubas Antwort hierauf scheint zwar zunächst lediglich auf die allgemeine positive Tendenz der betreffenden Affektlage zu verweisen, doch unterlaufen seiner Theorie daneben andererseits auch immer wieder Näherbestimmungen des „faith-state", die im Ansatz bereits inhaltliche Charakterisierungen vornehmen: So wird der Glaubensstand beispielsweise als eine allumfassende sympathetische Lebenshaltung des Vertrauens gekennzeichnet, in der die Selbstisolation und Immoralität des Individuums aufgehoben und seine moralische Integrität erreicht sei.[3] Wie sich die neue Persönlichkeitsstruktur moralischer Integrität in den verschiedenen Lebensbereichen der Person dann im einzelnen entfaltet, erscheint Leuba freilich nicht weiter klärungsbedürftig.

4. Phase: Die nach überstandener Krisis eintretenden Gefühle der Entspannung des innerpsychischen Streits der Begierden bzw. der Erleichterung vom Sündenbewußtsein werden von Leuba zusammenfassend unter dem sinnträchtigen Titel „Rechtfertigung" („justification")[4] verhandelt, wobei sich erneut der bereits bekannte Bedeutungswandel abzeichnet: Wie jede Form des „belief" wird auch die theologisch zentrale Kategorie der Rechtfertigung auf eine sekundäre und letztlich beliebige, zufällige Interpretation eines primären Erfahrungsbestandes zu reduzieren versucht, der auch gänzlich anders, etwa neutral als „Entwicklung", interpretiert werden könnte. Womit die obigen Fragen neuerlich wiederkehren, zugespitzt: Nach welchem Vorzugskriterium dann eigentlich zwischen

---

[1] SPR 349.
[2] SPR 347, 349, 357.
[3] SPR 345.
[4] SPR 349-351.

der einen - theologischen - oder anderen - psychologischen - Interpretation als die wissenschaftlich adäquatere zu wählen sei?

5. *Phase*: Die positiven Emotionen, die den Eintritt des „faith-state" begleiten,[1] werden von Leuba unter dem Titel „Freude" („joy") zusammengefaßt. Der mit diesem ekstatischen Bewußtseinszustand häufig einhergehende Eindruck der Person, eine göttliche Offenbarung empfangen zu haben, sei jedoch auf eine illusorische Selbsttäuschung zurückzuführen, wie sie sich leicht aus der Harmonisierung bzw. Simplifizierung des intellektuellen Bewußtseins erklären und auch bei anderen emotionalen Erregungen oder bestimmten physischen Zuständen - etwa während Schlaf und Hypnose - aufweisen lasse.

Wir haben darin Leubas frühesten Ansatz zu einer religionspsychologischen Offenbarungstheorie vor uns, den seine Konzeption der mystischen Erfahrung dezidiert ausarbeiten wird (3.3.3).[2] Deren spätere Pointe ist bereits hier unverkennbar: Weil Leuba implizit stets ein supranaturalistisches Verständnis von Offenbarung voraussetzt, muß deren Existenz vom positivistisch-naturalistischen Standpunkt seiner Religionspsychologie aus rigoros abgelehnt werden.[3] Dies geschieht, indem er das Zustandekommen der Offenbarungserfahrung als eine psychischen Gesetzen folgende Illusion abqualifiziert und sie darin anderen, insbesondere niederen Bewußtseinsformen an die Seite stellt. Damit wird der Sonderstatus von Offenbarung innerhalb des Bereichs menschlicher Erfahrung bestritten. Offenbarung kommt nicht mehr als ein fundamentales Erschließungsgeschehen von Wirklichkeitserleben in Betracht, sondern nur noch als bloße Quelle positiver Lebensenergie bzw. Entspannung,[4] die die menschliche Lebenshaltung zwar grundlegend positiv, nicht aber inhaltlich qualifiziert zu bestimmen vermag. Bestenfalls wird Offenbarungserkenntnis im Gegenüber zu Vernunfterkenntnis einer niederen Qualitätsstufe von Erkenntnis zugeordnet.

6. *Phase*: Auch bei der Beschreibung der sechsten und letzten in Teil I behandelten „Phase" der Bekehrung verfolgt Leuba dasselbe Reduktionsinteresse: Das „Gefühl der Neuheit" („sense of newness")[5] der Person sei entweder auf eine Täuschung zurückzuführen, die den neuen innerpsychischen Harmoniezustand auf äußere Sinneswahrnehmungen projiziere, oder als das psychische Gegenstück

---

[1] In dieser Beschreibung tritt deutlich hervor, daß es sich im „faith-state" nicht um eine empirische Vorphase zu Phase 5 handeln kann. Zur 5. Phase insges.: SPR 351-353.

[2] Vgl. hier bereits den Rekurs auf mystische Erfahrung in SPR 353.

[3] SPR 360f.

[4] SPR 354: „The conversion crisis may be supposed to have for the physiological counterpart a redistribution of energy involving general modification of the association paths; or an alternation of rhythms, changing the nervous regimen."
SPR 355: „Its reality, looked upon from the point of view of evolution, is a redistribution of energies by the introduction of new functions; it is a specific transformation similar perhaps to the variations constituting a new species in the animal world."

[5] SPR 353f.

einer physiologischen Neuorientierung,[1] in jedem Fall aber als ein vollkommen natürlich geregelt ablaufender, normaler Phänomenbestand zu erklären.

2.5 Die religionspsychologische Kritik der theologischen Lehre vom ordo salutis

Leuba hat den Bekehrungsprozeß in Teil I somit als den durchgehend natürlichen Gesetzen folgenden zentralen Entwicklungsfortschritt religiöser Evolution beschrieben, innerhalb dessen sich die Einigung eines zuvor dualistisch desintegrierten Bewußtseins[2] und damit der Überschritt von einer egoistischen zu einer höher entwickelten altruistischen Persönlichkeitsstruktur realisiere. Diese Deutung entspricht im Kern allen anderen religionspsychologischen Entwürfen der Clark-Schule, die die Bekehrungserfahrung im Unterschied zu Leuba jedoch nahezu ausschließlich als eine Erfahrung der Adoleszenz und ihrer Initiationsriten engführen möchten.[3]

In Teil II seiner Studie macht sich Leuba nun daran, seine soeben vorgestellte Theorie als kritischen Maßstab an Hauptstücke der protestantischen ordo salutis-Lehre anzulegen. Dieses Vorgehen rechtfertigt sich für ihn aus der Annahme, in seiner empirischen Untersuchung die „Tatsachen" bzw. „Realitäten" des religiösen Bewußtseins selbst unmittelbar in Blick bekommen zu haben, auf die sich die theologischen „belief"-Aussagen, wie gehört, nur in einer sekundär verstellten, zufälligen und zeitbedingten, nämlich mit der Brille der wissenschaftlichen Erkenntnis ihrer Zeit gelesenen Weise bezögen.[4] Wir sahen bereits, daß diese Annahme freilich den Charakter eines empiristischen Vorurteils besitzt, weil auch Leubas Theorie die Phänomene des religiösen Lebens keinesfalls voraussetzungslos und metaphysikfrei, sondern unausgesprochen nach den Kategorien seiner persönlichen Lebensüberzeugungen ins Licht rückt. Um so bemerkenswerter ist darum der kaum begründbare Anspruch seines Prüfungsverfahrens, das sich rechtmäßig nur als Alternativvorschlag und Diskussionsangebot gebärden dürfte.

Statt dessen steht es offensichtlich bereits im Dienst einer umfassenden Neuformulierung christlicher Theologie auf empirischer Basis, die deren Aufgabenfeld neu definieren will, und zwar mit der Tendenz, dieses Aufgabenfeld letztlich aufzulösen, indem sie es der anscheinend überlegenen Obhut der Religi-

---

[1] Eine ausführliche Darstellung eines solchen physiologischen Korrelats wäre etwa in Teil III der Studie zu erwarten gewesen.
[2] Nach Leubas Naturgeschichte der Religion ist dieser charakteristisch für alle ethischen Religionen.
[3] Siehe Teil I, 2.5 dieser Arbeit und später Teil III, 2.1.2 und 2.1.3, Starbucks Theorie der Bekehrung.
[4] SPR 355, 368. Vgl. a. später „The Fields and the Problems of the Psychology of Religion", JRP 1 (1904), 155-167, dort 167.

onspsychologie unterstellt. Dieser Zugriff der Religionspsychologie auf die Theologie vollzieht sich - später explizit[1] - hier noch eher implizit im Zuge einer zweistufigen Überwältigungstaktik:

Zunächst wird der Gegenstandsbereich der Theologie auf eine „Metaphysik der Mittel und Wege der Wiedergeburt" reduziert, die nach Leubas positivistischer Evolutionstheorie der Religion die essentielle Reinform des religiösen Lebensmotivs vorstellen soll:

> „The colossal influence which Christian theology has wielded during nineteen centuries, taken together with the actual crumbling down of the doctrinal pillars of Christian Orthodoxy, pointing to a great and not far distant reformation, invest with momentous interest any serious endeavor to restate religious truths on an empirical basis.
> We have seen in a preliminary chapter on the Religious Motive that the clearer the religious consciousness, the more exclusively is theology a scheme of salvation; all other matters tend to fall out into the domain of general philosophy."[2]

Sodann wird die traditionelle theologische „Metaphysik der Wiedergeburt" auf Linie gebracht, indem sie, von allen sog. vorwissenschaftlichen Mythologien, Anthropomorphismen und Supranaturalismen gereinigt,[3] die Gestalt derjenigen Minimalmetaphysik angenommen hat, die exakt mit Leubas religionspsychologischer Theorie übereinstimmt. Auf dem Hintergrund dieser zweiten Reduktionsabsicht ist das folgende „Prüfungsverfahren" zu lesen, das drei Hauptpunkte religionspsychologischer Kritik an der protestantischen Lehre vom ordo salutis benennt:

Erstens: Als empirischen Wahrheitsgehalt der reformatorischen Lehre von der „Rechtfertigung allein aus Glauben" hält Leuba fest, daß das Gefühl des Bekehrten, gerechtfertigt zu sein, sich in der Tat nicht nach der Ausführung guter Werke, sondern nach einer passiv durchlebten Krisenerfahrung einstelle.[4] Die protestantische Lehre kehre dann allerdings die empirisch gefundene Abfolge des psychischen Prozesses um, indem sie den forensischen Akt der Rechtfertigung als Ursache für den inneren Harmoniezustand annehme. Rechtfertigung sei hingegen primär als Gerechtmachung - statt Gerechtsprechung - zu verstehen, wie die römisch-katholische Lehre richtig festhalte, bewirke eine subjektive Erneuerung des Affekts („faith"), aus der die Person erst sekundär ihren Rechtfertigungsglauben („belief") ableite.

Zweitens: Die Religionspsychologie vermag für Leuba die alte Debatte der Theologie um den Glaubensbegriff zu entscheiden, nämlich just im Sinne der oben getroffenen Unterscheidung zwischen „faith-state" und „belief": Psychologisch gesehen handele es sich im Glauben demnach primär um eine Affektlage

---

[1] Siehe unter 3.1.4 dieser Darstellung.
[2] SPR 355.
[3] SPR 360f.
[4] SPR 356f.

innerpsychischer Harmonie („faith-state"), die - wie andere Bewußtseinszustände - im Rahmen einer gesetzmäßigen Phänomenfolge auftrete und deren Zustandekommen vom Subjekt nicht produziert, sondern passiv erlebt werde.[1] Womit Leubas Konzeption, wie gesehen, dann allerdings nicht mehr einleuchtend machen kann, wie der primär inhaltsleere „faith-state" auf eine anders als beliebige Weise in eine inhaltlich qualifizierte Gewißheit übergehen kann.

Das passive Konstituiertsein des Glaubens zuzugestehen erfordere - und dies ist einer der Hauptkritikpunkte Leubas - jedoch keineswegs, wie die theologische Interpretation meine, supranaturalistische Interpolationen als Erklärung, sondern reihe den Glauben vielmehr gerade in das natürliche Kontinuum aller Bewußtseinsphänomene ein. Doch diese gegebenenfalls berechtigte Kritik vermag lediglich ein supranaturalistisches Offenbarungsverständnis zu treffen, das Leuba irrtümlicherweise für alle theologischen Lehrsysteme vorauszusetzen scheint.

Nicht hinsichtlich seiner Konstitution also, wohl aber hinsichtlich seiner Qualität stellt der Glaube für Leuba die differentia specifica des Christenmenschen dar. Dies mag zunächst überraschen, da dem Glauben seiner reinen Essenzform nach ja überhaupt keine spezifisch inhaltliche Qualität eignen sollte. Hierin zeigt sich jedoch nur erneut, daß Leubas Konzeption genau besehen doch immer bereits auch inhaltliche Näherbestimmungen im Sinne seiner positivistischen Evolutionstheorie der Religion vornimmt: Danach soll der Glaube des wiedergeborenen Menschen nun genau derjenigen „biologischen Realität" entsprechen, der den onto- wie phylogenetischen Überschritt zur letzten Evolutionsstufe der Religion markiere, das ist der Evolutionsschritt vom bloß moralischen zum religiösen Menschentyp, der erst im Zuge der Selbsthingabe aller moralischen Eigenanstrengung des Menschen verwirklicht werde.[2]

Es darf vermutet werden, daß Leuba darin einen Grundgedanken liefert, den James in seinen „Varieties of Religious Experience" ausarbeiten und in seiner Typologie des „once-born" und „twice-born" Charakters populär machen wird. Denn wie Leuba hier so beschreibt auch James später weniger eine „Vielfalt religiöser Erfahrung" als im Grunde eine einzige, verstanden als die vollständigste Erfahrung[3], deren Verwirklichung er sich - genauso wie jener - als den Überschritt von einer moralischen zur religiösen Lebenshaltung vorstellt.[4] Für die Möglichkeit einer solchen Wirkungsgeschichte spricht, daß James auf Fallbe-

---

[1] SPR 259. So später in „Faith", JRP 1 (1904), 65-82, bes. 66f., 75, 80f.
[2] SPR 362ff.; zur Analogie von Onto- und Phylogenese vgl. SPR 369.
[3] Dazu: E. HERMS, Radical Empiricism, 251 Anm. 1.
[4] W. JAMES, VRE Kap. IV-X und bes. 41-50. Die vor- und nachgeschobene Untersuchung der Mystikerfahrung in Kap. III und XI-XVII stellt darin nichts anderes als eine nähere Strukturbeschreibung des religiösen Charakters dar. James behandelt somit in seiner Religionspsychologie just die beiden aufeinander bezogenen Sachkomplexe, mit denen sich auch Leuba bis zu diesem Zeitpunkt beschäftigt hat: den der Bekehrung und den der Mystik.

richte aus der Materialsammlung Leubas zurückgreift und dessen Interpretation des „faith-state" mit ausdrücklichem Quellennachweis rezipiert hat.[1] Diese These schließt ein, daß James den Grundgedanken Leubas freilich ganz im Sinne seiner persönlichen Lebenserfahrung umgestalten kann:[2] Im Unterschied zu Leuba kennt James nämlich nicht nur eine einzige Form präkonversioneller Melancholie (Leubas Phase des Sündenbewußtseins), für die bestimmte Glaubenskonzeptionen *keine* wesentliche Rolle spielen, sondern neben dieser „subjektiven" zudem eine sog. „objektive" Form der Melancholie, für die Glaubenskonzeptionen sehr wohl eine Rolle spielen. In diesem Sinne hat James an Leubas Religionspsychologie folgerichtig beanstandet, daß sie den „rein ethischen Bekehrungstyp" allzu exklusiv betone, und hat seine eigene Konzeption dann genau um denjenigen Bekehrungstyp erweitert, der seinem eigenen Selbsterleben entspricht.[3] War es bei James doch nicht nur ein physiologisches Unwohlsein oder eine allgemeine und nicht näher differenzierte Beunruhigung durch das christliche Credo, sondern ein genau identifizierbares inhaltliches Problem, das sein Leben umgetrieben und als inneres Motiv die Richtung seines wissenschaftlichen Werkes angegeben hat. Mit eben diesem Problem, nämlich dem *Freiheitsproblem*, das sich angesichts eines siegreichen naturwissenschaftlichen Positivismus und dessen Determinismusbehauptung aufdrängt, sehen wir nun auch Leuba im letzten Punkt seiner „Überprüfung" der protestantischer Lehre vom ordo salutis befaßt:

Drittens: Durch seine religionspsychologische Studie der Bekehrung findet Leuba die reformatorische Lehre vom „unfreien Willen" empirisch bestätigt, ja sieht sich sogar dazu genötigt, den von jener seiner Ansicht nach behaupteten einseitig negativen Determinismus zu einer universalen Determinismustheorie auszuweiten.[4] Nicht nur das sündige, sondern auch jedes gute Werk sei gleichermaßen passiv konstituiert.[5] Darin besteht für Leuba die Signifikanz seiner Analyse des Selbsthingabe-Phänomens: die Überlegenheit der Haltung rezeptiver Stille gegenüber der „deceptive nature of the will to live" aufgezeigt zu haben. Und darin sieht er zugleich die Übereinstimmung seiner Theorie mit der gemein-

---

[1] VRE 180ff., 200-206, 208 Anm. 21, 218 Anm. 8, 241f., 259 Anm. 54, 282 Anm. 16, 312f. Anm. 12, 398f.

[2] Daß und wie Problemstellung und Lösungsvorschlag der Jamesschen Religionspsychologie aus dessen persönlicher Lebenserfahrung erwachsen, hat E. HERMS gezeigt in: Radical Empiricism, Vierter Teil; sowie in seinem Nachwort zu: W. JAMES: Die Vielfalt religiöser Erfahrung. Eine Studie über die menschliche Natur, hg. u. übers. v. E. HERMS, Olten 1979, 481-521, bes. 486-507; DERS., „William James: Freiheitserfahrung und wissenschaftliche Weltanschauung", in: Grundprobleme der großen Philosophen, hg. v. J. SPECK, Bd. V, Göttingen 1991, 68-114.

[3] VRE 166ff.

[4] SPR 364-370.

[5] SPR 365f.

samen Einsicht der Religionen, des Christentums wie des Buddhismus, und der Philosophie, der Stoa wie der Schopenhauers:[1]

> „The church denial of the ability of man to do good of himself means nothing more than the recognition of the inefficaciousness of his will-effort. It is here in agreement with the modern psychologists who see in the sense of effort merely the return of muscle contractions."[2]

Es mag auf den ersten Blick wie eine szientifische Übersetzung der - ihm wohlvertrauten - calvinistischen Providenzlehre klingen, wenn Leuba hierin die deterministische Abhängigkeit des menschlichen Willens von vorwillentlichen Impulsen behauptet. Auf den zweiten Blick ist ein entscheidender Unterschied seiner Theorie vom unfreien Willen zu der reformatorischer Fassung unübersehbar: Denn sie verkennt, daß etwa Luthers „De servo arbitrio" keinesfalls einen immanenten Determinismus, sondern die schlechthinnige Abhängigkeit der menschlichen Herzensbestimmung vom unverfügbaren Offenbarungshandeln des transzendenten Schöpfers behauptet.

Indem Leuba dies verkennt, muß seine Position zwangsläufig wieder in der Nähe desjenigen materialistischen Determinismus landen, den er in seiner literaturgeschichtlichen Studie von 1893 mittels Intellektualismuskritik und dem Programm einer „moral-self-consciousfication" gerade zu überwinden suchte. Dieser Determinismus soll hier offensichtlich nur deshalb seine erschreckende und ethisch lähmende Gestalt verloren haben, weil er nicht mehr als ein einseitig negativer, sondern universaler Determinismus vorgestellt wird, der alles menschliche Handeln - das ist nach Leubas Klassifikation: egoistisches wie altruistisches Handeln - umfassend betrifft. Die sich unwillkürlich anschließende Frage, welche Selektionsinstanz dann eigentlich über die qualitative Bestimmung des menschlichen Willens im einzelnen zu entscheiden habe, wird von ihm dabei nur andeutungsweise mit dem Hinweis auf ein immanentes Evolutionsprinzip vage beantwortet.

Uns interessiert als nächstes, welche genaue Vorstellung Leuba mit der hier kaum mehr als postulierten Doktrin eines psychophysischen Determinismus verbindet:

2.6 Skizze einer psychophysiologischen Ethik und Pädagogik

Leuba hat den Bekehrungsprozeß als den onto- wie phylogenetisch signifikanten Entwicklungsfortschritt von einer moralisch-strebenden, darin noch egoistischen, zu einer echt religiös-rezeptiven, darin altruistischen Persönlichkeitsstruktur beschrieben. Wie kann dieser Prozeß, von dem abhängt, ob das moralische Übel bzw. die „Sünde" eingedämmt und die Befolgung des kategorischen Imperativs

---

[1] SPR 366, 368f.
[2] SPR 370.

(als altruistisches Handeln verstanden) garantiert werden kann, pädagogisch zielstrebig initiiert und etabliert werden?

Dieser Frage scheint sich Leuba in seiner Abhandlung über „The Psycho-Physiology of the Categorical Imperative" zu stellen, die wir als Vorskizze[1] des nicht fertiggestellten III. Teils seiner Bekehrungsstudie verstehen wollen.[2] Bereits deren Titel deutet an, wie sich Leuba ihre Beantwortung denkt: Durch eine physiologische Korrelationstheorie seiner Psychologie soll dasjenige empirische Regelwissen bereitgestellt werden, das die Effizienz einer ethisch-pädagogischen Praxisgestaltung sicherstellt und darin dem evolutionären Fortschritt menschlicher Entwicklung entscheidend zuarbeiten kann.[3] Leuba versteht seine Psychophysiologie des kategorischen Imperatives von daher als Beitrag zu einer neuen szientifischen Ethik[4], von der er sich eine vergleichbare Überbietung aller früheren philosophischen Ethik und ihres klassischen Systems bei Kant erwartet wie in seiner Dissertation von der Religionspsychologie in bezug auf die Theologie.[5] Die Anlage dieser szientifischen Ethik ist auf dem Boden seiner religionspsychologischen Theorie nur konsequent:

Nicht mit einer inhaltlich normativen - geschweige denn formalen[6] - Deskription menschlichen Verhaltens will sich Leuba aufhalten, sondern statt dessen geradewegs die empirischen Gesetzmäßigkeiten seiner psychophysischen Funktionsweise studieren. Die Bemühung der bisherigen Ethiktheorien, durch eine Bestimmung des summum bonum die Kriterien menschlichen Verhaltens zu benennen, erscheinen ihm demgegenüber praktisch nutzlos und vergeblich, weil die Existenz ethischer „Archetypen" im Rahmen einer evolutionistisch-dynamischen Gesamtsicht der Wirklichkeit inzwischen prinzipiell fraglich geworden sei.[7] Das liegt ganz auf der Linie von Leubas Spencer-Rezeption (1.8.2). Leuba übernimmt dessen Grundidee, eine evolutionistische Ethik zu entwerfen, sucht dieser jedoch

---

[1] In seiner Rezension zu Starbucks „Psychology of Religion" aus dem Jahr 1900 spricht LEUBA (a. a. O. 509f. Anm. 1) weiterhin von seinem Vorhaben, seine Bekehrungsstudie durch einen III. Teil zu vervollständigen, so daß wir also nicht damit rechnen dürfen, in der vorliegenden Abhandlung aus dem Jahr 1897 bereits diese Theorie selbst vor Augen zu haben.

[2] Über den inneren Zusammenhang seiner Psychophysiologie des kategorischen Imperativs zur Psychologie der Wiedergeburt bzw. Bekehrung vgl. Leubas Andeutungen am Ende der Studie: PCI 559.

[3] PCI 557.

[4] Als deren Vorläufer wird Deweys Ethik namhaft gemacht: PCI 530. Vgl. dazu J. DEWEY, Ethical Principles Underlying Education, Chicago 1897; sowie dessen späteres Werk: Ethics, New York 1908; und nicht zuletzt dessen Reflexbogentheorie in: DERS., „The Reflex Arc Concept", Psychological Review 3 (1896), 357-370 (dazu PCI 536 Anm. 1, 546).

[5] PCI 528f., 548f., 556, 558f.

[6] Eine solche wird schon gar nicht in Erwägung gezogen.

[7] PCI 528f.

statt einer historischen eine psychophysiologische Fundierung zu geben.[1] Die für diese Fundierung grundlegende Vorarbeit hatte Leubas Glaubensbegriff geleistet, für den die Unterscheidung zwischen „faith-state" und „belief" wesentlich ist: Nicht die inhaltliche Bestimmtheit eines spezifischen „belief", sondern die nackte Potenz einer positiven ethischen Energie des „faith-state" soll die neue Persönlichkeitsstruktur des wiedergeborenen Menschen hinreichend charakterisieren.

Von daher ist es kaum verwunderlich, daß Leubas Ethik offensichtlich genau dasjenige ethische System szientisch fortschreiben möchte, das sich bereits selbst durch eine Abstraktion von den Inhalten menschlichen Handelns auszeichnet - nämlich das Kantsche. Dessen Konzept, sich bei der theoretischen Betrachtung menschlichen Handelns ganz auf das Prinzip seines pflichtgemäßen Regelvollzugs zu konzentrieren, wird von Leuba übernommen und in einer Psychophysiologie des kategorischen Imperativs nun empirisch zu fundieren gesucht:

Die Grundannahme seiner Theorie bildet dabei die Hypothese eines durchgehenden psychophysischen Parallelismus, die vorerst, solange die genaue Kausalbeziehung zwischen Körper und Geist noch ungeklärt sei, die Stelle des sich abzeichnenden, aber noch unbewiesenen Determinismusprinzips vertreten soll.[2] Damit sei der Dualismus früherer Psychologien zwar noch nicht überwunden, jedoch ein entscheidender Fortschritt gegenüber all denjenigen Konzeptionen erreicht, welche die Seele noch vollkommen unabhängig von allen physischen Konditionen betrachten. Solche Konzeptionen der Seele seien von der modernen, naturwissenschaftlich verfahrenden Psychologie der letzten Jahrzehnte vielmehr Zug um Zug verabschiedet worden. Was zuerst auf dem Gebiet der Sinneswahrnehmung aufgewiesen und neuerdings - seit James' und Langes Theorie[3] - für den Gesamtbereich der Emotionen nahegelegt worden sei, will Leuba als das Grundprinzip der gesamten Seelenlehre entdecken, indem er dessen ausnahmslose Geltung auch für den einzigen seiner Ansicht nach bislang noch ausgeklammerten, weil prekärsten Bereich psychischer Phänomene nachzuweisen sucht: das ist der Bereich der sog. „moralischen Gefühle", dessen traditionelle Deutung als „ultimatives und apriorisches Faktum" bzw. als Instanz einer „universalen Vernunft" bzw. eines „Göttlichen" im Menschen einem empirischen Studium auch seiner Funktionsweise bislang noch tabuisierend im Wege gestanden habe.

---

[1] PCI 529f. Vgl. dazu SPENCER, The Principles of Ethics, a. a. O. Bereits Spencer hatte die ethische Qualität einer Person darin als ein spezifisches Verhältnis von Egoismus und Altruismus beschrieben: Bd. 1, Kap. 11-12.

[2] PCI 549.

[3] Welche besagt, daß allen Emotionen gewisse periphäre Vorgänge zugeordnet sind, spezifische körperliche Vorgänge somit unabtrennbar zum Wesen von Gefühlszuständen gehören. Dazu grundlegend W. JAMES „What Is an Emotion" (1888), in: DERS., Essays in Psychology, The Works of William James, Bd. 13, Cambridge/London 1983, 168-187. Zur Geschichte dieser Theorie siehe T. BÖCKER, Die James-Langesche Gefühlstheorie in ihrer historischen Entwicklung, Diss. Leipzig 1911.

Für diese psychischen Bewußtseinsdaten des kategorischen Imperativs macht sich Leuba im folgenden daran, eine physiologische Korrelationstheorie zu entwerfen, der ihnen innerhalb der Entwicklungsgeschichte des Nervensystems einen spezifischen Ort zuweisen will:

> „We shall be led to set down the thesis that the Moral imperative is the psychic correlate of a reflective, cerebro-spinal, ideo-motor process, the efferent end of which is organized into motor tracts coördinated for a specific action."[1]

Der moralische Imperativ wird darin - zusammen mit den höheren Bewußtseinsfunktionen des Intellekts - als das psychische Korrelat eines vierten, evolutionsmäßig höchst entwickelten Reflexbogentyps beschrieben, dessen charakteristisches Merkmal und Kriterium seiner hohen Entwicklungsstufe in der vollständigen Trennung des cerebro-spinalen vom cerebro-sympathischen Nervensystem und damit in seiner weitgehenden Unabhängigkeit von biologischen Elementarinstinkten bestehe.[2] Von daher sei dann auch der für ihn kennzeichnende psychische Bewußtseinszustand erklärbar, der weder äußere Sinneswahrnehmungen noch organische Empfindungen einschließe und infolge seiner geringen Emotionslebendigkeit sowie körperlichen Lokalisation weniger zum Selbst gehörig erlebt, somit leicht als transpersonalen Ursprungs interpretiert werden könne.[3] In dem physiologischen Evolutionsmotiv der Trennung zweier Nervensysteme will Leuba die genaue Entsprechung zum Entwicklungsprinzip des ethisch-religiösen Motivs der Menschheit erkennen, nach welchem die Seele sich zunehmend von den störenden Einflüssen des Körpers bzw. des „Fleisches" zu befreien strebe:[4]

> „Translated into modern language this baleful 'flesh' or 'body' stands for the experiences dependent upon the sympathetic nervous system; it is the manifestation of that part of the self roughly denominated 'the vegetative life,' while the 'soul' designates in the philosophy of the Church, as far as it stands for conscious realities, the experiences dependent upon the cerebro-spinal nervous system: it is the life of relation. And so it appears that the crusade of the ethico-religious consciousness, is a war of the cerebro-spinal Self against the cerebro-sympathetic Self: a war recorded not only in the literary annals of humanity, but also, and in a more lasting manner, in the neuro-physiological mechanisms of the survivors of the Struggle for Life."[5]

Die physiologische Textur des religiösen Erneuerungsprozesses vollständig zu verstehen, muß in Leubas Augen für den Fortschritt der Menschheit von unermeßlichem Nutzen erscheinen. Denn sie verspricht, die effektive Erreichung ihres Evolutionsziels - die Entwicklung des altruistischen Menschentyps - durch die gezielte pädagogische Steuerung des menschlichen Willens quasi technisch

---

[1] PCI 530.
[2] PCI 556ff. An der Überzeugung, daß jeder menschlichen Aktivität ein bestimmter Reflexbogentyp zugeordnet werden könne, hält LEUBA auch später fest, so in: „Introduction...", 211f.
[3] PCI 554.
[4] PCI 557f.
[5] PCI 558.

handhabbar zu machen. Die durchgehende Determiniertheit der Psyche durch physische Bedingungen zu behaupten und damit die menschliche Willensfreiheit zu bestreiten erzeugt für ihn darum auch keine ethische Beunruhigung, sondern nährt im Gegenteil sogar die Hoffnung, die religiös-moralische Krise der gegenwärtigen Menschheitsepoche durch wissenschaftliche Erkenntnis und eine durch sie ermöglichte Technik gerade endlich überwinden zu können.

Der damit in Aussicht stehende ersehnte Triumph des Wissenschaftlers über die traditionellen Kirchen und ihre verhaßten Dogmen hat Leubas Blick auf die gegebenenfalls heiklen Konsequenzen eines solchen durch Wissenschaft und Technik gesteuerten Ethik- und Pädagogikbetriebs geblendet, der sich über die von ihm verfolgten Ziele menschlichen Lebens meint nicht länger verständigen zu müssen. Leuba unterstellt vielmehr blauäugig nur eine solche technisch-ethische Machthabe, die für den einzelnen in jedem Fall zum - wie auch immer bestimmten - „Guten" führen müsse. Man mag sich angesichts dieses zweifelhaften Anliegens vielleicht darüber trösten, daß Leuba sein Theorieunternehmen in diesem Fall selbst aufgegeben und dieses damit ein wenig wirkungsmächtiges Fragment geblieben ist.

3. Der Plan eines systematischen Studiums des religiösen Lebens

Mit seiner religionspsychologischen Studie der Bekehrung hat sich Leuba bereits in medias res eines Aufgabenfeldes begeben, dessen genaue Dimensionen es erst noch zu durchmessen gilt. Einen ersten Entwurf zum Plan, das Gegenstandsgebiet der Religionspsychologie insgesamt systematisch zu studieren, wird von ihm 1901 in „Introduction to a Psychological Study of Religion"[1] sowie im wesentlichen unverändert 1904 erneut in „The Fields and the Problems of the Psychology of Religion"[2] vorgelegt.

Darin konzipiert Leuba die Religionspsychologie als einen aus der allgemeinen Psychologie entspringenden neuen Zweig der „Science of Religion", die deren bisherigen religionsgeschichtlichen Ansatz[3] - etwa den Spencerschen (1.8.2) - durch die individualpsychologische Betrachtung der „unmittelbaren" Erfahrungstatsachen des religiösen Lebens nicht nur ergänze, sondern im Grunde erst fundiere.[4] Auch hier wieder erscheint die Unterscheidung zwischen sog. subjektiven

---

[1] Monist 11 (1901), 195-225.
[2] Als Programmanzeige erscheinend in der 1. Ausgabe von JRP, bei der LEUBA neben Hall u. a. Mitherausgeber ist, dort: 1 (1904), 155-167.
[3] In den Arbeiten Spencers, Martineaus, Cairds, Pfleiderers u. a.: „Fields...", 155; „Introduction...", 198.
[4] „Introduction...", 195-198, 200; „Fields...", 156-160. An diesem Wissenschaftskonzept wird auch in PSR unverändert festgehalten: vgl. PSR VII-X. Ein kommentierender Überblick über die bisherige Forschungsliteratur dieses jungen Wissenschaftszweiges bis 1905 gibt

und objektiven Manifestationen des religiösen Lebens grundlegend,[1] wobei Leuba für deren Konstitutionszusammenhang charakteristischerweise kein wechselseitiges, sondern tendenziell einseitiges Abhängigkeitsverhältnis - nämlich der objektiven von den subjektiven - unterstellt. Auf der Linie dieser Zuordnung hat Leuba später dann auch das Verhältnis zwischen Psychologie und Soziologie bestimmt, nämlich letztere auf der Basis ersterer zu entfalten gefordert.[2]

Für diese individualpsychologische Betrachtung wird der Gegenstandsbereich der Religionspsychologie sodann in drei (bzw. vier) Hauptproblemfelder untergliedert:[3]

- Problemfeld I betrifft die Frage nach Ursprung und Entwicklung der *Motive* religiösen Verhaltens, die ihm zugrundeliegenden Bedürfnisse und Ziele.

- Problemfeld II betrifft die Frage nach Ursprung und Entwicklung der sog. *Mittel*, durch welche diese Motive zu befriedigen gesucht werden. Zu ihnen werden sowohl

a. die - durch Bearbeitung des Intellekts entstandenen - religiösen *Konzeptionen* als auch

b. die - durch Bearbeitung des Intellekts entstandenen - religiösen *Praktiken* gezählt.

In der Darstellung von 1904 hat Leuba diese beiden Arten religiöser Mittel jeweils zu eigenen Problemfeldern erhoben und somit insgesamt vier Aufgabenbereiche der Religionspsychologie unterschieden.[4]

- Problemfeld III betrifft schließlich die Überprüfung der Effizienz dieser Mittel, d. h. die Feststellung der durch sie nicht nur intendierten, sondern tatsächlich erreichten Resultate, gemessen am Maß der Bedürfnisbefriedigung.

Auf dem Hintergrund der bisher vorgetragenen Begriffsbestimmung von religiöser Erfahrung, die sich in Leubas Glaubensbegriff auf das abstrakte Auseinanderreißen von „faith" und „belief" zugespitzt hat, überrascht es, ihn hier implizit

---

LEUBA in: „La psychologie religieuse", Anée Psychologique 11 (1905), 482-493; „Revue générale de psychologie religieuse", Anée Psychologique 12 (1906), 550-569.

[1] „Introduction...", 197.

[2] In LEUBAs Rezension zu „An Introduction to Social Psychology, by William McDougall", AJP 20 (1909), 285-289, dort 285; „Sociology and Psychology. The Conception of Religion and Magic and the Place of Psychology in Sociological Studies: A Discussion of the Views of Durkheim and of Hubert and Mauss", American Journal of Sociology 19 (1913/14), 323-342, bes. 340ff. Darin erkennt LEUBA richtig, daß strenggenommen nur von einem Bewußtsein individueller Personen, nicht aber des sozialen Ganzen die Rede sein kann (341). Wobei das Bewußtsein von Individuen wiederum selbst sozialen Charakter habe, insofern dieses niemals nur das Selbst allein in Rechnung stelle: „The Task and the Method of Social Psychology", Psychological Bulletin 11 (1914), 445-448, dort 447. Diese wichtige kategorialpsychologische Reflexion auf die Wesensstruktur von Selbstbewußtsein kommt jedoch über die wenigen hier referierten Andeutungen nicht hinaus.

[3] „Introduction...", 199; „Fields...", 160-167.

[4] „Fields...", 160f.

mit einem konkreteren Begriff arbeiten zu sehen. Konkreter deshalb, weil religiöse Erfahrung nicht länger nur mit dem inhaltsleeren Rudiment eines „faith-state" identifiziert, sondern Religion als eine spezifische Weise menschlichen Handelns[1] begriffen wird, die es ihren drei Aspekten nach zu beschreiben und prüfen gilt. Es ist dabei wohl weniger Leubas Kenntnis der theologischen oder philosophischen Theoriegeschichte als vielmehr seinem - selbst nicht weiter reflektierten - „intuitiven" Sachverstand zuzurechnen, daß seine Klassifikation des religionspsychologischen Theoriebereichs dabei auffälligerweise die klassische Aufteilung der Ethik in eine Tugend-, Pflichten- und Güterlehre nachbildet.[2]

Wir werden hierin erstmals auf die spezifische Leistung der Leubaschen Religionspsychologie gewiesen: Diese zeichnet sich im Unterschied zu anderen Entwürfen durch das, sei es explizit, sei es implizit erkennbare Bemühen aus, vor aller empirischen Regelbeschreibung zuerst einen dezidierten *Begriff* von Religion bilden zu wollen. An dieser Stelle macht sich bemerkbar, daß das positivistische Grundkonzept Leubas mit seiner Abhängigkeit von Comte und Spencer im Grunde philosophischen und damit selbst noch begrifflich arbeitenden Traditionen verpflichtet ist. Leubas Vorgehen ist somit lebendiges Zeugnis dafür, daß eine solche Begriffsbestimmung nicht zwangsläufig als „knowledge for knowledge's sake"[3] bewertet werden muß, sondern vielmehr gerade im Dienst einer lebenspraktischen Funktionsleistung der religionspsychologischen Wissenschaft stehen kann.

Deren Fassung nimmt hier im Plan von 1901/4 nochmals klarere Konturen an:[4]

„The religious needs and their evolution, together with the source of their satisfaction, once known, it would become possible to intelligently encourage the transformation of existing religious forms that they may become better adapted to their function and to foresee their future...
Considered from the practical point of view, the psychology of religion may be expected tolay down foundations not only for a reformed dogmatics in closer agreement with the modern religious conscience, but also for a truer, and therefore a more effective, religious practice. To the Theologian and to the Pastor, a psychological investigation such as is here advocated is nothing less than the return to nature, i. e., a return to the *ultimate* origin of religion. The cry for a return to the origin is a familiar one; it has been one of the usual watchwords of the Christian Reformers. But with us, as in other religions, it has come to mean nothing more than a return to the *primitive* practices and beliefs...The psychology of religion (sc. however) is a return to nature *in its present truth*, a return to the ultimate fitness of

---

[1] „Introduction...", 214f.
[2] Wie SCHLEIERMACHERs „Grundlinien einer Kritik aller bisherigen Sittenlehre" aufgezeigt haben, in: F. Schleiermacher's sämmtliche Werke, 3. Abt. 1. Bd., Berlin 1846, 1-344, bes. zweites Buch, erster Abschnitt.
[3] Wie LEUBA in SPR 309 meinte.
[4] Vgl. dazu a. später PSR VIII.

things, through the investigation and critical study of the genuine needs of the individual and of the means that may best satisfy them."[1]

Wenn Leuba - wie sein Vater (Bild 1) - mittels Religionspsychologie die Rückkehr zum natürlichen, unverfälschten Ursprung der Religion betreiben will, dann ist darin allerdings keineswegs die Wiederbelebung ihrer geschichtlich frühesten „primitiven" Urform gemeint, deren Rudimente innerhalb des bestehenden Christentums selbst gerade ausgemerzt werden sollen. Gemeint ist vielmehr - wie bei Spencer - eine Rückkehr zur Wesensnatur von Religion im Sinne ihrer reinigenden Essentialisierung,[2] einer Essentialisierung freilich, die bereits geschichtliche Vorrealisierungen gefunden hat, wie sie Leuba in der Frömmigkeit herausragender Persönlichkeiten der Religionsgeschichte erkennen will. Das Urteil darüber, was in deren Lebensweise bereits genau dieser erstrebten Essentialisierung entspreche sowie was als Rest einer primitiven Vorstufe des Aberglaubens hingegen abzustoßen sei, fällt nach Leubas Ansicht in die Entscheidungsautorität der Religionspsychologie.[3] Deren lebenspraktische Leistung soll sich somit nicht nur in der Bereitstellung pädagogisch-technischen Wissens erschöpfen, sondern ihr wird weitaus grundlegender sogar selbst eine normative Funktion zugewiesen:

Auch darin werden wir auf eine Eigentümlichkeit des Leubaschen Ansatzes gewiesen, dessen kompromißloser Emanzipationswillen von allen vorszientifischen Wahrheitsansprüchen in seinem unerschrockenen Mut, aber auch in seiner Verblendung seinesgleichen sucht: Denn Leuba will die Wahrheitsfrage nicht etwa ausklammern wie das religionspsychologische Programm Flournoys, mit dem er sich immer wieder in lebhafter Auseinandersetzung befindet.[4] Und er will es auch nicht nur als einen theoretischen Überschuß behandeln wie James[5], der als persönlicher „over-belief" des religionspsychologischen Forschers in den religionsphilosophischen Anhang seiner Darstellung verwiesen werden kann. Die Wahrheitsfrage soll vielmehr selbst gerade ins Zentrum der religionspsychologischen Theoriebildung rücken. Es erscheint geradezu als das Hauptgeschäft und die lebenspraktische Leistung der Religionspsychologie, auf rein empirischem Verfahrenswege zu überprüfen, was von der Religion, ihren Glaubensvorstellungen und Praktiken, eigentlich *tatsächlich* bzw. *objektiv* zu halten sei:

---

[1] „Introduction...", 200f.

[2] Ebd.

[3] Vgl. dazu vor allem seine Psychogramme der Mystikerpersönlichkeiten, s. u. unter 3.3.2.

[4] „Fields...", 164, 166; LEUBAs Rezension zu „Les principes de la psychologie religieuse" sowie „Observations de psychologie religieuse, by T. Flournoy", JRP 1 (1904), 95f.; „La psychologie religieuse"; Anée Psychologique 11 (1905), 482-493, dort 482; „Psychologie des phénomènes religieux", Sixième congrès international de psychologie, Genève, rapports et comptes rendus, Paris 1909 (1910), 118-137, darin: „2. Les relations de la Religion avec la Sciences et la Philosophie", 125-137, dort 135ff.; „Theologie und Psychologie", 110; „Theology and Psychology", Harvard Theological Review 11 (1916), 416-428, dort 416.

[5] VRE 405-408 und das Postskript ebd. 408-414.

„to-day the question is whether religion is or is not true, whether it is or is not the product of an intellectual error, of a sort of inevitable optical illusion."[1]
„It should not be overlooked that the psychology of Religion provides a basis for a judgement as to the *pragmatic* truth of beliefs."[2]

Einen entsprechend klaren Blick für die diesbezüglich vorempirischen Vorurteile und Theorieintentionen eines Autors läßt Leuba dann beispielsweise gegenüber der Jamesschen Religionspsychologie erkennen:[3] Er durchschaut, daß deren Resultate die anscheinend nur angehängte metaphysische Position eines pluralistischen Idealismus als dem Jamesschen „over-belief" gerade selbst empirisch zu begründen versuchen,[4] daß diese Position den Resultaten dieser Forschung jedoch eigentlich immer schon voraus- und zugrunde liegt. Und doch bleibt sein eigenes Unternehmen in der typischen empiristischen Selbsttäuschung befangen, welche nicht gewahr wird, daß seine Kritik an James wie zuvor an der Theologie nicht aus einer strengeren Empirizität und Wissenschaftlichkeit des Verfahrens, sondern eben aus einer *verschiedenen* vorempirisch zustandegekommenen metaphysischen Grundüberzeugung (in Jamesscher Terminologie: eines verschiedenen „over-belief"s) erwachsen ist. Diese persönliche Grundüberzeugung wird Leuba später selbst als die Position eines „empirischen Idealismus"[5] bezeichnen.

3.1 Die Grundlegung des Gesamtsystems von 1912

29 Jahre religionspsychologische Forschung überblickend, schreibt Leuba 1925 im Vorwort seiner „Psychology of Religious Mysticism":

„The present volume completes the execution of a plan for a somewhat systematic study of religious life, sketched out after the publication of my Doctor's Dissertation on Conversion... - a plan which, unfortunately, I was unable to follow closely either with regard to content or with regard to order."[6]

Ausgehend von dieser Notiz und einigen anderen knappen Andeutungen[7] wollen wir im folgenden versuchen, das religionspsychologische Schaffen Leu-

---

[1] „Introduction...", 201. LEUBA nimmt darin ein Zitat Guyaus auf.

[2] „Fields...", 163.

[3] In: „Professor James' Interpretation of Religious Experience", Journal of Ethics 14 (1904), 322-339, bes. 324, 326, 336f.; „Fields...", 167; „Revue générale de psychologie religieuse", 560-569; PSR 271-274; MY 293f., 307-311.

[4] Diesem Versuch kann LEUBA prinzipiell durchaus eine gewisse Berechtigung zubilligen: „Fields...", 167.

[5] PSR X.

[6] MY XI. Im Unterschied zur Aussage dort wird hier freilich damit gerechnet, daß die Abarbeitung dieses Planes nicht bereits mit MY selbst, sondern erst mit LEUBAs beiden Spätwerken abschließend geleistet ist.

[7] MY XIf.; PSR 269; GM 43.

bas als die Abarbeitung jenes Aufgabenfeldes verstehbar zu machen, das sein Plan von 1901/4 umrissen hatte.

Wer die Ausführung dieses Plan jedoch dergestalt erwartet, daß die genannten Problemfelder von Leuba sukzessive und systematisch abgehandelt werden, sieht sich zunächst enttäuscht. Leuba veröffentlicht in der Folgezeit statt dessen eine Vielzahl von Einzelstudien, die in alle möglichen Richtungen des religionspsychologischen Forschungsfeldes vordringen, ohne dabei zugleich den inneren Zusammenhang dieser Beiträge und ihren Bezug zum verfolgten Gesamtprogramm kenntlich zu machen. Im Vorwort zu „Psychological Study of Religion. Its Origin, Function, and Future" werden diese Beiträge samt und sonders als „provisional fragments" bezeichnet, „belonging to different parts of the somewhat systematic scheme I have in mind".[1]

Es liegt nun aus verschiedenen Gründen nahe, in Leubas Studie aus dem Jahr 1912 selbst den ausgearbeiteten Grundriß dieses Vorstellungsschemas zu erblicken:[2]

Für eine solche Interpretation spricht zunächst rein äußerlich der umfassend formulierte Titel sowie der im Vergleich zu früheren Veröffentlichungen breite Umfang des Werks.

Sodann die Anlage der Studie. Ihre vier Teile können nämlich im folgenden Sinne als ungefähre Bearbeitungen der drei Problembereiche der Religionspsychologie identifiziert werden:

Teil I stellt die Frage nach der Natur der Religion und behandelt darin das oben genannte Problemfeld I, die religiösen Motive.

Teil II, „The Origin of Magic and of Religion", stellt die Frage nach Ursprung, Verfassung und Entwicklung religiöser im Unterschied zu magischen Glaubensvorstellungen, Emotionen und Praktiken und bearbeitet darin Problemfeld II, die sog. Mittel der Religion.

Teil III, „Religion in Its Relation to Morality, Mythology, Metaphysics and Psychology", stellt die Frage nach der Funktion der Religion im Gesamtzusammenhang aller Lebensbereiche und bearbeitet damit eine der beiden in Problemfeld III implizierten Teilfragen, das ist die Frage nach den gegenwärtig aufweisbaren Folgen religiöser Mittelanwendung und ihrer lebenspraktischen Effizienz.

Teil IV, „The Latest Forms and the Future of Religion", bearbeitet schließlich das zweite in Problemfeld III implizierte Teilproblem, nämlich die Frage nach derjenigen Institutionsgestalt von Religion, die ihre lebenspraktische Funktion am angemessensten und effizientesten erfüllen könne und somit als ideale Religionsform der Zukunft anzustreben sei.

---

[1] PSR VII.
[2] Auch wenn er diese Absicht niemals selbst ausgesprochen hat.

Schließlich spricht nicht nur die Anlage im ganzen, sondern auch ihre inhaltliche Durchführung im einzelnen dafür, daß Leuba mit seinem Werk eine systematische Grundlegung seiner bisherigen Religionspsychologie beabsichtigt: Denn alle von ihm bis dahin veröffentlichten Teilergebnisse finden zumindest ansatzweise Aufnahme, einige Kapitel stellen sogar direkte Einarbeitungen bereits erschienener Abhandlungen dar.[1] Allerdings mit einer signifikanten Ausnahme:

---

[1] Zu Kap. 1, „Religion As a Type of Rational Behavior", vgl. die folgenden Veröffentlichungen:
- „The Psychological Content of Religion", C. r. IVe congrès International de psychologie, 1900 (1901), 369-370, worin LEUBA eine erste Klassifikation menschlicher Verhaltenstypen bietet, die zunächst noch nicht drei, sondern nur zwei Typen unterscheidet (ebd. 369).
- „Religion: Its Impulses and Its Ends", 190, bietet eine psychologische Auswertung ethnologischer Theorien über die als spezifisch religiös erachteten Verhaltensmotive und -ziele.
- „Religion As a Factor in the Struggle for Life", 307ff.
- „On Three Types of Behavior. The Mechanical, the Coercitive (Magic) and the Anthropopathic (Including Religion)", AJP 20 (1909), 107-119, entspricht Kap. II in: The Origin and the Nature of Religion, London 1909 (im folgenden zitiert als ON).
- „La Religion conçue comme fonction biologique", Siexième congrès international de psychologie, Genève 1909, 118-137.
- In französischer Übersetzung erscheint Kap. I 1912 unter dem Titel „La Religion comme type de conduite rationelle", Revue Philosophique 74 (1912), 321-337.

Zu Kap. 2, „Constructive Criticism of Current Conceptions of Religion", vgl.:
- „Introduction...", 1901, 202-215, die dort in 215-225 gebotene Sammlung von Definitionen wird im Appendix von PSR 339-361 stark erweitert.
- „The Fields...", 1904.
- „Professor James' Interpretation of Religious Experience", 1904.
- „Faith", 1904, 66f.
- „Religion As a Factor in the Struggle for Life", bes. 310-317.
- „Psychologie des phénomènes religieux", 1909 (1910), 119ff.
- „The Psychological Nature of Religion", American Journal of Theology 13 (1909), 77-85, entspricht Kap. 1 und 6 von ON.

Zu Teil II, „The Origin of Magic and of Religion", vgl.:
- ON Kap. 3 entspricht „The Psychological Origin of Religion", 1909, Teil I. Dem dortigen Kap. 4 entspricht „Magic and Religion", Sociological Review 2 (1909), 20-35; Kap. 5 entspricht „The Psychological Origin of Religion", Monist 19 (1909), 27-35, Teil II.
- „How Magic Is to Be Differentiated from Religion", JRP 4 (1910/11), 422-426.
- Zur Klassifikation der Magie s. „The Varieties, Classification, and Origin of Magic", American Anthropologist 14 (1912), 350-367, bes. Kap. III, VIII, IX.
- Zu den beiden unterschiedlichen Ursprüngen der Gottesvorstellung s. „The Several Origins of the Ideas of Unseen, Personal Beings", Folk-lore 23 (1912), 148-171, bes. Kap. IV-VI; vgl. a. „The Personifying Passion in Youth with Remark upon the Sex and Gender Problem", Monist 10 (1900), 536-548, 95 Anm. 1.
- Zu Ursprung und Entwicklung der Emotionen des religiösen Lebens (Kap. VII): „Fear, Awe and the Sublime in Religion: A Chapter in the Study of Instincts, Impulses, and Motives in Religious Life", JRP 2 (1906), 1-23.
- „The Psychological Origin of Religion", 1909, Teil II, entspricht Kap. V in ON; dazu a. „The Content of Religious Consciousness", 1909.

Daß Leuba allein die Ergebnisse seiner Religionspsychologie der Mystik[1] hier weitgehend vorenthält[2], läßt vermuten, daß er bereits zu diesem Zeitpunkt geplant hat, das umfangreich angewachsene Material in einer eigenen Studie zu veröffentlichen,[3] was er dann 1925 ausgeführt hat.

3.1.1 Die religionspsychologische Verfahrensweise der Theoriebildung

Leuba hat sich in seiner Religionspsychologie die Aufgabe gesetzt, im Unterschied zur bestehenden historisch bzw. soziologisch ausgerichteten „Science of Religion" die seiner Ansicht nach grundlegendere individualpsychologische Analyse des religiösen Bewußtseins durchzuführen. Durch sie soll die schmerzvolle Krise der gegenwärtigen positiven Religionen, die durch die historisch-kritische Methode und die relativierende Komparatistik der Religionswissenschaften eingeleitet worden ist, einerseits sogar noch verschärft, andererseits aber auch überwunden werden, indem die angestrebte Essentialisierung der Religion zugleich ihre neue „Wiederanpassung" im Zeitalter der Wissenschaften leisten soll.[4]

Zu Teil III, „Religion in Its Relation to Morality, Mythology, Metaphysics and Psychology", vgl.:
- SPR zum Verhältnis Theologie - Religionspsychologie; s. o. unter 2.5.
- „The Content of Religious Consciousness", 1901, 571-573.
- Zu Kap. XI: „Faith", 1904.
- „Religion As a Factor in the Struggle for Life", 1907; vgl. dort zum Verhältnis Religion - Philosophie 308-314.
- „Les relations de la Religion avec Science et la Philosophie", 1909.
- Zum Verhältnis von Religion und „Science": „Psychologie des phénomènes religieux" (1909/1910).

Zu Teil IV, „The Latest Forms and the Future of Religion", vgl.:
- „Religion: Its Impulses and Its Ends", 1901; zum ursprünglichen Buddhismus dort 763-771.
- „Religion As a Factor in the Struggle for Life", 1907; vgl. zu modernen religiösen Bewegungen dort 327ff.
- „Psychotherapic Cults: Christian Science; Mind Cure; New Thought", Monist 14 (1912), 350-367, entspricht im wesentlichen PSR 295-307.

[1] Als deren Beiträge sind bis zu diesem Zeitpunkt zu nennen:
- „Les tendances fondamentales des mystiques chrétiens", Revue Philosophique 54 (1902), 1-36.
- „Les tendances religieuses chez les mystiques chrétiens", ebd., 441-487.
- „On the Psychology of a Group of Christian Mystics", Mind 14 (1902), 15-27.
- „The State of Death: An Instance of Internal Adaptation", AJP Commemorative number 14 (1903), 133-145.
- „Professor William James' Interpretation of Religious Experience", a. a. O.

[2] Zur Mystik allein die Diskussion um James' Mystikverständnis in PSR 237ff.

[3] Vgl. dazu Leubas Andeutung in PSR 269 Anm. 1.

[4] PSR IXf.

Worin besteht nun die Eigenart dieser individualpsychologischen Verfahrensweise, die eine solche analytische und konstruktive Leistung für die lebenspraktische „Wiederanpassung" der Religion erbringen kann?

Bei der Beantwortung dieser naheliegenden Frage stoßen wir auf eine Barriere, in der uns die grundlegendste Schwäche der Leubaschen Konzeption vor Augen tritt: Denn wir bekamen von ihm zwar eine klassifizierende Gesamtaufstellung des religionspsychologischen Gegenstandsbereichs geboten, nicht aber in gleicher Weise auch wissenschaftstheoretische Prolegomena darüber mitgeliefert, aufgrund welcher Gegebenheitsweise seines Gegenstands bzw. aufgrund welchen spezifisch *wissenschaftlichen* Gegenstandsbezugs Leuba diese Aufstellung überhaupt vornehmen konnte. Wir erfahren somit weder, worin das Spezifikum seiner wissenschaftlichen gegenüber einer vorwissenschaftlichen Einstellung, noch, worin die eigentümlich psychologische im Unterschied zu anderen wissenschaftlichen Zugangsweisen genau bestehen soll. So stehen wir denn, nicht wissend, welche Erkenntnisoperationen der Leubasche Theoriebildungsprozeß im einzelnen umfaßt hat, zunächst dem auffälligen Befund gegenüber, daß sich dessen Ergebnisse nur inhaltlich, weniger erkennbar allerdings methodisch von denjenigen theologischen, philosophischen, anthropologischen und religionswissenschaftlichen Theoriebeiträgen unterscheiden, die gerade noch nicht als streng szientifisch fundierte Forschungsresultate gelten sollen. Ja, die Ergebnisse dieser vorszientifischen Theoriebeiträge werden von Leuba vielmehr selbst immer schon als diejenige Ausgangsbasis in Anspruch genommen, auf deren Boden in abgrenzender oder aufnehmender Weiterbildung seine eigenen - nun dezidiert als „psychologisch" verstandenen - Konzeptionen erwachsen.

Worin mag Leuba dann aber jenen szientifisch-psychologischen Sonderstatus seines Theorieunternehmens eigentlich begründet sehen? Hierüber läßt sich nur eine Vermutung anstellen: Leuba hat sein Unternehmen vielleicht insofern als „psychologisch" betrachtet, als er die gängigen Prämissen und empirischen Verfahrensweisen dieser neuen wissenschaftlichen Disziplin *zusätzlich* neben anderen heranzieht, sie allein aber mit demjenigen szientifischen Autoritätsnimbus ausstattet, der es ihm schließlich erlauben soll, seine eigenen Konzeptionen, weil an ihm teilhabend, autoritativ durchzusetzen. Als solche selbstverständlich in Anspruch genommenen Prämissen und Verfahrensweisen der neuen Psychologie lassen sich die folgenden ausfindig machen:

Zunächst zu den Prämissen:

a. Leuba rechnet durchgängig mit der natürlichen Geregeltheit und somit auch naturalistischen Beschreibbarkeit aller - eingeschlossen religiöser - Bewußtseinsphänomene.[1]

---

[1] PSR 9.

b. Leuba rechnet darüber hinaus mit der durchgehenden onto- wie phylogenetischen Prozeßhaftigkeit dieser Bewußtseinsphänomene und nimmt darin teil am Paradigmenwechsel der neuen evolutionistischen Psychologie in ihrer Ersetzung der sogenannten „statischen" durch eine „dynamische" Konzeption der menschlichen Psyche.[1]

c. Leuba rezipiert das funktionalpsychologische Erklärungsmodell der evolutionistischen Psychologie, Bewußtseinsphänomene jeweils als Resultate biologischer Trieb- bzw. Instinktmuster zu verstehen.[2]

d. Er rezipiert ferner deren Kritik am psychologischen Atomismus, indem er jedes Bewußtseinsphänomen als die untrennbare Einheit eines conativen Akts versteht, der sich aus der - in ihrer internen Zuordnung invariablen, ihrer Intensität nach jedoch variablen - funktionalen Relation intellektueller, affektiver und voluntativer Komponenten zusammensetzt.[3]

Sodann zu den Verfahrensweisen und Ergebnissen einzelner Teilbereiche der Psychologie:

e. Leuba macht Gebrauch von Verfahrensweisen und Ergebnissen der Entwicklungs- und Lernpsychologie. Insbesondere Ergebnisse der Entwicklungspsychologie des Kindes[4] werden zu Daten der Religionsgeschichte, Ethnologie[5] und tierischen Verhaltenskunde[6] in Beziehung gesetzt.

f. Die für das „child study"-Unternehmen typische Anwendung der Fragebogenmethode wird als Materialfundus zur Anschauung zeitgenössischer religiöser Erfahrungen herangezogen.[7]

g. Fallbeispiele der Psychopathologie dienen als Illustrations- und Interpretationsmuster, um auffällige religiöse Erfahrungen als Krankheitssymptome oder Suggestions- bzw. Illusionseffekte etc. zu erklären - auch wenn Leuba zumindest

---

[1] PSR 42-45.

[2] PSR 9.

[3] PSR 41; „The Psychological Content of Religion", 369; „Introduction...", 212f.; „Religion As a Factor in the Struggle for Life", 310; „The Psychological Natur of Religion", 80f.

[4] Etwa PSR 77-81. Deren vergleichsweise geringe Bedeutung für die Theoriebildung seiner Religionspsychologie wurde Leuba zuweilen angekreidet: So exemplarisch in einer anonymen Rezension zu ON in JRP 4 (1910/1911), 173.

[5] Etwa PSR 70-77. Vgl. dazu etwa LEUBAs Studie zur Religion nordamerikanischer Indianer und zum originalen Buddhismus in: „Religion: Its Impulses and Its Ends", 751-773.

[6] Etwa 62, 195ff., 200.

[7] Auf Fragebogenuntersuchungen basieren: „The Content of Religious Consciousness", a. a. O.; „Faith" a. a. O; „Fear, Awe and the Sublime in Religion", a. a. O.
Die Fragebogenmethode soll nach Leubas Ansicht freilich nicht isoliert angewendet, sondern durch eine „generalisierende" Sicht auf den Gegenstand ergänzt werden - das ist LEUBAs Hauptkritik an Starbuck, vgl. seine Rezension zu Flournoys religionspsychologischen Schriften, „Observations de psychologie religieuse, by T. Flournoy", 95.

programmatisch[1] nicht so weit geht, alle religiösen Phänomene per se als pathologisch zu diskreditieren.

h. Auffällig gering ist die Bezugnahme auf Ergebnisse experimentell-psychologischer Forschungen. Sie scheinen nicht mehr als Leubas Bewußtsein für bekannte Phänomene der allgemeinen Kognitions- und Lernpsychologie zu vertiefen, beispielsweise mit der regelmäßigen Gesetzmäßigkeit von Wahrnehmungstäuschungen und Fehlurteilen zu rechnen.[2]

3.1.2 Die Definition der Religion als ein Typus menschlichen Verhaltens

Die Rezeption des funktionalpsychologischen Paradigmas der neueren Psychologie impliziert für Leuba insbesondere eine grundlegende Verschiebung in der Problemkonstellation der bisherigen „Science of Religion": In ihrer neuen religionspsychologischen Fassung solle nicht mehr wie bisher die Frage nach der Konstitution von Religion, ihrer Natur und ihres Ursprungs, sondern die nach ihrer *Funktion* im Gesamtzusammenhang menschlichen Lebens im Zentrum des wissenschaftlichen Interesses stehen, demgegenüber alle anderen Fragen unterzuordnen seien.[3]

Diese beabsichtigte Änderung der Problemstellung soll offensichtlich bereits durch die Formulierung des Untertitels „Its Origin, Function, and Futur" zum Programm der Studie erhoben werden. In ihm rückt die Ankündigung der thematischen Behandlung der „Funktion" der Religion in den Mittelpunkt, so daß die Behandlung ihrer Wesenskonstitution und Bestimmung nur noch - unter den Titeln „Ursprung" und „Zukunft" - als die ihrer beiden *Zeit*aspekte erscheint und die thematische Behandlung der „Natur" bzw. des „Wesens" von Religion sogar gänzlich entfällt. Dieses Programm wird in der durchführenden Darstellung selbst freilich faktisch unterlaufen, insofern diese in Teil I doch wieder bei einer Bestimmung der „Natur der Religion" ihren Ausgang nimmt.

Leuba selbst würde als Entgegnung an dieser Stelle möglicherweise auf den „dynamischen"[4] Charakter seiner in Teil I vorgelegten Definition verweisen, welche die Bestimmung der Natur von Religion eben gerade in eine Aussage über deren Lebensfunktion aufgehen lasse. Wir werden im folgenden somit zu prüfen haben, ob diese sog. „dynamische" Konzeption von Religion nicht selbst wiederum in einer klassischen sog. „statischen" eingeschlossen bleibt, mit anderen Worten: ob Leuba in Teil I genau besehen nicht doch eine *Begriffs*bestimmung des *Wesens* von Religion vorgenommen hat, obwohl seine antimetaphysische

---

[1] PSR 9 Anm. 1. Vgl. später die Darstellung von MY unter 3.3.1 und 3.3.2.
[2] Vgl. die unter 2.3 genannten Studien zur Kognitions- und Lernpsychologie.
[3] PSR 41.
[4] So schon in „Religion: Its Impulses and Its Ends", 751f.

Grundhaltung ihn dazu nötigt, für seine Definition den Titel „Wesensbestimmung" abzulehnen, dessen sachliche Unklarheit und darum wissenschaftliche Unbrauchbarkeit ihm als erwiesen gilt:[1]

> „And what is it that is meant when this or that is called the 'essence' of Religion? Does essence mean that which in itself is sufficient to constitute religion? No, that cannot be...Or does the expression mean that which is found nowhere else in man's life? Not one of the definitions using the word 'essence' could be made to agree with this second interpretation without extending the bounds of religion beyond what the author of the definition himself could admit. Is 'essence' synonymous with 'the most prominent part' of religion? How could this third opinion be maintained, seeing how man differ, how, for one man, the characteristic religious experience is a voluptuous trance obtained by the fixation of the attention upon Christ, or some other religious object; while for another the deepest religious experience lies in the preparation and performance of a benevolent action. As to the several 'factors' of religious experience, who has ever seriously tried to estimate their relative value or importance? How is it to be done? - The word 'essence' had better be left unused; it does not add anything definite enough to make its presence desirable in a definition of religion."[2]

Diese prinzipielle Ablehnung des Wesensbegriffs, der für Leuba im Geruch metaphysischer Spekulation, nicht aber empirischer Theoriefähigkeit steht, erstaunt umso mehr, als seine Religionspsychologie ja selbst gerade dazu angetreten war, auf eine zukünftige Essentialisierung des religiösen Lebens hinzuarbeiten, was eine gewisse Identifizierbarkeit ihrer geschichtlich invarianten Essenz respektive Wesensnatur im Grunde immer schon voraussetzt. Und genau dies scheint seine Definition ja auch anbieten zu wollen: Wenn diese im Unterschied zu anderen Definitionen an zentraler Stelle das Entwicklungsprinzip aufnimmt, so tut sie dies im ontologisierten Sinne. Wie jene abgelehnten metaphysischen „Klassifikations"versuche[3] und Wesensbegriffe versucht auch sie, dasjenige invariante Allgemeine zu charakterisieren, was allen individuellen Erscheinungs- bzw. Entwicklungsformen von Religion gemeinsam eignen, was deren externe Identifizierbarkeit gegenüber „Nichtreligiösem" ausmachen und zugleich die interne Folie, den Möglichkeitsraum ihrer individuellen Realisationsformen, bilden soll. Dies kann durch eine Analyse der folgenden von Leuba gebotenen Definition aufgezeigt werden:

> „Religion should, therefore, be looked upon as a functional part of life, as that mode of behavior in the struggle for life in which use is made of powers characterized here as psychic, superhuman, and usually personal. In its objective manifestations, religion appears as attitudes, rites, creeds, and institution, in its subjective expression, it consists of impulses, desires, purposes, feelings, emotions, and ideas connected with the religious actions and institutions. According to this biological view the necessary and natural spring of religious and non-religious life alike is the 'procreant urge' in all or some of its multiform appearances.

---

[1] So schon in „Introduction...", 210f.
[2] Ebd.
[3] Vgl. LEUBAs Kritik an theologischen und religionsphilosophischen Definitionen in PSR Kap. 2.

The current term 'religious feelings,' 'religious desires,' 'religious purpose,' are deceptive, if they are intended to designate specific affective experiences or distinctive desires and purposes. It is the belief in several kinds of powers which has made possible the differentiation of types of behavior and in particular the division into secular and religious life. The objective existence of personal divinities or equivalent psychic powers is an assumption necessary to religion; but the mere belief in their existence is quite sufficient to account for the important place it has occupied and still occupies among the factors of human development."[1]

In dieser Definition wird gerade derjenige Wesenszug von Religion beschrieben, der ihre Rolle als bleibender Faktor der menschlichen Entwicklung erklärbar machen kann: nämlich als ein spezifischer Verhaltenstyp neben anderen identifizierbar zu sein, innerhalb dessen der Mensch seinen Grundlebenstrieb nach Erhaltung und Vervollkommnung seines Lebens im Daseinskampf zu befriedigen suche.[2] Religion ist für Leuba mithin nicht selbst ein unveränderlicher Instinkt der menschlichen Natur, sondern *Ausdruck* instinktiver Lebensbedürfnisse und die Methode ihrer Befriedigung.[3] Im Unterschied zu anderen Definitionen soll Religion somit nicht auf einzelne Emotionen oder Glaubensvorstellungen reduziert werden können, sondern vielmehr den ganzen Menschen in der Einheit eines Affekt und Intellekt einschließenden conativen Aktes umfassen. Leubas hier implizit entwickelte Anthropologie kennt insgesamt drei solche zu unterscheidende Aktformen menschlicher Daseinsbewältigung, in deren Klassifikation der spezifisch religiöse Verhaltenstyp eingeordnet wird.[4] Das darin angewandte Kriterium der Unterscheidung stellt eine je spezifische Konzeption - also ein „belief" - über diejenige wirksam gedachte Kraftinstanz dar, welche durch die Verhaltensweise jeweils in Anspruch genommen werde:[5]

a. Das „mechanische" Verhalten gehe von der Konzeption einer nichtpsychischen Wirkkraft aus und rechne mit der konstanten Geregeltheit einer quantitativen Beziehung zwischen Ursachen und Wirkungen. Dieser Verhaltenstyp soll den Wissenschaften zugrunde liegen.

b. Das „zwingende" Verhalten demgegenüber gehe von der Konzeption einer psychischen Wirkkraft aus, ohne dieser jedoch in seiner angewandten Methode Rechnung zu tragen. Denn statt durch die angemessene Methode eines anthropopathischen Verhaltens versuche es jene Instanz durch ein Verhalten in Anspruch zu nehmen, das dem mechanischen gleiche, jedoch die quantitative Geregeltheit des Verursachungszusammenhangs nicht beachte. Dieser defektive und darum

---

[1] PSR 17f.
[2] So schon in „Religion As a Factor in the Struggle for Life", 308, 320, 342.
[3] The Belief in God and Immortality, Boston 1916, 68ff. (im folgenden zitiert als BGI).
[4] „On Three Types of Behavior", 107-119; ON Kap. II.
[5] PSR 5. Vgl. a. „The Psychological Content of Religion", 370; „Religion: Its Impulses and Its Ends", 760; „The Psychological Natur of Religion", 84f.

geschichtlich weitgehend überholte Verhaltenstyp soll der Magie zugrunde liegen.[1]

c. Das „anthropopathische" Verhalten schließlich gehe ebenfalls von einer psychischen Verfassung derjenigen Instanzen aus, an die das menschliche Streben appelliere, sei nun aber so beschaffen, daß es dieser Konzeption auch durch eine angemessene Methode entspreche. Dieser im übrigen nicht näher beschriebene Verhaltenstyp scheint für Leuba das gesamte menschliche Sozialverhalten zu umfassen, worin der Mensch zu psychisch vorgestellten Instanzen, seien es Mitmenschen, Tiere, Geister oder Götter, in Beziehung trete. Unter diesen Typ wird auch das religiöse Handeln gerechnet und somit als eine bestimmte Form anthropopathischen Verhaltens charakterisiert, worin der Mensch zu Mächten in Beziehung trete, die er sich als psychische, jedoch transhumane und meist, aber nicht notwendig personale vorgestellt habe. Indem er mit ihnen kommuniziere, wolle er deren Wirkmacht für die Bewältigung seines Daseinskampfes in Anspruch nehmen, und zwar mittels einer Verhaltensmethode, die aus dem sonstigen Sozialverhalten abgeleitet, nun auf die Gottesbeziehung übertragen werde.[2]

Daß es sich in dieser anthropologischen Typenlehre und dem in ihm verorteten Religionsbegriff um eine vorempirische Theorie handelt, kann bereits am Verfahren ihrer Einführung ersichtlich werden: Denn nicht aus einer Fülle empirischen Datenmaterials wird sie in induktiver Verallgemeinerung hergeleitet, sondern - im Stile eines intuitiven Einfalls - mit einem Schlag präsentiert und in ihrer Geltung als „matter of fact"-Beschreibung für selbstevident erachtet. Daß sie an den Phänomenen der Erfahrung selbst ablesbar und damit für jede Person selbst in ihrer Adäquanz sowie deskriptiven Leistungskraft nachprüfbar sei, soll offensichtlich allein durch folgende von Leuba immer wieder herangezogene Leitillustration belegt werden können:

> „A stoker in the hold of a ship, throwing coal into the furnace, represents one of them. His purpose is to produce propelling energy. The amount of coal he shovels in, together with the air draught, the condition of the boiler, and the other factors of the same sort, determines, as he understands the matter, the velocity of the ship. The same man, playing cards of an evening, and having lost uninterruptedly for a long time, might get up and walk round the table backwards in order to change his luck. He would thus illustrate a second mode of behavior. If a storm threatened to sink the ship, the stoker might be seen falling on his knees, lifting his hands to heaven, and addressing in passionate words an invisible being."[3]

Näher besehen vermag dieser Begriff den Phänomenbestand, wie er als „Sache der Erfahrung" vor aller Augen stehen soll, jedoch keineswegs in jedem

---

[1] Auch augenscheinlich religiöse Praktiken können demnach als in Wirklichkeit magische betrachtet werden, so nach LEUBAS Ansicht Kreuzes- und Reliquienverehrung, Rosenkranz etc.: „On Three Types of Behavior", 108.

[2] PSR 5, 7.

[3] PSR 4; so a. schon in „On Three Types of Behavior", 107; „La Religion comme type de conduite rationelle" entspricht einem Ausschnitt aus PSR 3-22.

Punkt standzuhalten, sondern zeigt eine Reihe von Unstimmigkeiten[1] und Beschreibungsdefizite:

Erstens: Leubas zahlreiche Beiträge[2] zu einer Theorie des magischen Verhaltens, einer schon bei Comte[3] und Spencer[4] sowie in der anthropologischen und religionswissenschaftlichen Literatur zu dieser Zeit breit diskutierten Thematik, lassen sein Interesse erkennen, Magie als einen eigenen Typ menschlichen Verhaltens nachzuweisen, dessen geschichtliches Auftreten mit dem von Religion und Wissenschaft in keinem direkten Konstitutionszusammenhang stehe.[5] Allein aus diesem Interesse ist offensichtlich die Konzeption von Verhaltenstyp II motiviert, der näher betrachtet jedoch keineswegs einen eigenständigen Typus, vielmehr eine defektive Mischform der beiden anderen Typen darstellt: Indem er sich wie Typ I - wenn auch unvollkommen - der mechanischen Methode und wie Typ III der Konzeption einer psychischen Wirkinstanz bedient, um Methode und Konzeption dann in unangemessener Weise aufeinander zu beziehen.

Fällt damit Typ II strenggenommen als eigenständiger Typus aus, so zeigt sich, daß Leuba im Grunde nur zwei[6] anthropologische Grundformen des Verhaltens unterscheidet, worin der Mensch seine Umweltbeziehung meistert, nämlich „mechanisches" und „anthropopathisches" - oder mit anderen Worten: technisches und soziales Verhalten.

Zweitens: Die lebenspraktische Aufeinanderbezogenheit beider bleibt in Leubas Theorie dann allerdings gänzlich unbegriffen. Denn weder will einleuchten, inwiefern sich Wissenschaft ausschließlich auf ein rein technisches Handeln nach Typ I reduzieren lassen kann und nicht immer auch zugleich eine spezifische Weise menschlichen Sozialverhaltens nach Typ II darstellt. Noch kann eingesehen werden, inwiefern Religion als Unterform von Typ II im lebenspraktischen Vollzug ohne ein technisches Handeln nach Typ I auskommen soll.[7]

Drittens: Die Eigenart der sozialen Methode von Typ III in ihrer Analogie, aber auch Unterschiedenheit zur technischen bleibt ungeklärt. Das ausweisende

---

[1] Als „bloße Konstruktion", die nicht überzeugen könne, wird die Konzeption von G. WOBBERMIN beurteilt in: „Leuba als Religionspsychologe", 288-291.

[2] „Magic and Religion", bes. 20; ON Kap. IV; „How Magic Is to Be Differentiated from Magic", a. a. O.; „Religion and Magic: A Reply to Mr. Wallis", JRP 4 (1910/11), 427-430.

[3] Vgl. dazu unter 1.8.1: Der Fetischismus wird in COMTES Entwicklungstheorie als die erste Phase des theologischen Stadiums behandelt.

[4] Vgl. dazu unter 1.8.2: Die Behandlung des Fetischismus beansprucht einen breiten Raum in SPENCERs Principles of Sociology, Teil I.

[5] Vgl. hier PSR Kap. IV, bes. 77, 83.

[6] Dies entspricht auch der zuerst in „The Psychological Content of Religion", 369f., vorgetragenen Klassifikationsversion.

[7] Daß religiöses Verhalten zur Verwirklichung ihrer Ziele ein Wissen über kausale Wirkzusammenhänge in Anspruch nehmen müsse, wird freilich auch von LEUBA nicht geleugnet: „Theologie und Psychologie", 117f.

Charakteristikum von Verhaltenstyp I, einer als konstant wahrgenommenen Regelhaftigkeit von Verursachungszusammenhängen Rechnung zu tragen, müßte analog doch wohl auch Verhaltenstyp II zugestanden werden, jedenfalls dann, wenn für Leuba als Psychologe und Soziologe die Sozialbeziehung des Menschen in ihrer empirischen Regelhaftigkeit überhaupt wissenschaftlich beschreibbar sein soll. Es müßte lediglich die spezifische Eigenart dieser vom anthropopathischen Verhaltenstyp in Rechnung gestellten Regeln sowie ihre eigentümliche Gegebenheitsweise beschrieben werden, welche sich von den durch Typ I in Rechnung gestellten Regeln und deren Gegebenheitsweise offensichtlich grundlegend unterscheiden.

Weil diese Näherbestimmung jedoch ausfällt, muß auch die lebenspraktische Aufeinanderbezogenheit beider Verhaltenstypen dunkel bleiben: Sie können deshalb nicht als die beiden untrennbaren Aspekte menschlicher Umweltbeziehung begriffen werden, innerhalb deren die Naturbeziehung stets das Medium der Sozialbeziehung bzw. die Sozialbeziehung stets das Telos der Naturbeziehung darstellt.[1]

Viertens: Die Leubasche Typenlehre läßt somit einen richtigen Ansatz bei der Beschreibung der menschlichen Umweltbeziehung erkennen, indem sie zwischen einem - den Regeln der Naturgesetze folgenden - Handeln des Menschen auf die Natur und einem - den sozialen Regeln folgenden - Handeln in Beziehung zu Seinesgleichen kategorial unterscheidet.[2] Aus theologischer Perspektive kann dann auch noch eine weitere Präzisierung des hier gebotenen Begriffs in Erwägung gezogen werden: das ist die Unterscheidung nicht nur der Methode, sondern auch der Relate der jeweiligen Verhaltensrelation selbst. Eine Ahnung, daß auch hier verschiedene kategoriale Ebenen unterschieden werden müssen, scheint in Leubas Unterscheidung zwischen psychischen und nicht-psychischen, psychisch-humanen und -transhumanen Instanzen zumindest anzuklingen. Sie werden von ihm dabei jedoch nur als konzeptionell mehr oder weniger genau erfaßte Instanzen der *Umwelt*beziehung begriffen. Von daher zeigt sein Begriff menschlichen Verhaltens zwei weitere folgenreiche Unterbestimmungen:

Er reflektiert erstens nicht den Bezug zu derjenigen Instanz, für die jene Umweltbeziehung zu anderen Instanzen gerade erschlossen und als erschlossene wahrzunehmen ist, das ist die Ebene der Selbstbeziehung.

Und er reflektiert zweitens nicht die Weise dieses Erschlossenseins selbst, das ist die Ebene derjenigen Transzendenzbeziehung, welche die Erschlossenheit der

---

[1] Vgl. dazu E. HERMS, „Theologie als Phänomenologie des christlichen Glaubens. Über den Sinn und die Tragweite dieses Verständnisses von Theologie", in: Marburger Jahrbuch Theologie VI. Phänomenologie. Über den Gegenstandsbezug der Dogmatik, hg. v. W. HÄRLE/R. PREUL, Marburg 1994, 69-99, dort bes. 80-88.

[2] F. D. E. SCHLEIERMACHER, Über den Unterschied zwischen Naturgesez und Sittengesez, in: F. Schleiermacher's sämmtliche Werke, 3. Abt. Bd. 2, Berlin 1838, 397-417.

Selbst-(Umwelt)beziehung begründet und sinnhaft bestimmt. Daß Leuba aber in der Tat mit der unverfügbaren Kontingenz dieser Erschlossenheit menschlicher Selbst- (Umwelt)beziehung rechnet, hat seine Psychologie der Bekehrung - insbesondere seine Theorie der Selbsthingabe und des „faith-state" - hinreichend deutlich gemacht. Daß er zugleich mit der teleologisch-sinnhaften Gerichtetheit dieses Kontingenzgeschehens rechnet, wird durch seine Skizze einer Naturgeschichte der Religion nahegelegt, die mit seiner Konzeption der Evolutionsgeschichte der Menschheit genau zusammenfällt.[1] Nach ihr scheint der biologische Grundtrieb des Menschen zur Erhaltung und Vervollkommnung seines Lebens, der den Prozeß seiner äußeren und auf einer höheren Ebene auch seiner inneren Wiederanpassung in Gang setzt, eine letztlich religiöse Dimension zu besitzen: Denn er wird als Ausdruck desjenigen „procreant urge"[2] verstanden, der das onto- wie phylogenetische Evolutionsgeschehen sinnhaft auf seinen Idealzustand individueller wie sozialer Wohlordnung - verstanden als die harmonische Balance egoistischer und altruistischer Tendenzen - zusteuern läßt. Wir werden sehen, daß die Bestimmung dieses „Eschatons" der Evolution damit genau zusammenfällt mit dem, was Leuba als die Zielperspektive christlicher Religion ausweist[3] und - als Wissen um das Höchste Gut - in seiner Religion eines „empirischen Idealismus" im Unterschied zu den obsoleten „Mitteln" des Christentums bleibend festhalten will.

Fünftens: Abgesehen von seiner wenig überzeugenden Einordnung in die Gesamtklassifikation als ausschließlich zu Typ II gehörig sowie der aufgezeigten Unterbestimmung dieser Klassifikation vermag Leubas Religionsbegriff auch noch in einer anderen Hinsicht nicht zu überzeugen: Er erfüllt jedenfalls nicht die von ihm aus funktionalpsychologischer Sicht erwartete Leistung, Religion als einen eigenständigen Typus menschlichen Verhaltens ausweisen zu können, der weder von der Existenz einzelner Emotionen noch bestimmter Konzeptionen abhängig ist.

Daß sein Religionsbegriff vor allem gerade diese Leistung zu erbringen beabsichtigt, wird aus Leubas Diskussion anderer aus der Literatur bekannter Defini-

---

[1] Diese Skizze wird auch in PSR vorausgesetzt, vgl. etwa PSR 17: „In its earliest stages, when the individual is still lost in the tribe, the gods are preeminently national gods, and the religious end is a national one. During that period the religious effort aims at the preservation and increase of the community. At a later time, when the individual has gained a clearer sense of his personality, religion may pass through an individualistic phase." Diese letztgenannte individualistische Religionsphase ist nun genau durch denjenigen Prozeß subjektiver bzw. innerer Wiederanpassung gekennzeichnet, den Leubas Psychologie der Bekehrung als essentielles Urdatum religiösen Lebens beschrieben hat.
[2] PSR 18; vgl. auch die Rede vom „cosmic gregariousness" in MY 280.
[3] PSR 16.

tionen deutlich, deren Zitation und Kritik einen breiten Raum seiner Darstellung einnehmen.[1] Sie werden von ihm dabei folgender Klassifikation unterzogen:[2]

Eine erste Klasse wird von Definitionen gebildet, die ihren Begriff von Religion auf das Vorhandensein einer bestimmten Konstellation des Intellekts bzw. bestimmter Konzeptionen gründen.[3] Die Ablehnung dieser Begriffsklasse wird vor allem in Auseinandersetzung mit dem Religionsbegriff Spencers geführt, wobei Leubas Kritik den bereits 1896 gegen jenen erhobenen Intellektualismusvorwurf erneuert.[4]

Eine zweite Klasse wird von Definitionen gebildet, die das Spezifikum von Religion im Affektleben des Menschen verorten.[5] Als typischer Vertreter dieser ebenfalls abgelehnten Klasse wird der Religionsbegriff Schleiermachers diskutiert.[6] Dabei verkennt Leubas Polemik allerdings, daß dessen Begriff der Frömmigkeit als „Gefühl schlechthinniger Abhängigkeit"[7] erstens Frömmigkeit keineswegs als ein von Denken und Handeln abtrennbares Affektleben beschreibt.[8] Und zweitens mit der Rede vom „*Gefühl*[9] schlechthinniger Abhängigkeit"[10] bzw. „relativer Freiheit" und „relativer Abhängigkeit"[11] keineswegs einzelne empirische Empfindungslagen zu benennen, sondern eine kategoriale Beschreibung der Grundverfassung des Affekts zu geben versucht, für den nach Schleiermachers Konzeption ein spezifisches Zusammensein von Rezeptivität und Spontaneität wesentlich ist.

Eine dritte Klasse wird von Definitionen gebildet, die wie Leubas eigene das Spezifikum von Religion als eine Bestimmung des menschlichen Willens und somit als einen „Instinkt" oder eine Verhaltensweise charakterisieren. Unter jenen aus funktionalpsychologischer Sicht angemesseneren Definitionen werden dann allerdings nochmals all jene ausgesondert, denen - so seiner Ansicht nach James' - noch eine tendenzielle Restneigung zu Definitionen der beiden ersten

---

[1] PSR Kap. II und Anhang 339-361; so schon in „Introduction...", 202ff., 215-225; „Religion As a Factor in the Struggle for Life", 310ff.; „The Psychological Natur of Religion", 77f.

[2] Leubas Vorbild einer solchen Klassifikation von Religionsbegriffen scheint die Klassifikation Wundts zu sein: vgl. PSR 24 Anm. 6 und 360f.

[3] PSR 25-32.

[4] PSR 26ff. vgl. SPR 321; „Introduction...", 203, 206ff., 215ff.; „Religion As a Factor in the Struggle for Life", 311-314.

[5] PSR 32-38.

[6] PSR 33ff.; „Introduction...", 203, 219ff.; „Religion As a Factor in the Struggle for Life", 314f.

[7] SCHLEIERMACHER, Der christliche Glaube, Bd. 1, § 4.

[8] Ebd. § 3, 4 (S. 19).

[9] Ebd. § 3, 2.

[10] Ebd. § 4.

[11] Ebd. § 4, 2.

Klassen eignet.¹ Genau besehen ist nun aber auch Leubas Begriff keineswegs frei von solchen tendenziellen „Restneigungen":

Denn was in ihm das einzige Unterscheidungskriterium des religiösen vom übrigen anthropopathischen Verhalten bildet, ist nichts anderes als eine bestimmte *Konzeption* von der Wirkmacht, zu der das religiöse Verhalten in Beziehung zu treten trachtet, also ein „belief":

„That which differentiates religion from other forms of conduct is the kind of power upon which dependence is felt and the kind of behavior elicited by the power."²

Damit aber verstößt Leuba faktisch gegen sein erstes Anliegen, keinen Vorstellungsinhalt zum Identifikationsmerkmal von Religion erheben zu wollen wie Vertreter der von ihm abgelehnten ersten Definitionenklasse.

In einer wichtigen Nebenlinie seiner Argumentation verstößt er darüber hinaus faktisch auch noch gegen sein zweites Anliegen, keine besonderen Emotionslagen zum charakteristischen Merkmal von Religion erheben zu wollen. Mit dieser Nebenlinie hat Leuba offensichtlich eine von ihm selbst bemerkte offene Frage seiner Konzeption beantworten wollen: In Auseinandersetzung mit Andrew Lang³ hat er darin einen Theorievorschlag unterbreitet, der den lebenspraktischen Wechsel von einer menschlichen Verhaltensweise zur anderen erklären soll. Dieser wird nämlich selbst wiederum auf den von Moment zu Moment kontingent sich vollziehenden Umschwung bestimmter Stimmungslagen („moods") zurückgeführt, wobei jede Lebenshaltung als Ausdruck einer je anderen charakteristischen, „ästhetischen", „noetischen", „humorvoll-phantasievollen" etc. oder - wie im Falle der Religion - als Ausdruck einer „ernsthaften, aufrichtigen" und „praktischen" Stimmung verstanden wird.⁴

Nehmen wir diese argumentative Nebenlinie ernst - und hierfür spricht ihre Kompatibilität zu der innerhalb der Psychologie der Bekehrung entwickelten, dort deterministisch interpretierten Theorie des „faith-state" -, so hat Leuba strenggenommen Religion hier nicht nur als eine spezifische Form der Sponta-

---

¹ PSR 38-41, bes. 39; „Introduction...", 204f. Etwas abseits dieser Hauptklassifikation wird auch noch eine weitere Gruppe von Definitionen genannt, die - wie die Starbucksche - „das Gefühl des Wertes" zum Charakteristikum von Religion erheben. An ihr wird die Tendenz zur zweiten Klasse kritisiert, einseitig nur den passiven Aspekt religiösen Lebens als „Streben nach Werten", nicht aber den aktiven Aspekt als eine Form praktischer Lebensbewältigung einsichtig machen zu können. Zu LEUBAS Starbuck-Rezeption vgl. seine Rezension zu „The Feelings and Their Place in Religion", in: „La psychologie religieuse", 552f. In dieselbe Richtung geht auch seine Kritik an Strattons Definition, vgl. seine Rezension zu „Psychology of the Religious Life. By George Malcolm Stratton", International Journal of Ethics 23 (1913), 88-92, bes. 90.
² PSR 52.
³ A. LANG, The Making of Religion, London/New York ²1900, Vorwort, XIIf. Darauf macht auch A. R. UREN, Recent Religious Psychology, New York 1928, 175, aufmerksam.
⁴ PSR 204ff.; s. a. später in BGI 203ff.

neität[1], sondern genauer als Zusammenspiel von Rezeptivität *und* Spontaneität beschrieben. Dabei bleibt allerdings deren Konstitutionsverhältnis im einzelnen unbegriffen. Haupt- und Nebenlinie stehen gänzlich unvermittelt nebeneinander und werden je nach polemischer Argumentationswendung hervorgezogen, so daß der Eindruck entstehen kann, Leuba habe in ihnen nicht zwei zusammenhängende Aspekte der einen Sache, sondern zwei verschiedene Begriffe von Religion vorgelegt, wobei seine Religionspsychologie der Bekehrung und Mystik[2] Religion als Weise der Rezeptivität, sein Werk von 1912 hingegen als eine Weise der Spontaneität einseitig akzentuieren.

Wir halten fest: Jedenfalls nach der explizit gebotenen Definition, mit der Leuba im folgenden offiziell arbeitet, soll Religion als eine spezifische Weise menschlichen Verhaltens begriffen werden, das sich weder in seiner Motivation noch in seiner Ziel-, sondern ausschließlich in seiner Mittelwahl[3] - der Inanspruchnahme transhumaner Instanzen durch soziale Kommunikation - von anderen Verhaltensweisen unterscheidet. Wie die jedes Handeln gemeinsam motivierenden Lebensbedürfnisse des Menschen sowie der Zielzustand ihrer Befriedigung selbst inhaltlich zu bestimmen seien, erscheint dabei nicht klärungsbedürftig, wird als allgemeinmenschlicher Konsens vielmehr immer schon vorausgesetzt, keinesfalls aber als der je inhaltlich individuell bestimmte Gehalt jeder religiösen Gewißheit und Lebenshaltung vorgestellt. Reduziert sich das Spezifikum von Religion nach dem in Teil I explizit gebotenen Begriff damit allein auf die Mittelwahl, so ist das weitere Verfahren der Leubaschen Religionspsychologie von hier aus absehbar: Sie wiederum reduziert sich darauf, allein diese sogenannten „religiösen Mittel" zunächst hinsichtlich ihres Ursprungs (Teil II) und ihrer Funktion im Lebenszusammenhang (Teil III) genauer zu beschreiben, um sie in ihrer Effizienz abschließend bewerten zu können (Teil IV).

3.1.3 Die religionspsychologische Untersuchung der „religiösen Mittel"

In seinem Programmentwurf von 1901/4 hatte Leuba die religionspsychologische Untersuchung religiöser Vorstellungen, Emotionen und Praktiken gemeinsam in das Problemfeld II der sog. „religiösen Mittel" verwiesen. In seinem systematischen Grundriß von 1912 werden die genannten Themenbereiche nun zusammenhängend dargestellt, nämlich in Teil II.[1] Dabei scheint es ihm in erster Linie auf eine Beschreibung ihres Ursprungsaspekts, ihrer psychischen Konstitutions-

---

[1] PSR Kap. 1, 46, 48.
[2] Vgl. dazu a. schon PSR 32.
[3] So schon in „Religion: Its Impulses and Its Ends", 756, 759ff., 762f., 771; „The Contents of the Religious Consciousness", 572.

bedingungen und Stadien ihrer Entwicklung, anzukommen. Ihre Behandlung erfolgt in der Form eines Vergleichs zwischen magischem und religiösem Verhaltenstyp,² wobei Leuba auf Vorarbeiten seiner ersten Buchveröffentlichung aus dem Jahr 1909, „The Psychological Origin and the Nature of Religion"³, zurückgreifen kann. Aufriß und Durchführung der religionspsychologischen Behandlung „religiöser Mittel" werfen auf dem Hintergrund der bis dahin entwickelten Konzeption allerdings einige grundlegende Fragen auf:

Erstens: Es wird nicht ersichtlich, inwiefern darin der funktionalpsychologischen Prämisse von der Einheit des Bewußtseinszusammenhangs Rechnung getragen ist. Denn anstatt Bewußtsein als den Zusammenhang conativer Akte verstehbar zu machen, werden dessen Komponenten, Denken und Gefühl, jeweils getrennt voneinander verhandelt, ihr innerpsychisches Konstitutionsverhältnis nicht geklärt.

Zweitens: Die Reihenfolge der Behandlung - 1. „religiöser Vorstellungen", 2. „religiöser Emotionen" und 3. „religiöser Praktiken" - ist auf dem Hintergrund der bisherigen Konzeption keineswegs selbstverständlich. Ihr entspricht zwar zunächst noch die Vorordnung der sog. subjektiven" (1./2.) Manifestationen vor den sog. „objektiven" (3.),⁴ schon nicht mehr allerdings die interne Reihenfolge der subjektiven Manifestationen, die Darstellung „religiöser Vorstellungen" vor der „religiöser Emotionen". Während Leuba in seiner Psychologie der Bekehrung und neuerlich in seiner Abhandlung „Faith" von 1904 den Kern religiöser Erfahrung noch als eine spezifische Affektlage („faith-state") und erst sekundär als eine bestimmte Konstellation inhaltlich bestimmter Vorstellungen („beliefs") beschrieben hatte, wird von dieser Konzeption hier überraschenderweise keinerlei Gebrauch gemacht - weder bei der Untersuchung religiöser Vorstellungen noch bei der religiöser Emotionen.⁵

Statt dessen setzt Leubas Behandlung der „religiösen Mittel" mit einer Untersuchung der Gottesvorstellung⁶ ein, ja beschränkt sich genau besehen im wesentlichen auf diese. In der Logik des in Teil I entwickelten Religionsbegriffs erscheint dies sogar nur konsequent: Denn dort war es im Grunde nicht eine eigentümliche Verhaltensmethode allein, sondern auch und vor allem ein bestimmter „belief", der das Spezifikum religiösen Verhaltens bilden sollte.⁷

---

¹ Darin Kap. IV-VI zu religiösen Vorstellungen, Kap. VII zu religiösen Emotionen und Kap. VIII zu religiösen Praktiken.
² Darum auch der Titel von Teil II: „The Origin of Magic and of Religion". Der Vergleich wird zusammengefaßt in PSR Kap. IX.
³ ON, vor allem Kap. IV.
⁴ Vgl. PSR 53 Anm. 1, 70.
⁵ Dafür freilich an anderer Stelle wieder: PSR 261-268; „Faith", etwa 67, 73, 75f.
⁶ PSR Kap. III-VI.
⁷ „The Psychological Origin of Religion", 27f.

Dessen psychische Konstitutionsbedingungen[1] und Entwicklungsgeschichte[2] werden in Kap. III-VI aufzuzeigen versucht: in Kap. III zunächst durch eine komparatistische Betrachtung tierischen und menschlichen Verhaltens, in Kap. IV sodann durch die im Ansatz aus der Typenlehre bereits bekannte Unterscheidung zwischen magischem und religiösem Verhaltenstyp.[3] Wir können uns an dieser Stelle darauf beschränken, diejenigen Hauptthesen zu benennen, die für die hier primär intendierte Bestimmung der lebenspraktischen Funktion von Religion in Gegenwart und Zukunft (Teil III-IV) den Boden bereiten. Sie können folgendermaßen auf den Punkt gebracht werden:

Die religiöse Gottesvorstellung verdankt sich nach Ansicht Leubas - ebenso wie der magische Dynamismus - einer geistigen *Imaginations-*[4] *und Transformationsleistung*[5], welche für die Etablierung mechanischen und nicht-religiös anthropopathischen Verhaltens, beide bereits in der Tierwelt auffindbar,[6] nicht erforderlich sei und welche darin zugleich die spezifisch menschliche Neigung zu autosuggestiver Selbsttäuschung begründe.[7] Genauer: Die religiöse Gottesvorstellung verdanke sich der *Projektion* des menschlichen Willens in die Natur, wobei für den religiösen Animismus[8] im Unterschied zum magischen Dynamismus[9] eine Personifizierung[10] und Deifizierung der als wirkmächtig imaginierten Geistwesen charakteristisch sei. Dabei ist es für Leuba entscheidend, zwei verschiedene psychologische Motive und von daher Funktionen der Gottesidee auseinanderzuhalten: nämlich eine erste, die noetischen Bedürfnissen entspringe und auch nur solche zu befriedigen vermöge, sowie eine zweite sog. „empirische"[11], die von affektiven und moralischen Bedürfnissen ihren Ausgang nehme.[12] Dies liegt auf der Linie seiner bereits früher getroffenen Unterscheidung zwischen ei-

---

[1] PSR 57.

[2] Zur Form der Entwicklung als Degenerationsprozeß s. PSR 85, 104-108; zum inhaltlichen Wandel der Gottesvorstellung PSR Kap. VI.

[3] PSR 77, 83; „The Psychological Origin of Religion", 28-31.

[4] PSR 63ff., 113-117. Zur Rolle der Imagination vgl. Comte, o. unter 1.8.1.

[5] PSR 65-69.

[6] PSR 62; so schon in „On Three Types of Behavior", 116-119. Vgl. hierzu die spätere Abhandlung „Morality among the Animals", Harper's Monthly (June 1928), 97-103, bes. 103. Deren These besteht wie hier darin, daß hinsichtlich ihres moralischen Verhaltens zwischen Tier und Mensch kein wesentlicher Unterschied bestehe, sich die Höherentwicklung des Menschen somit nicht in der Verschiedenheit der moralischen Reaktionen, sondern nur in der zunehmenden Ausdehnung dieser Reaktionen auf immer neue Objekte und Situationen bemerkbar mache.

[7] PSR 64f., 69.

[8] PSR 83.

[9] PSR 84.

[10] Vgl. dazu LEUBAs entwicklungspsychologische Studie „The Personifying Passion in Youth with Remarks upon the Sex and Gender Problem", bes. 538, 546.

[11] PSR 256.

[12] PSR 86f.

ner für Erkenntnisfragen zuständigen Philosophie und praktisch nützlicher Religion.[1] Während die erste, noetische Funktion in der Moderne in den Bereich der Wissenschaften übergegangen sei, werde letztere, die affektive und moralische, weiterhin als spezifische Domäne der Religionen anerkannt, obwohl deren Erfüllung in der gegenwärtigen Krisensituation der Religion[2] nicht mehr befriedigend sichergestellt sei. Denn einerseits vermöge die personale Gottesvorstellung der Tradition den veränderten noetischen Erwartungen nicht mehr zu genügen und andererseits die depersonalisierte Gottesvorstellung der Philosophie die affektiven und moralischen Bedürfnisse nicht zu befriedigen, weil zu einem leidenschaftslosen Absoluten keine subjektive Beziehung aufgebaut werden könne[3]. Die zu einem „Überbleibsel-Glaube"[4] degenerierte Gottesvorstellung harre somit wie die Religion insgesamt ihrer Wiederanpassung an die neue Situation der Moderne. Einen entsprechenden Vorschlag ihrer Wiederanpassung wird dann Teil IV zu unterbreiten versuchen.

Daß sich Leubas Untersuchung der „religiösen Mittel" im Grunde auf wenig mehr als diese Konzeption der Gottesidee zusammenfassen läßt, kann durch einen Blick auf seine Darstellung der sog. „religiösen Emotionen"[5] (a.) und „Praktiken" (b.) belegt werden:

a. Das Studium religiöser Emotionen[6] gibt sich darin weitgehend als eine Abhandlung über die „Furcht" und ihre entwicklungsgeschichtlich später auftretenden Sublimationsformen[7] zu erkennen, in der Leuba die Ergebnisse einer Fragebogenerhebung aus dem Jahr 1906 wiederholt.[8] Möglicherweise durch die alte These Humes[9] und die umfassendere und prominentere Studie Halls[10] angeregt,[11] wird die Furchtreaktion als ursprünglichste Emotion des religiösen wie menschlichen Lebens überhaupt beschrieben, die im Zuge der Milderung des äußeren Daseinskampfes jedoch zunehmend inadäquat und obsolet geworden sei.[12] Mit an-

---

[1] Zur Unterscheidung eines religiösen und philosophischen Motivs vgl. etwa „The Contents of Religious Consciousness", 571-573.
[2] PSR 113, 125, 291, 193, 317, 319.
[3] PSR 125.
[4] „Survival-belief": PSR 96.
[5] So urteilt auch UREN in seiner Besprechung der PSR, 187: „In his study of religion, Dr. Leuba seems over-eager to discount the part played by emotion in the genesis of religion..."; dort zu Leubas Religionspsychologie insgesamt Kap. IX, 166-196.
[6] PSR Kap. VII. Vgl. a. „The Psychological Origin of Religion", 31-35.
[7] PSR 132, 144f., 148ff.
[8] „Fear, Awe and the Sublime in Religion", a. a. O.; PSR Kap. VII, 132-150.
[9] D. HUME, Die Naturgeschichte der Religion, übers. u. hg. v. L. KRIEMENDAHL, Hamburg 1984, 9f., 13, 23, 58, 71, 86, 90. Vgl. dazu LEUBAs Notiz in „The Psychological Origin of Religion", 32.
[10] HALL, „A Study of Fears", a. a. O. (1897).
[11] Vgl. „Fear, Awe and the Sublime", 4 Anm. 1 und PSR 139 Anm. 2.
[12] PSR 137, 139, 143f.

deren Worten: Der gegenwärtigen technisch hochentwickelten Umweltsituation angepaßt sei nicht mehr eine Religion der Furcht, sondern eine Religion positiverer Emotionen.[1] Der religiöse Kampf des geistlichen gegen den fleischlichen Menschen erfährt von hier aus eine biologistische Neuinterpretation: Er soll den Kampf des aufgeklärten, hochzivilisierten Zeitgenossen gegen seine primitiven Elementarinstinkte bedeuten[2] - dem entspricht, daß Leuba den kategorischen Imperativ als psychisches Korrelat des höchst entwickeltsten Reflexbogentyps verstanden wissen wollte.[3]

b. Noch weitaus spärlicher ist Leubas Behandlung religiöser Praktiken[4] ausgefallen, was um so mehr überrascht, als seine Erörterung und Klassifikation magischer Praktiken einen durchaus breiten Raum der Darstellung beansprucht.[5] Genau genommen werden lediglich die beiden genetischen Hauptquellen religiöser Praktiken aufgewiesen:[6] Diese bestehen nach Ansicht Leubas erstens in dem allerdings seltenen Vorgang, daß genuin magische Praktiken eine anthropopathische Wendung erhalten,[7] und zweitens - weitaus häufiger - darin, daß bewährte Formen des menschlichen Sozialverhaltens auf die Gottesbeziehung übertragen werden[8]. Daß Leuba als genuinen Typus religiöser Praxis offensichtlich allein die Kontemplationsmethode der Mystik anerkennt und von daher religionspsychologisch zu beschreiben versucht, wird bei der Besprechung seines Hauptwerks zu diesem Thema an späterer Stelle hervortreten.[9]

Hier jedenfalls ist hinreichend deutlich geworden: Leuba beschränkt sich in seiner Behandlung der „religiösen Mittel" im Grunde auf eine Untersuchung der Gottesvorstellung als derjenigen „belief"-Konzeption, die nach seiner Definition das ausweisende Charakteristikum des religiösen Verhaltenstyps bildet.

---

[1] PSR 148ff.

[2] Durch die Bevorzugung positiver Emotionen, deren überlegene Effizienz sich bei der Wiederanpassung an sich ändernde Umweltsituationen herausgestellt habe, werde die Selektion menschlichen Handelns selbst zum verfeinerten Medium der natürlichen Evolutionsselektion: „Fear, Awe, and the Sublime", 1f.; PSR 143.

[3] S. o. unter 2.6.

[4] PSR Kap. VIII, 17, 53.

[5] PSR 151-172; vgl. a. „Magic and Religion", 20ff.; „The Varieties, Classification, and Origin of Magic", 350-367: Auch bei der Klassifikation magischen Verhaltens (357) und seiner verschiedenen Ursprünge (361-367) versucht LEUBA, am gegebenen ethnologischen Material einen *Begriff* auszubilden.

[6] PSR 171-175.

[7] PSR 172.

[8] PSR 172f.

[9] S. auch schon die in PSR 18 Z. 18ff. genannten Praktiken.

3.1.4 Die Funktion der Religion im Gesamtzusammenhang menschlichen Lebens

In Leubas Einordnung der Religion in eine Klassifikation menschlicher Verhaltenstypen (Teil I) und seiner Theorie über die für den religiösen Verhaltenstyp charakteristische „belief"-Konzeption (Teil II) ist bereits implizit eine Funktionsbestimmung der Religion im Gesamtzusammenhang menschlichen Lebens getroffen, die unter Berücksichtigung von Teil III, „Religion and Its Relation to Morality, Mythology, Metaphysics and Psychology", nun genauer entfaltet werden kann.

Danach wird Religion zwar als ein die ganze Person in bestimmten Lebensmomenten[1] in Anspruch nehmender, nicht aber ihr ganzes Leben selbst umfassender Verhaltenstyp gekennzeichnet. Sie wird vielmehr nur mit einem spezifischen Teilbereich menschlicher Selbstgewißheit und von daher auch nur mit einem eng begrenzten Ausschnitt menschlicher Selbstbestimmung identifiziert. Einem Teilbereich und Ausschnitt menschlichen Lebens überdies, der seine Existenz einer sekundären Ableitung und bleibenden Funktionsabhängigkeit verdankt: nämlich abgeleitet sei aus dem ursprünglicheren, bereits im tierischen Sozialverhalten[2] aufweisbaren anthropopathischen Verhaltenstyp, den Leuba mit dem - irgendwie positiv qualifizierten - Moralleben[3] des Menschen insgesamt gleichzusetzen scheint, und funktional darauf bezogen bleibe, diejenigen affektiven und moralischen Bedürfnisse zu befriedigen, die aus der vorliegenden Umweltsituation jeweils erwachsen.[4] Von dieser behaupteten genetischen und funktionalen Abhängigkeit her wird das eigentümliche Profil der Religion sowie ihre geschichtliche Entwicklungsdynamik begriffen und schließlich ihr lebenspraktischer Wert bemessen:

> „As human nature changes, so do gods and religions change. The effort to readjust our primitive instincts and impulses to the present altered circumstances is what is meant by the expression 'the struggle of the *spiritual* against the *natural* man'."[5]

Der Wandel der Gottesvorstellung spiegele die Entwicklungsgeschichte der sozialen Gruppe selbst wieder, ihre Ordnungen und ihre zu sichernden Grundbedürfnisse:[6] Die Gottheiten primitiver Religionen seien Imaginationsschöpfungen des menschlichen Geistes, welche die immanente Werteordnung des Stammes transzendierten und darin garantieren sollten. Auf der höheren Stufe ethischer

---

[1] Nach der Theorie wechselnder Stimmungslagen („moods"): PSR 204ff., 247-255.
[2] PSR 195ff., 200; vgl. a. „Morality among the Animals", 97-103.
[3] PSR Teil III Kap. X, 195-203.
[4] PSR 20ff.
[5] PSR 145; vgl. a. „Fear, Awe, and the Sublime", 13.
[6] PSR 113.

Religionen seien die Gottheiten dann vor allem Deifizierungen[1] moralischer Ideale, deren Personifizierung[2] es dem Menschen erlaube, zu ihnen eine Beziehung aufzunehmen und aus dieser die erforderliche moralische Energie für die Gestaltung einer idealen Sozialordnung zu schöpfen.[3]

Religion kommt für Leuba somit nicht als genuine Bildungsinstitution inhaltlich bestimmter Wertegewißheit in Frage - als solche wird das Sozialleben im ganzen angesprochen -,[4] sondern nur als ein bereits bestehende Wertegewißheit sicherndes und durch Freisetzung zusätzlicher Energiereserven zur Praxis mobilisierendes Methodenunternehmen.[5] Ihr eigentümlicher Beitrag für den Gesamtzusammenhang menschlichen Lebens wird also nicht in der Bereitstellung eines die Lebensführung inhaltlich orientierenden Wissens, schon gar keines Sonderwissens, begriffen, sie erscheint vielmehr als reine *Technik*, deren Zweckdienlichkeit und ökonomische Effizienz dann auch allein geprüft werden soll.

Wie wird von hier aus die Funktionsleistung der Theologie - als der wissenschaftlichen Selbstreflexion christlichen Glaubens - beurteilt?[6]

Sie erscheint Leuba in ihrer zeitgenössischen Version, repräsentiert durch die Theologie Ritschls und seiner Schule,[7] mit einer in sich widersprüchlichen und praktisch nutzlosen Apologetik beschäftigt:[8]

Diese versuche einerseits ihre Unabhängigkeit von der philosophischen Metaphysik und so ihre Unangreifbarkeit durch deren kosmologische Kritik zu behaupten, indem sie - zu Recht - auf „innere Erfahrung" als ihren eigentümlichen Gegenstandsbezug verweise.[9] Diese erste Verteidigungsrichtung hat für Leuba ihre Berechtigung darin, daß die religiöse Gotteskonzeption im Unterschied zur philosophischen nicht noetische, sondern affektive und moralische Bedürfnisse

---

[1] PSR 200ff.

[2] PSR 71.

[3] PSR 200f.

[4] PSR 49, 106ff.

[5] PSR 200ff.

[6] Vgl. hierzu grundlegend: „Theologie und Psychologie", a. a. O. (1914); „The Task and the Method of Psychology in Theology", Psychological Bulletin 12 (1915), 462-470; „Theology and Psychology", a. a. O. (1916); BGI 148ff.

[7] PSR 207ff., 221, 224ff. Dabei betrachtet es Leuba offensichtlich als Ausdruck seines wissenschaftlichen Umgangs mit den theologischen „Fakten", daß er in neun Dokumenten die verschiedenen Repräsentanten der theologischen Schulen selbst zu Wort kommen läßt: 213ff.

Es sei angemerkt, daß sich LEUBAS Diskussion auf theologische Aussagen bezieht, die in dieser Pointierung auf Ritschls Schüler Wilhelm Herrmann zurückgehen; vgl. dazu „Psychologie des phénomènes religieux", 125, 128. Zu Herrmann s. P. FISCHER-APPELT, „Wilhelm Herrmann", in: Gestalten der Kirchengeschichte, hg. v. M. GRESCHAT, Bd. 10,1, Stuttgart 1985, 59-69.

[8] PSR 207, 244.

[9] PSR 208, 210ff., 244.

zu befriedigen habe.[1] Metaphysische Argumentationsstrukturen, insbesondere bei der Führung der Gottesbeweise, haben für ihn innerhalb der Theologie in der Tat ausgedient. Und zwar nicht etwa aufgrund ihrer logischen Schwäche, sondern weil sie eine noetische Gotteskonzeption stützten, die von der moralisch inspirierenden *empirischen*[2] Gotteskonzeption des Christentums nicht nur gänzlich verschieden sei, sondern ihr sogar direkt widerspreche.[3] Die Theologie entdecke in dieser Abgrenzung gegenüber der Philosophie nur eine alte Einsicht wieder, eine Angelegenheit des glaubenden Herzens zu sein und nicht eine Sache der erkennenden Vernunft.[4] Dieser durchaus berechtigte erste Verteidigungsschlag werde jedoch matt gesetzt durch die ihm gegenläufige zweite Verteidigungstaktik:

Im Zuge ihrer versuche sich die Theologie nämlich nun auch noch gegenüber den Erfahrungswissenschaften abzuschotten.[5] Dies jedoch erscheine insbesondere im Blick auf die Psychologie selbstwidersprüchlich, insofern sich die Theologie in ihrer Betrachtung „innerer Erfahrung"[6] doch gerade selbst als einen wissenschaftlichen Zweig der Psychologie erkennen und konsequenterweise in Religionspsychologie auflösen müßte.[7] Statt dessen poche sie auch hier - in diesem Fall aber zu Unrecht - auf den Sonderstatus ihres Gegenstandes, indem sie in supranaturalistischer Manier die Übernatürlichkeit religiöser Erfahrung - als eines für die Naturwissenschaften unzugänglichen Typs von Erfahrung sui generis - behaupte.[8] Sie bleibe damit in ihrem vorschnellen unwissenschaftlichen Umgang mit den psychischen Erfahrungstatsachen befangen,[9] die im Lichte neuester psychologischer Erkenntnisse einem weitaus angemesseneren Verständnis zuführbar

---

[1] PSR 246-255.

[2] PSR 256.

[3] PSR 248, 254f.

[4] PSR 209f., 229.

[5] Exemplarisch für LEUBAs Auseinandersetzung mit einer Position, die die psychologische Erforschbarkeit religiöser Erfahrung bestreitet: „Can Science Speak the Decisive Word in Theology? - A Rejoinder", Journal of Philosophy, Psychology and Scientific Methods 10 (1913), 411-414. LEUBA argumentiert darin gegen die Privatheit und für die beschreibbare Uniformität religiöser Erfahrung (bes. 413f.); vgl. a. „Theologie und Psychologie", 115ff.

[6] Und zwar ungeachtet der innerhalb der Theologie selbst strittigen Bestimmung dieser Sorte von Erfahrung (PSR 210f.): sei es, daß sie als unmittelbare Offenbarungen der Gottheit verstanden werden wie in der Mystik (PSR 211, 233, 234-244), sei es, daß sie lediglich als affektives Rohmaterial vorgestellt werden, von dem aus dann in einem zweiten Schritt theologische Aussagen induziert werden (PSR 211ff., 215, 233, 244-268). In jedem Fall fällt die Untersuchung dieser subjektiven Erfahrung nach Ansicht Leubas in den Bereich der empirischen Psychologie (PSR 268-277).

[7] PSR 210f. Und nicht nur Religionspsychologie für ihre eigenen Zwecke selektiv ausnützen dürfe: als Hauptkritikpunkt in LEUBAs Rezension zu George Berguers „La Notion de valeur; sa nature psychologique; son importance en théologie", JRP 4 (1910/11), 171f.

[8] PSR 208, 211f., 244 u. ö.

[9] PSR 220, 222, 229.

seien.¹ Damit aber werde ein möglicher wissenschaftlicher Erkenntniszuwachs verhindert und zugleich ein längst fälliger und für die Menschheitsentwicklung bedeutender technischer Fortschritt blockiert.² Die christliche Religion bleibe in ihrer vorwissenschaftlichen Experimentalmethode³ stecken, gelähmt durch eine Theologie, die in verantwortungsloser Stagnation verharre.⁴

> „The indifference of those who supposed to be the custodians of religious knowledge to the only ways by which knowledge on the cardinal problems of practical religion can be increased, excusable a hundred years ago, has become a scandal and a danger, - a scandal and a danger which will continue as long as the Christian Church seeks its information on sin and the means to righteousness only in its own sacred Scriptures and in unanalyzed experience."⁵

Man kann Leubas Sorge um eine selbstzerstörerische Theologie, wie sie ihm in Gestalt der dominierenden Ritschl-Schule vor Augen steht, in gewisser Hinsicht nachvollziehbar finden. Zumindest erscheint sein Angriff auf theologische Traditionen berechtigt, die für ihren Gegenstand einen Sonderstatus⁶ im Sinne eines „empirischen Supranaturalismus" behaupten. Dabei macht es in der Tat keinen Unterschied - wie Leuba richtig erkennt -, ob dieser Sonderstatus im traditionellen Gewand supranaturalistisch oder im szientifischen Gewand über die Konzeption des subliminalen Bewußtseins - wie in der Jamesschen Religionspsychologie⁷ - begründet wird.

Dennoch wird man Leubas Blick auf die Theologie in anderer Hinsicht wohl nicht anders als verkürzend beurteilen müssen:

Verkürzend erstens, weil er mit keiner Silbe diejenige theologische Tradition zu Wort kommen läßt, die von Gottes Vorsehungs-⁸ und Offenbarungshandeln spricht, ohne dieses als Außerkraftsetzung oder Konkurrenz, sondern vielmehr gerade als Konkretion seines Schöpfungshandelns zu verstehen (so wie auch um-

---

¹ PSR 220, 222, 242, 269f., 272.
² PSR 260f., 277.
³ PSR 256ff.
⁴ Eine sich gegenüber der naturwissenschaftlichen Psychologie abschottende Theologie beziehe eine ebenso aussichtslose anachronistische Position wie ehemals die Alchemie gegenüber der Chemie: PSR 260f., 277.
⁵ PSR 260f.
⁶ PSR 237-242 gegen James.
⁷ Hierin trifft Leubas Kritik an James' Überschätzung der Begründungsleistung der Mystikerfahrung voll ins Schwarze.
⁸ PSR 277. Auf der Linie einer abwegigen Interpretation göttlicher Providenz, die das Vorsehungshandeln Gottes als ein sporadisches Eingreifen Gottes mißversteht, und zwar zudem als ein solches, das den geregelten Naturzusammenhang der Schöpfung unterbricht zugunsten eines übernatürlichen regellosen Offenbarungseinschubes.

gekehrt gesagt werden kann: Gottes Schöpfungshandeln sei eine Konkretion seines Offenbarungshandelns).[1]

Verkürzend zweitens, weil die Theologie, auch wenn sie die naturwissenschaftliche Erforschbarkeit religiöser Erfahrung nicht bestreitet, darauf bestehen muß, daß sie sich nicht in empirische Religionspsychologie auflösen könne, sondern eigenständig eine kategoriale Psychologie des Glaubens zu entfalten habe. Eine kategoriale Psychologie nämlich, die sich mit der in jeder empirischen Psychologie immer schon vorausgesetzten kategorialen Psychologie dann über ihre perspektivische Sicht auf ihren Gegenstand inhaltlich streiten kann. Die in dieser Hinsicht unkritischen und deshalb problematischen Versuche, insbesondere der deutschen Theologie[2], die Ergebnisse der empirischen Religionspsychologie direkt für theologische Explikationsinteressen fruchtbar zu machen, werden auch von Leuba zu Recht samt und sonders ablehnend beurteilt. Jedoch von Leuba lediglich deshalb, weil er in ihnen das erwünschte Dominanzverhältnis zwischen Religionspsychologie und Theologie umgekehrt und die empirische in eine metaphysische Betrachtung übergewechselt findet; denn nicht vom Standpunkt einer bestimmten Religion und ihrer metaphysischen Theologie aus, vielmehr komparativ und szientifisch will er das religionspsychologische Unternehmen betrieben wissen.[3]

Darin also vermeint sich Leuba selbst wiederum der Theologie gegenüber abschotten zu können.[4] Weil er deren *Funktion* - und darin ist sein Blick in einer dritten Hinsicht verkürzend - verkennt: Er sieht nicht, daß sie mit der Explikation inhaltlich bestimmter Lebensgewißheit befaßt und eben nicht bloß ein Betrieb zur Ausbildung effektiver Techniken ist, deren lebenspraktische Einsatzfelder und Ziele gänzlich unstritten und aus dem übrigen Sozialleben bereits als konsensuell entschiedene vorgegeben sind.

An dieser Stelle tritt noch einmal der zentrale Unterschied seiner Theorie zur theologischen hervor, nämlich seine Fassung des Glaubensbegriffs,[5] die an die jüngste Behandlung des Themas durch den Pragmatismus in gewisser Hinsicht

---

[1] Etwa: J. CALVIN, Institutio Christianae Religionis, I 16,1; F. D. E. SCHLEIERMACHER, Der christliche Glaube, Bd. 1, § 38.

[2] Zu Wobbermin und Troeltsch siehe: „The Task and the Method of Psychology in Theology", bes. 467f., 470. Vgl. a. LEUBAs Rezension zu „'La Notion de la valeur; sa nature psychologique; son importance en théologie.' By Georges Berguer", 171; sowie seine Besprechung von Beiträgen zur Religionspsychologie aus dem englischsprachigen Raum, die von Theologen oder Philosophen „zur Rettung der Religion" verfaßt wurden: „The Psychology of Religion As Seen by Representatives of the Christian Religion", Psychological Bulletin 23 (1926), 714-722, vgl. dort etwa das Gesamturteil 714.

[3] „The Task and Method of Psychology in Theology", 467.

[4] Vgl. etwa BGI V.

[5] PSR 261-268.

anzuknüpfen scheint[1]: Denn genauso wie die Pragmatisten Peirce und James so begreift auch Leuba „Glaube" als eine grundlegende Struktur menschlichen Lebens, die für den Erhalt der menschlichen Handlungsfähigkeit sowie den Prozeß fortschreitender Erkenntnisbildung unverzichtbar ist. Im Unterschied zur christlichen Tradition wird „Glaube" jedoch nicht als *Gewißheit*, sondern nur als eine mehr oder weniger inhaltlich bestimmte Intuition und erste, vorläufige Hypothese als Ausgangsbasis des Handelns, darin aber noch unvollkommene Form von Erkenntnis, verstanden, die dazu bestimmt sei, in vollere - wissenschaftliche - Erkenntnis überführt zu werden.[2] Im Unterschied etwa zu James' „belief"-Konzeption besitzt der Leubasche Begriff dann allerdings einen zuweilen sogar ausgesprochen negativen, religionskritischen Akzent: Denn Leuba kann „Glaube" in seiner religiösen Version nicht nur als Vorform, sondern auch als direkte Konkurrentin von Erkenntnis betrachten, die im Zuge der menschlichen Neigung zu Selbsttäuschung und Trägheit die zielstrebige Suche nach vollerer, wissenschaftlicher Erkenntnis sogar vorsätzlich blockiere.[3]

3.1.5 Die zukünftige oder ideale Gestalt der Religion

Auch das „prophetische Lehrstück" seines religionspsychologischen Grundrisses von 1912 hat Leuba nicht als Explikat seiner persönlichen Lebensgewißheit, sondern als das Resultat einer empirischen Untersuchung des „Zeitgeistes"[4] vorgetragen. Die in Teil IV, „The Latest Forms and the Future of Religion", dargestellten und beurteilten Religionsformen werden von ihm dabei als quasi experimentelle Unternehmen behandelt, aus deren Studium eine Prognose darüber induziert werden könne, welche idealere Religionsform das traditionelle Christentum und seine Kirchen zukünftig ablösen solle.[5] Aus der Sicht seiner religionspsychologischen Konzeption muß die Religionsform der Zukunft dabei genau zwei Bedingungen genügen:

---

[1] PSR 263ff., vgl. CH. S. PEIRCE, Schriften zum Pragmatismus und Pragmatizismus, hg. v. K.-O. APEL, Frankfurt/M. 1991, 541f.; W. JAMES, „The Will to Believe", The Works of W. James, Bd. 6, 1979, 13-33.

[2] Vgl. PEIRCE' Beschreibung der Abduktion als ursprünglichstes aller Schlußverfahren, in: DERS., Phänomen und Logik der Zeichen, hg. u. übers. v. H. PAPE, Frankfurt/M. 1993, 90-96, bes. 95f.

[3] PSR 264f., 64ff. Daher rühre der törichte Kampf der Religion gegen die „Science" und die Aufgabe der Religionspsychologie, ihn zu beenden durch eine Suche nach geeigneteren Mitteln der Bedürfnisbefriedigung, die für Herz und Intellekt gleichermaßen akzeptabel seien: „Religion and the Discovery of Truth", The Journal of Philosophy, Psychology and Scientific Methods 9 (1912), 406-411, dort 410.

[4] Etwa PSR 328: „In this direction, at any rate, points the *Zeitgeist*."

[5] PSR 281; „Religion As a Factor in the Struggle for Life", 327-330; „The Psychological Nature of Religion", 83, 85.

Sie muß erstens theoretisch mit den neuesten Erkenntnissen der „Sciences" kompatibel sein. Und sie muß zweitens praktisch diejenigen emotionalen und moralischen Bedürfnisse zu befriedigen verstehen, für deren Erfüllung das Christentum traditionellerweise, wenn auch noch ungenügend und methodisch uneffektiv, zuständig war.[1]

Die bisherigen Versuche, das Christentum zu modernisieren, sieht Leuba demgegenüber vielfach durch den unlauteren Kompromiß gekennzeichnet, die intellektuelle Ablehnung des theistischen Gottesglaubens mit einem Festhalten an traditionellen Gottesdienstpraktiken verbinden zu wollen.[2] Im Vergleich dazu würdigt er den Pantheismus als die theoretisch überlegene Konzeption, die jedoch praktisch nicht überzeuge, weil sie durch die Aufgabe der personalen Gottesbeziehung zugleich die emotionalen und moralischen Bedürfnisse unbefriedigt lasse.[3] Von den zeitgenössischen religiösen Bewegungen will Leuba darum folgende Impulse für eine ideale Religionsform der Zukunft aufgreifen und kombinieren:

Erstens von der Immanenzbewegung den Ansatz zu einer theologischen Neuformulierung, die - wie bereits die christliche Mystik (!)[4] und die Quäker - die theoretischen Vorteile des Pantheismus mit den praktischen des Theismus vereine.[5]

Zweitens von den psychotherapeutischen Kulten[6], die zu seiner Zeit in den USA erstaunliche Erfolge verbuchten,[7] die praktische Nutzung neuester psychologischer Erkenntnisse, etwa aus dem Bereich der Psychopathologie und Suggestionsforschung.[8] In ihnen sieht Leuba eine bemerkenswerte „reformatorische" Rückbesinnung geleistet: nämlich die positive Transformation des Christentums zu einer Religionsform, die - wie die Religion Jesu - die elementaren Bedürfnisse des Menschen nach Glück in physischer und psychischer Gesundheit sowie Ganzheit auf neue effektive Weise zu befriedigen verstehe,[9] indem die Betonung weg von Sündenbewußtsein und mirakulöser Erlösungslehre hin auf ein konkre-

---

[1] PSR 261 Anm. 1, 317.

[2] PSR 315f.; Hall als Exempel: Bild 7 (1.7 dieser Darstellung).

[3] PSR 289-295, 317ff. Das Vorbild einer pragmatischen, nicht-spekulativen Religion ohne rituelle Gottesverehrung meint LEUBA im originalen Buddhismus studieren zu können, der im Zuge seines geschichtlichen Degenerationsprozesses jedoch bald wieder von theistischen Zusätzen unterwandert worden sei: PSR 281-289; vgl. dazu „Religion: Its Impulses and Its Ends", 763-771.

[4] Vgl. dann dazu 3.3.

[5] PSR 291-294.

[6] „Psychotherapic Cults: Christian Science; Mind Cure; New Thought", a. a. O., entspricht im wesentlichen PSR 295-307.

[7] PSR 295-313.

[8] PSR 307, 335.

[9] PSR 296, 306.

tes Erleben der heilsamen und energetisierenden Einheit mit der weltgestaltenden Macht gezogen werde[1].

Drittens Comtes „Religion der Menschheit", auf deren Stellenwert für das kategoriale Grundkonzept Leubas wir bereits in 1.8.1 aufmerksam wurden:[2] In Comtes Ersetzung des theistischen Gottesglaubens durch die Idee des „Grand Être" und einen Glauben an die kollektive Unsterblichkeit der Menschheit[3] vermag Leuba dasjenige inhaltliche Angebot einer ethisch inspirierenden Religion[4] in Übereinstimmung mit den positiven Wissenschaften zu finden, das seiner eigenen Position eines „empirischen Idealismus" am nächsten kommt; denn:

> „It is no longer the consciousness of God, but the consciousness of Man that is the power making for righteousness."[5]

Doch auch das Comtesche Experiment scheint noch nicht alle Bedingungen einer zukunftsweisenden Religion zu erfüllen, wie Leuba aus dem Faktum ausgebliebener Massenwirksamkeit schließt, sondern weise Defizite auf, die bereits von Comte selbst in der Weiterentwicklung seiner Konzeption oder aber von seinen Nachfolgern ansatzweise erkannt worden seien:[6] nämlich zum einen das Fehlen eines kollektiven Kults mit personifizierten Symbolen[7], der die Menschen in der Fülle ihrer Bedürfnisse anzusprechen vermöge,[8] und zum anderen ein philosophischer Hintergrund, der sich als Basis einer Religion insofern wenig eigne, als Comtes Positivismus ursprünglich jede Form von Idealismus zurückweise. Wenn aber keine absoluten Werte und Ideale bereitstünden und die brüderliche Einheit der Menschheit zugleich auch faktisch noch nicht erlebbar sei,[9] könne die rein utilitaristische Ethik einer „Religion der Menschheit" im Grunde nur als der plumpe Aufruf gelten, sich für das Glück anderer zu opfern,[10] der wohl kaum überzeugend altruistisches Handeln zu motivieren vermöge. Nur dann - wie beim späten Comte[11]-, wenn die „Menschheit" nicht nur als bloße Idee, sondern selbst als eine transhumane Macht verstanden werde, könne sie als idealistische Leitkonzeption einer altruistisches Handeln inspirierenden Religion fungieren.

---

[1] PSR 307, 335.
[2] PSR 307-313. Vgl. A. COMTE, Système de politique, ou traité de sociologie instituant la religion de l'humanité, a. a. O., Bd. 4; DERS., Catéchisme positiviste, a. a. O.
[3] PSR 308f.
[4] PSR 310f.
[5] PSR 311.
[6] PSR 312f.
[7] Ebd.
[8] PSR 331 Anm. 2.
[9] PSR 311.
[10] PSR 321, 323, 332.
[11] PSR 326ff.

Viertens: Eine solche ethisch funktionale Religionsform sieht Leuba in ihrem Anfangsstadium bereits in den ethischen Kulturgesellschaften („Ethical Culture Societies") verkörpert,[1] die von Felix Adler[2] als Protest gegen das supranaturalistische Dogma der Kirchen und in der Überzeugung von der Unabhängigkeit und Überlegenheit des moralischen Ideals gegründet wurden[3]. Zwar handele es sich in ihnen offiziell nur um ethische Gesellschaften und nicht um Religionen, Leuba begrüßt jedoch die sich abzeichnende Tendenz dieser Institutionen, sich in zunehmendem Maße einer idealistischen Fundierung zu öffnen, ihre ursprünglich ausschließlich ethische Zielperspektive zusehends auf die ganze Fülle menschlicher Lebensbedürfnisse auszudehnen und sich somit selbst zu Religionen im echten Sinne zu transformieren.[4] Denn:

> „In religion men seek the realization not only of ethical ideals, but also of affective and aesthetic cravings. Life, fulness and perfection of life, is the aim of religion."[5]

Spätestens an dieser Stelle ist in aller Deutlichkeit zu merken, daß Leuba in seinem Plädoyer für eine religiös-ethische Menschheitsreligion längst nicht mehr von derjenigen Definition Gebrauch macht, die er in Teil I offensichtlich allein in polemischer Absicht gegen die theistischen Religionen eingeführt hatte, sondern wieder auf seinen früheren, in seiner Psychologie der Bekehrung vorgelegten Religionsbegriff zurückgreift: Nachdem er auf dem Boden seiner Definition das *destruktive* Werk einer Radikalkritik der bestehenden Kirchen schließlich vollbracht hat, muß er stillschweigend zu einer solchen begrifflichen Grundlage überwechseln, auf der die Vision einer Religion seines Geschmacks nun *konstruktiv* dargelegt werden kann.

Wir können in dieser Zukunftsvision einer „Religion der Menschheit" über die genannten inspirierenden Impulse hinaus sogar noch weitere aus Leubas persönlicher Bildungsgeschichte wiederentdecken, die an deren Gestaltung synkretistisch mitgewirkt haben: seine Begeisterung für die ethischen Heroen der Heilsarmee und die angesichts ihrer erfahrene Bekehrung (1.3), die zumindest in ihrem sozialen Engagement befriedigend erlebte Mitarbeit bei der Y.M.C.A. in New York (1.5), seine Begeisterung für die neo-christliche Bewegung Paul Desjardins'

---

[1] Etwa der West London Ethical Society.

[2] F. ADLER, Life and Destiny; Or, Thoughts on the Ethical Religion, London 1903; DERS., The Religion of Duty, New York 1905, dazu PSR 328; DERS., The Essentials of Spirituality, New York 1905; DERS., „The Moral Ideal", International Journal of Ethics 20 (1911), 387-394, dazu PSR 330f. Anm. 2; DERS., „The Relation of the Moral Ideal to Reality", International Journal of Ethics 22 (1911), 1-18. Vgl. a. H. J. BRIDGES (Hg.), The Ethical Movement; Its Principles and Aims, London 1911; W. M. SALTER, Ethical Religion; Its Philosophical Basis; Its General Aims, Boston ³1899; P. CHUBB, The Conservative and Liberal Aspects of Ethical Religion, Philadelphia 1898.

[3] PSR 328.

[4] PSR 330f.

[5] PSR 331 Anm. 2.

(1.6). Und nicht zuletzt sein psychologischer Überbietungsversuch der Ethik Kants (2.3.4), den wir als den geistigen Vater[1] jener ethischen Kulturgesellschaften identifizieren können, an deren kultischer Weiterentwicklung und idealistischer Fundierung Leuba bis zu seinem Spätwerk „The Reformation of the Churches" (3.4.2) brennend interessiert ist. Das ist eine kultische Weiterentwicklung, die nicht nur aus der Anschauung psychotherapeutischer Kultbewegungen, sondern auch aus seinem Studium der Mystik (3.3) wesentliche Impulse erhalten hat. Und eine evolutionistisch-idealistische Fundierung, in der wir deutlich die mit Comtes „Grand Être" verschmolzene Melodie von Bergsons „Creative Evolution"[2] erkennen (1.8.1): Die „Menschheit" und ihre Geschichte darin verstanden als fortschreitende Manifestation einer kosmischen „kreativen Energie", die in den ethischen Helden, Mystikern und großen Unbekannten der Geschichte genialisch hervortritt[3] und dazu bestimmt ist, durch die zukünftige „Religion der Menschheit" in die Alltagserfahrung („homely experience of daily life"[4]) aller Menschen einzudringen und ihnen als Lebenserfüllung anzubieten, durch den altruistischen Einsatz für das soziale Ganze an der kollektiven Unsterblichkeit der Menschheitsgattung teilzuhaben.

3.2 Erster Trakt des religionspsychologischen Theoriegebäudes: die Psychologie der „objektiven" oder „geschäftsmäßigen" Religion

Mit seinem systematischen Werk von 1912 hat Leuba die Grundmauern eines religionspsychologischen Gebäudes errichtet, auf denen sich im folgenden zwei materiale Gebäudetrakte erheben sollen: „The Belief in God and Immortality" von 1916 und „The Psychology of Religious Mysticism" von 1925.[5] Wir wollen diese Gebäudetrakte als Psychologie der sog. „objektiven"/„geschäftsmäßigen"

---

[1] I. KANT, Die Religion in den Grenzen der bloßen Vernunft (1793), hg. v. K. VORLÄNDER, mit einer Einleitung v. H. NOACK, Hamburg 1978, 100f. (= 129 in Originalausgabe), 105 (136): „Die Herrschaft des guten Prinzips, insofern Menschen dazu hinwirken können, ist also, soviel wir einsehen, nicht anders erreichbar als durch Erziehung und Ausbreitung einer Gesellschaft nach Tugendgesetzen und zum Behuf derselben; einer Gesellschaft, die dem ganzen Menschengeschlecht, in ihrem Umfange sie zu beschließen, durch die Vernunft zur Aufgabe und zur Pflicht gemacht wird" (100).
[2] PSR 332-335.
[3] PSR 335. Dieselbe Vorstellung läßt sich auch bei JAMES nachweisen: „Robert Gould Shaw: Oration by Prof. William James"; vgl. a. dessen Votum für einen zivilen Bürgerdienst in: „The Moral Equivalent of War"; beides in: DERS., Essays in Religion and Morality, The Works of W. James, hg. v. F. H. BURCKHARDT, Bd. 9, 1982, 64-74; 162-173.
[4] PSR 325f.
[5] Daß mit PSR zwar der Grundriß gelegt, nicht aber das religionspsychologische Gebäude auch schon errichtet ist, darauf deuten Leubas Bemerkungen in PSR 268-275, bes. 269 Anm.1, hin, worin er erneut über seinen Plan eines religionspsychologischen Gesamtkonzepts Auskunft gibt.

und „subjektiven"/„mystischen" Religion verstehen, indem wir unsere Interpretation auf Klassifikationshinweise stützen, in denen Leuba für den religiösen Verhaltenstyp selbst noch einmal zwei Weisen der Gottesbeziehung unterscheidet:[1]

> „the religious life is woven of two strands, one business-like and the other mystical. The gods whose origin we have just traced lend themselves most readily to the former, for they are thought of, in the first instance, as personalities sharply distinct from man and standing before him very much as a great chief stands before his subjects... It constitutes the more obvious aspect of the religions.
> There are moments, however, when men do not seek the assistance of their gods for some particular objects; they aim at nothing less than the union with them. This desire, this need, leads to the mystical relation."[2]

Diese beiden Typen religiösen Verhaltens werden - gemeinsam mit anderen Dualismen - wiederum aus zwei Grundinstinkten der menschlichen Natur selbst hergeleitet, dem aus der egoistischen Selbstbehauptung erwachsenden Konfliktinstinkt einerseits sowie dem aus dem Elterninstinkt durch Generalisierung erwachsenden Kooperationsinstinkt andererseits:[3]

> „In the one there is fear and the various expressions of aggression and aversion. In the other there is curiosity and the expressions of liking and affection. The former finds satisfaction by the disregard, or at the expense of other selves; it leads to methods of life which would seperate the individual from the rest of the world and sharpen self-consciousness. The latter seeks co-operation with other selves; its method is that of association, co-operation, and union."[4]

Nach dieser Interpretation gestaltet sich der Zusammenhang beider Werke dann folgendermaßen: In „The Belief in God and Immortality" beschäftigt sich Leuba zunächst mit dem Verhaltenstyp der Religionsausübung der kirchlichen Mehrheit. In „The Psychology of Religious Mysticism" sodann mit der Religionsausübung der religiösen Exzentriker und Genies, die - nach Leubas Ansicht - in abgeschwächter Form jedoch stets auch das innere Lebensmoment der offiziellen Religion bildet, insofern diese entwicklungsmäßig von einer äußerlichen zu einer innerlichen Religionsausübung hintendiere.[5]

Angesichts des Befundes, daß sich die Leubasche Psychologie der „geschäftsmäßigen" Religion ganz auf das Studium zweier Glaubensvorstellungen konzentriert, könnte sich auch noch eine zweite Interpretation des Zusammenhangs beider Werke nahelegen: Man könnte etwa das erste als eine Psychologie

---

[1] MY 2-6: Hier unterscheidet LEUBA zwischen einer äußerlichen und innerlichen Gottesbeziehung, als Beispiel einer geschäftsmäßigen Gottesbeziehung wird das Rechtfertigungsgeschehen angeführt (MY 5). S. a. PSR 124, bes. aber GM 43, 46.

[2] GM 43.

[3] MY 6f.

[4] MY 6. Die beiden Emotionsformen, mit denen sich Leuba am eingehendsten beschäftigt hat, Selbsthingabe und Furcht, könnten so gesehen als Reinformen dieser beiden Grundinstinkte verstanden werden.

[5] MY 5.

der religiösen „belief"-Konzeptionen und das zweite als eine Psychologie des affektiven „faith-state"-Fundaments verstehen. Diese Interpretation würde dann mit der Wirksamkeit des Glaubensbegriffs von 1896 als eines durchgehenden Kompositionsprinzips des Leubaschen Systems rechnen. Dagegen spricht jedoch zum einen der Befund, daß sich der Inhalt beider Arbeiten nicht auf die beiden Sachkomplexe „faith-state"/„belief" verteilen läßt, sondern jeweils deren Zusammenhang in den Blick faßt. Und zum anderen, daß Leuba in beiden Werken mit einem jeweils anderen Religionsbegriff arbeitet: Während im ersten der destruktive dominiert, gewinnt im zweiten wieder der frühere, konstruktive an Bedeutung.[1]

3.2.1 Die kategoriale Psychologie der „geschäftsmäßigen" Religion

Leuba sieht die Frömmigkeit des durchschnittlichen Christentums durch eine geschäftsmäßige Transaktion gekennzeichnet, innerhalb derer die einzelnen ihre Umweltsituation zu meistern und ihre elementaren Lebensbedürfnisse zu befriedigen suchen. Die hierzu angewandte anthropopathische Verhaltensweise sei dabei als religiöse ausgewiesen durch die ihr zugrundegelegte „belief"-Konzeption, die im Falle des Christentums genau zwei Überzeugungen enthalte: nämlich den Glauben erstens an einen personalen Gott und zweitens an die Unsterblichkeit der individuellen Person.[2]

Verstehe: Leuba meint allen Ernstes, den Gesamtbestand des christlichen Glaubensbekenntnisses auf diese beiden Überzeugungspfeiler reduzieren zu dürfen, gänzlich ungeachtet des gesamten Christuszeugnisses und des in ihm eingeschlossenen Daseinsverständnisses, das - voll entfaltet - ein komplettes Welt- und Menschenbild freigibt.

Leuba hingegen will, wenn denn schon von religiösen Inhalten überhaupt die Rede sein muß, allein zwei Inhalte des christlichen Wirklichkeitsverständnisses gelten lassen und einem religionspsychologischen Studium unterziehen. Wobei er in bezug auf die Gottesvorstellung bereits auf umfangreiche Vorarbeiten rück-

---

[1] Auch die dritte Interpretationsmöglichkeit, etwa i. S. von PSR 191 mit der Behandlung zunächst der *aktiven* (BGI) und sodann der *passiven* (MY) Religionsform zu rechnen, trifft nicht die in beiden Werken behandelten Themenbestände. Denn Glaubensvorstellungen können in dem Sinne „passiv" genannt werden, als sie keine praktischen Formen des Gottesdienstes einschließen (PSR 109f.), und die mystische Religionsform kann „aktiv" genannt werden, insofern gerade sie sehr spezifische Praktiken der Kontemplation ausgebildet hat.

[2] BGI V, VIII. In seiner Antwort auf eine Rezension Wrights stellt LEUBA freilich klar, daß er in seiner Erhebung nach derjenigen Gottesvorstellung habe fragen wollen, die in *allen* existierenden Religionen, also offensichtlich nicht nur im Christentum, eine Rolle spiele: „The Belief in God and Immortality", Psychological Bulletin 14 (1917), 405ff., dort 406.

greifen kann,[1] die es hier - in Teil I - vor allem nur noch um eine Studie des Unsterblichkeitsglaubens[2] zu komplettieren gilt.

Auf dem Boden eines religionspsychologischen Begriffs dieser beiden „belief"-Konzeptionen wird dann - in Teil II - eine empirische Untersuchung durchgeführt, die den zeitgenössischen Geltungsgrad beider Überzeugungen erheben soll, um schließlich - in Teil III - eine prognostische Analyse der religiösen Gegenwartssituation vornehmen zu können.

Auch hier wieder ist somit das für Leuba charakteristische Verfahren erkennbar: Vor aller empirischen Untersuchung bildet er zunächst einen kategorialen Leitbegriff[3] seines Gegenstandes aus. Die prinzipielle Sachgemäßheit dieser Verfahrensweise kann als Leistung seiner Religionspsychologie gewürdigt werden, unbeschadet dessen, wie das Zustandekommen und Resultat seiner Begriffsbildungen im einzelnen beurteilt werden. Damit kommen wir zum Ansatz und Gehalt dieser kategorialen Psychologie der „geschäftsmäßigen Religion":

a. Leubas Begriff von Konstitution, Natur und Entwicklung der Gottesvorstellung[4] verdankt sich einer Auseinandersetzung mit der zeitgenössischen Forschungsdiskussion[5], die in der kulturanthropologischen und soziologischen Lite-

---

[1] ON Kap. II entspricht dem ersten Abschnitt des Aufsatzes „The Psychological Origin of Religion", 39-47; vgl. a. PSR Kap. IV-VI.

[2] BGI Kap. I-IV.

[3] Insofern LEUBA die Aufgabe der Religionspsychologie darauf „begrenzen" will, die allgemeinen Möglichkeitsbedingungen des Ursprungs der beiden Glaubensvorstellungen aufzuzeigen (PSR 28, 99), und das Urteil darüber, welche Ursprungsart im einzelnen empirisch vorliege, Anthropologen und Historikern überlassen will. Freilich nicht, ohne hierüber dann doch einige Hypothesen anzustellen: PSR 96, 125 u. ö.

[4] Von LEUBA bereits entwickelt in ON Kap. III; PSR Kap. IV-VI; „The Several Origins of the Ideas of Unseen, Personal Beings", Folk-lore 23 (1912), 148-171. Die Konzeption gehört systematisch zur Entfaltung einer Psychologie der „geschäftsmäßigen" Religion und wird darum an dieser Stelle eingefügt.

[5] Die Hauptvertreter dieser Diskussion seien hier nur in einer kleinen Auswahl namhaft gemacht:

- D. G. BRINTON, Religions of Primitive Peoples, New York/London 1897; dazu etwa PSR 72f., 83.

- R. H. CODRINGTON, The Malanesians, Studies in Their Anthropology and Folk-lore, Oxford 1891; dazu etwa PSR 76 und BGI 12, 60.

- E. DURKHEIM, „Examen critique des systèmes classiques sur la pensée religiones", Revue Philosophique 63 (1909), 10-15; dazu etwa PSR 89; DERS., Les formes elémentaires de la vie religieuse, Paris 1912; dazu BGI 7, 23, 29, 54, 75-79.

- J. G. FRAZER, The Golden Bough; A Study in Magic and Religion, 3 Bde., London/New York ^{2}1900; dazu etwa PSR 75f.

- A. W. HOWITT, „The Native Tribes of South-East Australia", Folk-lore 17 (1906), 174-189; dazu etwa PSR 76.

- I. KING, „The Relation of the Moral Ideal to Reality", International Journal of Ethics 22 (1911), 1-18; DERS., The Development of Religion, New York 1910.

- R. R. MARETT, The Threshold of Religion, London 1909; dazu etwa PSR 72ff., 84.

ratur um die Entstehung der Magie und ihres Verhältnisses zur Religion soeben geführt wurde. Deren Positionen werden aus religionspsychologischer Perspektive kritisch gesichtet und zu den neuesten Ergebnissen der Entwicklungspsychologie des Kindes in Beziehung gesetzt.[1] Dabei kann Leuba in einem Fall auch auf eine eigene entwicklungspsychologische Skizze, nämlich seine frühe Studie zur Personifizierungsneigung des kindlichen Bewußtseins, zurückgreifen.[2] Für den Ansatz der kategorialen Psychologie der „geschäftsmäßigen" Religion ist somit eine Verbindung der Betrachtungsweisen von Individual- und Sozialpsychologie charakteristisch. Insbesondere die Bedeutung letzterer war von Leuba wenig zuvor in „Sociology and Psychology"[3] und „The Task and Method of Social Psychology"[4] programmatisch hervorgehoben worden. Diese eigentümliche Akzentsetzung seiner religionspsychologischen Betrachtungsweise ist zum einen durch die jüngsten Forschungen der soeben aufstrebenden Soziologie, vor allem Emile Durkheims[5], inspiriert, zum anderen schon von Anfang an durch Leubas Herkunft vom soziologisch ausgerichteten Positivismus Comtes und Spencers (1.8) angelegt. Nach diesen grundlegenden Bemerkungen zum Ansatz nun zur inhaltlichen Ausführung des ersten Teils der kategorialen Psychologie:

Leuba rechnet mit insgesamt drei Entstehungsarten des Animismus, d. h. von Vorstellungen unsichtbarer personaler Geistwesen: nämlich als Resultat von erstens Folgerungen aus perzeptionellen Illusionen - etwa Träumen oder Halluzinationen -,[6] zweitens Personifikationen von Naturobjekten[7] sowie drittens als Antwort auf das noetische Problem, die Herkunft der Schöpfung zu erklären.[8] Würden die vorgestellten Agenten im Zuge einer mentalen Transformation zu wichtigen Faktoren des Daseinskampfes, dann erlangten sie die Bedeutung von Göttern (Deifizierung), welchen den menschlichen Bedürfnissen entsprechend verschiedene Attribute zugeschrieben würden,[9] und zwar abhängig von den so-

---

- E. B. TYLOR, Primitive Culture; Researches into the Development of Mythology, Philosophy, Religion, Language, Art and Custom, Bd. 1, London [4]1903, Kap. X; vgl. dazu etwa PSR 70f., 85.

[1] In dieser Hinsicht basieren Leubas Einsichten vor allem auf J. SULLY, Studies in Childhood, New York 1910; dazu PSR 78, 80, 92, 94.

[2] Vgl. „The Personifying Passion in Youth with Remark upon the Sex and Gender Problem", bes. 538; vgl. dazu etwa PSR 95.

[3] „Sociology and Psychology. The Conception of Religion and Magic and the Place of Psychology in Sociological Studies: A Discussion of the Views of Durkheim and Hubert and Mauss", American Journal of Sociology 19 (1913/14), 323-342.

[4] Psychological Bulletin 12 (1915), 462-470.

[5] E. DURKHEIM, „De la définition des phénomènes religieux", Anée Sociologique 2 (1897/98), 1-28; DERS., Les formes elémentaires de la vie religieuse, a. a. O.

[6] PSR 89-93.

[7] PSR 94ff.

[8] PSR 97f.

[9] PSR 111, zum Vorgang der Deifizierung s. insgesamt Kap. VI.

zialen, ökonomischen und geographischen Lebensbedingungen einer Gesellschaft, insbesondere ihres jeweiligen Ethos[1]. Dieses stelle die Matrix bereit, auf deren Basis sich Wert- und Gottesbegriff individuell ausdifferenzierten,[2] zuerst im religiösen Bewußtsein besonders begabter Individuen, sodann im Zuge eines Modifikations- bzw. Degenerationsprozesses[3] als allgemeine Vorstellungskonvention der sozialen Gemeinschaft.[4]

Die „empirische" Gottesvorstellung der ethischen Religionen - wie z. B. des Christentums - versuche vor allem moralische und affektive Bedürfnisse zu befriedigen, weniger aber und im Zeitalter der Wissenschaften überhaupt nicht mehr noetische Bedürfnisse wie die „metaphysische" Gottesvorstellung der Philosophie.[5] Somit seien die metaphysischen Gottesbeweise der Theologie nicht nur gescheitert, sondern als gänzlich nutzlos zu betrachten, weil sie den zu beweisenden Gegenstand selbst gar nicht berührten.

Vergleichbares gelte für die empirischen Nachweisversuche der Society of Psychological Research: Deren Forschungsresultate deuteten, nüchtern betrachtet, auf die durchgängige Erklärbarkeit der beobachteten parapsychologischen Phänomene innerhalb natürlicher Gesetzmäßigkeiten hin, keineswegs aber auf die Existenz einer transzendenten Welt, wie sie leichtgläubige Wissenschaftler aufgrund persönlicher Vorurteile und Wunschvorstellungen freilich immer wieder anzunehmen geneigt seien.[6]

b. Auch Leubas Psychologie des Glaubens an die Unsterblichkeit der individuellen Person ist aus einer Auseinandersetzung mit der aktuellen Forschungslage erwachsen. Hier vor allem mit dem Werk des Anthropologen Frazer, der in „The Belief in Immortality"[7] mit der im wesentlichen identischen Universalität

---

[1] PSR 49f.

[2] PSR 49, 85.

[3] PSR 106ff. Hierdurch entstehe das paradoxe Phänomen, daß sich in der Evolution der Religion Rückschritte bezüglich der genuinen Qualität der Gottesvorstellungen beim Übergang vom Bewußtsein des Genies zur allgemeinen Aneignung durch die soziale Gruppe nicht vermeiden ließen.

[4] „The Several Origins of the Ideas of Unseen, Personal Beings", 148, 166-170.

[5] PSR 86f.

[6] BGI Kap. VI; „Prof. William James' Interpretation of Religious Experience", 322; „Empirical Data on Immortality. Rejoinder to Prof. Hyslop", International Journal of Ethics 14 (1903), 90-105, bes. 91; „Eusopia Palladino, A Critical Consideration of the Medium's Most Striking Performances", Putman's Magazine 7 (1910), 407-415, bes. 413-415; „William James and Immortality", Journal of Philosophy, Psychology and Scientific Methods 12 (1915), 409-416, bes. 412, 416; „Psychical Research", Encyclopedia of Religion and Ethics, hg. v. J. HASTINGS, Bd. X, Edinburgh/New York 1918, 420-423.

[7] J. G. FRAZER, The Belief in Immortality, London 1913; dazu BGI 1, 12f., 18-20, 32-35, 61, 134. Aber auch eine religionspsychologische Studie mag ihm vor Augen gestanden haben, nämlich HALLS „The Jesus of the History and of the Passion versus the Jesus of the Resurrection", a. a. O. (1904); vgl. dazu LEUBAS Rezension in „La psychologie religieuse", 484ff.

eines solchen Glaubens - unter primitiven Kulturen wie in höher entwickelten Religionen - rechnet.[1] Demgegenüber versucht Leuba, - analog seiner Konzeption der Gottesvorstellung - zwei gänzlich verschiedene und genetisch voneinander unabhängige Typen der Unsterblichkeitsvorstellung nachzuweisen, denen die primitive und christliche Version jeweils zuzuordnen seien:[2] Der primitive und ursprünglichere Glaube an die - nicht bereits als ewig vorgestellte - Fortdauer menschlicher Geistwesen über den Tod hinaus sieht er aus dem von aller moralischen Signifikanz noch gänzlich freien noetischen Interesse erwachsen,[3] auffällige Phänomene der Perzeption, seien es Erinnerungsbilder, Illusionen, Träume oder Visionen, die der Primitive mit objektiven Realitäten verwechsle,[4] nach bestem vorwissenschaftlichen Vermögen sinnvoll zu interpretieren. Der Glaube an die Unsterblichkeit der individuellen Seele, deren Schicksal über den Tod hinaus mit der moralischen Qualität ihres Lebens verknüpft werde,[5] wird von Leuba hingegen als eine Neuschöpfung der ethischen Religionen betrachtet.[6] In ihm sei die ursprüngliche Vorstellung, zu Beginn der historischen Epoche im Verfall begriffen bzw. nur noch in pessimistischer Form anzutreffen, transformiert und im Zuge zunehmender Individualisierung und Ethisierung der Religion[7] zu einem Instrument sozialer Kontrolle gemacht.[8] Er entspringe damit nicht mehr noetischen, sondern affektiven und moralischen Bedürfnissen: dem menschlichen Verlangen nach sozialer Gerechtigkeit und liebevoller Unterstützung, die das diesseitige Leben nicht habe erfüllen können.[9]

Dies ist in summa Leubas Konzeption der Glaubensvorstellungen, deren gegenwärtige Geltung im folgenden untersucht wird.

3.2.2 Die empirische Psychologie der „geschäftsmäßigen" Religion

Leubas Werk von 1915 ist vor allem wegen seiner in Teil II veröffentlichten empirischen Studie aus dem Jahr 1914 in die Geschichte der Religionspsychologie eingegangen:[10] Es handelt sich in ihr um die erste statistische Großuntersuchung

---

[1] BGI 1.
[2] BGI Teil I, Kap. I-II zur primitiven und Kap. IV zur christlichen Version, bes. 2, 122ff. Vgl. a. „The Primitive and the Modern Conception of Personal Immortality", Monist 27 (1917), 608-617.
[3] BGI 123.
[4] BGI 15, 45-59; Zusatzaspekte zur Erklärung des Ursprungs werden in 59-68 genannt.
[5] BGI 7-41.
[6] BGI Kap. II, 31-41 und Kap. IV.
[7] BGI 106, 109ff., 113.
[8] BGI 36.
[9] BGI 36-41, 99, 209.
[10] Exemplarisch für die häufige Zitation Leubascher Daten in der religionspsychologischen Literatur etwa: JOHNSON, 192ff.

auf religionspsychologischem Gebiet, die eine Bestandsaufnahme der gegenwärtig in Geltung stehenden Glaubensvorstellungen erstrebt - eine Bestandsaufnahme, die Leuba in modifizierter Gestalt 1933 und 1935 wiederholen wird[1]. Wie in seiner Psychologie der Bekehrung so bedient sich Leuba also erneut der Fragebogenmethode - nun allerdings im größeren Stil und mit verfeinerten Untersuchungsbedingungen, um aus seinen Ergebnissen nicht mehr nur qualitative, sondern nun auch quantitative Aussagen ableiten zu können.

Als Versuchspersonen werden Collegestudierende und Wissenschaftler gewählt, in denen Leuba die gesellschaftliche Erfolgselite und Avantgarde erblickt und daher erwartet, durch deren Untersuchung zukünftige Entwicklungstendenzen der amerikanischen Gesellschaft insgesamt prognostizieren zu können.[2]

Um den statistischen Aussagewert seiner Erhebung im Unterschied zu anderen bereits vorliegenden Studien zum Thema, die seiner Ansicht nach die Illusion einer ungebrochenen Akzeptanz traditioneller Glaubensüberzeugungen nähren, sicherzustellen, hat Leuba in seiner Versuchsanordnung - als Garanten der strengen Empirizität und Objektivität seiner Studie - folgende Bedingungen zu verwirklichen gesucht:[3]

Erstens: Die untersuchten Glaubensvorstellungen sollen durch die Formulierung des Fragebogens begrifflich so klar bestimmt sein, daß nicht nur die diffuse Geltung irgendwelcher, sondern erkennbar zu unterscheidender Typen von Glaubensvorstellungen zahlenmäßig erfaßt werden können.[4]

Zur Erfüllung dieser Bedingung hat die in Teil I vorgestellte - kategoriale - Psychologie der geschäftsmäßigen Religion die Grundlage gelegt: D. h. Leuba beschränkt sich auf eine Untersuchung des Gottes- und Unsterblichkeitsglaubens, die seiner Ansicht nach die beiden traditionellen Hauptpfeiler christlicher Überzeugung bilden. Und er legt bei seiner Erstellung und Auswertung der Fragebögen dann genau denjenigen Begriff zugrunde, den er zuvor über deren Konstitution, Verfassung und Entwicklung ausgebildet hat, das ist insbesondere die Unterscheidung je zweier Typen der Gottes- und Unsterblichkeitsvorstellung: des empirisch-religiösen versus noetisch-philosophischen Gottesglaubens einerseits

---

[1] „Religious Beliefs of American Scientists", Harper's 169 (1934), 291-300, vgl. die dortigen Ergebnistabellen 296-299; RC 15-54.

[2] BGI 177. In späteren Studien hat LEUBA die Befragung dann auch auf weitere Personengruppen ausgedehnt: auf Bankkaufleute, Ökonomen, Juristen und Schriftsteller (RC 20ff., 50-54) sowie Kinder: „Children's Conception of God and Religious Education", Religious Education 12 (1917), 5-15: Darin zeigt sich LEUBA einerseits von der Abwesenheit systematischer Vorstellungen bei den Kindern schockiert (9), will jedoch andererseits lieber keine als die traditionellen „mirakulösen" Gottesvorstellungen in Geltung sehen (13ff.). Eine für die religiöse Entwicklung des Kindes - beispielsweise von Hall - behauptete Rekapitulationstheorie wird von Leuba abgelehnt (11f.).

[3] BGI 178f., 182ff.

[4] BGI 179ff.

und der ursprünglicheren noetischen versus religiös-ethischen, christlichen Version des Unsterblichkeitsglaubens andererseits.[1]

Zweitens: Die Repräsentanz der Untersuchungsgruppe soll gewährleistet sein. Zur Erfüllung dieser Bedingung hat Leuba die folgenden Maßnahmen ergriffen:

In einer ersten Breitenuntersuchung alten Stils werden insgesamt 1000 Antworten von Collegestudierenden im Alter zwischen 18-20 Jahren an verschiedenen amerikanischen Einrichtungen gesammelt und ausgewertet.[2]

In einer zweiten Untersuchung wird die Befragung an einem einzigen College unter allen dort eingeschriebenen Studierenden durchgeführt.[3]

In einer dritten Untersuchung, die sich der Wissenschaftlergruppe zuwendet, werden aus der 5500 Namen umfassenden Adressenliste „American Men of Science" per Zufallsprinzip zweimal 500 Personen als Versuchs- und Kontrollgruppe ausgewählt.[4] Um Leubas Arbeitsweise zu illustrieren, sei an dieser Stelle ein Abdruck seines Fragebogens[5] gegeben:

„A. Concerning the Belief in God.
1. I believe in a God in intellectual and affective communication with man, I mean a God to whom one may pray in the expectation of receiving an answer. By 'answer,' I do not mean the subjective, psychological effect of prayer.
2. I do not believe in a God as defined above.
3. I am an agnostic.[6]
B. Concerning the Belief in Personal Immortality.
1. I believe in
- personal I. for all men
- conditional I., i.e., for those who have reached a certain state of development.
2. I believe neither in conditional nor in unconditional I. of the person.
3. I am an agnostic.
4. Although I cannot believe in P. I., I desire it
- intensely.

---

[1] BGI 187, 335f.

[2] BGI Kap. VII, bes. 185. Die Personen werden im Fragebogen gebeten, ihren Glauben an Gott als personales respektive unpersönliches Wesen anzugeben (Frage 1), diesen Unterschied näher zu charakterisieren (Frage 2), ihre Gottesbilder zu beschreiben (Frage 3) sowie die praktische Bedeutung eines fehlenden Glaubens an die Existenz Gottes für das eigene Leben zu imaginieren (Frage 4).

[3] BGI 214, insges. Kap. VIII; zur Gestaltung des Fragebogens s. Appendix 335f.

[4] BGI Kap. IX, 221ff. Deren Fragebogen weist kleinere Abweichungen in bezug auf Frage A 1. auf.

[5] BGI 224ff.

[6] Der Fragebogen der Kontrollgruppe weist hier kleinere Abweichungen auf, in denen Leuba Mißverständnisse vor allem bezüglich der Beantwortung von Frage A 1. auszuräumen sucht. Leuba hat in der Formulierung allein eine personale und supranaturale Gottesvorstellung im Auge, worin das im Gebet erwünschte Handeln Gottes so verstanden werden soll, daß es den Zusammenhang der Naturgesetze durchbricht (BGI 237, 239ff.). Allein diese Gottesvorstellung hält Leuba für mit der kirchlichen Lehre kompatibel.

- moderately.
5. I do not desire P. I."

In allen Untersuchungen wird durch hartnäckige Bemühungen sicherzustellen versucht, daß die Fragebogenformulare nicht nur einer genügend großen Anzahl von Personen vorgelegt, sondern auch von möglichst allen beantwortet wird.[1]

Leuba zeigt sich dabei vor allem an der Bestimmung folgender Versuchsvariablen interessiert: an der Bestimmung der Art und statistischen Häufigkeit vorhandener Glaubensvorstellungen in Abhängigkeit von

a. dem Geschlecht der befragten Personen,
b. ihrer Alters- bzw. Klassenstufe (bei Collegestudierenden),
c. ihres akademischen Fachs (bei Wissenschaftlern) und
d. ihrer wissenschaftlichen Eminenz (bei Wissenschaftlern).

Da wir unser Augenmerk hier weniger auf statistische Daten[2] als auf die inhaltliche Argumentationsstruktur der Leubaschen Studie richten wollen, sei es erlaubt, deren Ergebnisse in Gestalt von „Faustregeln" wiederzugeben. Die genannten Versuchsvariablen betreffend stellt Leuba - von genauen Zahlen abgesehen und grob gesprochen - danach die folgenden Tendenzen fest:

a. Es finden sich weniger - im traditionellen Sinne - gläubige Männer als Frauen,[3]
b. weniger gläubige ältere als jüngere Collegestudierende,[4]
c. weniger gläubige Psychologen als Soziologen, Biologen, Physiker und Historiker, und zwar abgestuft in der genannten Reihenfolge,[5]
d. weniger gläubige eminente als weniger bedeutende Wissenschaftler.[6]

Ergo erscheint Leuba Unglaube und Zweifel direkt proportional zu sein zu persönlicher Eigenständigkeit[7] und wissenschaftlichem Bildungsgrad der Personen. Die Gotteskonzeption variiere zudem je nach Stimmung und praktischer Bedürfnislage, trage in einer philosophischen Stimmung eher unpersönliche, in einer bewegten eher personale Züge und befriedige insgesamt vor allem das Bedürfnis nach Gerechtigkeit und emotionaler Unterstützung, seltener hingegen noetische Bedürfnisse.[8] Insgesamt gesehen sei ein tiefer Überzeugungswandel und Traditionsverlust in der betrachteten Bevölkerungsschicht erkennen,[9] insbesondere die Situation unter der Studentenschaft beurteilt Leuba als erschreckend: Sie sei nicht

---

[1] BGI 182ff.
[2] Die statistischen Ergebnisse sind übersichtlich in Tabellen dargestellt: BGI 202, 216, 251, 253, 255, 258, 261, 264, 268, 275, 278.
[3] BGI 202f.
[4] BGI 215, 217f.
[5] BGI 259-269.
[6] BGI 279, 284f.
[7] Etwa in bezug auf die Wissenschaftlergruppe: BGI 286f. Eine größere geistige Unabhängigkeit der männlichen Personen wird in BGI 211, 266-269, 279 behauptet.
[8] BGI, 203ff., 209f.
[9] BGI 218f.

nur geprägt von enormer Ignoranz und Unwissenheit auf religiösem Gebiet, die noch vorhandenen Glaubensvorstellungen seien zudem oberflächlich, amateurhaft, kindlich anthropomorph und vielfach für die Lebenspraxis irrelevant.[1] All dies zeige den zunehmenden Zusammenbruch des Christentums als Glaubenssystem und das hierdurch entstandene religiöse Vakuum, das noch von keiner adäquateren Religionsform ausgefüllt werde.[2]

Fazit aller drei Untersuchungen: Die beiden Kardinalüberzeugungen des Christentums haben nach Leubas Ansicht abgedankt. Angesichts der religiösen Krise der Gegenwart zeichne sich deshalb die dringliche Notwendigkeit ab, eine umfassende Modernisierung und Reformation des organisierten Christentums in Angriff zu nehmen:

> „The situation revealed by the present statistical studies demands a revision of public opinion regarding the prevalence and the future of the two cardinal beliefs of official Christianity; and shows the futility of the efforts of those who would meet the present religious crisis by devising a more efficient organization and cooperation of the churches, or more attractive social features, or even a more complete consecration of the church membership to its task. The essential problem facing organized Christianity is constituted by the widespread rejection of its two fundamental dogmas - a rejection apparently destined to extend parallel with the diffusion of knowledge and the moral qualities that make for eminence in scholary pursuits."[3]

Dieser statistische Befund Leubas ist in der Literatur im folgenden immer wieder herangezogen worden, um den Geltungsstatus des christlichen Glaubens im Amerika dieser Zeit zahlenmäßig vorzurechnen.[4] Die Plausibilität seiner Symptombeschreibung - zunehmender Akzeptanzverlust und Traditionsschwund des Christentums - scheint in der Tat auf der Hand zu liegen, so daß leicht darüber hinweggesehen werden kann, daß sich Leubas Diagnose dabei mehrerer programmatisch verankerter Einseitigkeiten des Auswertungsverfahrens verdankt:

Erstens: Nur eine bestimmte Version der Gottesvorstellung, nämlich die personale, wird überhaupt als *religiöse* Gottesvorstellung anerkannt und dabei zugleich als eine kindlich anthropomorphe[1] Personifizierung in ihrem Reifegrad abgewertet. Dies wird in der Studie von 1933 durch Änderung des Fragebogenformulars von Leuba selbst korrigiert. Dort wird dann auch der Anteil solcher Antworten statistisch erfaßt, die zwar eine personale Gottesvorstellung ablehnen,

---

[1] BGI 205f., 218f.
[2] BGI 188, 213.
[3] BGI 281. Vgl. a. 188: „The situation cannot be improved until traditional and no longer teachable beliefs have been replaced in the confidence of public opinion by others in agreement with modern knowledge."
[4] Vgl. etwa B. BEIT-HALLAHMI, „Curiosity, Doubt, and Devotion: The Beliefs of Psychologists and the Psychology of Religion", in: H. NEWTON MALONY (Hg.), Current Perspectives in the Psychology of Religion, 381-391, dort 386, 389f.

sich aber dennoch zu einem Glauben an eine dem Menschen zugängliche Macht bekennen.[2]

Zweitens: Es besteht eine Tendenz, die Anzahl der Negativantworten durch Hinzunahme der zweifelnden Personenzahl und Infragestellen der Ernsthaftigkeit bei den Positivantworten zusätzlich zu vergrößern.[3] Einstellungen, die mit der kirchlichen Lehre übereinstimmen, werden tendenziell als konformistisch, naiv, formalistisch oder praktisch unfruchtbar beurteilt, skeptische und ablehnende Einstellungen hingegen durchweg als Zeichen persönlicher Eigenständigkeit, überlegener Erkenntnis und moralischer Reife bewertet.[4] Die Akzentuierung dieser Auswertung sieht darüber hinweg, daß sich die ganz überwiegende Mehrheit der Befragten, vor allem in bezug auf den Glauben an eine Unsterblichkeit der Person, nämlich 60-80 %, sogar positiv zu den genannten Glaubensvorstellungen bekennt.

Drittens: Bei der Untersuchung der Wissenschaftlergruppe werden kirchliche Historiker und Psychologen - geschweige denn Theologen - von vornherein als mögliche Befragungskandidaten ausgeschlossen.[5]

Viertens: Die statistische Erfassung der Philosophengruppe muß abgebrochen werden, weil diese offensichtlich die begrifflichen Vorgaben der Versuchskonzeption nicht akzeptieren will, was Leuba freilich als Mißverstehen seiner nicht qualitativen, sondern „rein quantitativen" Frageabsicht deutet und mit ironischer Kommentierung belegt.[6]

Und noch eine Reihe anderer Einseitigkeiten der Darstellung könnten angeführt werden: etwa die Bewertung der Geschlechterdifferenz, der wissenschaftlichen Überlegenheit der Psychologen und das dubiose Kriterium der meßbaren Eminenz innerhalb der Wissenschaftlergruppe. Sie alle scheinen Leuba dazu dienen zu können, den willkommenen Befund - die Notwendigkeit einer Reformation oder besser: Transformation des traditionellen Christentums - zusätzlich zu dramatisieren.

Ist damit allerdings bereits die Adäquanz der Symptombeschreibung fraglich, so sind aus theologischer Sicht Leubas Ursachenforschung der diagnostizierten Krise zeitgenössischer Religiosität und seine im Abschlußteil III verordneten Therapiemaßnahmen noch weitaus unannehmbarer. Denn nicht Wiederaufbau

---

[1] BGI 205f.
[2] RC 51, 53f.; vgl. a. den Anhang I, 189-199, zur statistischen Methode.
[3] BGI 202f., 211ff.
[4] BGI 215, 217ff., 280f. Dieselbe Wertung findet sich schon in „The Contents of Religious Consciousness", 538f. u. ö. bei der Bewertung der einzelnen Fallbeispiele: 539-570.
[5] BGI 259, 266.
[6] BGI 269-272. Die Philosophen sehen sich insbesondere nicht in der Lage, das multiple-choice-Angebot von Frage A zur Beschreibung ihres Gottesglaubens anzunehmen. So auch in „Statistics of Belief in God and Immortality: Discussion", International Journal of Ethics 28 (1917), 109-112, dort 110.

gegebenenfalls maroder Bildungsinstitutionen christlicher Lebensidentität lautet seine Devise, sondern deren Ersetzung durch inhaltlich neu qualifizierte Angebote, die, wie wir bei der Besprechung der beiden Alterswerke deutlich sehen werden (3.4), nur noch namentlich bzw. motivisch an christliche Traditionen anknüpfen.

3.3 Zweiter Trakt des religionspsychologischen Theoriegebäudes: die Psychologie der „subjektiven" oder „mystischen" Religion

Den zweiten Trakt des religionspsychologischen Gesamtgebäudes entfaltet Leubas wohl berühmtestes Werk „The Psychology of Religious Mysticism" aus dem Jahr 1925. In ihm sind in längst fälliger Weise die Früchte einer Arbeit zusammengefaßt, die bis zu den Anfängen der Religionspsychologie Leubas wie des Faches überhaupt zurückreichen. Denn seine beiden in französischer Sprache veröffentlichten Studien zur christlichen Mystik, „Les tendances fondamentales des mystiques chrétiens" und „Les tendances religieuses chez les mystiques chrétiens", von 1902[1] können zusammen mit den Jamesschen[2] als diejenigen gelten, die dieses so beliebte Thema in die amerikanische Religionspsychologie eingeführt haben.[3] Daß Leuba diese Abhandlungen in seiner Muttersprache veröffentlicht hat, lag wohl deshalb nahe, weil sich die französische Psychologie an der Beschreibung mystischer Phänomene in Analogie zu pathologischen Erscheinungen zu dieser Zeit bereits interessiert gezeigt hatte, so Henri Joachim Delacroix[4], Théodore Flournoy[5], Pierre Janet[6], Hippolyte Rouby[7] und andere[8]. In seiner 23 Jahre später erscheinenden Monographie wird Leuba auf die seitdem breit geführte religionspsychologische Diskussion Bezug nehmen,[9] ohne sich durch sie veranlaßt zu sehen, von seinen früheren Hauptthesen abweichen zu müssen.[10]

---

[1] A. a. O. Auszüge der wichtigsten Hauptgedanken LEUBAs in englischer Übersetzung finden sich in: „On the Psychology of a Group of Christian Mystics", a. a. O. (1902); „The State of Mystical Death: An Instance of Internal Adaption", a. a. O. (1903).

[2] VRE, bes. Lectures III, XVI-XVII. LEUBA erhebt gegenüber JAMES freilich den Primatanspruch: „On the Psychology of a Group of Christian Mystics", 22 Anm. 1.

[3] So LEUBA selbst in MY X, XII.

[4] H. J. DELACROIX, Essai sur le mysticisme spéculatif en Allemagne au XIVème siecle, Paris 1899.

[5] T. FLOURNOY, Les principes de la psychologie religieuse, Genève 1903.

[6] P. JANET, Les obsession et la psychasthénie, 2 Bde., Paris 1903.

[7] H. ROUBY, „Marie Alacoque", Revue de l'Hypnotisme 17 (1902/3), 110, 112ff., 150ff., 180ff., 373ff.; DERS., L'hysterie de Sainte Thérèse, Paris 1902.

[8] G. Hahn (vgl. MY 197ff.), Ernest Mursier (vgl. MY 156; „Les tendances...", 1f. Anm. 2).

[9] Vor allem auf James, Delacroix, Hügel und Pratt.

[10] Auch dieses Werk hat LEUBA wieder aus verschiedenen, z. T. bereits früher veröffentlichten Einzelstudien zusammengestellt. Neben den bereits genannten Frühschriften sind das die folgenden:

3.3.1 Themagegenstand, Vorgehensweise und Verfahren der Studie

Leuba will - so in seinem einleitenden Kapitel - unter „Mystik" eine solche Form religiöser Erfahrung verstehen, die von der Person als nicht-sinnliche, unmittelbare Kommunikation bzw. Einigung ihres Selbst mit einem Göttlichen erlebt werde.[1] Im Unterschied zur römisch-katholischen Auffassung wird ein noetischer Gehalt als zwar hinzugehöriges, nicht aber wesentliches Element der Erfahrung betrachtet.[2] Und im Unterschied zu James[3] wird sie nicht als Prototyp religiöser Erfahrung überhaupt, sondern nur als die Extremform einer ihrer beiden Haupttypen aufgefaßt, die sich in der Geschichte des Christentums sowohl neben- als auch gegeneinander fänden.[4] Den mystischen Religionstyp wird Leuba freilich als den entwicklungsmäßig fortgeschritteneren und interessanteren der beiden religiösen Verhaltensformen behandeln, den er im Zuge des Akzeptanzverlusts

---

- „The Extatic Intoxication in Religion", AJP 28 (1917), 578-584.
- „The Yoga System of Mental Concentration and Religious Mysticism", Journal of Philosophy, Psychology, and Scientific Methods 16 (1919), 197-206.
- „A Modern Mystic", The Journal of American Psychology 15 (1920), 209-223.
- „Religious and Other Extasies", Journal of Religion 1 (1921), 391-403.
- „Freudian Psychology and Scientific Inspiration", Psychological Review 31 (1924), 184-192.
- „The Immediate Apprehension of God According to W. James and W. E. Hocking", Journal of Philosophy 21 (1924), 701-712.

Die zahlreichen Aufsätze zur Psychologie der Mystik aus späteren Jahren stellen dann lediglich wort- oder sinngemäße Auszüge der vorliegenden Gesamtkonzeption dar:
- „Extase mystique et révélation", Mercure de France 639 (1925), 671-686, bietet eine zusammenfassende Darstellung der Offenbarungstheorie in französischer Sprache.
- „Le sentiment de la 'Présence invisible' et de la direction divine", Revue Philosophique 50 (1925), 161-188, entspricht MY Kap XI.
- „Les grands mystiques chrétiens, l'hysterie et la neurasthénie", Journal de Psychologie 22 (1925), 236-251, entspricht MY Kap. VIII.
- „The Sex Impulse in Christian Mysticism", Journal of Abnormal Psychology 19 (1925), 357-372; vgl. dazu MY 137-152.
- „Psychologie de l'inspiration scientifique", Revue Bleue 63 (1925), 109-115; vgl. MY Kap. IX, 240-251.
- „The Invisible Presence", Atlantic Monthly 139 (1927), 71-81.
- „Intuition", Forum (New York) 79 (1928), 694-704; zu den letzteren vgl. die Passagen in MY zur Theorie der Intuition und Lernpsychologie: MY 240-251.

[1] MY 1.
[2] MY 1f. Diese Abwertung des noetischen Gehalts in seiner Bedeutung für die mystische Erfahrung kritisiert H. DELACROIX in seiner Rezension „Review of 'Fundamental Tendencies of the Christian Mystics.' By G. H. Leuba", JRP 1 (1904), 83-90, dort 89.
[3] VRE 269. Das ist auch einer der Hauptpunkte von LEUBAs Kritik an JAMES' Religionspsychologie, daß sie den objektiven Typ der Religiosität unbeachtet lasse: „Prof. William James' Interpretation of Religious Experience", 325.
[4] MY 2-8; „Basic Assumptions of Religion in Their Bearing upon Science", Religious Education 23 (1928), 297-303, dort 297.

des objektiven Traditionstyps darüber hinaus gegenwärtig zum bevorzugten Fundament religiöser Wahrheitsansprüche avanciert sieht.[1]

Wenn Leuba somit seiner Psychologie der „geschäftsmäßigen" Religion eine Psychologie der „mystischen" an die Seite stellt, dann geht es ihm darum, an den exzentrischen Repräsentanten der Mystik dasjenige Charakteristische zu studieren, was neben der „objektiven" Erscheinungsgestalt des offiziellen Christentums dessen „subjektives" Lebensmoment, nämlich in einer gemäßigten bzw. rudimentären Form den vitalen Kern gemeinchristlicher Frömmigkeit, bilde.[2]

Um dieses Charakteristische zu erheben, will es Leuba unternehmen, sowohl die universalen Züge der mystischen Erfahrung als auch die individuellen Unterschiede ihrer Erscheinungsweisen herauszuarbeiten[3] und von hier aus dann zu einer szientifischen Interpretation und Bewertung ihrer Signifikanz vorzustoßen. Wir überblicken damit den Leitfaden seiner weiteren Vorgehensweise:

Leubas Darstellung hebt in Kap. II an mit einer psychologischen Beschreibung von Bewußtseinszuständen ekstatischer Intoxikation, wie sie im kultischen Leben primitiver sowie im Drogenkonsum moderner Gesellschaften vorkommen.[4] Sie schreitet fort mit einer Betrachtung des indischen Yoga-Systems[5] mentaler Konzentration in Kap. III, das als überleitendes Bindeglied zur höchsten Form mystischer Erfahrung vorgestellt wird. Dessen Untersuchung - in Gestalt der christlichen Mystik - bildet dann in Kap. IV-VIII den Höhepunkt der Leubaschen Darstellung:

An den literarisch gut dokumentierten Fallbeispielen großer Mystikerpersönlichkeiten, Heinrich Seuse[6], Katharina von Genua[7], Mme. Guyon[8], Theresa von Avila[9], Marguerite Marie Alacoque[1], Mlle. Vé[2] sowie - weniger ausführlich -

---

[1] MY 57f.

[2] MY 48, 57; beispielsweise in der Frömmigkeitspraxis des Gebets. Insofern bildet die mystische Erfahrung auch für Leuba doch wieder eine Art Prototyp religiöser Erfahrung überhaupt, und seine Konzeption rückt in die Nähe der Jamesschen.

[3] MY 8. Eine Vorstudie verwandter Phänomene bietet bereits „Religion and Other Extasies" von 1921.

[4] Erstmals in „Extatic Intoxication in Religion", a. a. O.

[5] Erstmals in „The Yoga System of Mental Concentration and Religious Mysticism", a. a. O.

[6] Zu Seuse (1300-1366) vgl. vor allem MY 60-65. Die angegebenen Seitenzahlen beziehen sich hier und im folgenden jeweils nur auf die größeren zusammenhängenden Darstellungsstücke, die zahllosen anderen Stellen, an denen im Verlauf der Argumentation auf das Leben der einzelnen Mystiker/-innen Bezug genommen wird, bleiben ausgespart.

[7] Zu Katharina von Genua (1447-1510) vgl. MY 66-73. Leuba bezieht sich darin auf die Studie F. VON HÜGELs, The Mystical Element of Religion As Studied in Saint Catharine of Genua, 2 Bde., London 1909.

[8] Zu Mme. Guyon (1648-1717) vgl. MY 74-100. Diese Studie ist eine veränderte Version von „Les tendances...", 3-18.

[9] Zu Theresa von Avila (1515-1582) vgl. MY 100-109. Vgl. dazu die von Leuba als exzellent gewürdigte Studie H. DELACROIXs, Études d'histoire et de psychologie de mysticism, Paris 1908. Die These, bei Theresa von Avila hysterische Symptome zu identifizieren, taucht erst-

einiger anderer Mystiker[3], wird das innere Wesen einer „großen experimentellen Bewegung"[4] zu verstehen gesucht und nach den ihr unterliegenden tieferen[5] Motivationen[6], Methoden[7] und Resultaten[8] der Persönlichkeitsentwicklung ausgewertet.

In einer komparatistischen Zusammenschau der Einzelstudien wird dann in Kap. IX-XI eine religionspsychologische Interpretation des mystischen Bewußtseins vorgetragen und in ihrer Bedeutung für die Verhältnisbestimmung zwischen Religion und „Science" (Kap. XII) sowie für die Lösung der gegenwärtigen Lebensfragen (Kap. XIII) abschließend ausgewertet.

Die Empirizität seiner Studie sieht Leuba durch das dabei angewandte Verfahren gesichert: Das vorhandene biographische Quellenmaterial wird detailgenau gesichtet und auf dem Hintergrund neuester psychologischer Erkenntnisse zu interpretieren gesucht. Hierzu werden insbesondere Fallbeispiele aus der psychiatrischen Praxis Pierre Janets[9] und Théodore Flournoys[10] zur Illustration analoger Phänomene ohne religiöse Signifikanz herangezogen. Wobei Leuba in seinen Psychogrammen zwei extreme hermeneutische Zugangsweisen programmatisch vermeiden will: einerseits die Tendenz theologischer Erbauungsliteratur, das Leben der Mystiker/-innen durchgehend zu idealisieren,[11] und andererseits die Tendenz neuerer Autoren der Medizin, mystische Phänomene durchweg als pathologische Erscheinungen abzuqualifizieren[12]. So identifiziert Leuba in Kap. VIII im Lebensbild der Mystiker/-innen zwar eine Palette von aus der Psychopathologie

---

mals 1883 bei dem Jesuiten G. Hahn auf, der bei Jean Martin Charcot studiert hat: dazu MY 197ff.

[1] Zu Marguerite Marie Alacoque (1647-1680) vgl. MY 109-115. Leuba stützt sich hier auf die „vorkritische" Biographie von M. E. BOUGAUD, Histoire de la Bienheuse Marguerite Marie et des origenes de la Dévotion au cour de Jésus, Paris 1900. Darüber hinaus wird das Psychogramm des Psychiaters H. ROUBY in „Marie Alacoque", Revue de l'Hypnotisme 17 (1902/3), a. a. O., diskutiert, worin die mystischen Erfahrungen der Marie als pathologische Aberrationen dargestellt werden; vgl. a. DERS., L'hysterie de Sainte Thérèse, a. a. O.

[2] Zu Mlle. Vé, eine protestantische Zeitgenossin LEUBAs, vgl. MY 226-236 und „A Modern Mystic", a. a. O. (1920). Ihr Fall wurde von T. FLOURNOY beschrieben in: Une mystique moderne; documents pour la psychologie de la religieuse, Genève/Kündig 1915; vgl. dazu auch den Kommentar von DELACROIX, a. a. O. 338ff..

[3] Etwa Tauler (MY 128ff.), Franz v. Assisi und andere; vgl. „Les tendances...", 18ff.

[4] MY 56.

[5] MY 116.

[6] MY Kap. V.

[7] MY Kap. VI.

[8] MY Kap. VII-VIII.

[9] P. JANET, Les obsession et la psychasthénie, a. a. O.

[10] T. FLOURNOY, Une mystique moderne, a. a. O.; DERS., Les principes de la psychologie religieuse, Genève 1903.

[11] MY 55f.

[12] Wie z. B. ROUBYs Psychogramm der Marie Alacoque a. a. O.

her bekannten Symptomen, etwa Hysterie[1] und Neurasthenie[2], und bekräftigt damit Hauptthesen seiner frühesten Abhandlungen aus dem Jahr 1902, verfolgt damit allerdings nicht das Ziel, die Persönlichkeitsstruktur der Mystiker/-innen insgesamt mit der psychisch Kranker gleichzusetzen.[3] Ihm ist weniger an einer generellen Abwertung der Mystik als vielmehr einer naturalistischen Interpretation ihrer exzentrischen Phänomene alternativ zu ihrer spirituellen Deutung gelegen.[4]

Nicht vermeiden kann er dabei freilich, daß auch seine durchaus mit Empathie und analytischer Brillanz erstellten Psychogramme von einer subjektiven Auswertungsperspektive zeugen, keineswegs also aus dem hermeneutischen Verfahren überhaupt ausscheren und einen quasi wissenschaftlich-objektiven Standpunkt zu beziehen vermögen. Vielmehr sehen wir auch Leuba unvermeidlich Bewertungsmaßstäbe anlegen, deren Kriterien aus seiner persönlichen Lebenseinstellung und der von ihr aus entwickelten religionspsychologischen Grundkonzeption entnommen sind.

3.3.2 Das Psychogramm der mystischen Persönlichkeit und ihrer Entwicklung

Nach Leubas Ansicht unterscheiden sich die Mystiker/-innen nicht in der Art ihrer Motivation, sondern nur in der Intensität ihrer Lebensbedürfnisse sowie rigorosen Konsequenz ihres Realisierungsversuchs und der Extravaganz der hierfür eingesetzten Methode von gewöhnlichen Sterblichen.[5] Diese Interpretation liegt auf der Linie der uns bekannten Definition von Religion als einer spezifischen Verhaltensmethode. Genauer als bisher erhalten wir von Leuba jedoch nun darüber Auskunft, welche grundlegenden Lebensbedürfnisse[6] das menschliche Verhalten seiner Ansicht nach im allgemeinen zu befriedigen trachtet. Das sind, wenn wir seine Darstellung nach diesem Gesichtspunkt filtern, die folgenden:
a. das Bedürfnis nach Selbstaffirmation und Selbstachtung,[7]
b. das aus dem Elterninstinkt erwachsende Bedürfnis nach liebender Hingabe an etwas oder jemanden,[8]
c. das Bedürfnis nach Liebe und moralischer Unterstützung, oder negativ ausgedrückt: die Furcht vor Isolation,[1]

---

[1] MY 191-200; „Les tendances...", 443f.
[2] MY 200ff.
[3] MY 78, 84ff., 191, 199-203. Gegen Janet in „La psychologie religieuse", 491.
[4] MY 191.
[5] MY 116f., 120ff.
[6] Zu den Lebensbedürfnissen der Mystiker vgl. schon „On the Psychology of a Group of Christian Mystics", 16ff.
[7] MY 116, 120f.
[8] MY 116.

d. das Bedürfnis nach Integration der Persönlichkeit und Frieden, und zwar sowohl in passiver als auch aktiver Form, darin eingeschlossen mentale Einheit im Sinne der „Universalisierung" bzw. „Sozialisierung" des individuellen Willens,[2] sowie nicht zuletzt

e. organische oder sinnliche Bedürfnisse, insbesondere in Verbindung mit dem menschlichen Sexualleben[3].

Für all diese Bedürfnisse bietet die mystische Methode der Gottesgemeinschaft nach Leuba eine wirkungsvolle Befriedigung an, deren Leistungskräftigkeit analog zu den Methoden des Alltags sei, ja diese mitunter sogar zu überbieten verstehe.[4]

Daß dies auch und gerade für die Befriedigung sexueller Bedürfnisse gelte, haben bereits Leubas früheste Arbeiten zur Mystik nachdrücklich herausgestellt.[5] Seine für kirchlich-konservative Kreise provokante These lautet, daß ein Teil der ekstatischen Freuden der Mystiker/-innen als autoerotische Erfahrungen erklärbar sei, deren sexueller Erlebnisgehalt der Person selbst unbemerkt bleibe.[6] Mit dieser These soll jedoch keineswegs eine vollkommene Sexualisierung der mystischen Erfahrung vorgenommen, sondern lediglich ein signifikantes Indiz dafür geliefert werden, Mystik als eine *alle* menschlichen Bedürfnisse nach Erhaltung und Erweiterung des Lebens einschließende Methode vorstellig zu machen.[7] Der sexuelle Erlebnisgehalt erfahre zudem infolge seiner spirituellen Interpretation durch die Mystiker/-innen einen grundlegenden Bedeutungswandel und werde so aus einer niederen Instinktmanifestation zu einem höheren Impuls moralischer Energie transformiert.[8] Dies liegt für Leuba auf der Linie derjenigen onto- wie phylogenetisch fortschreitenden Sublimierung niederer Instinkte, vermittels derer sich die Entwicklung vom natürlich-animalischen zum „göttlichen" Menschen vollziehe.[9]

---

[1] MY 117, 122f.

[2] MY 121-127, 137.

[3] MY 117, 137-155.

[4] MY 120, 123-126.

[5] „Les tendances...", 459-468.

[6] MY 138, 143-152. Autoerotische Phänomene waren zu dieser Zeit in der psychologischen Literatur eingehend diskutiert worden, insbesondere durch Joanny Roux, Albert Moll, Havellock Ellis und Sigmund Freud.

[7] MY 137. Insofern trifft W. E. HOCKINGs Kritik nicht Leubas Theorieintention, in: „Note on Leuba's Theory of the Nature of the Mystic's Love of God", in: DERS. The Meaning of God in Human Experience. A Study of Religion, New Haven/London 1912, 574-578, bes. 577.

[8] MY 152; „On the Psychology of a Group of Christian Mystics", 18, zur Rolle der Sexualität innerhalb der mystischen Erfahrung dort insges. 16-19; vgl. a. „A propos de l'érotomanie des mystiques chrétiens", Revue Philosophique 57 (1904), 70f.

[9] MY 152: „It constitutes a part of a general effort to transform original, 'animal,' man into a higher, 'devine,' being."

An dieser Stelle wird somit erneut der Evolutionsprozeß der menschlichen Spezies insgesamt - in christlicher Terminologie[1] - als ein Prozeß der „Reinigung" und „Heiligung" bzw. als „Tod" des natürlichen Menschen angesprochen. Wir erinnern uns in diesem Zusammenhang an Leubas psychophysiologische Theorie des kategorischen Imperativs als desjenigen höchstentwickeltsten Reflexbogentyps, den eine weitgehende Unabhängigkeit von biologischen Elementarinstinkten auszeichnen sollte.[2]

In der Etablierung eben dieses kategorischen Imperativs als Prinzip eines überlegten, leidenschaftslosen, objektive und universalisierte Zwecke verfolgenden Handelns scheint nun genau das positive Resultat des mystischen Bildungsweges zu bestehen. Im moralischen Wert dieses Zieles unterscheiden sich für Leuba die Mystiker/-innen dann auch wesentlich von psychisch Kranken mit vergleichbaren Symptomen:[3] Im Unterschied zu ihnen durchlaufen die Mystiker/-innen nämlich einen Prozeß der Persönlichkeitsentwicklung, der von einer komplexen Situation moralischer Konflikte und physischen Elends seinen Ausgang nimmt und in eine Situation der Personintegration, ihres Friedens in passiver (introvertierte Lebensphase mystischer Kontemplation) und aktiver (extrovertierte Lebensphase altruistischer Caritas) Form, mündet[4]. Das ist der Prozeß subjektiver Erneuerung von einer egoistischen zu einer altruistischen Persönlichkeitsstruktur,[5] den bereits Leubas Psychologie der Bekehrung - genauso wie Spencer - als innerstes Entwicklungsprinzip onto- wie phylogenetischer Evolution identifizieren wollte. Dabei ist es allerdings - im Unterschied zu dem Selbsturteil der Mystiker/-innen - nicht der Zustand mystischer Trance selbst, sondern die sich an diese anschließende Lebensform moralischer Aktivität, worin Leuba die Befriedigung ihrer Lebensbedürfnisse und Vollendung ihrer Persönlichkeitsentwicklung schließlich erreicht sieht.[6] Denn wie in seiner eigenen Bekehrungserfahrung (Bild 3) und seiner Psychologie der Wiedergeburt sieht er auch die Bedeutung der mystischen Erfahrung nicht im Zustandekommen einer religiösen Gottesbeziehung und -erkenntnis, sondern in der - passiv zustandegekommenen - „Universalisierung" bzw. „Sozialisierung" des individuellen Willens,[7] in seinem Erwachen für ein absolutes moralisches Ideal und der Befähigung zu seiner Realisierung[8]. In diesem Sinne können die Mystiker/-innen von Leuba als kreative Initiatoren

---

[1] Etwa MY 127, 189.
[2] So LEUBA selbst in „The State of Death", 144.
[3] MY 78, 84f., 89; „On the Psychology of a Group of Christian Mystics", 19; „La psychologie religieuse", 286-293.
[4] MY 62, 89, 128.
[5] MY 65, 83, 96.
[6] MY 172, 184-190; „The State of Death", 141.
[7] MY 127-137; „The State of Death", 137, 144; „Les tendances...", 473-476.
[8] MY 188.

des menschlichen Fortschritts gewürdigt werden, deren innovative Kraft in ihrer „internen Anpassungsleistung" nicht nur an die reale, sondern - darüber hinausgehend: - an eine *ideale* Umweltsituation bestehe.[1]

> „We understand now that what we called 'inner adaption' consists in a specific organization of the tendencies present in human nature. So that from a first stage of mutual independence, and a second stage of conflict, they become in a third and final stage functionally organized and unified on the basis of their social values. The resultant promptings to action are, then, expressions of a unified personality in functional relation with ideal society. This work of unification cannot be regarded merely as an adaptive response to external stimuli; it betrays the presence of inner constructive forces - forces which result in an alteration of the social order."[2]

Damit aber zeichnen sich die Mystiker/-innen - entgegen Leubas Ansatz - nicht nur durch die Extravaganz ihrer Methode aus, sondern im Grunde doch gerade durch die spezifische Ausrichtung ihrer Motivation und dem Höchsten Gut ihres Lebenszieles, das mit der inneren Teleologie, dem Élan Vital[3] der Evolution selbst genau zusammenfällt:

> „That direction of the mystical effort is perhaps the thing most worthy of notice. It might be spoken of as a manifestation of the Life-Energy, of the *Elan Vital*."[4]

Freilich ist sich Leuba selbst nicht ganz darüber einig, ob er den Mystikerinnen und Mystikern die Erreichung diese Zieles auch tatsächlich zubilligen will; seine Bewertung ihres Lebenszeugnisses schwankt je nach Argumentationsabsicht immer wieder zwischen den folgenden beiden Extremen:

Einmal erscheinen sie als die moralischen Genies des Menschengeschlechts, die sich durch ihre überlegene Autonomie und ihren radikalen Dekonformismus dem gesellschaftlichen Zeitgeist gegenüber auszeichnen.[5] Ein andermal werden sie als tragische Opfer und hypersensible Kinder ihrer religiösen Geisteswelt dargestellt, die in ihrer sozialen Position mehr als Leidende denn Gestaltende in Erscheinung treten.[6] Dabei ist es Leuba vor allem daran gelegen, ihren Anspruch auf göttliche Inspiration bzw. Offenbarung abzuwehren.[7]

Diese Bestreitung jeglicher spirituellen Bedeutung mystischer Erfahrung wird durch einen Vergleich religiöser und säkularer Ekstasen bzw. Inspirationserfah-

---

[1] MY 129-132, 136f. Zwei Adaptionsformen, externe und interne, hat LEUBA beschrieben in: „The State of Death", 133, 142ff.; „Faith", 82.

[2] MY 137.

[3] Auch hier wird deutlich, daß Leuba neben den Entwicklungstheorien Darwins, Huxleys, Comtes und Spencers auch auf das spätere Evolutionskonzept Bergsons zurückgegriffen hat: s. o. unter 1.8.1.

[4] MY 317.

[5] MY 58, 78, 84f., 89, 132-135.

[6] MY 106, 110f., 190, 322.

[7] MY 96-100, 105f., 108f., 189f. Dabei kann Leuba das Maß ihrer Charaktertransformation mitunter sogar als kaum über das normale hinausgehend marginalisieren.

rungen[1] in Kap. IX-XI zu begründen versucht, im Zuge dessen Leuba - als Herzstück seiner Psychologie der Mystik - einen Begriff von Offenbarung[2] entwickelt und darin zugleich die Skizze einer Bewußtseinstheorie vorlegt:

3.3.3 Offenbarungsbegriff und Bewußtseinstheorie

In dieser Skizze wird zunächst der Sonderstatus *mystischer* Offenbarungserfahrung bestritten. Dessen charakteristische Formmerkmale - Abwesenheit erkennbarer Kausalursachen, unerwartete Plötzlichkeit der Erfahrung, Passivität, Erleuchtungseindruck, Unbeschreiblichkeit der Gefühlsbewegung, moralische Konsequenzen[3] - werden auch allen anderen vergleichbaren, nicht-religiösen Phänomenen als deren „primärer Erfahrungsbestand" zuerkannt. Als unterschiedlich wird hingegen lediglich die nachgängige Interpretation jener Primärdaten betrachtet, wie sie sich im Lichte des individuell verfügbaren Wissens sowie der Wünsche und Glaubensvorstellungen der Person dann im einzelnen retrospektiv vollziehe.[4] Leubas Reduktion der „unmittelbaren", „reinen" mystischen Primärdaten geht dabei so weit, diesen jeglichen intentionalen Gehalt überhaupt abzusprechen:[5]

In den senso-motorischen Wahrnehmungen und Empfindungen handele es sich um einen „neutralen" Stoff, der in der Tat den unangreifbaren, aber zugleich auch unaussprechlichen Kern der Erfahrung bilde,[6] keineswegs aber um artikulierte bzw. artikulierbare Vorstellungen.[7] Leubas naturalistische Erklärung der mystischen Offenbarungserfahrung kann somit ohne die Konzeption eines subliminalen Bewußtseins - wie die Jamessche[8] -, vielmehr einzig durch Rückgriff auf die bekannte Unterscheidung eines primären, inhaltsleeren „faith-state" sowie sekundären „belief" auskommen. Für Leuba scheint die mystische Kontemplation insgesamt nichts anderes als eine hochentwickelte Technik zur Erzeugung des

---

[1] Phänomene wissenschaftlicher Inspiration werden beschrieben in: „Freudian Psychology and Scientific Inspiration", a. a. O.

[2] „On the Psychology of a Group of Christian Mystics", 21-27.

[3] MY 205f., 208, 216.

[4] MY 211ff., 217, 233-238. Vgl. zu LEUBAs Theorie der mystischen Offenbarung bereits: „The Immediate Apprehension of God according to William James and William E. Hocking", a. a. O., findet Eingang in MY Kap. 12; gegen Freuds Theorie argumentiert LEUBA in „Freudian Psychology and Scientific Inspiration", bes. 185.

[5] MY 308f.

[6] MY 313.

[7] MY 233-238. Sondern offensichtlich vor allem nur um energetische Impulse und Spannungsschwankungen.

[8] MY 223; VRE 99, 170, 172, 190ff., 218, 381 u. ö. Die Konzeption eines subliminalen Bewußtseins wird von Leuba bereits abgelehnt in „Prof. William James' Interpretation of Religious Experience", 334f.

„faith-state" zu sein[1] - eine Unterscheidung, die James[2] in modifizierter Form aufgegriffen hat. Von daher weist Leubas Begriff mystischer Offenbarung dann auch dieselben sachlichen Ungereimtheiten wie sein - in 2.4 und 2.5 untersuchter - Glaubensbegriff auf:

So muß etwa vollkommen unverständlich bleiben, wie es denn überhaupt zu individuell bestimmten Offenbarungserfahrungen - und seien sie auch nur hinsichtlich ihres überwiegend positiven oder negativen Emotionsgehalts unterschieden[3] - kommen kann, wenn der primäre Datenbestand jeweils identisch sein soll. Ist seine Qualität jedoch tatsächlich neutral, wird für seine sekundäre Artikulation und Interpretation im Grunde kein echtes Motiv geboten.[4] Das Zusammensein von Empfindungswert und Vorstellungsgehalt innerhalb der vollständigen Erfahrung wäre mithin nicht einmal assoziativ, sondern rein zufällig. Die Frage nach dem Ursprung von Bewußtseinsinhalten, neuen Gewißheiten, „belief"-Konzeptionen, künstlerischen, wissenschaftlichen oder religiösen „Einfällen" bleibt letztlich unbeantwortet,[5] denn für Leuba ereignet sich in der mystischen Erfahrung allein folgendes:

Im Zustand kontemplativer Suggestibilität, der die partielle oder totale Suspension sensorischer und intellektueller Funktionen[6], somit die weitgehende Isolation von äußeren Eindrücken und eine Simplifikation des Bewußtseins einschließe, gelangten *bereits vorhandene* religiöse Vorstellungen und Wünsche ins Zentrum der Aufmerksamkeit und somit zu durchschlagender Bewußtseinsintensität.[7] Dabei auftretende ungewöhnliche Sinneswahrnehmungen und der Eindruck der Illumination[8] werden als illusorische Täuschungen aus dem Ausfall sensomotorischer Funktionen, dem damit einhergehenden Wegfall störender Sensationen sowie Spannungen des normalen Bewußtseins und der Aktualisierung aufgestauter Energieresourcen erklärt, die in ihrer Wirkung hypnotischen und autosuggestiven Zuständen vergleichbar seien.[9] Die in diesem Zusammenhang auftretenden Offenbarungen und moralischen Impulse könnten sich nicht allein auf den subjektiven Eindruck ihrer hervorragenden Bedeutung im Moment ihrer Konstitution berufen, sondern müßten sich objektiv messen lassen am Gesamtzusammenhang menschlicher Erkenntnis und Verhaltens im vollwachen Bewußtsein.[10] Der mystische Anspruch einer - objektiver Kritik enthobenen - Sonderoffenba-

---

[1] Ihre Beschreibung ist der des „faith-state" weitgehend analog.
[2] JAMES, VRE 200f., 398f.
[3] MY 212-215.
[4] MY 269.
[5] MY 236-245.
[6] MY 253.
[7] MY 222-236, 276f. So auch beim „faith-state", vgl. „Faith", 81.
[8] Dazu schon „Prof. William James' Interpretation of Religious Experience", 334f.
[9] MY 158, 217-222, 262f.; „Les tendances...", 455ff.
[10] MY 181, 270, 277, 310.

rung basiere somit letztlich auf einer Verwechslung, worin ein natürlicher Verursachungszusammenhang im Zuge der vorwissenschaftlichen, religiösen Ersatzinterpretation auf göttliches Handeln zurückgeführt werde.

Im Unterschied zu James' Konzeption eines „Gefühls von Realität"[1] bzw. „Gegenwart" als Kern der mystischen Offenbarungserfahrung und damit Ursprungsmoment der religiösen Lebenshaltung[2], ja menschlicher Lebensgewißheit überhaupt, worin dem einzelnen in einer vorreflexiven Intuition[3] die Existenz einer transmarginalen Ordnung unmittelbar aufgehe, besitzt die Konzeption eines „sense of reality" in Leubas Psychologie der Mystik auf den ersten Blick eine vergleichsweise geringe Bedeutung. Obgleich auch er sich in einem ganzen Kapitel und auf dem Hintergrund eigener experimenteller Forschungen mit dem Phänomen auseinandersetzt:[4] Jedoch findet er in ihm nicht wie James die psychische Wurzel eines nicht spontan geleisteten, sondern rezeptiv erfahrenen *Evidenzerlebens*, sondern nur eine aus dem Zustand simplifizierter Bewußtseinstätigkeit heraus erklärbare, wenn auch moralisch nützliche *Selbsttäuschung* bzw. Illusion der Mystiker/-innen, die deren Bedürfnis nach einem sozialen Gegenüber wirkungsvoll befriedigen könne.[5]

Indem Leuba das „Gefühl der Realität" durch eine Akzentverschiebung somit als „Gefühl der Gegenwart" *des sozialen Gegenübers* interpretiert, können wir dieser Konzeption auf den zweiten Blick dann aber doch noch einen zentralen Ort innerhalb seiner Religionspsychologie zuerkennen. Wir entdecken in ihr nämlich die Grundstruktur desjenigen Erlebens der entwicklungsmäßig angestrebten Persönlichkeitsstruktur, welche als Verlangen nach einer universal menschlichen, ja

---

[1] VRE Lecture III.

[2] JAMES charakterisiert die religiöse im Unterschied zur moralischen Lebenshaltung in VRE 51 folgendermaßen: „Were one to charakterize the life of religion in the broadest and most general terms possible, one might say that it consists of the belief that there is an unseen order, and that our supreme good lies in harmoniously adjusting ourselves there to. This belief and this adjustment are the religious attitude in the soul."

[3] Indem JAMES das unartikulierte „Gefühl der Realität" als den vorreflexiven Grund aller reflexiv auszuarbeitenden religiösen Gewißheit ausweist und damit die grundlegende Bedeutung der Rezeptivität für den Aufbau menschlicher Lebensgewißheit entdeckt, weist seine Konzeption eine vergleichbare Problematik auf wie die Leubasche Konzeption des „faith-state": Obwohl James nicht soweit geht wie Leuba, von einem „neutralen", inhaltsleeren Bewußtseinsstoff zu sprechen, werden doch auch von ihm die genuinen Wahrheitsperzeptionen des mystischen Bewußtseins derart unartikuliert, gehaltlich unter- bzw. unbestimmt, somit „dumpf" vorgestellt, daß kaum ersichtlich werden kann, auf welche Weise sich aus ihnen mittels Reflexion nicht ein völlig beliebiges, sondern ein durch diese Intuitionen begründetes und bestimmtes Wahrheitsbewußtsein aufbauen kann: VRE 51, 66ff.; dazu E. HERMS, Radical Empiricism, 272ff.

[4] MY Kap. XI, „The Sense of Invisible Presence and Divine Guidance", entspricht: „Le sentiment de la 'Présence invisible' et de la direction divine", a. a. O.; „Invisible Presences", a. a. O.

[5] MY 123, 126.

gar „kosmischen Geselligkeit" für Leuba das ultimative und darum religiöse Telos der Menschheitsentwicklung angibt.

> „When belief in personal divinities has disappeared, there remains the craving for belief in a community of nature between us and the Universe. Man cannot abide the thought of utter isolation; he will not live in an altogether alien World; there must be some of kinship between him and the forces of the Universe. One might speak of that affinity as a cosmic gregariousness."[1]

In dieser sogenannten „kosmischen Geselligkeit" („cosmic gregariousness")[2] als der universalisierten Gestalt menschlichen Sozialverhaltens können wir dann vielleicht dasjenige „missing link" in Leubas Denken identifizieren, das seinen *destruktiven* Religionsbegriff - Religion als Typ anthropopathischen Verhaltens - bei Streichung der personalen Gotteskonzeption und Ersetzung durch einen pantheistischen Vitalismus in einen *konstruktiven* Religionsbegriff übergehen läßt. So gesehen offenbart die mystische Trance für Leuba zwar nicht die Präsenz des personalen fleischgewordenen Gottes, sondern nur den organischen „Urgrund" des Bewußtseins. Aber gerade in ihm möchte der „empirische Idealist" selbst wiederum die kreative göttliche Lebensquelle erblicken:

> „Thus, our comparative investigation of trance-states with their impression of unlimited power and of passivity, their excitement and quietue, their hallucinations and exclusion of the world of sense, their absolute certitude and moments of doubt, their harmony and ineffability, led us to the conclusion that mystical trance contains nothing, no 'sign' no 'thesis,' no 'That,' demanding, from the informed and reflective mind, belief in divine revelation - unless, however, one should take the term 'divine' as designating merely the general ground of life; or unless one should conceive of 'God' as manifesting himself in those ways of physical and psychical nature of which the scientists find the laws. *Should one do so, then every part and aspect of conscious life would, as well as the mystical ecstatic-trance itself, be an expression of the Divine. But if the regular, law-bound nature known to science should be called the 'Divine,' then the essential claim of mysticism would be given up.*"[3]

Soweit zum Leubaschen Offenbarungsbegriff. Und nun zu der innerhalb seiner umrissenen Bewußtseinstheorie[4]: In ihr wird sogar der Sonderstatus von Offenbarungserfahrung überhaupt bestritten. Nachdem sich religiöse Offenbarung schon nicht von anderen Formen nicht-religiöser Ekstase und Inspirationserfahrungen unterscheiden sollte, werden ihre bisher noch als charakteristisch betrachteten Züge jetzt doch wieder *allen* Bewußtseinserfahrungen zuerkannt:[5]

> „The traits by which revelation is commonly seperated from ordinary, natural, human products are in various degrees characteristic of all thought and action. Unexpectedness, ab-

---

[1] MY 280.
[2] Auch „kinship with the universe": „Basic Assumptions of Religion in Their Bearing upon Science", 298.
[3] MY 316.
[4] Vgl. bereits „Freudian Psychology and Scientific Inspiration", 187ff.
[5] Entsprechend unterscheidet sich die Konstitution des „faith-state" nach LEUBAs Ansicht dann auch nicht von der anderer Emotionen: „Faith", 81.

sence of effort, passivity (and also, as we shall see subsequently, clearness and certainty) may belong alike to the great and the small, the true and the false, the religious and the secular."[1]

„It might be remarked that, strictly speaking, it is not the thinker who returns to the problem; it is rather the problem that suddenly and unexpectedly returns to the thinker...We have frequently not the slightest indication of the reason why we find ourselves suddenly thinking of a particular thing - that is the way of the mind."[2]

Offenbarung wird somit als ein Extremfall des Bewußtseins gehandelt, der als solcher allein das *formale* Konstitutionsprinzip schlechthin aller Bewußtseinsmomente und Handlungen des Menschen offenlegt,[3] diese nämlich samt und sonders als nicht vom Subjekt spontan produzierte, sondern aus unbekannten Quellen empfangene Gaben verstehen lasse; denn:

„We are essentially creatures of impulse, of instinct, and of habit."[4]

Dabei wird die grundlegende Rezeptivität menschlichen Lebens von Leuba - auf der Linie des durchgehend wirksamen Naturalismusprinzips - konsequenterweise biologistisch aufgefaßt, nämlich im Rahmen des Konzepts desjenigen psychophysischen Determinismus, wie ihn bereits seine Psychologie der Bekehrung und Psychophysiologie des kategorischen Imperativs angenommen hatte.

An dieser Determinismuskonzeption ist auch hier wieder bemerkenswert, daß sie nicht zur Begründung eines Behaviorismus, sondern zur Begründung eines aufklärerischen Vernunftpathos und einer Moral des kategorischen Imperativs dienen soll.

Weil Leuba nun das Auftreten von gehaltlichen Elementen im Bewußtsein nicht - wie James - aus deren Eintritt aus einem transmarginalen Bewußtsein erklären möchte, muß er den Bewußtseinsstrom selbst als durchbrochen von Momenten der psychischen Leere bzw. Entspannung annehmen, die darin als Einfallstore organischer Lebensquellen fungieren sollen. Mithin konzipiert er - im Unterschied zu James[5] - Bewußtsein als einen, wenn auch nicht zusammenhangslosen, so doch in gewisser Hinsicht diskontinuierlichen Prozeß: weniger mit einem Fluß als einer Kette vergleichbar, nämlich durchsetzt und durchbrochen von Momenten thematisch leerer Entspannung oder außerthematischer Ablenkung, die - je nach Dauer - bemerkt werden oder unbemerkt bleiben:[6]

„Thought proceeds very much like the formation of the chain we have all seen coming into existence on the screen of a moving-picture theatre. Each link appears seperately and jumps

---

[1] MY 247.
[2] MY 250; vgl. a. 245f.
[3] MY 244, 246f., 250f.
[4] MY 244.
[5] MY 246 Anm. 3. Zu JAMES' Konzeption des Bewußtseins als „stream of consciousness" vgl. dessen PP Kap. IX.
[6] MY 246f.

into place suddenly. There is no more continuity in thinking than in the formation of that continuous chain."¹
„For a time the strain of purpose seems to act as a centre which attracts to itself, as it were, the various elements of the problem. These elements appear most irregularly. There are moments when no progress is made; attention relaxes and turns in desultory fashion to other things. Suddenly a new link pops into consciousness and adds itself to the chain. Then the directing purpose may again be felt and the double process of effort and relaxation repeats itself. The interruptions may be so brief as to be unnoticed, and then, remaining under the impression of the effort, we assume that the idea has appeared during the attentive phase."²
„The moments of interrupted attention are filled with nothing at all, or with thoughts and feelings belonging to another topic: we may simply look up, finger our eyeglasses, consult the clock, light a cigarette, and presto, the idea we had ceased to seek is present. Again, the arrested voluntary activity - the passive phase of the process - may be protracted, and the task given up for the present. A week or a month later, a constructive thought may suddenly and unexpectedly appear and may lead to a speedy solution of the problem."³

Um derlei kreative Pausen im Bewußtseinsstrom gezielt hervorzurufen, hierfür vermag die mystische Kontemplation nach Leubas Ansicht eine leistungskräftige⁴, keineswegs aber einzigartige Methode bereitzustellen.⁵ Vielmehr will er die Optimierung von Methoden der Passivität in Zukunft aus dem Aufgabenbereich der Religion in den der empirischen Psychologie übertragen, die also nicht nur die adäquatere Theorie religiöser Erfahrung, sondern zugleich die überlegene technische Praxis anzubieten habe.⁶ Damit aber rückt der szientifische Psychologe selbst in die Rolle des moralischen und spirituellen Führers, der die Lebensenergie der Menschheitsevolution zunehmend kontrollieren und die Persönlichkeitsentwicklung nicht nur interpretieren, sondern sogar initiieren, energetisieren⁷ und dirigieren soll.⁸

„Among the tasks of psychology is the determination of the mental condition which would make a person receptive in the highest degree to the influences, internal or external, to which it may be desirable to subject him."⁹
„A psychiatrist in possession of the higher and finer psychological knowledge takes the place both of the physician and of the religious Director of the soul."¹⁰

---

¹ MY 246.
² Ebd.
³ MY 246f.
⁴ „The State of Death", 137-142.
⁵ Den Wert solcher kreativer Pausen, welche das Verschwinden falscher Gewohnheiten und ihre Ersetzung durch richtige begünstigen, hat LEUBA mittels neuester Erkenntnisse der Lernpsychologie illustriert. Vgl. dazu „An Experiment on Learning to Make Hand Movements", 361ff.
⁶ MY 322, 330f.
⁷ Selbst die Geschlechterdifferenz führt LEUBA auf eine Differenz des Energiehaushalts zurück, wonach das weibliche Geschlecht als das energetisch schwächer entwickelte betrachtet wird und infolge dessen auf ein höheres Energieniveau emporgehoben werden soll: „The Weaker Sex: A Scientific Ramble", Atlantic Monthly 137 (1926), 454-460.
⁸ MY 317, 322.
⁹ MY 331.

Mit dieser religionspsychologischen Entzauberung der mystischen Erfahrung -
als Quelle religiöser Gewißheit wie als Methode - ist für Leuba damit zugleich
das letzte Fundament traditioneller Religiosität gefallen und die Aufgabe ihrer
Ersetzung vollständig in die Zuständigkeit der „Sciences" übergegangen.

3.4 Die Funktion des religionspsychologischen Theoriegebäudes: Kritik und Reform der christlichen Kirchen

Wir haben den inneren Zusammenhang der Leubaschen Forschungsarbeit bisher
als die Abarbeitung der Hauptproblemfelder verstehen gelernt, die sein Plan einer
systematischen Studie des religiösen Lebens von 1901/4 vorgesehen hatte:

So fanden wir in „A Psychological Study of Religion" von 1912 die Grundlegung des Gesamtsystems und darin insbesondere eine Bearbeitung von Problemfeld I, der Frage nach Ursprung und Entwicklung des spezifisch religiösen Verhaltenstyps und der ihm zugrundeliegenden Lebens*motive* (3.1). In den beiden Werken von 1915 und 1924 fanden wir dann eine Bearbeitung von Problemfeld II, der sog. „*Mittel*", unterschieden in einen „geschäftsmäßigen" (3.2) und „mystischen" (3.3) Typ religiöser Verhaltensweise. Dementsprechend ist als nächstes zu erwarten, daß Leuba auch das III. Problemfeld seines religionspsychologischen Planes nicht unbearbeitet lassen, sondern in seiner letzten Schaffensperiode verstärkt[2] in Angriff nehmen wird: nämlich die Aufgabe, nun noch die *Resultate* der religiösen Verhaltenswahl einer genaueren Effizienzprüfung zu unterziehen bzw. diejenigen Güter zu bestimmen, die aus der Sicht der Religionspsychologie von der Religion idealerweise für das menschliche Leben erbracht werden könnten. So gesehen zieht Leuba in seinen beiden Alterswerken genau die Summe[3] seines gesamten Unternehmens und präzisiert noch einmal dessen lebenspraktische Funktion: das ist die sowohl destruktive (3.4.1) als auch konstruktive (3.4.2) Leistung der Religionspsychologie, wie wir sie jeweils schwerpunktmäßig in „God or Man?" und „The Reformation of the Churches" entfaltet bekommen.[4]

In diesem abschließenden Projekt einer destruierenden Kritik sowie konstruktiven Reform der bestehenden christlichen Kirchen wird Leuba noch deutlicher als bislang die Wahrheitsfrage in den Mittelpunkt des religionspsychologischen

---

[1] MY 322.

[2] Insofern nämlich bereits alle größeren Arbeiten mit Beiträgen hierzu beschlossen wurden: PSR Teil IV; BGI Teil III; MY Kap. XIII.

[3] Vgl. LEUBAs eigene Aussagen in GM XI.

[4] Den Auftakt zu dieser letzten Schaffensperiode mit seiner spezifischen Aufgabenstellung markieren: „What of the Religions?", The Outlook (New York) 13 (1928), 252-253, 273; „Basic Assumptions of Religion in Their Bearing upon Science", 297-303; „Changes in the Method of Religion Made Necessary by Psychology", Religious Education 23 (1928), 23-28.

Interesses rücken, die in seinem System ja - im Unterschied zu anderen - *ausgesprochenermaßen* immer schon einbeschlossen war. Sie tritt uns in Gestalt der Beantwortung jener Lebensfrage entgegen, von der wir seine wissenschaftliche Arbeit stets motiviert fanden: nämlich die begonnene Wegsuche nach einer ebenso undogmatisch einfachen wie praktisch wirkungsvollen Religion zu ihrem Ziel zu bringen und damit der religiös-moralischen Krise seiner gesamten Gegenwartsepoche den hoffnungsvollen Ausweg zu weisen.

3.4.1 Die destruktive Funktion der Religionspsychologie

In „God or Man? A Study of the Value of God to Man"[1] hat Leuba 1934 die Erträge seiner religionspsychologischen Forschung zusammengestellt[2], um auf ihrer Grundlage über die „tatsächliche" Effizienz der religiösen Verhaltensweisen, ihren Beitrag für die Befriedigung menschlicher Lebensbedürfnisse und den Entwicklungsfortschritt der Menschheit insgesamt, summarisch Bilanz zu ziehen[3].

Für den Ansatz dieser Bilanz grundlegend ist die in seiner Definition von Religion als Verhaltenstyp eingeschlossene Überzeugung, daß sich religiöses Verhalten nur in der Art seiner Mittel-, nicht aber Zielwahl von anderen Weisen menschlichen Verhaltens spezifisch unterscheide,[4] sich die religionspsychologische Kritik somit ausschließlich auf eine Effizienzprüfung dieser Mittelwahl zu konzentrieren habe. Zwar kann auch Leuba für das Auftreten höherer Ideale einen Entwicklungsprozeß innerhalb der Menschheitsgeschichte attestieren, rechnet schließlich dann aber doch wieder mit einem in der menschlichen Natur immer schon angelegten, allen Personen und Epochen gemeinsamen *einheitlichen* Bestand elementarer Lebensbedürfnisse und -ziele.[5] Und damit mit einem „common sense" an Zielgewißheit, der den gesellschaftlichen Konsens über die zu verfolgenden Güter des Lebens bereits sichergestellt sieht:

> „As a matter of fact, society is fairly well agreed regarding the desirable qualities of a citizen. The natural egoism of the individual is to be replaced by a sense of solidarity with the nation and humanity, and of responsibility for the common welfare. That, after all, means nothing more revolutionary than the cultivation of homely virtues, admired and desired by

---

[1] Die Aufgabe von Problemfeld III wird in „Introduction...", 199, in einer Weise formuliert, in der wir den Titel der diese Aufgabe abschließend erfüllenden Studie von 1934 bereits präfiguriert sehen können: „it is a restatement, from the positivistic, scientific point of view, of what is usually termed very inadequately the investigation of the relation of man to God." Vgl. dazu den Titel „God or Man? A Study of the Value of God to Man".
[2] GM Teil I und II.
[3] Teil II und IV.
[4] GM Xf., Kap. I-II.
[5] GM 3f.

all: candor, justice, kindliness, coöperation, and the extension of the application of these virtues from smaller to larger groups."[1]

Dieser als schon vorhanden unterstellte common sense wird für die Praxis völlig ausreichend erachtet, auch wenn eingeräumt werden muß, daß *theoretisch* über die Bestimmung der obersten Lebensziele noch keine abschließende Klarheit erreicht sei, möglicherweise aber auch gar nicht erzielt werden könne.[2] Leuba selbst sieht sich jedenfalls nicht dazu veranlaßt, den „endlosen Diskussionen" der Philosophen[3] um das Höchste Gut, den idealen Menschen und die ideale Menschheitsgesellschaft einen eigenen Lösungsbeitrag hinzufügen zu müssen, sondern will entschlossen daran festhalten, sich statt auf das unabschließbare Problem der Zielwahl allein auf die „gewinnbringendere" Frage nach der richtigen Mittelwahl zu verlegen.[4]

Diese nun spitzt sich für ihn zu auf einen direkten Leistungsvergleich zwischen szientischer und religiöser Methode oder in Leubas eigenen Worten: auf ein Kräftemessen zwischen „The Works of Man and the Works Attributed to God"[5].

Dabei erscheint das Ergebnis dieses Leistungsvergleichs bezüglich der Beherrschung der physischen Sphäre bereits entschieden:[6] Habe sich hier doch die Überlegenheit der wissenschaftlichen Methode auf allen Gebieten bereits eindeutig erwiesen und zu einem kaum mehr steigerungsbedürftigen Fortschritt der Lebensqualität geführt.[7] Damit sei die Zuständigkeit der Religion ganz in die geistige Sphäre zurückgedrängt, behaupte sich dort allerdings immer noch standfest als angeblich unverzichtbare Stütze intellektuellen und moralischen Wachstums.[8] Genau an dieser Stelle wird von Leuba nun die Religionspsychologie ins Feld geführt, um den vollständigen Triumph der szientischen Methode über die religiöse zu erringen: Denn mit ihrer Hilfe sollen die vorgeblichen „Werke Gottes" nun auch innerhalb der geistigen Sphäre samt und sonders als natürliche Phänomene des Bewußtseins und somit eigentlich als „Werke des Menschen" aufge-

---

[1] GM 305.

[2] GM Xf.,305. Durch diese common sense-Position sucht Leuba philosophischen Kontroversen zu entgehen, wie etwa einer genaueren Beschreibung der Verhältnisbeziehung von Körper und Geist: GM 85 Anm. 1.

[3] Damit wird der Theologie jegliche Aufgabe entzogen, ihre theoretische der Philosophie und ihre praktische den „Sciences" zugewiesen: „Changes in the Method of Religion Made Necessary by Psychology", 28; „Basic Assumptions of Religion in Their Bearing upon Science", 298f.

[4] GM 3.

[5] So im Untertitel zu Teil II, GM XI und 3f.

[6] GM Kap. VII.

[7] GM X, 87f.

[8] GM 90f., 154f.

deckt werden können. Alle religiösen Phänomene, Glaubensvorstellungen[1], Heilungen und Charaktertransformationen[2], Intuitions- und Inspirationserfahrungen, mystische Trance und Erfahrungen göttlicher Präsenz,[3] seien als regelmäßig verlaufende psychische Prozesse zu verstehen, deren Effekte ebensogut durch andere Methoden produzierbar seien:

> „Many of the practices and exercises demanded or recommended by the Christian churches have a value quite independent of divine action."[4]

Was von den praktischen Kenntnissen der Religion für die Mobilisierung psychophysischer Energien und Etablierung wirksamer Ideale und Lebenshaltungen als wertvoll zu erachten sei, könne und solle darum von den Wissenschaften in nichtreligiöse Techniken übertragen und in seiner Effektivität weiterentwickelt werden.[5] Wie bereits geschehen: erstens in der Psychotherapie, die eine säkulare Form des Beichtinstituts[6] und hochwirksame Suggestivtechniken anbiete[7], und zweitens in der szientifischen Pädagogik[8], welche neue Wege einer effektiven Charakterbildung beschreite.[9] So ist Leuba angesichts dieser hoffnungsvollen Anfänge vom Siegeszug der Säkularisierung ehemals religiöser Methoden euphorisch überzeugt:[10]

> „A powerful movement carried on by educators, psychologists, social workers, and even psychiatrists is on foot, sweeping past the religions."[11]

Damit aber ist das Destruktionsprogramm seiner Religionspsychologie bis zum Äußersten vorangetrieben, wird nicht nur die Theologie in Religionspsychologie aufzulösen versucht, sondern die gesamte kirchliche Praxis in die zugreifende Hand der „Sciences" eingefordert. Leubas Polemik, welche vom wissenschaftlichen Standpunkt aus die Notwendigkeit der Demontage der traditionellen Kirchen restlos erweisen will,[12] läßt sich hier mitunter derart zugespitzt hören, daß nachvollziehbar wird, wie er den Ruf erhalten konnte, der schärfste

---

[1] GM Kap. II-IV.
[2] GM Kap. X-XII.
[3] GM Kap. XIII-XV.
[4] GM 188.
[5] GM 128, 143, 188, 247f.
[6] GM 191ff., 309.
[7] Gebet: GM XII; Kultus, mystische Kontemplation: GM XV.
[8] GM 92ff., 299-305.
[9] Von LEUBA 1897 in PCI (s. u. unter 2.6) und BGI 331 gefordert. An dieser Stelle ist auf die unter Teil III 3. folgende Darstellung des Starbuckschen Programms einer indirekten Erziehungsmethode zu verweisen, auf dessen Unternehmen LEUBA hier u. a. rekurriert: GM 148f.
[10] GM 143ff.
[11] GM 146.
[12] GM Teil IV. Als Illustration diene GM 150: „As to the theologians, the fruitfulness of their labor with regard to 'sin' and 'sinfulness' had better not be inquired into; there are few chapters of history better calculated to make humanity look ridiculous."

Religionskritiker und radikalste Bilderstürmer unter den Pionieren der Religionspsychologie zu sein.[1]

In dieser Polemik verurteilt Leuba nicht nur den „rückständigen" Traditionalismus und Konservativismus der Kirchen,[2] sondern auch den „unehrenhaften" Opportunismus der Intellektuellen[3], die ihre vollzogene Abkehr vom offiziellen Glaubensbekenntnis aufgrund des gesellschaftlichen Ansehens der Kirchen nicht offen bekennen - wofür ihm als Prototyp Hall vor Augen stehen mag (Bild 7). Aber auch eine Kompromißhaltung aus besten Absichten wird abgelehnt - exemplarisch hierfür seine Auseinandersetzung mit den theologischen Modernisten:[4] Ihnen wird vorgeworfen, durch die versöhnende Anpassung des christlichen Glaubens an das Weltbild der Moderne eine grundlegende Umdeutung des christlichen Glaubens vollzogen zu haben, die mit einer Gottesdienstpraxis im traditionellen Stil dann eigentlich nicht mehr kompatibel sei. Wohl gemerkt: Nicht die Lehre der Modernisten wird kritisiert, deren Wiederauflage der Aufklärungstheologie scheint Leubas eigenen Überzeugungen vielmehr im wesentlichen zu entsprechen, sondern allein deren bleibende Kultgemeinschaft und Kompromißbereitschaft mit dem kirchlichen Traditionalismus.[5] Derlei Sanftmut und Versöhnungswille erscheint Leuba angesichts des Ernstes der Gegenwartslage[6] sowie angesichts der von den Kirchen aktiv produzierten Übeln[7] allzu rücksichtsvoll, ja gar verantwortungslos. Bei diesen von den Kirchen aktiv produzierten Übeln handelt es sich seiner Ansicht nach insgesamt gesehen um ein Blockieren des menschlichen Fortschritts, und zwar sowohl in seiner theoretischen als auch praktischen Gestalt. Leubas Kritik erinnert darin unwillkürlich an Comtes Aufruf zur Überwindung des metaphysischen Stadiums (1.8.1).

In *theoretischer* Hinsicht nämlich stelle sich der religiöse „will to believe" einer echten Suche nach rationaler Erkenntnis, mithin dem wissenschaftlichen Fortschritt der Menschheit entgegen; denn:[8]

> „Every religion starts with a ready-made philosophical foundation, set forth, in the higher religions, in formal professions of faith. Instead of being the allies of the philosophical attitude, the religions have been and remain its stoutest opponents."[1]

---

[1] Vgl. O. STRUNK JR., „Humanistic Religious Psychology: A New Chapter in the Psychology of Religion", in: H. N. MALONY, Current Perspectives in the Psychology of Religion, Grand Rapids 1977, 27-35, dort 28; H. J. BOOTH, „Pioneering Literature in the Psychology of Religion: A Reminder", 51.

[2] GM 253-258.

[3] GM 270f.

[4] GM 260-271; RC Kap. 10, 96-101.

[5] GM 265, RC 100f.

[6] Etwa angesichts vorhandener Kriminalität: GM X, 302f. sowie insges. Kap. XVI.

[7] GM Kap. XVII: „The Evils Done by the Christian Religion", 272-281; auch Kap. XVIII, 282-298.

[8] GM 15, 52, 82; RC 105-109.

Während die Religionen an ihren Gewißheiten ungeprüft und sogar wider den Augenschein der Fakten festhielten, vermeint Leuba als Wissenschaftler demgegenüber ein Wissen bereitstellen zu können, das aus der kritischen Tätigkeit der vollwachen Vernunft hervorgegangen und am Gesamtzusammenhang menschlicher Erfahrung überprüft worden sei.[2]

In *praktischer* Hinsicht wiederum sieht er die Religion eine niedere Stufe der Moralität konservieren und somit den notwendigen ethischen Fortschritt der Menschheit gefährlich blockieren.[3] An dieser Stelle eignen der Leubaschen Religionskritik sogar sozialistische Argumentationszüge:[4] Indem sie der Erziehung des Menschengeschlechts zu autonomer Selbstbestimmung sowie aktiver Sozialgestaltung kontraproduktiv entgegensteuere, durch den Glauben an eine göttliche Providenz sowie das Vertrauen auf die Wirksamkeit des Gebets eine gefährliche Apathie erzeuge, sei die Religion ein willfähriges Kontrollorgan der ökonomischen und politischen Machthaber[5], das die bestehenden Herrschaftsverhältnisse stabilisiere und den notwendigen sozialen sowie internationalen Friedensprozeß damit letztlich gefährde.

3.4.2 Die konstruktive Funktion der Religionspsychologie

1950, vier Jahre nach Leubas Tod, erscheint sein zu Lebzeiten nicht mehr zur Veröffentlichung gebrachtes[6] Alterswerk „The Reformation of the Churches", das die konstruktive Seite seines religionspsychologischen Reformprogramms entfaltet, - mitten in eine Zeit hinein, für die es konzipiert war:

Leuba hat den Zweiten Weltkrieg als weiteres Symptom der moralischen Rückständigkeit der Menschheit, ihres individuellen wie nationalen Egoismus, begriffen und damit als letzte Zuspitzung derjenigen religiös-moralischen Krise seiner Zeit, die er stets diagnostiziert und zu therapieren gesucht hatte.[7] Vor dem Hintergrund seines religionspsychologischen Lebenswerkes[8] läßt er die Vision einer Religion und ihrer kirchlichen Institutionen erstehen,[9] denen in der Nachkriegszeit eine Hauptrolle beim gesellschaftlichen Wiederaufbau zufallen soll[10]:

---

[1] GM 15.
[2] GM 310.
[3] GM Kap. XVIII, 272.
[4] GM 23, 276ff., 317f.; RC 103ff., 109-114.
[5] Auch RC 23f.
[6] LEUBA hatte noch eine Revision des Textes geplant, s. RC IX: Das Werk wurde von seinem Sohn CLARENCE LEUBA posthum herausgegeben.
[7] RC 3, 148. So hätten etwa die Kriegsgebete auf beiden Seiten den Glauben an die Hilfe eines personalen Gottes ad absurdum geführt: RC 12.
[8] RC Teil 1-2.
[9] RC Teil 3.
[10] RC 5.

Dies werde eine solche undogmatisch einfache, aber praktisch wirkungsvolle Religion sein, die nichts weniger als die „moralische" Lehre Jesu[1] und darin die Gestaltwerdung des „Königreiches Gottes auf Erden"[2] realisiere - so wie sie bereits Leubas Vater (Bild 1) und Paul Desjardins (Bild 6) ins Auge gefaßt hatten. Ihr will Leuba durch die behutsam zu vollziehende, in ihrem Ziel jedoch radikale Reformation der bestehenden Kirchen zu institutioneller Gestalt und gesellschaftlicher Schlagkraft verhelfen. Von daher ist sein Werk in der Mission angetreten, all diejenigen von der Notwendigkeit einer solchen umfassenden „Reformation" zu überzeugen, die bisher noch aus Achtung vor dem Wert von Religion und Moral an den traditionellen Institutionsformen ehrfurchtsvoll festhalten wollen:[3]

> „Dedication
> To the millions who, though still in the churches, are distressed by persistent doubts about the existence of a God in social relation with man, and by the unfounded fear that without such a faith nothing will remain but the ignoble philosophy, 'let us eat and drink; for tomorrow we die'."[4]

Ihnen gilt es, in Teil I zunächst durch eine statistische Bestandsaufnahme, welche die Ergebnisse von Fragebogenerhebungen aus den Jahren 1914[5], 1933[6] und 1934[7] zusammenfaßt, die faktische Aushöhlung der traditionellen Glaubens-

---

[1] RC 5, 117, 121.
[2] RC 3, 121.
[3] Vgl. die Widmung zu RC und Teil 1.
[4] RC V.
[5] RC Kap. 3.
[6] RC Kap. 4. LEUBA hat seine statistische Untersuchung von 1914 in den 30er Jahren wiederholt bzw. erweitert und mit seinen früheren Daten verglichen; veröffentlicht in: „Religious Beliefs of American Scientists", a. a. O. (1934). Dabei kommt er zum Ergebnis, daß gegenüber 1914 ein weiterer beachtlicher Akzeptanzverlust der beiden zentralen Glaubensvorstellungen des Christentums zu verzeichnen sei (295ff., 299). Rund zwei Drittel aller Wissenschaftler und Collegestudierenden sähen sich nun nicht in der Lage, einen personalen Gottesglauben zu bekennen, während sich die Situation in bezug auf den Glauben an persönliche Unsterblichkeit wie bereits 1914 etwas weniger drastisch darstelle. Dies Ergebnis widerspreche der gängigen Ansicht, daß sich nach dem Weltkrieg eine Wende in Richtung einer religiösen Restauration vollzogen habe (297). Statt dessen zeige sich die anhaltende Tendenz, daß die Kirchen ihren gesellschaftlichen Einfluß zunehmend verlören und damit die gerechte Strafe für ihre Weigerung erhielten, sich den veränderten Bedingungen der modernen Welt anzupassen (300).
[7] RC Kap. 5. 1935 hat Leuba seine statistische Erhebung nochmals auf vier weitere gesellschaftlich einflußreiche Berufsgruppen ausgedehnt, das sind Bankkaufleute, Ökonomen, Juristen und Schriftsteller (RC 20ff., 50-54). Von diesen gebe rund die Hälfte eine personale Gottesvorstellung an und ca. 58 % einen persönlichen Unsterblichkeitsglauben, also weitaus mehr als die Gruppe der Wissenschaftler von 1933. Das überraschende Resultat zeige allerdings nur die enormen Unterschiede zwischen den verschiedenen Berufsgruppen (53): Daß der Anteil der gläubigen Bankkaufleute gegenüber dem der Schriftsteller etwa doppelt so hoch sei, erklärt sich Leuba etwa - mit unüberhörbarer Polemik - aus der opportunen Konservativität dieser Perso-

vorstellungen aufzuzeigen.[1] Und sodann in Teil II die teils uneffektiven, teils gefährlichen Anachronismen bzw. Antagonismen der kirchlichen Lehre und Praxis im Zeitalter der Wissenschaften zu benennen[2] sowie die daraus direkt oder indirekt resultierenden gesellschaftlichen Mißstände vor Augen zu führen.[3]

Damit scheint die Notwendigkeit einer Reformation der christlichen Kirchen[4] erwiesen, und Leuba kann sich in Teil III daranmachen, den konstruktiven Gehalt seines Programms vorzustellen. In ihm gilt es nun verstärkt diejenige, ebenfalls in der Widmung angesprochene Personengruppe für seine Mission zu gewinnen, die sich von Religion und Kirchen überhaupt keine Beiträge mehr für den moralischen Fortschritt der Gesellschaft erwarten:

„And to those other million who have given up the belief in a God to be praised and supplicated, but need the moral help and inspiration that churches accepted to them could give."[5]

Dem prinzipiellen Pessimismus auch dieser Personengruppe begegnend, versucht Leuba, konkrete Vorschläge für Lehre (3.4.2.1) und Praxis (3.4.2.2) der neuen Kirchen zu unterbreiten, die - in Übereinstimmung mit dem Wissen der Zeit - geeignet sein sollen, allgemeine Akzeptanz zu finden.

3.4.2.1 Die Lehre der neuen Kirchen

Nicht das moralische Ideal des Christentums, die Verwirklichung des „Königreiches Gottes" - verstehe freilich: „auf Erden" -, will Leuba reformiert wissen, sondern lediglich die zur Verwirklichung dieses Höchsten Gutes angewandten kirchlichen Methoden.[6]

„The main cause of the religious crises is not - as many would have us believe - a growing indifference to the Christian moral ideal, but rather a widespread disbelief in the control of human affairs by supernatural beings. As a matter of fact, the world has probably never been so clearly conscious as now of a desire for the 'Kingdom of God' upon earth, in which the nations would live together in a spirit of justice and friendly co-operation. The task before those who care for that ideal is to replace a deceptive reliance upon a personal, divine Power by a persistent and whole-hearted use of natural means and techniques. Let us drop the pretense of doing through 'God' what is to be done by man."[7]

---

nengruppe, die in den traditionellen Kirchen eine Stütze der kapitalistischen Ordnung erkenne (23f.).

[1] RC 22f.
[2] RC Kap. 6 zur Kritik der kirchlichen Ausbildung und Lehre; Kap. 7 zur Theodizeefrage; Kap. 9 zu Anfragen der Religionspsychologie; Kap. 10 zur Kritik des Modernismus.
[3] RC Kap. 11; vgl GM XVIIf.
[4] RC Kap. 12.
[5] RC V.
[6] RC 117, 121.
[7] RC 121f.

Wobei diese religiösen Methoden, wie wir gehört haben, selbst wiederum auf einer bestimmten „belief"-Konzeption gründen: auf dem Glauben an einen personalen Gott nämlich, dessen unterstützendes Wirken Leuba sich nicht anders als übernatürliches Eingreifen in den Naturzusammenhang vorstellen kann. Die calvinistische, hier supranaturalistisch verstandene Vorsehungslehre also ist es, die die neuen Kirchen als erstes über Bord werfen sollen - und dies liegt auf der Linie der Leubaschen Lebensüberzeugungen:

Wir erinnern uns daran, welche Schwierigkeiten es bereits dem Präparanden bereitet hatte, das Glaubensbekenntnis seiner reformierten Heimatgemeinde mitzusprechen (Bild 2), wie ihn die christlichen Dogmen befremden und abgesehen von ihren klar ethischen Lehrstücken praktisch bedeutungslos erscheinen, ja sogar schädlich. Und zwar schädlich deshalb, weil ihr kirchlich gefordertes Bekenntnis allem Anschein nach die unehrenhafte Untreue zum eigenen Wahrheitsbewußtsein einschließt (Bild 2, 5 und 7). Weil Glaube zu heißen scheint, erstens, wissenschaftliche Erkenntnis nicht zulassen zu dürfen (Bild 4), und zweitens, den Menschen von seiner ethischen Verantwortung zu entbinden, seinen natürlichen moralischen Impuls zu untergraben (Bild 3 und 6)[1].

Um die Freisetzung und Maximierung eben dieses moralischen Impulses sollte es dann ja in Leubas Essentialisierungsprogramm des religiösen Lebens gehen. Denn es war genau jene Sozialisierungstendenz der menschlichen Natur zur Verwirklichung des „Reiches Gottes auf Erden", die seine Psychologie als festzuhaltenden Kern der Bekehrungs- und Mystikerfahrung herauszuschälen suchte.[2]

Doch in dieser sog. „Essentialisierung" liegt freilich nicht nur eine partielle Kritik christlicher Lehre, sondern genau besehen eine radikale Absage an das christliche Heilsschema im ganzen beschlossen.[3] Dementsprechend ist Leubas „Reformation" der Kirchen dann auch keineswegs von einer Rückbesinnung auf den Ursprung der Christus-Offenbarung, sondern von der Besinnung auf die „für alle evidente" common sense-Offenbarung des Menschen im wissenschaftlichen Zeitalter geleitet:

> „Today the reformation needed is not a blind return to seers and prophets of one and two thousand years ago, but a genuine acceptance of the revelation manifested in the achievements of millions of devoted searchers after truth. That revelation sets aside, first of all the naive conceit making of man a perfect creation, seperated by an impossible barrier from the animal world. Since the original sin - which, according to Genesis, gave man a knowledge of

---

[1] Gemeint ist Bild 3: die Verfolgung der ethischen Heroen der Heilsarmee durch den kirchlichen Chauvinismus in Leubas Heimatkanton. Sowie Bild 6: die angeblich negative Determinismusdoktrin der christlichen Sündenlehre, die LEUBA als ebenso moralisch lähmend empfindet wie den materialistischen Determinismus, ästhetischen Sensualismus einer l'art pour l'art und wissenschaftlichen Intellektualismus: NF 496, 512, 533, 537; SPR 323ff., 327, 365f.

[2] SPR 312, 320; GM 4; MY 127-137.

[3] RC 11, 61f.

good and evil - was not a fall but a rise from the animal to the human world, the propitiatory death of the only Son of God, born of the virgin Mary in the person of Jesus of Nazareth, becomes unnecessary.
The revelation of modern knowledge goes beyond the elimination of that doctrine; it discards also the idea of an omnipotent and benevolent Providence in *social relation with man*; it does not countenance a worship treating the divine power as a great vainglorious chief who demands and delights in thanks and praises, who waits to be supplicated before he will do the good supposedly in his power."[1]

Auch der zweite Zentralangriff Leubas auf das christliche Heilsschema läßt sich erneut lebensgeschichtlich verorten: War es doch die Evolutionstheorie Darwins und Huxleys, in deren Gestalt das naturwissenschaftliche Weltbild dem Bakkalaureusanwärter zum ersten Mal begegnet war (Bild 4), und in ihr wohl genau derjenigen Infragestellung biblischer Anthropologie, von der wir soeben hörten: Durch die evolutionistische Theorie von der natürlichen Genese des Menschen, seiner sukzessiven Menschwerdung aus tierischer Abstammung, scheint der biblische Genesismythos von der Schöpfung des Menschen als Ebenbild Gottes und seines Sündenfalls[2] wissenschaftlich widerlegt und der Notwendigkeit eines Versöhnungs- und Erlösungsgeschehens somit jeglicher Grund entzogen.

Und doch will auch die von Leuba statt dessen vorgeschlagene „Basisphilosophie"[3] der neuen Kirchen das Weltgeschehen weiterhin als Heilsgeschichte deuten: nämlich als die kontinuierliche Realisierung eines „Dranges zur Vervollkommnung aller Dinge"[4], wie es sich als bedeutendstes Faktum der menschlichen Natur[5] und allen bewußten Lebens[6] in einer für jedermann evidenten „einfachen Wahrnehmung" manifestiere, in: „the presence in us of the urge to improve all things be they physical, intellectual or spiritual."[7]

Allein die „einfache Wahrnehmung" dieses Dranges, der sich als der menschliche Grundtrieb nach Selbsterhaltung und Selbsterweiterung präsentiere, soll nach Leubas Ansicht bereits genügen, um dem menschlichen Leben Sinn und einen moralischen Impuls einzustiften, erscheint als „nichtspekulative", „undog-

---

[1] RC 11f.
[2] Insofern Leuba freilich von einer der altruistischen Sozialisierungstendenz entgegenwirkenden natürlichen Neigung des Menschen zu individuellem und nationalem Egoismus (RC 3, 148) und moralischer Rückständigkeit ausgeht, rechnet er faktisch doch wieder mit einer zumindest partiell das menschliche Dasein überschattenden Realität der Sünde.
[3] RC Kap. 13, 143, 146.
[4] D. i. der Drang zur Realisierung der Ideale des Guten, Wahren und Schönen: RC 128ff., 136, 142.
[5] RC 146.
[6] RC 121: „The search for a better and more abundant life is a general and fundamental characteristic of conscious life."
[7] RC 137, s. a. 130 und 143.

matische" Minimalbasis[1] somit geeignet, den Grundstock einer für alle akzeptablen Lehre der neuen Kirchen abgeben zu können.

Als „religiöse" Erweiterung dieser Basisphilosophie schlägt Leuba dann noch in einem zweiten Schritt einen wissenschaftlich nicht in derselben Weise überprüfbaren „over-belief"[2] vor, der das menschliche Leben zusätzlich von lähmender Depression und Indifferenz befreien und zur freudigen Übernahme moralischer Verantwortung motivieren könne: Das ist der Glaube an das *transhumane* - und darum auch „göttlich"[3] zu nennende - Sein dieses Dranges und seines letztlichen Triumphes über die ihm entgegenwirkenden Kräfte.

Daß dieser Drang weder von der Menschheit erzeugt noch auf sie beschränkt sei, dafür meint Leuba jedoch erneut sogar wissenschaftliche Indizien in Anschlag bringen zu können: nämlich seine Anwesenheit bereits in der Tierwelt, wie seine Abhandlung über tierisches Sozial- und Moralverhalten in „Morality among the Animals"[4] von 1928 nachzuweisen sucht. Die Höherentwicklung des Menschen bestehe nicht etwa im Auftreten einer ethischen Qualität seines Lebens überhaupt, sondern lediglich in der Fähigkeit zur fortschreitenden Universalisierung jener elementaren - bereits in der Tierwelt anzutreffenden - „Ethik der Freundschaft"[5]. Das ist ein sich im Zuge der menschlichen Evolution zunehmend realisierender Sozialisierungswille, der sich von den ursprünglichen biologischen Primärbeziehungen auf immer weitere Menschengemeinschaften ausdehne, bis er schließlich die gesamte Menschheit, ja den Kosmos im ganzen mitumfasse[6] und darin sich selbst als Manifestation derjenigen schöpferischen Kräfte verstehen lerne, die die kosmischen Evolutionsprozesse insgesamt tragen und leiten[7]. - Wir erkennen in dieser Skizze einer wissenschaftlich fundierten bzw. zumindest akzeptablen Lehre der neuen Kirchen[8] deutlich Leubas eigene Position eines „empirischen Idealismus" wieder, die Züge der Bergsonschen Lebensphilosophie - Leubas „creative urge" ist eine direkte Übersetzung von Bergsons Élan Vital - mit der Menschheitsreligion der Cometisten (1.8.1), Humanisten und ethischen Kulturgemeinschaften (3.1.5) vereint.[9] In ihr wird die personale Gottesvorstel-

---

[1] RC 142f., 146. Leuba hat bei der Vorstellung seiner Konzeption bewußt Anklänge an philosophische Begriffsbildungen vermieden und auch auf eine Einordnung in die philosophische Diskussion verzichtet, weil er eine Konsensbasis umreißen will, die für alle unstrittig sein soll.
[2] RC 142, 146.
[3] RC 145.
[4] Dort bes. die Schlußfolgerungen „Morality among the Animals", 103; vgl. a. GM 283, 298; RC 138, 142.
[5] RC 139, 141, 147.
[6] Vgl. MY 280: „cosmic gregariousness".
[7] RC 142.
[8] RC 145, 147.
[9] RC 123, 127f.

lung des Christentums ersetzt durch den für den Wissenschaftler offensichtlich plausibleren Glauben an das biologistische Neutrum eines allwirksamen kosmischen Urdranges, der sowohl der christlichen Providenzlehre[1] als auch dem szientifischen Materialismus darin überlegen zu sein beansprucht, daß er - im Unterschied zu ihnen - den moralischen Impuls des Menschen zu wecken vermöge.

Doch wenn, so legt sich nahe zu fragen, dieser Impuls als Manifestation der evolutionären Selektionsmacht immer schon am Werke und darum auch immer schon erkennbar ist, wieso bedarf es dann überhaupt noch des Appells und seiner kirchlichen Initiierung? Wie mag es kommen, daß der altruistische Impuls sich nicht natürlicherweise Bahn bricht und statt dessen ganz andere Bilder - die des Zweiten Weltkriegs nämlich - die Lebensgegenwart des Autors bestimmen? Der Basisphilosophie, die für alle akzeptabel und deren Ziele lebenspraktisch scheinbar außer Zweifel stehen, weht in der Lebenspraxis selbst jedenfalls „empirisch" spürbarer Gegenwind entgegen. Wie will der biologische Determinismus Leubas eigentlich, sei er auch noch so idealistisch vorgetragen, dem Faktum standhalten, daß die besagte Basisüberzeugung und der angeblich allen irgendwie schon gemeinsame ethische Impuls auch fehlen können, daß menschliches Sein vielmehr eine Realität der Freiheit ist, ihre entwicklungsmäßige Bestimmung zu erlangen oder zu verfehlen? Allein dies zuzugestehen würde dann freilich den Dialog über die für jede Person jeweils individuell tatsächlich in Geltung stehende Basisphilosophie gerade erst eröffnen, den Leubas allzu optimistische common sense-Theorie hier vorschnell überspringen möchte.

3.4.2.2 Die Praxis der neuen Kirchen

Um das in der soeben entfalteten Lehre der neuen Kirchen eingeschlossene Moralisierungsprogramm in die Tat umzusetzen, bedarf es nach Leubas Ansicht einer „spirituellen Hygiene und Kultur"[2] kirchlicher Praxis, welche die bestehenden Institutionen in akzeptablere und effektivere Formen zu übersetzen verstehe.[3] Dabei versuchen seine Vorschläge ausdrücklich von den pionierhaften Ansätzen neuerer Reformkirchen und kirchenähnlicher Gemeinschaften zu lernen,[4] wobei

---

[1] Dieser gegenüber beansprucht Leubas Basisphilosophie „erwachsener" und „wissenschaftlicher" zu sein: RC 130ff.

[2] RC 124: „The expression 'spiritual hygiene and culture,' may be used to designate the field of action of renovated churches. They are to occupy that field in so far as it has not been adequately pre-empted by established professions and agencies - those of the educator, the social worker, the psychiatrist, the clinical psychologist and others."

[3] RC 121, 123.

[4] Das sind die „Ethical Culture Societies" Felix Adlers (RC 123, 206f.; vgl. bereits PSR 328ff.), humanistische Gesellschaften (RC 123, 203-206), Unitarische Kirchen (RC 122) und die „Hicksite Friends" (RC 208f.), ein Zweig der Quäker.

Auszüge ihrer Manifeste und Agenden zur Ordnung von Kultus und Lehre im Appendix[1] vorgestellt werden.[2] All diese Modernisierungsbestrebungen möchte Leuba am liebsten in einer einzigen schlagkräftigen „ökumenischen" Reformbewegung zusammengeschlossen sehen[3], damit aus ihren bislang verstreuten Anregungen zusammen mit den Beiträgen der Religionspsychologie ein umfassendes Alternativangebot kirchlicher Praxis erstehe:

An die Stelle der traditionellen Katechese soll dabei *erstens*[4] eine neue moralische Erziehung treten, die Lebensideale aufzurichten und „wohlbekannte" Tugenden zu etablieren vermöge.[5] Zu ihr soll zugleich eine Anwendung eugenischer Praktiken gehören – „understood as the procreation of the best by the best" –, von der sich Leuba geradezu einen moralischen Sprung für die Menschheitsgeschichte erwartet.[6]

Als Pendant zur klassischen Bekehrungserfahrung werden *zweitens*[7] analoge Wendepunkterfahrungen zur internen und sozialen Anpassung des Individuums, seiner mentalen Einigung und Energetisierung vorgeschlagen. Dabei sollen Pastor und Prediger durch psychologisch geschulte spirituelle Leiter ersetzt, die klassische Erweckungsversammlung durch Formen der Gruppentherapie abgelöst werden.[8]

Die Rolle von Beichte und Sündenbekenntnis sollen *drittens*[9] in Zukunft psychologische Techniken der Selbsterforschung übernehmen.

Als Ersatz für Gebet und mystische Kontemplation werden *viertens*[10] regelmäßige Übungen rezeptiver Stille vorgesehen, um die kreativen Energiereserven der menschlichen Natur zu mobilisieren und darin Entspannung, Rezentrierung um die wichtigsten Lebensideale sowie spirituelles Wachstum zu initiieren.[11]

In Ablösung der traditionellen Gottesdienst- und Kasualienpraxis werden *fünftens*[12] neue Kultformen angeboten, die das menschliche Leben statt jener zu reinigen, erhöhen und in seinen Hauptereignissen zu weihen vermögen.[13] Nach

---

[1] RC 200-216.

[2] Auch von der römisch-katholischen Kirche soll gelernt werden, wie unter Einbeziehung spielerischer, kultischer und ästhetischer Ausdrucksformen alle menschlichen Bedürfnisse angesprochen und dem Moralisierungsunternehmen dienstbar gemacht werden könnten: RC 124, 177ff.; vgl. a. GM, 323-332.

[3] RC 201.

[4] RC Kap. 14.

[5] RC 148, 154.

[6] RC 155f.

[7] RC Kap. 15.

[8] RC 162ff., 168.

[9] RC Kap. 16; vgl. a. GM 308f.

[10] RC Kap. 18.

[11] RC 181f., 185; vgl. a. GM 309ff.

[12] RC Kap. 17; Appendix, 209-216.

[13] RC 122f., 177, 323-333.

dem Vorbild Felix Adlers werden Weihnachtsfest und Taufe zu Festen der Referenz für die Kindheit[1], Trauung[2] und Trauerfeier[3] zu Beglaubigungsfesten liebender Menschengemeinschaft und Generationen übergreifender Verantwortung transformiert. Auf diese Weise wird der christliche Festkatalog, vorgeblich nur von supranaturalistischen Elementen geläutert, genau besehen freilich auf der Basis der neuen Menschheitsreligion Seite um Seite umgeschrieben.

4. Schluß

Am Ende unserer Darstellung des Leubaschen Lebenswerkes stehen wir dem auffälligen Befund gegenüber, daß auch der berühmtberüchtigt schärfste Religionskritiker unter den Pionieren der Religionspsychologie sein gesamtes Unternehmen letztendlich im Dienst einer „Reformation" der christlichen Kirchen und darin zur Rettung von Religion und Moral verstanden wissen wollte. Daß auch er den Akzeptanzverlust des christlichen Glaubens als einer für alle verbindlichen und alle verbindenden Lebensüberzeugung und -führung nur mittelbar begrüßt, weil er ihn aus der Perspektive seiner eigenen Bildungsgeschichte als die letzte Zuspitzung der heilsamen Krise seiner gesamten Epoche begreift, an der er selbst Anteil hat, die ihn umtreibt und die er nach dem Vorbild seines persönlichen Lösungsmodells überwinden möchte. Und zwar überwinden will dadurch, daß er den im Zeitalter der Erfahrungswissenschaften strittig gewordenen Bereich religiöser Erfahrung ein- und heimzuholen versucht in den anscheinend unstrittigen Bereich szientifischer Wahrheitserkenntnis.

Doch damit ist das Problem der Objektivität und allgemeinen Verbindlichkeit von Religion und ihres Ethos nicht wirklich gelöst, sondern stellt sich nur eben neu im Bereich der „Sciences" selbst: Es stellt sich neu in der Frage nach dem Geltungsgrund derjenigen Erfahrungseinsichten, aus deren Perspektive der Religionspsychologe selbst den Phänomenbestand religiöser Erfahrung in den Blick faßt, Religion essentialisieren und objektivieren möchte. Es stellt sich neu, wenn bestimmt werden soll, welche Phänomenbestände als Kern religiöser Erfahrung freigelegt[1] und welche anderen wiederum als akzidentielles Beiwerk abgeschält werden. Und noch einmal neu, wenn auf der Basis dessen zu entscheiden ist, welche religionspädagogischen und kirchenpolitischen Maßnahmen man als wünschenswert erachtet, wenn darüber gestritten werden muß, nicht nur welche Techniken, sondern auch zu welchen Zielen diese anzuwenden sind.

---

[1] RC 177, 209ff.
[2] RC 210ff.
[3] RC 213ff.

An dieser Stelle drängt sich nun der durch unsere Darstellung reichlich begründete Verdacht auf, daß Leubas Religionspsychologie die pluralistisch komplexe Situation der Moderne, in der ein religiös-ethischer Diskurs hierüber zu führen notwendig geworden ist, nicht geduldig aushalten, sondern durch den autoritären Kurs einer neuen Orthodoxie vorschnell entkomplizieren will: durch eine Orthodoxie der Wissenschaften nämlich, die über Wahrheit und Falschheit religiös-ethischer Gewißheiten meint entscheiden zu können, die Lebensüberzeugung der einzelnen somit diktieren und ihr Verhalten dirigieren möchte. Damit aber hat Leubas Religionspsychologie im Grunde aufgehört, eine Bildungstheorie menschlicher Vernunft und ihrer Freiheit zur Selbstbestimmung sein zu wollen, ist sie vielmehr zur Theorie ihrer technisch manipulierbaren Dressur und ihres Diktats geworden, das die persönliche Lebensüberzeugung des Wissenschaftlers zum objektiv zwingenden Maßstab aller Gesellschaftsglieder erhebt.

Auf dem Hintergrund dieser Vision erscheinen eine Reihe von Leubas eigenen Empfehlungen, etwa seine Psychophysiologie des kategorischen Imperativs, die Anwendung eugenischer Praktiken[2] und psychologischer Suggestivtechniken[3], nur als einige wenige von vielen möglichen anderen bedenklichen Konsequenzen seines Systems, für das eine innere Diskrepanz wesentlich ist:

Einerseits wird die Bedeutung der rezeptiven Seite der menschlichen Natur, ihres Affekts, neu entdeckt und in ihrer Bedeutung für das menschliche Leben zu rehabilitieren gesucht.[4] Mit der folgenreichen Einschränkung der traditionell christlichen Sichtweise freilich, daß dessen handlungsleitende Funktion nicht in der Bereitstellung von Gewißheitsinhalten, sondern einzig in seiner Rolle als energetisierende Kraftquelle für sittliches Handeln bestehe.

Andererseits wird eben darin die Bedeutung der rezeptiven Seite der menschlichen Natur als Fundament jeglicher Form von handlungsleitender Gewißheit gerade bestritten. Leuba scheint diese nämlich nur aufgrund eines zweifelhaften Anliegens szientisch wiederentdecken zu wollen: um auf sie mittels Psycho-

---

[1] Auf die Möglichkeitsbedingungen eines solchen Verfahrens ist auch die Religionspsychologie Coes zu befragen, die ein vergleichbares Anliegen verfolgt: G. A. COE, The Spiritual Life, 7.

[2] GM 93f.

[3] MY 331.

[4] Hatte dieser noch 1896 die Komponente menschlicher Spontaneität für den Aufbau eines lebensleitenden Wahrheits- und Realitätsbewußtseins betont und als Akt des „Will to Believe" beschrieben, so leitet die Religionspsychologie seiner VRE demgegenüber eine Akzentverschiebung ein: JAMES entdeckt nun im Erfahrungsfeld der Religion die dem subjektiven Freiheitsakt aktiver Glaubensannahme gegenüber selbst noch grundlegendere Bedeutung der menschlichen Rezeptivität für den Aufbau von Lebensgewißheit: Konstituiere sich die religiöse Lebenshaltung doch gerade erst im Überschreiten der moralischen in der Weise der „Selbsthingabe" jeder Eigenanstrengung der Person (VRE 68). Zu dieser Interpretation des inneren Motivs des Jamesschen Werkes s. E. HERMS, Radical Empiricism, bes. „Vierter Teil: Religionstheorie", 235-281.

technik manipulierend einwirken zu können oder sie zumindest tendenziell wegzurationalisieren zugunsten einer wissenschaftlichen Erkenntnis, die den Prinzipien einer „kühlen" und „leidenschaftslosen" Vernunft zu folgen vermeint, und zugunsten einer altruistischen Praxis des kategorischen Imperativs, über welche die biologischen Primärinstinkte anscheinend keine Macht mehr besitzen. Nach dem Willen der Leubaschen Religionspsychologie ist damit die Sorge um das menschliche Herz aus dem Zuständigkeitsbereich der Religion gänzlich in den der „Science" übergewechselt. Letztere beansprucht, nicht nur die adäquatere Theorie religiöser Glaubenserfahrung, sondern zugleich auch die überlegene Spiritualitätstechnik anbieten zu können.

Das ehrgeizige Unternehmen scheitert freilich daran, daß es diese beanspruchte größere Adäquanz und Überlegenheit seiner religionspsychologischen Theorie selbst gar nicht begründen kann. Denn die Frage nach der Konstitution von Gewißheitsinhalten und deren Wahrheitskriterien bleiben in Leubas reduktionistischer Konzeption des Glaubens ja nicht nur für den Bereich religiöser Gewißheit unbeantwortet, sondern für den Bereich menschlicher Gewißheit überhaupt offen.[1] Von diesem Defizit ist dann sein eigenes Theorieunternehmen zwangsläufig mit betroffen, was sich in dem unter 3.1.1 identifizierten Symptom niederschlägt, daß uns Leuba die Rechenschaft über den Gegenstandsbezug und die Konstitutionsprinzipien seiner Religionspsychologie selbst letztlich schuldig bleibt.

---

[1] S. u. unter 2.4-2.5, 3.3.3.

III. Die Religionspsychologie Edwin Diller Starbucks

1. Die Bildungsgeschichte der grundlegenden Lebenseinsichten Starbucks bis zum Erscheinen seines religionspsychologischen Hauptwerks von 1899

Dem Zusammenhang von wissenschaftlichem Werk und persönlicher Lebensgeschichte nachzugehen ist auch im Falle des dritten Pioniers der Religionspsychologie kein von außen herangetragenes Unternehmen. Wie schon Hall und Leuba so hat auch Edwin Diller Starbuck diese Frage bereits vor uns für seine eigene Person gestellt und in seiner autobiographischen Skizze „Religion's Use of Me"[1] zu beantworten versucht. Wenn wir an diesen Rechenschaftsbericht im folgenden anknüpfen wollen, so um genauer, als sein Autor selbst dies getan hat, jene grundlegenden Lebensüberzeugungen herauszuarbeiten, die für die Bildung seiner Religionspsychologie leitend geworden sind. Daß uns Starbucks autobiographische Skizze diesen Arbeitsgang zwar gerade ermöglicht, aber keineswegs abgenommen hat, hängt mit seiner Einschätzung des Wertes dieses Rechenschaftsberichts selbst zusammen:

Einerseits bekennt sich Starbuck in „Religion's Use of Me" zwar zur pragmatistischen Sicht, welche jede Theorie unhintergehbar von Temperament und Lebensinteressen ihres Theorieschöpfers abhängig und infolgedessen absolute vorurteilsfreie Erkenntnis als unmöglich betrachtet.[2] Andererseits traut er jedoch gerade der szientifischen Verfahrensweise zu, in Anwendung der ihr eigentümlichen Rationalitätskriterien zu einer solchen Form „disziplinierter Einsicht" gelangen zu können, in der die Persönlichkeitsdisposition des Wissenschaftlers nicht mehr systemprägend wirke. Die jüngste Entwicklung der Religionspsychologie gilt ihm gerade als gelungenes Beispiel dafür, daß es - trotz unterschiedlichster Forscherpersönlichkeiten - zu keinen grundlegenden Antagonismen in der empirischen Theoriebildung kommen müsse.[3]

In Starbucks Augen erscheint die Abhängigkeit einer Theorie von der sie hervorbringenden Person des Wissenschaftlers somit hauptsächlich als eine ständig gegenwärtige Gefahr, die durch eine psychologisch geschulte Selbstkritik kontrolliert werden soll. Sie erscheint als letztlich nicht vollständig auflösbares Fak-

---

[1] RUM 201-260.
[2] RUM 201-207, bes. 201f.
[3] Dieses Urteil verdankt sich freilich mehr dem integrativen Wesen der Starbuckschen Persönlichkeit und der Aussageintention des hiesigen Argumentationsstranges als einer rechten Diagnose der religionspsychologischen Forschungsdiskussion. Daß diese sehr wohl zu vollkommen unterschiedlichen bis gegensätzlichen Resultaten gekommen ist, wird allein durch unsere Darstellung dreier ihrer Hauptvertreter hinreichend belegt.

tum von Wissenschaft, das aber im Zuge wissenschaftlichen Fortschritts durch die zunehmende Verfeinerung szientifischer Verfahrensweisen annäherungsweise zum Verschwinden gebracht werden kann. Zwar wird Subjektivität als Bedingung des Forschungsprozesses durchaus wahrgenommen, jedoch lediglich als negativer Grenzwert wissenschaftlicher Objektivitätsbemühung und nicht als ihr wesentliches positives Konstitutionsmoment.

Entsprechend gestaltet sich Starbucks Rechenschaftsbericht: In ihm werden allerlei Grundzüge seines Charakters[1] und seiner persönlichen Bildungsgeschichte[2] offengelegt, durch die Starbuck ganz im allgemeinen seinen Zugang zur Religionspsychologie und sein zeitlebens anhaltendes Interesse an ihr bestimmt sieht. Damit ist er jedoch weit davon entfernt, seine persönlichen Lebensüberzeugungen als Resultate dieser Bildungsgeschichte im einzelnen dann auch als die begrifflichen Leitannahmen seiner religionspsychologischen Theorie zu entdecken. Ihm bleibt verborgen, daß eben sie es sind, die seine wissenschaftliche Arbeit nicht nur formal motivieren, sondern gerade auch inhaltlich in objektivierter Gestalt als Ergebnisse „rein" empirischer Tatsachenforschung wiederkehren.

1.1 Der Stammbaum eines Pioniers der neuen Welt

Edwin Eli Starbuck alias - seit seiner Heirat mit Anna Maria Diller - Edwin Diller Starbuck[3] wird am 20. Februar 1866 in Guiltford Township, Hendricks County, im Bundesstaat Indiana geboren[4]. Er kommt als jüngstes von zehn Kindern des Farmerehepaares Samuel Starbuck und Luzena Jessup zur Welt und ist damit Glied der achten Generation der Starbuckfamilie in Amerika, über deren Geschichte uns einige chronistische und erzählerische Quellen berichten:[5]

Demnach war die Familie wahrscheinlich dänischer Herkunft und während der sog. Dänischen Invasion nach England gekommen. Die ersten Starbucks in Amerika siedelten zunächst als Walfänger auf Nantucket Island vor der Küste

---

[1] RUM 202ff.
[2] RUM 207-256.
[3] H. J. BOOTH, Edwin Diller Starbuck. Pioneer in the Psychology of Religion, Washington D. C. 1981, 10; sowie STARBUCK selbst in „Things a Man Remembers", Look to This Day, Assembled and Edited by the STAFF OF THE INSTITUTE OF CHARACTER RESEARCH, University of Southern California 1945 (im folgenden zitiert als LTD), 395.
[4] Ebd.
[5] Neben STARBUCK selbst in RUM 211f. die folgenden Texte: A. STARBUCK, The History of Nantucket: County, Island and Town, Boston 1924, 656; F. STARBUCK JAMES (Hg.), A Genealogy of the Descendents of Samuel and Luzena Starbuck, Paola Alto/California 1962, 60f.; M. E. STARBUCK, My House and I: A Chronical of Nantucket, Boston 1929. Vgl. a. BOOTH, 57-64, 107 Anm. 3, der neben der Auswertung dieser Quellen zudem persönliche Interviews mit lebenden Angehörigen der Starbuckfamilie einbezieht.

Neuenglands. Für diese Zeit wird von einer nachhaltigen Quäker-Evangelisation berichtet, die die Bewohner der kleinen Insel erfaßte. Ein Teil der Sippe wanderte später nach Carolina aus und von dort nach Ohio, um schließlich nach Indiana zu gelangen, wo Starbuck - wie gehört - aufgewachsen ist.

Dieser hat es zeitlebens geliebt, seine Identität und Charakterkonstitution mit ihrer „gesundrobusten Körper- wie Geistesverfassung" aus der Linie dieser Abstammung zu begreifen: Wie seine Vorfahren aufbrachen zu immer neuen Horizonten als Pioniere der Neuen Welt, so sieht auch er sich aufbrechen zu neuen geistigen Horizonten - als Pionier der „Science" unterwegs zu einer ebenfalls neuen, nämlich spirituell wiedergeborenen Welt.[1]

1.2 Die Heimatgemeinde der Quäker

Die Atmosphäre seines Elternhauses beschreibt Starbuck in seinen autobiographischen Erinnerungen in den denkbar wärmsten Tönen:[2] Das einfache, aber durchaus wohlhabende Leben der vielköpfigen Farmerfamilie erscheint darin als bis in die letzten Details ihres Alltags hinein von den Überzeugungen ihres religiösen Glaubens gestaltet. Die Familie wohnt inmitten einer freundschaftlich miteinander verbundenen Quäkergemeinschaft, deren Leben Starbuck zwar in bezug auf Spiel- und Freizeitaktivitäten eingeschränkt, dennoch als überaus anregend empfindet. Das Religiöse ist in dieser Gemeinschaft vor allem als die alles durchdringende Sphäre der Innerlichkeit präsent und weniger - von den alltäglichen Morgenandachten und sonntäglichen Gottesdiensten abgesehen - als öffentlich gesprochenes Bekenntnis:

> „Those simple-minded Quaker folk didn't talk much about religion; they took it for granted. Nor did they profess religion in those earlier years before the infusion of Methodism with its experience meetings; they *lived* it. Often the best meetings were those in which not a word was spoken. All were 'waiting on the Lord' and feeling the common satisfactions of the indwelling presence of the Spirit. Each was supposed to remain silent unless the Holy Spirit gave him utterance."[3]

Entsprechend gestaltet sich die Erziehung der Kinder nicht auf dem Wege direkter Vorschriften und Bestrafungen, sondern durch unwillkürliche Aneignung im Mitvollzug des landwirtschaftlichen Alltags, der ins Farmleben eingewobenen kleinen Verpflichtungen und Aktivitäten in einer Mensch und Tier umfassenden Atmosphäre gegenseitigen Respekts und der Achtung der individuellen Persönlichkeit:

---

[1] RUM 211f.; „The New World and Its Values" (1912), zitiert nach LTD 365-384, dort bes. 365, 369f., 379ff.; „The Play Impulse and Life" (1938), LTD 325-328, dort 328; „India and the Cultural Traditions" (1932), LTD 287-292, dort 289f.

[2] RUM 207-212; „Things a Man Remembers" (1935), LTD 395-397.

[3] RUM 209.

„moral laws were usually not 'observed,' they were written on the heart."[1]

Diese als beglückend erlebte Gestalt der Frömmigkeits- und Erziehungspraxis seiner Kindheit ist es ganz offensichtlich, die Starbuck später als ideale Zielvorstellung seiner wissenschaftlichen Konzeptionen vorschweben wird:[2] Innerhalb seiner Religionspsychologie stellt sie das Ideal der Religion, die die höchst entwickeltste und zugleich erfüllteste menschliche Lebensform bildet und wesentlich als ein Leben der Innerlichkeit, weniger aber äußerer Organisationen charakterisiert ist; innerhalb seiner Pädagogik kehrt sie wieder im Programm einer indirekten Erziehungsmethode und Ideal der Schule als demokratische Erfahrungsgemeinschaft.

1.3 Von der Mission als Puritaner

Auch seine High School-Zeit absolviert Starbuck von 1881-1884 an zwei Quäkereinrichtungen und durchläuft in deren freiem Milieu eine ebenso krisenlose wie fruchtbare Adoleszenzentwicklung.[3] Der religiöse Geist dieser Jahre ist geprägt von der Ausbildung persönlichen Verantwortungsbewußtseins, in dem erstmals bereits eine missionarische Note anklingt:

„Being one of the student Commencement speakers, I delivered a clarion call to America to preserve the Puritan traditions."[4]

Die puritanische Tradition zu bewahren und durch ihren heilsamen Impuls die Welt insgesamt spirituell zu erneuern, hiervon wird auch die spätere „Mission"[5] des etablierten Wissenschaftlers künden. In einer Rede aus dem Jahr 1912, „The New World and Its Values"[6], hören wir Starbuck erneut einen Fanfarenruf erheben:

In ihm ruft er Amerika in die Weltverantwortung, die sich abzeichnende spirituelle Renaissance des einfachen und ewigen Lebens Jesu entschlossen voranzutreiben, die den christlichen „Strom" von seiner bisherigen „Verschmutzung" reinigen und nach dem Geist seiner ursprünglichen Quelle wiederherstellen solle.[7] Diese epochemachende[1] Wiedergeburt besteht für Starbuck in der aus-

---

[1] RUM 211.
[2] Ebenso urteilt auch BOOTH, 75f.: „The major efforts of Starbuck's life should be characterized as an attempt to shape a society of such religious men."
[3] RUM 212; BOOTH, 66.
[4] RUM 213.
[5] Eine solche „Mission" und „Berufung", die Wirklichkeit der Religion denk-, versteh- und kontrollierbar zu erweisen, hat Starbuck als einen elementaren Grundzug seiner Persönlichkeit angesprochen: RUM 202f., vgl. a. 205.
[6] LTD 365-384.
[7] LTD 380f.

nahmslosen Heiligung der gesamten Lebenssphäre², in der das ehemalige Gegenüber von religiösen und säkularen Bereichen aufgehoben werde in einer einzigen göttlichen Immanenzerfahrung³: welche statt spiritueller Weltflucht volle diesseitige⁴ Daseinsfreude⁵ motiviere, in der subjektiven Wahrnehmung ewiger Werte und ihrer Verinnerlichung⁶ realisierend, daß „the kingdom of Heaven is within us"⁷.

Sowohl im religiösen Enthusiasmus der beschworenen Aufbruchstimmung als auch in ihrer umformenden Aufnahme des Motivs einer „citty upon a hill" erinnert Starbucks Rede an die Geburtsstunde des amerikanischen Puritanismus: an die Predigt John Winthrops auf der Arabella im Jahr 1630, die die Überfahrt zur Neuen Welt als den Weg des neuen Israel in sein gelobtes Land und die neue Heimat des Volkes Gottes als neue Zionstadt im Anblick der Völker deutet.⁸

Einen ausgesprochen religiösen Missionseifer können wir somit nicht nur in Starbucks Schülerrede, sondern auch in den brennenden Reden des erwachsenen Forschers entdecken, der die Gestaltung einer neuen Welt und die „Rettung der Menschheit"⁹ zu erreichen strebt „with the aid of clear-headed cultural engineering toward the eradication of much moral ugliness and spiritual failure and toward the realization of a better sort of humanity"¹⁰. Dieser religiöse Missionseifer, der durch die Ereignisse der Weltkriege und der großen ökonomischen Depression zusätzliche Brisanz erhält, wird zwar später ein allgemein-christliches¹¹ bzw. universal-religiöses Banner tragen, jedoch immer auch typische Züge seiner

---

¹ Als *epochemachend* wird die neue Entwicklung auf dem Gebiet der Religion auch an anderer Stelle bezeichnet: „How Shall We Deepen the Spiritual Life of the College", Religious Education 4 (1909), 83-89, dort 86; „The Young Men of the World", Religious Education 24 (1929), 872-874, dort 872.

² So auch in: „The Play Instinct and Religion", (1909) LTD 249-254, dort 249, 251; E. D. STARBUCK u. a., „Report of the Commission Appointed in 1911 to Investigate the Preparation of Religious Leaders in Universities and Colleges", Religious Education 7 (1912), 329-348, dort 338.

³ LTD 379f.; „The Life of the World", 295.

⁴ Vgl. dazu „India and the Cultural Tradition", 291.

⁵ Vgl. dazu „The Play Instinct and Religion", 249, 251.

⁶ Diese soll jedoch nicht im Sinne eines spirituellen Egoismus und mystizistischen Absolutismus verstanden werden: „India and the Cultural Traditions", 291.

⁷ LTD 380.

⁸ J. WINTHROP, „A Modell of Christian Charity", in: The Heath Anthology of American Literature, hg. v. P. LAUTER u. a., Bd. 1, Lexington/Massachusetts 1990, 198; vgl. dort insgesamt zu Schriftauszügen Winthrops 188-210.

⁹ RUM 241.

¹⁰ RUM 255f.

¹¹ So übernimmt Starbuck beispielsweise 1918 den Vorsitz des Komitees für „Practical Christianity and Reconstruction after the War", das sich für eine universitäre Erziehung zur „world citizenship" einsetzt; vgl. BOOTH, 28f.

quäkerischen Herkunft bewahren:[1] Wie George Fox, dem Begründer der „Gesellschaft der Freunde", so geht es auch Starbuck darum, in der Abkehr von bloß abstrakten bzw. toten religiösen Idealen die Hinkehr zu einer konkret religiös bestimmten Lebensgestaltung nach dem Vorbild Jesu zu motivieren.[2] Hier wie dort liegt die Betonung dabei auf der Erfahrung von Gottes lebendiger Geistimmanenz im Inneren des Menschen[3], aus der ein humanitäres Christentum der praktischen Tat[4] entspringen soll, demgegenüber alle äußeren Vermittlungsformen, wie Schrift, Sakrament, Amt und Dogma, als sekundär betrachtet werden oder sogar unter Verdacht stehen, die lebendige Wirkung des göttlichen Geistes durch formale Erstarrung zu hemmen.[5]

1.4 Die erste Berufung als Pädagoge

Nach seiner High School-Zeit tritt Starbuck eine zweijährige Lehrtätigkeit in den Dorfschulen seiner Nachbar- und Heimatgemeinde an, um sich die finanziellen Mittel für ein folgendes College-Studium zu erwerben.[6] Er erlebt diese beiden Jahre als erfüllte Zeit der Reife und Personintegration, in der er ganz in seiner neuen Aufgabe aufgeht, sich bemühend, seiner Position als geistiger Mittelpunkt der Gemeinde in und außerhalb der Schule gerecht werden zu können. Starbucks Idee von der eminent sozialgestaltenden Funktion des Pädagogen im Wirksamwerden von dessen jeweiliger Gesamtpersönlichkeit, die sein späteres Schul- und Charakterbildungsprogramm leidenschaftlich stark machen wird, läßt sich wahrscheinlich bis in die persönliche Lebenserfahrung dieser Jahre zurückverfolgen. Wir können in ihr zugleich einen weiteren klassischen Schwerpunkt der Quäkerreligion wiedererkennen, in der eine persönlichkeitsformende praxisorientierte

---

[1] BOOTH, 76: „It can be said, too, that the fundamental principles which Quakers uphold are not unlike those Starbuck maintained. Rachel Knight, in writing about the causes for which Quakers fought, listed 'Liberty, truth, toleration,' causes, all for which Starbuck also battled". R. KNIGHT zieht selbst diesen Vergleich zwischen ihrem Lehrer, Edwin Diller Starbuck, und dem Begründer der Gesellschaft der Freunde, George Fox, in: The Founder of Quakerism, London 1922, 265; die von Booth angesprochene Passage findet sich dort 256.

[2] Zur Theologie und Lebensweise der Quäker vgl. R. C. SCOTT (Hg.), Die Quäker, (Die Kirchen der Welt, Bd. XIV, hg. v. H. H. HARMS u. a.) Stuttgart 1974. Darin vor allem folgende Beiträge: R. C. SCOTT, „Was ist Quäkertum?", 9-21, bes. 9ff., 14; N. A. SIMS, „Glaube und Tat in der Quäkererfahrung", 22-62, bes. 27; C. JONES, „Die Entwicklung des Quäkertums in Amerika", 125-154, bes. 125.

[3] Vgl. STARBUCKs Beschreibung seiner eigenen Religiosität als eine Form „unausrottbarer", „tiefverwurzelter Mystik", welche er als Unmittelbarkeit religiöser Erfahrung und ihrer Innerlichkeit, als „a sense of an Interfusing Presence", charakterisiert: RUM 204.

[4] SCOTT, 9f.; SIMS, 22, 27, 44-55; JONES, 125.

[5] SCOTT, 9f.; SIMS, 27; JONES, 125.

[6] RUM 213f.

Schulbildung traditionellerweise im Mittelpunkt des gesellschaftspolitischen Interesses steht.[1]

1.5 Der Stachel einer als unecht erlebten Bekehrungserfahrung

In das zweite Jahr dieser Lehrtätigkeit fällt eine Begegnung mit dem evangelistischen Geist der methodistischen Erweckungsbewegung, die seine Heimatgemeinde erfaßt und, von deren Begeisterungswelle mitgerissen, Starbuck eine Bekehrungserfahrung durchlebt, die er jedoch später als unecht einschätzen muß. Der ruhigen gesunden Religiosität der früheren Quäkergemeinschaft stellt er kontrastierend die ungesund hitzige Atmosphäre der Erweckungsversammlungen gegenüber, die, statt kontinuierliches Wachstum zu ermöglichen, zu schnellen, äußerlich greifbaren, jedoch häufig unechten Frömmigkeitserfahrungen dränge:[2]

„An event that needs recording, which was not a real event except outwardly, was a public acceptance of Christianity during that second year of teaching."[3]

Eben die Bekehrungserfahrung, die, von einer einflußreichen Tradition seiner Zeit gefordert, ihm selbst nicht wirklich nachvollziehbar war, schließlich doch noch aus der Perspektive des Wissenschaftlers zu verstehen und in ihr den gesunden Kern jeder Persönlichkeitsentwicklung überhaupt zu entdecken - dies wird dann der Ansatzpunkt der Starbuckschen Religionspsychologie sein.

1.6 Zweifel und Rekonstruktion, oder: die pantheistische Interpretation der evolutionistischen Wirklichkeitskonzeption

In unmittelbare zeitliche Nähe zu seiner unechten Bekehrung fällt eine Periode des Zweifels und der Rekonstruktion im Zusammenhang mit Starbucks Studium am heimatnahen Earlham College.[4] Das Modell dieser ersten wirklichen Krisenerfahrung und seiner Überwindung wird für Starbucks Religionspsychologie den Prototyp gesunder Persönlichkeitsentwicklung stellen, deren Wachstumsbedingungen er pädagogisch zu „demokratisieren" strebt[5]. Auf dem Hintergrund dieser Krisenerfahrung wird er später stets die konstruktive Bedeutung eines disziplinierten Zweifels als gesundes Gegengewicht zu retardierenden Tendenzen, wie

---

[1] SCOTT, 17; SIMS, 45-48; JONES, 125.
[2] RUM 209, 215.
[3] RUM 214f.
[4] RUM 215-220.
[5] „How Shall We Deepen the Spiritual Life of the College?", 88.

Gewohnheit, Sitte und Tradition, betonen und vor den Gefahren seiner künstlichen Unterdrückung nachdrücklich warnen.[1]

Starbucks persönliche Krise entzündet sich an der ersten Berührung mit den Idealen der „Science", die ihm in Gestalt seines Lehrers David Star Jordan, einem radikalen Freidenker, imponierend begegnen. Aus seinem Studium der Geologie und Biologie resultieren ernsthafte Zweifel an der Wahrheit seiner bisherigen Glaubenseinsichten. Sein innerer Überzeugungsstreit entscheidet sich zunächst ausschließlich zugunsten des soeben entdeckten Evolutionsdenkens, was freilich den Konflikt mit seiner Heimatgemeinde nachsichzieht und darum vorerst noch keinen inneren Frieden bedeutet. Nicht auf dem Wege seiner Frömmigkeitspraxis, sondern mittels eines intellektuellen Klärungsprozesses vermag er schließlich die versöhnende Rekonstruktion seiner religiösen mit seinen neuen wissenschaftlichen Einsichten zu erringen. Daß diese Rekonstruktion eine pantheistische[2] Gestalt besitzt, erhellt das folgende verschlüsselte Selbstzeugnis Starbucks:

> „One time in Illinois, an educator, whose name is a household word in America, described an experience of his during his high school life. He had been studying biology and saw the laws written in organisms, of cell division, of specialization of structure asccording to function, of adaptation, and all of it. He was now studying botany and watching the developmental processes in plants. The same laws and similar forces were playing through all the orders of life on the planet. While he was working one day, the bottom seemed to fall out of it all and he caught a vision of the fact that he was a part of that order too. He seemed to know for the first time in his life, although brought up in religious surroundings, what one might mean by the word God - the Life of the World which permeates and vitalizes all that exists. He was voicing in his own heart the words of almost all great students of nature. 'Alike in atoms and in worlds, as in plants and animals, we recognize evolution, the law of the universe. In that universal evolution we see no indication of beginning or end. Rather we are coming to think of God as eternally immanent in an eternal universe. The whole universe is alive with a devine presence. God dwells in the continuity of nature; not in imaginary gaps'."[3]

In diesem Zeugnis wird das Evolutionsgesetz als das alle Naturgesetze insgesamt umfassende Weltprinzip verstanden und als solches sogar mit dem Autor des universalen Lebens selbst identifiziert. Wird dieser Autor mithin als Prinzip, nämlich als das dynamisch-teleologische Lebensprinzip des Universums vorgestellt, dann zugleich auch als im Universum unmittelbar anwesend. Von hier aus

---

[1] „Doubt", Encyclopedia of Religion and Ethics, hg. v. J. HASTINGS, Bd. IV, Edinburgh/New York 1912, 863-865, dort 865; „How Shall We Deepen the Spiritual Life of the College?", 85f.; „The Young Men of the World", 872.

[2] Seine „chronische Religiosität", die seinen eigenen Worten nach einen elementaren Grundzug seiner Persönlichkeit bildet, hat STARBUCK selbst als eine Art „Pantheismus" bzw. „Panpsychismus" oder „Pankalonismus" gekennzeichnet, in RUM 203-207, bes. 204f.

[3] „The Life of the World", LTD 295-297, dort 295, entspricht einem Auszug aus: „The Cultural Equivalent of Religion in the Secondary School Program", Proceedings of the Annual Convention of Secondary School Principals of California, State of California Department of Education Bulletin 12 (1932), 34-44.

liegt es nahe, in der quäkerischen Rede von Gottes Geistimmanenz in seinen Geschöpfen[1] die direkte Parallelkonzeption zur Evolutionstheorie zu erblicken. Das naturwissenschaftliche Weltbild kann so gesehen von Starbuck scheinbar unbedenklich adaptiert werden, ohne daß die bisherige religiöse Sicht der Wirklichkeit aufgegeben werden muß. Ja, es scheint diese religiöse Sicht sogar erst in ihrer vollen Bedeutung zu erschließen, indem es das menschliche Individuum lehrt, sich nicht nur als Teil der Menschheit[2], sondern darüber hinaus als Teil des „Lebensdramas" insgesamt und seiner göttlichen „Weltordnung" zu begreifen:

> „During the teens I shed a pathetic tear or two over the transiency of life and the certainty of death. Not once since. Never again. In the twenties and after, I became a part of a glorious World-Order, a Life-Drama, no longer appalling but enthralling."[3]

Das szientifische Evolutionsschema kann so zum übergeordneten Rahmen avancieren, in den die religiöse Sicht der Wirklichkeit in einer reduzierten Version eingeordnet wird. Im Zuge dieser „Rekonstruktion" traut Starbuck den christlichen Glaubensaussagen seiner Herkunft wieder Wahrheit zu, will sie jedoch von „mythischen" Elementen und „kindischer" Philosophie geläutert wissen. Ihren bleibenden Wahrheitskern im Zeitalter wissenschaftlicher Erkenntnis herauszuschälen und der allgemeinen Dekadenz des Religiösen[4] zu wehren, darin hat er das Grundproblem seiner Epoche[5], und darin, es zu lösen, seine erklärte Lebensaufgabe gesehen.[6] Sein bilderstürmerischer Missionseifer, der in gewisser Hinsicht an den Leubas erinnert, bleibt jedoch stets diszipliniert durch die ungebrochene Wertschätzung für seine quäkerische Heimatgemeinde. Obgleich sich Starbuck in späteren Jahren nicht mehr konfessionell bindet, hat er dennoch die positive Bedeutung kirchlicher Institutionen niemals prinzipiell in Frage gestellt,[7] sondern seine wissenschaftliche Arbeit zuweilen sogar in deren Dienst stellen können[8].

---

[1] SCOTT, 9f.; SIMS, 27; JONES, 125 und o. unter 1.2. Als „sense of an Interfusing Presence" von STARBUCK selbst als Grundzug seiner persönlichen Religiosität angesprochen in RUM 204.

[2] Vgl. eine Gedicht in LTD 392.

[3] In einer Danksagung anläßlich seines 70. Geburtstages: LTD 399.

[4] „The Play Instinct and Religion", 249, 251; „India and the Cultural Traditions", 291f.; „The New World and Its Values", 372f.; diese Dekadenz als Interesseverlust am Spirituellen: „The Young Men of the World", 295.

[5] „How Shall We Deepen the Spiritual Life of the College?", 86.

[6] RUM 216 Z. 23ff. Vgl. a. RUM 202f., wo STARBUCK von einem unwiderstehlichem Drang spricht, die Wirklichkeit der Religion denk-, versteh- und kontrollierbar zu erweisen.

[7] BOOTH, 77, bietet hier Informationen aus der Befragung von Angehörigen und Zeitgenossen.

[8] RUM 217f. Etwa durch Mitarbeit an der „Conference of Church Workers in State Universities" 1911 (BOOTH, 47, 55), sein dortiger Vortrag ist abgedruckt in: M. C. TOWNER (Hg.), Religion in Higher Education, Chicago 1931, 250-258. Vor allem ist hier seine Mitarbeit in den Jahren 1912-14 am religionspädagogischen Reformprogramm der Unitarier zu nennen. Aber auch seine Verbindung zu den vereinigten Presbyterianern während seiner College-Zeit und

1.7 Der philosophische Ansatz zu einer Entwicklungstheorie der Religion

Neben dieser Begegnung mit dem von nun an adaptierten naturwissenschaftlichen Evolutionismus bildet sich Starbucks Lebenseinstellung vor allem unter Einfluß des Neuhumanismus, der ihm in einem Lektürekreis zu Werken des Poeten Browning[1] entgegentritt. Diesen hat Starbuck offensichtlich problemlos zu verbinden gewußt mit dem selbst bereits humanistischen Grundzug seiner Quäkerreligion, in der die Wertschätzung jeder Person in der Überzeugung von ihrer zur Entwicklung bestimmten Göttlichkeit gründet[2]. Im Laufe seiner Studien der klassischen Philosophen transzendiert sich für Starbuck dieser Humanismus zu einer umfassenden „religion of philosophy" bzw. „philosophy of religion"[3], in der die universalen Wahrheiten von Philosophie und Religion zu harmonischer Einheit verschmelzen.

Von allen Philosophen am meisten begeistert ihn Hegel, dessen dialektisches Prinzip er zum Thema seiner studentischen Festrede „The Unity of Opposites" wählt, in der er erstmals das entwicklungsmäßige Zustandekommen höherer Harmonie auf dem Boden von Konflikt und Kampf zu behandeln versucht. „This philosophical illumination carried over into postgraduate Harvard years"[4] und stiftet das Grundmotiv seiner religionspsychologischen Bildungstheorie: Psychisches Wachstum, darunter Erkenntnis, ja jede ethische Entscheidung überhaupt werden von Starbuck später jeweils als konstruktive Synthesen von zuvor dialektisch miteinander streitenden Antithesen begriffen,[5] Zweifel, Emotionsschwan-

---

nicht zuletzt zur Y.M.C.A., zu der STARBUCK offensichtlich auch in späteren Jahren noch Kontakt pflegte: vgl. seine Programmschrift „The Young Men of the World" a. a. O. Weitere Belege bei BOOTH, 83f.

[1] Dabei handelt es sich offensichtlich um den englischen Dichter Robert Browning (1806-1861).

[2] SCOTT, 9f.; SIMS, 26f., 45; JONES, 125.

[3] RUM 219f.

[4] RUM 219.

[5] „Doubt", 864; „Double-Mindedness", Encyclopedia of Religion and Ethics, Bd. IV, 1912, 860-862. STARBUCK hat auch seine eigene Persönlichkeitsstruktur als Einheit von dialektisch miteinander ringenden antithetischen Charakterzügen beschrieben (RUM 206f.) und damit eine psychologische Konzeption auf sich selbst angewandt, die er und zwei seiner Schüler an biographischen Fallstudien als Charakterstruktur der genialischen Persönlichkeit herausgearbeitet haben: vgl. STARBUCKs Psychogramm seines Lehrers Hall in „Life and Confessions of G. Stanley Hall. Notes on the Psychology of Genius", 145f., sowie „G. Stanley Hall As a Psychologist", Psychological Review 32 (1925), 103-120, dort 112-120; sodann die Studien seiner Schüler: P. H. HEISEY, Psychological Studies in Lutherianism, Burlington/Iowa 1916, 88ff.; KNIGHT, 127ff. Nach dieser Konzeption umspannt die genialische Persönlichkeit in Synthese den antithetisch repräsentierten Gesamthorizont menschlicher Erfahrung und ermöglicht so eine entwicklungsmäßige Erweiterung dieses Horizonts auf der Ebene des Individuums stellvertretend für die gesamte Menschheitsgattung.

kungen¹ und das Phänomen eines gespaltenen Selbst kommen in seiner Konzeption weniger als pathologische Krankheitssymptome denn als normale Formationserscheinungen einer gesunden Persönlichkeitsentwicklung vor.

1.8 Die Lektüre der komparativen Religionstheorie James Freeman Clarkes

Starbucks neuhumanistische Idee von der Religion als universales Datum menschlicher Entwicklung und sein Interesse an einem komparativen Studium des Religiösen - aus evolutionistischer Sicht und nach szientifischer Methode - entzündet sich vollends bei der Lektüre von Max Müllers „Lectures on the Science of Religion"² und dann vor allem an James Freeman Clarkes „Ten Great Religions":

> „A flesh that cleared the skies and precipitated afresh the sense of the Universal Soul of religion was the appearance just at that time of James Freeman Clarke's *Ten Great Religions*. That work was devoured eagerly. It was food and drink."³

Wie sehr die geistige Nahrung dieser Zeit in Starbucks Denken wirksam geworden ist, zeigt ein Blick auf Clarkes Religionstheorie:⁴

In den 1871⁵ und 1883⁶ erschienenen beiden Bänden seiner „Ten Great Religions" unternimmt Clarke ein komparatives Studium der Weltreligionen⁷, um deren jeweilige Bedeutung für den religiösen Fortschritt der Menschheit und ihre Beziehung zur absoluten Universalreligion - das ist für Clarke das Christentum⁸ - zu bestimmen.

Wie später Starbuck so sieht auch Clarke das Neuartige seiner Studie dabei in der Verfahrensweise seiner Beschäftigung mit den religiösen Phänomenen: Gegen einen materialistischen Szientismus auf der einen Seite pocht er auf das Recht, nicht nur die Phänomene der äußeren, sondern auch die der inneren Welt als der unmittelbareren Sphäre menschlicher Erkenntnis zum Gegenstand szientifischer Forschung machen zu können.⁹ Gegen einen theologischen Dogmatismus

---

¹ „Backsliding", Encyclopedia of Religion and Ethics, Bd. II, 1910, 319-321.
² F. M. MÜLLER, Lectures on the Science of Religion, New York 1872; dazu RUM 221.
³ RUM 219f.
⁴ Vgl. hierzu auch BOOTH, 77ff., 108f.
⁵ London/Boston 1871.
⁶ London 1883. Der 2. Band ergänzt die komparatistischen Studien des ersten Bandes um eine genauere Untersuchung der Glaubensinhalte der Weltreligionen: CLARKE, Bd. 2, V, 2, ausgeführt in Kap. IV-XI.
⁷ Mit Ausnahme des Christentums, das ja als Universalreligion fungiert: CLARKE, Bd. 1, 1f., ausgeführt in Kap. II-XI.
⁸ CLARKE, Bd. 1, 3, 8 sowie in den jeweiligen Abschlußparagraphen der Kap. II-XI und dem zusammenfassenden Schlußkapitel XII, 489-509.
⁹ CLARKE, Bd. 1, 3f.; Bd. 2, 2-5, 174.

auf der anderen Seite sucht er eine „komparative Theologie"[1] bzw. „Science of Religion"[2] zu etablieren, die nicht auf der Autorität von Schrift oder Kirche gründet, sondern „vorurteilsfrei" bei den Tatsachen des religiösen Bewußtseins selbst anheben will, um über deren Observation, Induktion und Verifikation zu generalisierenden Aussagen zu gelangen[3]. Szientifischer Materialismus einerseits und antiszientifischer kirchlicher Konservativismus andererseits - das werden genau die beiden Gegenpole sein, in Abgrenzung zu denen sich auch die Starbucksche Religionspsychologie entfaltet.[4] Daß Starbuck die immanenten Probleme des Clarkeschen Programms einer „Science of Religion" zwar nicht klar identifiziert hat, aber doch zumindest ansatzweise empfunden haben muß, werden wir am Verlauf seiner weiteren Bildungsgeschichte ablesen können (1.10).

Identisch ist auch das Zentralkonzept beider Systeme[5]: Es präsentiert sich als ein religiös interpretierter Evolutionismus, der versucht, Religion nicht nur als universales Datum der menschlichen Natur[6], sondern zugleich als das innere Telos[7] der Menschheitsentwicklung zu bestimmen. Die darwinistische Lehre von der Evolution des organischen Lebens soll erweitert werden um die Lehre einer dieser übergeordneten Evolution auch des Geisteslebens[8]. Darin erscheint die Menschheitsentwicklung nicht mehr als mechanistisch blindes Evolutionsgeschehen[9], sondern als die göttliche Geschichte der Erziehung des Menschengeschlechts hin zur absoluten Universalreligion[10]. Und das ist für Clarke - wie für Starbuck, wenn auch weniger apologetisch ausgearbeitet[11] - nun genau das Christentum, das sich ihm hierfür aufgrund seiner eigentümlichen Wesenszüge wie keine andere Religion anbietet: und zwar erstens aufgrund seiner Universalität[12], sodann zweitens aufgrund seiner vollkommenen Wahrheit und Lebensfülle, welche in höherer Synthesis alle Antagonismen der Lebenswirklichkeit und Wahrheitsmomente der Religionen umspanne,[13] sowie drittens aufgrund seiner we-

---

[1] CLARKE, Bd. 1, 3-9, 13f., 507f.
[2] CLARKE, Bd. 2, 2-5.
[3] CLARKE, Bd. 2, 4.
[4] Vgl. etwa PR 1f. und „The Life of the World", 295.
[5] CLARKE, Bd. 1, 3, 9, 14, 29ff.; Bd. 2, 31, 187-192.
[6] CLARKE, Bd. 1, 489-492; Bd. 2, 17, 346-349.
[7] CLARKE, Bd. 2, 254.
[8] CLARKE, Bd. 2, 190ff., 196-204, 217-221.
[9] CLARKE, Bd. 2, 220f.
[10] CLARKE, Bd. 1, 3, 8, Kap. XII, 489-509 u. ö.; Bd. 2, 2, 31, Kap. XII u. ö.
[11] Vgl. dessen „India and the Cultural Tradition", 287f.
[12] CLARKE, Bd. 1, 14-21, 492; Bd. 2, 359f., 373.
[13] Auch bei CLARKE finden wir wieder das dialektische Entwicklungsprinzip: „The law of human life is, that the development of differences must proceed their reconciliation. Variety must proceed harmony, analysis must prepare the way for synthesis, opposition must go before union, Christianity, as a powerful stimulus applied to the human mind, first develops all the

sentlichen Progressivität[1], d. h. seiner Fähigkeit, mit der Evolution Schritt zu halten und sich immer wieder neu den veränderten Bedingungen der menschlichen Natur und Lebenspraxis vollkommen anzupassen. In diesem Sinne hat die szientifisch-komparatistische Betrachtung der Religionen als Ergebnis für Clarke also keineswegs eine relativierende Schmälerung des Christentums, sondern gerade den wissenschaftlich belegten Erweis[2] seines unübertrefflichen Wertes hervorgebracht. Am bleibenden Wert[3] der Religion im Zeitalter einer materialistisch geprägten Wissenschaft[4] festzuhalten, in dieser Absicht stimmt Clarkes Unternehmen genau mit Starbucks Lebensinteresse überein. Wie sein älterer Zeitgenosse so wird auch er einen Rekonstruktionsversuch des Christentums unternehmen, der die Verfahren der „Science" nicht zur Überwindung der Religion, sondern gerade im Gegenteil zur Durchsetzung ihres objektiven Wahrheitserweises einsetzen will.[5]

1.9 Das Programm einer psychologisch fundierten und pädagogisch orientierten „Science of Religion" als Lebensaufgabe

Um sich die finanziellen Mittel für eine Graduierung im Fach Philosophie mit Schwerpunkt Religion zu beschaffen, nimmt Starbuck in den Jahren 1890-1893 erneut Lehrtätigkeiten auf, zunächst als Lehrer für Latein und Mathematik an der Spiceland Academy, ein Jahr später als Dozent für Mathematik an der Vincennes University:

„Here was the opportunity to teach an exact science as an art."[6]

In der Weihnachtszeit 1892 hält Starbuck sein erstes öffentliches Plädoyer für eine wissenschaftliche Beschäftigung mit der Religion: In einem Vortrag vor der Indiana State Teacher's Association in Indianapolis entwirft er das Programm einer psychologisch fundierten „Science of Religion" und ihrer Rolle für das Erziehungswesen, das er wesentlich unverändert 1899 zum ersten Mal schriftlich

---

tendencies of the soul; and afterward, by its atoning influences on the heart, reconciles them..., universal unity is the object and end of Christianity." (CLARKE, Bd. 1, 509).

[1] CLARKE, Bd. 1, 14, 29ff., 493, 507ff.; Bd. 2, 354-359, 368f., 373.
[2] CLARKE, Bd. 1, 13f.
[3] CLARKE, Bd. 2, 373f.
[4] CLARKE, Bd. 1, 489; Bd. 2, 4, 174, 217ff., 241-245, 348.
[5] CLARKE, Bd. 1, 13f., 489, 507; Bd. 2, 22f., 190, 348-352. Mit Starbuck teilt CLARKE auch die Antipathie für eine Identifizierung des Christentums mit seinen kirchlichen Institutionen und Bekenntnissen: CLARKE, Bd. 1, 31, 504-507; Bd. 2, 366, 373; vgl. dazu STARBUCKs „The New World and Its Values", 380f.
[6] RUM 220.

ausarbeiten wird.¹ Starbuck hat sein zukünftiges Aufgabenfeld somit erfaßt und sucht nun ohne Aufschub einen geeigneten Ort für die Aufnahme seiner Studien. Denn er hat zu diesem Zeitpunkt zwar bereits ein festes Zutrauen in das Unternehmen der „Science" gefaßt, aber noch nicht deren Verfahrensweise selbst studieren zu können.

Seine Wahl fällt auf die Harvard-Universität, die als einzige vielversprechende Kurse zum Thema anbietet. Starbuck studiert dort von 1893-1895², belegt Kurse in deskriptiver und experimenteller Psychologie bei Münsterberg und James sowie bei dem Historiker Emerton. Überraschenderweise in Emerton findet er den enthusiastischsten Verfechter der szientifischen Methode, um deren Erlernen es ihm vorrangig geht. Kritiklos übernimmt er das ihm dargebotene Verständnis der „Science", für das eine Gegenüberstellung von empirischer Tatsachenerkenntnis und - mittels Reflexion gewonnener - Theorie kennzeichnend ist. Denn der Begriff der „Science" umfaßt für Starbuck ein Doppeltes: „respect for fact versus theory; and the use of careful, discriminating thinking, always challenged by the facts."³ Für ein Studium der Religion konkretisiert sich dieser Begriff in der Formulierung des für Starbuck im folgenden leitenden Ansatzes: Erforschung der religiösen Erfahrungstatsachen von Individuen aus erster Hand statt Umgang mit Theorien über Religion lautet das Programm.⁴

Um einen auswertbaren Bestand solcher theoretisch noch „ungeformter" Erfahrungsdaten zu sammeln, bringt Starbuck im Spätjahr 1893 - von universitären Kursen unabhängig und zunächst ohne Aussicht auf eine Anrechnung für seine Graduierung - unter seinen Freunden und Bekannten Fragebögen in Umlauf: und zwar einen ersten zur Bekehrung, einen zweiten zum Bruch von Gewohnheiten und einen dritten zu religiöser Entwicklung ohne Bekehrungserfahrung.⁵ Wider Erwarten stößt das Unternehmen, abgesehen von vereinzeltem Widerspruch, auf breite Akzeptanz und ernsthafte Bereitschaft zu konstruktiver Mitarbeit. Trotz anfänglicher Skepsis dem Verfahren gegenüber, zu der er sich später in seinem Vorwort zu „The Psychology of Religion"⁶ bekennt, unterstützt James bereitwillig das Projekt seines Schülers, indem er ihm persönliche Referenzen und damit

---

¹ RUM 221. Von diesem Vortrag selbst besitzen wir kein Manuskript, sind somit allein auf Starbucks autobiographische Selbstdarstellung angewiesen.
² RUM 222-227.
³ RUM 222.
⁴ RUM 223.
⁵ RUM 223f. Reproduktionen des ersten und auszugsweise auch des dritten handschriftlichen Fragebogens finden sich in RUM 224*, 224**. STARBUCK betont dabei, das Fragebogenverfahren ohne Wissen darum angewandt zu haben, daß diese Methode von Galton soeben in die Psychologie eingeführt worden war: nämlich im Jahr 1877, so BORING, 479.
⁶ PR VIIf. STARBUCK schildert das Verhältnis zu seinem Lehrer in: „A Student's Impressions of James in the Middle '90's", Psychological Review 50 (1943), 128-131.

die autoritative Absicherung durch universitäre und kirchliche Institutionen verschafft.[1]

Im Winter 1894/5 beginnen sich erste Ergebnisse in der Untersuchung zur Bekehrungserfahrung herauszukristallisieren. Sein Referat dieser Ergebnisse vor Dean Everetts Klasse in Religionsphilosophie bewertet Starbuck selbst als das historische Ereignis, das die empirische Religionspsychologie als neues akademisches Fachgebiet aus der Taufe gehoben habe.[2]

1.10 Eine metaphysische Erleuchtungserfahrung

In dieselbe Zeit fällt eine metaphysische Erleuchtungserfahrung, die von Starbuck zwar in ihrer biographischen Bedeutung hervorgehoben, ihrem Gehalt nach jedoch mehr prosaisch angerissen als begrifflich auseinandergelegt wird.[3] Unbemerkt oder zumindest unausgesprochen bleibt ihr offensichtlicher Zusammenhang mit jenen kategorialen Leitannahmen, die wir seiner folgenden Theoriebildung zugrunde gelegt finden. Diese erscheinen dort freilich nicht mehr als metaphysische Theoriebausteine, geschweige denn als auf dem Wege subjektiver Erfahrung gewonnene Einsichten, sondern nunmehr als objektive Ergebnisse empirischer Tatsachenforschung. Denn das Konstitutionsverhältnis zwischen szientifischer und philosophischer Erkenntnis wird von Starbuck zwar ansatzweise reflektiert, diese Reflexion jedoch - wie sein „Science"-Begriff zeigt - vorschnell durch die polemische Gegenüberstellung von „Erfahrungstatsache versus spekulativer Theorie" und zugunsten der Entscheidung für einen „rein" empirischen Erkenntnisweg abgebrochen.[4] Zu einer solchen abstrakten Gegenüberstellung von „Erfahrungstatsache versus Theorie" kann es kommen, weil die Reflexion auf die Möglichkeitsbedingungen jeglichen Erkennens und auf den alles Erkennen fundierenden Bereich von Erfahrung zwar nicht vollkommen ausfällt, aber vorschnell und undifferenziert beigelegt wird. Eben diese erkenntnistheoretische Fragestellung scheint es zu sein, die Starbuck selbst gegen Ende seiner Harvardzeit als ungelöstes Problem seines Denkens empfindet und schließlich in einer metaphysischen Erleuchtungserfahrung beigelegt sieht:

Nachdem sich Starbuck während seiner College-Zeit für die Adaption der szientifischen Weltsicht entschieden und innerhalb ihrer zugleich mit einer ver-

---

[1] RUM 224f.
[2] RUM 226f.
[3] RUM 227ff. Auch BOOTH, 81ff., hat die Szene lediglich detailgetreu nach Starbucks eigener Schilderung referiert, ohne ihren vollen Gehalt und ihre Bedeutung für das Gesamtwerk auszuwerten. Seine Interpretation beschränkt sich darauf, den von Starbuck mit dem Titel „cartesianischer Dualismus" gekennzeichneten Problemzusammenhang seinem allgemeinen Sinn nach philosophiegeschichtlich zu erhellen.
[4] RUM 222, 228; vgl. a. PR XII, 4, 6f., 16, 21.

söhnenden Rekonstruktion seiner religiösen Glaubensvorstellungen begonnen hatte, meldet sich nun erneut das Bedürfnis nach tiefergehender Klärung dieser Sicht der Wirklichkeit angesichts eines bislang noch unbedachten Problembestandes, den Starbuck als Rückfall in eine Art hartnäckigen cartesianischen Dualismus bezeichnet:

> „For a half-dozen years and more I had accepted Evolutionism in its fulness. The application of it was complete. Absentee gods and transcendental reals, as magical repositories from which to draw explanatory concepts, had been banished never to return. Berkeley, Kant, and Hume had done their work completely. Yet during those years I, who had studied much in the physical sciences and had taught astronomy, kept falling back into something akin to a stubborn Cartesian dualism. The unconscious desire for a complete and satisfactory synthesis was in no sense the result of 'spiritual need,' for there was cheerful acceptance of the Universe, and anything it should mete out. It was an ache after an intellectual synthesis."[1]

Der erneute Klärungsbedarf seines Verständnisses der Wirklichkeit scheint nicht zuletzt aus der Begegnung mit den wohl kaum ohne weiteres zu vereinbarenden Konzeptionen seiner Lehrer in Harvard entsprungen zu sein: „Peabody's picturesque 'God,' Everett's Hegelian 'World Spirit,' Royce's monistic idealism, and James' naughty jibes at the Absolute."[2]

Was aber ist nun eigentlich das spezifische Problem dieses intellektuellen Ringens und seine schließliche Lösung? Dies kann aus einer genauen Exegese von Starbucks skizzenhafter Andeutung des Lösungsweges erschlossen werden:

> „Among the more than Berkeleian considerations which were fighting it out and demanding resolution were these: sensation-perceptions are not the raw data of mentality but are later developing specificities of the wisdom of the organism; creative imagination, and not thought, is the Hamlet of the mental drama; concepts are only the patterned forms of the imagination and symbolize rather than represent 'objective' reality. The most stubborn concepts, such as the categories, can be viewed truly either as ejects of the mind or as representations of an external order; hence no *necessary* dualism. The Berkeleian principle could therefore apply universally to stones and stars, to thoughts and appreciations."[3]

Die Lösung seines geistigen Ringens erscheint unwillkürlich auf einem seiner abendlichen Spaziergänge unweit des Observatoriums in Gestalt einer plötzlichen Einsicht, deren Gehalt Starbuck mit folgenden Worten festgehalten hat:

> „I, a mind, a body-mind, am in and of a universe of meaning. The values of art, religion, human relations, and ideal strivings are at one descriptively, with the formalized objects of thought and perception."[4]

Die Einsicht geht mit einem frischen Gefühl des Daheimseins im Universum („at-homeness in the universe") einher, das sich im Lauf seines Lebens für Star-

---

[1] RUM 227.
[2] Ebd.
[3] RUM 228.
[4] Ebd.

buck bewähren und vertiefen wird.¹ Dieses „kosmische Daheimfühlen" wird verständlich, wenn wir uns den Gehalt dieser Einsicht verdeutlichen, in der sich die lösende Synthese von vier impliziten, offensichtlich zusammenhängenden Dualismus-Problemen anzudeuten scheint:

Das ist *erstens* der Dualismus von Körper und Geist. Er wird dahingehend aufgelöst, daß dem menschlichen Individuum ein dichotomisches Sein als „body-mind" zugeschrieben wird, und zwar mit vorangestellter Betonung des Geistcharakters seines Seins: „I, a mind, a body-mind...".

Zweitens der Dualismus zwischen dem Sein des Individuums und seiner von ihm unterschiedenen Umwelt. Er wird gelöst, indem das Individuum selbst nicht nur räumlich, sondern seinem Wesen nach als Teil eines alles umfassenden Gesamtzusammenhangs begriffen wird: einem Universum, das als „universe of meaning" - wie das Individuum - selbst Geistcharakter besitzt: „...am in and of a universe of meaning".

Drittens der Dualismus in der Lebenswelt des Individuums und dessen beiden Überzeugungsbereichen, zwischen den Werteeinsichten in Kunst, Religion und moralischem Leben und den formalisierten Einsichten des Denkens und der Wahrnehmung - z. B. den Kategorien (erg.: in Philosophie und „Sciences").² Dieser Dualismus wird dahingehend synthetisiert, daß letztere - die Einsichten des Denkens und der Wahrnehmung - als geronnene Beschreibungsformen der ersteren - also jener Werteeinsichten, welche Kunst, Religion und moralisches Leben hervorbringen - begriffen und mit ihnen hinsichtlich ihres Wirklichkeitsbezugs in eins gesetzt werden:

„The values of art, religion, human relations, and ideal strivings are at one descriptively, with the formalized objects of thought and perception."

Starbucks Überlegungen zu Berkeleys Erkenntnisprinzip zeigen, daß dieser dritte Dualismus zweier gegenüberstehender Bereiche des menschlichen Lebens und ihrer beiden Erkenntnismodi selbst wiederum auf einem *vierten* innerpsychischen Dualismus aufruht: dem Dualismus nämlich zwischen einem sich auf Sinneswahrnehmung stützenden Denken des Individuums und seiner schöpferischen

---

¹ RUM 229. Seine tiefe Daseinsfreude und religiöse Grundstimmung, in seine nähere Umgebung von Familie und Freunden wie auch in das göttliche Weltganze insgesamt harmonisch eingebunden zu sein, kommen besonders schön in einigen rein persönlichen Lebenszeugnissen STARBUCKs zum Ausdruck, vor allem in den beiden Nachrufen zum Tod seiner Frau (1929) und seines Sohnes (1935): „Purely Personal", LTD 387-399, bes. 389-391. Vgl. dazu auch die Darstellung von Starbucks Persönlichkeit bei Booth, die obgleich idealisierend, ihren Wert darin besitzt, daß sie auf einer reichen Konversation mit Angehörigen und Zeitgenossen Starbucks basiert: BOOTH, bes. 88-106, 109-112.

² Daß STARBUCK den Gegensatz zwischen Religion und „Science" dabei als *das* Grundproblem seiner Zeit betrachtet, vgl. etwa: „The Life of World", 295. Und daß er diesen Gegensatz letztlich auf den cartesianischen Dualismus zwischen Geist und Materie zurückführt, vgl.: „The Play Impulse and Life", 328.

Phantasie („creative imagination") als dem vorgedanklichen Vermögen seiner Wertewahrnehmung. Dieser Dualismus wird dahingehend gelöst, daß letztere und nicht der Gedanke als „Rohmaterial" des Bewußtseins ausgewiesen wird. „Creative imagination" wird somit als das epistemologisch ursprünglichere Vermögen verstanden, worin der menschliche Geist das Universum unmittelbar wahrnimmt und zugleich in seiner Bedeutung als „universe of meaning" seinen Werten nach würdigend erfaßt.

Von hier aus wird deutlich, inwiefern die vier implizit angesprochenen Dualismen innerlich zusammenhängen und die Einsicht ihrer Synthese mit einem Gefühl des „Daheimseins im Universum" einhergehen kann: Starbuck erlebt sich selbst, seine Person und sein Leben, als ein integratives Ganzes, das nicht nur auf einen ebenfalls einheitlichen und im ganzen bedeutungsvollen universalen Gesamtzusammenhang sinnvoll bezogen, sondern sogar dessen Teil ist, aus demselben „Stoff" wie dieser selbst. Diese Einsicht wiederholt offensichtlich Starbucks Rekonstruktionserfahrung seiner College-Zeit, in der die neue szientifische Sicht eines universalen Evolutionismus schließlich in Gestalt einer universalen göttlichen Immanenzerfahrung auftritt, und vertieft diese alte Einsicht genau um ihren epistemologischen und ontologischen Aspekt. Damit zeigt sich: Das von Starbuck zu diesem Zeitpunkt bereits adaptierte szientifische Weltbild kann für ihn erst voll plausibel werden auf dem Boden einer metaphysischen Konzeption. Die sich angesichts seiner stellende epistemologische Frage wird hier nun ontologisch zu beantworten versucht. Darin bleibt die Konstitution dieser metaphysischen Einsichten jedoch am Ende weiterhin offen:

Frage: Wie ist ein Erkennen des Universums und seiner Gesetze überhaupt möglich?

Antwort: Weil das erkennende Subjekt aus demselben „Stoff" ist wie die Objekte seines Erkennens, wie das Universum insgesamt. Dies soll jedoch anscheinend gerade nicht im Sinne eines alles beherrschenden Materialismus, sondern im Sinne eines „Panpsychismus"[1] verstanden werden. Denn das Subjekt ist nach dieser Einsicht in erster Linie *Geist* in einem offensichtlich ebenfalls *geistigen* Universum voller Bedeutung. Und sein Lebenssinn besteht gerade darin, die *Werte* des „universe of meaning" würdigend und erkennend wahrzunehmen. Nämlich zunächst unmittelbar durch das Vermögen einer „schöpferischen Phantasie" in den Lebensbereichen Kunst, Religion und Moral, sodann mittelbar in der Bearbeitung dieser unmittelbaren Werteinsichten durch ein sich auf Sinneswahrnehmung stützendes Denken (erg.: im Lebensbereich der Wissenschaften). Der cartesianische Dualismus zwischen geistigem Subjekt und materialistischer Objektwelt scheint damit gelöst zugunsten der Einholung beider in ein alles umspannendes Universum des Geistes.

---

[1] Vgl. dazu RUM 204f.

Zugleich wird deutlich, daß Starbuck seine neue Einsicht wohl auch als eigentümliche Versöhnung der zunächst nicht ohne weiteres zu vereinbarenden Konzeptionen seiner Lehrer in Harvard verstehen kann: Eine religiöse Deutung der Wirklichkeit - vergleichbar zu der Peabodys - erscheint gerade darin gesichert werden zu können, daß Starbuck die Welt - mit Everett - im Hegelschen Sinne[1] als Universum des Geistes versteht. Dieser wird nun aber - auf der Linie James'[2] und dessen „naughty jibes at the Absolute" - nicht als das sich in Selbstbewußtheit entfaltende Absolute, sondern als ein soziales Gefüge unendlich vieler selbstbewußt freier Individuen aufgefaßt. Für diese - freilich nicht mit dem Jamesschen Pluralismus identische - panpsychistische Konzeption hat wiederum der monistische Idealismus Roycescher Prägung[3] den entscheidenden Zwischenschritt geleistet: Indem er den cartesianischen Graben zwischen Natur und Geist dadurch überbrückt, daß er in der Natur selbst eine Formenvielfalt bewußter Selbstrepräsentation entdeckt. Die antireligiöse Bedrohung eines szientifischen Materialismus scheint damit endgültig gebannt zu sein.

Genau besehen schleicht sich dessen mechanistische Sicht unter Hand dann aber doch wieder ein, wie die Darstellung der Starbuckschen Theorien im folgenden zeigen wird: Zwar werden Mensch und Universum nicht im Sinne eines groben Materialismus aus Elementen toter Materie zusammengesetzt vorgestellt, sondern als das autodynamisch sich selbst zur Geltung bringende organische Leben begriffen. Zwar wird darüber hinaus die Personalität und der teleologische Sinncharakter menschlichen Lebens keineswegs geleugnet, sondern gerade betont und sogar für das universale Leben im ganzen behauptet. Dennoch entrinnt diese Sicht der Wirklichkeit nicht dem versteckten Materialismus, daß bei aller quäkerischen[4] bzw. neuhumanistischen Hochschätzung personalen Lebens dieses letztlich ganz nach dem naturwissenschaftlichen Paradigma der physikalischen Objektwelt, d. h. stofflich und mechanistisch, begriffen werden soll. Darauf deutet hier bereits Starbucks Suche nach den „Rohdaten" des Bewußtseins („raw data of mentality") hin.[5] Sowie der Befund, daß sein epistemologischer Klärungsprozeß die Frage nach der Eigenart menschlicher Personalität in ihrer Unterschiedenheit von nichtpersonalem Sein nicht wirklich gründlich gestellt, sondern im Zuge der panpsychistischen Synthese eines unklar erfaßten cartesianischen Dualismusproblems vorschnell zugedeckt hat.[6]

---

[1] Wie erstmals seit seiner College-Zeit: vgl. 1.7.

[2] Die ausgereifte Gestalt dieser Kritik wird vorgetragen in: W. JAMES, A Pluralistic Universe (1905), The Works of W. James, hg. v. F. H. BURCKHARDT, Bd. 4, 1977.

[3] Wie er niedergelegt ist in: J. ROYCE, The World and the Individual. Gifford Lectures Delivered before the University of Aberdeen, 2 Bde., New York 1899/1901.

[4] Vgl. dazu SIMS, 45; JONES, 125.

[5] RUM 228 Z. 3ff.

[6] RUM 228 Z. 12ff. und Z. 24f.

Problem und Lösung der metaphysischen Erleuchtungserfahrung Starbucks am Ende seiner Harvardzeit geben uns darin einen Schlüssel für das Verständnis seines religionspsychologischen Werkes an die Hand, der es uns ermöglichen wird, sowohl den inneren Zusammenhang einzelner Theorien als auch dessen konzeptionelle Absicht im ganzen zu erschließen.

1.11 Religionspsychologische Studien an der Clark-Universität

Starbuck hat sein Studium in Harvard 1895 mit dem Magistergrad abgeschlossen. Um seinen Plan einer Dissertation in Religionspsychologie verwirklichen zu können, wechselt er anschließend nach Worcester an die Clark-Universität, der er bis 1897 angehören wird.[1]

Starbuck beschreibt seine Aufnahme durch den dortigen Präsidenten Hall und sein Kollegium als zwar freundlich, aber in bezug auf sein religionspsychologisches Forschungsinteresse enttäuschend ablehnend. Seine durchgehend kritische Schilderung der Persönlichkeit Halls ist dabei offensichtlich auf dem Hintergrund des von diesem zeitlebens erhobenen Anspruchs zu lesen, der Begründer der empirischen Religionspsychologie zu sein, den Starbuck - wie Leuba - freilich für sich selbst erhoben hat.[2] In dieser Schilderung wird zum einen Halls generelle Neigung herausgestellt, die geistigen Produktionen seines Umfeldes zu assimilieren[3] und in ehrgeizigem Geltungsdrang fremde Leistungen unrechtmäßig als die eigenen auszugeben.[4] Zum anderen wird sein Verhalten Starbuck gegenüber als inkorrekt ausgewiesen: Während Hall Starbuck unter dem Vorwand wissenschaftlicher Unergiebigkeit von seinem religionspsychologischen Projekt abrät, soll er zugleich ein halbes Dutzend eigener Studenten[5] auf vergleichbare Themen angesetzt und dabei gegen Starbucks Wissen und Zustimmung dessen Fragebogenmethode übernommen haben.[6] Starbucks eigener ehrgeiziger Geltungsdrang scheint in seiner Schilderung hier freilich Halls zu dieser Zeit bereits wohleta-

---

[1] RUM 229-235.

[2] Vgl. dazu STARBUCKs Rezension von Halls Autobiographie: „Life and Confessions of G. Stanley Hall. Some Notes in the Psychology of Genius", bes. 149f. Daneben auch den als Fragebogenumfrage gestalteten Nachruf „G. Stanley Hall As a Psychologist" (1925).

[3] So erwähnt HALL etwa Starbucks Studien zur Bekehrung innerhalb einer Aufstellung von Arbeiten, die durch ihn, Hall, selbst bzw. unter seiner Mitarbeit (!) an der Clark-Universität entstanden seien: LCP 382 Anm. 13, 283. Darin werden Starbucks Studien auf Februar 1896 (die Datierung in „Degrees Conferred", a. a. O., 45 lautet: 3. August 1897) datiert, Leubas am 29. Juli 1895 eingereichte Doktorthesen jedoch bezeichnenderweise nicht aufgeführt.

[4] Gemeint ist beispielsweise Halls Anspruch James gegenüber, der Begründer des ersten Labors für experimentelle Psychologie in Amerika zu sein, vgl. Teil I, 2.4.

[5] Vgl. dazu o. unter Teil I, 2.5.

[6] RUM 230ff.

bliertes „child study"-Unternehmen geflissentlich übersehen zu wollen.[1] Insbesondere *eine* religionspsychologische Dissertation eines Clark-Schülers ist Starbuck ein Dorn im Auge, weil diese angeblich auf der Reproduktion eines seiner eigenen seit 1893 in Umlauf befindlichen Fragebogenformulare basiere. Bei dieser in seiner Schilderung anonym verbleibenden Dissertation, die noch vor Starbucks erster Veröffentlichung im Jahr 1897 erscheint und ihm damit das Anrecht auf die Einführung der Fragebogenerhebung bzw. Begründung der empirischen Religionspsychologie streitig gemacht hat, handelt es sich allem Anschein nach um die Doktorthesen Leubas, die im April 1896 in Halls „American Journal of Psychology" erstmals und dann noch im selben Jahr bei Orpha in Worcester verlegt werden.[2]

Starbucks eigene Forschungen an der Clark-Universität bestehen zum einen in der Vervollständigung seiner begonnenen Umfragestudien auf der Basis einer erweiterten Datensammlung. Zum anderen in experimentell-psychologischen Studien, die er in Zusammenarbeit mit den Laboratorien Sanfords und Hodges zusammen mit seiner Frau[3] und einigen anderen graduierten Studenten unternimmt.[4] Diese ersten experimentellen Untersuchungen kreisen um die psychophysiologische Erfassung des Übergangs von Vorstellungen - nicht zuletzt religiösen - ins Verhalten, bleiben jedoch ohne positives bzw. interpretierbares Ergebnis und darum unveröffentlicht.

Im Frühjahr 1897 reicht Starbuck an der Clark-Universität seine Doktorthesen ein. Im Januar und Oktober erscheinen die Ergebnisse seiner Studien zur Bekehrung und religiöser Entwicklung in Halls „American Journal of Psychology" in zwei Teilveröffentlichungen, die den Grundstock für seine zwei Jahre später erscheinende Monographie zum Thema bilden.[5]

2. Das religionspsychologische Werk

Nach seiner Promotion wechselt Starbuck als Assistenzprofessor für Pädagogik und vorübergehender Institutsleiter an die Stanford Universität[6], der er von 1897-1903 angehört.[7] Während dieser sechs Jahre bietet sich ihm die Gelegenheit, regelmäßig auch Kurse in Religionspsychologie anzubieten und seine begonnenen

---

[1] Vgl. o. unter Teil I, 2.3.
[2] Vgl. o. unter Teil II, 1.7 und 2.
[3] RUM 234; BOOTH, 100ff.
[4] RUM 233ff.
[5] CPR I, vgl. zur Entstehung der Studien dort 268 Anm. 1; CPR II, vgl. die dortige Notiz 70 Anm. 1: Danach handelt es sich in ihnen um Erweiterungen seiner beiden am 19. November 1894 und 11. März 1895 gehaltenen Vorträge vor der Harvard Religious Union.
[6] Zu dieser Zeit noch „Leland Stanford Junior University" genannt: BOOTH, 115.
[7] RUM 235-239.

Studien auf diesem Gebiet fortzusetzen. Die Arbeit seines Graduiertenseminars konzentriert sich in den ersten beiden Jahren in Stanford zunächst unverändert auf das Studium der Bekehrung, religiöser Phänomene der Adoleszenzzeit und verwandter Themen.[1] Auf Havellock Ellis' Anfrage hin stellt Starbuck 1899 die seit sechs Jahren angesammelten Ergebnisse dieser Forschungen zur ersten Buchveröffentlichung in der Geschichte der Religionspsychologie zusammen, die zugleich sein religionspsychologisches Hauptwerk bleiben wird: „The Psychology of Religion. An Empirical Study of the Growth of Religious Consciousness".

2.1 Die Erforschung religiöser Erfahrung unter ihrem entwicklungspsychologischen Aspekt

Wie bereits aus dem Untertitel hervorgeht, versteht Starbuck sein Werk als empirische Studie der Wachstumsgesetze des religiösen Bewußtseins - und darin als Beitrag zu einer sich als „Science" etablierenden empirischen Religionspsychologie.[2] Der umfassend formulierte Titel kündigt damit jedoch nicht eine systematische Bearbeitung des gesamten religionspsychologischen Gegenstandsfeldes an[3], sondern nur einen wesentlichen Ausschnitt aus diesem, nämlich seinen individual-entwicklungspsychologischen Aspekt.[4] Er ist emphatische Titelanzeige für einen vor allem hinsichtlich seiner Methode pionierhaften Vorstoß in ein sich soeben auftuendes neues Wissenschaftsgebiet.[5] Dessen wissenschaftstheoretische Grundlagen, d. h. Gegenstandserfassung, Methode, Stellung im wissenschaftlichen Fächerkanon und Leistung als Theorie für die Praxis, werden in den beiden Vorworten und der Einleitung des Werkes ansatzweise umrissen.

2.1.1 Das religiöse Bewußtsein des Individuums nach seinen Entwicklungsgesetzen als Gegenstand szientifischer Erforschung. Starbucks Konzeption der Religionspsychologie als Wissenschaft

Starbuck bestimmt es als die Aufgabe der empirischen Religionspsychologie, die Methoden der „Science", die jüngst zur Erforschung aller Gegenstandsbereiche menschlicher Erfahrung erfolgreich etabliert worden seien, nun auch auf dem

---

[1] RUM 235f.
[2] PR XII, 11.
[3] In dieser Hinsicht hat beispielsweise LEUBA das Werk mißverstanden, in seiner Rezension zu PR, a. a. O., 509f.
[4] PR 11 Z. 28ff. So urteilt G. A. COE richtig in seiner Rezension zu PR in: Philosophical Review 9 (1900), 554-556, dort 555.
[5] PR 11, 16.

einzig noch ausstehenden Bereich fruchtbar zu machen: der Erforschung des religiösen Bewußtseins, seiner Struktur-, und Wachstumsgesetze.[1]

Grundvoraussetzung des Unternehmens bilden zwei Überzeugungen, die selbst nicht aus szientifischer Erfahrung stammen, sondern aus Starbucks erfahrungsleitendem Wirklichkeitsverständnis: erstens, daß es sich im Falle der Religion um eine „reale Tatsache" menschlicher Erfahrung handele,[2] und zweitens, daß die menschliche Lebenswirklichkeit als ganze eine dynamische Struktur aufweise, die als gesetzmäßige erkenn- und wissenschaftlich beschreibbar sei[3].

In diesen Überzeugungen handelt es sich nicht nur um die Applikation eines gerade siegreichen naturwissenschaftlichen Wissenschaftsideals, sondern zugleich auch um Implikate von persönlichen Grundeinsichten Starbucks, die wir zum ersten Mal als seine Entscheidung für einen pantheistisch interpretierten Evolutionismus (1.6) und dann als Gehalt einer metaphysischen Erleuchtungserfahrung (1.10) kennengelernt haben. Es entspricht diesen Einsichten, daß hier die dualistische Aufspaltung des Gegenstandsbereichs wissenschaftlicher Erkenntnis überwunden und das Evolutionskonzept nun als dessen durchgehendes Gestaltungsprinzip aufgefaßt werden soll. Denn die Auflösung des cartesianischen Dualismus zwischen einer nach Gesetzen strukturierten physischen und einer ihr gegenüberstehenden geistigen Sphäre (erster Dualismus) scheint in letzter Konsequenz nicht nur die Erforschung der Gesetze des Bewußtseins im allgemeinen zu ermöglichen, wie bereits begonnen in der empirischen Psychologie, sondern zugleich auch (nämlich als Implikat der Lösung des dritten Dualismus) die Erforschung der Wachstumsgesetze des religiösen Bewußtseins, wie jetzt in der Religionspsychologie.[4] Dabei harmoniert es ebenfalls mit Starbucks metaphysischer Grundeinsicht (nämlich mit seiner Lösung des vierten Dualismus), daß die szientifische Psychologie als einer ihrer Fundamentalergebnisse soeben ihre atomistische Konzeption von der Trennung je für sich bestehender intellektueller, emotionaler und voluntativer Seelenvermögen aufgegeben hat, um das dynamische Sein des Bewußtseins in seinem Gesamtzusammenhang zu verstehen. Und es bestätigt zudem unseren zuvor erhobenen Verdacht, in Starbucks als Panpsychismus vorgetragener metaphysischen Grundeinsicht einen versteckten Materialismus zu orten, daß die Erforschung des religiösen Bewußtseins hier nun ganz - und dies anscheinend völlig unproblematisch - im Stile der physikalischen Naturwissenschaften unternommen werden soll.[5]

---

[1] PR 1, 16.
[2] PR 16.
[3] PR 2.
[4] PR 1, 3.
[5] PR 3; bezeichnend dafür auch Starbucks Vergleich des Psychologen mit dem Botaniker und Physiker: PR 9f.

Starbuck hat seine Konzeption der Religionspsychologie als „Science" im Gegenüber zur Religionsphilosophie und Theologie entwickelt:[1] Seiner Ansicht nach besteht die Eigenart der letzten beiden Wissenschaften, zwischen denen selbst nicht noch einmal genauer unterschieden wird, darin, den Phänomenbereich des Religiösen im ganzen als einen bereits abgeschlossenen Gesamtkorpus konzeptioneller Erkenntnisse vorauszusetzen und lediglich immer weiter kunstgerecht zu durchdringen. Die von ihnen angewandte Verfahrensweise wird von Starbuck in ungeklärtem Nebeneinander der Ausdrücke als „introspektiv", „intuitiv", „rational analytisch" und „spekulativ" gekennzeichnet. Demgegenüber wolle die Religionspsychologie nun in *minuziöserer* Sichtweise bei den *individuellen* Erfahrungstatsachen des religiösen Lebens selbst ansetzen, um von ihnen aus induktiv zu objektiven und innovativ neuen Erkenntnissen vorzustoßen.

Neben dieser durchaus polemisch einseitigen Parteinahme für den szientifischen Erkenntniszugang können Starbucks wissenschaftstheoretische Vorüberlegungen zugleich aber auch die arbeitsteilige Aufeinanderbezogenheit der betreffenden Wissenschaften in ihrer gemeinsamen Betrachtung des religiösen Lebens betonen: Dabei wird der „Science of Religion" dann auf der einen Seite die objektive Sammlung individueller Erfahrungstatsachen zugewiesen, der Religionsphilosophie bzw. Theologie auf der anderen Seite die aufs Ganze abzielende Interpretation ihres Wertes für das subjektive Leben, und beide erscheinen im Idealfall funktional aufeinander bezogen: So bleiben szientifisch gesammelte Fakten ohne subjektive Interpretation nach Starbucks Ansicht „voiceless and helpless"[2], d. h. bedeutungs- und sinnlos in ihrer Beziehung zur menschlichen Lebenspraxis, philosophische bzw. theologische Denkgebäude wiederum erstarrten zu selbstgenügsamer und nutzloser Spekulation, wenn sie nicht an den Erfahrungstatsachen selbst immer wieder überprüft und korrigiert würden. Auf dieser Linie hat Starbuck sein eigenes Konzept einer Religionspsychologie weniger als Fortsetzung der dualistischen Scheidung beider Zugangsweisen denn als deren gelungene Synthese verstanden:

> „The business of the psychology of religion is to bring a systematised body of evidence which shall make it possible to comprehend new regions in the spiritual life of man, and to read old dogmas in larger and fresher terms."[3]

Dann allerdings überrascht es und entspricht dem ersten polemischen Argumentationsstrang, wenn er an einigen Stellen sein Unternehmen insgesamt als „rein" empirisch und „objektiv" kennzeichnet und dies gegenüber den „Spekulationen" der Philosophie bzw. Theologie im Sinne eines Ehren- und Güteprädika-

---

[1] PR 6f.
[2] PR 6.
[3] PR 6f.

tes versteht.[1] Und es ist ebenfalls nur als mangelnde Konsequenz in der Verfolgung seiner zweiten besseren Einsicht zu bewerten, wenn er die sein Verständnis der religiösen Phänomene leitenden metaphysischen bzw. theologischen Verstehenskategorien seiner religionspsychologischen Theorien an keiner Stelle eigens zu thematisieren unternimmt. Deren theorieleitende Wirksamkeit bleibt darum stets implizit und ihre Herkunft aus Starbucks persönlicher Lebenseinstellung dem „streng empirisch arbeitenden" Psychologen selbst offensichtlich verborgen.

Der Ort der Religionspsychologie im wissenschaftlichen Fächerkanon wird damit letztlich nur ungenau bestimmt. Unentschieden bleibt nicht nur ihr Verhältnis zur Religionsphilosophie und Theologie, sondern genau genommen auch das zur Psychologie:[2] Unstrittig ist für Starbuck dabei die Teilnahme der Religionspsychologie am naturwissenschaftlichen Paradigma der neueren Psychologie, strittig hingegen das inklusive Zuordnungsverhältnis beider Wissenschaften.[3] Starbuck erwägt zwei Möglichkeiten der Zuordnung, ohne es für seine Zwecke in dieser Anfangsphase der Religionspsychologie allerdings für notwendig zu befinden, zwischen beiden eine Entscheidung treffen zu müssen. Erste Möglichkeit: Psychologie schließt Religionspsychologie ein, weil sie das Studium aller psychischen Phänomene umfaßt, und damit auch den Bereich des religiösen Bewußtseins als einen ihrer Teilbereiche. Zweite Möglichkeit: Religionspsychologie schließt Psychologie ein, weil Religiosität als ein das gesamte Leben der Person betreffendes Geschehen verstanden werden muß. Starbuck hat sich nun möglicherweise deshalb nicht auf eine der Zuordnungsvarianten festgelegt, weil ihm die Wahrheitsmomente beider eingeleuchtet haben. Zudem hätte die Entscheidung für die zweite Möglichkeit es erfordert, die Perspektive des Psychologen von Anfang an mit der des Religiösen zu identifizieren, was als Ausgangspunkt einer „objektiven" Erfahrungswissenschaft freilich anstößig erscheinen muß.

Bereits in einer solchen Überlegung hätte für Starbuck jedoch zumindest aufscheinen können, daß der Gegenstandsbereich der Religionspsychologie verschieden weit gesteckt werden kann und ihre Ergebnisse dementsprechend unterschiedlich ausfallen müssen, je nachdem, welches Verständnis von Religion und vom Wesen psychischen Lebens jeweils zugrunde gelegt wird. Erneut hat er also ein wissenschaftstheoretisches Grundsatzproblem aufgegriffen, um es dann schließlich doch wieder ungelöst fallenzulassen und in seinem Unternehmen ungestört fortzufahren.

Daß es eben seine persönliche Einstellung zur Religion selbst ist, durch die sein wissenschaftlicher Ansatz notwendigerweise geprägt ist, wird offensichtlich in Starbucks Bestimmung der theoretischen Aufgabe der Religionspsychologie

---

[1] PR XII, 4, 6, 16, 21.
[2] PR 4ff., 16.
[3] PR 5f.

für die Lebenspraxis:[1] Denn diese Aufgabe sieht er - ganz auf der Linie seines bilderstürmerischen Eifers und Rekonstruktionswillens[2] - darin, daß Religiöse aus dem Bereich des „dunklen Gefühls" oder gar des Aberglaubens auf die Verstandesebene emporzuheben.[3] Das soll gelingen, indem sie zum einen das theoretische Wissen[4] bereitstellen soll für eine kunstgerechtere Praxis, insbesondere auf dem Gebiet der Religionspädagogik[5], zum anderen, indem sie vertiefte Einsichten in die Wahrheit des Wesens der Religion im Sinne ihrer subjektiven Würdigung ermögliche:

> „Psychology will contribute to religion also *by increasing our power of appreciation of spiritual things*. Religion, in part, is, in the language of Professor Royce, concerned with the world of subjective 'appreciation,' or, as Dr Paulsen puts it, it deals with values."[6]

Genau diesen durch Royce und Paulsen inspirierten Gedanken wird Starbuck später in seiner zweiten Theoriephase[7] zu einer fundamentalpsychologischen Theorie der Wertewahrnehmung auszubauen versuchen.

In seiner Fähigkeit zur Würdigung des spirituellen Lebens vermeint der Religionspsychologe, infolge der Genauigkeit seiner methodischen Betrachtung nun sogar den religiösen Mystiker selbst übertreffen zu können. Denn für ihn soll analog zum Botaniker gelten, daß er durch die gesteigerte Aufmerksamkeit auf seinen Gegenstand, das Religiöse nicht nur tatsächlich in den Blick bekommt, sondern in gewisser Weise sogar in sich selbst erst hervorruft bzw. sein bisher vorhandenes religiöses Selbstbewußtsein steigern kann:[8]

> „The botanist who knows most of the structure and growth of plants, provided he does not become buried in his technique, is the one who gets the fullest inkling in contemplating the flower, of what 'God and man is'."[9]
>
> „Psychology is to religion what the science of medicine is to health, or what the study of botany is to the appreciation of plants. The relation is the same as that of any science to its corresponding art. It is art coming to comprehend itself for its own betterment. The development of the psychology of religion is another step in the growth of racial self-consciousness, which seems to be nature's way of self-improvement."[10]

Andererseits soll die wissenschaftliche Erforschung damit jedoch keinesfalls einer vollkommenen Erklärung oder gar Auflösung des Religiösen als Mysterium

---

[1] PR 7-11.
[2] Vgl. o. unter 1.6.
[3] PR 7, 10, 17.
[4] Wissen wird dabei verstanden als: „feste emotionale Haltungen", die das intellektuelle Bedürfnis befriedigen können (PR 11).
[5] PR 8f.
[6] PR 9.
[7] Vgl. u. unter 2.2.
[8] Vgl. PR 9f., 17.
[9] PR 9.
[10] PR 8.

gleichkommen. Denn dieses erscheint - als ein „Leben, ein tief verwurzelter Instinkt" - weder auf wissenschaftliche Erforschung angewiesen noch von ihr vollständig erfaßbar:[1]

> „Religion is a life, a deep rooted instinct. It exists and continues to express itself whether we study it or not."[2]

Gegenüber der ersten enthusiastischen Einschätzung wird in diesem zweiten Argumentationsstrang die Leistungskraft religionspsychologischer Erkenntnis somit wiederum stark zurückgestuft. Lediglich um eine Ordnung religiöser Fakten soll es gehen und darin um den Aufweis einiger wesentlicher Prinzipien. Auf der Linie dieser konsequenten Selbstbescheidung ist dann auch Starbucks programmatische Verweigerung jeglicher Definition und Klassifikation religiöser Phänomene zu lesen.[3] In ihr trifft sich seine persönliche Wertschätzung des religiösen Lebens mit seinem pragmatistischen Blick für die Vorläufigkeit wissenschaftlicher Erkenntnis und seinem empiristischen Argwohn gegenüber - mittels Reflexion gewonnenen - Theorien überhaupt. Das Programm widerspricht freilich jeder sinnvoll möglichen Verfahrensweise, so daß auch er, wie wir sehen werden, gezwungen sein wird, explizit oder implizit Klassifikationen zu erarbeiten und dazu eine bestimmte begriffliche Fassung der Phänomene zugrunde zu legen, um deren Beschreibung und gesetzmäßige Erklärung es ihm geht.

Die einmal mehr zu beobachtende Schwebe der Argumentation, in der auch das Verhältnis von religionspsychologischer Theorie und religiöser Praxis ausgelotet wird, läßt sich aus dem Interesse Starbucks erklären, beide - „Science" und Religion - zu vollem Recht kommen zu lassen. Weil er nicht den Weg begrifflich klarer Unterscheidungen bzw. offengelegter perspektivischer Entscheidungen wählt, umkreist er den Sachverhalt durch „dialektisch" gegenübergestellte Aussagezusammenhänge, von denen sich jede Partei der Leserschaft These oder Antithese auswählen kann. Diese Interpretation trifft sich mit James' Charakterisierung von Starbucks wissenschaftlichem Grundanliegen im Vorwort:

> „the whole tendency of Dr Starbuck's patient labour is to bring compromise and conciliation into the long standing feud of Science and Religion".[4]

In diesem Grundanliegen können wir unschwer Starbucks persönliches Lebensinteresse erkennen, die Wirklichkeit der Religion im Zeitalter der Wissenschaften denk-, versteh- und kontrollierbar zu erweisen[5]. Es entspricht sowohl seinem berichteten Bemühen um eine versöhnende Rekonstruktion christlicher Glaubenseinsichten auf dem Boden einer evolutionistischen Wirklichkeitskon-

---

[1] PR 10f.
[2] PR 7.
[3] PR 10, 16.
[4] PR IX.
[5] RUM 202f. Vgl. bes. o. unter 1.6.

zeption als auch dem dritten und vierten Lösungsaspekt des cartesianischen Dualismusproblems, wonach er, überzeugt von der Einheit aller menschlichen Lebensbereiche, die dualistische Gegenüberstellung zwischen subjektiver Werteerkenntnis und ihrer konzeptionellen Objektivierung zu überwinden sucht. Und dies nun offensichtlich just durch den Einsatz der - wie gehört - selbst mit spiritueller Signifikanz belegten szientifischen Methode.

Damit stehen wir vor dem eigentlich Neuartigen des Starbuckschen Unternehmens, der Wahl seiner Materialgrundlage und der zu ihrer Beschaffung angewandten Methode, die unwillkürlich an das religionspsychologische Programm Leubas erinnert[1]: Die „reinen subjektiven Erfahrungstatsachen" des religiösen Lebens sollen beschrieben werden und nicht deren konzeptionelle Objektivierungen oder bereits „tendenziöse" literarische Symbolisierungen.[2] Das religiöse Bewußtsein soll innerhalb der Lebensgeschichte des Individuums selbst in den Blick kommen und nicht wie in Religionssoziologie und -geschichte im Rahmen seiner sozialen Erscheinungen.[3] Nicht die exzeptionellen, pathologischen oder genialischen Phänomene des religiösen Bewußtseins werden vorrangig betrachtet, sondern das religiöse Leben der normalen durchschnittlichen Persönlichkeit.[4]

Das gewünschte Untersuchungsmaterial hierzu hat Starbuck aus Direktbefragungen und zum größten Teil aus Fragebogenerhebungen gewonnen.[5] Er versteht dies als eine dem naturwissenschaftlichen Experiment analoge Verfahrensweise: Statt „Meinungen" über religiöse Vorstellungen und Lehren würden so „wirkliche Erfahrungstatsachen" zur Grundlage der Untersuchung gemacht und dabei die Vergleichbarkeit der Daten durch die Identität der Versuchsbedingungen gewährleistet.[6]

Um hierfür ideale Versuchsbedingungen zu erhalten, hat Starbuck für beide Geschlechter nach repräsentativen Untersuchungsgruppen gesucht und in zwei Zusammenkünften der Woman's Temperance Union und zwei Soldatenregimentern jeweils zu finden gemeint. Starbucks pionierhafte Fragebogenuntersuchung hat dabei eine vergleichsweise kleine Anzahl von Personen umfaßt: Für den ersten Teil seiner Studie beispielsweise basieren seine Ergebnisse auf insgesamt 192 Fällen, davon 120 Frauen und 72 Männer[7]. Unter ihnen ist die gesamte Bandbreite protestantischer Konfessionen[8] vertreten, die Hälfte der Frauen und ein Drittel der Männer durch Erweckungsbewegungen beeinflußt. Für die Unter-

---

[1] Teil II, 2.1-2.2.
[2] PR 21f.
[3] PR 3f.
[4] PR 21f.
[5] PR 12, 22.
[6] PR 12, 22, 26 sowie Teil I, Kap. 2 insgesamt.
[7] PR 24f.
[8] Methodisten, Kongregationalisten, Baptisten, Presbyterianer, Quäker, Episkopalisten etc.

suchung des durchschnittlichen Bekehrungsalters basieren die Ergebnisse auf einer größeren Datenbasis, nämlich auf 1265 Fällen, von denen die überwiegende Mehrheit methodistische Konfessionszugehörigkeit angibt.

Das Starbucksche Vorgehen der Materialsammlung und Auswertung hat nach eigenen Angaben insgesamt fünf Arbeitsschritte umfaßt und wird von ihm darin als getreu induktive[1] Verfahrensweise verstanden:

Erster Schritt: Gewinnung autobiographischer Erfahrungsberichte durch Fragebogenerhebung. Die Gefahr, konventionell vorgeformte Antworten zu erhalten, soll durch die offene Formulierung der gestellten Fragen möglichst eingeschränkt werden.[2] Diese zielen bei der Untersuchung zur Bekehrung beispielsweise auf Berichte religiöser Kindheitserfahrungen (Frage I), religiöser Motive und Impulse der frühen Jugendzeit (II), Erfahrungen vor, während und nach dem Bekehrungserlebnis (III-V), dessen genaue Umstände (X) und Wirkungen (VI), zur Zeit der Bekehrung vorherrschenden Gefühle und Lebensideale (IX, XI) sowie auf die Beurteilung der eigenen religiösen Entwicklung insgesamt (XI).

Zweiter Schritt: Analyse der Antworten und eventuelle Rückfragen. Alle individuellen Fälle werden zunächst für sich ausgewertet.[3]

Dritter Schritt: Klassifikation der individuellen Fälle in tabellarischer Form „without any prepossessions, and without wanting to find any particular fact".[4]

Vierter Schritt: Generalisierung des Materials durch quantitative Verhältnisbestimmung und Datenvergleich; Aufweis allgemeiner Prinzipien.

Fünfter Schritt: Interpretation der gefundenen Prinzipien, zunächst im Hinblick auf ihren inneren Zusammenhang, sodann beleuchtet durch Erkenntnisse aus wissenschaftlichen Nachbardisziplinen, insbesondere der Psychophysiologie.[5]

An dieser Pionierstudie Starbucks und ihrer soeben umrissenen Verfahrensweise ist in der Forschungsdiskussion allerlei beanstandet worden:[6] etwa die allzu vage Art der Fragestellung, die zum Teil künstlich erscheinende Klassifikation in Tabellen, der vorgeworfen wird, mitunter nicht vorhandene Exaktheit vorzuspiegeln[7], vor allem aber die zweifelhafte Repräsentativität der Untersuchungsgruppen[8]. Sowohl die geringe Anzahl der befragten Personen als auch die konfessio-

---

[1] PR XII, 4.
[2] PR 12f.
[3] PR 13f.
[4] PR 14f.
[5] PR 5, 15f.; s. dazu u. unter 2.1.3 d.
[6] Aufgrund der Mängel und Einseitigkeiten des Verfahrens möchte Wobbermin Starbucks Werk sogar den Titel „Religionspsychologie" absprechen. G. WOBBERMIN, „Zur religionspsychologischen Arbeit des Auslandes", Religion und Geisteskultur 4 (1910), 233-247, dort 234.
[7] UREN, 43; G. A. COE, The Psychology of Religion, Chicago 1916, 46 Anm. 1.
[8] UREN, 43ff.; E. W. MAYER, „Über Religionspsychologie", bes. 310ff.; G. VORBRODT in seinem Übersetzungsvorwort zur deutschen Ausgabe der PR, a. a. O., VIII; BOOTH, 215. An dieser allseitigen Kritik geschärft, werden die religionspsychologischen Arbeiten der Nachfol-

nelle und altersmäßige Einseitigkeit ihrer Auswahl vermag modernen statistischen Maßstäben nicht mehr standzuhalten und Starbucks Anspruch schwerlich zu rechtfertigen, religionspsychologische Aussagen von allgemeiner Gültigkeit zu treffen. Daß die untersuchte Personengruppe vorwiegend aus Jugendlichen mit evangelistischer Sozialisation besteht, prägt die beiden Hauptthesen der Arbeit - nämlich erstens im evangelistischen Phänomen der Bekehrung das paradigmatische Urphänomen des religiösen Lebens überhaupt zu erblicken[1] und zweitens das Auftreten dieses Phänomens einseitig mit der Adoleszenzzeit verknüpft zu sehen - bereits entscheidend vor.[2]

Abgesehen von dieser technischen Kritik, die nicht vorrangiger Gegenstand unserer Darstellung aus wissenschaftstheoretischer Perspektive sein soll, wirft Starbucks Verfahren jedoch auch folgende systematische Probleme auf:[3]

In dem von Starbuck angewandten Verfahren handelt es sich zwar um eine quantifizierende Methode, nicht aber um ein naturwissenschaftliches Experiment im engeren Sinne. Eine Identität der Versuchsbedingungen ist nämlich nur äußerst eingeschränkt zu attestieren, nämlich strenggenommen nur in bezug auf die für alle identische Fragestellung. Sie besteht allerdings weder für das Zustandekommen der berichteten *Erfahrungen* selbst noch für das der Erfahrungs*berichte* aus individueller Erinnerung, die sich darin in nichts von ihren literarischen Verwandten unterscheiden, welche Starbuck angesichts ihres - seiner Ansicht nach - tendenziösen und psychologisch mageren Gehaltes für weniger brauchbar einschätzt. Starbucks Vorgehen bietet zwar den nicht geringen Vorteil, eine größere Anzahl an Fallbeschreibungen von Personen betrachten zu können, die zudem einer annäherungsweise identischen historischen Lebenssituation angehören. Sie besitzt jedoch gegenüber den Erfahrungsberichten der Literatur zugleich den

---

gegeneration in ihren Aussagen zum Geltungsanspruch ihrer Untersuchungsergebnisse deutlich zurückhaltender. So erhebt beispielsweise die zu Starbucks Bekehrungsstudie analoge Untersuchung auf deutschem Boden nur noch den Anspruch, einen wichtigen Beitrag zu einer erst noch aus vielen anderen vergleichbaren Einzelstudien synthetisch zu konstruierenden Psychologie der Jugendreligion leisten zu wollen: H. LEITNER, Psychologie jugendlicher Religiosität innerhalb des deutschen Methodismus (Arbeiten zur Entwicklungspsychologie, hg. v. F. KRÜGER, Bd. 9), München 1930, 1, 8, 140.

[1] Dabei ist unbestritten, daß Starbucks Ergebnis die zentrale Rolle, die die Bekehrung für die Frömmigkeit methodistischer Sozialisierung in den USA dieser Zeit besitzt, richtig wiederspiegeln kann. Das Ergebnis wird für den deutschen Raum bestätigt von H. LEITNER, 51-63, 137, 139. Leitner, dessen Studie von Starbuck angeregt ist, arbeitet methodisch freilich in der Tradition der damaligen deutschen Religionspsychologie Girgensohns und Gruehns, d. h. nicht mit der Fragebogenmethode, sondern mit sog. „experimentellen Verfahren" im engeren Sinn: vgl. LEITNER, 11ff.

[2] Vgl. die Kritiken bei UREN, 48f.; VORBRODT, Übersetzungsvorwort zur dt. Ausgabe von PR, a. a. O., XVIIff., XXII; W. E. OATES, The Psychology of Religion, Waco/Texas 1973, 46, 96, 106.

[3] Vgl. dazu u. a. H. FABER, 16-18, 20-24.

Nachteil, daß die niedergeschriebenen Berichte selbst erst durch die selektive Fragestellung motiviert und durch diese möglicherweise von Anfang an - nun also doch wieder: - „tendenziös" beeinflußt sind.[1] Daß es Starbuck bei der Auswertung überdies an persönlicher Begabung zur Introspektion und religiösem Einfühlungsvermögen mangele, wie zuweilen behauptet worden ist,[2] braucht dabei nicht einmal unterstellt zu werden. Und auch sein nahezu wörtliches Ernstnehmen der Antworten[3] muß nicht nur von einer hoffnungslosen Naivität oder Unwissenschaftlichkeit[4] zeugen, sondern mag durchaus dem sympathischen Willen des Autors entspringen, die religiöse Würde jeder Person zu achten, indem sie deren Selbsturteil ernst nimmt. Es zeugt aber jedenfalls *auch* vom Fehlen einer analytisch geschulten Aufmerksamkeit, Selbstdarstellungen von Personen psychologisch durchleuchten und eventuell kritisch hinterfragen zu können.

Somit ist also für das Starbucksche Unternehmen - wie für das Hallsche „child study"-Projekt[5] und die Leubaschen Fragebogenerhebungen[6] - dasselbe grundlegende Verfahrensdefizit anzumelden: Erstellung und Auswertung der Fragebögen, deren Informationswert an sich kaum zu bestreiten ist, hätte ein das Verfahren selbst kontrollierendes Programm der Hermeneutik unterliegen müssen, für das angesichts eines rein szientifischen Methodenideals jedoch fast kein Problembewußtsein besteht.

Zumindest einige Schwachstellen seiner „objektiven" Methode scheinen freilich auch Starbuck selbst nicht ganz entgangen zu sein: Er erkennt erstens, daß die Qualität seiner Materialgrundlage letztlich von der variablen Fähigkeit der Befragten zur Introspektion abhängig sei. Und er gibt zweitens eine unvermeidlich selektive bzw. subjektive Komponente hinsichtlich Fragestellung und Auswertung der Untersuchung zu, die er zu diesem Zeitpunkt jedoch noch nicht als einen prinzipiellen Unterschied zu anderen empirischen Experimenten betrachtet, sondern nur als Steigerung eines allgemeinen Problems.[7] In späterer Zeit hat Starbuck den prinzipiellen Unterschied zwischen Fragebogenerhebung und Experiment dann stärker empfunden und das Methodenarsenal der Religionspsychologie durch die zusätzliche Einführung von Laborexperimenten im engeren Sinne dem naturwissenschaftlichen Ideal anzugleichen gesucht. Die Kritik seiner religionspsychologischen Fachkollegen richtet sich so auch vor allem nur auf die Ausschließlichkeit, mit der Starbuck in „Psychology of Religion" von der Fragebogenmethode Gebrauch macht, ohne deren Ergebnisse durch zusätzliche Methoden

---

[1] So etwa a. UREN, 50f.
[2] UREN, 46.
[3] So urteilt etwa COE in seiner Rezension zu PR, a. a. O., 556.
[4] UREN, 32, 46.
[5] Teil I, 2.3.
[6] Teil II, 2.4 und 3.2.2.
[7] PR 12f.

wie Observation, Experiment und biographische Analyse absichern bzw. ergänzen zu wollen.[1] Man hat dies jedoch in erster Linie für verständliche und in Zukunft vermeidbare methodische Anfangsfehler einer Pionierarbeit gehalten,[2] Starbucks Grundvoraussetzung selbst - die Möglichkeit religionspsychologischer Objektivität - allerdings nicht systematisch in Frage gestellt.[3]

Alle diese genannten Probleme und Unterbestimmungen der Starbuckschen Konzeption von Religionspsychologie, deren Methode, Gegenstand, Stellung im wissenschaftlichen Fächerkanon und Verhältnis als Theorie zur Lebenspraxis, treffen sich in einem gemeinsamen Schnittpunkt, in dem eine systematische Leerstelle steht: Starbucks Konzeption fehlt es vor allem an einer begrifflichen Bestimmung des Zustandekommens und der Struktur menschlicher Erfahrung bzw. Erkenntnis im allgemeinen und wissenschaftlicher Erfahrung bzw. Erkenntnis im besonderen. Das führt dazu, daß im Programm der Religionspsychologie als einer strengen „Erfahrungswissenschaft" gerade die Möglichkeitsbedingungen des eigenen Wissenschaftsbetriebes letztlich unklar bleiben. Unklar bleibt erstens ihr Gegenstandsbezug, der religionspsychologische Prozeß der Wahrheitsfindung und Erkenntnisbildung: das ist die Struktur wissenschaftlicher Erfahrung im Gesamtzusammenhang der Lebenserfahrung des Forschenden sowie im Verhältnis zu anderen wissenschaftlichen Theoriebereichen, vor allem der Theologie und Philosophie. Unklar bleibt zweitens ihr Gegenstand: das ist die Struktur religiöser Erfahrung, ihre Entstehungsbedingungen im Gesamthorizont menschlicher Lebenserfahrung überhaupt sowie ihr Konstitutionszusammenhang mit theologischen bzw. philosophischen Deutekategorien. Unklar bleibt drittens der Praxisbezug: das ist die Aufgabe wissenschaftlicher Erfahrung bzw. Erkenntnis sowie ihre Leistung im Gesamtzusammenhang aller menschlichen Lebensbereiche.

---

[1] Vgl. beispielsweise UREN, 43: „Data so derived can never yield conclusions possessing that quality of precision which is requisite before an induction can receive the imprimatur of science. Starbuck has with Teutonic patience and herculean labour collected and sifted a mass of documentary data gathered by a method that can yield loose approximations only." Vgl. ä. a. 47, 50.

[2] UREN, 42; L. W. GRENSTEDT, The Psychology of Religion, New York 1952, 50.

[3] B. BEIT-HALLAHMI, Art.: Starbuck, E. D., in: Encyclopedia of Religion, hg. v. M. ELIADE, Bd. 14, New York 1986, 41f., dort 41. Die statistischen Ergebnisse der Starbuckschen Studie werden vielmehr auch in neueren Arbeiten geradezu unbedenklich zitiert: vgl. etwa M. ARGYLE/B. BEIT-HALLAHMI, The Social Psychology of Religion, 38, 43, 62, 99, 195.

2.1.2 Formen religiöser Entwicklung. Der Gehalt von Starbucks religionspsychologischer Theorie (erster Teil)

Wie Starbucks religionspsychologisches Forschen überhaupt[1] so setzt auch der materiale Teil seines Hauptwerks mit einer Studie zur Bekehrungserfahrung ein. An ihr werden in Teil I die Wachstumsgesetze des religiösen Bewußtseins erstmals aufgezeigt, und von ihr aus wird dann zur Erforschung weiterer Formen religiöser Entwicklung fortgeschritten: Teil II behandelt Entwicklungslinien ohne markiertes Bekehrungserlebnis. Teil III vervollständigt zunächst die Untersuchung der Entwicklungslinie mit Bekehrungserfahrung (Kap. XXVII-XXIX), bietet anschließend eine vergleichende Darstellung religiöser Entwicklung im allgemeinen (Kap. XXX) und beendet die Untersuchung im ganzen mit pädagogischen Schlußfolgerungen (Kap. XXXI).

Betrachten wir alle drei Teile im Überblick, so lassen sich insgesamt zwei Entwicklungslinien und vier Typen religiöser Entwicklung identifizieren, die in Starbucks religionspsychologischer Theorie somit unterschieden werden:

Das ist erstens eine Entwicklungslinie A, die spezifisch markierte Übergänge und Stadien erkennen läßt und einer der beiden folgenden Typen zuzuordnen ist:
- nämlich entweder Typ I, der Entwicklungsform mit dezidierter Bekehrungserfahrung,[2]
- oder Typ II, der Entwicklungsform ohne Bekehrungserfahrung, aber statt dessen mit Instabilitätserfahrungen[3] während der Adoleszenz in Gestalt „spontanen Erwachens"[4], „Sturm und Drang"[5], „Zweifel"[6], „Entfremdung"[7] und „Rekonstruktion"[8].

Und das ist zweitens eine Entwicklungslinie B, bei der sich keine solchen dezidierten Übergänge und Stadien aufweisen lassen, bei der Entwicklung sich
- entweder nach Typ III ungestört als gesundes allmähliches Wachstum vollzieht[9]
- oder aber nach Typ IV auf der Stufe kindlicher Religiosität stagniert und letztlich keine Reifegestalt erwachsener Religiosität ausgebildet wird[10].

Außer Typ IV, bei dem nur im uneigentlichen Sinne überhaupt von Entwicklung gesprochen werden kann, hat Starbuck allen Typen dabei - abgesehen von

---

[1] Vgl. o. unter 1.9 und 1.11 sowie seine Erstveröffentlichung „A Study of Conversion" von 1897 (CPR I).
[2] PR Teil I sowie Teil III, Kap. XXVII-XXIX; vgl. a. CPR I.
[3] PR Teil II, Kap. XIV-XXIII; vgl. a. CPR II.
[4] PR 196-212.
[5] PR 213-231.
[6] PR 232-243.
[7] PR 244-250.
[8] PR 277-293.
[9] PR Kap. XXIV; CPR II, 109-112.
[10] PR Kap. XXIV, 310 Z. 21ff.; CPR II, 112.

ihrem unterschiedlichen Verlauf im einzelnen - eine gemeinsame Grundrichtung und ein gemeinsames Ziel der Persönlichkeitsentwicklung zugeschrieben: Dieses Ziel besteht ontogenetisch in der Ausbildung der reifen Persönlichkeit und ist darin dem phylogenetischen Ziel, einen vollkommenen Menschentypus auszubilden, zu- und eingeordnet.[1] Wie in Hall so finden wir also auch in Starbuck einen überzeugten Verfechter des entwicklungspsychologischen Rekapitulationsprinzips. Innerhalb einer die Phylogenese rekapitulierenden Evolution werden von der Ontogenese einer Person dabei nach Ansicht Starbucks nacheinander drei Wachstumsstufen durchlaufen, wobei auffallend ist, daß psychische Entwicklung allgemein und die Ausbildung von Religiosität in Stadien und Ziel letztlich zusammenfallen:[2]

- Erste Stufe: Die Entwicklungsstufe der Kindheit und ihrer spezifischen Religiosität erscheint danach geprägt von der externen Steuerung der Person, sei es durch angeborene Instinkte oder sozial forcierte Imitation[3].

- Zweite Stufe: Die Entwicklungsstufe der Jugendzeit. Sie wird demgegenüber ausgezeichnet durch ein Aktivitätszentrum, das sich nunmehr innerhalb der Person, in ihrem eigenen Selbst, ausbildet.[4]

- Dritte Stufe: Die Entwicklungsstufe der Reifezeit und ihrer Religiosität. Sie ist charakterisiert durch ein Aktivitätszentrum, das sich neuerlich außerhalb des individuellen Selbst verlagert hat und nun in der Selbsthingabe der Person an das Weltganze die Erfüllung ihrer Bestimmung findet.[5]

Im Durchlaufen dieser Stufen realisiert sich das Wachstum der Persönlichkeit und ihrer Religiosität nach Ansicht Starbucks dabei auf vier Fortschrittslinien:[6] Die Person wächst erstens durch den Transfer ihres Aktivitätszentrums, indem sie vom egoistischen Interesse am Selbst ausgehend ein zunehmendes Interesse am Weltganzen ausbildet, indem sie zweitens von einer zunächst passiven zu einer aktiven spirituellen Persönlichkeit heranreift, drittens Einsicht entwickelt und viertens ihr zuvor noch egoistisches Streben nach Selbsterweiterung und Freude am Selbstausdruck schließlich zum spiritualisierten Streben nach der Fülle des Lebens in Gottes- und Menschendienst transformiert wird.

Die menschliche Entwicklung zielt somit auf die Ausbildung der religiös reifen Persönlichkeit, die ebenso selbsttätig wie selbsthingegeben in das Geschehen

---

[1] PR 411 Z. 17ff. Erscheinungen der Religionsgeschichte werden von Starbuck - nach dem Rekapitulationsprinzip - etwa als Erscheinungen einer formativen Adoleszenzperiode der Menschheit gedeutet.
[2] PR 350, 392, 411-416.
[3] PR 188-194, 350, 412f., 415.
[4] PR 350, 412f., 415.
[5] PR Kap. XII, XXV, XXVII, 350, 414f.
[6] PR 392ff.

des Weltganzen harmonisch integriert ist.[1] Als formative Periode dieser Persönlichkeitsbildung rückt vor allem die Adoleszenzzeit in den Brennpunkt der Aufmerksamkeit[2]. Innerhalb dieser Entwicklungsperiode werden von Starbuck nochmals zwei Hauptphasen unterschieden:

- Erste Phase: Im Alter von ca. 12-18 Jahren findet ein *emotionales* Erwachen statt, worin die Person ihres individuellen Selbst erstmals gewahr wird, indem sie der äußeren Sozial- und Weltordnung begegnet.[3] Gestaltet sich diese Begegnung, was freilich selten vorkommt, harmonisch, so vollzieht sich die Entwicklung idealtypisch nach Typ III. Kommt es hingegen zu Konflikten, so treten turbulentere Entwicklungslinien auf, die nach Typ I oder II verlaufen.

- Zweite Phase: Im Alter von ca. 18-25 findet nach dieser ersten emotionalen noch eine zweite *intellektuelle* Neuordnung statt.[4] Sie wird markiert durch eine Periode des Fragens und Zweifelns, um schließlich auszulaufen in eine Periode der Rekonstruktion, innerhalb derer hinzutretende Gefühle der neuen Einsicht inneren Wert verleihen.

Womit wir schließlich am Ende der von Starbuck gezeichneten Entwicklungslinie stehen und uns das strahlende Bild der reifen Persönlichkeit selbst entgegentritt: das ist eine Persönlichkeit, die sich religiöse Wahrheit innerlich angeeignet hat und von ihrem inneren Spiritualitätszentrum aus kooperativ tätig wird - in und für eine selbst durch und durch spirituell signifikante Weltordnung:

„The person becomes at last a sympathiser with the world wisdom, a co-operator in social institutions. After sifting religious truth, he works it over into life. He enters into real fellowship with the world of spiritual things. Religion is now lived from within."[5]

Es fällt nicht schwer, in diesem Idealbild der spirituell voll ausgebildeten Persönlichkeit alle Züge von Starbucks eigener Bildungsgeschichte wiederzuentdecken: die Kindheitserfahrung des harmonischen Soziallebens der Quäkergemeinschaft mit ihrer alles durchdringenden Atmosphäre der Innerlichkeit[6] ebenso wie die bewußte Rekonstruktion dieser Lebenseinstellung auf dem Boden des neu begegnenden naturwissenschaftlichen Weltbildes am Earlham College während der zweiten Phase seiner Adoleszenz[7]. Wir finden in ihm das in dieser Zeit ausgebildete Weltkonzept eines pantheistisch interpretierten Evolutionismus wieder. Und Aspekte seiner metaphysischen Erleuchtungserfahrung am Ende seiner Harvardzeit: Denn wie dort durch eine allzu vorschnelle Auflösung des zunächst dualistisch erlebten Gegenübers von Individuum und Universum die Lebensbe-

---

[1] PR 355, 391, 399.
[2] PR 394.
[3] PR 395-400.
[4] PR 400ff.
[5] PR 401.
[6] S. o. unter 1.2ff.
[7] S. o. und 1.6ff. und 1.10.

züge der Person zu ihrer sozialen und natürlichen Umwelt, zum Universum insgesamt und zu seinem Grund innerhalb eines undifferenzierteren Einheitsgefühls verschmelzen, so tendenziell auch hier:

Starbuck unterscheidet weder zwischen Sozial- und Weltordnung, in die sich die spirituell voll entwickelte Persönlichkeit harmonisch eingebunden weiß, noch zwischen Welt- und Gottesbezug des Individuums. Unklar bleibt deshalb das genaue Zuordnungsverhältnis von Selbst-, Welt- und Gottesverhältnis und deren Integration innerhalb des reifen religiösen Bewußtseins, das somit hinsichtlich seiner Struktur als spezifisch differenziertes *Selbst*bewußtsein undurchschaut bleibt. Selbst- und Weltbewußtsein der Person erscheinen in Starbucks Entwicklungstheorie vielmehr als *zeitlich nacheinander* auftretende, ursprünglich unabhängige Bewußtseinsformen, deren eigentümliche Struktur und konstitutive Aufeinanderbezogenheit folgendermaßen umrissen werden:[1]

Am Anfang der individuellen Entwicklung steht demnach das wenig bewußte, instinktive Selbstbewußtsein der Kindheit. Zu Beginn der Adoleszenz reift dieses zu vollem Bewußtsein heran und bildet das Aktivitätszentrum des einzelnen. Gleichzeitig, vor allem mit Eintritt der Pubertät, bildet sich das Weltbewußtsein aus, das nun mit dem Selbstbewußtsein in Konflikt tritt. In der reifen Persönlichkeit liegen beide schließlich in voll entwickelter Gestalt und im harmonischen Miteinander vor, wobei das Weltbewußtsein tendenziell die Dominanz besitzt. Für eine Entwicklungstheorie der Religion überraschend unbehandelt bleibt in dieser Konzeption die Frage nach der Ausbildung des Gottesbewußtseins, das entweder als Synonym zum Weltbewußtsein oder aber, was wahrscheinlicher ist, als dessen spiritualisierte höchste Entwicklungsform verstanden werden soll.[2] Die Neigung, Welt- und Gottesbezug der Person zu verschmelzen, liegt dabei ganz auf der Linie von Starbucks eigenem pantheistischen Wirklichkeitskonzept. Die Undifferenziertheit des Weltbewußtseins, innerhalb dessen beispielsweise nicht weiter zwischen den Bezügen der Person zu personalem und nichtpersonalem Sein unterschieden wird, entspricht seiner panpsychistischen Lösung des cartesianischen Dualismusproblems.

Starbucks Konzeption der voll entwickelten, reifen Persönlichkeitsstruktur bereitet angesichts dieser fehlenden Differenzierungen dann jedoch einige Verständnisschwierigkeiten, die gerade den Reifegrad einer so skizzierten Persönlichkeit, die Qualität ihrer Handlungsfähigkeit, betreffen: Das Leben des religiösen Erwachsenen wird nach Überwindung von Reibungserfahrungen in der Jugendzeit nur noch als spannungslose harmonische Mitarbeit an einem selbst harmonisch evolvierenden Weltganzen gezeichnet. Nach der vollständigen Ausbildung aller menschlichen Tendenzen und ihrer Integration auf der Ebene der spi-

---

[1] PR 145ff.
[2] Darauf deutet etwa PR 415 Z. 4f. hin.

rituell zentrierten Persönlichkeit scheinen die wesentlichen ethischen Handlungssituationen der Person immer schon - irgendwie - vorentschieden, insofern nämlich der Individualwille mit dem verinnerlichten Weltwillen bzw. - ununterschieden davon - mit dem verinnerlichten Gemeinwillen zusammenfällt. Letzterer wiederum wird als identisch mit der teleologischen Evolutionsrichtung der Menschheitsgattung im ganzen verstanden.[1] Nicht der selbstbewußte Wille des einzelnen also, sondern der - von wem auch immer festgelegte - Gemeinwille seiner Gattung ist es, der den Kurs des menschlichen Personlebens bestimmt. Darin aber scheint das an ein undifferenziertes Weltbewußtsein hingegebene Selbstbewußtsein der Person unweigerlich in Gefahr zu geraten, partiell entmündigt, d. h. anfällig für die Ansprüche aller nur denkbaren inhaltlichen Bestimmungen dieses „Gemeinwillens" zu werden, wie sie von sozial autoritativen Sprechern des „Gemeinwillens" präsentiert werden mögen.

Diese funktionalpsychologische Sicht setzt sich fort bei der näheren Bestimmung der formalen Struktur des religiösen Bewußtseins: Denn auch dieses wird weniger in seiner personalen Freiheitsstruktur betrachtet, sondern nahezu ausschließlich in seiner Abhängigkeitsstruktur, und zwar von biologisch-instinktiven bzw. psychophysischen Bedingungen. Zwar soll das erklärte Ziel religiöser Entwicklung die reife Persönlichkeit sein, die in freier Selbsthingabe an das Universum von ihrem verinnerlichten Aktivitätszentrum aus ihr Leben gestaltet. Doch kann weder die Erreichung dieses Zieles selbst als ein Resultat personaler Selbstbestimmung begriffen noch psychologisch einsichtig werden, inwiefern die Lebensführung der Person überhaupt noch als freie Bestimmung eines Selbst zu verstehen sein soll, wenn ihr Bewußtsein lediglich als Schauplatz bereits unbewußt ausgetragener Konflikte zwischen verschiedenen Instinkten vorgestellt wird.[2] Hier macht sich folgenreich bemerkbar, daß Starbuck keinerlei Mühe darauf verwendet, einen Begriff von der Wesensstruktur menschlichen Handelns und seinen instinktiven Konstitutionsbedingungen zu entfalten. Religiosität und Moralität erscheinen sonach selbst als sich im Zuge der Entwicklung der Person dynamisch entfaltende Instinktreaktionen. Die religiöse Persönlichkeitsstruktur wird freilich als die höchste Gestalt menschlicher Instinktentwicklung begriffen, in welcher der voll ausgebildete religiöse Instinkt die Integrationsebene des Bewußtseins und damit die Führungsrolle über alle anderen Instinkte und Impulse

---

[1] PR 399f. Die adoleszenten Konflikterfahrungen des einzelnen werden so gesehen als natürliche Selektionssituationen verstanden, innerhalb derer nicht nur die Entwicklung des Individuums, sondern auch die der Gattung insgesamt vorangetrieben werden, und zwar durch die Auswahl der Tauglichsten als derjenigen, die in konzentrierter Form den Gesamtbestand menschlicher Erfahrung in sich aufzunehmen und durch innere Einarbeitung zu erweitern vermögen. Insofern wird das Ringen um die neue Identität als Kampf ums Dasein angesprochen: PR 263; CPR II, 102.

[2] PR 64f; dazu genauer unter 2.1.2 d.

eingenommen hat. Dabei wird die religiöse Integrationsebene nicht als Sublimation eines einzigen Instinktes, sondern als Komplikation und Spiritualisierung *aller* menschlichen Instinkte, primär des Grundlebenstriebes nach Selbsterhaltung und -erweiterung, verstanden,[1] also nicht als vorrangige Sublimation des Sexualtriebes[2] wie bei Hall[3] und auch nicht als transformierter Ausläufer des moralischen Verhaltens[4] wie bei Leuba[5]. Vielmehr gilt für Starbuck:

„Religion in its highest form may fairly be regarded as a radiation, an intermingling, a complication and spiritualisation of the impulses already present in human nature".[6]

Damit ist die formale Struktur des religiösen Bewußtseins als Instinktkomplikation zumindest vage umrissen, offen bleibt noch die Frage nach dessen Gehalt und Zustandekommen: Insofern die spirituelle Integrationsebene der Person deren Leben intern und extern mit dem Weltganzen in Einklang bringen soll, liegt es nahe, diesen von Starbuck nicht explizit behandelten Gehalt des voll entwickelten religiösen Bewußtseins nun genau mit den Einsichten seiner eigenen pantheistisch-evolutionistischen Immanenzspiritualität zu identifizieren.[7] Diese evolutionistische Immanenztheologie scheint von ihm stillschweigend als der allgemeinmenschliche Wesensgehalt des religiösen Instinktes vorausgesetzt zu werden, so daß die individuellen Ausprägungen des religiösen Bewußtseins in

---

[1] PR 403.

[2] PR 401-405. Gegen eine exklusive Herleitung des religiösen Instinktes aus dem Sexualtrieb hat STARBUCK vielmehr auch später immer wieder Einwendungen erhoben: vgl. etwa „Femal Principle", in: Encyclopedia of Religion and Ethics, Bd. V, 1913, 827-833, bes. 828ff.

[3] S. o. unter Teil I, 3.1.4. Daß diese Konzeption nicht nur in der Psychoanalyse Freuds, sondern auch innerhalb der Religionspsychologie weit verbreitet war, zeigt etwa die Kritik AMES' an Starbuck in: E. S. AMES, The Psychology of Religious Experience, London 1910, 220f.

[4] STARBUCK hat dieser Konzeption ursprünglich selbst zugeneigt, wie seine Ausführungen in CPR II, 99-102, zeigen. In PR wird der moralische Instinkt dann aber nicht einmal mehr als eine Hauptwurzel des religiösen Lebens begriffen.

[5] Indem Religion von Leuba nämlich als ein spezieller Untertyp anthropopathischen Verhaltens bestimmt wird. Dabei hat Leuba freilich Religion nicht selbst als einen Instinkt betrachtet - wie Starbuck: s. o. unter Teil II, 3.1.2.

[6] PR 416. Diese Konzeption Starbucks ist die angewandte Konkretion eines allgemeinen Prinzips, das JAMES im Zusammenhang seiner Lerntheorie in „Talks to Teachers on Psychology and to Students on Some of Life's Ideals" (The Works of William James, Bd. 10, 1983, 33) folgendermaßen formuliert hat: „*Every acquired reaction is, as a rule, either a complication grafted on a native reaction, or a substitute for a native reaction which the same object originally tended to provoke. The teacher's art consists in bringing about the substitution or complication; and success in the art presupposes a sympathetic acquaintance with the reactive tendencies natively there.*" Zu STARBUCKs Rezeption dieser Schrift vgl. auch „Child Education and Child Nature. III. The Method of Evolution of Consciousness and of Religion", Biblical World 30 (1907), 191-201, dort 195, 199 (im folgenden zitiert als CE III); „Moral Training in the Public Schools", in: Moral Training of the Public Schools (The California Prize Essays), Boston 1907, hier zitiert nach LTD 157-178, dort 173 (im folgenden abgekürzt als MT).

[7] Vgl. o. unter 1.2, 1.3, 1.6, 1.10.

seiner Theorie dann in versöhntem Nebeneinander zu stehen kommen. Sie werden nur noch als Akzidenzien betrachtet, die aus den Unterschieden des Geschlechts der Person, ihrer physischen Verfassung, ihres Temperaments[1] sowie ihrer jeweiligen Sozialisierung[2] erklärbar sind. In dieser evolutionistischen Immanenztheologie scheinen die Wahrheiten der Philosophie und Religion für Starbuck mit denen der „Science" zu harmonischer Einheit zu verschmelzen[3], so daß seine religionspsychologische Beschreibung übergangslos in eine homilienhafte, christliches Traditionsgut aufnehmende Sprechweise überwechseln kann.[4] Und durch sie - als dem natürlichen Gehalt des religiösen Instinkts - scheint die Einheit der natürlichen Entwicklungslinie, die all ihren Typen gemeinsame Grundrichtung und Zielgestalt, derart zuverlässig garantiert zu werden, daß den zunächst mühsam aufgefundenen Entwicklungsformen dann letztlich doch wieder eine nur sekundäre Bedeutung zukommt.[5]

2.1.3 Bekehrung als Kondensform menschlicher Entwicklung. Der Gehalt von Starbucks religionspsychologischer Theorie (zweiter Teil)

Starbuck hat die Bekehrungserfahrung, von der aus seine religionspsychologische Untersuchung anhebt, nicht nur als einen Kulminationspunkt religiöser Entwicklung beschrieben, sondern letztlich als Kondensform menschlicher Entwicklung überhaupt.[6] An ihr werden somit nicht nur *einige* hervorragende, sondern im Grunde *alle* wesentlichen Konstitutionsmomente psychischen Wachstums aufgewiesen.[7] Ihre Interpretation liefert das Grundmodell für alle anderen Entwicklungstypen, die mithin lediglich als graduelle Varianten von Entwicklungstyp I zu verstehen sind.[8] Während der Bekehrungsprozeß als *vollständige* Charakterum-

---

[1] PR 223f., 307, 391.

[2] PR 409-411.

[3] Vgl. o. unter 1.7, Starbucks Begegnung mit dem Neuhumanismus sowie seine Rezeption der komparatistischen Religionstheorie Clarkes, o. unter 1.8.

[4] Vgl. etwa PR 113, 117, 132, 269, 292. Ein Beispiel: „The old elements in consciousness unless they fall in line with the new and reinforce them, are annulled. The new 'stream of consciousness' sweeps things before it, and old sins are washed away" (PR 134).

[5] Zumal Starbuck eine eindeutige Zuordnung individueller Fälle in das Spektrum religiöser Entwicklungstypen ohnehin für nur schwer möglich hält, weil als Entscheidungskriterium das Selbsturteil der befragten Person herangezogen werden müsse. Dieses Selbsturteil allerdings, wie er an dieser Stelle zugibt, sei in Abhängigkeit zu ihrem begrifflichen Interpretationsrahmen zu sehen, den ihre konfessionelle Sozialisierung ihr jeweils angeboten habe: PR 184.

[6] PR XI, 135-144, 223, 405.

[7] Diese Interpretation erfährt ihre Bestätigung darin, daß STARBUCK das hier erarbeitete Grundmodell späterhin auf alle entwicklungspsychologischen, erkenntnistheoretischen und ethischen Fallexplikationen angewandt hat: vgl. etwa „Doubt", 864; „Double-Mindedness", 860ff.; „Backsliding", 319ff. ; s. dazu bereits o. unter 1.7.

[8] PR 204, 224, 262, 319, 354.

wandlung der Person verstanden wird, werden vergleichbare Wachstumsphänomene - wie Bruch von Gewohnheiten, plötzliches Auftreten von Einsichten, Gefühlen, Fähigkeiten etc. - als analoge *Teilfälle* betrachtet, zu denen die Bekehrungserfahrung den umfassenden Gesamtkomplex bildet.[1]

Gestattet für Starbuck das Studium der Bekehrung somit offensichtlich eine Momentaufnahme religiöser bzw. allgemein psychischer Entwicklung en miniature, so gestattet uns die Untersuchung seines Bekehrungsstudiums einen Einblick in das Herzstück seiner Religionspsychologie, an dem wir darum exemplarisch Starbucks empirische Arbeitsweise und das Konstruktionsprinzip seiner Theoriebildung genauer studieren wollen:

Mit dem Studium der Bekehrung hat Starbuck zwar ein auffallendes, exzentrisches, nicht aber ungewöhnliches Phänomen der religiösen Kultur seiner Lebenswelt in den Blick genommen. Es ist ihm vielmehr angesichts der lebendigen Tradition der amerikanischen Erweckungsbewegung und - wie unter 1.5 gehört - sogar aus persönlicher Erfahrung wohl vertraut. Vielleicht auch aufgrund dieser Vertrautheit und Selbstverständlichkeit des Phänomens, vor allem aber aufgrund seines empiristischen Wissenschaftsideals hat Starbuck nahezu ganz auf eine begriffliche Erfassung[2] des Phänomens vorab verzichtet: Um nicht durch eine apriorische Definition die folgenden Untersuchungsergebnisse im Sinne traditioneller, insbesondere theologischer Interpretationen tendenziell vorzuprägen, sondern die Erfahrungsberichte selbst das Phänomen erst bestimmen zu lassen.[3] Jede eindeutige Fassung des Begriffs hätte die Bekehrungserfahrung überdies in einer bestimmten konfessionellen Ausprägung favorisieren müssen, während sie Starbuck jedoch nicht einmal als ein spezifisch christliches, sondern universal

---

[1] PR 136-144.

[2] In seiner späteren Abhandlung „The Psychology of Conversion", Expository Times 25 (1914), 219-223, hat STARBUCK dann zumindest ansatzweise über den dogmatischen Gehalt des Bekehrungsbegriffs reflektiert: dort 219f. Danach wird mit ihm seiner Ansicht nach traditionellerweise entweder erstens ein spontaner Akt der Abkehr von einer sündigen zu einer gerechten Lebensweise oder zweitens ein Akt der Glaubensannahme nach vorherigem Abfall bzw. zeitweiliger Entfremdung oder aber drittens eine plötzliche Erleuchtungserfahrung bezeichnet. Ungeklärt bleibt in dieser Auflistung Starbucks freilich, ob es sich in ihr um eine Liste der Aspekte ein und desselben Geschehenszusammenhangs oder aber, was wahrscheinlicher ist, um verschiedene Verwendungsweisen des Begriffs handeln soll. Die Vielzahl der Bedeutungen spiegelt für Starbuck jedenfalls die Vielzahl der Probleme in der dogmatischen Diskussion der Bekehrung wieder: d. i. die Frage nach dem Zusammenhang zwischen göttlichem und menschlichem Handeln, die Frage nach der Notwendigkeit der Erfahrung sowie der Art des Geschehens als Identitätsverlust und seine Beziehung zur Heiligungserfahrung. Seine eigene religionspsychologische Klassifikation zweier Bekehrungstypen, des Willens- und Adoleszenztyps, hat er sodann als die beiden mindestens zu unterscheidenden Fälle vorgeschlagen, um die Vielfalt der Verwendungsweisen des Begriffs zu strukturieren. Zu einer weiteren begrifflichen Klärung hat er sich jedoch auch hier nicht durchringen können.

[3] PR 21, 24.

menschliches Phänomen betrachten möchte. Als einziges Kriterium für die Aufnahme eines Fallberichts in den Materialbestand dient ihm deshalb das Selbsturteil der befragten Person, die Erfahrung selbst als echten Wendepunkt ihres Lebens, als einen Charakterwandel mit positiver bzw. aktivierender Wirkung, erlebt zu haben.[1]

Wir werden freilich sehen,[2] daß trotz dieser Weigerung Starbucks, im Vorfeld seinen Begriff von Bekehrung abzuklären, auch seine Fragestellung und Interpretation ebenso wie die Antworten seiner Versuchspersonen doch wieder theologische Interpretationsmuster in Anspruch nehmen werden. Weil deren Eigenart, selbst Resultate reflektierten Erlebens zu sein, und deren Funktion, sowohl für die Konstitution von Erfahrung innerhalb eines religiösen Traditionszusammenhangs als auch für seine sinnvolle Interpretation, jedoch nicht durchschaut werden, gehen sie in ganz unkontrollierter Weise in die religionspsychologische Theoriebildung ein, wandeln sich Starbuck unter der Hand um in „reine" Empirieaussagen, die eine neue szientifische Interpretation erfahren.

Nicht auf eine begriffliche, sondern „streng empirische" Beschreibung der Bekehrungserfahrung also will sich Starbucks Untersuchung konzentrieren, und zwar auf eine statistische Erfassung ihres altersmäßigen Vorkommens (a.), der ihr unterliegenden häufigsten Motive und Impulse (b.), die Beschreibung ihrer Phasen (c.) sowie deren szientifische Interpretation (d.).

a. Die statistische Erfassung des Bekehrungsalters: Ein Hauptergebnis der Starbuckschen Studie bestätigt die bereits 1881/82 von Hall[3] aufgestellte These, daß es sich in der Bekehrungserfahrung um ein charakteristisches Adoleszenzphänomen[4] handle, das fast ausschließlich bei Jugendlichen im Alter zwischen 10-25 Jahren[5], am häufigsten zur Zeit des größten physischen Wachstums[6] und zeitlich komplementär zum Pubertätsbeginn[7] auftrete. Damit hat Starbuck das häufigste bzw. durchschnittliche Bekehrungsalter deutlich früher als Leuba[8] an-

---

[1] Daß Starbucks Fassung des Bekehrungsbegriffs damit allzu weit sei, um überhaupt noch eine einheitliche Klasse vergleichbarer Phänomene bilden zu können, ist u. a. von UREN (45) kritisiert worden.

[2] Siehe besonders u. unter 2.1.4.

[3] Vgl. o. unter Teil I, 2.2 sowie 2.5.

[4] PR 35f.: „That is, *there is a normal period, where between the innocence of childhood and the fixed habits of maturity, while the person is yet impressionable and has already capacity for spiritual insighs, when conversions most frequently occur.*"

[5] PR Kap. III, 28-48, bes. 28f., 34.

[6] PR 38.

[7] PR 41-45. In diesem Urteil weicht STARBUCK von seinem anfänglichen Ergebnis in CPR I, 273, ab, weil er inzwischen auf neue entwicklungspsychologische Statistiken zurückgreifen kann.

[8] Während jener beide Werte um das 25. Lebensjahr ansetzt; vgl. o. unter Teil II, 2.4. Eine Zusammenstellung der Ergebnisse von Studien zum Bekehrungsalter bietet JOHNSON, 127f.

gesetzt, nämlich um das 13. und 16. Lebensjahr bei weiblichen sowie 16. bzw. 17. Lebensjahr bei männlichen Personen.

Forcierung durch ein religiöses Milieu[1] führt seinen Ergebnissen nach nicht zu einer wesentlich andersartigen Struktur der Erfahrung. Das dogmatisierte Bekehrungsideal nehme vielmehr eine natürliche Entwicklungstendenz in Anspruch, um diese zwar zu intensivieren und ihre Ablaufdauer zu verkürzen, ohne aber ihr altersmäßiges Auftreten selbst wesentlich beeinflussen zu können.[2]

b. Die Untersuchung der zur Bekehrung führenden Motive und Impulse:[3] An ihr soll Starbucks Auswertungsverfahren und dessen hermeneutische Defizite exemplarisch vorgeführt werden.

Starbucks Untersuchungsinteresse zielt auf die statistische Bestimmung der häufigsten präkonversionellen Motive, wie sie in Abhängigkeit von Geschlecht der Personen, Alter und religiösem Umfeld auftreten.[4] Das gesammelte Antwortmaterial wird von ihm hierzu in acht Motivklassen geordnet und durch typische Zitatbeispiele illustriert.[5] Starbuck unterscheidet darin eine erste Klasse sog. „subjektiver" Impulse: 1. Furcht, 2. Egozentrie, 3. Altruismus, 4. moralisches Ideal, 5. Sündenbewußtsein. Sowie eine zweite Klasse sog. „objektiver" Impulse: 6. Lehre, 7. Imitation, 8. sozialer Druck. Als Ergebnis hält er fest, daß die statistische Auswertung das Vorhandensein beider Motivklassen belege, wobei die Wirkung subjektiver, instinktiver und gattungsmäßiger Impulse, das sind Furcht (1.), Sündenbewußtsein (5.), Imitation (7.) und sozialer Druck (8.), überwiege. Als unbedeutender seien Einflüsse von Lehre (6.) und traditionell betonte Motive wie „Liebe" und „Hoffnung" zu beurteilen.[6] Der Vergleich der Geschlechter zeige, daß männliche Personen stärker von innen, also von „subjektiven", weibliche hingegen stärker von außen, also von „objektiven" Impulsen, motiviert seien.[7] Unter Erweckungseinfluß dominierten emotionale Motive über rationale, wobei wider Erwarten die Bedeutung des Sündenbewußtseins sogar zurücktrete.[8] Bei altersmäßig später auftretenden Bekehrungen nähmen idealistische Motive sowie das Motiv des Sündenbewußtseins zu, instinktive und gattungsmäßige Impulse hingegen ab. Eine der Hauptschlußfolgerungen der Untersuchung lautet - in Übereinstimmung zum Ergebnis der statistischen Studie des Bekehrungsalters:

---

[1] PR 34.
[2] PR 204.
[3] PR Kap. IV, 49-57.
[4] PR 54-57.
[5] PR 49-51.
[6] PR 53.
[7] Ebd.
[8] PR 54. Starbuck kommt darin also gerade zum gegenteiligen Ergebnis wie LEUBA in seiner Beschreibung des Sündenbewußtseins als 1. Phase des Bekehrungsprozesses: s. o. unter Teil II, 2.4.

Auch das Sündenbewußtsein - wie die Bekehrungserfahrung insgesamt - sei als ein natürliches Motiv der psychischen Konstitution des Menschen anzusehen, an das christliche Kultivierungsbemühungen lediglich anzuknüpfen brauchten, wobei dogmatische Lehrinhalte letztlich jedoch nur geringen Einfluß auf sein Zustandekommen ausüben könnten.[1]

Dieses Auswertungsverfahren und sein Ergebnis fordern folgende Kritik heraus:

Problematisch ist bereits erstens die nicht immer einleuchtende bzw. eindeutige Zuordnung der vorliegenden Zitate zu jeweils einer der acht Motivtypen. Sie scheint sich allein am zufälligen Wortlaut der Antworten zu orientieren, vermag so jedoch nur deren Oberflächengehalt, nicht aber tatsächlich vorliegende, eventuell ungenannt bleibende Motive zu erfassen.

Problematisch ist zweitens die Klassifikation der Motivtypen selbst, die sich in der von Starbuck vorgeschlagenen Weise wohl kaum scharf voneinander unterscheiden lassen - beispielsweise „3. Altruismus" nicht von „4. moralisches Ideal" oder: „7. Imitation" nicht von „8. sozialer Druck" - und zum Teil als Aspekte eines einheitlichen Motivzusammenhangs anzusehen sind. Insbesondere die Gegenüberstellung einer „subjektiven" und „objektiven" Motivgruppe erscheint künstlich, insofern „subjektive" Motive stets als Verinnerlichungsgestalten „objektiver", „objektive" wiederum als Ausdrucksgestalten „subjektiver" Motive verstanden werden können. So fragt sich etwa, wie „subjektive" Motive denn anders als durch Einfluß sozialer Institutionen und Kultivierungen, somit „objektiver" Impulse, zustande kommen sollen? Die getroffene Unterscheidung kann für Starbuck allein deshalb Sinn machen, weil er die „subjektiven" Motive weniger als eigentliche Handlungs- denn als Instinktimpulse versteht. Welche Motive als eindeutig instinktiven Ursprungs, welche hingegen mehr als sozial kultiviert zu betrachten sind, müßte als Voraussetzung einer Klassifikation jedoch zuallererst grundlegend geklärt werden, wobei beide Motivklassen in jedem Fall als „gattungsmäßige" anzusprechen wären.

Problematisch sind drittens die Schlußfolgerungen, die sich aufgrund der genannten Defizite des Verfahrens nahezu zwangsläufig einstellen, so daß sich bereits von Anfang an zugrundeliegende Vorurteile unweigerlich bestätigen müssen: so etwa Vorurteile, die die zurückgestufte Bedeutung religiöser Sozialisation und Lehre oder etwa den Mentalitätsunterschied der Geschlechter betreffen.

c. Die Beschreibung der Phasen des Bekehrungsverlaufs: Starbuck hat die Bekehrungserfahrung als einen Prozeß beschrieben, der drei Phasen, nämlich prä- und postkonversionelle Phase mit dazwischenliegender Wendepunktphase, umfaßt.

---

[1] PR 53f.

Die Erfahrungen der *präkonversionellen Phase* werden von ihm dabei samt und sonders als Manifestationen eines instinktiven Sündenbewußtseins gedeutet:[1]

„conversion is a process of struggling away from sin, rather than of striving toward righteousness"[2].

Dessen Auftreten ist nach Starbucks Ansicht vor allem durch die psychophysische Konstitution der Person bedingt, weniger aber durch Einflüsse religiöser Sozialisierung.[3] Zur genaueren Bestimmung des Zusammenhangs von Temperament und der Art religiöser Erfahrung hat Starbuck eine zu diesem Zeitpunkt noch unveröffentlichte Untersuchung George Albert Coes herangezogen,[4] die dieser wenig später 1899 in „A Study in the Dynamics of Personal Religion"[5] und dann 1900 in „The Spiritual Life"[6] publiziert. Von Coe übernimmt er das Ergebnis, daß das Auftreten auffallender religiöser Transformationserfahrungen wie der Bekehrung eher bei einem passiven als aktiven Temperamentstyp mit Gefühls- statt Intellektbetonung und Neigung zu Suggestibilität nachzuweisen sei.

Starbuck hat die präkonversionelle Phase somit insgesamt unter dem Titel „Sündenbewußtsein" verhandelt und dieses zugleich als einen Fundamentalfaktor religiöser Erfahrung im allgemeinen verstanden.[7] Sein Charakteristikum wird -

---

[1] PR 58. Ebenso bereits LEUBA, vgl. o. unter Teil II, 2.4, 1. Phase.
[2] PR 64.
[3] Vor allem deren Temperament und gesundheitliche Verfassung: PR 69-75.
[4] PR 71-75, 80f., 97f., 171f.; vgl. a. STARBUCKs Rezension „The Spiritual Life, Studies in the Science of Religion. By G. A. Coe", Psychological Review 7 (1900), 615f.
[5] Psychological Review 6 (1899), 484-505. Auch COE knüpft darin an die Adoleszenzthese Halls und seiner Schüler an (484f.). Um sie zu präzisieren, sucht er die Bedingungen der Varietät religiöser Erfahrung, insbesondere des Auftretens der Bekehrungserfahrung, genauer als bisher zu bestimmen (485f.). Sein mittels Fragebogenerhebung, Interviews und Experiment (487) gewonnenes Ergebnis stellt einen Zusammenhang zwischen dem Auftreten religiöser Transformationserfahrungen und den folgenden drei Faktoren fest (504f.): Temperamentstyp, persönliche Erwartung sowie Neigung zu Automatismen und Suggestibilität. Auch Bedingungen der Sozialisation werden von Coe mit in Anschlag gebracht (488f.).
[6] Innerhalb dieser umfassenderen Veröffentlichung bildet die frühere Studie das Herzstück der Untersuchung. Sie wird im zentralen Kap. III, 105-140, vorgestellt und von den vorausliegenden bzw. nachfolgenden Kapiteln vorbereitet bzw. expliziert: Kap. I-II bereitet COEs Studie zu den Bedingungen der Varietät religiöser Erfahrung, insbesondere des Auftretens der Bekehrungserfahrung, vor durch eine Darstellung des bisherigen Forschungsstandes der Adoleszenzpsychologie und Psychologie des religiösen Erwachens. Kap. III, 141-150, und Kap. IV explizieren das Ergebnis der Studie sodann durch einen Blick auf weitere religiöse Suggestionsphänomene. Kap. V wendet das Ergebnis schließlich an, um zu einer „Temperamental Interpretation of Christianity" (243) vorzustoßen, die eine kritische Interpretation kirchlich sanktionierter Formen der Spiritualität (208-243) sowie den Reformvorschlag enthält (243-260), nicht länger institutionell *einen* bestimmten Temperamentstyp religiöser Erfahrung einseitig zu favorisieren, sondern wie Jesus selbst dies getan habe (256-260), die gesamte Bandbreite aller temperamentsbedingter Spiritualitätstypen anzusprechen (243f., 251f.).
[7] PR 67 Z. 1ff.

genauso wie bei Leuba[1] - als emotionale Depression bzw. organisches Unwohlsein der Person bestimmt. Es erscheint als solches an keine spezifischen Vorstellungsinhalte gebunden, sondern alle möglichen Gehalte annehmen zu können. Seine Inhalte interessieren Starbuck auch deshalb nur wenig, weil sich der Inkubationsprozeß der Bekehrung seiner Ansicht nach ohnehin nur zum geringsten Teil innerhalb der Sphäre des klaren Bewußtseins und unter Einflußnahme des Willens der Person, vielmehr größtenteils - autodynamisch - im Bereich ihres tieferen Affekt- und Instinktlebens vollziehe:

> „Most of it, as far as our picture of conversion at the present point shows, is worked out in the sphere of undefined feeling, and a relatively small part comes as mentally illuminated aspiration...If we turn now to the bodily affections, our evidence grows yet stronger. Conversion is a process which exercises the whole nature, and frequently disturbs the equilibrium of the physical organism. First and most often to be disturbed are sleep and appetite, the most primal organic functions. In the affections of sense, likewise, it is significant that touch, the mother-sense, is most affected. Accordingly, we may conclude that *conversion is a process in which the deeper instinctive life most strongly functions*."[2]

Diesen bereits hier sporadisch auftretenden Gedanken[3] wird Starbuck in seiner zweiten religionspsychologischen Theoriephase[4] ins Zentrum seiner Aufmerksamkeit rücken und zu einer fundamentalpsychologischen Konzeption ausbauen, die im Affekt das substantielle Fundament jeglicher Form von Erfahrung bzw. Erkenntnis ortet und darin vor allem die Bedeutung sog. „niederer" organischer Sinnesempfindungen herauszuarbeiten versucht.

Nachdem die Erfahrungen der präkonversionellen Phase des Bekehrungsprozesses unter dem Titel „Sündenbewußtsein" verhandelt wurden, werden die Erfahrungen der *Phase des Wendepunkts* sodann unter dem Titel „Selbsthingabe" angesprochen: Aus der Auswertung der Erfahrungsberichte ergibt sich für Starbuck die Beobachtung, daß für das letztliche Zustandekommen der Wendepunkterfahrung die Auf- bzw. Hingabe des Willens der Person offensichtlich notwendig sei.[5] Deshalb sei jedoch nicht jegliche Willensanstrengung als von vornherein wertlos zu betrachten, vielmehr in der präkonversionellen Phase bei einem bestimmten Bekehrungstyp sogar unverzichtbar. In diesem Interpretationszusammenhang wird der Willen der Person freilich - analog zu Starbucks Konzeption des Sündenbewußtseins - nicht hinsichtlich seiner Intentionalitätsstruktur ins Auge gefaßt, sondern als purer Akt psychophysischer *Anstrengung* verstanden.

Starbucks Unterscheidung zweier Bekehrungstypen, des Selbsthingabe- und des Willenstyps, hat in der Geschichte der Religionspsychologie Karriere ge-

---

[1] Teil II, 2.4.
[2] PR 64f.
[3] Vgl. a. PR 78f.
[4] S. u. unter 2.2.
[5] PR 99.

macht¹; sie wird von James' „Varieties of Religious Experience"² an prominenter Stelle aufgegriffen.

Die *postkonversionelle Phase*³ schließlich wird als antithetisches Pendant zur präkonversionellen Phase beschrieben. Auch ihre verschiedenen Erfahrungen - der „Entselbstung"⁴, der Geburt neuer psychischer sowie physischer Kräfte⁵ und eines Lebens auf höherer Ebene⁶ - werden als Ausdrucksformen eines gemeinsamen Entwicklungsmoments verstanden, nämlich das der Bildung eines neuen integrativen Personzentrums, dessen Funktionsaufnahme eine Exaltation des Selbstgefühls produziert⁷.

Für die Beschreibung der *weiteren Entwicklung* von Typ I nach der Bekehrungserfahrung ist Starbuck auf kleinere Studien zweier seiner Schüler⁸ angewiesen: Diese weitere Entwicklung unterscheide sich - so das Ergebnis dieser Studien - in ihrer wellenartigen Dynamik nicht wesentlich von Entwicklungstyp II mit Adoleszenzinstabilitäten.⁹ Sie werde abgeschlossen durch eine *Phase der Rekonstruktion*, in der sich die mit der Bekehrung begonnene neue Lebenshaltung endgültig habitualisiere. Diese Rekonstruktionsphase¹⁰ wird von Starbuck erneut mit einem bekannten Titel der ordo salutis-Lehre bezeichnet, nämlich als „Heiligung" angesprochen.

d. Die Interpretation der Bekehrungserfahrung: Der so beschriebene Entwicklungsprozeß von Typ I mit dezidierter Bekehrungserfahrung wird von Starbuck aus drei unterschiedlichen naturwissenschaftlichen Perspektiven interpretiert.¹¹ Alle drei Interpretationen werden unvermittelt nebeneinander präsentiert, stimmen jedoch darin überein, daß sie erstens jeweils einen bestimmten Aspekt der passiven Unverfügbarkeit der Erfahrung herausarbeiten. Und zweitens diese passive Unverfügbarkeit ausschließlich als Abhängigkeit der Person von natürlichen Konstitutionsbedingungen verstehen, die Entwicklungsphänomene somit dem physikalistischen Paradigma entsprechend als Resultate mechanistischer Kausalbeziehungen und nicht personaler Wahlakte, seien sie nun transzendenten oder immanenten Ursprungs, erklären. Mit dem weiteren Ausbau dieser szientifi-

---

[1] Exemplarisch etwa die Rezeption von W. L. JONES, A Psychological Study of Religious Conversion, London 1937, bes. 40f., 240, 265f.
[2] JAMES, VRE 169ff.
[3] PR Kap. X.
[4] PR 127-130.
[5] PR 130-133.
[6] PR 133f.
[7] PR 118f.
[8] Fanny E. Johnston (PR 353-374) und Ivan Deach (PR 375f.).
[9] PR 367.
[10] PR Kap. XXIX, bes. 376 und 391.
[11] PR Kap. XI, 145-162.

schen Erklärungsmodelle wird sich Starbuck dann in seiner zweiten Forschungsphase beschäftigen. Seine spätere Theorie religiöser Erfahrung unter ihrem fundamentalpsychologischen Aspekt (2.2) ist in der Interpretation der Bekehrungserfahrung hier grundgelegt:

Aus *soziologisch-biologischer Perspektive*[1] wird der Bekehrungsprozeß als „Entselbstung" interpretiert, welche den natürlichen und notwendigen Eintritt des Individuums zur Zeit der Adoleszenz ins aktive Sozialleben seiner Gattung markiere. Hierzu werden die Initiationsriten der Naturvölker als weniger spiritualisierte Vorformen betrachtet.[2] Das biologisch initiierende Faktum dieser Hingabe des Individualwillens an den übergreifenden Willen des Weltbewußtseins ortet Starbuck - ebenso wie Hall[3] - im Erwachen des Reproduktionslebens: In der Beziehung der Geschlechter und ihrer Sorge für den Nachwuchs sieht er das Einfallstor eines neuen Verantwortungsbewußtseins für das sich in der Familie wiederspiegelnde soziale Ganze und einer damit einhergehenden Freisetzung neuer psychophysischer Kräfte.[4]

Aus *physiologischer Perspektive*[5] wird die Bekehrungserfahrung als Reifeprozeß des zerebralen Nervensystems interpretiert.[6] Starbucks Modell folgt darin der Konzeption Friedrich Burks[7], der Flechsigs Theorie der Assoziationszentren und Hughling Jacksons Dreischichtentheorie zu kombinieren versucht. Nach diesem Modell wird die Bekehrungserfahrung mit dem Zeitpunkt der plötzlichen Funktionsaufnahme der höchsten Entwicklungsschicht des Nervensystems (nach Jackson) bzw. der zerebralen Assoziationszentren (nach Flechsig) und dem Transfer des Personzentrums dorthin identifiziert. Das Sündenbewußtsein wird als Indikator für die noch unfertige Neuformation des zerebralen Nervensystems betrachtet, die Bekehrung darin als letzter Evolutionsschritt der Person zu ihrer vollen Menschwerdung gedeutet:

> „Through heredity, doubtless, the brain is endowed with certain structural elements and latent energies which antedate their functional activity. The 'sense of sin' is the indication that they are trying to function - that the brute is pressing on to become a man. In its biological significance the sense of imperfection is the price we have to pay for the massive, and at first unwieldy, enlargement at the top end of the spinal cord, which, when mastered and brought into requisition, becomes such a tremendous tool and organ of spiritual insight."[8]

---

[1] PR 145-149.

[2] PR 145, 148f. Diese Interpretation Starbucks trifft sich mit dem religionspsychologisch-anthropologischen Beitrag DANIELS: s. o. unter Teil I, 2.5.2; vgl. a. HALL, AP Bd. 2, Kap. XIII.

[3] Vgl. o. unter Teil I, 3.1.4.

[4] PR 149-153.

[5] Ebd.

[6] Vgl. dazu LEUBAs Versuch einer Psychophysiologie des kategorischen Imperativs, o. unter Teil II, 2.6.

[7] PR 150 Anm. 2, 151 Anm.1 und 2.

[8] PR 152f.

Aus *psychologischer Perspektive*[1] wird die Bekehrungserfahrung von Starbuck als Prozeß der Entwicklung und Wechselwirkung von Vorstellungen interpretiert, die als miteinander konkurrierende Implikate des Selbst- und Weltbewußtseins um die Dominanz im Bewußtsein der Person ringen. Das ist der zum Zeitpunkt der Adoleszenz notwendig gewordene Prozeß der internen und externen Wiederanpassung des Individuums an eine erweiterte Umweltsituation:

> „In this point of view conversion is the sudden readjustment to a larger spiritual environment when once the norm has been lost, or when it is dimly felt, but not yet attained...In understanding the discord between the subjective life and the larger possible life, there are at last three things to be considered - the growth of ideals, native inertia, and the complexity of environmental forces which tend to call the person into activity."[2]

In seinem Verständnis der Funktionsweise des Bewußtseins, das er als „undifferentiated centre at which intellection and volition seperate" definiert, hat sich Starbuck dabei von den „Principles of Psychology" seines Lehrers William James[3] leiten lassen.[4] Besonders deutlich wird dies an der Aufnahme zweier Prinzipien erkennbar, die zu den prominentesten der Jamesschen Psychologie zählen: Das ist erstens die sogenannte James-Lange-Theorie der Emotionen, die von einer durchgehenden Bedingtheit psychischer Phänomene durch physische Ereignisse ausgeht.[5] Und zweitens die Konzeption des Bewußtseins als dynamischer Strom, der sich unaufhörlich und größtenteils unabhängig vom bewußten Willen der Person rekonstruiert, wobei der Unterschied zwischen bewußten und unbewußten Elementen des Stromes aus dem Grad des Widerstandes bestimmt sein soll, der einer neuralen Entladung als dem physiologischen Komplement einer Vorstellung entgegengebracht wird.[6]

Auf dem Hintergrund der Jamesschen Bewußtseinstheorie wird die Bekehrungserfahrung von Starbuck nun als der umfassendste Fall solcher Bewußtseinsassimilationen verstanden, wie sie auch in Alltagserfahrungen - etwa spontaner Wiedererinnerung oder Problemlösung - begegnen.[7] Sie erscheint als die Frucht eines Prozesses, der bereits zuvor im subliminalen Bewußtsein gereift,

---

[1] PR 153-162.
[2] PR 153.
[3] S. o. unter 1.9.
[4] PR 107ff.
[5] Von JAMES erstmals 1888 vorgetragen in: „What Is an Emotion?", a. a. O. Zeitlich parallel dazu formuliert von C. LANGE in: Über Gemütsbewegungen (1885), dt. v. H. KURELLA, Leipzig 1887. Zur Geschichte dieser Theorie vgl. J. GEYSER, Lehrbuch der allgemeinen Psychologie, Bd. II: Das Bewußtseinsleben der menschlichen Seele, Münster 1920, 386ff.; sowie ausführlich die Monographie von T. BÖCKER, Die James-Langesche Gefühlstheorie in ihrer historischen Enwicklung, a. a. O.
[6] JAMES, PP Kap. IX.
[7] PR 110ff.

plötzlich ins vollwache Bewußtsein eintritt.[1] Das Sündenbewußsein der präkonversionellen Phase wird darin als Konfusion im Ablauf bislang automatisch verlaufender habitualer Bewußtseinsprozesse gedeutet, die, verursacht durch die Anwesenheit neuer, noch unvollständig klarer und integrierter Vorstellungen von einem neuen Personleben[2], die harmonische Einheit des Bewußtseins temporär in zwei konträre Selbste zerbreche.[3] Der weitere Verlauf der Bekehrung wird dann entsprechend als Wiederherstellung der zerbrochenen Bewußtseinseinheit auf höherer Ebene begriffen, als Geburt eines neuen weiteren spirituellen Bewußtseins, das zu selbstbewußter Einsicht und Würdigung fähig sei.[4] Die Funktion des Willens bestehe in der präkonversionellen Phase darin, vorläufige Richtung und vage visioniertes Ziel des in Gang gesetzten unbewußten Wachstumsprozesses anzugeben.[5] Er wird darin selbst jedoch noch als eine Manifestation der bisherigen Lebenstendenz betrachtet, die das neue Personleben zwar bereits anvisiere, aber nur äußerst unvollkommen vorzustellen vermöge. Darum sei am kritischen Wendepunkt der Bekehrung dann auch gerade seine Aufgabe nötig, um die autodynamischen Wachstumstendenzen schließlich ihrem natürlichen Konvergenz- und Harmoniepunkt zufließen zu lassen. So verstanden will Starbuck den Bekehrungsprozeß insgesamt als die ureigene Methode der menschlichen Natur identifizieren, die evolutionsfördernde Krisis des Bewußtseins zu überwinden: indem sie den vorhandenen Konflikt nämlich zunächst verschärfe[6], bis sich durch den Erschöpfungszustand des Willens die neuen Vorstellungsideale selbst Bahn brechen und zur Dominanz im Bewußtsein gelangen könnten.[7] Mit dem Ergebnis, daß das ideale Leben von nun an nicht mehr nur anvisiert, sondern von innen gelebt werde als das neue Organisationszentrum der spirituell integrierten Persönlichkeit.[8]

Die physikalistische Denkweise, die dieser psychologischen Interpretation der Bekehrung zugrunde liegt, ist offensichtlich: Der gesamte Prozeß wird als ein kausalgeregeltes mechanistisches Zusammenspiel organischer Körpervorgänge erklärt, unter denen der Wille der Person und ihre Vorstellungen selbst als stoffliche Wirkinstanzen eingeordnet sind. Starbuck hat die theologische Interpretation der bekehrten Person, die ihren Wandel auf göttliche Wirkung zurückführt, dem-

---

[1] PR 108.
[2] PR 105, 155.
[3] PR 155: „*There are forces in human life and its surroundings which tend to break the unity and harmony of consciousness; and its unity once destroyed, the contrast between what is, and what might be, gives birth to ideals and sets two selves in sharp opposition to each other.*" Vgl. a. Kap. XX, bes. 256f.
[4] PR 253, 257.
[5] PR 112-117.
[6] PR 157.
[7] PR 160.
[8] PR 116f., 161.

gegenüber als eine deutende *Objektivierung* dieses psychophysischen Kräftespiels verstanden, was freilich nicht einmal abwertend gemeint ist:[1] Denn auch für Starbuck stellt die verinnerlichte persönliche Gottesbeziehung ja gerade die höchste Stufe menschlicher Personentwicklung dar.[2]

2.1.4 Starbucks Religionspsychologie der Bekehrung und ihr Verhältnis zur theologischen Psychologie des Glaubens

Starbucks Psychologie der Religion von 1899, wie wir sie, von ihrem Zentrum einer Psychologie der Bekehrung aufgerollt, vor uns liegen haben, scheint sich in vielen ihren Pointen mit Einsichten der theologischen Psychologie des Glaubens zu treffen und sich darin auf den ersten Blick tatsächlich im Sinne des Autors als gelungene Verständigung zwischen szientifischer und christlicher Sicht anzubieten:

Erstens: Das Leben des Individuums wie der Menschheit im ganzen wird - wie in der christlichen Tradition - als Bildungsgeschichte begriffen.

Zweitens: Als deren innere Teleologie erscheint die Herausbildung einer Persönlichkeitsstruktur, die ihrer höchsten Form nach als Frömmigkeit angesprochen wird.

Drittens: Frömmigkeit wird charakterisiert als eine spezifische Gestalt der Innerlichkeit der Person, in der ein religiöser Vorstellungsbestand zum Organisationszentrum des Bewußtseins und der Lebensführung der Person avanciert.

Viertens: Die Weise des Zustandekommens dieser Frömmigkeit wird als eine vollständige Umwandlung der bisherigen Persönlichkeitsstruktur verstanden.

Fünftens: Die Bedingungen des Zustandekommens der Umwandlung werden in ihrer Unverfügbarkeit betont: Die Umwandlung erscheint mithin weder pädagogisch erzwingbar noch von der Person selbst willentlich produzierbar, sondern von ihr letztlich nur passiv erlebbar.

Sechstens: An die Umwandlung soll sich ein weiterer Bildungsprozeß anschließen, innerhalb dessen die neue Persönlichkeitsstruktur im Zuge ihrer Habitualisierung auf Dauer gestellt wird, um in Folge die gesamte Lebensführung der Person zu bestimmen.

---

[1] Etwa im Sinne einer religiösen Mythisierung: PR 161.
[2] Was Starbuck freilich immer auch ein wenig polemisch in Abgrenzung zu einer institutionsgebundenen, bekenntnisbetonten und seiner Ansicht nach damit noch äußerlichen Frömmigkeit versteht, vgl. etwa PR 161: „To the Nature which has not yet grown into the power of deep intuitions, the sanction of friends, compliance with church rites and the like, stand more distinctly for oneness with God. The same person more highly developed might have described the central thing in a similiar experience as harmony with the will of God."

Siebtens: Die fromme Lebensführung wird als freudiges Einstimmen in einen überindividuellen Willen und als tätige Mitarbeit innerhalb eines teleologischen Gesamtzusammenhangs charakterisiert.

Achtens: Zur Beschreibung dieser Bildungsgeschichte werden Theologumena der protestantischen ordo salutis-Lehre herangezogen: „Sündenbewußtsein", „Selbsthingabe", „Glaube", „Bekehrung", „Wiedergeburt", „Heiligung". Diesen theologischen Kategorien wird zugetraut, ihrem Kern nach bleibende Wesensbeschreibungen menschlicher Lebenserfahrung zu sein.[1] Daß Starbuck darin die theologisch vorgeprägte Sprache seiner Antwortberichte aufgreift und ihr Begriffe für seine eigene Theoriebildung entlehnt, statt sich auf eine „rein psychologische" Terminologie zu besinnen", ist ihm von rigorosen Szientisten vorgeworfen worden.[2] Vor dem Forum einer theologischen Kritik ist jedoch nicht dieses Vorgehen an sich bereits anstößig, sondern im Kreuzfeuer der Kritik steht erst, *wie* Starbuck dies tut. Die spezifische Art und Weise nämlich, wie theologische Deutekategorien religionspsychologisch verstanden und in Anspruch genommen werden, gibt gerade die wesentlichen Unterschiede seiner Theorie zur theologischen Psychologie des Glaubens zu erkennen:

Starbuck identifiziert die theologischen Kategorien der ordo salutis-Lehre mit den einzelnen Phasen eines empirischen Entwicklungsprozesses, die im Rahmen seiner naturwissenschaftlichen Interpretation eine physikalistische Funktionserklärung erhalten. Darin hat er freilich nur an eine bereits wohletablierte Fehlinterpretation dieser Lehre in seiner Erfahrungswelt angeknüpft und szientifisch weiterzuführen versucht: die methodistische Erweckungstheologie mit ihrer Forderung eines Bekehrungsprozesses, der sich anhand von empirisch identifizierbaren Affektzuständen biographisch aufzeigen läßt.

An Starbucks Verfahren ist dabei *erstens* problematisch, daß sich die Aufnahme theologischer Begriffe allein an ihrer wörtlichen Nennung in den Erfahrungsberichten der Fragebogenerhebung, nicht aber an deren jeweiligem Sachgehalt festmacht. So dienen zufälligerweise häufig auftretende Benennungen einzelner empirischer Erfahrungsphänomene im weiteren dazu, ganze Phänomenklassen begrifflich zusammenzufassen. Unter der Hand werden im Namen eines „rein empirischen" Vorgehens beispielsweise alle präkonversionellen Erfahrungen in ihrer gesamten Bandbreite als Manifestationen eines natürlichen „Sündenbewußtseins" verstanden. Obwohl das Phänomen der „Selbsthingabe" zunächst nur als eine häufige unter anderen Einzelerfahrungen der Bekehrungskrisis er-

---

[1] Besonders deutlich wird dies auch in STARBUCKs späterer biologistischer Neuinterpretation der Prädestinations- und Erbsündenlehre: „Reinforcement to the Pulpit from Modern Psychology. I. Psychological Predestination; II. The Doctrine of Original Sin", Homiletic Review 52 (1906), 168-172, 418-423; vgl. dazu u. unter 2.3.1.

[2] Beispielsweise von UREN, 45f.; COE, The Psychology of Religion, 57.

scheint, neigt Starbuck im weiteren dazu, alle Einzelerfahrungen des Wendepunkts unter diesem Stichwort zusammenzufassen.

An diesem Verfahren ist *zweitens* problematisch, daß hierdurch eine unkontrollierte Vermischung bzw. Identifizierung theologisch-kategorialer und empirischer Theorieaussagen entsteht, die nicht in ihrer aufeinander bezogenen, aber jeweils eigenen Konstitution, Wesensart und Funktion für die religionspsychologische Theoriebildung reflektiert und unterschieden werden. Im Zuge dessen bleibt der zugrundegelegte Interpretationsrahmen dieser Theorien sowohl seiner gehaltlichen Bestimmung als auch seiner Form nach - als ein kategorialer - völlig undurchschaut. Aus eben diesem Grund geht Starbucks Kritik an den theologischen Phänomenbeschreibungen, die er durch seine religionspsychologischen Ergebnisse meint überbieten zu können, letztlich ins Leere. Ein Beispiel:

Bei der statistischen Untersuchung, welche Gefühlsregungen in der Frömmigkeitserfahrung des Erwachsenen vorherrschend seien, findet Starbuck „Abhängigkeits-" und „Demutsgefühle" an der Spitze der Häufigkeitstabelle.[1] Dies veranlaßt ihn dazu, Schleiermachers Begriff der Frömmigkeit als „Gefühl schlechthinniger Abhängigkeit" einerseits zu würdigen, andererseits zu kritisieren: Einerseits will er den Wert dieser Definition durch seine eigenen Ergebnisse empirisch bestätigt, andererseits zugleich aber auch relativiert sehen, weil das „Abhängigkeitsgefühl" nur *einen*, wenn auch dominierenden Teil eines weitaus breiteren Gefühlsspektrums abdecke. Dabei verkennt Starbuck offensichtlich, daß es sich in Schleiermachers Definition um eine Beschreibung der Wesensstruktur des menschlichen Selbstbewußtseins handelt,[2] die gar nicht mit einzelnen gleichnamigen empirisch auftretenden Gefühlen „der Abhängigkeit" identifiziert werden darf, um einen kategorialen Theoriebegriff also, der nicht durch Beobachtung experimentell vermittelter Daten, sondern durch Reflexion auf die unmittelbaren Gegebenheiten des Selbstbewußtseins gewonnen ist.

Durch dieses Verfahren kommt es *drittens* zu einer Umdeutung der in Anspruch genommenen theologischen Kategorien. Sie werden zum einen *formal* umgedeutet, indem sie nicht mehr als aus der Perspektive des Glaubens gemachte Aussagen des christlichen Selbstbewußtseins, sondern - wie bei Hall - als aus der Aperspektivität allgemeinmenschlicher Erfahrung gemachte Aussagen kondensierter Gattungserfahrung verstanden werden. Um dies zu illustrieren und zugleich als Überleitung zum folgenden ein längeres Zitat:

> „What other test have we of the rightousness of those central conceptions which constitute the bone and sinew of religion than that the race has expressed itself most deeply through them, that they harmonise with our deepest impulses? These religious conceptions are the fullest interpretation of the life of any period. The child drinks in unconsciously the qualities in his environment that naturally lead him to these conceptions. He possesses an aptitude

---
[1] PR 332.
[2] F. D. E. SCHLEIERMACHER, Der christliche Glaube, § 4.

through heredity towards these ideas which are the common possession, and drinks in through his instinct of imitation those habits of thought which lead him irresistibly in this direction. Hence it is that there is passed on from one generation to the next that which is the purest essence of the life of the people, and at the same time the child contains within himself the germs of this life. It is not because the great truths which are embodied in dogmas and conventions are wrong that youth cannot understand them, but only that youth holds them at arm's-length in order to look at them and try to understand them. They have no meaning to him, simply because they are *objects* to his consciousness. To be religious facts they must constitute a part of his own nature; they must be worked over into the world of values; they must not be the things seen, but must be part of the consciousness which sees. The soul of the youth is longing for a religion, and is trying to manufacture one. It is trying at the same time to be the maker and the thing made, and fails in the attempt. 'The kingdom of heaven cometh not with observation.' The life of the senses must give way, and one must be willing to be an organ for the expression of universal life. 'The kingdom of heaven is within you.' This is the revelation that comes only in its completeness with maturity. One appreciates religious truth from within; he himself is the embodiment of the deeper spiritual truth of the world, and is one in essence with the spiritual universe, which he has been trying to discover... Having found the revelation within his own being, the full-grown man or woman sets about, as one of the units of an organised whole, to transform it into life."[1]

Die in Anspruch genommenen theologischen Deutekategorien werden zum anderen *inhaltlich* umgedeutet, indem sie ihren neuen Gehalt aus Starbucks persönlicher Lebenseinstellung beziehen, die darin selbst unbemerkt szientifischen Status gewinnt:

Der Begriff des *Sündenbewußtseins* erstarrt und verflacht zu einem reinen Formbegriff für jegliche unbestimmte Art physischen wie psychischen Unwohlseins bzw. mangelnder sozialer Integrität des Individuums. Seinem theologischen Gehalt nach zielt der Begriff jedoch auf eine genau bestimmte Verkehrtheit des menschlichen Gottesverhältnisses, die ein verkehrtes Selbst- und Weltverhältnis nachsichzieht. Von Wohlbefinden und sozialer Integrität der Person kann danach keinesfalls einlinig auf den gesunden Charakter ihres Gottesverhältnisses geschlossen werden, können beide doch in gleicher Weise als Bewußtseinszustände auch beim „gottvergessenen Weltmenschen" aufweisbar sein.

Der Begriff der *Selbsthingabe* bezeichnet in Starbucks religionspsychologischer Interpretation weniger einen Akt willentlicher Selbstbestimmung der Person als vielmehr einen Zustand rein physischer Erschöpfung oder psychischer Ablenkung.

Der Begriff des *Glaubens* wird zur Bezeichnung einer einzelnen Phase der empirischen Erfahrungskette herangezogen, und zwar für diejenige Phase, die die Selbsthingabephase begleitet bzw. ihr unmittelbar nachfolgt.[2] Glaube wird als eine nahezu inhaltsleere Haltung psychischer Rezeptivität charakterisiert, nicht

---

[1] PR 292f.
[2] PR 117.

aber selbst als das neue vorstellungsmäßig bestimmte Organisationszentrum der Person angesprochen.[1]

Daß das religiöse Bewußtsein überhaupt einen spezifischen Gehalt besitzt, wird von Starbuck lediglich innerhalb der psychologischen Interpretationslinie angedeutet. Danach ist das neue Organisationszentrum der Person durch einen neuen Bestand an Vorstellungen, Idealen und Einsichten gekennzeichnet. Deren intentionale Struktur selbst kommt dabei jedoch nicht in den Blick. Sie erscheinen lediglich als autodynamisch hervorbrechende Elemente des subliminalen Bewußtseins, als die psychischen Komplemente neurophysischer Entladungen, nicht aber als Bestimmungen eines *Selbst*bewußtseins. Nach dem materialistischen Paradigma der Starbuckschen Religionspsychologie wird die Funktionsweise des religiösen Bewußtseins analog zu Mechanismen der physikalischen Objektsphäre beschrieben. Hierdurch gelingt es Starbuck zwar, einige immanent-passive Konstitutionsbedingungen des religiösen Bewußtseins, nämlich seine leibhaften Konditionen, zu betonen, nicht aber in gleicher Weise auch seine aktiven sowie vor allem nicht die transzendente Konstitution all dieser Bedingungen, seien sie aktiv oder passiv, herauszuarbeiten. Seine Charakterisierung des Willens erschöpft sich darum fast ausschließlich darin, ihn in seiner Reaktionsweise als psychophysische Anstrengung zu zeichnen.

Demgegenüber hat die theologische Psychologie des Glaubens diesen als den Entscheidungsort des religiösen Lebens und seiner Entwicklung beschrieben, an dem Gottes Geist nicht gegen bzw. an menschlicher Freiheit vorbei wirken will, sondern gerade unter Einschluß einer bestimmten Weise menschlichen Freiheitsvollzuges, welcher in der selbstbewußt-freien Hingabe des menschlichen Willens an das göttliche Wirken besteht.

Aus Starbucks fehlendem Blick für die intentionale Struktur des Bewußtseins folgt dann unmittelbar sein Versäumnis, die spezifischen Gehalte des frommen Bewußtseins eigens zu thematisieren. Deren Behandlung hat er wohl auch deshalb als unnötig empfunden, weil er sie - seiner neuhumanistischen Religionsphilosophie entsprechend[2]- ihrem Kern nach bei allen Menschen übereinstimmen sieht.

All dies zusammengenommen, wird das Leben des Individuums wie das seiner Gattung von Starbuck dann aber - genau besehen - nur im uneigentlichen oder jedenfalls nicht im christlichen Sinne als Bildungsgeschichte angesprochen: Der Bildungsprozeß wird nämlich lediglich rudimentär als ein formal wie inhaltlich individuelles Resultat endlich freier Selbstbestimmung begriffen, vielmehr weitgehend gleichgesetzt mit einer autodynamischen Entfaltung natürlicher Instinkt-

---

[1] Daneben kann „Glaube" dann aber auch zuweilen in einem die gesamte Religiosität der Person umfassenden Sinn verstanden werden, vgl. etwa PR 283.
[2] S. o. unter 1.7.

dispositionen. Dann allerdings ist fraglich, welche Rolle den religiösen Sozialisierungsinstitutionen bei der Konstitution dieser Erfahrung eigentlich zukommen soll:

Vermitteln sie der natürlichen Entwicklungstendenz etwa erst ihre je spezifische Richtung entsprechend ihrer unterschiedlichen Bekenntnisinhalte, indem sie Überzeugungen über Sinn und Ziel des menschlichen Lebens anzubieten haben? Das wäre die traditionell christliche Funktionsbeschreibung der religiösen Sozialisationsinstitutionen.

Oder stabilisieren sie die universal identische Entwicklungstendenz nur, indem sie die rein natürlichen Konstitutionsbedingungen in ihren Organisations- und Bekenntnisgestalten wiederholend symbolisieren? Das wäre die Funktionsbeschreibung eines evolutionistischen Szientismus in seiner sympathetischen Version, wie wir ihn etwa bei Hall gefunden haben.

Oder aber neigen die religiösen Sozialisationsinstitutionen im Gegenteil generell dazu, die natürlichen Entwicklungstendenzen zu hemmen oder gar zu pervertieren durch einseitige Intellektualisierung und Emotionalisierung? Das wäre die Funktionsbeschreibung des evolutionistischen Szientismus in seiner antipathischen Version, wie wir ihm beispielsweise bei Leuba begegnet sind.

Die Frage, welcher Funktionsbestimmung Starbuck zuneigt, läßt keine eindeutige Antwort zu, da sich je nach polemischer Stoßrichtung seiner Argumentation Aussagen zu allen drei Antwortmöglichkeiten finden:

Geht es ihm darum, den bleibenden Wahrheitswert des Christentums zu retten und die Bildungsaufgabe kirchlicher Institutionen zu betonen, bewegen sich Starbucks Aussagen in der Nähe der ersten Funktionsbeschreibung. Zu diesem Argumentationsstrang ist auch die pädagogische Ausrichtung seiner Religionspsychologie im ganzen zu rechnen, die ja gerade als Theorie für religionspädagogische Gestaltungsaufgaben in gesellschaftlichen Bildungsinstitutionen konzipiert ist.[1]

Geht es Starbuck jedoch darum, den universal einheitlichen Wahrheitswert der Religion, ihre Bildungsfunktion für die Menschheit und die Identität ihres natürlichen Instinktfundaments zu betonen, dann finden sich bei ihm Aussagen im Sinne der zweiten Funktionsbeschreibung, die die spezifische Bedeutung kirchlicher Kultivierungsleistungen eher zurückdrängen.[2]

---

[1] PR 161 Z. 28-34, 184; zur pädagogischen Ausrichtung der Starbuckschen Religionspsychologie s. unter 2.1.5. Starbuck ist sich der prinzipiellen Bedeutung von Bildungsinstitutionen sicherlich bewußt gewesen. Ansonsten hätte er wohl kaum seinen lebenslangen Beruf darin sehen können, sich praktisch und theoretisch in den Dienst von deren Reformierung zu stellen: s. die biographischen Hinweise o. unter 1.6 sowie 1.4 und 1.9; bes. aber unter 3.

[2] PR 161, 292f.; zu Aussagen, die eine weitgehende Unabhängigkeit von kirchlicher Sozialisierung und deren Symbolen behaupten s. a. PR 34, 53f., 204.

Geht es Starbuck schließlich darum, die Bildungspraxis zeitgenössischer Institutionen, insbesondere der evangelistischen Erweckungsbewegung, mit der er selbst eine zweifelhafte Erfahrung seiner Bildungsgeschichte verbinden kann,[1] zu kritisieren, so argumentiert er auf der Linie der dritten Funktionsbeschreibung.[2]

Starbucks Funktionsbestimmung religiöser Institutionen und ihrer Symbole schwebt und schwankt somit offensichtlich aufgrund derselben Leerstelle, die bereits bei seiner Konzeption der Religionspsychologie als Wissenschaft[3] zu entdecken war: Es fehlt ihr vor allem an einer begrifflichen, eindeutigen und den Zusammenhang all ihrer Aspekte reflektierenden Bestimmung der Struktur von Erfahrung im allgemeinen sowie religiöser und wissenschaftlicher im besonderen.

2.1.5 Pädagogische Ausblicke

1892 hatte Starbuck zum ersten Mal in einem Vortrag das Programm einer psychologisch fundierten „Science of Religion" und ihrer Rolle für das Erziehungswesen umrissen.[4] In seinem Werk von 1899 bildet die Frage nach der erzieherischen Gestaltung der Persönlichkeitsbildung nun den Zielpunkt des religionspsychologischen Theorieinteresses: Pädagogische Schlußfolgerungen stehen jeweils am Ende jedes Teilabschnitts und beschließen in einem eigenen zusammenfassenden Kapitel[5] das Werk im ganzen. Mit dieser ausgesprochen pädagogischen Ausrichtung seiner Religionspsychologie bewegt sich Starbuck zum einen in der Tradition der Clark-Schule[6], verfolgt zum anderen offensichtlich aber zugleich ein ganz persönliches Lebensinteresse, das in seiner mehrjährigen Praxis als Dorfschul- und Universitätslehrer wurzelt[7].

Durch die empirisch zustandegekommene Kenntnis der menschlichen Natur, ihrer allgemeinen Enwicklungslinie und Typik ihres Wachstums, erhofft sich Starbuck, eine der menschlichen Natur angemessenere und effektivere Form der Erziehungspraxis initiieren zu können.[8] So wie für ihn religionspsychologische und entwicklungspsychologische Bildungsgesetze zusammenfallen, so auch religionspädagogische und pädagogische Maximen. Hauptmaxime ist dabei - wie bei

---

[1] S. o. unter 1.5.
[2] PR 292f., 533f.
[3] S. o. unter 2.1.1.
[4] Vgl. o. unter 1.9.
[5] PR Kap. XXXI.
[6] S. o. unter Teil I, 2.5.
[7] S. o. unter 1.4, 1.9.
[8] PR 420. Auf deutschem Boden hat als einer der ersten E. MEYER versucht, Starbucks Entwicklungspsychologie der Religion religionspädagogisch fruchtbar zu machen: „Religionspsy-

Hall - auch für Starbuck das Prinzip des romantizistischen Naturalismus[1]: nämlich die Anweisung, Helferin und Helfer der Natur zu sein,[2] die reibungslose Abfolge der beschriebenen Wachstumsschritte vorzubereiten und zu unterstützen,[3] um bei mindestem Verlust an Lebensenergien die vollste Ausreifung der natürlichen Dispositionen zu ermöglichen[4]. Die pädagogische Aufgabe erfüllt sich für Starbuck von daher weniger in direkt eingreifenden Direktiven als in der Gestaltung einer für das natürliche Wachstum günstigen Gesamtatmosphäre.[5] Plädiert wird für eine notwendige Differenziertheit der pädagogischen Gestaltungsarbeit, die der Individualität der Persönlichkeitsdispositionen und Entwicklungsstadien Rechnung tragen soll. Den Wert seiner religionspsychologischen Arbeit sieht Starbuck darin, hierfür eine Entwicklungstypik[6] bereitzustellen, welche die Beurteilung des pädagogischen Einzelfalles vorstrukturiert. Darüber hinaus will er auf dem Hintergrund seiner Ergebnisse folgende Kritikpunkte und Vorschläge für die pädagogische Praxis anmelden:

Erstens: Starbuck schlägt drei unterschiedliche Bildungsziele vor, die jeweils einem der drei aufgezeigten Hauptstadien individueller Entwicklung zugeordnet werden:[7] nämlich Gehorsamsbildung für die Kindheit, Identitätsfindung für die Jugendzeit und Integration in den universalen Lebenszusammenhang für die Reifezeit.

Zweitens: Starbuck kritisiert die einseitige kirchliche Kultivierung eines einzigen Entwicklungstyps für alle natürlicherweise unterschiedlich disponierten Individuen, exemplarisch die Verabsolutierung des Bekehrungsmodells (Typ I) durch die Erweckungsbewegung.[8] Gegen die Anwendung aggressiver und emotional drängender Methoden, die das Bewußtsein suggestiv manipulieren, wird auf die Gefahr pathologischer Mißbildungen und Wachstumshemmungen hingewiesen.[9] Das Wissen um die Unverfügbarkeit und Natürlichkeit verschiedener Wachstumslinien soll zugleich von dem Anspruch entlasten, durch Bereitstellen optimaler Bedingungen den Idealtypus gesunder allmählicher Entwicklung ohne

---

chologie und religiöse Erziehung", Monatsblätter für den Ev. Religionsunterricht 3 (1910), 206-218, dort 208ff.

[1] S. o. unter Teil I, 2.2.
[2] PR 310, 408f.
[3] PR 417.
[4] PR 306, 417f.
[5] PR 416.
[6] PR 409.
[7] PR 411-416.
[8] Oder in anderen protestantischen Konfessionen: in der Verabsolutierung von Typ II in der Einrichtung der Konfirmation oder der Normierung von Typ III im Fehlen jeglicher Zeremonien: PR 173, 410f.
[9] PR 165-176, 418f.

Instabilitätserfahrungen (nach Typ III) pädagogisch produzieren zu können.[1] Eine solche Idealentwicklung erscheint Starbuck vielmehr angesichts der Komplexität ihrer Konstitutionsbedingungen nur schwer erreichbar: Objektiv seien diese komplex, weil es in einer modernen vielgestaltigen Gesellschaft nahezu unmöglich werde, sämtliche Umwelteinflüsse zu kontrollieren und optimieren. Subjektiv seien diese komplex, insofern es sich in der Ontogenese der Person um die hochkonzentrierte Nachbildung eines langen phylogenetischen Entwicklungsprozesses handele.[2]

Drittens: Starbuck kritisiert eine religionspädagogische Praxis, die die rhythmische Wachstumsdynamik der jeweiligen Entwicklungslinien verkennt und natürliche Phasen religiösen Desinteresses und intellektuellen Zweifelns zu unterdrücken versucht.[3] Statt Repression soll nach seiner Ansicht vielmehr die Induktion gesunder Aktivitäten den normalen Wachstumsverlauf stabilisieren helfen.[4]

Viertens: Starbuck empfiehlt, beim pädagogischen Einsatz theologischer Lehrformeln generell eher Zurückhaltung zu üben, weil diese das Fassungsvermögen der Person ihrem Entwicklungsstand entsprechend meist zu übersteigen neigten und zu ungesunder Introspektion Anlaß gäben.[5]

Starbuck rechnet demnach zwar durchaus mit möglichen Störungen[6], nicht aber mit einer generellen Pervertierung menschlicher Persönlichkeitsbildung. Hierin unterscheidet sich die hier gebotene grundlegend von der christlichen Konzeption. Aus seiner Sicht vollzieht sich die religiöse Bildungsgeschichte des Individuums ebenso natürlich und sicher wie die psychische Entwicklung im allgemeinen, ja sie fällt geradezu mit dieser zusammen oder besser: bildet deren innere Teleologie. Für ihr Gelingen scheinen nur wenige gestaltende Maßnahmen und hygienische Grundvoraussetzungen notwendig zu sein, um den natürlichen Wachstumstendenzen zu möglichst reibungslosem und freiem Selbstausdruck zu verhelfen. Die Funktion der positiven Religionen erschöpft sich dieser Theorie nach in einer behutsamen Kontrollierung und Kultivierung dieser natürlichen Tendenzen, ohne in der Regel weder für die Richtung der individuellen Bildungsgeschichten noch für die individuellen Bildungsinhalte einen wesentlichen Beitrag zu liefern. Dies ist auch gar nicht überraschend. Denn Starbuck sieht den Kernbestand der religiösen Wahrheiten aller Religionen ja in völliger Übereinstimmung mit demjenigen natürlich-biologischen Instinktbestand der menschli-

---

[1] PR 307ff.
[2] PR 306ff.
[3] PR 212, 230, 241f., 262f., 265ff.
[4] PR 256. Dies ist ein zentraler Gedanke in Starbucks späterer Charakterpädagogik: s. unter 3.2 dieser Darstellung.
[5] PR 231.
[6] PR 163-179.

chen Natur, den seine religionspsychologische Theorie nicht prinzipiell anders als die Religionen, sondern nur wissenschaftlich genauer zu bestimmen vermöge.

Starbucks Betonung der Individualität menschlicher Religiosität und ihrer Entwicklung mutet im Rahmen dieser Gesamtkonzeption so gesehen merkwürdig widersprüchlich an. Sie erklärt sich jedoch aus dem unüberbrückten, weil unbemerkten Nebeneinander eines neuhumanistischen Bildungsideals[1] und eines physikalistisch-biologistischen Rahmenkonzepts[2], innerhalb dessen die Phänomene menschlicher Freiheit auf materialistisch-mechanistische Prozesse reduziert werden sollen.

2.2 Die Erforschung religiöser Erfahrung unter ihrem fundamentalpsychologischen Aspekt

Mit der Veröffentlichung seiner „Psychology of Religion" findet die durch das Studium der Bekehrung und verwandter Adoleszenzphänomene geprägte erste Phase von Starbucks religionspsychologischer Forschungsarbeit und zugleich die erste Hälfte seines Aufenthaltes an der Stanford Universität ihren Abschluß.[3] Während der zweiten Hälfte konzentriert sich seine Forschung in den Jahren 1899-1903 dann vor allem auf eine genetische Untersuchung der Gottesvorstellung:[4]

Im Rahmen seines religionspsychologischen Graduiertenseminars werden hierzu Beispiele von Gotteskonzeptionen Jugendlicher an Schulen und Universitäten gesammelt sowie eine Umfrage unter Erwachsenen gestartet. Die direkten Ergebnisse dieser Untersuchung hat Starbuck jedoch nicht veröffentlichen können, da nahezu das gesamte umfangreiche Material auf einer Schiffahrt nach Richmond verlorenging. Mittels einiger rekonstruierender Überlegungen läßt sich allerdings eine recht genaue Vorstellung davon gewinnen, welcher Art die Untersuchung gewesen sein muß. Es zeigt sich dann, daß mit ihr die zweite Phase seiner religionspsychologischen Arbeit eingeläutet ist:

Ein wesentlicher Teil der Stanford-Untersuchung zur Gottesvorstellung nämlich wird später unter Starbucks Anleitung an der Universität in Iowa von einigen seiner Schüler wiederaufgenommen und damit indirekt bewahrt. E. Leigh Mudge behandelt die Thematik 1916 in seiner Dissertation „The Lower-Sense Complexes in the God-Experience"[5] und legt darin eine Konzeption zugrunde, die

---

[1] Siehe o. unter 1.7.
[2] Siehe o. unter 1.6, 1.9, 1.10.
[3] RUM 236.
[4] RUM 236f.; Starbucks eigener Darstellung folgend: BOOTH, 115f., 168.
[5] University of Iowa Doctorate Theses, Iowa City 1916. Im folgenden zitiert nach: E. L. MUDGE, The God-Experience. A Study in the Psychology of Religion, Cincinnatti 1923, vgl. dort zu Starbuck: 6.

sein Lehrer 1904 in „The Feelings and Their Place in Religion" zum ersten Mal vorgestellt hat:[1]

Auf der Basis[2] einer Fragebogenerhebung, Fallbeispielen und der Auswertung religiöser Literatur sucht Mudge nach den psychischen Konstitutionselementen der Gotteserfahrung[3]. Seine von Starbuck übernommene Zentralthese lautet, daß diese nicht in den kognitiven, sondern fundamentaler in den Sinnes- bzw. Gefühlselementen zu suchen seien.[4] Unter diesen werden nun allerdings nicht die Daten der klassischen fünf Sinne, sondern die von der Psychologie soeben erst entdeckten *organischen* Sinnesempfindungen[5] - das sind die mit den Vorgängen des Kreislaufs[6], des Stoffwechsels[7] und der körperlichen Motorik[8] unmittelbar verknüpften Befindlichkeiten - als diejenigen ausgewiesen, die Charakter und Gehalt jeder Gotteserfahrung, ja jeder Wertewahrnehmung überhaupt, grundlegend bestimmen[9] und die somit als das intuitive Fundament und Ziel allen menschlichen Wissens anzusehen seien[10].

> „The subjectivism of the God-experience is not solipsism, for the basis of this experience is vital and social and racial. The sense-feeling complexes which condition it are not merely self-originated. They tell of my ancestors, of their life, their struggles, their solutions of life's problems. I may have invented a theology, but I have inherited my religion."[11]

In der vorrangig durch ein organisches Sinnesvermögen vermittelten intuitiven Wertewahrnehmung sieht Mudge die gattungsmäßig instinktive und darum allgemeinmenschlich einheitliche Basis der unmittelbaren Gotteserfahrung bzw. Gotteserkenntnis aller Religionen.[12] Konfessionelle Unterschiede werden demgegenüber als Resultat des Hinzutretens kognitiver Gehalte erklärt, die sich aus der sekundären Bearbeitung unmittelbar wahrgenommener Werte durch den Intellekt ergeben.[13]

---

[1] JRP 1 (1904), 168-186 (im folgenden zitiert als FR).
[2] MUDGE, II-X.
[3] MUDGE, 9, 11.
[4] MUDGE, 5, 9, 58.
[5] MUDGE, 11-15. So fußt beispielsweise Kap. VIII, „Hunger and Thirst Experiences", auf neuesten Forschungen zur gastrischen Sensibilität; vgl. dazu A. J. CARLSON, The Control of Hunger and Desease, Chicago/Illinois 1916, bes. Kap. VII, 101-118.
[6] MUDGE, Kap. VII.
[7] MUDGE, Kap. VIII.
[8] MUDGE, Kap. IXf.
[9] MUDGE, Kap. XII.
[10] MUDGE, 14f., 58, 61ff.
[11] MUDGE, 68.
[12] MUDGE, 66, 68, 84f.
[13] MUDGE, 61, 64, 85.

Dieses Ergebnis sucht Mudge schließlich pädagogisch zu verwerten, indem er die Bedeutung einer sog. „organischen Sinnlichkeit" für die religiöse Erziehungspraxis herausarbeitet.[1]

Damit finden wir in Mudges Studie genau die beiden Forschungsschwerpunkte wieder, die auch Starbuck als Hauptinteressensgebiete seiner zweiten Stanford-Phase notiert hat, das sind:

„in the first place, the insight into and understanding of the world of values with a mental grip on some laws of their functioning and development; and secondly, the realization in experience of the fruitage of whatever knowledge and wisdom shall be attained. The scientific and the practical have never once been divorced."[2]

Das zweite hier genannte Forschungsinteresse, das auf praktische Anwendung psychologischer Grundlagenforschung zielt, kann Starbuck während seiner Zeit in Stanford durchaus verwirklicht finden:[3] Seine universitären Kurse in pädagogischer Psychologie und Charakterpädagogik, seit 1898 eingerichtet, hat er als in ihrer Art pionierhaft angesehen,[4] worin Starbuck freilich die Leistungen seiner amerikanischen Vorgänger auf diesem Gebiet, Francis Galton, Granville Stanley Hall, William James, James McKeen Cattell und John Dewey, zu übersehen scheint.[5]

Die Realisierung des ersten Forschungsinteresses hingegen, das eine psychophysische Erklärung der Funktionsweise der Wertewahrnehmung beabsichtigt, muß als weniger erfolgreich gelten. Denn auch diese experimentellen Studien in Stanford sind - wie die zur Gottesvorstellung - niemals zur Veröffentlichung gelangt.[6] Nachdem ihre Veröffentlichung immer wieder hinausgeschoben wurde,[7] gehen die Untersuchungsergebnisse zur Bedeutung der Sinnesorgane für das Urteilen, die Starbuck zusammen mit William Freeman Snow in einer 2400 Kinder umfassenden Studie nach einem danach schon bald überholten Verfahren[8] durchgeführt hat, schließlich an Starbucks späterem Wirkungsort an der Southern California Universität verloren.[9]

---

[1] MUDGE, 85f.

[2] RUM 239.

[3] RUM 237.

[4] BOOTH, 116.

[5] Dazu R. I. WATSON, „A Brief History of Educational Psychology", Psychological Record 11 (1961), 209-246, dort 213-219.

[6] RUM 238f., BOOTH, 168 Anm. 12.

[7] RUM 237f. Noch zur Abfassungszeit seiner autobiographischen Skizze rechnet Starbuck mit einer solchen Veröffentlichung: RUM 238.

[8] Das von Starbuck verwandte Verfahren nach J. Allen Gilbert wurde durch das zu dieser Zeit soeben neu aufkommende Testverfahren nach Binet-Simon rasch wissenschaftlich überholt; dazu RUM 238.

[9] BOOTH, 168 Anm. 12.

Deutlich erkennbar ist jedoch, in welche Richtung sich Starbucks psychologisches[1] Forschungsinteresse von nun an bewegt: Die Erforschung religiöser Erfahrung, die in der ersten Phase unter dem Aspekt ihrer Entwicklung betrachtet wurde, soll nun in dieser zweiten Phase um die Erforschung ihres fundamentalpsychologischen Aspekts vertieft werden. Gesucht wird nach den psychischen Konstitutionsbedingungen der Wertewahrnehmung als dem Fundament von Erfahrung bzw. Erkenntnis überhaupt und religiöser im besonderen, wie sie allen Individuations- bzw. Entwicklungsgestalten zugrunde liegen. Die Theoriearbeit wird somit genau dort fortgesetzt, wo wir bei der Darstellung der Starbuckschen Religionspsychologie bisher eine folgenreiche Leerstelle georet haben. Doch diese rekonstruierenden Überlegungen weisen uns zugleich bereits darauf hin, wie diese Leerstelle nun gefüllt werden soll: durch ein psychophysiologisches Erklärungsmodell nämlich, das Starbuck mit der Lösung der erkenntnistheoretischen Frage selbst verwechseln wird.

Darauf, daß Starbuck zu Beginn dieser zweiten Theoriephase also verstärkt an psychophysiologischen Studien interessiert ist, deutet auch sein einjähriger Europaaufenthalt, Winter 1903 bis 1904, hin:[2] Nach sieben Jahren Lehrtätigkeit in Stanford reist er in seinem Sabbatjahr nach Zürich, um in Ernst Meumanns[3] Labor physiologische Forschungen aufzunehmen.[4]

Nach diesem Europaaufenthalt kehrt Starbuck nicht mehr nach Stanford zurück, sondern tritt eine Professur für Pädagogik am heimatnahen Earlham College in Richmond an,[5] das von der „Gesellschaft der Freunde" betrieben wird. Von 1904-6 vermag er dort, die begonnenen experimentell-psychologischen Studien weiter voranzutreiben. Sein eigentlicher Plan jedoch, eine neue Schule für Pädagogik einzurichten, scheitert schließlich am Ausbleiben der zunächst in Aussicht gestellten finanziellen Mittel. Insgesamt gesehen erweist sich die Zeit am Earlham College in wissenschaftlicher Hinsicht als wenig fruchtbar. Nur eine einzige, obgleich freilich wichtige Publikation ist für diese Jahre auszumachen, in der Starbuck den Ertrag seiner religionspsychologischen Arbeit seit 1899 skizzenhaft zusammengefaßt hat. In ihr stoßen wir nun auf den besagten fundamentalpsy-

---

[1] Neben einer von nun an ebenfalls verstärkt auftretenden pädagogischen Fokussierung seines Forschungsinteresses.

[2] BOOTH, 116ff.; RUM 239f.

[3] Meumann (1862-1915), ein Schüler Wundts, ist zu dieser Zeit Führer der Bewegung für experimentelle Pädagogik und pädagogische Psychologie, Herausgeber des „Archivs für die gesamte Psychologie" (1903) und später der „Zeitschrift für experimentelle Pädagogik": dazu BORING, 429, 581.

[4] Starbuck arbeitet in dessen Labor vor allem mit einem soeben von Mosso entwickelten Instrument zur Messung des arteriellen Blutdrucks, dem Sphygmomanometer.

[5] Vgl. o. unter 1.6. Zu dieser Lehrtätigkeit am Earlham College s. RUM 240f. und BOOTH, 117.

chologischen Kernbestand seiner religionspsychologischen und pädagogischen Theoriearbeit.

2.2.1 Der Affekt als Fundament religiöser Erfahrung

In „The Feelings and Their Place in Religion" behandelt Starbuck die Funktion des Affekts innerhalb der menschlichen Natur, insbesondere in seiner Bedeutung für die Konstitution religiöser Erfahrung, und gibt darin zugleich eine Antwort auf die Frage nach dem Sitz des religiösen Impulses.[1] Die Abhandlung wird angekündigt, ein schematischer Auszug aus einem derzeit in Arbeit befindlichen umfangreicheren Werk des Autors zu sein.[2] Da sich Starbuck jedoch weder über die Art des geplanten Unternehmens genauer ausgesprochen noch den Plan jemals verwirklicht hat, sind wir für die Rekonstruktion seiner programmatischen Grundkonzeption ganz auf die wenigen Hinweise der Abhandlung selbst angewiesen, die deren schematische Skizze darstellen soll:[3]

Danach sollte es sich um eine Arbeit auf der Gradwanderung zwischen Religionspsychologie und allgemeiner Psychologie handeln, die von der wissenschaftlichen Zusammenschau beider Phänomenbereiche erwartet, bedeutende Theorielücken im Verständnis der menschlichen Psyche schließen zu können.[4] Ein besonderer Schwerpunkt sollte offensichtlich eine empirische Theorie des Unterbewußten und seiner Rolle für die Konstitution religiöser Erfahrung bilden, zu der die vorliegende Abhandlung einen ersten Beitrag liefern will.[5] Wir finden Starbuck darin - wie in psychologischen Grundlagenfragen häufig[6] - von seinem geschätzten Lehrer in Harvard, William James, angeregt,[7] der in seinen „Varieties of Religious Experience" die Konzeption eines subliminalen Bewußtseins soeben als mögliche gemeinsame Gesprächsbasis zwischen „Science" und „Religion"

---

[1] FR 168.

[2] FR 168. Im Vorwort zur deutschen Übersetzung der PR schreibt VORBRODT 1908, a. a. O., VI Anm. 1: „Demnächst erscheint von demselben Verfasser eine Monographie, der er mehr Bedeutung als der vorliegenden Religionspsychologie beimißt: 'What is religion?'" - Bei dieser rätselhaften Monographie, um deren Titel Vorbrodt sogar wissen will, handelt es sich wahrscheinlich um denselben nie verwirklichten Plan, auf den Starbuck in seiner Abhandlung von 1904 hier selbst anspielt.

[3] FR 168f.

[4] FR 168 Z. 22ff.

[5] FR 182 Z. 20-30.

[6] S. o. unter 2.1.2: Starbucks Interpretation der Bekehrungserfahrung aus psychologischer Perspektive.

[7] In seiner Rezension zu VRE aus dem gleichen Jahr würdigt STARBUCK eben diese Konzeption als die ursprünglichste und weitreichendste Leistung der Jamesschen Religionspsychologie: „The Varieties of Religious Experience", Biblical World 24 (1904), 100-111, dort 109f.

vorgeschlagen hatte.¹ Von der Deskription des subliminalen Bewußtseins erhofft sich Starbuck, vergleichbare Aufschlüsse für die Funktionsbeschreibung der affektiven Prozesse erhalten zu können, wie sie die physiologische Deskription für die Beschreibung der kognitiven Prozesse bereits erbracht habe.²

Ziel des Unternehmens soll ein lückenloses und ganzheitliches Verständnis der menschlichen Psyche sein, das die verschiedenen Bewußtseinsprozesse nicht mehr als *dualistisch* neben- bzw. gegeneinanderstehende Elemente, sondern als verschiedene Funktionsweisen eines *einheitlichen* Bewußtseinszusammenhanges begreifen lehre. Eines Bewußtseinszusammenhanges nämlich, der sich als Einheit durch ein allen psychischen Prozessen gemeinsam zugrundeliegendes *Affektfundament* konstituiere.³ Die Überwindung der bestehenden Konzeption eines innerpsychischen Dualismus - wir erinnern uns an den vierten und dritten Lösungsaspekt von Starbucks metaphysischer Erleuchtungserfahrung[4] - soll zugleich auch den Ansatz zur Auflösung der bisherigen Dualismen der menschlichen Lebenswelt enthalten:[5] der Dualismen zwischen „Science" und Religion, Kunst und praktischem Leben, einer sinnlich wahrnehmbaren äußeren und einer spirituellen inneren Welt.[6] Ja, alle Grundfragen der menschlichen Existenz scheinen Starbuck im Ansatz durch diese als „streng empirisch" verstandene Theorie gelöst werden zu können, seien sie philosophischer, etwa erkenntnistheoretischer[7], ästhetischer[8] oder praktisch religiöser[9] Art. Und zwar gelöst durch ein hochentwickeltes Unternehmen *mittelbarer* Wertewahrnehmung[10], das die *unmittelbaren* Wertewahrnehmungen des menschlichen Lebens, darunter die tiefsten Intuitionen der Religion, wissenschaftlich zu belegen vermöge: d. h. für Starbuck insbesondere, - sozialdarwinistisch[11] - begründete Argumente liefern zu können, die für die Wahrheit des Monotheismus[12] und philosophischen Monis-

---

[1] JAMES, VRE 403ff.

[2] STARBUCK erwartet, daß von einer solchen Deskription des Unterbewußten auf die empirische Psychologie ein heilsamer Einfluß ausgeübt werden könne, der sie vor ziellosem Herumwandern und falschen Generalisierungen bewahre, wie sie seiner Meinung nach in den Forschungen des Instituts für „Psychical Research" vorliegen: „The Varieties of Religious Experience", 109f.; FR 182, 186.

[3] FR 178, 183ff.

[4] S. o. unter 1.10.

[5] FR 178 Z. 20ff., 184f.

[6] FR 184f.

[7] FR 178, 182.

[8] FR 177.

[9] FR 184f.

[10] FR 185 Z. 12ff.

[11] Hauptargument ist nämlich, daß sich Monotheismus und Monismus jeweils im Zuge des sozialen und wissenschaftlichen Fortschritts durchgesetzt hätten.

[12] FR 186; „The Varieties of Religious Experience", 110f.

mus - gegenüber dem klassischen Dualismus Descartes' und James' Pluralismus[1] - sprechen:

> „If it comes to be believed that the affective life is the real approach that mankind has made and must ever make, in arriving at truth, while a developed intellect is but its necessary and efficient tool, it is almost inevitable that the trend of faith will be in the direction of the world-old struggle toward monotheism. 'The passion for unity,' to which philosophy has been addicted, instead of being regarded as a possible self-deception in the interest of peace of mind and ultimate safety may with equal plausibility be considered as a sane intimation, an incursion through the affective door of a higher bit of world wisdom, which dominates the life of mankind in spite of the inevitable splitting and dissecting to which the intellect subjects all the stuff it handles."[2]

Nicht der dualistisch zerspaltende, „auseinanderlegende" Intellekt, sondern vor diesem der Einheit und Frieden stiftende Affekt wird als das Einfallstor höherer Weisheit und tiefster Wertewahrnehmung betrachtet. So gesehen erscheinen dann auch die für den innerpsychischen Bereich des Affekts primär zuständigen Lebensbereiche der Religion und Kunst gegenüber den intellektbetonten Lebensbereichen der „Science" und Philosophie auf neue Weise rehabilitiert.[3] Und Starbuck kann sein persönliches Lebensinteresse befriedigt finden, die Rekonstruktion der religiösen Wirklichkeitsinterpretation auf dem Boden der szientifischen[4] geleistet und damit - wie James formuliert hat:[5] - die Versöhnung der Fehde zwischen „Science" und Religion eingeleitet zu haben.

Die gebotene Verfahrensweise, diese fundamentalpsychologische Theorie vom psychischen Fundament religiöser Erfahrung und seiner Einordnung in den Gesamtzusammenhang menschlichen Lebens wissenschaftlich zu belegen, besteht für Starbuck auch in dieser zweiten Theoriephase unverändert im empirischen Testverfahren: in der Überprüfung an den religiösen Erfahrungen selbst, wie sie sich im Leben der Gläubigen präsentieren.[6]

In seiner Untersuchung der religiösen Bewußtseinszustände knüpft Starbuck dabei erkennbar an frühere Studien zum Sündenbewußtsein und zur Selbsthingabe an, rekurriert darüber hinaus aber nun auch auf einen nichtchristliche Erfahrungen einschließenden Phänomenbestand.[7] Als tragender Pfeiler des Unternehmens scheint die genannte Untersuchung zur Gottesvorstellung vorgesehen ge-

---

[1] Den STARBUCK für reminiszent intellektualistisch hält: FR 186, „The Varieties of Religious Experience", 110f. Zu JAMES metaphysischer Pluralismuskonzeption vgl. dessen VRE 405-414 und: A Pluralistic Universe (1905), a. a. O.

[2] FR 186.

[3] FR 175, 178f.

[4] S. o. unter 1.6.

[5] PR IX.

[6] Diese Verfahrensweise wird angesichts gebotener Kürze in der vorliegenden Abhandlung selbst nicht eingeschlagen, sondern nur aus der Vogelperspektive programmatisch aufgerissen: FR 169, 179f.

[7] FR 171ff., 179.

wesen zu sein, die im gesteckten Rahmen jedoch - wie das Unternehmen insgesamt - niemals zur Veröffentlichung gelangte. Starbucks religionspsychologisches System ist somit in fundamentalpsychologischer Hinsicht zum großen Teil Fragment geblieben, allerdings ein soweit fortgeschrittenes Fragment, daß sich an dessen Rohbau deutlich erkennbar Fundament und Ideengerüst des Gesamtgebäudes abzeichnen, wie im folgenden rekonstruiert werden soll:

Das Charakteristikum des Lebens besteht für Starbuck in einer durchgehenden Autodynamik des Organismus in Richtung auf Selbstausdruck und Selbstvervollkommnung, in einer Tendenz zur Reaktion auf äußere Umwelt und fortschreitende Anpassung an diese:[1] Diese Umwelt präsentiert sich dem Organismus in Gestalt vielfältiger Stimuli[2], den Empfindungsdaten[3], auf die das Empfindungsvermögen des Lebewesens wiederum respondiert. Stimulus und Response innerhalb dieser Umweltauseinandersetzung werden mit fortschreitender Entwicklung zunehmend bestimmter, indem aus der Vielzahl der Reaktionen die für die Bedürfnisse des Lebewesens nützlichsten selektiert, durch Wiederholung betont werden und auf dem Wege genetischer und sozialer Vererbung als Habitus, Instinkt bzw. Sitte in den Gemeinbesitz der Gattung übergehen.[4] Soweit weiß sich Starbuck einig mit den führenden Psychologen seiner Zeit.[5]

Auf weniger unumstrittenen Terrain bewegen sich erst seine weiteren Ausführungen: Die Reaktionen der Umweltauseinandersetzung des Lebewesens, die Starbuck mit dem Lebensstrom selbst identifiziert, vollziehen sich seiner Ansicht nach in der Regel ohne Notiznahme des Bewußtseins innerhalb der weiteren bzw. tieferen Sphäre der subliminalen Lebensprozesse.[6] Das Bewußtsein wird diesem primären „Willensverhalten" gegenüber selbst als ein *sekundär* abgeleitetes Produkt fortgeschrittener Entwicklung vorgestellt, das in „Gefühl" und „Intellekt" zwei aus dem Gesamtbestand der Lebensaktivität herausgebildete hochspezialisierte Instrumente besitzt, um die Umweltauseinandersetzung präziser und effektiver zu gestalten,[7] und sich mithin als untrennbarer Zusammenhang[8] aus Affekt

---

[1] FR 173, 175, 182.
[2] FR 173, 182.
[3] FR 176.
[4] FR 173, 183.
[5] FR 173f.: „This view, that a set of activities and reactions is the basal fact of life, is not a new one. It has been formulated in one way or another by several of our leading psychologists. It is ample to suggest Dewey's 'organic circuit,' James's 'native reactions,' Baldwin's 'excess of discharge,' Münsterberg's 'action theory of consciousness,' Loeb's 'tropism' and Royce's 'mental initiative'."
[6] FR 174, 181f.
[7] FR174: „With all their differences in content, they subserve the same function in the animal economy, viz., to give to consciousness an account of its own inner life, a report upon the facts of the outside world, and an estimation of its adjustment or lack of adjustment to the sum of outer relations."; vgl. a. FR 182f.
[8] Gegen einen psychologischen Atomismus.

und Vorstellung innerhalb einer voluntativen Reaktionseinheit konstituiert. Mittels des Gefühls besitzt das Bewußtsein einen unmittelbaren Zugriff auf die weitere Sphäre der innersten Lebensprozesse, um den jeweiligen Stand der internen wie externen Anpassungssituation wahrzunehmen.[1] Mittels des Intellekts vermag es diese unmittelbaren Wahrnehmungen sodann mittelbar zu repräsentieren, in Beziehung zueinander zu setzen und zu handhaben. Den beiden Bewußtseinsvermögen wird entsprechend eine Ausdifferenzierung des physiologischen Apparats zugeordnet: ein jeweils spezifischer Bestand von Sinnesorganen sowie Nervenleitungen und Gehirnzentren zur Datenauswertung.[2]

Diese Bewußtseinstheorie sieht Starbuck in Übereinstimmung mit der James-Lange-Theorie, welche die Emotionen als Mitteilungen organischer Reaktionen an das Bewußtsein begreift.[3] Sie geht jedoch seiner Ansicht nach darin über jene Theorie hinaus, daß sie den Affekt selbst als direkte Quelle von Erfahrung bzw. Erkenntnis betrachtet, die in ihrem Vermögen zu nicht bloß subjektiver, sondern *objektiver* Wahrnehmung das intellektuell-kognitive Vermögen einerseits sogar übertrifft[4], andererseits immer schon fundiert als den ursprünglichen Ort jeder *Werte*wahrnehmung, an dem Reaktionen in ihrem Wert für das Wohl des Organismus interpretiert und beurteilt werden[5]. Demgegenüber wird jede Ideation als eine mittelbare Komplikations- bzw. Inhibitionsform dieses unmittelbaren Affektfundaments verstanden, die dieses unter Auswertung eines anderen, nun quantifizierbaren Datenbestandes repräsentiert, fixiert und kommuniziert, was allerdings naturgemäß niemals in vollkommen adäquater Weise gelingen könne.[6] Damit widerspricht Starbuck der Theorie des psychologischen Intellektualismus[7], die behauptet, daß sich Bewußtseinserfahrung aus dem Abschöpfen subliminaler *Assoziationen* aufbaue. Für ihn haben die Ergebnisse der experimentellen Psychologie vielmehr die durchgehende Bedingtheit *aller* - intellektueller wie emotionaler - Bewußtseinszustände durch organische Reaktionen belegt. Wobei er dazu tendiert, die organischen Reaktionsprozesse nicht nur als physische Entsprechungen der psychischen Zustände zu betrachten, was auf einen psychophysischen Dualismus hinauslaufen würde, sondern gar mit dem „Urstoff des Lebens" zu identifizieren.[8] Die organischen Reaktionsprozesse selbst werden von ihm als zur Interpretation fähiges Sinnesvermögen verstanden, das zur intuitiven Wahrnehmung der grundlegendsten aller Lebensphänomene bestimmt und darin so

---

[1] FR 182f..
[2] FR 176, 183.
[3] FR 169, 183; „The Varieties of Religious Experience", 105f.
[4] FR 176, 183f.
[5] FR 175f.
[6] FR 169, 176f.
[7] FR 177.
[8] Vgl. etwa die Rede vom „stuff of which the world is made": FR 186 Z. 9.

leistungsfähig sei wie kein anderes, weil es die Kondensform bewährter Erfahrung bzw. Werteerkenntnis der Gattung darstelle.[1]

Die Konstitution von „Erfahrung" bzw. Erkenntnis vollzieht sich nach Starbucks Theorie somit ihrem „vitalen Part" nach innerhalb des subliminalen Bewußtseins oder besser: innerhalb der Unbewußtheit der organischen Reaktionsprozesse, die in ihrer Gesamtheit als „Affektleben" angesprochen und darin von spezifischen, bewußten Gefühlen[2] unterschieden werden. Der Evidenzgrund jeder Vernunfterkenntnis[3] wird in einer intuitiven Werteempfindung des Affekts geortet, worin das Individuum mit der instinktiv und sozial vermittelten Weisheit seiner gesamten Gattung direkt in Verbindung steht.[4]

In dieser Bewußtseinstheorie ist nun eine bestimmte Konzeption religiöser Erfahrung eingeschlossen: Religiöse Erfahrung erschöpft sich aus Starbucks Sicht nicht in der Kultivierung spezifischer bewußter Gefühle, die selbst nur Oberflächenphänomene des affektiven Gesamtlebens darstellen, sondern bezieht ihr tieferes Sein aus den subliminalen - verstehe: organischen - Wertewahrnehmungen der innersten Lebensprozesse.[5] Religion wird als umfassende Form der Anpassung verstanden, als „feeling adjustment" an das innere Wesen des Lebens und diejenige weitere Realität der Gattung und des Universums, die das individuelle Leben umgreift.[6] Sie erscheint als Weise menschlichen Selbstausdrucks auf höherer so wie Spiel und Kunst auf niederer Ebene.[7] Ihre spezifische Aufgabe besteht darin, den Menschen mit dem tieferen und weiteren Lebensstrom, aus dem sich das Bewußtsein ständig rekonstruiert, in lebendiger Verbindung zu halten[8]: zum einen in Verbindung zum gesamten instinktiven und sozialen Erbe der Mensch-

---

[1] FR 180, 183.

[2] FR 168f., 174 Z. 29ff., 184; „The Varieties of Religious Experience", 105.

[3] Vernunfterkenntnis gründet sich danach auf das Gefühl der Harmonie oder Disharmonie zwischen Phänomenen und der vorliegenden oder fehlenden Anpassung zwischen dem Bewußtsein und seinen Objekten: FR 178 Z. 16ff.

[4] FR 178, 180. Im Rückblick können wir Ansätze zu dieser Erkenntnistheorie bereits in PR finden: Hat STARBUCK doch auch dort bereits seine Theorie der Konstitution religiöser Entwicklung in eine Beschreibung ihrer psychophysischen Konditionen aufgehen lassen und den Erkenntnisprozeß religionspsychologischer Theoriebildung selbst als ein Gefühl charakterisieren können, das in einer dauerhaften Emotionshaltung, nämlich intellektueller Befriedigung, bestehe: „we understand it, *because there are bits of it which satisfy the demands of our intelligence sufficiently to give the feel of knowledge by producing steadfastness in our emotional attitudes*" (PR 11). Insofern wissenschaftliche Erkenntnis solche habituellen Emotionshaltungen selbst etablieren soll, scheint das Unternehmen der „Science" - so wäre zu folgern - am Instinktbestand zukünftiger Menschheitsgenerationen mitzuarbeiten.

[5] FR 174.

[6] FR 174, 179, 186.

[7] FR 179.

[8] FR 180.

heitsgattung,[1] zum anderen in Verbindung zur weiteren „transzendenten" Realität[2].

Letztere wird von Starbuck freilich nur in dem Sinne „transzendent" genannt, als sie transmarginal[3] und transindividuell einen weiteren Bereich als das personale Leben umfasse, nämlich den als vollkommen immanent, darum jedoch nicht minder „göttlich" vorgestellten Zusammenhang des universalen Lebens insgesamt.[4] Aufgrund dieser wesentlichen Nichtrationalität, was nicht gleichzusetzen ist mit Irrationalität[5], könne Religion folglich nicht auf Theologie reduziert werden, sondern müsse als eine die Person im ganzen umfassende Lebenshaltung begriffen werden.[6]

Die Vielfalt der Religionen besitzt für Starbuck darin ihre Einheit, daß sie allesamt auf die Induktion einer Lebenshaltung zielen,[7] in der die Person die rezeptive Beziehung zur weiteren „transzendenten" Realität suche und unter Einschluß eines Willensaktes der Selbsthingabe („faith") an diese als existent geglaubte („belief") Realität schließlich auch finde[8]. Die Offenbarungseinsichten der Religionen werden dabei mit organischen Reaktionsprozessen identifiziert, die, im subliminalen Bewußtsein gereift, schließlich ins vollwache Selbstbewußtsein gelangen:

„We are able to see the way in which new insights, or inspirations or revelations come in. They are the organic reaction factors that enter into the subliminal self, which are the registration of responses to the influx of finer influences that play upon consciousness until they finally burst in the field of clear consciousness. This does not eliminate the divine element in such experiences. It only tends to give us a God that is adequate to compass the whole life. It gives glimpses of a divine life that not only infuses this little span of the personal life but a reality that extends infinitely beyond it after which the personal life is feeling. We can see in a fresh way the conclusion of Prof. James that the larger reality is continuous with personal life and not at variance with it. It looks as if consciousness self were but the blossoming into *self* consciousness of the stuff of which the world is made."[9]

---

[1] Ebd.
[2] FR 170ff.
[3] FR 170 Z. 35.
[4] FR 171 Z. 20.
[5] FR 173, 184.
[6] FR 169f.
[7] FR 169, 173.
[8] FR 171. Starbucks Verständnis vom universalmenschlich einheitlichen Wesen des religiösen Lebens zeigt sich hier nicht der Sache, wohl aber der Terminologie nach im Vergleich zu PR modifiziert, insbesondere erkennbar beeinflußt von der inzwischen rezipierten JAMESschen Religionspsychologie in VRE. Neben der Konzeption des subliminalen Bewußtseins ist hier z. B. die Übernahme des „faith"- versus „belief"-Begriffs zu nennen, den James wiederum von LEUBA aufgegriffen hat: s. o. unter Teil II, 2.4f.
[9] FR 185f.

Damit treffen wir bei Starbuck auf denselben Panpsychismus[1] wie bei James, allein in seiner monistischen statt pluralistischen Version[2]: Der cartesianische Dualismus[3] zwischen Körper und Geist (erster Aspekt), Individuum und Universum (zweiter Aspekt), Religion und „Science" (dritter Aspekt), affektiver Werteintuition und Vernunfterkenntnis (vierter Aspekt) erscheint aufgehoben, indem die elementaren „Bausteine" des bewußten mit denen des unbewußten organischen Lebens gleichgesetzt werden als dem einheitlichen „Urstoff" des universalen Lebens selbst. Die szientifische Beschreibung religiöser Erfahrung versucht diese also keineswegs im Sinne eines atheistischen Materialismus aufzulösen oder zu diskreditieren, sondern gerade als *objektives* Datum der menschlichen Natur zu rehabilitieren.

Unter dem Eindruck dieses Vorzugs scheint Starbuck nicht zu bemerken, welche wesentlichen Fragen menschlicher Existenz seine Konzeption religiöser Erfahrung dabei zwangsläufig offenläßt:

Wird psychisches Sein letztlich auf physisches reduziert, dann kann das eigentümliche Wesen menschlicher Personalität im Grunde nicht mehr begriffen werden. Anders als James[4] jedoch hat Starbuck die Existenz menschlicher Freiheit offensichtlich keineswegs durch die Konzeption einer durchgehenden physischen Bedingtheit psychischen Seins bedroht gesehen und darum auch konsequenter als James selbst in seiner Religionspsychologie von der James-Lange-Theorie der Emotionen Gebrauch gemacht, wobei er James' Abweichen von seiner eigenen Theorie ausdrücklich kritisiert.[5] Dies ist in Starbucks Konzeption möglich, weil er das Sein der Physis selbst aufwertet, es quasi „vergeistigt", die physikalischen Elementarbausteine ihm so zu den Urmonaden des Lebens werden. Personalität, Bewußtseinserfahrung und Erkenntnis stellen dann nur noch spezifische Entwicklungs- bzw. Komplikationsformen eines subliminalen organischen „Urstoffes" vor. Alle kategorialen Unterschiede des Seins drohen letztlich in einem monistischen Panpsychismus, in der „open sea"[6] eines transmarginalen Bewußtseins, zu verschwinden. Das ist der Preis für die Auflösung des cartesianischen Dualismus, daß mit ihm zugleich alle Differenzierungen innerhalb des Seienden mitaufgeweicht werden, was für seine Lösungseinsicht Unterbestimmungen in allen Aspekten nachsichzieht. Für Starbucks Psychologie der Religion hat dies folgende Konsequenzen:

---

[1] So ausdrücklich: FR 186; RUM 205.
[2] „The Varieties of Religious Experience, 110f.
[3] S. o. unter 1.10.
[4] Vgl. dazu: E. HERMS, „William James: Freiheitserfahrung und wissenschaftliche Weltanschauung", a. a. O.
[5] „The Varieties of Religious Experience", 104f.
[6] FR 182.

Erstens: Religiöse Erfahrung wird zwar als universale und objektive Form der Wertewahrnehmung stark gemacht, jedoch um den Preis weitgehender Inhaltsleere. Jeglicher Glaubensinhalt, jedes Objekt frommer Verehrung erscheint möglich, solange nur allgemein und unbestimmt genug, um die ozeanischen Affektzustände repräsentieren zu können:

> „...the sense of the Higher Power may indeed appear to be a very subsidiary factor in the experience. The essential thing seems to be that the life-movements, in such sensitive (erg.: religious) natures, are surging on, and that the subjective processes are constantly seeking something to which to attach themselves...Any object will do, provided it is general and intangible enough to respresent an all-embracing and indefinable state."[1]

Damit wird der Offenbarungsgehalt religiöser Erfahrung auf ein Minimum weniger universaler Wahrheiten reduziert,[2] die zudem kaum bewußt symbolisierbar scheinen. Ein Blick für die Unterschiede der Offenbarungsgehalte der verschiedenen Religionen ist folglich erst recht nicht mehr vorhanden. Innerhalb dieses universalen Wertemonismus reduziert sich die subjektive Individualität religiöser Werteerfahrung auf kaum mehr als organisch bedingte Temperamentsunterschiede[3].

Zweitens: Zwar ist es Starbucks erklärtes Anliegen, Religiosität als aktive Gesamtreaktion des personalen Lebens zu begreifen, statt sie im Zuge eines einseitigen Emotionalismus allein auf bestimmte Gefühlszustände zu reduzieren,[4] dennoch gelingt es ihm gerade nicht, den personalen Charakter dieser Aktivität als *Freiheit* zur Sprache zu bringen. Die Person *handelt* nach seiner Konzeption im Grunde nicht mehr, als jedes einzelne Atom *reagiert*. Es ist ein Symptom dieses physikalistischen Handlungsmodells, daß zwischen genetischer Vererbung und sozialer Tradition nicht grundlegend unterschieden wird, Instinkt, Habitus und Sitte in einem Atemzug genannt werden können.

Drittens: Zwar ist es ein weiteres erklärtes Anliegen Starbucks, Religiosität als elementare Sphäre unmittelbarer Wertewahrnehmung zu erweisen, dennoch kann es ihm jedoch auch hier gerade nicht gelingen, den wesentlichen Zusammenhang bzw. die Unterschiede der Erfahrungs- bzw. Erkenntnisarten in den verschiedenen Lebensbereichen klar zu bestimmen. So wird beispielsweise im Zuge der Rehabilitierung des Affekts als Fundament religiöser Erfahrung einerseits jede Form von Intellektualismus innerhalb der Theologie aufs schärfste bekämpft. Andererseits wird die Funktion des Intellekts im Lebensbereich der „Science" wiederum aufs höchste aufgewertet, diesem nämlich innerhalb der Religionspsychologie zugetraut, die unmittelbaren - darin offensichtlich noch unbestimmten - Werte-

---

[1] „The Varieties of Religious Experience", 109.
[2] FR 185.
[3] Ebd.
[4] „The Varieties of Religious Experience", 108.

wahrnehmungen des Affekts in *definitive* Wertewahrnehmungen überführen und darin ihren Wahrheitswert selbst objektiv erweisen zu können.[1]

In all diesen Unterbestimmtheiten bestätigt sich unsere Vermutung, daß es Starbuck mit seiner fundamentalpsychologischen Theorie von 1904 nicht wirklich gelungen ist, die bisherige systematische Leerstelle seiner Religionspsychologie befriedigend auszufüllen. Die erkenntnistheoretische Frage, die Starbuck in psychologistischem Stil beantwortet hat, bleibt hinsichtlich der diagnostizierten Unterbestimmtheiten weiterhin offen. Und dies können auch alle späteren Explikationen dieser Theorie, die die verschiedenen in ihr angelegten szientifischen Interpretationslinien im einzelnen ausrollen, nicht grundlegend ändern, sondern nur weiter bestätigen, wie in den folgenden Abschnitten 2.2.2-2.2.5 nun gezeigt werden soll.

2.2.2 Die physikalistische Interpretation religiöser Erfahrung als höchste Form des „Selbstausdrucks". Starbucks Energiekonzept des Lebens

In „The Feelings and Their Place in Religion" hatte Starbuck erstmals die These vorgetragen, daß das Charakteristikum des Lebens in seiner durchgehenden Autodynamik in Richtung auf Selbstausdruck und Selbstvervollkommnung bestehe.[2] Diese These expliziert er in der Folgezeit mehrfach im Sinne eines umfassenden Energiekonzepts des universalen Lebens, das nahe Verwandtschaft aufweist zu anderen Systemen seiner Zeit, etwa zur Lebensphilosophie Bergsons, dem pantheistischen Voluntarismus Paulsens[3] und Drieschs Vitalismus.[4]

„There is always, centrally within life, a dynamic quality, that will find for itself a fitting expression in the face of all opposition. It is just this dynamic something - call it personality, or world-will, or the God-life - which bursts forth in play, in the sciences, in art, in morality, and in religion."[5]

Die ursprüngliche Antriebskraft des personalen Lebens hat Starbuck darin nicht so sehr in externen Umwelteinflüssen, sondern - in Auseinandersetzung stehend mit diesen - vor allem in einer immanenten, dynamischen Urqualität des

---

[1] FR 185f.

[2] FR 173, 175, 182.

[3] Paulsens Philosophie konnte Starbuck in der folgenden Übersetzungsausgabe zugänglich sein: F. PAULSEN, Introduction to Philosophy, übers. v. F. THILLY, mit einem Vorwort vers. v. W. JAMES, New York 1895. Zu dessen Konzeption der menschlichen Seele und Weltseele s. dort Bd. 1, 11-129, 232-243.

[4] So STARBUCK selbst in „Self-Expression", Encyclopedia of Religion and Ethics, Bd. XI, 1921, 357-359, dort 357.

[5] „The Play Instinct and Religion", 252.

Lebens selbst gesehen, verstanden als:[1] „a moving, self-creating something that is of the very stuff of which life is made".

Diese ursprüngliche Reaktionsspontaneität wird jedoch nicht etwa mit der selbstbewußt-freien Selbstbestimmung der Person gleichgesetzt, sondern als deren eigene Fundamentalbedingung verstanden,[2] die gar nicht auf das menschliche Leben begrenzt gedacht, sondern als die Wesensstruktur des universalen Lebens und seiner Evolution insgesamt vorgestellt wird:

> „Nature as a whole has a dynamical aspect that is fundamental. The synthesis of the physical and biological sciences shows the evolutionary process to be energy or manifestation of its modes of expression...In such a scheme self-expression is the spontaneous manifestation of these energies in human personality."[3]

Der Selbstausdruck menschlichen Personseins unterscheidet sich nach dieser Sicht somit nicht wesentlich, sondern nur im Sinne einer höheren Komplikationsform von anderen kosmischen Formen des Selbstausdrucks, die von Starbuck darum bis zu ihren niedersten Formen hin allesamt als „personale" angesprochen werden können:[4]

> „Perhaps the most dramatic phenomenon in the world order is the emergence of personality. Birds and other animals behave like pretty well integrated individuals, being centres of adaptation in which conscious choice plays a little part. With differentiated self-conciousness, human personality has burst on the scene in Socrates, Edison, Lincoln, Wagner, so wonderful as to arouse admiration, and so powerful as to create History, Anthropology, Truth and Beauty. It may not be bad reasoning to say that the inner nature of Reality is best portrayed by its end results. Let us say then that one essence of Being lurks in personality. Yes, we know about atoms and substance. We know too, that a commonsense view of them is false, for as every schoolboy knows, they are centers of energy instead of raw self-existence stuff. We recall also the victories of Philosophy, Berkeley leading, that objects are constructs and ejective experimental data. Berkeley's analyses are unanswered and unanswerable. They are true not just for that reason but because they square themselves best with total synthesis. In this view, character is a special manifestation of personality and personality resides pretty centrally in the self-creating, becoming universe."[5]
>
> „The behaviour of all organisms, plant and animal, indicates that each of them is a centre of energies that want only to meet an appropriate situation to be released. They are touched off by fitting excitations somewhat after the way in which a finely adjusted gun is discharged by the pressure on the trigger. The growth of seeds, the development of plants, the explosion of instinct tendencies, the flow of vegetative functions during sleep and waking, the universal

---

[1] „Self-Expression", 357f.

[2] „Self-Expression", 357: „By 'self-expression' one does not mean 'spontaneity' or 'self-activity,' or 'self-determination,' in so far as these terms indicate that conduct is independent of causal connexion."

[3] „Self-Expression", 357f.

[4] „Self-Expression", 358; „The Play Instinct and Religion", 252; „The Dance, Mother of the Arts", LTD 317-321, dort 318; „Toward a Science of Character Education", LTD 181-184, dort 184 [= „Character and Science", Journal of the National Education Association 15 (1926), 213f.]: Character Education „has to do with the very stuff of which life is made".

[5] „A Philosophical View of Character", LTD 107-111, dort 109.

restlessness of organisms, their demand for new and better adaptations, the creative intelligence in science and industry, the willed activities of a highly conscious and self-conscious personality, are all - like the autodynamism of radio-active substances on the one hand and the spontaneity of moral, aesthetic, and religious valuation on the other - manifestations of self-expression."[1]

Von hier aus wird nachvollziehbar, wieso Starbuck gerade im *Tanz*[2] die Urform menschlichen Selbstausdrucks und „Mutter aller Künste" erblicken möchte: Wird das Wesen des kosmischen Lebens als dynamisch pulsierende Energie aufgefaßt,[3] dann scheint der „Tanz" die menschliche Eingebundenheit in den Kosmos in besonders ursprünglicher Weise symbolisieren zu können. Wird jede Wertewahrnehmung der Kunst zudem als ausgearbeitete Gestalt einer „inneren Mimikri" verstanden, nämlich als Interpretation muskulärer und kinästhetischer Reaktionen des Organismus durch das Bewußtsein,[4] dann liegt es nahe, gerade im Tanz eine dieser Bewegung auf organischer Ebene entsprechende Makroform des Selbstausdrucks zu betrachten.

Ist der Tanz für Starbuck darin die elementarste, so *Religion* die höchst entwickeltste Form personalen Selbstausdrucks. Wobei Religion sich in ihrer reinsten Ausprägung selbst wiederum den elementaren Urformen zweckvergessenen Selbstausdrucks - in Spiel und Kunst - auf einer höheren Ebene annähere.[5] Diese Vorstellung bildet die Grundlage für Starbucks - seinen eigenen Worten nach - „typisch amerikanisches" Programm der Religionspädagogik, nach dem das religiöse Interesse der Jugend über Aktivität und Formen des emotionalen Ausdrucks statt nach „typisch europäischer" Strategie durch argumentative Überzeugung geweckt werden soll.[6]

Dieses empiristische Konzept des personalen und universalen Lebens scheint für Starbuck den bislang innerhalb der szientifischen Wirklichkeitssicht bestehenden Dualismus zwischen einem nach physikalischen Gesetzen funktionierenden „materialistischen" und einem unverbunden daneben bestehenden „geistigen" Universum endgültig überwinden zu können: Indem die neuesten Ergebnisse der Physik und Chemie es ihm nahelegen, Materie auf ihrer elementarsten Ebene als Energie aufzufassen,[7] und indem er Energie selbst wiederum in universalem Maßstab als Weise personalen Selbstausdrucks versteht, ist der Weg frei für eine monistische Interpretation der Wirklichkeit als *Uni-versum des göttlichen Gei-*

---

[1] „Self-Expression", 358.
[2] „The Dance, Mother of the Arts" a. a. O.
[3] „The Dance, Mother of the Arts", 317f.
[4] „The Dance, Mother of the Arts", 319.
[5] „Self-Expression", 358f.; „The Play Instinct and Religion", 249-254; „The Play Impulse and Life" (1938), LTD 325-328.
[6] „The Young Men of the World", 872f.
[7] „Self-Expression", 357; „The Dance, Mother of the Arts", 318; „The Life of the World", 295.

stes. Starbuck hat seinem persönlichen Rekonstruktionsinteresse[1] entsprechend gemeint, hierin die „kalte" mechanistische Weltsicht des „hartgesottenen" Naturwissenschaftlers mit der religiösen Wirklichkeitssicht versöhnen zu können, indem er darauf verweist, daß das Bewußtseinsleben jedes einzelnen die innere Teleologie des Lebens und damit dessen spirituelle Signifikanz unmittelbar erschließe:

> „The tough-minded scientist can with his physics and biochemistry distill out all these spiritual values and leave us with a mechanical, behavioristic, materialistic world. Let him go into his own inner life and find there desires and thoughts and purposes, asking himself the whence and whither of his own mentality. He may be driven to the answer that his own personality is part and parcel of the World Order."[2]

Starbuck verspielt jedoch den möglichen Gewinn dieses Reflexionsansatzes sofort wieder, indem er nicht konsequent weiterverfolgt, welche kategorialen Einsichten über die Weise des menschlichen Seins in der Welt sich im Zuge einer solchen Selbstbesinnung auf das Bewußtseinsleben näherhin einstellen. Statt dessen werden die Kategorien des physikalistischen Weltbildes bereitwillig übernommen und die aus diesem stammende Kategorie der „Energie" mit der Kategorie des „Geistes" schlechthin gleichgesetzt. Insofern er so eine quasi materialistische Geistlehre[3] entwickelt, unterscheidet sich seine pantheistische Wirklichkeitsinterpretation nach dem Energiekonzept letztlich doch nicht wesentlich von der des besagten Materialisten. Sie erscheint nur weniger „hartgesotten", indem sie trotz ihrer Annahme einer durchgehend mechanistischen Funktionsweise zugleich an der spirituellen Signifikanz des Weltgeschehens festhalten möchte.

2.2.3 Die funktionalpsychologische Interpretation religiöser Erfahrung als höchste Form der Anpassung in der Umweltauseinandersetzung des Organismus. Die Konstitution eines geeinten Selbst auf dem Boden von Konflikt

Auf dem Hintergrund seines evolutionistischen Interpretationsschemas hatte Starbuck in „The Feelings and Their Place in Religion" Religion als höchste Form der Anpassungsreaktion des Menschen auf die sich verändernden Bedingungen seines Daseins beschrieben.[4] Auch dieses Verständnis wird in den Definitionen späterer Jahre immer wieder aufgenommen:

> „It (sc. religion) seems to be a function of life as a whole, and is in terms of adjustment and fulfilment. It has, like life in all its relations, an 'autotelic' or 'telesthetic' quality that feels

---

[1] Vgl. o. unter 1.6 und 1.10.
[2] „The Life of the World", 295.
[3] „Self-Expression", 258.
[4] FR 186.

after ideal situations. It has also its 'axiopathic' or 'cosmothetic' aspect, by which it seeks delicately to adjust life to the immediate situations around it."[1]

„In a recent unpublished lecture by Dr. Starbuck, he defined religion as 'centring in one's total and whole-hearted reaction toward his most vitalizing feeling for that which has supreme and absolute worth or value - towards his most intimate sense of reality'."[2]

Darin wird Religion vor allem als eine Form *innerer* Anpassung begriffen, der als solche eine entscheidende Rolle auch für die äußere Anpassung des Menschen an seine soziale bzw. kosmische Umwelt beigemessen wird.[3] In seiner Beschreibung der psychischen Struktur dieser Anpassung hat Starbuck Motive aus Darwins Evolutionslehre, Hegels Dialektik und James' Psychologie des Bewußtseinsstroms zu folgender Theorie verschmolzen:

Danach besitzt diese Anpassung immer nur zeitweise eine konstante Form und muß, solange Evolution und Daseinskampf anhalten, immer wieder neu auf dem Boden von Konflikt errungen werden.[4] Der Konflikt stellt sich dar als ein Streit miteinander konkurrierender Selbste bzw. konkurrierender Wertewahrnehmungen. Fortschreitende Anpassung vollzieht sich als Integration dieser unterschiedlichen Komponenten der Persönlichkeit auf höherer Ebene. Das integrative Selbst bzw. „Ego" der Person muß sich erst im Zuge seiner Entwicklung aus den zunächst seperaten Selbstgefühlen der einzelnen psychischen Prozesse explizit im Bewußtseinsstrom konstituieren, in dem es zugleich aber auch immer schon implizit enthalten war.[5]

Das Erklärungsschema der Bekehrungserfahrung dient somit als Modell jeder Form von Persönlichkeitsbildung, für die lediglich diverse Methoden der Personintegration[6] - einen stoischen[7], mystischen[8], rationalen, ästhetischen und praktisch-robusten Typ der Einigung - unterschieden werden, wobei Starbuck selbst, wie die Darstellung seines pädagogischen Programmes bestätigen wird,[9]

---

[1] „Female Principle", Encyclopedia of Religion and Ethics, Bd. V, 1913, 827-833, dort 830. Vgl. a. „The Play Instinct and Religion", 254; „The Development of Spirituality" (CE IV), Biblical World 30 (1907), 352-360, dort 355ff.; so auch in einer Vortragsreihe 1913 an der Meadville Theological School: BOOTH, 87f., 109.

[2] In einem Vortrag an der Sommerschule der Universität in Iowa 1918. Memoriert und zitiert von seiner Schülerin R. KNIGHT, 258.

[3] Umgekehrt gilt nach dieser Sicht aber auch: Durch die übrigen Anpassungsreaktionen des Menschen werde die Gestalt seiner Religion beeinflußt. So tragen für STARBUCK beispielsweise klimatische Bedingungen dazu bei, die Selektion dominierender Religionsvarianten zu bestimmen: „Climate", Encyclopedia of Religion and Ethics, Bd. III, 1911, 693f., dort 694.

[4] „The Play Instinct and Religion", 251f.; „Double-Mindedness", 861.

[5] „Double-Mindedness", 860f.

[6] „Double-Mindedness", 862.

[7] Worin die Einigung durch Zurückweisung aller Störfaktoren verwirklicht werde.

[8] Worin - wie bei den folgenden - die Einigung durch Erweiterung des Selbst bis hin zur völligen Einswerdung mit allem Wirklichen erreicht werde.

[9] S. u. unter 3.

den - seiner Ansicht nach von Jesus verkörperten - ästhetischen Typus der Personintegration bevorzugt.

> „From this point of view the success of religion in the world may be accounted for by its consistent appeal to the 'divided selves,' 'sick souls,' and all who hunger after the higher life, that they renounce the lesser selves and, by an act of faith, sink them into the absolute righteousness of a limitless personality."[1]

2.2.4 Die physiologische Interpretation religiöser Erfahrung als spezifische Form der Sinneswahrnehmung

In „The Feelings and Their Place in Religion" hatte Starbuck die Bewußtseinsfunktionen Affekt und Intellekt als verschiedene Formen der - unmittelbaren oder mittelbaren - Wertewahrnehmung beschrieben.[2] In „The Intimate Senses As Sources of Wisdom"[3] von 1921 wird nun eine Theorie des diesen Funktionen entsprechenden Sinnesapparates vorgestellt:[4]

Belegt werden soll - als Neuauflage des Lockeschen Leitsatzes - ein modifizierter *Sensualismus*, von dem sich Starbuck verspricht, den noch bestehenden Intellektualismus in Psychologie, Philosophie und Theologie endgültig überwinden zu können.[5] Durch neueste Entdeckungen der experimentellen Psychologie angeregt, schlägt Starbuck hierzu eine Erweiterung und Reklassifikation des bestehenden Systems menschlicher Sinnesvermögen vor, indem er zwischen sog. „defining"/oder: „definite" und „intimate senses" unterscheidet:[6]

Als „definitiv" bestimmte bzw. bestimmende Sinne werden die klassischen fünf Sinne ausgewiesen und als Vermögen charakterisiert, die mittels spezialisierter Rezeptoren dem Organismus eine spezifische Art von Objekten auf definitiv bestimmte, nämlich quali- und quantifizierbare Weise mitteilen. Als physiologischer Apparat wird ihnen das zentrale Nervensystem und die höheren zerebralen Assoziationszentren zugeordnet.[7]

Unter die „intim andeutenden" Sinne werden Schmerz-, Temperatur-, Gleichgewichtssinn sowie die soeben entdeckten kinästhetischen und organischen Sinne gerechnet.[8] Sie stellen für Starbuck die biologisch ursprünglicheren, zahl- und arbeitsreicheren Sinnesvermögen dar, die er hinsichtlich der Art ihrer Objektin-

---

[1] „Double-Mindedness", 861. Die terminologische Anlehnung an JAMES' VRE ist unverkennbar.
[2] FR 174, 176, 183.
[3] Journal of Religion 1 (1921), 129-145.
[4] Im Ansatz ebenfalls bereits in FR 176f., 183.
[5] „The Intimate Senses...", 129.
[6] „The Intimate Senses...", 130ff.
[7] „The Intimate Senses...", 134.
[8] „The Intimate Senses...", 130.

terpretation von der ersten Klasse unterscheidet: Diese sei hinsichtlich der Interpretation des Raum-, Zeit- und Verhältnisbezugs der Objekte zwar weniger definitiv bestimmt, hinsichtlich der Wahrnehmung ihrer Qualitäten jedoch unmittelbarer, indem sie die Tauglichkeit für das Wohlergehen des Organismus direkt als mehr oder weniger wünschens*wert* beurteile.[1] Als physiologischer Apparat wird dieser zweiten Sinnesklasse das sympathische Nervensystem mit seinen Verbindungen zu allen inneren Organen und Muskeln des Körpers zugeordnet.[2] Die Pointe der Abhandlung besteht nun darin, gerade die bisher vernachlässigte Bedeutung eben dieser zweiten Sinnesklasse herauszuarbeiten. In Explikation seiner fundamentalpsychologischen Position von 1904 lautet Starbucks These:

„the intimate sensory processes are the direct and important sources of meaning, of worth, and of value. They are sources of wisdom in morals, aesthetics, and religion."[3]

Als die Wert- und Bedeutungswahrnehmungen sui generis seien sie innerhalb der Lebenssphären Moral, Kunst und Religion sogar von grundlegenderer Bedeutung als die klassischen fünf Sinnesvermögen, die selbst wiederum nichts anderes als deren Artikulationsmechanismen darstellten und erst in den Lebensbereichen der „Science", Mathematik und Logik vorrangige Bedeutung erlangten.[4]

Starbuck sucht diese These zu belegen, indem er an Beispielstudien seines Labors, darunter auch die genannte Dissertation Mudges zur Gotteserfahrung, entsprechend illustriert, wie die Symbolsprache in Kunst und Religion[5] vorzugsweise an die „intimate senses" des Menschen appelliere.[6]

Insofern die „intim andeutenden" Sinne hier nicht nur als Quelle unmittelbar verinnerlichter Werteerfahrung auf dem Gebiet des Religiösen, sondern auch der Ästhetik und Moral[7] ausgewiesen sind, werden wir sogleich auf die fundamentalpsychologische Nahtstelle zwischen Religionspsychologie und Starbucks Päd-

---

[1] „The Intimate Senses...", 132.
[2] „The Intimate Senses...", 134.
[3] „The Intimate Senses...", 133.
[4] In beiden Klassen „sensorischen Verhaltens" liegen nach STARBUCKS Ansicht gleich hochentwickelte Funktionen einer doppelten Evolutionslinie vor: „The Intimate Senses...", 133f.
[5] Auch in dieser Abhandlung wird somit Starbucks Herzensanliegen deutlich: Die Rettung des zentralen Wertes der Religion für das menschliche Leben soll gelingen, ohne daß auf eine mystische Sondererfahrung oder ein Wissen um Transzendentes rekurriert werden muß, indem vielmehr lediglich die psychologische Beschreibung des normalen Bewußtseins genügt, um das Werte und Beste des Lebens mit dem Religiösen als identisch zu erweisen: „The Intimate Senses...", 133, 137ff.; FR 172, 178f.
[6] „The Intimate Senses...", 135-140. Zu MUDGES Studie s. o. unter 2.2. So gesehen hat TRILLHAAS ganz treffend festgestellt, daß Starbuck Religion als „kosmoästhetisches Erleben" bestimme: DERS., Grundzüge der Religionspsychologie, 19.
[7] Vgl. dazu bereits FR 178f.

agogik aufmerksam, die es im 3. Abschnitt unserer Darstellung genauer herauszuarbeiten gilt.[1]

2.2.5 Die fundamentalpsychologische Theorie Starbucks als Versuch einer Rehabilitierung der intuitionistischen Erkenntnistheorie auf dem Boden des Szientismus

In dem 1914 erschienen Lexikonartikel „Intuitionalism"[2] hat Starbuck eine philosophiegeschichtliche Einordnung seiner Erkenntnistheorie vorgenommen:

Darin zeichnet er zunächst die Geschichte der Philosophie in ihrem bisherigen Verlauf als einen dialektischen Prozeß, dessen Dynamik durch den Streit zweier antithetisch miteinander ringender Positionen bestimmt worden sei[3]: der Erkenntnistheorie des Intuitionismus auf der einen und der des Empirismus auf der anderen Seite. Während der Idealismus des 19. Jahrhunderts, als einer rationalistischen Spielart des Intuitionismus, mit der Existenz eines apriorischen Erkenntnisbestandes rechne, der als unbezweifelbar aller Erfahrung immer schon vorausliege, werde vom radikalen Empirizismus und Pragmatismus demgegenüber der empirische Charakter jeder Form von Erkenntnis - eingeschlossen der Kategorien von Erfahrung - geltend gemacht.

Dieser epistemologische Streit soll durch die Rehabilitierung des Intuitionismus auf dem Boden des evolutionistischen Empirismus selbst, wie sie Starbucks fundamentalpsychologische Theorie - ähnlich wie Hall[4], Baldwin, Dewey und Royce - vorschlägt, nun einer höheren Synthesis zugeführt werden:

Gegen die rationalistische Spielart des Intuitionismus wird eingewandt, daß als Quelle intuitiver Erkenntnis nicht die Vernunft, sondern nur der Affekt in Frage kommen könne. An der Position des Intuitionismus hingegen wird festgehalten, daß in jeder Form bewußter Erfahrung bereits ein Erkenntnisbestand enthalten sei, der nicht durch diese produziert, sondern immer nur hervorgerufen bzw. in Anspruch genommen werde. Das aber heißt für Starbuck - und darin unterscheidet sich seine Konzeption von derjenigen der klassischen Erkenntnistheorie: Erfahrung konstituiert sich ursprünglich nicht erst als Erfahrung des Bewußtseins, sondern bewußte Erfahrung ruht immer schon auf fundamentaleren vorbe-

---

[1] Daß STARBUCK die hier 1921 explizierte Position zeitlebens nicht mehr verändert hat, belegt die zeitlich späteste Veröffentlichung zum Thema: seine aus dem Jahre 1941 stammenden Vortragsthesen „The Lower Senses As Sources of Literary Appreciation", Psychological Bulletin 38 (1941), 743f., in denen die „intimate senses" als Quelle literarisch ästhetischer Würdigung vorgestellt werden.

[2] Encyclopedia of Religion and Ethics, Bd. VII, 1914, 397-400.

[3] Auch darin hat Starbuck also wieder ein Motiv der Hegelschen Philosophie aufgegriffen: vgl. o. unter 1.7.

[4] Teil I, 1.12.

wußten Erfahrungen auf, die sich als intuitive Wertewahrnehmungen des Organismus innerhalb seiner Umweltauseinandersetzung konstituieren. Dieses intuitive Erkenntnisvermögen der menschlichen Instinktnatur vermeint Starbuck nun sogar genauer als „cosmoaesthesia"[1] (das ist das Gefühl der Beziehung bzw. der Sinn für die Tauglichkeit einer Reaktion) und „telaesthesia" (das ist das prognostische Gewahren der Konsequenzen einer Reaktion) beschreiben zu können.[2]

Der spekulative Charakter dieser Erkenntnistheorie liegt freilich auf der Hand: Denn Starbuck kann von diesem postulierten vorbewußten Erkenntnisvermögen der Instinkte und seinen organischen Werteerfahrungen doch selbst wiederum - wenn überhaupt - gar keine andere Kenntnis haben als qua Erkenntnis seiner *Bewußtseins*erfahrung. Von daher kann die Generalthese des evolutionistischen Empirismus bestenfalls ontologisch, keinesfalls aber erkenntnistheoretisch dafür geeignet erscheinen, die Position des Intuitionismus zu begründen.

2.3 Explikative Erweiterungen des fundamental- und entwicklungspsychologischen Systems

Nach seiner wissenschaftlich wenig erfolgreichen Zeit am Earlham College erhält Starbuck 1906 das Angebot einer Professur für Philosophie an der renommierten Universität in Iowa.[3] Der dortigen Fakultät für Philosophie und Psychologie beizutreten, hat er als Privileg empfunden[4] und die Universität, an der er ab 1927 die neue unabhängige Abteilung für Philosophie leitet, bis 1930, kurz vor seiner vorgeschriebenen Emeritierung, nicht mehr verlassen.

Über die frühen Jahre in Iowa haben wir wenig Nachricht.[5] Mit großem Eifer scheint Starbuck in seiner neuen Lehrtätigkeit aufzugehen, bietet ein breites Spektrum seiner Wahl von Kursen in Philosophie an, nahezu das gesamte Angebot der Universität in diesem Fach bestreitend, und daneben stets jeweils einen Kurs in Religionspsychologie.[6]

---

[1] „The Instinctive Basis of Religion", Psychological Bulletin 8 (1911), 52f.

[2] „Intuitionalism", 400. Um die Existenz eines solchen vorbewußten Wissens zu belegen, rekurriert STARBUCK auf Phänomene, die von der empirischen Psychologie soeben mit Entdeckerfreude beschrieben worden sind: beispielsweise das Phänomen unbewußter Inkubation sowie das Phänomen eines Urteilens, das sich als Summe einzelner selbst nicht bewußter Sinneswahrnehmungen zusammensetzt.

[3] RUM 241-247; BOOTH, 117, 157, 168-175, 182-193, 253f.

[4] RUM 241.

[5] RUM 241; BOOTH, 118, 169.

[6] BOOTH, 118, 169: Ein Blick auf den Veranstaltungskatalog der Universität aus den Jahren 1906-1907 zeigt Starbucks Lehrangebot in seinem ersten Jahr in Iowa. Es enthält Veranstaltungen zur Logik, Philosophiegeschichte, Dialektik, Ästhetik, genetischen Psychologie, zum Thema „Philosophie und Religionspsychologie", zu Kant, Problemen der Philosophie und über philosophische Systeme Indiens.

Starbucks wissenschaftliches Interesse verlagert sich in dieser Zeit in Iowa immer deutlicher in Richtung einer Ausarbeitung der praktischen Konsequenzen seiner psychologischen Theorie für den Bereich der Pädagogik. So markiert seine nächste wichtige Arbeit[1], eine Reihe von fünf Artikeln zur Entwicklungspsychologie des Kindes unter besonderer Berücksichtigung der Entwicklung des religiösen Bewußtseins, bereits den Übergang vom religionspsychologischen zum pädagogischen Arbeitsfeld, der in seiner Religionspsychologie von Anfang an angelegt ist[2].

Die Forschungsbeiträge dieser letzten religionspsychologischen Arbeitsphase lassen sich in vier Komplexe gruppieren und darstellen:[3]

Erstens: Es finden sich immer wieder Aufnahmen, Explikationen und Fortsetzungen früherer Konzeptionen (2.3.1), so wie dies bereits (in 2.2.2-2.2.5) für seine fundamentalpsychologische Theorie gezeigt worden ist.

Zweitens: Unter seiner Leitung entstehen in Iowa zahlreiche wissenschaftliche Arbeiten, die den Stempel seiner religionspsychologische Schule tragen und geradezu als Konkretionen oder Ergänzungen dessen gelesen werden können, was in seinem System selbst Fragment geblieben ist (2.3.2).

---

[1] „The Child Mind and Child-Religion", Biblical World 30 (1907), 30-38, 101-110, 191-202, 352-360; 31 (1908), 101-112, enthält fünf Teile: I. „The Child-Consciousness and Human Progress"; II. „The Nature of Child Consciousness"; III. „The Method of Evolution of Consciousness and Religion"; IV. „The Development of Spirituality";. V. „The Stages of Religious Growth" (im folgenden zitiert als CE I-V).

[2] S. o. unter 2.1.4; so urteilt auch BOOTH, 183f.

[3] Daß sich unter Starbucks Veröffentlichungen der Folgezeit keine wesentlich neuen Beiträge zur Religionspsychologie mehr finden, dieses Urteil liegt auch Booths Einteilung (BOOTH, 183f.) des Starbuckschen Lebenswerkes in drei Phasen zugrunde: religionspsychologische Phase (1897-1906), religions- und charakterpädagogische Phase (1907-1921) und charakterpädagogische Phase (1922-1945). Ob allerdings eine zeitlich wie thematisch scharfe Abgrenzung dreier Phasen nach Forschungsrichtungen angesichts deren innigster Verknüpfung in Starbucks Denken sinnvoll erscheint, ist anzuzweifeln. Auch Booth selbst hat diese Einteilung wohl mehr als Angabe des jeweiligen Interessenschwerpunkts verstanden. Inwiefern nämlich Religionspsychologie und Pädagogik als die zwei Seiten der einen Medaille Starbuckscher Theoriearbeit zusammenhängen, wird unter 3. herauszuarbeiten sein. Und darin auch, warum eine nochmalige Unterscheidung zwischen Religions- und Charakterpädagogik weniger erhellt als die Pointe seiner pädagogischen Konzeption sogar gerade verdunkelt. Beide fallen in ihr nämlich im Grunde zusammen (so a. BOOTH, 205-209, bes. 208), aber nicht, wie Booth annimmt, aufgrund einer Gleichsetzung von Moral und Religion, sondern aufgrund der soeben herausgearbeiteten Konzeption der Religion als Zentrum und Telos menschlichen Lebens.

Zeitlich lassen sich die drei Phasen deshalb nicht scharf abgrenzen, weil Starbuck auch nach 1906 noch für die Rekonstruktion seines religionspsychologischen Systems relevante Beiträge veröffentlicht hat. Richtig ist jedoch, daß der grundlegende, umfangreichste und wirkungsträchtigste Teil der religionspsychologischen Schriften aus Starbucks erster wissenschaftlicher Arbeitsphase stammt.

Drittens: Die weitere Entwicklung der Religionspsychologie provoziert Starbuck, noch einmal neu über die Konzeption des Fachs, insbesondere seine Methoden und wissenschaftliche Zukunft, grundlegend nachzudenken (2.3.3).

Viertens: Darin zeigt sich ihm dann, daß die Religionspsychologie in all ihren Forschungsbemühungen als Zweig einer als „Science of Sciences" zu etablierenden Philosophie verstanden werden müsse (2.3.4).

2.3.1 Die Erforschung religiöser Erfahrung unter ihrem entwicklungspsychologischen Aspekt. Fortsetzung: Die Komplettierung des menschlichen Lebenszyklus

Im ersten Teil der fünfteiligen Reihe „The Child-Mind and Child-Religion" entwirft Starbuck die Aufgabe, eine pädagogische „Science of Child Nature and Child-Culture" zu errichten, deren Novum in ihrer szientifischen Wissenschaftskonzeption und dem darin eingeschlossenen evolutionistischen Paradigma der Gegenstandsbetrachtung bestehen soll.[1] Als Beitrag zu einer solchen Pädagogik unternimmt die Reihe nun eine Skizze zur Naturgeschichte[2] des menschlichen Bewußtseinslebens, und zwar unter besonderer Berücksichtigung seiner entwicklungsmäßig höchsten Gestalt, des religiösen Bewußtseins.[3]

In diesem entwicklungspsychologischen Interesse knüpft die Studie nahtlos an Starbucks religionspsychologische Arbeit der ersten Phase an. Die in „Psychology of Religion" vorgelegte Theorie menschlicher Entwicklung und das auf ihrem Boden propagierte Naturalismusprinzip[4] der Religionspädagogik[5] erscheint hier im wesentlichen unverändert, lediglich mit zusätzlichen Explikationen und neuen Schwerpunkten versehen, wiederaufgelegt:

Unverändert ist die biologistische Interpretation des menschlichen Bewußtseins als einer Instinktkomplikation[6], die funktional auf interne und externe An-

---

[1] CE I, 35; CE V, 101ff.
[2] CE II, 194.
[3] Vgl. die Überschriften von CE Teil III, IV und V. Religion soll demnach nicht länger als Fixgröße unabhängig von Entwicklung (CE III, 193f.), sondern selbst als integraler Bestandteil menschlicher Evolution verstanden werden, je nach Erfahrung, Entwicklungsstand der Person und Zivilisationsniveau variierend (CE V, 101f.).
[4] Die Würdigung, ja „Heiligung" der Kindheit als höchstes Produkt menschlicher Evolution, als bevorzugtes Medium evolutionärer Tradition wie Innovation, motiviert Starbucks Sorge um eine der menschlichen Natur entsprechende Erziehungspraxis: CE I, 30-33, 35, 37f.; CE IV, 357-360.
[5] Die Aufgabe der religionspädagogisch maßgeblichen Bildungsinstitutionen bestimmt Starbuck auch hier dahingehend, daß diese der Religiosität des Individuums zu natürlichem Selbstwachstum verhelfen (CE I, 30) und darin die natürliche Teleologie menschlicher Evolution unterstützend fördern sollen (CE V, 103).
[6] CE I, 20; CE III, 200f.; CE IV, 352f. u. ö.

passung ausgerichtet und eingebunden ist in einen universalen Evolutionszusammenhang, dessen innere Teleologie in Richtung auf Vervollkommnung der menschlichen Natur durch die Aufeinanderbezogenheit und -angewiesenheit von Onto- und Phylogenese vorangetrieben wird.[1]

Der neue Schwerpunkt der Studie besteht in einer genaueren Betrachtung der Bewußtseinsentwicklung der Kindheit, die nun anstelle der Adoleszenz als ursprüngliche Formationsperiode der Persönlichkeitsentwicklung betrachtet wird.[2] Die früheren skizzenhaften Andeutungen zur Entwicklungspsychologie des Kindes erfahren darin eine fällige Näherbestimmung, und Starbucks Gesamtkonzept der Stadien menschlicher Entwicklung wird ausdifferenziert und vervollständigt.[3]

Im Unterschied zu seinem Hauptwerk von 1899 bleibt dabei allerdings unklar, auf der Basis welcher empirisch-psychologischer Untersuchungen die vorgetragene Konzeption eigentlich fußt. Sie gibt sich jedenfalls nicht als Resultat aufgeführter statistischer Erhebungen oder experimenteller Tests zu erkennen, sondern scheint entweder aus einem ungenannten Fundus szientischer Forschungen zu schöpfen oder aus dem zugrundegelegten evolutionistischen Paradigma mehr oder weniger spekulativ zu erwachsen.

Unter Einbeziehung derjenigen fundamentalpsychologischen Einsichten, die Starbuck während seiner zweiten Phase religionspsychologischer Theoriebildung ausgebildet hat, wird die entwicklungspsychologische Konzeption von 1899 um die folgenden Punkte expliziert und vervollständigt:

a. Auf dem Hintergrund der Annahme eines kosmischen Bewußtseinslebens[4] wird nun die Einheit des menschlichen Bewußtseins als Kontinuum *aller Entwicklungsstufen* herausgearbeitet.[5] Das Bewußtsein des Kindes wird nicht seinem Wesen[6], sondern nur seinem Reifegrad[7] nach vom Bewußtsein des Erwachsenen unterschieden. Seine Entwicklung wird zum einen in Richtung einer formalen Verfeinerung und Komplikation der Instinkte, nämlich nun auch Reaktionen auf abstraktere Stimuli einschließend,[8] zum anderen in Richtung eines Wachstums

---

[1] CE I, 30, 35; CE V, 108-111.

[2] Die einseitige Konzentration der PR auf die Jugendzeit-Entwicklung ist an Starbucks Konzeption vielfach angemahnt worden: vgl. etwa UREN, 33, 49f.

[3] Menschliche Entwicklung erscheint nicht mehr ausschließlich auf die Jugendzeit konzentriert, sondern als sich auf das gesamte Leben der Person erstreckend, wobei Starbuck hier zugeben kann, daß sie nur bei wenigen ihr volles Ziel erreiche: CE IV, 353, 357.

[4] CE II, 104, 107f.; CE III, 192f.: Sog. „niedere" Vernunftprozesse wie Unterscheidungs-, Erinnerungs-, Assoziations- und Urteilsvermögen werden von Starbuck bereits für die Pflanzenwelt angenommen.

[5] CE, II insges. und CE III, 193.

[6] CE II, 103-108. Wille, Selbstgefühl und Vernunft erscheinen als zum angeborenen Instinktbestand gehörig, somit von Anfang an präsent, sich lediglich zunehmend entfaltend.

[7] CE II, 108-110.

[8] CE II, 108f.

der Bewußtseinsinhalte, als Ausweitung des Bewußtseinshorizontes[1] und Zunahme an Selbstbewußtheit[2] zuvor subliminal verlaufender Lebensprozesse, vorgestellt.

b. Die allgemeinen Gesetzmäßigkeiten der Bewußtseinsentwicklung[3] werden genauer beschrieben: als Prinzipien der Verfeinerung bzw. Komplikation[4], Transformation mittels Repression und Inhibition[5], Substitution[6] sowie Komposition[7].

c. Die zunächst nur an Instabilitätserfahrungen der Adoleszenz beobachtete innere Dynamikstruktur wird nun auch auf alle anderen Perioden übertragen.[8] Eine der Hauptpointen von „Psychology of Religion" - Bekehrung als typisches Adoleszenzphänomen - wird somit in dieser Phase der Theoriebildung implizit entschärft. Mit umfassenden Bewußtseins- bzw. Persönlichkeitsentwicklungen und einer damit verbundenen Rhythmik von Streß-, Krisen- und Rekonstruktionsphase[9] rechnet Starbuck nun verstärkt auch in allen anderen Lebensperioden des Menschen.

d. Die Konzeption menschlicher Entwicklung erfährt eine nähere Ausdifferenzierung und Funktionsexplikation;[10] die Dreiteilung in „Kindheit, Jugendzeit und Erwachsenenalter" von 1899 wird durch eine Feineinteilung innerhalb der ersten beiden Stadien ergänzt. Als via Vererbung „prädestinierte"[11] Fixgrößen[12] menschlicher Entwicklung werden demnach folgende Stadien[13] des Lebenszyklus unterschieden:

---

[1] CE II, 109.

[2] CE II, 110.

[3] Starbuck greift darin auf Ribots, vor allem aber JAMES' Theorie der Bewußtseinsentwicklung zurück, insbesondere auf dessen pädagogisch applizierte Theorie in: Talks to Teacher of Psychology, Kap. VI-VIII. Die von STARBUCK hier gebotenen Klassifikation findet sich im Grunde unverändert erneut in „What Can Religious Education Do with Human Nature?", Religious Education 18 (1923), 72-77.

[4] CE III, 194-197.

[5] CE III, 197ff.

[6] CE II, 199f.

[7] CE III, 200f.

[8] CE V, 104.

[9] CE V, 104ff.

[10] CE V, 104, 108-112.

[11] STARBUCK hat die entwicklungspsychologische Beobachtung phylogenetisch via Vererbung vorgegebener Gesetzmäßigkeiten der ontogenetischen Entwicklung als szientifische Bestätigung bzw. Neuinterpretation der christlichen Prädestinationslehre betrachtet: „Reinforcement to the Pulpit from Modern Psychology. I.: Psychological Predestination", a. a. O.

[12] CE V, 112.

[13] Die Konzeption der Einheit des Bewußtseins bleibt gewahrt, indem die Stadienübergänge nicht als Brüche, sondern aufeinander aufbauende Synthesen verstanden werden: CE V, 110.

- Das *Säuglingsalter* (0.-1. Lebensjahr), in dem das vegetative Selbst mit Sitz in Rückenmark und Modula das Organisationszentrum der Person bilde.[1]

- Die *Kindheit* (2.-7. Lebensjahr) sei gekennzeichnet durch die Bildung eines responsiven, aber noch nicht verantwortungsbewußten sozialen Selbst mit Sitz in den Basisganglien und sensorischen Zentren, der phylogenetisch die Herausbildung von Sprache, einer „Religion der Phantasie und des Gefühls" entspreche.[2]

- Die *Jugendzeit* (7.-13. Lebensjahr) sei gekennzeichnet durch die Entwicklung eines effizienten Selbst als Organisationszentrum, der gattungsgeschichtlich die Erfindung von Technik und einer „Religion der Tat" korrespondiere.[3]

- Die *Adoleszenz* (13.-17. Lebensjahr) sei ausgewiesen durch die Geburt eines geistigen, sozialen und spirituellen Selbst mit Sitz in den Assoziationszentren, phylogenetisch analog zum Aufkommen der spezialisierten Lebensbereiche Wirtschaft, Kunst, Wissenschaft und Religion im eigentlichen Sinne.[4]

- In einer späteren Veröffentlichung hat Starbuck auch noch die dritte in seiner „Psychology of Religion" angedeutete Lebensphase, das *Erwachsenenalter*, von zwei weiteren Enwicklungsstadien abgegrenzt und funktionalpsychologisch eingeordnet:[5]

- Das *Alter* („elderness", ab dem 55. Lebensjahr) und

- die *Seneszenz* (ab dem 70. Lebensjahr): Im Unterschied zur materialistisch-biologistischen Sichtweise[6] möchte Starbuck dabei auch diese letzten Lebensphasen des Menschen nicht als Degenerationsperioden, sondern vielmehr unter dem Vorzeichen verstehen, die Chance zur Verwirklichung vollster spiritueller Reife zu enthalten.[7] Illustriert an der Spätbekehrung Tolstois, hat er erneut mit einer Dynamikstruktur dieser Lebensphasen - bestehend aus Krisenerfahrung und Wiedergeburt auf höherer geistiger Ebene - gerechnet, die sich am Modell der Bekehrung orientiert. Die darin erreichte Wiedergeburt kann Starbuck entweder als letzte Instinktverfeinerung und Individualisierung des Selbstbewußtseins beschreiben, die angesichts eines reichen Erfahrungsbestandes und der Einsicht in die Sterblichkeit des Menschen vollste Lebensintensität und tiefste Wertewahrnehmungen ermöglichten. Oder aber er betrachtet sie als Senilitätserscheinungen von ebenfalls spiritueller Qualität, weil sich in ihnen - als Anzeichen einer zwei-

---

[1] CE V, 108.
[2] CE V, 108f.
[3] CE V, 108ff.
[4] CE V, 108-111.
[5] „Old Age", Encyclopedia of Religion and Ethics, Bd. IX, 1917, 458-462, dort 458. Vgl. dazu auch HALLs Komplettierung des Lebenszyklus, die ebenfalls von einer entwicklungspsychologischen Beschreibung der Kindheit und Adoleszenz unter weitgehender Ausklammerung der Maturität zur Beschreibung der Seneszenz schreitet: Teil I, 2.2-2.3, 3.1, 3.3.2.
[6] „Old Age", 462.
[7] „Old Age", 460ff.

ten Kindheit - die Rückkehr des individuellen Lebens zum Hauptstrom der Gattung vollziehe.¹

Starbuck interpretiert die Sterblichkeit des individuellen Leibes in diesem Zusammenhang als Mittel des kosmischen Lebens, sich beständig zu regenerieren und durch die Variationsvielfalt neuer individueller und ihrer Möglichkeit nach verfeinerter Umweltanpassungen zu evolvieren.² Während die christliche Tradition Todesverfallenheit und Vergänglichkeit des äußeren Menschen als Medium für das geistliche Wachstum des inneren Menschen verstanden hat,³ versucht Starbucks biologistische „Reinterpretation" nun, die Sterblichkeit des individuellen - an den individuellen Leib geknüpften - Lebens als Medium biologischer Effizienzmaximierung zum Fortschritt des Gattungslebens zu begreifen. Die ontogenetische Evolution wird damit im ganzen als ein Lebenszyklus beschrieben, der sich in all seinen Perioden auf die phylogenetische Evolution bezieht und darin seinem Kern nach spirituellen Charakter besitzt: Indem dieser Lebenszyklus das Entwicklungsmedium des kosmischen Lebens selbst darstellt, das von der puren Quantität des Selbstausdrucks zu zunehmender Qualität im Sinne vertiefter Selbstwahrnehmung des Lebens in seine eigenen Werte fortschreitet.⁴

e. In den derart aufgespannten Rahmen werden Moral und Religion als höchste Entwicklungsgestalten⁵ des Bewußtseins zum Zwecke interner wie externer Anpassungsoptimierung und somit fortschreitender onto- wie phylogenetischer Evolution⁶ eingeordnet:⁷

Dem *moralischen* Instinkt bzw. Bewußtsein wird dabei die Funktion zugewiesen, die durch die Komplexität der innerpsychischen sowie sozialen Situation ständig bedrohte Harmonie und Integrität des Selbstbewußtseins in der Auseinandersetzung des Individuums mit seiner sozialen Umwelt zu garantieren.⁸

---

¹ „Old Age", 460, 462.
² „Old Age", 459f.
³ So von PAULUS in 2. Kor 4, 10-12.16.
⁴ „Old Age", 459f.
⁵ CE IV, 352; CE V, 111.
⁶ CE V, 112.
⁷ CE Teil IV und V. Ursprünglich hatte STARBUCK geplant, eine eigentümliche Charakterskizze des religiösen Bewußtseins für jede einzelne der unterschiedenen Entwicklungsstadien zu entwerfen und von da aus entsprechende pädagogische Folgerungen abzuleiten. Hierzu war wahrscheinlich ein sechster Fortsetzungsteil der Aufsatzreihe gedacht, der allerdings nicht verwirklicht wurde: Darauf deuten die Schlußsätze von CE V, 112, hin und das Faktum, daß Teil V keine abschließende Zusammenfassung bietet. Als eine skizzenhafte Ausführung dieses Plans könnte dann „A Child-Centered Religious Education" betrachtet werden, in: Friends' Intelligencer Supplement 71 (1914), 38-48, bes. 41ff.
⁸ CE IV, 352-355.

Dem entwicklungsmäßig später angesetzten *religiösen* Instinkt bzw. Bewußtsein demgegenüber die Aufgabe, jene in Richtung der Anpassung des Individuums an eine ideale Welt zu ergänzen:[1]

> „The person is not only surrounded by a social group, but becomes aware of an ideal world of possible personal fulfilment and of the attainment to perfect truth, goodness, and beauty. He grows dimly conscious of a permanence in the midst of chance, conservation in the midst of apparent defeat and evil, and of the feal amidst the fleeting and phenomenal. The feeling after a harmonious adjustment to the total reality has given rise primarily to the religious impulse. 'Spirituality' is in terms of this ideal adjustment. Indeed religion is this higher refinement and ideal adjustment in the process of making. It is somewhat later than morality in its development and supplements it. If morality consists in a high degree of abstraction from a feeling of specific duties into a sense of moral obligation and into conscience, the abstractions that furnish the content of religion are even greater. The reaches of consciousness are vaster in every direction. There is a preperception not only of ends but of supreme ideals of personality and of truth. The limits of time and space begin to stretch away to eternity and infinity. The finite relates itself to the absolute. The race memories that speak through conscience begin to assume the majesty of the voice of a deity."[2]

Genauer als in „Psychology of Religion" versucht Starbuck nun, zwischen Gottes- und Weltbewußtsein des Menschen zu unterscheiden: Das Spezifikum des Gottesbewußtseins besteht seiner Ansicht nach im Bewußtsein der Totalität, der Permanenz und Bewahrung des Weltgeschehens im Unterschied zum Weltbewußtsein der Einzelereignisse, der Dynamik und der Verfallserscheinungen des Weltgeschehens. Es soll inhaltlich die Wahrnehmung der höchsten Ideale umfassen - vollkommener Wahrheit, Gutheit und Schönheit - und entspricht somit einer „Vorher"-Wahrnehmung des letzten Evolutionszieles selbst, im Unterschied zur Wahrnehmung vorläufiger Einzelziele.[3] Ebenso wie James[4] bestimmt Starbuck das religiöse im Vergleich zum bloß moralischen Bewußtsein somit als eine emotionale bzw. kognitive Zusatzdimension des Personlebens und einen hiermit verbundenen Zuwachs an Freiheit[5]:

> „Religion is indeed, the deepest seated of all instincts, reaching back into the profoundest experiences of the race and leading mankind onward into new reaches of perfection and guiding it into fields of truth where the path has not yet been made plain through custom and precept".[6]
>
> „These deeper soundings of the soul are felt as a sense of sin - a universal and not simply a Christian phenomenon - if the life is not yet attuned to them; they come as remorse when the mass of smaller impulses are about to sweep them away; they break forth as longing, aspira-

---

[1] CE IV, 355-357.

[2] CE IV, 355.

[3] Vgl. dazu STARBUCKs Konzeption des intuitiven Erkenntnisvermögens der menschlichen Instinktnatur als „telaesthesia" in „Intuitionalism", 400.

[4] JAMES, VRE 46-49.

[5] CE V, 107.

[6] CE IV, 356.

tion, hope, love, and joy when the heart responds to them, and open up new vistas of freedom to the personal life."¹

Der religiöse Instinkt wird darin einerseits als der späteste, komplexeste und labilste Instinkt des Menschen angesprochen, der darum wie kein anderer einer pädagogischen Kultivierung bedürfe.² (Und - so wäre es möglich gewesen weiterzudenken: - deshalb auch gerade offen sein könnte für inhaltliche Bestimmungen und Individualisierungen.) Er erscheint andererseits jedoch zugleich auch auf die fundamentalsten, evolutionsmäßig ursprünglichsten und darum festgeschriebensten Gattungserfahrungen zurückzugreifen, nämlich einem - alle religiöse Sitten und Dogmen unterliegenden - überindividuellen Einheitsfundament vorbewußter Instinkterfahrung zu entspringen. Diese Theorie des religiösen Instinkts liegt ganz auf der Linie der Religionspsychologie Halls und seiner Clark-Schule, deren kategoriale Grundkonzeption durch den evolutionistischen Positivismus Spencers angeregt ist.³ Die Konstitution des religiösen Bewußtseins aus vorbewußter Instinkterfahrung zu erklären soll freilich auch nach Ansicht Starbucks nicht heißen, daß Religion gänzlich unabhängig von *bewußter* Erfahrung zu denken sei:

> „Religion does not, however, become so abstracted from actual experience that it can lead on independently of them. It is, in fact, the tersest of all records of the successes and failures of specific kinds of action. It finds its rise in a conflict that grows out of the warring of the impulses and instincts, each of which would in turn conquer the personality and gain entire possession of consciousness. Started negatively again, were life so simple, the instincts so few, of so direct response, and so trustworthy that the symmetry and harmony of consciousness were never broken, religion would not exist. Such is the case only with the lowest savages, animals, and children."⁴

Wie die moralische, nur in zugespitzter Weise, so soll vielmehr auch die religiöse Persönlichkeitsstruktur gerade erst aus einem innerpsychischen Konflikt widerstreitender instinktiver Tendenzen erwachsen.⁵ In diesem evolutionsför-

---

¹ CE IV, 355f.
² CE I, 31; CE V, 103.
³ Teil I, 1.12, 2.5, 3.1.3.
⁴ CE IV, 356 Z. 18ff.
⁵ CE IV, 357: „The conflict in religion is more varied than in morality. It concerns the organization of the personality at its deeper sources and at the points of its highest culmination. The soul is reaching out, not only into a world of persons but into rapport with the larger sphere of the absolute. This transcendent truth it interprets through a refined sensitivity, as it reaches out heartfully toward it in the attitudes of prayer and faith; it interprets it also through the discordant judgements of the collective mind as these are crystallized in creeds and religious codes; it interprets it yet again through the many-voiced instinctive promptings, and it is the rare personality in whom these sound forth the unison of a symphony. The conflict is more tragic than that of the moral life. Each act is judged by standards not always self-consistent, which seem to be and claim to be absolute. The cleavage of the self, as it is drawn between the high and low and the good and evil, is deeper. There are hopeless anomalies to solve. The person loves goodness but seeks the evil. He is impelled into unreason and apparently unreasonable modes of life. He

dernden Konfliktfall kommt dem Bewußtsein selbst die Funktion eines „Krisenmanagements" zu, die ehemals habitualisierte und nun bedrohte Umweltanpassung wiederherzustellen bzw. eine neu erforderliche Adaption an die nun wahrgenommene Totalitätssphäre[1] auf den Weg zu bringen.

Damit aber ist diesem „Konflikt", dessen Beschreibung Starbuck der Bekehrungskrisis nachgebildet hat, genau besehen die eigentliche Brisanz genommen. Denn dieser erscheint nurmehr als dialektisch fruchtbare Antithese, deren glückliche Synthese bereits entwicklungsmäßig sicher ist. Ja, noch nicht einmal das Bestehen einer echten Antithese kann im Grunde wirklich einleuchtend gemacht werden: Wenn sich nämlich die antithetisch konkurrierenden Vorstellungen des Bewußtseins letztlich nicht Wert*urteilen*, d. h. Akten personaler Selbstbestimmung, verdanken sollen, sondern vorbewußten Wertewahrnehmungen organischer Instinktreaktionen, dann ist nur schwer einzusehen, wieso es überhaupt zu einer Vielfalt konkurrierender Situationswahrnehmungen seitens des Organismus kommen kann, die - obgleich alle in gleicher Weise instinktive - verschiedene Adäquanz besitzen. Es sei denn, es müßte eine Art Hermeneutik oder gar eine Harmatologie des menschlichen Instinktvermögens selbst geschrieben werden können.

Letztere allerdings kann innerhalb der pantheistischen Immanenztheologie Starbucks eigentlich nicht vorkommen, weil in ihr die christliche Erbsündenlehre als anthropologischer Grundpfeiler eines überholten dualistischen Weltbildes - wie das transzendente Gottesverständnis als ihr theologischer Grundpfeiler - ja gerade überwunden werden soll.[2] Zumindest wird von Starbuck die Behauptung einer radikalen Verderbtheit der menschlichen Natur bestritten, er rechnet mit der Realität der Sünde vielmehr nur als einem entwicklungsmäßigen Atavismus defektiver Umweltanpassung. Nach seinem enthusiastischen Verständnis kann daher die Welt bereits jetzt schon als diesseitiges König- bzw. Himmelreich Gottes[3] und der Mensch, von göttlichem Geschlechte, als sein Ebenbild gelten. Der menschliche Entwicklungsweg hin zur vollen Perfektion vollzieht sich für Star-

---

is driven to forsake the certainties of sense and respond to unseen verities; he must rely upon faith and not upon perception and common-sense, believe in love as against law, and accept God and heaven in preference to the 'world' and all forms of 'worldliness'."

[1] CE IV, 357.

[2] CE I, 43f.; vgl. a. „Reenforcement to the Pulpit from Modern Psychology: II. The Doctrin of Original Sin", a. a. O.; „The New World and Its Values", 372, 275f. Freilich lassen sich Rudimente des christlichen Sündenbegriffs zuweilen auch in STARBUCKs Argumentationsgang ausfindig machen: So kann „Sünde" nicht nur als mangelhafte Anpassung an eine bereits dumpf gefühlte ideale Welt (CE IV, 355), sondern auch als der menschliche Hang zum Bösen, welthafter Vernunft und Sinnlichkeit (CE IV, 357) angesprochen werden. Dabei wird das Sündenbewußtsein von Starbuck jedoch im Sinne von PR nicht als ein spezifisch christliches, sondern allgemeinmenschliches Phänomen begriffen.

[3] CE I, 35; CE V, 102.

buck, obzwar in rhythmischer Dynamik mit allerlei Instabilitäten und Turbulenzen verbunden, im Grunde kontinuierlich und ungebrochen, insofern natürliche und geistliche Entwicklung seiner Ansicht nach letztlich zusammenfallen[1].

Am Anfang dieser Entwicklung - quasi als urständlicher status integritatis - steht die Kindheit, von deren „Heiligkeit" Starbuck immer wieder spricht.[2] Für ihre Konzeption ist nun eine merkwürdige Unstimmigkeit charakteristisch: Die Kindheit scheint einerseits - als Ausgangspunkt ontogenetischer Entwicklung - dazu bestimmt, die phylogenetische nachzubilden, andererseits soll in ihr - als Ausdruck größtmöglicher Spontaneität, Rezeptivität und Positivität - in gewisser Weise zugleich der Zielpunkt phylogenetischer Evolution selbst schon vor Augen stehen. Eine analoge Unstimmigkeit läßt sich für Starbucks Interpretation des menschlichen Auftrags zum dominium terrae aufweisen: Danach erscheint die Welt einerseits jetzt schon als „Garten Eden", muß andererseits dann aber doch erst durch menschliche, insbesondere pädagogische Gestaltungsarbeit zu einem solchen kultiviert werden.[3] Dem entspricht wiederum Starbucks schwankende Beurteilung der wissenschaftlichen Erkenntnisleistung: Denn einerseits wiederholen die Forschungsergebnisse der „Science" seiner Ansicht nach nur, was die Religionen natürlicherweise immer schon wußten,[4] andererseits erscheint ihr Erkenntnisweg dann aber doch wieder nötig, um die Entwicklung des Menschen auch tatsächlich *naturgemäß* zu gestalten.

Alle diese Unstimmigkeiten deuten gemeinsam darauf hin, daß Starbucks Religionspsychologie, auch nachdem ihr System in fundamental- und entwicklungspsychologischer Hinsicht erweitert worden ist, immer noch dieselbe systematische Leerstelle aufweist, die in ihrer Konzeption von 1899 bereits zu orten war:[5] In ihr mangelt es vor allem an einer begrifflichen Bestimmung des Zustandekommens und der Struktur menschlicher Erfahrung bzw. Erkenntnis im allgemeinen sowie wissenschaftlicher Erfahrung bzw. Erkenntnis im besonderen. Die durch das religionspsychologische Unternehmen intendierte *wissenschaftliche Erkenntnis* vom Zustandekommen und von der Struktur menschlicher *Erfahrung* einschließlich ihrer *Entwicklung* muß deshalb zwangsläufig unklar bleiben, weil Gegenstandsbezug und Gegenstand der empirischen Erkenntnisbemühung selbst begrifflich ungeklärt sind.

---

[1] CE V, 102.

[2] CE I, 35f.

[3] So in dem Weihnachtsbrief von 1940, LTD 394: „This earth garden, our heritage from the Lord of Life, is already a precious dwelling place...We'll tend our garden well. We'll enjoy the flowers of friendship and partake of the fruits of fellowship. We'll work and play together until the whole earth is a comely garden. We'll nurture the human plant until every grownup is a symbol of perfection."

[4] CE III, 192f.

[5] S. o. unter 2.1.1.

2.3.2 Die Starbucksche Schule der Religionspsychologie

Starbucks Religionspsychologie besitzt in vielen Teilen fragmentarischen Charakter. Dies hängt nicht zuletzt damit zusammen, daß wir ihn in seiner Zeit in Iowa (1906-1930) fast ausschließlich mit konkreten Gestaltungsaufgaben der Praxis beschäftigt finden.[1] Hierzu gehört seine Mitarbeit in zahlreichen Institutionen[2], darunter sein Engagement für eine internationale Bewegung der Religionspsychologie und Pädagogik, die im Dienste der Völkerverständigung und eines universalen Humanismus steht.[3] Vor allem aber gehört hierzu die Leitung des Institute of Character Research[4], die ihn als Universitätslehrer und Laborleiter voll in Anspruch nimmt.[5] Unter seiner wissenschaftlichen Direktive entstehen in Iowa zahlreiche empirische Einzelstudien, die seine religionspsychologischen Konzeptionen aufnehmen und weiterführen, so daß geradezu von einer „Starbuckschen Schule der Religionspsychologie" gesprochen werden kann:

Unter diesen religions- und charakterpsychologischen Arbeiten ist an erster Stelle die bereits erwähnte[6] Studie Mudges zur Gotteserfahrung zu nennen, die an Starbucks eigene Forschungen an der Stanford-Universität anknüpft und seine fundamentalpsychologische Theorie von 1904 zugrunde legt.

An zweiter Stelle ist auf Rachel Knights Dissertation über George Fox[7] zu verweisen, die detailliert vor Augen führt, wie eine biographische Fallstudie auf der Basis der Starbuckschen Religionspsychologie aussehen kann.

Knight arbeitet darin durchgängig mit demselben Verständnis religiöser Erfahrung,[8] das wir bei Starbuck[9] kennengelernt haben: Das religiöse Bewußtsein wird als eine spezifische Form

---

[1] Dies wird unter Heranziehung einer überwältigenden Fülle biographischen Materials von Booth besonders herausgestellt: BOOTH, 95-106, 177.

[2] Aufgelistet bei BOOTH, 99f.

[3] RUM 243ff.; BOOTH, 156f. So hält STARBUCK etwa 1925 in Oslo eine Vorlesungsreihe über „An Introduction to a Science of Religion" oder setzt sich auf der internationalen Konferenz der Y.M.C.A. 1929 in Genf für ein radikal empiristisches Pädagogikprogramm ein: „The Young Men of the World", a. a. O.

[4] BOOTH, 132ff. Neben diesem pädagogisch ausgerichteten Institut hat Starbuck die Gründung einer speziellen Abteilung für die wissenschaftliche Erforschung der Religion zu etablieren gesucht, was jedoch nicht verwirklicht werden konnte: BOOTH, 154ff.

[5] BOOTH, 99, 177.

[6] S. o. unter 2.2.

[7] R. KNIGHT, The Founder of Quakerism. A Psychological Study of the Mysticism of George Fox, London 1922; 1919 als Dissertation für Philosophie an der Universität in Iowa eingereicht.

[8] S. dazu die Definition bei KNIGHT, 258.

[9] KNIGHT hat die wissenschaftliche Abhängigkeit ihres Werkes bereits in der Widmung an ihren Lehrer zum Ausdruck gebracht:
„To my Teacher and Friend, Edwin Diller Starbuck,
Scientist, Philosophist, Quaker, Mystic,
and Master in the Art of Living."

der Innerlichkeit[1] charakterisiert, deren Lebensmoment in vorkognitiven Wertewahrnehmungen bestehe[2] und sich im Zuge eines dialektischen Synthetisierungsprozesses der Personintegration sukzessive aufbaue.[3] Der 2. Teil der Studie, „Sources of Fox's Mystical Insight", basiert dabei, insbesondere in Kap. IV, „The Intimate Senses of 'Appreciation'", zunächst auf Starbucks fundamentalpsychologischer Theorie der Wertewahrnehmung.[4] Der 3. Teil, „The Emancipation of a Higher Spiritual Selfhood in Fox", der den Schwerpunkt der Studie bildet, sodann auf Starbucks Theorie der Bekehrung bzw. Persönlichkeitsbildung. In Kap. X, „Conflicting Traits"[5], arbeitet Knight einen reichen Bestand antithetisch miteinander ringender Charakterzüge in Fox' Persönlichkeit heraus. Im Rahmen seiner von Hegels Dialektik inspirierten Charakteriologie hatte Starbuck eben diesen antithetischen Grundzug als Struktur der genialischen Persönlichkeit angesprochen und am Beispiel Halls expliziert.[6]

Und an dritter Stelle sind all diejenigen Studien zur Religions- und Charakterpsychologie aufzuführen, die Starbuck als „University of Iowa Studies in Character"[7] 1927-1931 zu vier Bänden herausgegeben hat. In ihnen sehen wir

---

[1] KNIGHT nimmt Fox nahezu ausschließlich als Mystikerpersönlichkeit wahr, betrachtet hingegen kaum dessen öffentliche Wirkungstätigkeit, vgl. dazu bereits den Untertitel der Studie.

[2] KNIGHT, 100.

[3] Besonders Kap. XI, „A Charon Between the Inner and Outer Self", und Kap. XII, „The Liberation of a Higher Selfhood".

[4] KNIGHT, 52-72, bes. 57 Anm. 1, 72. Vgl. dazu STARBUCKs Theorie, wie o. unter 2.2.1, 2.2.4 dargestellt, insbesondere seinen Artikel „Intuitionalism" aus dem Jahr 1914. Daß zur Erforschung vorbewußter Sinneswahrnehmungen in Iowa physiologische Experimente unter Starbucks Leitung durchgeführt wurden, geht aus KNIGHTs Darstellung, 271-274, hervor.

[5] KNIGHT, 127-227.

[6] „Life and Confessions of G. S. Hall. Notes on the Psychology of Genius", 145f.; „G. S. Hall As a Psychologist", 112-120; auch auf sich selbst hat STARBUCK diese Konzeption angewandt: RUM 206f. Abgesehen von der Studie KNIGHTs wird diese Konzeption auch von anderen Starbuck-Schülern aufgegriffen: H. HAUSHEER, 88ff.; P. H. HEISEY, Psychological Studies in Lutherian, unveröff. Doktorthesen, erwähnt in „Life and Confessions of G. S. Hall", 145 Anm. 2.

[7] Iowa City 1927-1931. Die Bände enthalten folgende Studien:
Vol. 1:
1. J. C. MANRY, „World Citizenship: A Measurement of the Certain Factors Determining Information and Judgement of International Affairs",
2. F. SHUTTLEWORTH, „The Measurement of the Character and Environment Factors Involved in Scholastic Success",
3. H. L. SEARLES, „The Study of Religion in State University",
4. W. E. SLAUGHT, „Untruthfulness in Children: Its Conditioning Factors and Its Setting in Child Nature".
Vol. II:
5. S. P. FRANKLIN, „Measurement of the Comprehension Difficulty of the Precepts and Parables of Jesus",
6. A. T. H. HOWELLS, „A Comparative Study of Those Who Accept As Against Those Who Reject Religious Authority",
7. R. D. SINCLAIR, „A Comparative Study of Those Who Report the Experience of Divine Presence and Those Who Do Not",

seine Schüler das gesamte Spektrum „streng empirischer" Verfahrensweisen[1] anwenden, das Starbucks Konzeption der Religionspsychologie als „Science" vorgesehen hat (2.3.3).[2] Unter ihnen sei hier exemplarisch die Arbeit Sinclairs[3] zur Mystikerfahrung herausgegriffen, mit deren Ergebnis sich Starbuck[4] selbst in einer aufschlußreichen Weise auseinandergesetzt hat:

> In „A Comparative Study of Those Who Report the Experience of the Divine Presence and Those Who Do Not" macht sich Sinclair innerhalb der Vielfalt psychischer und physischer Charakterzüge auf die Suche nach dem „Sitz" religiöser Erfahrung. Von dieser Studie seines Schülers hatte sich Starbuck ursprünglich einen Beitrag zur Psychologie der Persönlichkeitstypik erhofft, wie sie seiner Ansicht nach in James' „Varieties of Religious Experience" vorliegt.[5] Als Resultat Sinclairs muß ihn dann jedoch überraschen, daß letztlich keine derlei vermuteten Differenzen zwischen den Untersuchungsgruppen mit bzw. ohne Neigung zu mystischer Erfahrung feststellbar seien. Lediglich das bereits in „Psychology of Religion" herangezogene Ergebnis Coes kann Sinclair bestätigen, das einen allgemeinen Zusammenhang zwischen der Neigung zu mystischer Erfahrung und einer erhöhten Neigung zu Sugge-

---

8. R. T. CASE, „A Study of the Placement in the Curriculum of Selected Teachings of the Old Testament Prophets".
Vol. III:
9. E. G. LOCKHART, „The Attitudes of Children Towards Law",
10. P. R. HIGHTOWER, „Biblical Information in Relation to Character and Conduct",
11. G. W. BEISWANGER, „The Character Value of the Old Testament",
12. E. G. ANDREWS, „The Development of Imagination in the Preschool Child".
Vol. IV:
13. H. S. CARLSON, „Information and Certainty in Political Opinions: A Study of University Students during a Compaign",
14. R. D. MINARD, „Race Attitudes of Iowa Children".
Die Auswahl der Forschungsthemen sei - so STARBUCK in RUM 245 - dabei aus den persönlichen Lebensinteressen und -fragen (!) seiner Schüler erwachsen.

[1] Das sind neben dem bekannten Fragebogenverfahren in erster Linie: auf Introspektionen basierende Tests, vorrangig vom „paper-pencil"-Typ und mit der Möglichkeit zu gradueller Antwortwahl („point-scale device"), sowie physiologische Laborexperimente.

[2] S. u. unter 2.3.3.

[3] In Vol. II, hier Nr. 7.

[4] „An Empirical Study of Mysticism", Proceedings of the Sixth International Congress of Philosophy, Cambridge/Mass. (1926), 87-94, dort 88ff.; „Psychology of Religion", Encyclopedia of Educational Research, hg. v. W. S. MONROE, New York 1941, 865-869, dort 867ff.

[5] „Psychology of Religion", 866. Nach STARBUCKs Ansicht unterscheidet JAMES in VRE eine Vielzahl solcher Typen als: „healthy-minded", „sick soul", „devided self", „tough-minded", „tender-minded", „mystic" etc. In diesem Urteil handelt es sich jedoch um eine Fehlinterpretation der Jamesschen Religionspsychologie, die durch die Darstellungsweise in VRE freilich naheliegt und ähnlich immer wieder vorgekommen ist: Der Sache nach charakterisiert James in all diesen von Starbuck hier aufgegriffenen Bezeichnungen nämlich im Grunde nur höchstens zwei Typen, den moralischen und religiösen Charaktertyp. Ja, es erscheint sogar angebracht, James' Werk insgesamt als Phänomenologie nur einer einzigen Persönlichkeitsstruktur aufzufassen: nämlich der religiösen als der umfassendsten Persönlichkeitsstruktur, die sich nach James' Beschreibung erst im Überschreiten der bloß moralischen konstituiert. Vgl. dazu W. JAMES, VRE Kap. IV-X, bes. 41-50; zur Interpretation s. E. HERMS, Radical Empiricism, 251 Anm. 1.

stibilität sowie mangelhafter Persönlichkeitsintegration feststellt.[1] Angesichts dieses unbefriedigenden Resultats sieht sich Starbuck veranlaßt, den Sinn einer religiösen Charakteriologie überhaupt in Frage zu stellen, und äußert den Verdacht, daß es sich bei den vermeintlich angeborenen Temperamentstypen möglicherweise nur um Spiegelbilder geschichtlicher Milieus bzw. sozial erworbener Haltungen handeln könnte.[2] Ihn, der sich selbst gern als Mystiker verstanden wissen wollte,[3] können die wenig schmeichelhaften Typenbeschreibungen Coes und Sinclairs zur Mystikerpersönlichkeit nicht überzeugen.[4] Motiviert durch den aufschlußreichen Fall, daß seine eigenen Lebensinteressen einmal nicht durch die Ergebnisse empirischer Forschung befriedigt werden können, beginnt auch er, mit der in diesem Fall rettenden Möglichkeit zu rechnen, daß es neben natürlich biologischen auch ebenso prägende soziale und damit geschichtliche Konditionen für die Entwicklung des religiösen Bewußtseins geben könnte.

2.3.3 Zur Entwicklung der Religionspsychologie: Standortbestimmung und Blick in die Zukunft eines Fachs

Wenn Starbuck während und am Ende seiner Forscherlaufbahn die bisherige Entwicklung der empirischen Religionspsychologie überblickt, dann hat er nie grundlegende Änderungen in der Konzeption dieses Fachs[5], sondern immer nur einige thematische und methodische Ergänzungen anzumelden:

Unverändert besteht er mit Nachdruck darauf, daß zunächst die Religiosität der durchschnittlichen Persönlichkeit studiert werden müsse, von der aus die Genieforschung und Pathologie dann ihr besonderes Profil beziehen sollen.[6]

Ungebrochen ist sein Enthusiasmus für eine „streng empirische" Verfahrensweise, die bei den „realen Fakten" des religiösen Bewußtseins „aus erster Hand" statt bei den „zweifelhaften" Symbolisierungen des Gattungsbewußtseins anheben möchte.[7] Die Rückkehr zu vorszientifischen Methoden, vorschnelle Veröffentlichungs- und Anwendungssucht hat er demgegenüber für die gegenwärtige Stagnation des Fachs und die Fruchtlosigkeit ihrer Forschungen verantwortlich gemacht.[8]

---

[1] „An Empirical Study of Mysticism", 90ff.
[2] „An Empirical Study of Mysticism", 91, 93; „Psychology of Religion", 847.
[3] RUM 204.
[4] Trotz der zunächst gelobten empirischen Verfahrensweise Sinclairs mahnt er diesen bezüglich der Auswertung seiner Ergebnisse dann auch bezeichnenderweise zur Vorsicht bzw. hält weitergehende Forschungen für angebracht: „The face value of our findings may be a function, again, of the particular sorts of religious controversy or of spiritual anemia that characterize the present period." („An Empirical Study of Mysticism", 93).
[5] S. o. unter 2.1.1.
[6] „Hopeful Lines of Development of the Psychology of Religion", Religious Education 8 (1913), 426-429, dort 427, 429; „Psychology of Religion", 865f.
[7] „Hopeful Lines...", 428.
[8] „Hopeful Lines...", 426; RUM 249-253.

Das schließt für ihn[1] jedoch kein prinzipielles Abblenden philosophischer Fragen im Arbeitsbereich der Religionspsychologie ein,[2] weil er diese, wie seine psychologistische Erkenntnistheorie[3] zeigt, ja gerade auf dem szientifischen Verfahrenswege selbst zu klären hofft. Von daher kann Starbuck auch eher geisteswissenschaftliche Verfahrensweisen der Religionspsychologie - etwa der „deskriptiven" bzw. „wertenden" Methode[4] - durchaus gewisse szientifische Rationalitätsmerkmale[5] zubilligen. Die eigentliche „Kopernikanische Wende" des Fachs markiert für ihn dann aber doch erst die Abkehr von der metaphysischen bzw. theologisch dogmatischen Herangehensweise und die Hinkehr zum Empirizismus:

> „from watching the new facts swing around relatively fixed concepts towards respecting the facts as such and haunting for satisfactory interpretations; from studies about religion to the study of religion."[6]

Zu den szientifischen Verfahrensweisen im eigentlichen Sinne werden demnach gezählt:[7]

a. Die genetische Methode seiner „Psychology of Religion" und das hierfür zugegebenermaßen fehlerhafte, aber unersetzliche Fragebogenverfahren.[8]

b. Die Methode „objektiver" Tests, meist vom „paper-pencil"-Typ, denen zwar beim Studium religiöser Erfahrung Grenzen gesetzt, die aber zunehmend optimierbar seien, beispielsweise durch „point-scale device".[9]

c. Physiologische Methoden, d. h. Laborexperimente im engeren Sinne, die für Starbuck definitiv und besonders hoffnungsvoll in Richtung einer Zukunft weisen, in der die Religionspsychologie im vollgültigen Sinne als „Science" etabliert sei.[10]

---

[1] Der selbst lange Zeit eine Professur für Philosophie innehatte, nämlich in Iowa: RUM 241; BOOTH, 141-145. Und dann zunächst auch in Kalifornien: RUM 248; BOOTH, 157-164; s. dazu unter 2.3.4.

[2] Hierin habe die amerikanische Religionspsychologie vielmehr von der europäischen zu lernen: „Religious Psychology and Research Methods", Religious Education 24 (1929), 874-876, dort 875.

[3] S. o. unter 2.3.

[4] „Psychology of Religion", 865f.

[5] Nämlich: Aufmerksamkeit für neue und signifikante Fakten, Systematisierung, Prinzipienbildung und Ausarbeitung einer Theorie.

[6] „Psychology of Religion", 865.

[7] Die folgende Klassifikation ist eine Systematisierung der Darstellung in „Psychology of Religion", 865-869, innerhalb derer STARBUCK selbst methodische und thematische Klassifikationskriterien vermischt.

[8] „Psychology of Religion", 865f.; „Hopeful Lines...", 427ff.

[9] „Psychology of Religion", 867f.; „Hopeful Lines...", 427ff.

[10] „Psychology of Religion", 868.

d. Und ebenfalls genannt in diesem Zusammenhang: die biographische Methode - nach dem Vorbild der Knight-Studie -, die mittels historischer und literarischer Kritik Tatsache von Erfindung zu sondern verstehe.[1]

Dies ist Starbucks Vorstellung vom Themenbestand und Methodenarsenal der Religionspsychologie, für die er auch einen genau bestimmbaren Ort im wissenschaftlichen Fächerkanon vorgesehen hat:

2.3.4 Die Einordnung der Religionspsychologie als Zweig einer als „Science of Sciences" zu etablierenden Philosophie

Denken wir an Starbucks Studium am Earlham College zurück, so zeigt sich, daß sein Interesse an einer wissenschaftlichen Beschäftigung mit der Religion von Beginn an verknüpft ist mit einem aufkeimenden Interesse an der Philosophie. Ja, beide - Religion und Philosophie - scheinen sich in seinem Denken überhaupt nicht voneinander trennen zu lassen, sondern im Sinne einer „religion of philosophy" bzw. „philosophy of religion"[2] eine harmonische Einheit zu bilden. So beschäftigen sich Starbucks Veröffentlichungen zwar fast ausschließlich mit religionspsychologischen und pädagogischen Fragen, doch qua Amt ist Starbuck Professor für Philosophie und versteht sich als solcher: Wir erinnern uns an seinen Enthusiasmus, mit dem er 1906 in Iowa seine philosophische Lehrtätigkeit aufgenommen und nahezu alle Kursangebote des Fachs der Universität abgedeckt hat.[3] Wir denken an die Ehre, die er empfindet, als er 1927 durch die Reorganisation seiner zuvor mit der Psychologie kombinierten Fakultät zum Leiter der neuen unabhängigen Abteilung für Philosophie ernannt wird,[4] und dann später, als er an der University of Southern California der dortigen berühmten „School of Philosophy" angehört[5].

Warum in seinem Werk dennoch keine philosophischen Abhandlungen klassischen Stils zu finden sind, hängt mit seinem Verständnis der Philosophie und ihrer Konzeption als Wissenschaft zusammen: Denn Starbuck will nicht nur die Religionspsychologie und Pädagogik, sondern auch die Philosophie als „Science" - oder besser: - als „Science of Sciences" etablieren.[6] Als ihre spezifische Aufgabe sieht er es an, die fundamentalen Lebenswerte des Menschen gesetzmäßig zu

---

[1] „Psychology of Religion", 865. Mit deutlichen Fragezeichen hat STARBUCK hingegen die von Hall protegierte psychoanalytische Methode versehen, die er mehr als ein dogmatisches denn objektiv wissenschaftliches Verfahren betrachtet: „Psychology of Religion", 867.
[2] RUM 219f.; s. o. unter 1.7.
[3] RUM 241; BOOTH, 141-145; s. o. unter 2.3.
[4] RUM 248; BOOTH, 157ff.
[5] RUM 248; BOOTH, 157-164.
[6] Bzw. als „Queen of Sciences": „Philosophy Functioning in Life", LTD 53-57, dort 53, 57.

beschreiben und zu interpretieren,[1] was eine Kritik- und Leitungsfunktion für die menschliche Lebenspraxis einschließen soll:[2] das ist die Beschreibung und Interpretation der Wahrheitswerte durch die Logik (und Epistemologie)[3], der Werte des Schönen durch die Ästhetik, der moralischen Werte bzw. „self- and other values" durch die Ethik, der „idealen" oder sog. „personal- and superpersonal values" durch die Religionslehre (Theologie)[4] und der „synergistischen" Werte durch die Metaphysik (Ontologie, Kosmologie, Epistemologie).

Logik, Ästhetik, Ethik, Religionslehre und Metaphysik sollen als Zweige der Philosophie durch deren szientifische Reorganisation bewahrt werden, weil sie ansonsten drohten, sich wie alle anderen ehemaligen Zweige zu verselbständigen oder aber von den soeben aufstrebenden Naturwissenschaften wie Psychologie und Soziologie vereinnahmt zu werden.[5] In der Abkehr von dogmatischen und rein rationalen Arbeitsweisen und der Hinkehr zur Erforschung der Erfahrungstatsachen mittels objektiv-szientifischer Methoden[6] solle sich die Philosophie nicht länger in der Beschreibung apriorischer Prinzipien und Bildung ultimativer Gesamtsysteme erschöpfen,[7] sondern konzeptionelle Vorfassungen der Phänomene zum Ausgangspunkt weitergehender empirischer Untersuchung nehmen. Für eine solche Entwicklung sieht Starbucks hoffnungsvolle Ansätze in allen genannten Sparten:[8] An einer in Kalifornien herausgegebenen Broschüre[9] wird deutlich, daß er seine eigenen religions- und charakterpsychologischen sowie pädagogischen Forschungen genauso wie die in den „Iowa Studies of Character" gesammelten Studien seiner Schüler[10] samt und sonders als Beiträge zu den verschiedenen Zweigen dieser neuen szientifischen Philosophie verstanden wissen möchte. Dabei entspricht es unserer unter 3. zu entfaltenden Interpretation, daß im Rahmen dieser Aufstellung die Pädagogik als ein Fachausläufer der szientifischen Religionslehre eingezeichnet ist, während viele charakterwissenschaftliche Arbeiten erwartungsgemäß in die Ethik eingeordnet werden.

---

[1] „A Philosophical View of Character", 107.
[2] „Philosophy Functioning in Life", 54f.; „New Developments in Philosophy", LTD 405-412, 405f.; „An Empirical Study of Mysticism", 87; „A Philosophical View of Character", 107.
[3] „New Developments in Philosophy", 405. Die Epistemologie wird zum Teil auch zur Metaphysik gerechnet, so in „Philosophy Functioning in Life", 54.
[4] So an einer Stelle in: „An Empirical Study of Mysticism", 88.
[5] „An Empirical Study of Mysticism", 87; „New Developments in Philosophy", 405f.; „A Philosophical View of Character", 107; „Philosophy Functioning in Life", 54.
[6] „An Empirical Study of Mysticism", 88.
[7] Ebd. sowie „A Philosophical View of Character", 107.
[8] Wobei er insbesondere Studien seines unmittelbaren wissenschaftlichen Wirkungskreises anführt: „An Empirical Study of Mysticism", 87ff.; „New Developments in Philosophy", 405ff.; „Philosophy Functioning in Life", 53f.
[9] Vgl. bes. die Überblicksdarstellung in „New Developments in Philosophy", 406.
[10] S. o. unter 2.3.2.

Durch diese szientifische Reorganisation die grundlegende Lebensfunktion der Philosophie zu betonen bedeutet für Starbuck keine Transformation, sondern vielmehr gerade Renaissance ihres ursprünglichen Geistes. Den klassischen Problembestand der Philosophie findet er darum auch unverändert,[1] im hoffnungsvollen Wandel begriffen allein die zugrundegelegte neue Weltsicht eines idealistisch interpretierten Evolutionismus und erkenntnistheoretischen Intuitionismus sowie die neue Methode des Empirismus.[2] In der Aufnahme dieser szientifischen Wirklichkeitsinterpretation und Verfahrensweise sieht Starbuck drei „Kinderkrankheiten" der Philosophie glücklich überwunden, den verkopften Realismus und materialistischen Materialismus ebenso wie den radikalen Mystizismus bzw. Transzendentalismus Jamesscher Prägung[3], sprich: das bisherige Spektrum der Philosophie weltanschaulich vereinheitlicht nach Maßgabe seiner persönlichen Lebensphilosophie (1.6; 1.10).

3. Das pädagogische Werk. Die Religionspsychologie als Grundlagenwissenschaft einer szientifischen Pädagogik

Wenn wir Starbuck in späteren Jahren zunehmend mit pädagogischen Fragen beschäftigt sehen, dann bedeutet dies keine Abkehr von dem in seiner Religionspsychologie ursprünglich beschrittenen Wege, sondern nur eine konsequente Explikation ihres von Anfang an auf erzieherische Gestaltungsfragen ausgerichteten Grundansatzes.[4] Von daher werden wir sein im folgenden zu rekonstruierendes pädagogisches System im ganzen, also nicht nur seine Religions-, sondern auch seine allgemeine Charakterpädagogik, in ihren fundamental- und entwicklungspsychologischen Prinzipien bis ins Detail in seiner Religionspsychologie angelegt finden und als deren praxisbezogene Anwendungswissenschaft verstehen können.

Vor der inhaltlichen Darstellung dieses Systems zunächst ein Blick auf die Stationen, die Starbucks Forschungslaufbahn auf dem Gebiet der Pädagogik markieren:

---

[1] „Philosophy Functioning in Life", 53ff.; vgl. a. BOOTH, 141-145, 159, 175.
[2] „The Forward Look in Philosophy", (1913) LTD 45-50: Wenn STARBUCK in der Philosophie seiner Zeit vier Tendenzen - in Richtung Empirismus, Evolutionismus, Intuitionismus und Idealismus - entdeckt, dann spiegelt sich in dieser „Zeitanalyse" genau genommen seine eigene philosophische Position wieder. Vgl. auch „Philosophy Functioning in Life", 53f.; „New Developments in Philosophy", 405-411.
[3] „The Forward Look in Philosophy", 45f.
[4] Vgl. dazu o. unter 1.9 und 2.1.4.

3.1 Die Stationen der pädagogischen Forschungstätigkeit

Über seinen Lehrauftrag als Assistenzprofessor für Pädagogik ist Starbuck seit seiner Stanford-Zeit hauptberuflich mit pädagogischen Forschungsaufgaben befaßt.[1] Dabei erhebt er sogar den Anspruch, mit seinem dortigen Lehrangebot die szientifische Pädagogik als universitäres Fach selbst eingeführt zu haben.[2]

An seinem darauffolgenden Wirkungsort, am Earlham College in Richmond, hat Starbuck versucht, eine eigene Schule für Pädagogik einzurichten. Sein Plan scheitert bekanntlich an den ausbleibenden finanziellen Mitteln, die auch in späteren Jahren die Vollendung seiner pädagogischen Projekte immer wieder verhindern.[3]

Seit Gründung der Organisation im Jahr 1903 ist Starbuck ein führendes Mitglied der Religious Education Association, die den Aufbau einer Religionspädagogik als szientifisch konzipierter Wissenschaft auf nationaler Ebene forciert und als ein programmatisch „überkonfessionelles" und kirchlich ungebundenes Unternehmen gesamtgesellschaftliche Gestaltungsaufgaben anvisiert.[4] Aus einem Vortrag auf der ersten Jahresversammlung[5] geht Starbucks erste selbständige Veröffentlichung zur Pädagogik hervor: „Religious Education As a Part of General Education"[6].

1907 belegt Starbuck in einem nationalen Wettbewerb den dritten Platz mit seinem Essay „Moral Training in the Public Schools"[7].

Konkrete praktische Gestaltungsaufgaben übernimmt er in seinem universitären Sabbatjahr 1912, als er die Universität in Iowa vorübergehend verläßt, um bis 1914 als psychologischer Berater für die American Unitarian Association tätig zu sein.[8] Zwei Jahre arbeitet er für die Unitarian Sunday School Society am Projekt eines nach modernsten und liberalen Prinzipien gestalteten Lehrplans und propagiert das neue Programm in zahlreichen Vorträgen und Konferenzen. Dieses kir-

---

[1] RUM 235.

[2] Als „pionierhaft" bezeichnet er seine Kurse in Charaktererziehung seit 1898, kaum weniger ebenso seine Kurse in pädagogischer Psychologie und Religionspädagogik. RUM 237; „The ABC of Character Education", (1934) LTD 135-154, dort 137; BOOTH, 116.

[3] RUM 240f.

[4] BOOTH, 179ff.; „Confessions of Faith in the R.E.A.", Religious Education 23 (1928), 616; „Professor Starbuck's Summary", Religious Education 22 (1927), 451f.; „Religious Psychology and Research Methods", 875f.

[5] Am 10.-12. Februar 1903 in Chicago.

[6] The Religious Education Association, Proceedings of the First Annual Convention, Chicago Febr. 10-12 1903, 52-59; dazu BOOTH, 179f. Vgl. a. die Tagungsbeiträge Coes und Deweys: G. A. COE, „Religious Education As a Part of General Education", The Religious Education Association, 44-52; J. DEWEY, „Religious Education As Conditioned by Modern Psychology and Pedagogy", ebd. 60-66.

[7] Hier zitiert als MT a. a. O.

[8] RUM 241f.; BOOTH, 119-125, 169ff.

chenpolitische Zwischenspiel endet für Starbuck mit einer herben Enttäuschung, weil der kirchlich erstarkende Konservativismus die Fortführung des Projekts schließlich unterbindet.

Zurück in Iowa setzt Starbuck seine Arbeit an der Entwicklung eines Erziehungsprogramms fort, dessen halbfertiger Entwurf wahrscheinlich die Grundlage des späteren „Iowa Plan of Character" bildet.[1]

Anläßlich einer Ausschreibung des Character Education Institute of Washington, die einen nationalen Forschungswettbewerb um ein charakterpädagogisches Schulprogramm eröffnet, konstituiert sich 1918 ein Komitee für den Bundesstaat Iowa, für das Starbuck als Vorsitzender zeichnet und das er mit seinen Ideen geistig bestimmt.[2] Aus der Arbeit des Komitees geht der „Iowa Plan of Character" hervor, der 1921 den hochdotierten Preis von 20 000 Dollar überraschend gewinnt. Dieses Ereignis gibt den psychologischen und finanziellen Impuls für Starbucks pädagogische Forschungsarbeit der folgenden Jahre:

Spätestens seit 1923 leitet er in Iowa das neu eröffnete Institute of Character Research[3], das sich daranmacht, den siegreichen Plan in die Tat umzusetzen und entsprechende Handbücher für die pädagogische Praxis auszuarbeiten. Die Projekte des Instituts[4] nehmen im folgenden Starbucks ganze Zeit und Energie, insbesondere zur Beschaffung der immer wieder auslaufenden finanziellen Mittel, in Anspruch.[5]

1930, kurz vor seiner vorgeschriebenen Emeritierung in Iowa im Alter von 64 Lebensjahren, wechselt Starbuck nach Kalifornien, um dort noch bis 1943 als Professor für Philosophie und später für Psychologie wirken zu können.[6] Durch den Transfer an die University of Southern California werden die Literaturprojekte des Instituts für Charakterforschung vorerst gerettet, doch krankt dessen Arbeit weiterhin an der zäh fließenden Finanzierung.[7] Gemessen an der ursprünglichen Idee des Iowa-Plans muß Starbucks Traum von einem umfassenden und anwendungsbereiten Charakterbildungsprogramm deshalb unerfüllt bleiben. Nur ein Bruchteil des geplanten dreiteiligen Unternehmens kann aufgrund des arbeits- wie kostenintensiven Verfahrens schließlich verwirklicht werden:[8]

Das erste Projekt: 1928 und 1930 erscheinen zwei der geplanten Leitfäden zur Auswahl von Literatur für die schulische Charakterbildung. In ihnen werden die

---

[1] RUM 242; BOOTH, 126-132.
[2] BOOTH, 117f., 126-132, 218-232.
[3] BOOTH, 132-163, 232-250.
[4] RUM 243; BOOTH, 136-154.
[5] Und zwar derart, daß der Gewinn des Plans von BOOTH (165) geradezu als Wendepunkt von Starbucks Karriere bezeichnet worden ist.
[6] RUM 48f.; BOOTH, 99, 157-164.
[7] BOOTH, 157f.
[8] Einen Überblick über die geplanten Literaturprojekte bietet „An Outstanding Project in Character Education", LTD 413-416.

im englischsprachigen Raum vorhandenen Bücher umfassend gesichtet, in ihrem pädagogischen Wert beurteilt und, aufgeschlüsselt nach Altersgruppe und der von ihnen angesprochenen Lebenssituationen, für die Benutzung an Schulen empfohlen.[1] Ursprünglich waren Leitfäden zu folgenden Literatursparten geplant: Märchen/Mythen/Legenden, Fiction, Drama, Reise/Abenteuer, Biographie, Poesie, Wissenschaft/Verschiedenes sowie Musik/Kunst. Vollendet werden jedoch nur Handbücher zu den ersten beiden Sparten.[2]

Das zweite Projekt: Als Frucht des ersten Kritikprojekts sollte in den folgenden Jahren eine umfassende Reihe mit empfohlenen Literaturauswahlen zu den verschiedenen Sparten unter dem Titel „Living Through Reading" erscheinen.[3] Zur Veröffentlichung gelangt davon jedoch wiederum nur ein kleiner Bruchteil: die jeweils dreibändigen Anthologien „The Wonder Road"[4] und „Living Through Biography"[5].

Das dritte Projekt: Die Erträge des dritten Projekts, bestehend aus empirischen Studien zur Charakterpsychologie und -pädagogik, erscheinen 1927-1931 in den von Starbuck herausgegebenen „University of Iowa Studies of Character" zu vier Bänden.[6] Der vierte Band zeugt deutlich vom Auslaufen des Projekts, enthält nur noch zwei Studien, hiervon eine von James C. Manry herausgegeben, der nach Starbucks Wechsel nach Kalifornien die Edition fortzusetzen strebte.[7]

3.2 Das pädagogische Programm

Ausgangspunkt des Starbuckschen Pädagogikprogramms ist ein Reformbestreben[8], das sich an der Analyse der Gegenwartssituation entzündet[9]: Starbuck diagnostiziert eine Korruption der Moral und der religiösen Bildung innerhalb der modernen amerikanischen Gesellschaft, die sich auf dem Weg zur Säkularisie-

---

[1] Dazu a. BOOTH, 239-243.

[2] E. D. STARBUCK u. a. (Hg.), A Guide to Literature for Character Training, Vol. I: Fairy Tale, Myth, and Legend, New York 1928; A Guide to Books for Character, Vol. II: Fiction, New York 1930.

[3] RUM 249.

[4] Vol. I: Familiar Haunts; Vol. II: Enchanted Paths; Vol. III: Far Horizons, New York 1930.

[5] Vol. I: The High Trail; Vol. II: Actions Speak; Vol. III: Real Persons, New York 1936. Eine nochmalige Blütenlese aus diesen Auswahlbänden erscheint als: Lives That Guide, New York 1939.

[6] S. dazu o. unter 2.3.2.

[7] BOOTH, 161, 172f.

[8] Starbucks Reformeifer wird dabei freilich auch hier diszipliniert durch die bleibende Wertschätzung für die eigenen pädagogischen Wurzeln und Traditionen seiner Herkunft: vgl. o. unter 1.3, 1.4.

[9] MT 157f.; „How Shall We Deepen the Spiritual Life of the College?", 86; „An Empirical Study of Mysticism", 93; RUM 256.

rung - statt „Heiligung" - des gesamten Lebens befinde.[1] Die vorhandenen kirchlichen und staatlichen Bildungsinstitutionen werden selbst als Mitverursacher dieser „spirituellen Anämie" betrachtet, insofern sie in fruchtlosem Formalismus ihrer veralteten pädagogischen Praktiken verharrten.[2] Demgegenüber ist Starbuck nun entschlossen, die neuen Erkenntnisse der „Science" und ihre Methoden für die Bewältigung der Situation einzusetzen: Auf dem Boden einer szientifischen Pädagogik bzw. Religionspädagogik[3] soll eine der menschlichen Natur angemessenere und darum effektivere Erziehungspraxis erstehen,[4] für die prinzipiell dieselben Verfahrensweisen wie in seiner Religionspsychologie propagiert werden[5]. Das szientifische Objektivitätskriterium dieser Pädagogik wird vor allem in der Quantifizierbarkeit des Untersuchungsgegenstandes gesehen, die gegenüber einem „bloß subjektiven" Zugang die Kontrolliertheit der Ergebnisse garantieren und von daher die Findung objektiver Normenstandards auch für die Charakterologie ermöglichen soll.[6] Sein Pionierenthusiasmus, eine allgemeine Charakterwissenschaft und Pädagogik als echte „Science" zu konstruieren, macht Starbuck jedoch keineswegs blind für die Begrenztheit objektiver Tests und Experimente in diesen Bereichen.[7] Um die Achtung der unverfügbaren Würde jeder Person zu gewährleisten, lehnt er vielmehr jede Anwendung autoritären Stils ab: Aus ihnen könne und solle kein umfassendes und von daher richtendes Urteil über die Gesamtpersönlichkeit resultieren, sondern lediglich eine therapeutisch interessante Diagnose, die einen eng umgrenzten Ausschnitt des Personlebens betrifft.

Das humanistische[8] Ziel dieses pädagogischen Programms, das die ethische bzw. religiöse Persönlichkeitsbildung ins Zentrum aller pädagogischen Bemü-

---

[1] „An Empirical Study of Mysticism", 93; RUM 256.

[2] „How Shall We Deepen the Spiritual Life of the College?", 84f.; „The Moral Phases of Public Education: Iowa Moral Education and Training", Religious Education 6 (1911), 84-93, dort 85ff.; „Professor Starbuck's Summary", 452; „The ABC of Character Education", 142ff.

[3] „Some of the Fundamentals of Character Education", School and Society 20 (1924), 87-101, dort 101; „Character Tests and Measurements", Kap. V in: Character Education, Bureau of Education Bulletin 7, Washington D.C. (1926), 35-48, dort 35-43; „Toward a Science of Character", LTD 181-184; „Confessions of Faith in the R.E.A.", 616.

[4] „The Moral Phases of Public Education", 85; „The Fundamentals of Character Education", 101; „The ABC of Character Education", 136; „The Deeper-Lying Centers of Personality", LTD 61-84, dort 83; „An Untried Way of Human Improvement", LTD 197f.

[5] „Tests and Measurements of Character", a. a. O.; „Character Tests and Measurement", a. a. O.; „Towards a Science of Character", a. a. O.; „Character Rating", Child Study 9 (1931), 12-14.

[6] „Character Tests and Measurements", 39; Character Education Methods: The Iowa Plan, Washington D.C. 1922, Kap. IX.

[7] „Character Rating", 13.

[8] Vgl. dazu o. unter 1.7.

hungen rückt, ist uns wohlbekannt:[1] Es geht Starbuck darum, eine spirituelle Erneuerung bzw. Vervollkommnung der Menschheit insgesamt auf den Weg zu bringen.[2] Die „Spiritualisierung der Schule"[3] soll zur Keimzelle für einen spirituellen Neubeginn der säkularisierten Gesellschaft werden, und zwar in umfassender Weise - auf nationaler wie internationaler Ebene,[4] im Sinne einer „Heiligung"[5] des gesamten Lebens. „Charakterbildung zur Erziehung des Menschengeschlechts" heißt das Motto: „salvation through education", „to save the soul of humanity through the schools", „World Peace through Childhood Training"[6].

Während Starbucks Religionspsychologie auffälligerweise keine Theorie der religiösen Sozialisierungsinstitutionen entwickelt hatte, bietet seine Pädagogik nun einen Ersatz für diese Lücke an und läßt zugleich den Grund für den dortigen Ausfall erkennen: Nicht der kirchliche Gottesdienst nämlich, sondern die Schule[7] steht für ihn im Zentrum des spirituellen Reproduktionslebens menschlicher Gesellschaft.[8] Womit sich ein Paradox anbahnt: Denn einerseits soll das schulische Bildungsprojekt seinen Wert aus seiner praktischen Lebensbezogenheit beziehen,[9] andererseits scheint die Schule ihren Wert *in sich* zu besitzen, nämlich selbst das Herzstück gesellschaftlichen Lebens zu bilden. Beides läßt sich in Starbucks Sinne jedoch sehr gut zusammendenken: Dann nämlich, wenn hierin die lebensbezogene Ausbildung für eine Gesellschaft gemeint ist, in der es insgesamt gerade wesentlich um Bildung gehen soll. Dabei wird unter „Bildung" die

---

[1] MT 160; „Some of the Fundamentals of Character Education", 99.

[2] MT 158f.; „Some of the Fundamentals of Character Education", 101; „An Untried Way of Human Improvement", 197f.

[3] MT 175; „How Shall We Deepen the Spiritual Life of the College?", 83.

[4] „Some of the Fundamentals of Character Education", 100f.

[5] „The New World and Its Values", 379f.

[6] „A Threefold Re-Centering", LTD 241-246, dort 246; „New Techniques for Judging Literature", The English Journal, College Edition 24 (1935), 396-403, dort 397; RUM 241; oder im Iowa-Plan: „culture of humanity through childhood" (Character Education Methods: The Iowa Plan, 46).

[7] Trotz eines dezidierteren Nachdenkens darüber, wie die institutionellen Rahmenbedingungen menschlicher Bildung sinnvoll gestaltet werden können, hält sich STARBUCKs distanziertes Verhältnis gegenüber Institutionen weiterhin durch, wie etwa folgende Aussage erkennen läßt: „A school is not a thing nor a place nor an institution. It is a state of mind. It is a fellowship of persons of good will as they draw from the common source, the Lord of Life.", in: „The Deeper-Lying Centers of Personality", 84. Der Sache nach handelt es sich darin aber wahrscheinlich weniger um einen Argwohn prinzipieller als vielmehr aktuell polemischer Art; vgl. „The ABC of Character Training", 142-145.

[8] Diese Interpretation wird illustriert durch STARBUCKs Abfassung pädagogischer Prinzipien im Predigtstil: „The ABC of Character Education", 154; oder in Gestalt von Zehn Geboten: LTD 199.

[9] Das ist eine Hauptpointe in STARBUCKs Programm: „The Good Life Becomes the Attractive One", California Journal of Secondary Education 15 (1940), 268-272, dort 271; MT 165, 170.

zunehmende Selbstoffenbarung des universalen Lebens in den Seelen der einzelnen verstanden, die mit dem Bewußtsein des Wertes des Individuums zugleich den der menschlichen Gesellschaft als ganze mithervorrufe.[1] Praktische Lebensbezogenheit des Schulunterrichts heißt somit für Starbuck nicht Ausbildung von Kenntnissen und Fertigkeiten mit direktem beruflichem Verwertungsinteresse, sondern bedeutet eine die Persönlichkeit im ganzen betreffende Lebensertüchtigung[2], die technische Fähigkeiten zwar einschließt, aber deren Erwerb nicht zum Hauptziel erhebt.

Für diese anspruchsvolle Aufgabe hält er die Zusammenarbeit aller gesellschaftlicher Bildungsinstitutionen[3] sowie die professionelle Ausbildung theologischer und pädagogischer Spezialisten für erforderlich, die an den Erkenntnissen der neuen „Science of Religion" bzw. „Science of Character" geschult worden sind[4]. Das Zielkonzept der pädagogisch anvisierten Persönlichkeitsstruktur ist klar erkennbar auf Starbucks religionspsychologischer Bildungstheorie errichtet:

Nicht um die Induktion einzelner Wissensbestände und Handlungen soll es gehen, sondern um die Ausbildung von Lebensweisheit, verstanden als intuitive Wertewahrnehmung, und um die Etablierung dauerhafter emotionaler Haltungen und Gewohnheiten.[5] Dies soll verwirklicht werden durch die Synthetisierung aller voll entwickelten Instinktdispositionen zur ganzheitlich integrierten Persönlichkeit, die in harmonischer Anpassung an ihre reale und ideale Umweltsituation ihr Leben in der Weise spontanen Selbstausdrucks führt:[6]

„A person harmonious within and without; sensitive to beauty; helpful in social relations; dynamic in loyalties. One who is gentle and strong, kindly and courageous, creative and capable of leisure, true to the best traditions, and responsive to beckoning ideals."[7]

Wie es der „Iowa Plan of Character" in seinem 2. Kapitel formuliert:

„A person with powers proportionally developed, with mental discrimination, aesthetic appreciation, and moral determination; one aware of his social relationships and happily active

---

[1] „Religious Education As a Part of General Education", bes. 53, 57ff.
[2] Character Education Methods: The Iowa Plan, Kap. VI-VII.
[3] „The Home: The Growth of the Larger Sense of Social and Civic Responsibility in Youth", Religious Education Association, Proceedings of the Third Annual Convention, Boston (1905), 339-343; MT 158; „Character Education", Report of the Committee on Character Education of the National Education Association, U.S. Bureau of Education, Bulletin 7, Washington D.C. (1926), 1f.; Character Education Methods: The Iowa Plan, Kap. XI.
[4] STARBUCK u. a., „Report of the Commission Appointed in 1911 to Investigate the Preparation of Religious Leaders in Universities and Colleges", 333, 347; „Theological Seminaries and Research", Religious Education 23 (1928), 404-406; Character Education Methods: The Iowa Plan, Kap. X.
[5] MT 165; „Should the Impartation of Knowledge As Such Be a Function of the Sunday School?", Religious Education 4 (1910), 424-429; „The Moral Phases of Public Education", 93.
[6] MT 165, 174f.; „A Threefold Re-Centering", 246; „The Deeper-Lying Centers of Personality", 69ff.
[7] „The Human Interest in Persons", (1937) LTD 349-354, dort 351.

in the discharge of all obligations; one capable of leisure, loving nature, revering human beings, their aspirations and achievements; one observant of fact, respectful of law and order, devoted to truth and justice; one who while loyal to the best traditions of his people, dreams and works towards better things; and one in whom is the allure of the ideal, and whose life will not be faithless thereto."[1]

Die Ausbildung einer solchen Persönlichkeitsstruktur muß sich nach Ansicht Starbucks auf dem Weg eines Rezentrierungsprozesses vollziehen, der die folgenden drei Stufen umfassen soll:[2]

Erste Stufe: Selbstrealisierung der Persönlichkeit, das ist die Entwicklung eines vollen, spontanen und kreativen Selbstbewußtseins, das einen kulturellen Geschmack ausgebildet hat und zu höchster Gedankenfülle fähig ist.[3]

Zweite Stufe: Sozialisierung oder „othering" der Persönlichkeit, das ist die Rezentrierung des Personlebens außerhalb seiner selbst als Individuum einer sozialen Welt.[4]

Dritte und am schwersten zu realisierende Stufe: Idealisierung der Persönlichkeit, das ist die Wiedergeburt der Person in eine universale Welt idealer Werte:[5]

„The soul of religion, or the Spirit of Life, if one does not care for the word religion, must be reborn ever afresh in the heart of every boy and girl. To accomplish less than that is not truly to teach."[6]

Das auf religiöser Ebene rezentrierte Personleben also wird als die alle vorherigen Stufen einschließende und integrierende Zielgestalt des menschlichen Bildungsweges betrachtet.

Dieser dreifachen Rezentrierung entsprechend kann Starbuck die voll entwickelte Persönlichkeit - in Abwandlung einer von James geprägten Terminologie - als „dreimal (wieder-)geboren" („thrice born") bezeichnen: in ein Leben der Kunst, sodann der Moral und schließlich der Religion.[7] Und zwar jedesmal erreicht im Durchgang durch eine radikale Umwertung bzw. „Revolution" aller bisherigen Werte der Person.[1]

Diese Konzeption eines dreifachen Rezentrierungsprozesses läßt bereits erahnen, an welcher Stelle die pädagogische Strategie sinnvollerweise ansetzen wird, um die Entwicklung der angestrebten Persönlichkeitsstruktur auf ihren Weg zu

---

[1] Character Education Methods: The Iowa Plan, 6.
[2] Character Education Methods: The Iowa Plan, 4f.; „A Threefold Re-Centering", LTD 241-246; „The ABC of Character Education",138.
[3] „The ABC of Character Education", 139-145.
[4] „The ABC of Character Education", 139, 146-151; MT 169ff.; „The Good Life Becomes the Attractive One", 270.
[5] „The ABC of Character Education", 139, 151ff.; MT 171.
[6] „The ABC of Character Education", 154.
[7] „A Threefold Re-Centering", 244. Daneben findet sich freilich auch weiterhin die Rede vom „twice-born"-Charakter: „A Child-Centered Religious Education", 47.

bringen: an der ersten Rezentrierungsstelle nämlich, die als Selbstrealisierung und kulturelle Geschmacksbildung, als Erweckung zu einem Leben der Kunst, charakterisiert ist.² Am ästhetischen Empfinden der Person soll angesetzt werden, um - über diesen Katalysator angeregt und vermittelt - dann *indirekt* die moralische und religiöse Lebensstufe sich entwickeln zu lassen.³

Die herkömmliche „direkte" und „negative" Erziehungsmethode durch eine „indirekte" und „positive" zu ersetzen, das ist das Grundprinzip der Starbuckschen Methodenlehre für die Erziehungspraxis.⁴ Es ist verknüpft mit einer subjekt- statt objektzentrierten Gesamtperspektive, die die Respektierung der kindlichen Persönlichkeit und Individualität in den Mittelpunkt des Bildungsunternehmens rücken möchte; diese wird von Starbuck immer wieder neu in ein enthusiastisches Motto gekleidet: „A Child-Centered Civilization", „A Child-Centered School", „World Peace Through Childhood Training" etc.⁵ Statt moralischer bzw. religiöser Intellektualisierung und Indoktrinierung geht es Starbuck darum, die schulische Gesamtatmosphäre zu pflegen, innerhalb derer eine kulturelle, ethische und religiöse Geschmacksbildung natürlicherweise heranwachsen könne.⁶

Zu einer solchen verinnerlichten⁷ Geschmacksbildung soll es in erster Linie durch das Vorbild gelungenen Lebens kommen,⁸ wie es in Geschichte und Literatur, besonders aber in der Persönlichkeit der Erzieherin und des Erziehers be-

---

[1] „The ABC of Character Education", 139; „The Good Life Becomes the Attractive One", 270.

[2] Vgl. dazu a. „The Play Impulse and Life", LTD 325-328.

[3] Auch dieser Gedanke ist in „The Psychology of Religion" von 1899 zumindest präfiguriert: War es dort doch ebenfalls das ästhetische Interesse - neben dem moralischen und intellektuellen freilich -, über das STARBUCK in Zeiten religiösen Desinteresses einen möglichen pädagogischen Zugangsweg zur spirituellen Bildung der Person offenstehen sah: PR Kap. XXI, bes. 276.

[4] MT 159; „Some Fundamentals of Character Education", 98; „Medicated Morals", LTD 125-131; „The Deeper-Lying Centers of Personality", 62. STARBUCK hat mehrfach vor den Gefahren der traditionellen „direkten" und mit Verboten arbeitenden Erziehungsmethode gewarnt, die seiner Ansicht nach zu paralysierender Introspektion und bloß äußerlichen Erfolgen, nicht aber zu einer gesunden innerlichen Reifung der Persönlichkeit führen könne: „Medicated Morals", a. a. O.; „The Deeper-Lying Centers of Personality", 62; „Some of the Fundamentals of Character Education", 98; „How Shall We Deepen the Spiritual Life of the College?", 84; „Should the Impartation of Knowledge As Such Be a Function of the Sunday School?", 427; MT 171; „A Threefold Re-Centering", 246.

[5] RUM 241; vgl. a. MT 174 und „A Child-Centered Religious Education", a. a. O.

[6] MT 163; „The Moral Phases of Public Education", 91; „The Deeper-Lying Centers of Personality", 62.

[7] „Should Impartation of Knowledge As Such Be a Function of the Sunday School?", 427; „The Moral Phases of Public Education", 85f.

[8] „Scope and Significance of the Fairy Tale", in: A Guide for Character Training, Bd. I, 6.

gegnet, denn:[1] „Personality"[2] bzw. „Morality is contagious"[3] und „to socialize is to moralize"[4].

Darüber hinaus soll diese Geschmacksbildung durch ein Lernen an konkreten Lebenssituationen stattfinden - im Rahmen einer Schule als *demokratischer* Erfahrungsgemeinschaft.[5] Statt fixe abstrakte Tugendkonzepte instruieren und innere Geisteszustände direkt über Appelle kultivieren zu wollen, soll an äußerlich Objektivem angesetzt werden in der Erwartung, daß in Anpassung daran sich Tugenden natürlicherweise selbst entfalten werden.[6]

Auf dem Boden der fundamentalpsychologischen Einsichten, die Starbuck während der zweiten Phase seiner religionspsychologischen Theoriebildung ausgearbeitet hat,[7] versucht sein pädagogisches Programm, nicht erst am Intellekt der kindlichen Persönlichkeit anzusetzen, sondern ganzheitlicher an deren Verhalten bzw. am Fundament dieses Verhaltens selbst: dem Symbolisierungsvermögen ihrer Sinneswahrnehmungen und Empfindungen, das unter dem Titel „imagination" bzw. „thoughtful integration"[8] oder „fancy"[9] angesprochen wird.[10] Dies schließt für Starbuck offensichtlich eine Kritik der puritanischen „matter-of-fact"-Mentalität innerhalb der herkömmlichen amerikanischen Erziehungspraxis ein,[11] der gegenüber er für eine unrestringierte Entfaltung des spielerischen Impulses und aller Formen freien Selbstausdrucks eintritt.[12] Bei der Beschreibung der Leistungskraft dieses Vermögens finden wir uns unwillkürlich an Starbucks

---

[1] MT 160, 162; „The Moral Phases of Public Education", 88; „How Shall We Deepen the Spiritual Life of the College?", 89.

[2] „The Contagion of Personality", in: Lives That Guide, VII-IX, dort VII.

[3] „The Deeper-Lying Centers of Personality", 83; „The Human Interest in Persons", 349; „The Good Life Becomes the Attractive One", 271.

[4] „Scope and Significance of the Fairy Tail", 6.

[5] MT 165; „Some Fundamentals of Character Education", 98f.; Character Education Methods: The Iowa Plan, 9-12, 46; „The Good Life Becomes the Attractive One", 271; „The Human Interest in Persons", 351. Die Unterscheidung verschiedener „Lebenssituationen" erscheint dann auch als Ordnungsprinzip innerhalb der pädagogischen Handbücher: vgl. Fiction, 26-30, 48f., 269-382.

[6] „The Human Interest in Persons", 351; „Some Fundamentals in Character Education", 99; „How to Use the Guide", in: Fairy Tale, Myth, and Legend, Kap. V, 37-41, dort 38f.

[7] S. o. unter 2.2.

[8] „A Philosophical View of Character", 110f.: „thoughtful integration has been the star actor, if not the Hamlet of the Cosmic Drama. It is possible to view Character and its training throughout in terms of insight and the values that attend it. Skills and informations bulking so large in training have perhaps not been overworked. They should, however, never be allowed to wander away and do business on their own account, but must be regarded in their relation to the central streams of valuation where Wisdom dwells."

[9] „Scope and Significance of the Fairy Tale", 4.

[10] „The Deeper-Lying Centers of Personality", 61ff., 83.

[11] Fiction, 4.

[12] „A Child-Centered Religious Education", 41; vgl. a. „The Play Instinct in Religion", a. a. O.; The Play Impulse and Life", a. a .O.; „Self-Expression", 357ff.

Schilderung seiner metaphysischen Erleuchtungserfahrung am Ende der Harvard-Zeit erinnert:[1]

> „The hero of the play, leading us out into the world toughtfulness and appreciation is the *Imagination*. It stands for those complicated functions involved in taking all imagery from all the senses, both intimate and defining, and using them as symbols of thought. The imagination is the life and the light of the mind. We have learned to think and to feel mostly in terms of symbols as will be indicated later. Ideation, judgement, and reason are but the patterned forms of imagination. Language is but a set of symbols. All objects that we care for and value, like a luscious apple that makes the salvia flow, the cross before which we bend the knee, the toys of Little Boy Blue, the musical notes on the scale, are but symbols of our valuation."[2]
> „The imagination is the Hamlet of the anthropological drama. This star actor in the play has too often escaped notice because it is so subtle and elusive..."[3]

Die Imagination[4] wird von Starbuck als dasjenige Vermögen des Menschen betrachtet, das den gesamten vorbewußten Komplex menschlicher Triebe, die gesammelte „Weisheit des Organismus", für das Bewußtsein mittels Symbolisierung repräsentiere und darin das einheitliche Fundament und erkenntnismäßige „Rohmaterial" für alle höheren Urteilsvermögen stelle.[5] In der Entfaltung einer „disziplinierten Imagination"[6] wird darum der Kern jeder Persönlichkeitsbildung gesehen: Sie erscheint als die große Schöpferin, Integratorin - zwischen Individuen wie Generationen - und Emanzipatorin aller höheren Menschlichkeit und ihrer Ideale - des Schönen, Guten und Wahren.[7] Indem sie durch ihre Symbolisie-

---

[1] S. o. unter 1.10; RUM 228.

[2] „The Deeper-Lying Centers of Personality", 67.

[3] „Symbols in the Development of Personality", in: M. H. FARBRIDGE (Hg.), Life - a Symbol, Manchester 1931, 3-26; hier zitiert nach LTD 13-24, dort 14.

[4] Daß die grundlegende Bedeutung der Imagination neuerdings gewürdigt werde, das ist für Starbuck das große Verdienst der experimentellen Psychologie, die die in ihrer Dimension ungeahnte, weil größtenteils unbewußte Sensibilität des menschlichen Organismus erstmals objektiv nachgewiesen habe. STARBUCK rekurriert hier bevorzugt auf Experimente Mossos und solche seines eigenen Labors: MT 161f.; „The Deeper-Lying Centers of Personality", 71-77; „The Sources of Aesthetic Appreciation", LTD 303-313, dort 306ff.

[5] Vgl. das Diagramm in „The Deeper-Lying Centers of Personality", 66: Die beiden höheren Bewußtseinsvermögen zur definitiv-quantitativen und wertend-qualitativen Bestimmung werden darin von STARBUCK als „thoughtfulness" und „appreciation" bezeichnet, dies wohl im Anschluß an Royce, der zwischen einer „World of Description" und „World of Appreciation" unterscheidet: „The Deeper-Lying Centers of Personality", 67; vgl. dazu insgesamt: 2.2.1 und 2.2.4.

[6] „Symbols in the Development of Personality", 17; „The Deeper-Lying Centers of Personality", 79; „Cultural and Character Values of Fiction", LTD 339-346, dort 345.

[7] „The Deeper-Lying Centers of Personality", 66; „Symbols in the Development of Personality", LTD 13-24, dort 14; MT 171; „Significance of the Fairy Tale in Character Education", Religious Education 22 (1927), 1004-1007, dort 1005ff.; „Scope and Significance of the Fairy Tale", 4; Fairy Tale, Myth, and Legend, 6ff.; „Cultural and Character Values of Fiction", 340ff.

rungen empfundene Werte als Orientierungsmaßstäbe dauerhaft fixiere,[1] indem sie den Menschen durch vorstellungsmäßige Abstraktion von der Sklaverei der Sinnlichkeit emanzipiere, indem sie ihm die Möglichkeit reflexiver Selbstobjektivierung und empathischer Fremdidentifikation eröffne, soll sie zum Eingangstor allen ästhetischen, wissenschaftlichen, ethischen und religiösen Lebens werden.[2] So kann Starbuck ihr Fehlen bzw. ihre defektive Entwicklung geradezu als die Hauptsünde des Menschen betrachten, die ihn dazu verurteile, in Phantasielosigkeit, von allem höheren Leben abgeschnitten, innerhalb der „Gefängnismauern" seines eigenen Egos zu verharren.[3]

An diesem lebendigen Zentrum, dem „Herzen" der Person, dessen jeweils dominante Symbolisierungen ihr Verhalten grundlegend bestimmen, pädagogisch anzusetzen - das ist die Grundidee der Starbuckschen Erziehungsstrategie.[4] Dabei soll zugleich der Unverfügbarkeit dieses Personzentrums pädagogisch Rechnung getragen werden, das nicht nach Belieben kreiert und gezwungen, sondern nur gelockt und stimuliert werden könne.[5] Und zwar am effektivsten durch Ansprechen des ästhetischen Empfindens, indem das Schöne der Kunst zur Offenbarerin des Guten und Wahren werde, d. h. zum Katalysator der ethischen und religiösen Charakterbildung:[6] „Duty is being transformed into Beauty"[7], „The Good Life Becomes the Attractive One"[8].

Damit bietet Starbucks pädagogisches Programm erneut ein Ersatzangebot für eine Theorielücke seiner Religionspsychologie an, innerhalb derer die Beschreibung der institutionellen Konstitutionsbedingungen religiöser Erfahrung noch weitgehend vernachlässigt worden war: Die überkonfessionelle Schule erhält als zentrale Bildungsinstitution des Gemeinschaftslebens hierin quasi die Rolle des christlichen Gottesdienstes. Und an die Stelle der gottesdienstlichen Verkündigung des Christuswortes tritt der schulische Einsatz von „*wert*voller" Literatur aller Sparten.[9]

Genau an diese Idee knüpft der „Iowa Plan of Character" an, in dessen Zentrum das „project of salvation through literature"[10] steht: das ist das Vorhaben, den pädagogischen Wert ausgewählter Literatur jeder Art - also nicht nur tradi-

---

[1] „An Untried Way of Human Improvement", 198.
[2] Vgl. a. „The Life of the World", LTD 295-297.
[3] „The ABC of Character Education", 151.
[4] „A Threefold Re-Centering", 246; „The Deeper-Lying Centers of Personality", 63; „Cultural and Character Values of Fiction", 345; „Scope and Significance of the Fairy Tale", 6.
[5] „Cultural and Character Values of Fiction", 341ff.
[6] „New Techniques for Judging Literature", 397.
[7] „Cultural and Character Values of Fiction", 345.
[8] So ein gleichnamiger Aufsatz aus dem Jahr 1940, a. a. O.
[9] „Should Impartation of Knowledge As Such Be a Function of the Sunday School?", 429; „The Moral Phases of Public Education", 87.
[10] „New Techniques for Judging Literature", 397.

tioneller Erbauungsliteratur - für die Charaktererziehung zu entdecken.[1] Der Durchführung dieses Literaturprojekts ist dann die Arbeit des Institutes für Charakterforschung - zunächst in Iowa, dann in Kalifornien - unter Starbucks Leitung gewidmet:[2] Neu ist an diesem Projekt vor allem, daß es für sich den Anspruch erhebt, bei der kritischen Sichtung der Literatur sowie Zusammenstellung von Handbüchern und Anthologien erstmalig nach *szientifischer* Verfahrensweise vorzugehen:[3]

„Szientifisch" erstens aufgrund des quantitativen Umfangs des gestarteten Kritikprojekts. Zweitens aufgrund der Ausrichtung an neuesten Erkenntnissen der kindlichen Entwicklungspsychologie[4] und der Orientierung an literarischen Qualitätskriterien[5], die sich aus den Ergebnissen der empirischen Charakterpsychologie unmittelbar ableiten lassen sollen:[6] beispielsweise am Kriterium des Gebrauchs einer an die „niederen" Sinne appellierenden Bildsprache. Der szientifische Anspruch macht sich drittens schließlich am Vorgang der wertenden Urteilsfindung selbst fest, deren „Objektivität" dadurch gesichert sein soll, daß mehrere in literarischer Kritik geschulte „Spezialisten" die Wertungen vornehmen, die in einem mehrphasigen Verfahren untereinander zum Konsens gebracht und schließlich an einer Kontrollgruppe der Praxis überprüft werden.[7]

Wie die kirchliche Tradition will also auch Starbuck auf die Bildungsmacht des Wortes vertrauen,[8] wobei anscheinend lediglich die kanonische Bindung an die Schrift - wie ja die Beschränkung auf dezidiert religiöse Literatur überhaupt - aufgegeben ist. Diese durchaus berechtigte pädagogische Öffnung und Erweiterung des als bildungsträchtig erlebten Schrifttums realisiert jedoch nicht, daß die kirchliche Tradition in ihrer Selbstbindung an den Kanon gerade die Orientierung an einem bestimmten Bildungsideal sicherstellen möchte. Diese Kontrolle wird durch die „szientifisch" ausgesprochene Beurteilung von Literatur im Grunde stillschweigend ersetzt durch einen neuen, allerdings nicht in derselben Weise

---

[1] „Significance of the Fairy Tale in Character Education", a. a. O.; Dieselbe Idee findet sich bereits in: MT 171f.; „The ABC of Character Education", 152f.

[2] „An Outstanding Project in Character Education", LTD 413-416; vgl. vor allem die Überblicksdarstellung des Gesamtplans des Projekts in LTD 414; Fairy Tale, Myth, and Legend, Vorwort, VII-XI und Kap. IV, 29-36.

[3] „New Techniques for Judging Literature", 398-402; „Judging the Worth of Literature", Kap. II in: Fiction, 17-24.

[4] Fairy Tale, Myth, and Legend, 19-28.

[5] Fiction, 5; in „Fairy Tale, Myth, and Legend", 13ff., werden die folgenden Qualitätskriterien aufgelistet: 1. organische Einheit, 2. schriftstellerisches Können, 3. emotionale Stimmung, 4. Effektivität in der Ansprache fundamentaler Lebensbedeutung, 5. Kunstfertigkeit der Ansprache, 6. Wahrhaftigkeit, 7. Verfeinerung der elementaren menschlichen Handlungen, 8. rechte Orientierung.

[6] Fiction, 5.

[7] Fiction, VIIf.; Fairy Tale, Myth, and Legend, 29f.

[8] Vgl. etwa „Scope and Significance of the Fairy Tale", 6.

offengelegten „szientifischen Kanon" der beteiligten Wissenschaftler. Eine genaue Analyse der publizierten Handbücher und Anthologien könnte etwa im einzelnen zeigen, daß in ihnen das Idealbild eines populär amerikanischen Menschentypus vorherrschend ist.[1]

Starbuck rechnet freilich wohl deshalb mit der Möglichkeit, Literatur in ihrem Beitrag für die Ausbildung eines höheren Wertegeschmacks „objektiv" beurteilen zu können, weil er von der Selbstevidenz dieses „Objektiven" im Sinne seiner Zugehörigkeit zum allgemeinmenschlichen Vermögen instinktiver Wertewahrnehmung ausgeht. Die oben angeführte Definition des idealen Charakters deutet bereits an, von welcher Art er sich diese Werte - „by and for which we live"[2] - vorstellt, sein Vorschlag einer Wertetafel sieht dann etwa folgendermaßen aus:

> „Physical and mental health.
> Living successfully in the group.
> Sharing in community and civic activities.
> Entering effectively into the economic life.
> The best vocational adjustment.
> Contributing to the perfection of home and family life.
> Mastery of tradition - knowledge and appreciation of the past.
> An appreciation of the beautiful.
> Realization of one's creative powers.
> Identification with the Spirit of the Universe."[3]

Auf dem Boden seiner fundamentalpsychologischen Einsichten scheint Starbuck somit zwar ausgesprochenermaßen mit der Individualität einer formalen Realisierung von Wertewahrnehmungen, nicht aber zugleich mit der Individualität auch ihrer inhaltlichen Bestimmungen zu rechnen. Seine biologistische „Ideenlehre", die unwillkürlich an diejenige Halls erinnert,[4] widerspricht dabei im Grunde seiner dynamistischen Grundkonzeption menschlichen Personseins. Denn diese schließt die pragmatistische Überzeugung ein, daß selbst die Kategorien des Bewußtseins in die allgemeine Entwicklung evolutionärer Anpassung miteinbegriffen sind, ethisch-pädagogische Standards mithin nicht scharf defi-

---

[1] Dies sei kurz an „The High Trail" illustriert: Die Geschichten idealisieren in ganz allgemeiner Weise die folgenden in Amerika populären Tugenden: Forschergeist (I., IV., IX.), Abenteuer- und Pioniergeist (II., V., IX.), Führungsqualitäten und Tapferkeit (III., VIII.), Liebe zur Natur (V., VI.) etc.
Bei der Beurteilung in „Fairy Tale, Myth, and Legend" schneiden ältere Geschichten, insbesondere mit düsterer Symbolik, im Urteil fast durchgängig schlecht ab: so etwa „Hänsel und Gretel", 84, 91, 94f., 98f., 101, 118; ebenso viele andere der von den Gebrüdern Grimm gesammelten Märchen: etwa 67f., 95, 98f., 118, 176f. Höhere Werte erhalten Kunstmärchen wie „Alice im Wunderland" (74f.) oder „Doctor Dolittle" (129, 131f.).

[2] „A Philosophical View of Character", 108.

[3] „The Human Interest in Persons", 350.

[4] Teil I, 1.12, 3.1.3.

niert werden können.¹ So heißt es etwa im Zusammenhang der Frage, wie das Wesen von „Charakter" begrifflich zu bestimmen sei:

> „'Character' probably has no static quality or essence; no innate ideas of right or wrong; no 'categorial imperatives' devised 'to make room for faith;' no conscience as the voice of a changeless Deity in the heart of man."²

Gerade weil der „Charakter" des Menschen keine statische Qualität bzw. Essenz besitze, weil seine Inhalte selbst nicht angeboren seien, eben darum sei jede Person offen für die pädagogische Induktion wünschenswerter Haltungen und Reaktionsweisen.³ In diesem Zusammenhang kann Starbuck sogar einen Blick für die subjektive und anthropomorphe Struktur menschlicher Werte entwickeln:

> „When we ask what is the really real in the world of human values by and for which we live, every one has a free guess. The trouble is that these values that make the dearly bought and highly cherished thing we call Civilization are always a function of the mind itself. Conscience is wholly immersed and enmeshed in its own experience, and yet is required to jump outside its own skin and evaluate and think about the objective Reals that are the counterpart of its own values. We are impelled to interpret the objective Reals through the lenses of our perceptions and to filter them through our own affections. Hence we posit gods that think and plan since we think and plan; a world of purpose since we premise; an essence of beauty in things since we love the beautiful. An impossible task. With our knowledge of animisms, personal equations, ego-centric predicaments, psychologists' fallacies, rationalizations and the like, the universe clearly becomes a distorted psychological mirror of infinite dimensions in which we see the reflections of our own natures. This side of Kant every person tutored in philosophy appreciates the probable futility of the determination of any Real that exists beyond the range of experience."⁴

Freilich läßt Starbuck es nicht bei diesem prinzipiellen Wertesubjektivismus bzw. -skeptizismus bewenden, sondern entwirft diesen vor allem nur als eine für den Erkenntnisprozeß notwendige Antithese konstruktiven Zweifels, um ihn in dialektischer Gedankenführung wieder zu überwinden. Eine objektive Sicht auf die Wesensstruktur des menschlichen Lebens und der Weltordnung im ganzen erscheint dann schließlich doch wieder möglich: durch die neue Perspektive der „Sciences" nämlich, die zumindest begründete Vermutungen über das Wesen der Realität erlaube.⁵ Solche szientifisch belegten Wesenszüge der objektiven Reali-

---

¹ „Should Impartation of Knowledge As Such Be a Function of the Sunday School?", 428; MT 166.
² „A Philosophical View of Character", 108.
³ „Towards a Science of Character Education", 183.
⁴ „A Philosophical View of Character", 108f.
⁵ „A Philosophical View of Character", 109ff., nämlich die folgenden:
1. „It may not be bad reasoning to say that the inner nature of Reality is best portrayed by its ends results. Let us say then that one essence of Being lurks in personality."
2. „Another essential characteristic of the developing world seems to be Beauty and the Sense of Beauty. Rhythm in tides, seasons, heart-beats, electrons and protons; harmony and proportion in crystals and in music; graceful line and form in petals of a flower and in the dance."

tät vermeint Starbuck, als „Personality, Beauty, Friendliness, and Wisdom"[1] sichten und im Sinne ihrer Selbstoffenbarung[2] zugleich in der Sphäre subjektiver Erfahrung wiederfinden zu können. Denn aufgrund der Wesensidentität von Mensch und Universum könne ersterer ein Bild des Universums entwerfen, das zwar in der Tat ein „Spiegelbild seiner eigenen Psyche" darstelle, deshalb aber nicht gleichzeitig, wie der Skeptiker meint, „verzerre"[3], sondern gerade wahrhaftig spiegele.

Die Übereinstimmung dieser vermeintlich szientifisch belegten Sicht mit Starbucks eigener metaphysischer Erleuchtungserfahrung liegt auf der Hand, genauso wie der Zirkelschluß der Beweisführung: Starbuck entgeht, daß es innerhalb der „Science" just wieder Subjektivität, nur eben szientifisch gerichtete, ist, die „objektive" Wirklichkeit zu beschreiben sucht, was, wie er selbst bemerkt, nicht anders als auf subjektive - bzw. anthropomorphe - Weise geschehen kann. Die Anfrage des Wertesubjektivismus bzw. -skeptizismus ist durch den Rekurs auf die Resultate der „Science" somit keinesfalls zu lösen, sondern wird lediglich neu - nämlich nun auch für diese - gestellt werden müssen.

Auch Starbucks pädagogische Bildungstheorie, die deutlich erkennbar aus seiner Religionspsychologie der Bekehrung erwachsen ist, scheint ihr spezifisches Profil somit aus ihrer Aufnahme und Umdeutung der christlichen Lehre von der Heilsordnung zu beziehen: Seine Vision der Schule als spirituelles Reproduktionszentrum der Gesellschaft, sein auf die Bildungsmacht des Wortes vertrauendes Iowa-Programm „salvation through literature", seine Theorie der Wertewahrnehmungen, die wir als pantheistische Interpretation der imago Dei-Lehre betrachten können, und seine Rede vom dreifachen Rezentrierungsprozeß eines pädagogisch letztlich unverfügbaren Personzentrums - all dies sind nicht nur zufällige motivische Ähnlichkeiten, sondern systematische Anleihen an die klassische Bildungstheorie christlicher Tradition, die durch Starbucks szientifische Adaption zugleich entscheidend umgeschrieben wird:

Im Zuge seiner physikalistischen Funktionsbeschreibung wird dabei dem Personzentrum selbst sogar ein lokalisierbarer Ort innerhalb des Organismus zuge-

---

3. „One should speak also of friendliness. The creative urge through the later centuries seems bent on surmounting the mere tough struggle of life..."

4. „A word must be said of the most spectacular of the cosmic drives, that of moving to the 'higher' through the processes of thoughtful integration. The secret of this victory seems to have been the attainment of specificities of experience and through their rearrangement in higher combinations. Crystals; differentiation and recombination of chemical elements; specific experiences through defining receptors and their ordering through the agency of a central nervous system; clear ideas and their syntheses in knowledge; wisdom; insight; larger outlook and deeper meaning."

[1] „A Philosophical View of Character", 111 Z. 9f.
[2] „A Philosophical View of Charcter", 110 Z. 31.
[3] „A Philosophical View of Character", 109 Z. 1.

wiesen, der Hypothalamus nämlich als Sitz fundamentaler Wertewahrnehmung identifiziert.[1] Die natürliche Qualität des Personzentrums, das elementare Trieb- und Affektleben der Person, wird unter generell positivem Vorzeichen stehend betrachtet,[2] so daß zu seiner „Erlösung" ein integrativer Balanceakt des natürlichen Kräftespiels zu genügen scheint[3]. Die Notwendigkeit einer „Umwertung" bzw. „Revolution" aller Werte, von der auch Starbuck weiterhin sprechen kann[4], hat ihren traditionellen Sinn damit strenggenommen eingebüßt. Wenn nämlich das Vermögen einer schöpferischen Phantasie in der Tat „Hamlet des geistigen Dramas" sein soll, ist ein gänzliches Fehlen dieses Imaginationsvermögens eigentlich nicht vorstellbar, ohne daß die höheren Bewußtseinsvermögen, die auf seinen Symbolisierungen gründen, zugleich ihre Funktionen gänzlich mitaufkünden. Nicht im Vorhandensein des Imaginationsvermögens überhaupt, sondern vielmehr im Qualitätswechsel der inhaltlichen Bestimmungen seiner Symbolisierungen müßte - konsistent gedacht - dann also der Bildungseffekt des Personzentrums bestehen, der eine Ablösung der Gefangenschaft und Erlösung des Selbst bewirken könnte. Die damit am Horizont auftauchende Frage, was bzw. wer eigentlich über die Wahrheit respektive Adäquanz von Werten, Wertewahrnehmungen und ihren Symbolisierungen entscheidet, wird von Starbuck freilich in dieser Brisanz nicht gestellt, weil er sie durch seine fundamentalpsychologische Theorie der Wertewahrnehmungen bereits zureichend beantwortet sieht. Sein durchaus vorhandenes Bewußtsein dafür, daß die natürliche Instinktkonstitution des Menschen, weil in Entwicklung begriffen, nicht nur zu intuitiven Einsichten, sondern ebenso zu intuitiven Irrtümern neige, wie seine Abhandlung „The Human Animal That Thinks It Thinks"[5] herausstellt, hat ihn hierin nicht irremachen

---

[1] „Revolution in Psychology Number One - Cortex to Hypothalamus", LTD 418; „The Good Life Becomes the Attractive One", 272.
[2] „Symbols in the Development of Personality", 18.
[3] MT 176.
[4] „The ABC of Character Education", 139.
[5] LTD 1-10, bes. 1, 6. STARBUCK begreift darin die szientifisch konzipierte Logik als eine wissenschaftlich unternommene Selbstdisziplinierung des menschlichen Geistes bzw. evolutionsfördernde Kultivierung vernünftigen Verhaltens. Um die These zu erweisen, daß die Fähigkeit des Menschen, mit abstrakten Vorstellungen kunstgerecht umzugehen und sein Verhalten darauf zu gründen, erst im Werden begriffen und noch keineswegs - wie das Vorurteil menschlicher Überlegenheitsphantasien meine - voll ausgebildet sei, werden mehrere experimentellpsychologische Untersuchungen angeführt. Mit ihnen versucht Starbuck zu zeigen, daß das menschliche Urteilen weniger auf sachlichen Informationen und exaktem Denken basiere als auf intuitiven Eindrücken und Empfindungen, was angesichts der menschlichen Situation im Daseinskampf zwar prinzipiell sinnvoll erscheine, jedoch zu Vorurteilshaftigkeit und Emotionalismus führe. Und eben diese will STARBUCK im Dienste der Wissenschaften, der Persönlichkeitsbildung, ja der Evolution der Menschheit insgesamt durch die Kultivierung der „Sciences" gerade überwinden. Vgl. dazu auch „Philosophy Functioning in Life", Southern California Alumni Review Supplement 8 (1930), 55ff.; vor allem aber RUM 255: „It will be by experimental methods that we come ultimately not only to lift out into higher significance the subtler

können. Wohl deshalb nicht, weil er die Lösung der Wahrheitsfrage bereits stillschweigend aus seiner persönlichen Lebenseinstellung bezieht, die, - um mit Starbucks eigenen Worten zu sprechen: - seinen vorwissenschaftlichen Wertewahrnehmungen entsprungen, seiner wissenschaftlichen Wertewahrnehmung immer schon zugrunde liegt.

4. Schluß

Als Edwin Diller Starbuck am 18. November 1947 stirbt,[1] hat er ein Werk hinterlassen, das, in seiner Ausführung mitunter skizzenhaft und fragmentarisch geblieben, in seinen Grundfesten jedoch klar erkennbar vor unseren Augen steht:

Den bleibenden Wahrheitskern der Religion im Zeitalter wissenschaftlicher Erkenntnis herauszuschälen - darin hat er seine erklärte Lebensaufgabe gesehen.[2] Auf dem Hintergrund dieses Rekonstruktionsbestrebens[3] ist eine pädagogisch orientierte Religionspsychologie entstanden, die als Synthesistheorie im Interesse gleich zweier Mandanten auftritt. Denn was Uren in Anlehnung an James' Vorwort[4] zu „Psychology of Religion" notiert, mag treffend für das Starbucksche Werk im ganzen gelten:

> „This epoch-making study was the result of the conviction that religion could be treated scientifically to the advantage of both science and religion."[5]

Gegenüber dem Weltbild des szientifischen Agnostikers auf der einen und des sich gegen jede Erforschung des Religiösen abschottenden religiösen Apologeten auf der anderen Seite[6] hat Starbuck eine Theorie vorgestellt, die in ihrer Interpretation der menschlichen Lebenswelt alle Dualismen überwinden[7] und in ihrer bewertenden Einordnung der religiösen Phänomene zwei Extreme vermeiden möchte:

> „on the one hand, that of the thorough-going alienist, who brands everything that rises above the dead level of experience as pathological, and who, for instance, convicts Wagner of megalomania and Ibsen of egomania, and looks upon any experience which takes account in a vital way of the blackness of sin or the joy which accompanies religious insight, simply as mental aberration; and on the other, that of the radical religionist, who looks upon the most

aspects of art appreciation, of human contacts, and of inner longings after ideals, but to hold under right discipline the emotionalism that overwhelm individuals and sweep the masses off their feet with monsoons of feeling and thin zephyrs of sentimentality".

[1] BOOTH, 106.
[2] RUM 202f., 216.
[3] S. dazu etwa o. unter 1.6.
[4] PR IX: „the whole standing tendency of Dr Starbucks's patient labour is to bring compromise and conciliation into the long standing feud of Science and Religion".
[5] UREN, 24.
[6] So STARBUCK selbst in PR 1f.
[7] Nämlich auf dem Boden einer metaphysischen Erleuchtungserfahrung: 1.10.

violent excess as a manifestation of the Spirit, provided only it be carried out in the name of religion."[1]

Starbuck hat den „hartgesottenen Szientisten" eine empiristische Interpretation der Religion präsentiert, damit er diese für die Religion gewinne; er hat allen auf dem Boden des kirchlichen Christentums Stehenden zugleich seine bleibende Verehrung für alles Religiöse zum Ausdruck gebracht, damit er jene für die Fortschrittsmöglichkeiten der „Science" gewinne. Er hat die Berührungsängste beider Parteien überbrücken wollen, weil er von der Wahrheit und Wohltätigkeit ihrer beider Unternehmen - der Religion wie der „Science" - gleichermaßen überzeugt ist, und hat ihre Einseitigkeiten vermieden, weil sein Auge psychologisch geschärft ist für die Abhängigkeit des Urteils von dem es vollziehenden Urteilenden - so etwa auf dem Gebiet der Religionspathologie:

> „No two persons will agree upon the limit at which normal religious experience pass over into pathological. Where the line of demarcation will fall depends largely on one's general attitude toward religion, and on one's temperamental attitude toward human experiences, which allows them a wide or narrow range."[2]

Hätte Starbuck diese hermeneutische Einsicht seiner Religionspathologie in der vollen Tragweite ihrer Bedeutung für sein Werk im ganzen erkannt, so hätten andere verbleibende Einseitigkeiten seiner Theorie vielleicht vermieden werden können, vor allem deren Anspruch auf wissenschaftliche „Objektivität" und „reine" Empirizität. Dann hätte sein Blick dafür geschärft sein können, daß seine eigene szientifische Betrachtung gar nicht davon ausgenommen ist, von seiner ganz persönlichen, subjektiven Einschätzung der Religion und menschlicher Erfahrung im allgemeinen geprägt zu sein, so daß für sie keineswegs gelten kann: „without any prepositions, and without wanting to find any particular fact"[3].

Vielmehr haben ganz persönliche Vorurteile und Lebensinteressen Starbucks gerade dazu geführt, daß mit der Absicht, Religion und „Science" gleichermaßen zu ihrem Recht kommen zu lassen, in seiner religionspsychologischen Theorie vielfach eine unentschiedene Schwebe der Argumentation entsteht, die durch eine antimetaphysische Grundhaltung und empiristische Abneigung definitorischen Festlegungen gegenüber nur noch verstärkt wird. Durch diese begrifflichen Unklarheiten, vorschnellen Lösungsangebote und Harmonisierungsversuche läuft das Unternehmen dann insgesamt Gefahr, den möglichen Gewinn für seine beiden Mandanten wieder zu verspielen. Denn wäre Starbuck mit weniger enthusiastischer Harmonisierungsfreude und entschiedenerer wissenschaftlichen Akribie nicht nur den Übereinstimmungen, sondern auch den Unterschieden der christlichen und szientifischen Wirklichkeitsinterpretation nachgegangen, hätte ihm auf-

---

[1] PR 165.
[2] PR 163.
[3] PR 14.

gehen können, daß seine religionspsychologischen Konzeptionen zwar immer wieder Motive christlicher Theologie aufnehmen, dabei zugleich aber immer auch empfindlich uminterpretieren. Wovon kein Topos christlicher Dogmatik ausgenommen ist:

Die Gotteslehre wird darin im Sinne eines pantheistischen Evolutionismus[1] und spiritualistischen Energismus[2] umgestaltet. Aus der Anthropologie wird die Sündenlehre weitgehend gestrichen und die Gottebenbildlichkeit des Menschen neu akzentuiert.[3] Hierdurch entfällt wiederum komplett jegliche Notwendigkeit für eine Versöhnungslehre: Die Rolle Christi erschöpft sich - nach Weise der Aufklärungstheologie - in der Funktion des exemplum.[4] Die Lehre von der Erlösung wird durch die Bildungstheorie eines dreifachen Rezentrierungsprozesses vertreten.[5] Die Stelle von Kirche und Theologie nehmen säkularisierte Ersatzinstitutionen, Schule und Religions- bzw. Charakterpsychologie, ein. Die Eschatologie wird zur Lehre von der immanenten Evolutionszukunft bzw. von der enthusiastisch beurteilten Evolutionsgegenwart der Menschheitsgemeinschaft umgeschrieben.[6]

Der Wert religiöser Erfahrung scheint von Starbuck auf den ersten Blick nur gesichert werden zu können um den Preis weitestgehender Inhaltsleere und Unbestimmtheit. Auf den zweiten Blick erweist sich die als natürlich verstandene Allgemeinform religiöser Erfahrung jedoch keineswegs als gänzlich inhaltsleer, sondern sehr wohl bestimmt - nach den Gehalten von Starbucks persönlichen Lebenseinsichten. Darum kann ihre Konzeption auch keineswegs, wie ihr Autor will, unangefochten gelten, weder als Inhalt eines interkonfessionellen „common sense" noch als Resultat „objektiver Tatsachenforschung"- dies hat allein die hier angelegte Kritik aus protestantisch-theologischer Sicht gezeigt, an die sich sicher weitere Kritiken aus anderen Perspektiven anschließen könnten.

Indem Starbuck von Anfang an eine falsche Alternative zwischen „fact" versus „theory" aufmacht[7] und seine Religionspsychologie als objektive Sachwalterin der „Tatsachen" versteht, wird der Konstitutionsprozeß seiner „Theorien" nämlich im Grunde mystifiziert statt im Dienste wissenschaftlicher Kontrolliertheit offengelegt.

---

[1] S. o. unter 1.6.

[2] S. o. unter 2.2.2.

[3] CE I, 43f.; CE V, 355, 357; „Reinforcement to the Pulpit from Modern Psychology: II. The Doctrin of Original Sin", dazu o. unter 2.3.1.

[4] Als ein herausragendes Lebenszeugnis eines sittlichen Lebens neben anderen, etwa des Pädagogen/der Pädagogin (s. o.). Dies zeigt sich nicht zuletzt darin, daß von Jesus Christus dezidiert kaum die Rede ist; eine Ausnahme bildet etwa: „The New World and Its Values", 380f.

[5] Hierzu Starbucks pädagogisches Programm 3.2.

[6] Zu STARBUCKs Immanenztheologie vgl. etwa CE I, 35; CE V, 102.

[7] RUM 222.

Unsere Darstellung ist damit bei einem anderen Ergebnis als die des Starbuck-Biographen Booth angekommen: Obgleich auch Booth den unverkennbaren Zusammenhang von Starbucks Leben und Werk in Ansätzen wahrnimmt, hat er dennoch die prinzipielle Objektivität der Starbuckschen Religionspsychologie in keinem Punkt angezweifelt. Diese besitzt für Booth vielmehr sogar Vorbildcharakter, und das Abweichen von ihrem Ideal hat er als Hauptursache für den frühen Niedergang der empirischen Religionspsychologie nach ihrer hoffnungsvollen Pionierzeit betrachtet.[1] Nicht allein echten empirischen Wissenschaftsgeist konnten wir jedoch an Starbucks Religionspsychologie studieren, sondern zugleich eine Form szientifischer Selbsttäuschung aus besten Absichten, die Schule gemacht hat.

---

[1] BOOTH, 40: „It is true, however, that if the psychology of religion desires to reestablish itself as a legitimate scientific discipline, it will have to continue to renew its efforts to conduct non-apologetic, objective studies in the field. Only then might it regain the prestige it acquired in the early years of this century." Vgl. a. 272.

IV. Die Pioniersysteme der Religionspsychologie aus theologischer Sicht. Der exemplarische Sinn ihrer historisch-systematischen Betrachtung

Wir stehen am Ziel unserer Spurensuche nach den geschichtlichen Ursprüngen der empirischen Religionspsychologie und sehen die Wurzeln dieses jungen Forschungszweiges in den Werken drei seiner Pioniere - Hall, Leuba und Starbuck - ausgebreitet vor uns liegen: Nicht allein einigen berühmt gewordenen Theoriestücken und klassischen Erstlingswerken der Religionspsychologie sind wir begegnet, sondern drei bahnbrechenden *Systemen*, deren religionspsychologischer Gehalt nicht isoliert, sondern nur im Gesamtzusammenhang des Denkens und wissenschaftlichen Schaffens ihrer Autoren vollständig erhoben und gewürdigt werden konnte.

Hierzu haben wir die Geschichte des Zustandekommens dieser Systeme zum Leitfaden der Darstellung gewählt und haben so deren bildungsgeschichtliches Ursprungs- und Sinnfundament freilegen können. Dabei zeigte sich, daß das Wissenschaftstreiben dieser Pioniere, ihr Verhältnis zu ihrem Forschungsgegenstand und ihre theoretische Auffassung von diesem in einer klar erkenn- und nachvollziehbaren Weise geprägt worden ist von der Lebenserfahrung ihrer persönlichen Bildungsgeschichte, aus der sich für die Autoren in reflexiver Auseinandersetzung mit ihrer jeweiligen Lebens- und Zeitsituation grundlegende Überzeugungen, Lebensinteressen und -perspektiven formierten, die dann ihre wissenschaftliche Arbeit motivierten und zugleich auch in ihren kategorialen Grundannahmen inhaltlich bestimmten.

Das Schaffen aller drei Pioniere erwies sich darin von einem biographisch verankerten, jeweils unterschiedlich akzentuierten und realisierten Rekonstruktionswillen getragen, den Wert der Religion bzw. des in bestimmten Stücken als wertvoll erlebten Christentums zu retten in einer Welt, die angesichts der Erkenntnisse der neuen „Sciences" und des Erfolgs der durch sie ermöglichten Technik unterwegs ist, die Dimension des Religiösen nur noch als einen anachronistischen Sonderbereich menschlicher Erfahrung zu begreifen. Die Vorstellung, gerade diesen vermeintlichen Sonderbereich religiöser Erfahrung nun ebenfalls als empirisch erforschbar und mit den Mitteln szientifischer Rationalität verstehbar zu erweisen, stiftete die Grundidee ihres religionspsychologischen Theorieunternehmens. In ihm haben sie die fundamentale Funktion der Religion für das menschliche Leben dadurch aufzuzeigen und zu rehabilitieren gesucht, daß sie die scheinbar obsolet gewordenen Deutungen der theologischen Tradition nach den Paradigmen des szientifischen Weltbildes neu zu interpretieren und das kirchliche bzw. religionspädagogische Institutionengefüge dieser neuen Interpretation entsprechend zu reformieren strebten. Dabei wird von ihnen nun aber die Autorität der „Science" als schlechthin gegeben anerkannt und als unbezweifelbar bekundet. In das szientifische Weltbild wird das religiöse letztlich eingeordnet:

Auf diese Weise hat der Puritaner[1], Philanthropist[2], ausgebildete Theologe[3] und passionierte Empirizist[4] *Granville Stanley Hall* das Konzept einer evolutionistischen Menschheitsreligion entworfen,[5] das den gesamten Bestand christlicher Dogmatik, Schöpfungs-[6], Versöhnungs-[7] und Erlösungslehre[8] konsequent bis zur Exzentrik nach dem Schlüssel einer „genetischen Psychologie"[9] durchdekliniert. In der Absicht, ebenso wie Spencer[10] ein Gesamtsystem aller Wissenschaften als „natural science of man" zu konstruieren,[11] hat er das Denkschema des biologischen Evolutionismus in seiner Reinform präsentiert, das uns dessen Paganismus und immanente Anfälligkeit für gefährliche Totalitarismen – selbst im Gewande christlicher Terminologie und eines erklärten Philanthropismus – klar vor Augen führt. Klarer, als dies in den Werken solcher Autoren der Fall ist, die den Systemanspruch aufgeben und den Evolutionismus lediglich als Theoriebaustein einzelner Konzeptionen einzufügen scheinen. Hall hingegen hat auf dem Boden einer beherzt[12] ergriffenen materialistischen Ontologie[13] eine vollständige Anthropologie[14] und Theologie[15] vorgetragen, die die Geschichte der Menschheit als Heilsgeschichte der Bekehrung bzw. Wiedergeburt zum onto- wie phylogenetisch verwirklichten Menschentum eines „superman" deutet. Als dessen Idealtypus wird Jesus Christus und als allegorischer Mythos dieser universalen Wiederge-

---

[1] Teil I, 1.1-1.5.
[2] Teil I, 1.6.
[3] Teil I, 1.7-1.8.
[4] Teil I, 1.9-1.14.
[5] Teil I, 3.
[6] Teil I, 3.1.2-3.1.4.
[7] Teil I, 3.2.
[8] Teil I, 3.3.
[9] Teil I, 3.1.1.
[10] Teil I, 1.12.
[11] Teil I, 3.1.1. Dies kann zugleich auch als idealistischer Niederschlag von Halls Hegelrezeption gedeutet werden (Teil I, 1.9; 1.10; 1.12). Daß sich auch auf dem Boden des Empirismus sehr wohl ein Gesamtsystem aller Wissenschaften gründen läßt, kann bereits an David Humes „Science of Man", abgelesen werden. Dazu: A. WENGENROTH, Science of Man als Religionsphilosophie und Religionskritik bei David Hume und seinen Vorgängern, Frankfurt/M. 1997.
[12] Warum der Materialismus für den Puritaner Hall mehr befreiende als erschreckende Züge zu besitzen scheint, wurde in Teil I, 1.14 auseinandergelegt.
[13] Teil I, 3.1.2.
[14] Teil I, 3.1.3.
[15] Teil I, 3.1.4.

burt die Geschichte von dessen Tod und Auferstehung eingeführt.[1] So stellt sich Halls religionspsychologische „Reinterpretation" des Christentums am Ende dar als dessen vollständige Uminterpretation in eine eugenische Fortschritts- und Fruchtbarkeitsreligion der Menschheitsgattung[2], die in einen säkularen Kultus der „Superhygiene"[3] mündet.

Ein vergleichbares Rekonstruktionsinteresse haben wir dann selbst bei dem schärfsten Religionskritiker unter den Pionieren der Religionspsychologie antreffen können: Der gebürtige Schweizer *James Henry Leuba* hat sich zeitlebens bemüht, die ihm unverständlich und fremd gebliebenen Lehren seiner reformierten Heimattradition[4] einer religionspsychologischen Kritik zu unterziehen. In seinem destruktiven Werk hat er dabei nicht eher geruht, bis er die theoretische Inadäquanz und praktische Irrelevanz der „geschäftsmäßig"[5] betriebenen Religion nach dem Arbeitsplan[6] seines positivistischen Grundkonzepts[7] meint, empirisch belegen zu können[8]. Und doch, so erweist sich am Ende, all dies nur, um auf dem systematisch gerodeten Gelände das Gebäude einer neuen Religion zu errichten,[9] das nichts weniger als die „moralischen Lehren Jesu" und darin die Gestaltwerdung des „Königreiches Gottes auf Erden" realisieren will. Nach dem Vorbild der neo-christlichen Bewegung Paul Desjardins'[10], Comtes „Religion der Menschheit"[11] und der ethischen Kulturgemeinschaften Felix Adlers[12] hat er die Vision einer umfassenden „Reformation of the Churches" aufgerissen, für deren neue Lehre[13] und Praxis[14] die Religionspsychologie erneut eine wesentliche, nun konstruktive Bedeutung erhält: Sie liefert ihren Beitrag sowohl zur „Basisphilosophie" der neuen Kirchen als auch zur Entwicklung eines Alternativangebots kultischer Praxis, worin Leuba die religiös-moralische Erneuerung des Menschen[15], die er als Durchsetzung des kategorischen Imperativs versteht,[16] mittels spiritualisierter Psychotechniken[1] initiieren möchte.

---

[1] Teil I, 3.1.4; 3.2.
[2] Teil I, 3.1.4.
[3] Teil I, 3.3.1.
[4] Teil II, 1.1-1.5.
[5] Teil II, 3.2.
[6] Teil II, 3.
[7] Teil II, 1.8.
[8] Teil II, 3.4.1.
[9] Teil II, 3.1.5; 3.4.2.
[10] Teil II, 1.6.
[11] Teil II, 1.8.1.
[12] Teil II, 3.1.5.
[13] Teil II, 3.2.1.
[14] Teil II, 3.2.2.
[15] Teil II, 2.2; 2.4-2.5; 3.3.2.
[16] Teil II, 2.6. So hat sich seine Psychologie dann auch als Fortschreibung der Ethik Kants präsentiert, den wir zugleich als den geistigen Vater jener ethischen Kulturgesellschaften iden-

Die „sanfteste" Version einer szientifischen Neuinterpretation des Christentums haben wir schließlich im religionspsychologischen Werk *Edwin Diller Starbucks* kennengelernt, der seine quäkerische Immanenzspiritualität[2] mit einem pantheistisch interpretierten Evolutionismus[3] zu verschmelzen strebte. Sein religionspsychologisches System wirkt in seiner zwischen Religion und „Science" diplomatisch vermittelnden Grundintention[4] und praktisch-pädagogischen Ausrichtung[5] auf den ersten Blick überaus sympathisch. Auf den zweiten Blick zeigt sich jedoch, daß auch er die von ihm aufgegriffenen Theologumena der christlichen Lehre vom ordo salutis empfindlich uminterpretiert[6]: Der Wert religiöser Erfahrung scheint zunächst um den Preis weitestgehender Unbestimmtheit ihres Inhalts gerettet zu werden, der als allgemeinmenschlich, natürlich und entwicklungsmäßig sicher auftretend vorgestellt ist. Näher besehen erweist sich diese scheinbar natürliche Allgemeinform religiöser „Werteerfahrung" dann aber keineswegs mehr als eine für alle möglichen Individualisierungen offene Variable, sondern als immer schon ausgefüllt durch die gehaltlichen Vorbestimmungen von Starbucks persönlichen Lebenseinsichten. Insbesondere an seiner auf dem Boden der Religionspsychologie erwachsenen Pädagogik[7], deren Reformunternehmen Starbuck in späterer Zeit fast ausschließlich und enthusiastisch vorangetrieben hat, zeigt sich deutlich, wie sein Programm faktisch auf die Ersetzung kirchlicher und damit konfessionell bestimmter Bildungsinstitutionen durch säkularisierte Ersatzformen hinausläuft. In diesem Programm ist das bildende Zentrum der Gemeinschaft von der gottesdienstlichen Verkündigung auf die Institution einer spiritualisierten Schule, auf das Lebenszeugnis ihrer charakterpsychologisch geschulten Pädagoginnen und Pädagogen sowie die schulische Lektüre szientifisch kanonisierter Literatur übergegangen. Darin wird das weltanschauliche Werturteil einzelner Wissenschaftler auch bei Starbuck in den Status überkonfessioneller Objektivität erhoben, von dem aus dann nahezu unmerklich der „dreifache Rezentrierungsprozeß" der kindlichen Persönlichkeitsbildung nach einem nicht immer einsehbaren Bildungsideal indirekt gesteuert werden soll.

---

tifizieren können, wie sie Felix Adler und in modifizierter Gestalt dann Leuba selbst vor Augen schwebten: Vgl. I. KANT, Die Religion in den Grenzen der bloßen Vernunft, 100f. (Orig.-Ausg.: 129), 105 (136).
[1] Teil II, 3.3.3; 3.4.2.2; 4.
[2] Teil III, 1.2.
[3] Teil III, 1.6.
[4] Teil III, 4.
[5] Teil III 2.1.4; 3.
[6] Teil III, 2.1.3; 2.3.1; 4.
[7] Teil III, 3.

Somit haben wir drei in ihrem Rekonstruktionsinteresse[1] und einzelnen Konzeptionen überraschend verwandte, in der Lösung dieses Interesses und der Zusammenfügung dieser Konzeptionen jedoch ebenso überraschend verschiedene Entwürfe identifizieren können. Für diesen Befund ist symptomatisch, daß alle Autoren ihr System von dem gemeinsamen Ausgangspunkt einer Psychologie der Bekehrung entwickelten, darin aber - ihrer persönlichen Bildungsgeschichte entsprechend - von Anfang an jeweils verschiedene Kultivierungen und Deutungen des Phänomens vor Augen hatten.[2] Wie kein anderer hat sich ihnen dieser Topos offensichtlich dafür angeboten, zwischen den Werteerfahrungen der religiösen Lebenswelt und deren szientischer Neuinterpretation konzeptionell vermitteln zu können. Das gesellschaftlich präsente Bekehrungsformular, in Amerika vor allem durch die Erweckungsbewegung[3] als regelmäßiges Ziel christlicher Bildung etabliert, mochte ihnen als willkommenes Interpretament dazu dienen, die natürlichen Gesetzmäßigkeiten psychischer Entwicklung überhaupt zu thematisieren. Und es schien darin zugleich problemlos überzuleiten zu dem vorherrschenden Erklärungsprinzip des wissenschaftlichen Weltbildes, in dem die Dominanz der dialektischen Entwicklungsphilosophie Hegels soeben durch die des biologischen Evolutionskonzepts abgelöst worden war.[4]

Von diesem gemeinsamen Zentrum eines paradigmatisch aufgefaßten Bekehrungsmotives[5] aus sind die Autoren dann in das weitere Gebiet der Religionspsy-

---

[1] Ein vergleichbares Rekonstruktionsinteresse ließe sich auch für die Religionspsychologie COEs nachweisen. Hierzu sei nur auf dessen programmatische Äußerungen in seinem Vorwort und der Einleitung zu „The Spiritual Life", 5-8, verwiesen sowie auf die abschließende Auswertung des Untersuchungsergebnisses hinsichtlich seiner Relevanz für die Lebenspraxis in Kap. V desselben Werks, die eine kritische Interpretation kirchlicher Spiritualitätspraxis und - angesichts dieser - einen Reformvorschlag unterbreitet.

[2] *Hall* nämlich sein adoleszentes Gipfelerlebnis mitten in der Natur (Teil I, 1.5), demgegenüber seine spätere Erweckungsbekehrung als eine weitaus weniger prägende, ja sogar „unechte" Erfahrung ausgewiesen ist (Teil I, 1.6; 3.1.4). *Leuba* wiederum seine als rein moralisch beurteilte Bekehrung in der Begegnung mit den ethischen Heroen der Heilsarmee (Teil II, 1.3). Und *Starbuck* seine eigene kontinuierlich und weitgehend ungestört verlaufende Entwicklung im religiösen Milieu der Quäkergemeinschaft (Teil III, 1.1-1.4), die lediglich eine kritische Phase des Zweifels und der Rekonstruktion zu überstehen hat (1.6), sowie seine Unfähigkeit, die sozial von ihm geforderte Bekehrungserfahrung im klassischen Sinne wirklich nachvollziehen zu können (1.5).

[3] In diesem Zusammenhang ist freilich auffällig, daß es in keinem Fall die methodistische Tradition selbst gewesen ist, die das Verständnis des Bekehrungsphänomens für unsere Autoren entscheidend prägte, sondern daß diese - gerade aufgrund ihrer persönlichen Erfahrungen - ein eher distanziertes und kritisches Verhältnis dem klassischen Formular gegenüber entwickelten.

[4] Dieser Übergang ist am deutlichsten an der Bildungsgeschichte Halls zu studieren: Teil I, 1.9-1.12. Starbuck hat das dialektische Prinzip Hegels (Teil III, 1.6) und die Evolutionstheorie (Teil III, 1.7), die er etwa zeitgleich während seines Studiums am Earlham College kennengelernt hat, in seiner Entwicklungstheorie der Religion nebeneinander zu integrieren versucht.

[5] Daß auch in neueren *tiefenpsychologisch* orientierten Entwürfen die Psychologie der Bekehrung eine zentrale Stellung einnehmen kann, ist zu studieren an D. WYSS, Psychologie und

chologie vorgedrungen, ohne dabei jedoch schon in jedem Fall zu einer *systematischen* Erfassung ihres Gegenstandsfeldes selbst zu gelangen. Vielmehr hat es unter ihnen einzig Leuba unternommen, das Forschungsterrain der Religionspsychologie im ganzen *planvoll* abzustecken, nämlich einen Begriff von Religion als Typus menschlichen Verhaltens vorzulegen und ein an den verschiedenen Aspekten dieses Verhaltens[1] abgelesenes Programm, wie dessen Studium systematisch abzuarbeiten sei.[2] Dies läßt seinen unter Fachkollegen eher unbeliebten[3] Entwurf in dieser Hinsicht überraschend vorbildhaft erscheinen. Auch wenn damit keineswegs behauptet werden soll, daß Leuba die Aufgabe einer systematischen Erfassung des religionspsychologischen Gegenstandsgebiets bereits befriedigend erfüllt, d. h. einen konsistenten und hinreichend leistungskräftigen Begriff religiöser Erfahrung vorgelegt habe.[4]

Und noch in einer weiteren Hinsicht kann gerade Leubas Konzeption als besonders lehrreich gelten: Denn wie kein anderer seines Fachs hat er mit einem rigoros bis zur Rücksichtslosigkeit vorgetragenen szientifischen Selbstbewußtsein die Wahrheitsfrage in die Religionspsychologie selbst einzuholen gewagt, ja sogar zu ihrem eigentlichen Thema gemacht,[5] während seine zurückhaltenderen Kollegen diese offiziell auslagern bzw. vorgeblich unbeantwortet lassen. Von daher hat gerade er einen erstaunlich klaren Blick für die persönlichen Theorieintentionen und metaphysischen Voraussetzungen etwa der Jamesschen Religionspsychologie entwickeln können, bleibt jedoch in bezug auf sein eigenes Unternehmen, was nicht weniger erstaunt, in der typisch empiristischen Selbsttäuschung befangen:[6] Er wird nicht gewahr, daß seine Kritik an James nicht aus einer strengeren Empirizität, exakteren Wissenschaftlichkeit und darum größeren Objektivität des Verfahrens erwachsen ist, sondern eben aus einer *verschiedenen* metaphysischen Grundüberzeugung.

Zu dieser empiristischen Selbsttäuschung kann es bei ihm genauso wie bei Hall und Starbuck kommen, weil in ihrer jeweiligen Konzeption der Religi-

---

Religion: Untersuchungen zur Ursprünglichkeit religiösen Erlebens, Würzburg 1991, bes. Kap. III.

[1] Das sind die Aspekte der Motive, Mittel und Resultate dieses Verhaltens: dazu Teil II, 3.; 3.1.2.

[2] Daß Leubas Werk im ganzen als systematische Abarbeitung seines Plans von 1901/4 verstanden werden kann, wurde unter Teil II, 3. zu zeigen versucht.

[3] S. HILTNER, „The Psychological Understanding of Religion", 79f., 83. Die positivste Würdigung der Leubaschen Religionspsychologie findet sich vielleicht bei G. B. VETTER, Magic and Religion. Their Psychological Nature, Origin, and Function, New York 1958, 90, 157, 260, 320, 323.

[4] Vgl. hierzu die Kritik des Leubaschen Religionsbegriffes unter Teil II, 3.1.2 und 3.1.3-3.1.5.

[5] Teil II, 3.

[6] Genauso wie Hall und Starbuck, bei denen sich Ansätze zu ähnlichen Einsichten aufzeigen lassen: Teil I, 3.2.3; Teil III, 4.

onspsychologie die Frage nach den Möglichkeitsbedingungen des eigenen Wissenschaftsbetriebes, nach der Konstitution ihrer mit allerlei Überbietungsansprüchen belegten Theorien, entweder ausfällt oder nur ungenügend beantwortet ist.[1] Sie partizipieren darin sorglos an der antimetaphysischen Grundhaltung des gängigen „Science"-Ideals[2], ohne sich der erkenntnistheoretischen Aufgabe voll zu stellen und eine grundlegende Kritik der empirischen Vernunft zu vollziehen. So hat am deutlichsten Hall seine Psychologie programmatisch als metaphysikfreie „Science" konzipiert[3], so haben Leuba und Starbuck immer wieder abstrakte Antithesen aufgemacht zwischen „fact" versus „theory", „empirisch" versus „spekulativ", und so haben sie alle nicht einzuhaltende Überbietungsansprüche[4] der Theologie gegenüber erhoben.

Diese sind deshalb nicht einzuhalten, weil ihre empiristischen Theorien aufgrund dieser antimetaphysischen Haltung gerade diejenige begriffliche Durchgebildetheit vermissen lassen,[5] die eine Identifikation gleichartiger Phänomene und die Vergleichbarkeit unterschiedlicher - szientifischer bzw. theologischer - Interpretationen überhaupt erst ermöglichen könnte. Statt dessen scheint der essayistische Stil Leubas, die unausgelotete Schwebe der Argumentation im Werk Starbucks und die auf vielen tausend Seiten „verwilderte" Darstellungsweise Halls aus ein und derselben Abneigung zu erwachsen, sich - unter Metaphysikverdacht stehenden - definitorischen Festlegungen und Wesensbestimmungen soweit wie nur irgend möglich enthalten zu wollen. Ein Unterfangen, das sich freilich nicht durchführen ließ. Vielmehr war bei der Konstitutionsanalyse ihrer Theorien jeweils zu studieren, daß auch sie gar nicht umhinkommen, implizite Wesensbestimmungen der Phänomene vorzunehmen, die sie sogar vorzugsweise der vorgeformten Begriffssprache theologischer Tradition entlehnen, mit den übrigen Kategorien ihrer Lebensüberzeugung verschmelzen und auf diese Weise zumeist einem grundlegenden Bedeutungswandel unterziehen. Weil sich die sogenannten „reinen Erfahrungstatsachen" des religiösen Bewußtseins nämlich gar nicht unvoreingenommen und „rein" im Sinne von gänzlich ungeformt und uninterpretiert studieren lassen, war für ihr Unternehmen stets ein hermeneutisches Defizit zu reklamieren: für das „child study"-Projekt Halls[6], das Fragebogenverfahren und

---

[1] Teil I, 2.4; 3.1.1; Teil II, 3.1.1; Teil III, 2.1.1; 2.2.

[2] Dessen Rezeption läßt sich auch im Ansatz der Religionspsychologie Coes nachweisen: G. A. COE, The Spiritual Life, 11-27.

[3] Teil I, 2.4.

[4] Teil I, 3.1.4; Teil II, 2.5; 3.1.4; Teil III, 2.1.1; 2.1.3; 2.3.1. Einen solchen szientifischen Interpretations-, Kritik- und Überbietungsanspruch kirchlicher Theorie und Praxis gegenüber hat u. a. auch G. A. COE erhoben: The Spiritual Life, 15-23, 26, 243-260.

[5] Dies wurde exemplarisch aufgezeigt in Teil III, 2.1.3.

[6] Teil I, 2.3. Ansatzweise wurde das hermeneutische Defizit des szientifischen Verfahrens auch für die Observation des psychologischen Laborexperiments aufgezeigt in Teil I, 2.4.

die Charakterpädagogik Starbucks[1] genauso wie für Leubas[2] Auswertung religiöser Literatur und statistische Erhebungen. Die Analysen ihrer Theorien konnte deutlich belegen, daß durch die empirische Methode der Observation Reflexion nicht wirklich übersprungen werden kann, sondern als unausgesprochene Grundvoraussetzung des szientifischen Verfahrens immer schon in Anspruch genommen ist.

Dieser Befund legt dann die begründete Vermutung nahe, daß die frühe Krise der Religionspsychologie wohl nicht nur durch äußere Faktoren allein verursacht wurde, sondern in den klassischen Konzeptionen ihrer Pioniere selbst immanent angelegt ist.[3]

Ob diese inhaltlichen und methodischen Unterbestimmtheiten in der Wissenschaftskonzeption als inzwischen überwundene Kinderkrankheiten der Religionspsychologie betrachtet werden können oder aber auch in späteren Forschungsarbeiten aufweisbar sind, dies zu beurteilen, sei allen Leserinnen und Lesern neuerer Entwürfe selbst überlassen. *Daß* die amerikanischen Pioniere mit ihren Systemen Schule[4] gemacht, ja eine ganze Bewegung auf die Bahn gebracht, für diese entscheidende Gleise gelegt und Weichen gestellt haben, ist unumstritten. *Wie* bedeutend ihr Einfluß im einzelnen gewesen ist,[5] könnte nur eine Wir-

---

[1] Teil III, 2.1.1; 3.2.

[2] Teil II, 2.4; 3.2.2; 3.3.3.

[3] Das vermuten auch: B. BEIT-HALLAHMI, „Psychology of Religion 1880-1930", 84-90; W. TRILLHAAS, Art.: Religionspsychologie, RGG³, Bd. V, 1021-1025, dort 1023f; DERS., Grundzüge der Religionspsychologie, München 1946, 5-16, bes. 14ff. Statt rein quantifizierender Verfahrensweisen klagt Trillhaas eine „geisteswissenschaftliche" Methode des „Verstehens" nach Dilthey und Spranger im Sinne einer „Religionsphänomenologie" ein, in der auch er - ausschließlich beschreibend und typisierend - die Wahrheitsfrage wie die meisten seiner empiristischen Kollegen ausklammern, jedoch anders als jene zu *Wesens*beschreibungen vorstoßen möchte.

[4] Zu Halls Clark-Schule der Religionspsychologie s. Teil I, 2.5; zur Starbuckschen Schule der Religionspsychologie s. Teil III, 2.3.2. Als Beispiel eines frühen religionspsychologischen Entwurfes, der die Ergebnisse der Pionierstudien weitgehend unkritisch als Basis der eigenen Darstellung übernimmt, sei hier nur verwiesen auf: G. B. CUTTEN, The Psychological Phenomena of Christianity, New York 1908.

[5] Wer neuere Entwürfe der Religionspsychologie zur Hand nimmt, dem wird sich der Befund freilich unschwer aufdrängen, daß der Pioniergeist von einst weiterhin lebendig ist:
Als eindrückliches Beispiel dafür, daß sich gerade die Wiederbelebung des Fachs in den 50er Jahren durch Wiederaufnahme des von den Pionieren der Religionspsychologie beschrittenen Weges vollzogen hat, sei verwiesen auf: W. H. CLARK, The Psychology of Religion, New York 1958. Clarks Entwurf übernimmt nicht nur den klassischen Themen- und Methodenbestand, sondern zieht auch einzelne Thesen und statistische Ergebnisse Halls (zur Entwicklungspsychologie der Adoleszenz: 207), Leubas (zur Mystik und begrifflichen Unterscheidung zwischen „faith" und „belief": 219, 224f., 266, 280, 282) und insbesondere Starbucks (zur Psychologie der Bekehrung und Theorie des Zweifels: 3, 207-209, 218, 450f.) zur Begründung seiner Konzeptionen heran.

kungsgeschichte[1] zeigen, die angesichts des breit angewachsenen Stromes religionspsychologischer Literatur[2] hier nicht mehr geleistet werden kann. Dies erinnert einmal mehr an die bleibende Aufgabe, daß eine Geschichte der Religionspsychologie zu schreiben immer noch aussteht.

Zumindest *ein* Tatbestand deutet jedoch unübersehbar darauf hin, daß die Krise der Religionspsychologie trotz vielfältiger Wiederaufnahmen religionspsychologischer Forschungen in den letzten Jahrzehnten sowohl in den USA als auch in Europa nicht wirklich überwunden ist: Bis heute ist es nicht zu einer allgemeinen Verständigung über die Aufgabe, den Gegenstand, die Methoden[3] und den wissenschaftlichen Ort dieser Forschungen gekommen.[4] Ob die Religionspsychologie innerhalb der Theologie, Religionswissenschaft oder Psychologie einzuordnen ist oder ob sie eine eigenständige Disziplin darstellt, all das ist umstritten. Für die noch ausstehende Beantwortung dieser Fragen besitzt die vorliegende historisch-systematische Betrachtung einen exemplarisch klärenden Sinn:

Sie votiert auf dem Hintergrund ihrer Untersuchungen erstens für die Annahme, daß zumindest eine Konzeption der Religionspsychologie als eigenständige

---

Vor allem entwicklungspsychologische Arbeiten der späteren Zeit knüpfen dezidiert an die Untersuchungen Starbucks und Halls an: M. ARGYLE/B. BEIT-HALLAHMI, The Social Psychology of Religion, a. a. O.

Daß religionspsychologische Arbeiten zur Mystik wiederum nicht am Entwurf Leubas vorübergehen können, dazu vgl. etwa J. MARÉCHAL, Studies in the Psychology of the Mystics, New York 1964, bes. 35ff. und 219-238.

Auch jüngst wird zuweilen hier und dort der „echt szientifische" Geist der Pioniere zur Belebung des Fachs heraufbeschworen: so etwa von BOOTH, 40, 272.

[1] Eine solche unternimmt für die Religionspsychologie Starbucks und James': V. GRÖNBAEK, Nogle linier i religionspsykologiens udvikling. Edwin D. Starbuck og William James i religionspsykologiens historie og nutid, Lund 1974.

[2] Die Fülle der Literatur demonstrieren folgende Bibliographien: W. W. MEISSNER, Annoted Bibliography in Religion and Psychology, New York 1961; M. ARGYLE/B. BEIT-HALLAHMI, The Social Psychology of Religion, 208-242; D. CAPPS/L. RAMBO/P. RANSOHOFF, Psychology of Religion. A Guide to Information Sources, Detroit/Michigan 1976. Eine repräsentative Bestandsaufnahme neuerer Forschungen zur Religionspsychologie im deutschsprachigen Raum bietet: E. SCHMITZ (Hg.), Religionspsychologie. Eine Bestandsaufnahme des gegenwärtigen Forschungsstandes, Göttingen u. a. 1992, J. A. VAN BELZEN, „Errungenschaften, Desiderata, Perspektiven - Zur Lage der religionspsychologischen Forschung in Europa, 1970-1995", in: CH. HENNING/E. NESTLER (Hg.), Religion und Religiosität zwischen Theologie und Psychologie, 131-158.

[3] Vgl. dazu die Darstellungen und Reflexionen in: O. STRUNK JR., Readings in the Psychology of Religion, Kap. VI: „Method and Research".

[4] ZINSER, 87, 103-108. UTSCH, bes. 13-19, der dem Wunsch nach einem einheitlichen Gesamtmodell der Religionspsychologie durch die Erstellung einer Synopse verschiedener Erklärungsansätze begegnen möchte. Über die verschiedenen historischen Trends innerhalb der Religionspsychologie informiert: P. W. PRUYSER, „Some Trends in the Psychology of Religion", in: O. STRUNK JR., The Psychology of Religion. Historical and Interpretative Readings, New York 1971, 99-116.

Disziplin nicht in Frage kommen kann. Denn für deren Forschungen haben sich weder ein genuiner Gegenstandsbezug noch Gegenstand aufweisen lassen. Aufgabe und Anlage dieser wissenschaftlichen Arbeiten erwachsen stets aus spezifischen Praxisinteressen, die ihrem positionalen Gehalt nach auf dem Boden einer bestimmten Religion bzw. Weltanschauung stehen und damit strenggenommen zu deren jeweiliger wissenschaftlicher Theoriearbeit gehören.

Sie votiert zweitens für die Annahme, daß die protestantische Theologie mit ihrem spezifischen Praxisinteresse jedenfalls nur auf solche religionspsychologischen Theorien zurückgreifen kann, die auf dem Boden christlicher Leitüberzeugungen gebildet sind. Denn die Theologie kann hier aus der historischen Distanz an abgeschlossenen Systemen - deutlicher als im laufenden Theoriebetrieb selbst - studieren und erkennen, warum der eklektische Gebrauch einzelner psychologischer Konzeptionen bedenklich ist, wenn nicht zugleich festgestellt wird, aus welchen systematischen Zusammenhängen diese stammen und auf welchen kategorialen Leitannahmen sie beruhen. Das gilt für „Lehnsätze" aus der Psychologie innerhalb der Systematischen genauso wie innerhalb der Praktischen Theologie.

Den klassischen Systemen der drei Pioniere wird die Theologie so gesehen wohl kaum konstruktive Beiträge für die eigene Theoriearbeit entnehmen können. Das ist das harte Resultat der Darstellung und Prüfung ihrer Religionspsychologie. Damit bestätigt das Untersuchungsergebnis das Urteil der Dialektischen Theologie, daß die Übernahme *dieser* empirischen Psychologietradition durch die Theologie problematisch ist, weil sie letztlich nur unter Preisgabe des eigenen Erkenntniszugangs zur Sache und des von ihm aus entwickelten Sachverständnisses erfolgen kann. Das Urteil entspringt jedoch nicht - wie das der Dialektischen Theologie - einem prinzipiellen Mißtrauen gegenüber dem psychologischen Unternehmen überhaupt, sondern ist auf eine Konstitutionsanalyse bestimmter, exemplarisch bedeutsamer Systeme gegründet.

Als Konsequenz des Untersuchungsergebnisses ist darum hier auch kein grundsätzliches „Absehen von allem Menschlich-Psychologischen, das prinzipielle und radikale Ignorieren aller inneren Prozesse"[1] geboten, wie Emil Brunner gefordert hat. Geboten ist vielmehr eine entschlossene Entfaltung von psychologischer *Selbst*erkenntnis unter dezidiert *theo*logischen Bedingungen, die die eingangs[2] gesichtete kategoriale Psychologietradition nicht unberücksichtigt läßt, sondern aufnimmt und kritisch fortschreibt. Daß es für die kirchliche Praxis jedenfalls unverzichtbar ist, die dynamische Struktur christlichen Lebens[3] als eines

---

[1] BRUNNER, 35, ä. a. 56.
[2] Einleitung, 1.1.
[3] Welche Explikationsleistung hierfür bisher die verschiedenen Ausgestaltungen der ordo salutis-Lehre erbracht haben, worin deren Stärken, aber auch Gefahren zu sehen sind, dazu M. MARQUARDT, „Die Vorstellung des 'ordo salutis' in ihrer Funktion für die Lebensführung der

Wachstums im Glauben auch hinsichtlich seiner psychischen Dimension theoretisch zu beschreiben, werden zumindest all diejenigen nicht bestreiten, die die Grundaufgabe der Kirche als eine spezifische *Bildungsaufgabe*[1] und deren Inbegriff selbst wiederum als Seelsorge im weiten Sinne verstehen.

Glaubenden", in: Marburger Jahrbuch Theologie III. Lebenserfahrung, hg. v. W. HÄRLE/R. PREUL, Marburg 1990, 29-53.

[1] So R. PREUL, „Zur Bildungsaufgabe der Kirche", in: Marburger Jahrbuch Theologie VIII. Kirche, hg. v. W. HÄRLE/R. PREUL, Marburg 1996, 121-138, bes. 121, 123; DERS., Kirchentheorie, Berlin/New York 1997, 12, 150.

Literaturverzeichnis

1. Quellen

1.1 Granville Stanley Hall

Bibliographie:

WILSON, Louis N., „Bibliography of the Published Writings of G. Stanley Hall, 1866-1924", in: „Granville Stanley Hall. In Memoriam", Clark University Library Publications 7, Worcester/Mass. 1925; auch in: Edward L. THORNDIKE, „G. Stanley Hall, 1846-1924", National Academy of Sciences, Biographical Memories 12 (1928), 155-180.

Zitierte Veröffentlichungen Halls:

HALL, Granville Stanley , „Bryant", Williams Quaterly 13 (Juni 1866), 245-249.
- „The Student's Sin", Williams Quaterly 14 (Aug. 1866), 19-26.
- „A Life Without a Soul", Williams Quaterly 14 (Aug. 1866), 35-41.
- „The Inventive Mood", Williams Quaterly 14 (Nov. 1866), 108-117.
- „Editor's Table", Williams Quaterly 14 (April 1867), 195f.
- „Philanthropy", in: An Oration by John M. TAYLOR and a Poem by G. Stanley HALL, Delivered on Class Day, June 27, 1867, North Adams 1867.
- „John Stuart Mill", Williams Quaterly 15 (Aug. 1867), 18-29.
- „Outlines of Dr. A. Dorner's System of Theology", Presbyterian Quaterly Review 1 (1872), 720-747; 2 (1873), 60-93, 261-273.
- „Hegel As the National Philosopher of Germany", Journal of Speculative Philosophy 6 (1872), 53-82, 97-129, 258-279, 340-350; 7 (1873), 17-23, 44-59, 67-74; 8 (1874), 1-13; als Buchveröffentlichung unter demselben Titel: St. Louis 1874.
- „College Instruction in Philosophy", Nation 23 (1876), 180.
- „A Leap-Year Romance", Appleton's Journal 5 (1878), 211-222, 319-330.
- „The Philosophy of the Future", Nation 27 (1878), 283f.
- „Notes on Hegel and His Critics", Journal of Speculative Philosophy 12 (1878), 93-103.
- „The Muscular Perception of Space", Mind 3 (1878), 433-450.
- „Philosophy in the United States", Mind 4 (1879), 89-105.
- „Color Perception", Proceedings of the American Academy of Arts and Sciences 5 (1878), 402-413.
- „Laura Bridgeman", Mind 4 (1879), 149-172.

- /Hugo KRONECKER, „Die willkürliche Muskelaktion", Archiv für Anatomie und Physiologie, Physiologische Abtheilung, Suppl. Bd., 1879, 11-47.
- /J. VON KRIES, „Über die Reaktionszeit am Ort des Reizes", Archiv für Anatomie und Physiologie, Physiologische Abtheilung, Suppl. Bd., 1879, 1-10.
- „Getting Married in Germany", Atlantic Monthly 47 (1881), 36-46.
- Aspects of German Culture, Boston 1881.
- „Recent Researches on Hypnotism", Mind 6 (1881), 98-104.
- /H. P. BOWDITCH, „Optical Illusion of Motion", Journal of Physiology 3 (1882), 297-307.
- „Chairs of Pedagogy in Our Higher Institutions of Learning", Bureau of Education Circulars of Information 2 (1882), 35-44.
- „The Moral and Religious Training of Children", Princeton Review 10 (1882), 26-48.
- „The Education of the Will", Princeton Review 10 (1882), 306-325; in gekürtzert Version in: PS 2 (1892), 72-89.
- „Educational Needs", North American Review 136 (1883), 284-290.
- „The Contents of Children's Minds", Princeton Review 11 (1883), 249-272; als Broschüre bei E. L. Kellog, New York 1893; auch in: ACL 1-52.
- (Hg.), Methods of Teaching History, Boston 1883.
- „Reaction-Time and Attention in the Hypnotic State", Mind 8 (1883), 170-182.
- /E. M. HARTWELL, „Bilateral Asymmetry of Function", Mind 9 (1884), 93-109.
- /H. H. DONALDSON, „Motor Sensations on the Skin", Mind 10 (1885), 557-572.
- „The New Psychology", Andover Review 3 (1885), 120-135, 239-248.
- „A Study of Children's Collections", The Nation 41 (1885), 190; auch in: PS 1 (1890), 234-237.
- „Pedagogical Inquiry", Journal of Proceedings and Adresses, N.E.A. (1885), 506-511.
- „Experimental Psychology", Mind 10 (1885), 245-249.
- /Joseph JASTROW, „Studies of Rhythm", Mind 11 (1886), 55-62.
- /John M. MANSFIELD, Hints toward a Select and Descriptive Bibliography of Education. Arranged by Topics, and Indexed by Authors, Boston 1886.
- „Editorial Note", AJP 1 (1887), 3f.
- /Yujiro MOTORA, „Dermal Sensitiveness to Gradual Pressure Changes", AJP 1 (1887), 72-98.
- „Psychological Literature", AJP 1 (1887), 128-164.
- „The Story of a Sand Pile", Scribner's Magazine 3 (1888), 690-696; hier zitiert nach ACL 142-156.
- „Adress Delivered at the Opening of Clark University", Clark University, Opening Exercises, October 2, Worcester/Mass. 1889, 9-32.
- „Children's Lies", AJP 3 (1890), 59-70; auch in: PS 1 (1891), 211-218.
- „A Sketch of the History of Reflex Action. I. Introductory", AJP 3 (1890), 71-86.
- „Contemporary Psychologists, I. Professor Eduard Zeller", AJP 4 (1891), 156-175.
- „Boy Life in a Massachusetts Country Town Thirty Years Ago", Proceedings of the American Antiquarian Society 7 (1891), 107-128; auch in: ACL 300-321.
- „Notes on the Study of Infants", PS 1 (1891), 127-138.

- „Contents of Children's Minds on Entering School at the Age of Six Years", PS 1 (1891), 139-173; als Broschüre verlegt bei E. L. Kellogg, New York 1893.
- „The Moral and Religious Training of Children and Adolescents", PS 1 (1891), 196-210.
- „Review of William James' Principles of Psychology", AJP 3 (1891), 578-591.
- „Ecstasy and Trance", The Christian Register 71 (1892), 56.
- „Child Study: The Basis of Exact Education", Forum 16 (1893), 429-441.
- „The New Psychology As a Basis of Education", The Forum (Philadelphia) 17 (1894), 710-720.
- „On the History of American College Text Books and Teaching Logic, Ethics, Psychology and Allied Subjects. With Bibliography", Proceedings of the American Antiquarian Society 9 (1894), 137-174.
- „Editorial", AJP 7 (1895), 3-8.
- „Pedagogical Methods in Sunday-School Work", The Christian Register 74 (1895), 719f.
- „Modern Methods in the Study of the Soul", Christian Register 75 (1896), 131-133.
- „Address on Founder's Day at Mount Holyoke College, Nov. 5, 1896", The Mount Holyoke News 6 (1896), 64-72.
- „A Study of Fears", AJP 8 (1897), 147-249.
- /Arthur ALLIN, „The Psychology of Tickling, Laughing, and the Comic", AJP 9 (1897), 1-41.
- „Some Aspects of the Early Sense of Self", AJP 9 (1898), 351-395.
- „The School Held in Chicago during April, 1899", Kindergarten Magazine 11 (1899), 592-607.
- „Note on Early Memories", PS 6 (1899), 485-512.
- „A Study of Anger", AJP 10 (1899), 516-591.
- „The Education of the Heart", Kindergarten Magazine 11 (1899), 592-595, 599-600, 604-607.
- /F. H. SAUNDERS, „Pity", AJP 11 (1900), 534-591.
- „Confessions of a Psychologist", PS 8 (1901), 92-143.
- „How Far Is the Present High School and Early College Training Adapted to the Nature and Needs of Adolescents?", School Review 9 (1901), 649-665.
- „A New Universal Religion at Hand", Metropolitan 14 (1901), 778-780.
- „Some Fundamental Principles of Sunday School and Bible Teaching", PS 8 (1901), 439-468.
- „The Religious Content of the Child-Mind", in: Principles of Religious Education, New York/Bombay 1901, Kap. 7, 159-189.
- „The High School As the People's College", PS 9 (1902), 63-73.
- „Christianity and Physical Culture", PS 9 (1902), 374-378.
- „Civilization and Savagery", Massachusetts History Society Proceedings 17 (1902), 4-18.
- /J. E. W. WALLIN, „How Children and Youth Think and Feel about Clouds", PS 9 (1902), 460-506.

- /C. E. BROWNE, „Children's Ideas of Fire, Heat, Frost, and Cold", PS 10 (1903), 27-85.
- „Note on Cloud Fancies", PS 10 (1903), 96-100.
- „Note on Moon Fancies", AJP 14 (1903), 88-91.
- /W. F. BUCKE, „Cyno-Psychoses: Children's Thoughts, Reactions, and Feelings towards Pet Dogs", PS 10 (1903), 459-513.
- „Editorial", JRP 1 (1904), 1-6.
- /C. E. BROWNE, „The Cat and the Child", PS 11 (1904), 3-29.
- „The Jesus of the History and of the Passion *versus* the Jesus of the Resurrection", JRP 1 (1904), 30-64.
- Adolescence. Its Psychology and Its Relation to Physiology, Anthropology, Sociology, Sex, Crime, Religion and Education, 2 Bde., New York 1904.
- „A Study of Children's Interest in Flowers", PS 12 (1905), 107-140.
- „The Pedagogy of History", PS 12 (1905), 339-349.
- „The Negro in Africa and America", PS 12 (1905), 350-368.
- „The Efficiency of the Religious Work of the Young Men's Christian Association", PS 12 (1905), 478-486.
- „The Education of Ministers, and Sunday School Work among the Unitarians", PS 12 (1905), 490-495.
- Youth. Its Education, Regimen and Hygiene, New York 1906.
- „What Changes Should Be Made in Public High Schools to Make Them More Efficient in Moral Training", Proceedings of the Third Annual Convention of the Religious Education Association (1906), 219-223.
- /u. a., Aspects of Child Life and Education, Boston 1907.
- „The German Teacher Teaches", New England Magazine 36 (1907), 282-287; auch in: EP Bd. 2, Kap. XIV.
- „Sunday Observance", PS 15 (1908), 217-229; auch in: EP Bd. 2, Kap. XIII, 223-240.
- „The Relation of the Church to Education", PS 15 (1908), 186-196.
- „A Glance at the Phyletic Background of Genetic Psychology", AJP 19 (1908), 149-212.
- „Evolution and Psychology", In: Fifty Years of Darwinism. Modern Aspects of Evolution, Centennial Addresses in Honor of Charles Darwin before the American Association for the Advancement of Science, Baltimore, Friday, Jan. 1, 1909, New York 1909, 251-267.
- „Mission Pedagogy", The Journal of Race Development 1 (1910), 127-146.
- Educational Problems, 2 Bde., New York 1911.
- „Eugenics: Its Ideals and What It Is Going to Do", Religious Education 6 (1911), 152-159.
- Founders of Modern Psychology, New York/London 1912.
- „The Genetic View of Berkeley's Religious Motivation", JRP 5 (1912), 137-162.
- „Why Kant Is Passing", AJP 23 (1912), 370-426.
- „The Freudian Child and Ambivalence", Psychological Bulletin 11 (1914), 67-68.
- „Nietzsche", Massachusetts Historical Society 48 (1914), 176-184.
- „A Synthetic Study of Fear", AJP 25 (1914), 149-200, 321-392.

- Die Begründer der modernen Psychologie. Lotze, Fechner, Helmholtz, Wundt, übers. v. Raymund SCHMIDT, Leipzig 1915.
- „Recreation and Reversion", PS 22 (1915), 510-520.
- „The Psychology of the Nativity", JRP 7 (1915), 421-465.
- „The Freudian Methods Applied to Anger", AJP 26 (1915), 438-443.
- „Thanatophobia and Immortality", AJP 26 (1915), 550-613.
- Jesus, the Christ, in the Light of Psychology, New York/London 1917.
- „Some Relation between War and Psychology", AJP 30 (1919), 211-223.
- Recreations of a Psychologist, New York 1920.
- Morale: The Supreme Standard of Life and Conduct, New York 1920.
- „Old Age", Atlantic Monthly 127 (1921), 23-31.
- Senescence: The Last Half of Life, New York 1922.
- Life and Confessions of a Psychologist, New York/London 1924.

1.2 James Henry Leuba

LEUBA, James Henry, „National Destruction and Construction in France As Seen in Modern Literature and in the Neo-Christian Movement", AJP 5 (1893), 496-539.
- „A New Instrument for Weber's Law with Indication of a Law of Sense-Memory", AJP 5 (1893), 370-384.
- „Studies in the Psychology of Religious Phenomena", AJP 7 (1896), 309-385.
- „The Psycho-Physiology of the Categorical Imperative", AJP 8 (1897), 528-559.
- „Review of 'The Psychology of Religion.' By E. D. Starbuck", Psychological Review 7 (1900), 509-516.
- „The Personifying Passion in Youth with Remark upon the Sex and Gender Problem", Monist 10 (1900), 536-548.
- „The Psychological Content of Religion", C. r. IVe congrès international de psychologie, 1900 (1901), 369-370.
- „Introduction to a Psychological Study of Religion", Monist 11 (1901), 195-225.
- „The Contents of Religious Consciousness", Monist 11 (1901), 536-573.
- „Religion: Its Impulses and Its Ends", Bibliotheca Sacra 58 (1901), 751-773.
- „Les tendances fondamentales des mystiques chrétiens", Revue Philosophique 54 (1902), 1-36.
- „Les tendances religieuses chez les mystiques chrétiens", Revue Philosophique 54 (1902), 441-487.
- „On the Psychology of a Group of Christian Mystics", Mind 14 (1902), 15-27.
- „The State of Death: An Instance of Internal Adaptation", AJP Commemorative Number 14 (1903), 133-145.
- „Empirical Data on Immortality. Rejoinder to Prof. Hyslop", International Journal of Ethics 14 (1903), 90-105.
- „Faith", JRP 1 (1904), 65-82.
- „Review of 'Observations de psychologie religieuse,' by T. Flournoy", JRP 1 (1904), 95f.
- „The Fields and the Problems of the Psychology of Religion", JRP 1 (1904), 155-167.

- „Professor James' Interpretation of Religious Experience", Journal of Ethics 14 (1904), 322-339.
- „A propos de l'érotomanie des mystiques chrétiens", Revue Philosophique 57 (1904), 70f.
- An Experiment on Learning to Make Hand Movements", Psychological Review 12 (1905), 351-369.
- „La psychologie religieuse", Anée Psychologique 11 (1905), 482-493.
- „Revue générale de psychologie religieuse", Anée Psychologique 12 (1906), 550-569.
- „Fear, Awe and the Sublime in Religion: A Chapter in the Study of Instincts, Impulses, and Motives in Religious Life", JRP 2 (1906), 1-23.
- „Religion As a Factor in the Struggle for Life", JRP 2 (1907), 307-343.
- The Origin and the Nature of Religion, London 1909.
- „An Apparatus for the Study of Kinaesthetic Space Perception", AJP 20 (1909), 370-373.
- „Review of 'An Introduction to Social Psychology,' by William McDougall", AJP 20 (1909), 285-289.
- „The Psychological Nature of Religion", American Journal of Theology 13 (1909), 77-85.
- „On Three Types of Behavior. The Mechanical, the Coercitive (Magic) and the Anthropopathic (Including Religion)", AJP 20 (1909), 107-119.
- „Magic and Religion", Sociological Review 2 (1909), 20-35.
- „The Psychological Origin of Religion", Monist 19 (1909), 27-35.
- „The Influence of the Duration and of the Rate of Arm Movements upon the Judgement of Their Length", AJP 20 (1909), 374-385.
- „La Religion conçue comme fonction biologique", Sixième congrès international de psychologie, Genève 1909, 118-137.
- „Psychologie des phénomènes religieux", Sixième congrès international de psychologie, Genève, rapports et comptes rendus, Paris 1909 (1910), 118-137.
- „Eusopia Palladino, A Critical Consideration of the Medium's Most Striking Performances", Putman's Magazine 7 (1910), 407-415.
- „Review of 'La Notion de valeur; sa nature psychologique; son importance en théologie.' By George Berguer", JRP 4 (1910/11), 171f.
- „How Magic Is to Be Differentiated from Religion", JRP 4 (1910/11), 422-426.
- „Religion and Magic: A Reply to Mr. Wallis", JRP 4 (1910/11), 427-430.
- „The Varieties, Classification, and Origin of Magic", American Anthropologist 14 (1912), 350-367.
- „The Several Origins of the Ideas of Unseen, Personal Beings", Folk-lore 23 (1912), 148-171.
- „Psychotherapic Cults: Christian Science; Mind Cure; New Thought", Monist 14 (1912), 350-367.
- A Psychological Study of Religion, New York 1912.
- „Religion and the Discovery of Truth", Journal of Philosophy, Psychology and Scientific Methods 9 (1912), 406-411.

- „La Religion comme type de conduite rationelle", Revue Philosophique 74 (1912), 321-337.
- „Review of 'Psychology of the Religious Life.' By George Malcolm Stratton", International Journal of Ethics 23 (1913), 88-92.
- „Can Science Speak the Decisive Word in Theology? - A Rejoinder", Journal of Philosophy, Psychology and Scientific Methods 10 (1913), 411-414.
- „Sociology and Psychology. The Conception of Religion and Magic and the Place of Psychology in Sociological Studies: A Discussion of the Views of Durkheim and of Hubert and Mauss", American Journal of Sociology 19 (1913/14), 323-342.
- „The Task and Method of Social Psychology", Psychological Bulletin 11 (1914), 445-448.
- „Theologie und Psychologie", Religion und Geisteskultur 8 (1914), 109-118.
- „The Psychology of Conversion", Expository Times 25 (1914), 219-223.
- „The Task and Method of Psychology in Theology", Psychological Bulletin 12 (1915), 462-470.
- „William James and Immortality", Journal of Philosophy, Psychology and Scientific Methods 12 (1915), 409-416.
- The Belief in God and Immortality, Boston 1916.
- „Theology and Psychology", Harvard Theological Review 11 (1916), 416-428.
- „The Primitive and the Modern Conception of Personal Immortality", Monist 27 (1917), 608-617.
- „The Belief in God and Immortality", Psychological Bulletin 14 (1917), 405-407.
- „Children's Conception of God and Religious Education", Religious Education 12 (1917), 5-15.
- „Statistics of Belief in God and Immortality: Discussion", International Journal of Ethics 28 (1917), 109-112.
- „The Extatic Intoxication in Religion", AJP 28 (1917), 578-584.
- „Psychical Research", Encyclopedia of Religion and Ethics, hg. v. James HASTINGS, Bd. X, Edinburgh/New York 1918, 420-423.
- „The Yoga System of Mental Concentration and Religious Mysticism", Journal of Philosophy, Psychology, and Scientific Methods 16 (1919), 197-206.
- „A Modern Mystic", Journal of American Psychology 15 (1920), 209-223.
- „Religious and Other Extasies", Journal of Religion 1 (1921), 391-403.
- „Freudian Psychology and Scientifique Inspiration", Psychological Review 31 (1924), 184-192.
- „The Immediate Apprehension of God According to W. James and W. E. Hocking", Journal of Philosophy 21 (1924), 701-712.
- The Psychology of Religious Mysticism, New York 1925.
- „Extase mystique et révélation", Mercure de France 639 (1925), 671-686.
- „Le sentiment de la 'Présence invisible' et de la direction divine", Revue Philosophique 50 (1925), 161-188.
- „Les grands mystiques chrétiens, l'hysterie et la neurasthénie", Journal de Psychologie 22 (1925), 236-251.

- „The Sex Impulse in Christian Mysticism", Journal of Abnormal Psychology 19 (1925), 357-372.
- „Psychologie de l'inspiration scientifique", Revue Bleue 63 (1925), 109-115.
- „The Psychology of Religion As Seen by Representatives of the Christian Religion", Psychological Bulletin 23 (1926), 714-722.
- „The Weaker Sex: A Scientific Ramble", Atlantic Monthly 137 (1926), 454-460.
- Die Psychologie der religiösen Mystik, übers. v. Erica PFOHL-HAMBURG, München 1927.
- „The Invisible Prensence", Atlantic Monthly 139 (1927), 71-81.
- „Basic Assumptions of Religion in Their Bearing upon Science", Religious Education 23 (1928), 297-303.
- „What of the Religions?", The Outlook (New York) 13 (1928), 252f., 273.
- „Changes in the Method of Religion Made Necessary by Psychology", Religious Education 23 (1928), 23-28.
- „Morality among the Animals", Harper's Monthly (June 1928), 97-103.
- „Intuition", Forum (New York) 79 (1928), 694-704.
- „Note on the Orientation in the White Rat", Journal of Comparative Psychology 9 (1929), 239-244.
- God or Man? A Study of the Value of God to Man, London 1934.
- „The Belief of American Scientists", Harper's 169 (1934), 291-300.
- „The Making of a Psychologist", in: Vergilius FERM (Hg.), Religion in Transition, London 1937, 173-200.
- The Reformation of the Churches, hg. v. Clarence LEUBA, Boston 1950.

1.3 Edwin Diller Starbuck

Bibliographie:

BOOTH, Howard J., Edwin Diller Starbuck. Pioneer in the Psychology of Religion, Washington D.C. 1981, 282-292.

Zitierte Veröffentlichungen Starbucks:

STARBUCK, Edwin Diller, „Contributions to the Psychology of Religion: I. A Study of Conversion", AJP 8 (1897), 268-308; „II. Some Aspects of Religious Growth", AJP 9 (1897), 70-124.
- The Psychology of Religion. An Empirical Study of the Growth of Religious Consciousness, London 1899.
- „Review of 'The Spiritual Life, Studies in the Science of Religion.' By G. A. Coe", Psychological Review 7 (1900), 615f.
- „Religious Education As a Part of General Education", Religious Education Association, Proceedings of the First Annual Convention, Chicago Febr. 10-12 (1903), 52-59.

- „The Feelings and Their Place in Religion", JRP 1 (1904), 168-186.
- „Review of 'The Varieties of Religious Experience.' By W. James", Biblical World 24 (1904), 100-111.
„The Home: The Growth of the Larger Sense of Social and Civic Responsibility in Youth", Religious Education Association, U.S. Bureau of Education, Bulletin 7, Washington D.C. (1926), 339-343.
- „Reinforcement to the Pulpit from Modern Psychology. I. Psychological Predestination; II. The Doctrine of Original Sin", Homiletic Review 52 (1906), 168-172, 418-423.
- „Child Education and Child Nature", Biblical World 30 (1907), 30-38; 101-110; 191-201; 352-360; 31 (1908), 101-112.
- „Moral Training in the Public Schools", in: Moral Training in the Public Schools (The California Prize Essays), Boston 1907, 89-121.
- Religionspsychologie. Empirische Entwicklungsstudie religiösen Bewußtseins, unter Mitwirkung v. Gustav VORBRODT übers. v. Friedrich BETA, 2 Bde., Leipzig 1909.
- „The Play Instinct and Religion" (1909), LTD 249-254.
- „How Shall We Deepen the Spiritual Life of the College?", Religious Education 4 (1909), 83-89.
- „Backsliding", Encyclopedia of Religion and Ethics, hg. v. James HASTINGS, Bd. II, Edinburgh/New York 1910, 319-321.
- „Should the Impartation of Knowledge As Such Be a Function of the Sunday School?", Religious Education 4 (1910), 424-429.
- „Climate", Encyclopedia of Religion and Ethics, hg. v. James HASTINGS, Bd. III, Edinburgh/New York 1911, 693f.
- „The Instinctive Basis of Religion", Psychological Bulletin 8 (1911), 52f.
- „The Moral Phases of Public Education: Iowa Moral Education and Training", Religious Education 6 (1911), 84-93.
- /u. a., „Report of the Commission Appointed in 1911 to Investigate the Preparation of Religious Leaders in Universities and Colleges", Religious Education 7 (1912), 329-348.
- „Double-Mindedness", Encyclopedia of Religion and Ethics, hg. v. James HASTINGS, Bd. IV, Edinburgh/New York 1912, 860-862.
- „Doubt", ebd. 863-865.
- „The New World and Its Values" (1912), LTD 365-384.
- „Hopeful Lines of Development of the Psychology of Religion", Religious Education 8 (1913), 426-429.
- „Female Principle", Encyclopedia of Religion and Ethics, hg. v. James HASTINGS, Bd. V, Edinburgh/New York 1913, 827-833.
„The Forward Look in Philosophy" (1913), LTD 45-50.
- „Intuitionalism", Encyclopedia of Religion and Ethics, hg. v. James HASTINGS, Bd. VII, Edinburgh/New York 1914, 397-400.
- „A Child-Centered Religious Education", Friends' Intelligencer Supplement 71 (1914), 38-48.

- „Old Age", Encyclopedia of Religion and Ethics, hg. v. James HASTINGS, Bd. IX, Edinburgh/New York 1917, 458-462.
- „Self-Expression", Encyclopedia of Religion and Ethics, hg. v. James HASTINGS, Bd. XI, Edinburgh/New York 1921, 357-359.
- „The Intimate Senses As Sources of Wisdom", Journal of Religion 1 (1921), 129-145.
- /u. a., Character Education Methods: The Iowa Plan, Washington D.C. 1922.
- „What Can Religious Education Do with Human Nature?", Religious Education 18 (1923), 72-77.
- „Some Fundamentals of Character Education", School and Society 20 (1924), 87-101.
- „Life and Confessions of G. Stanley Hall", Journal of Philosophy 21 (1924), 141-154.
- „G. Stanley Hall As a Psychologist", Psychological Review 32 (1925), 103-120.
- „Character Education", Report of the Committee on Character Education of the National Education Association, U.S. Bureau of Education, Bulletin 7, Washington D.C. (1926), 1f.
- „Character Tests and Measurements", in: Character Education, Bureau of Education Bulletin 7, Washington D.C. (1926), Kap. V, 25-48.
- „Character and Science", Journal of the National Education Association 15 (1926), 213f.; unter dem Titel „Toward a Science of Character Education" auch in: LTD 181-184.
- „An Empirical Study of Mysticism", Proceedings of the Sixth International Congress of Philosophy, Cambridge/Mass. (1926), 87-94.
- (Hg.), University of Iowa Studies in Character, 4 Bde., Iowa City 1927-1931.
- „Professor Starbuck's Summary", Religious Education 22 (1927), 451f.
- „Significance of the Fairy Tale in Character Education", Religious Education 22 (1927), 1004-1007.
- „Theological Seminaries and Research", Religious Education 23 (1928), 404-406.
- „Confessions of Faith in the R.E.A.", Religious Education 23 (1928), 616.
- (Hg.), A Guide to Literature for Character Training, Bd. I: Fairy Tale, Myth, and Legend, New York 1928.
- „The Young Men of the World", Religious Education 24 (1929), 872-874.
- „Religious Psychology and Research Methods", Religious Education 24 (1929), 874-876.
- (Hg.), A Guide to Books for Character, Bd. II: Fiction, New York 1930.
- „Philosophy Functioning in Life", Southern California Alumni Supplement 8 (1930), 55ff.
- (Hg.), The Wonder Road, Bd. I: Familiar Haunts; Bd. II: Enchanted Paths; Bd. III: Far Horizons, New York 1930.
- „Character Rating", Child Study 9 (1931), 12-14.
- „Symbols in the Development of Personality", in: Life - a Symbol, hg. v. Maurice H. FARBRIDGE, Manchester 1931, 3-26.
- „India and the Cultural Traditions" (1932), LTD 287-292.
- „The Cultural Equivalent of Religion in the Secondary School Program", Proceedings of the Annual Convention of Secondary School Principals of California, State of Cal-

ifornia Department of Education Bulletin 12 (1932), 34-44; in gekürzter Version unter dem Titel „The Life of the World" in: LTD 295-297.
- „A Philosophical View of Character" (1932), LTD 107-111.
- „The ABC of Character Education" (1934), LTD 135-154.
- „The Deeper-Lying Centers of Personality" (1934), LTD 61-84.
- „New Techniques for Judging Literature", The English Journal, College Edition 24 (1935), 396-403.
- „Things a Man Remembers" (1935), LTD 395-397.
- „Purely Personal" (1935), LTD 387-449.
- (Hg.), Living Through Biography, Bd. I: The High Trail; Bd. II: Actions Speak; Bd. III: Real Persons, New York 1936.
- „Religion's Use of Me", in: Vergilius FERM (Hg.), Religion in Transition, London 1937, 201-260.
- „The Human Interest in Persons" (1937), LTD 349-354.
- „The Play Impulse and Life" (1938), LTD 325-328.
- „The Dance, Mother of the Arts" (1938), LTD 317-321.
- (Hg.), Lives That Guide, New York 1939.
- „The Good Life Becomes the Attractive One", California Journal of Secondary Education 15 (1940), 268-272.
- „The Lower Senses As Sources of Literary Appreciation", Psychological Bulletin 38 (1941), 743f.
- „Psychology of Religion", Encyclopedia of Educational Research, hg. v. Walter S. MONROE, New York 1941, 865-869.
- „A Student's Impressions of James in the Middle '90's", Psychological Review 50 (1943), 128-131.
- Look to This Day, assembled and edited by the STAFF OF THE INSTITUTE OF CHARACTER RESEARCH, University of Southern California 1945.

1.4 Religionspsychologie und Psychologie allgemein

AMES, Edward Scribner, The Psychology of Religious Experience, London 1910.
BALDWIN, James Mark, Mental Development in the Child and the Race, New York 1895.
BURNHAM, William Henry, „The Study of Adolescence", PS 1 (1891), 174-195.
CARLSON, Anton Julius, The Control of Hunger and Desease, Chicago/Illinois 1916.
COE, George Albert, „A Study in the Dynamics of Personal Religion", Psychological Review 6 (1899), 484-505.
- The Spiritual Life. Studies in the Science of Religion, New York 1900.
- „Religious Education As a Part of General Education", The Religious Education Association, Proceedings of the First Annual Convention, Chicago Febr. 10-12 (1903), 44-52.
- The Psychology of Religion, Chicago 1917.
- „My Own Little Theatre", in: Vergilius FERM (Hg.), Religion in Transition, London 1937, 90-125.

DANIELS, Arthur H., „The New Life: A Study of Regeneration", AJP 4 (1893), 67-122.
DAWSON, George E., „Children's Interest in the Bible", PS 7 (1900), 151-178.
DELACROIX, Henri Joachim, Essai sur le mysticisme spéculatif en Allemagne au XIVème siecle, Paris 1899.
- „Review of 'Fundamental Tendencies of the Christian Mystics.' By G. H. Leuba", JRP 1 (1904), 83-90.
- Études d'histoire et de psychologie de mysticism, Paris 1908.
DEWEY, John, Psychology, New York 1887.
- „The Reflex Arc Concept", Psychological Review 3 (1899), 357-370.
- „Religious Education As Conditioned by Modern Psychology and Pedagogy", The Religious Education Association, Proceedings of the First Annual Convention, Chicago Febr. 10-12, 1903, 60-66.
ELLIS, A. Caswell, „Sunday School Work and Bible Study in the Light of Modern Pedagogy", PS 3 (1996), 363-412.
FREUD, Sigmund, „The Origin and Development of Psychoanalysis", Lectures Delivered before the Department of Psychology As a Part of the Celebration of the Twentieth Anniversary of the Opening of Clark University September, Worcester/Mass. 1909, 1-38.
- A General Introduction to Psychoanalysis, New York 1920.
FLOURNOY, Théodore, Les principes de la psychologie religieuse, Genève 1903.
- Une mystique moderne; documents pour la psychologie de la religieuse, Genève/Kündig 1915.
HEISEY, Paul H., Psychological Studies in Lutheranism, Burlington/Iowa 1916, 88ff.
JAMES, William, „The Sentiment of Rationality" (1879), The Works of W. James, hg. v. Frederick H. BURCKHARDT, Bd. 5, Cambridge/London 1978, 32-64.
- „What Is an Emotion?" (1884), in: DERS., Essays in Psychology, The Works of W. James, hg. v. Frederick H. BURCKHARDT, Bd. 13, Cambridge/London 1983, 168-187.
- Principles of Psychology (1890), Cambridge/London 1983.
- Psychology: Briefer Course (1892), The Works of W. James, hg. v. Frederick H. BURCKHARDT, Bd. 14, Cambridge/London 1984.
- Talks to Teachers on Psychology and to Students on Some of Life's Ideals (1899), The Works of W. James, hg. v. Frederick H. BURCKHARDT, Bd. 10, Cambridge/London 1983.
- The Varieties of Religious Experience (1902), The Works of W. James, Bd. 15, hg. v. Frederick H. BURCKHARDT, Cambridge/London 1985.
- Die religiöse Erfahrung in ihrer Mannigfaltigkeit. Materialien und Studien zu einer Psychologie und Pathologie des religiösen Lebens, dt. v. Georg WOBBERMIN, Leipzig 1907.
- Die Vielfalt religiöser Erfahrung in ihrer Mannigfaltigkeit, übers. u. hg. v. Eilert HERMS, Olten 1979.
JANET, Pierre, Les obsession et la psychasthénie, 2 Bde., Paris 1903.
JOHN, Charles W. S., The Psychology of Senescence, Master's Thesis, Clark University, Worcester/Mass. 1912.
JONES, Wilfried L., A Psychological Study of Religious Conversion, London 1937.

KNIGHT, Rachel, The Founder of Quakerism. A Psychological Study of the Mysticism of George Fox, London 1922.
LADD, George T., Elements of Physiological Psychology, New York 1887.
- „Influence of Modern Psychology upon Theological Opinion", Andover Review 14 (1890), 557-578.
LANCASTER, Ellsworth G., „The Psychology and Pedagogy of Adolescence", PS 5 (1897), 61-128.
LANGE, Carl, Über Gemütsbewegungen (1885), dt. v. H. KURELLA, Leipzig 1887.
LEITNER, Hans, Psychologie jugendlicher Religiosität innerhalb des deutschen Methodismus, (Arbeiten zur Entwicklungspsychologie, hg. v. F. KRÜGER, Bd. 9) München 1930.
MAYER, Emil W., „Über Religionspsychologie", ZThK 18 (1908), 293-324.
MUDGE, E. Leigh, The God-Experience. A Study in the Psychology of Religion, Cincinnatti 1923.
MULERT, Hermann, „Die Dogmatik muß psychologischer werden", ZThK 17 (1907), 62-63.
- „Das Religionspsychologische in der Dogmatik", ZThK 17 (1907), 436-438.
ROUBY, Hippolyte, L'hysterie de Sainte Thérèse, Paris 1902.
- „Marie Alacoque", Revue l'Hypnotisme 17 (1902/3), 110, 112ff., 180ff., 373ff.
SCHEEL, Otto, „Religionspsychologie und Dogmatik", ZThK 17 (1907), 310f.
- „Die moderne Religionspsychologie", ZThK 18 (1908), 1-38.
- „Religionspsychologie neben der Dogmatik", ZThK (1908), 149f.
SCOTT, Colin A., „Old Age and Death", AJP 8 (1896), 67-122.
SPENCER, Herbert, The Principles of Psychology, 2 Bde., London ²1870-72 (1855); hier zitiert nach der Ausgabe: New York 1883.
STREET, Richard J., „A Genetic Study of Immortality", PS 6 (1899), 267-313.
VORBRODT, Gustav, Religionspsychologie und Dogmatik, ZThK 17 (1907), 307-310.
- „Noch einmal: Religionspsychologie und Dogmatik", ZThK 17 (1907), 387-389.
- „Religionspsychologie als Methode der Dogmatik", ZThK 18 (1908), 60-67.
- „Stellung der Religionspsychologie zur Theologie", ZThK 20 (1910), 431-474.
- „Thesen und Antithesen", ZThK 18 (1908), 60-67.
- „Übersetzungs-Vorwort", in: Edwin Diller STARBUCK, Religionspsychologie. Empirische Entwicklungsstudie religiösen Bewußtseins, unter Mitwirkung v. G. VORBRODT übers. v. Friedrich BETA, 2 Bde., Leipzig 1909, V-XXV.
WOBBERMIN, Georg, „Zur religionspsychologischen Arbeit des Auslandes", Religion und Geisteskultur 4 (1910), 233-247.
- „Leuba als Religionspsychologe", Religion und Geisteskultur 7 (1913), 282-291.
- Die Religionspsychologische Methode in Religionswissenschaft und Theologie, Leipzig 1913.
- Zum Streit um die Religionspsychologie, Berlin 1913.
- Systematische Theologie nach religionspsychologischer Methode, 3 Bde., Leipzig 1921-1926.
- Zum Streit um die Religionspsychologie, Berlin 1913.

WUNDT, Wilhelm, Grundzüge der physiologischen Psychologie, Bd. II, Leipzig 1874; Bd. III, Leipzig 1911.
- Untersuchungen zur Mechanik der Nerven und Nervenzentren, 2 Bde., Erlangen 1871-1876.
- Völkerpsychologie, 10 Bde., Leipzig 1900-1920.

1.5 Sonstige

ADLER, Felix, Life and Destiny; Or, Thoughts on the Ethical Religion, London 1903.
- The Essentials of Spirituality, New York 1905.
- The Religion of Duty, New York 1905.
- „The Moral Ideal", International Journal of Ethics 20 (1911), 387-394.
- „The Relation of the Moral Ideal to Reality", International Journal of Ethics 22 (1911), 1-18.
AURELIUS AUGUSTINUS, Confessiones, Bekenntnisse, lat. u. dt., eingel., übers. u. erl. v. Joseph BERNHARDT, München ^{4}1980 (1955).
BARTH, Karl, Kirchliche Dogmatik, Bd. 1, Zürich 1986.
BASCOM, John, The Principles of Psychology, New York 1869.
- Science, Philosophy and Religion, New York 1871.
- The Philosophy of English Literature, New York 1874.
- Ethics, New York 1879.
Die BEKENNTNISSCHRIFTEN der evangelisch-lutherischen Kirche, Göttingen ^{10}1986.
BERGSON, Henri, Creative Evolution, New York 1911.
BRIDGES, Horace James (Hg.), The Ethical Movement; Its Principles and Aims, London 1911.
BRINTON, Daniel Garrison, Religions of Primitive People, New York/London 1897.
BRUNNER, Emil, Erlebnis, Erkenntnis und Glaube, Tübingen 1921.
BOUGAUD, Emile, Histoire de la Bienheuse Marguerite Marie et des origenes de la Dévotion au cour de Jésus, Paris 1900.
BUDDEUS, Johann Franz, Institutiones theologiae dogmaticae, Leipzig 1723.
BUNYAN, John, The Pilgrim's Progress: From This World to That Which Is to Come, London 1800.
CALVIN, Johannes, Unterricht in der christlichen Religion/Institutio Christianae Religionis, nach der letzten Ausgabe übers. und bearb. v. Otto WEBER, Neukirchen-Vluyn ^{5}1988 (1955).
CHUBB, Parcival, The Conservative and Liberal Aspects of Ethical Religion, Philadelphia 1898.
CLARKE, James Freeman, Ten Great Religions, 1. Bd., London/Boston 1871; 2. Bd., London 1883.
CODRINGTON, Robert Henry, The Melanesians, Studies in Their Anthropology and Folklore, Oxford 1891.
COMTE, Auguste, Catéchism positiviste, Paris 1852.
- Cours de philosophie positive, 6 Bde., Paris 1830-1842.

- Discours sur l'Esprit Positif (1844)/Rede über den Geist des Positivismus, franz./dt., übers., eingel. u. hg. v. Iring FETSCHER, Hamburg 1957.
- Système de politique, ou traité de sociologie instituant la religion de l'humanité, 4 Bde., Paris 1851-1854.
- Catéchisme positiviste, ou sommaire exposition de la religion universelle, en onze entretiens systematiques entre une femme et un prêtre de l'humanité, Paris 1852.

DESJARDINS, Paul, Le Devoir présent, Paris 1892.
DEWEY, John, Ethical Principles Underlying Education, Chicago 1897.
- Ethics, New York 1908.
DILTHEY, Wilhelm, Einleitung in die Geisteswissenschaften, Gesammelte Schriften, hg. v. Bernhard GROETHUYSEN, Bd. I, Stuttgart 1959.
- Weltanschauungslehre. Abhandlungen zur Philosophie der Philosophie, Gesammelte Schriften, hg. v. Bernhard GROETHUYSEN, Bd. VIII, Stuttgart 1960.
DORNER, Isaak August, System der christlichen Glaubenslehre, Berlin 1879/81.
DROYSEN, Johann, Grundriß der Historik, Berlin 1862.
DRUMMOND, Henry, The Lowell Lectures on the Ascent of Man, New York 1894.
DURKHEIM, Emile, „De la définition des phénomènes religieux", Anée Sociologique 2 (1897/98), 1-28.
- „Examen critique des système classiues sur la pensée religiones", Revue Philosophique 63 (1909), 10-15.
- Les formes elémentaires de la vie religieuse, Paris 1912.
EDWARDS, Jonathan, Treatise Concerning Religious Affections, The Works of President Edwards, hg. v. Edward WILLIAMS/Edward PERSONS, Bd. IV, New York 1968.
FICHTE, Johann Gottlieb, „Reden an die deutsche Nation" (1808), in: Fichtes Werke, hg. v. Immanuel Hermann FICHTE, Bd. VII, Berlin 1971.
FRAZER, James G., The Golden Bough; A Study in Magic and Religion, 3 Bde., London/New York ^{2}1900.
- The Belief in Immortality, London 1913.
HARTMANN, Eduard v., Philosophie des Unbewußten. Versuch einer Weltanschauung, 3 Bde., Berlin 1869.
HOPKINS, Mark, An Outline Study of Man, New York 1873.
HOWITT, Alfred William, „The Native Tribes of South-East Australia", Folk-lore 17 (1906), 174-189.
HÜGEL, Friedrich von, The Mystical Elements of Religion As Studied in Saint Catharine of Genua, 2 Bde., London 1909.
HUME, David, Die Naturgeschichte der Religion, übers. u. hg. v. Lothar KRIEMENDAHL, Hamburg 1984.
HUSSERL, Edmund, Die Krisis der europäischen Wissenschaften und die transzendentale Phänomenologie. Eine Einleitung in die phänomenologische Philosophie, hg. v. Walter BIEMEL, Haag ^{2}1962.
JAMES, William, The Will to Believe, and Other Essays in Popular Philosophy (1897), The Works of W. James, hg. v. Frederick H. BURCKHARDT, Bd. 6, Cambridge/London 1979.
- Pragmatism and The Meaning of Truth (1907),Cambridge/London 1975.

- A Pluralistic Universe (1909), The Works of W. James, hg. v. Frederick H. BURCKHARDT, Bd. 4, Cambridge/London 1977.
- Essays in Religion and Morality, The Works of W. James, hg. v. Frederick H. BURCKHARDT, Bd. 9, Cambridge/London 1982.

KANT, Immanuel, Die Religion in den Grenzen der bloßen Vernunft (1793), hg. v. Karl VORLÄNDER, mit einer Einleitung v. Hermann NOACK, Hamburg 1978.

KIERKEGAARD, Sören, Gesammelte Schriften, aus dem Dänischen übertragen u. mit. wiss. Anm. vers. v. Emanuel HIRSCH u. a., Düsseldorf/Köln 1952ff.

KING, Irving, The Development of Religion, New York 1910.
- „The Relation of the Moral Ideal to Reality", International Journal of Ethics 22 (1911), 1-18.

LUTHER, Martin, Von den guten Werken (1520), Luthers Werke in Auswahl, hg. v. Otto CLEMEN, Berlin ^{6}1966f. (1912), Bd. I, 227-298.
- Das Magnificat verdeutscht und ausgelegt. 1520 und 1521, Cl II, 133-187.
- De servo arbitrio (1525), Cl III, 94-293.

LANG, Andrew, The Making of Religion, London/New York ^{2}1900.

MARETT, Robert Ranulph, The Threshold of Religion, London 1909.

MÜLLER, Friedrich Max, Lectures on the Science of Religion, New York 1872.

PAULSEN, Friedrich, Introduction to Philosophy, übers. v. Frank THILLY, mit einem Vorwort vers. v. William JAMES, New York 1895.

PEIRCE, Charles Sanders, Schriften zum Pragmatismus und Pragmatizismus, hg. v. Karl-Otto APEL, Frankfurt/M. 1991.
- Phänomen und Logik der Zeichen, hg. v. Helmut PAPE, Frankfurt/M. 1993.

PFISTER, Oskar, Analytische Seelsorge, Göttingen 1927.

ROMANES, George John, Mental Evolution in Animals, New York 1884.
- Mental Evolution in Man, New York 1889.

ROSENKRANZ, Karl, Hegel als deutscher Nationalphilosoph, Leipzig 1870.

ROUSSEAU, Jean-Jacques, Emile oder die Erziehung, dt. v. Ludwig SCHMIDTS, Paderborn u. a. ^{11}1993 (1971).

ROYCE, Josiah, The World and the Individual. Gifford Lectures Delivered before the University of Aberdeen, 2 Bde., New York 1899/1901.

SALTER, William M., Ethical Religion; Its Philosophical Basis; Its General Aims, Boston ^{3}1899.

SCHLEIERMACHER, Friedrich D. E., Über die Religion. Reden an die Gebildeten unter ihren Verächtern (Berlin 1799), hg. v. Hans-Joachim ROTHERT, Hamburg 1970.
- Grundlinien einer Kritik aller bisherigen Sittenlehre, in: F. Schleiermacher's sämmtliche Werke, 3. Abt. Bd. 1, Berlin 1846, 1-344.
- Der christliche Glaube nach den Grundsätzen der evangelischen Kirche im Zusammenhange dargestellt (2. Aufl., Berlin 1930), hg. v. Martin REDEKER, 2 Bde., Berlin 1960.
- „Über den Unterschied zwischen Naturgesez und Sittengesez", in: F. Schleiermacher's sämmtliche Werke, 3. Abt. Bd. 2, Berlin 1838, 397-417.

- Psychologie, aus Schleiermacher's handschriftlichem Nachlasse und nachgeschriebenen Vorlesungen hg. v. L. GEORGE, in: F. Schleiermacher's sämmtliche Werke, 3. Abt., Bd. 6, Berlin 1862.
SCHWEITZER, Albert, Geschichte der Leben-Jesu-Forschung (^{2}1913), Tübingen 1984.
SPENCER, Herbert, First Principles, London ^{3}1870 (1860-62).
- The Principles of Biology, London 1863-65.
- Education: Intellectual, Moral, and Physical, London/Edinburgh 1865.
- The Principles of Sociology, London 1870-72.
- Ecclesiastical Institutions: Being Part VI of the Principles of Sociology, London/Edinburgh 1885.
- The Principles of Ethics (New York 1897), 2 Bde., Indianapolis 1978.
SPENER, Philipp Jacob, Pia Desideria (1676), hg. v. Kurt ALAND, Berlin ^{3}1964.
- Der hochwichtige Articul von der Wiedergeburt, Franckfurt/M. ^{2}1715.
THOMAS V. AQUIN, Summa theologica, lat./dt., Die deutsche Thomas-Ausgabe, Salzburg 1933ff.
THURNEYSEN, Eduard, Die Lehre von der Seelsorge, München 1949.
TRENDELENBURG, Friedrich Adolf, Logische Untersuchungen, 2 Bde., ^{3}1879 (1840), Repr. Hildesheim 1964.
- Geschichte der Kategorienlehre, Berlin 1846, Repr. Hildesheim 1963.
- Über den letzten Unterschied der philosophischen Systeme, Berlin 1847, hg. v. Hermann GLOCKNER, Stuttgart 1949.
TYLOR, Edward Burnett, Primitive Culture; Researches into the Development of Mythology, Philosophy, Religion, Language, Art and Custom, Bd. 1, London ^{4}1903.
SULLY, James, Studies in Childhood, New York 1910.
WINTHROP, John, „A Modell of Christian Charity", in: The Heath Anthology of American Literature, hg. v. Paul LAUTER u. a., Bd. 1, Lexington/Mass. 1990, 198.

2. Literatur

ARGYLE, Michael/Benjamin BEIT-HALLAHMI, The Social Psychology of Religion, Boston 1975.
BARTH, Karl, Die protestantische Theologie im 19. Jahrhundert, Zürich 1946.
BENRATH, Gustav A., Art.: Erweckung/Erweckungsbewegungen, TRE, Bd. X, 205-220.
BURNHAM, John C., „Sigmund Freud and G. Stanley Hall: Exchange of Letters", Psychoanalytic Quaterly 29 (1960), 307-316.
BEIT-HALLAHMI, Benjamin, „Psychology of Religion 1880-1930: The Rise and Fall of a Psychological Movement", Journal of the History of the Behavioral Sciences 10 (1974), 84-90.
- „Curiosity, Doubt, and Devotion: The Belief of Psychologists and the Psychology of Religion", in: H. Newton MALONY (Hg.), Current Perspectives in the Psychology of Religion", Grand Rapids 1977, 381-391.
- Art.: Leuba, J. H., in: Encyclopedia of Religion, hg. v. Mircea ELLIADE, Bd. 8, New York/London 1986, 520.

- Art.: Starbuck, E. D., in: Encyclopedia of Religion, hg. v. Mircea ELLIADE, Bd. 14, New York/London 1986, 41f.
BÖCKER, Theodor, Die James-Langesche Gefühlstheorie in ihrer historischen Entwicklung, Diss. Leipzig 1911.
BOOTH, Howard J., „Pioneering Literature in the Psychology: A Reminder", Journal of Psychology and Theology 6 (1978), 46-53.
- Edwin Diller Starbuck. Pioneer in the Psychology of Religion, Washington D.C. 1981.
BORING, Edwin G., A History of Experimental Psychology, New York 1957.
CANIVEZ, André, „'Le Devoir présent' de Paul Desjardins et les réactions de Jules Lagneau", in: Anne HEURGON-DESJARDINS (Hg.), Paul Desjardins et les décades de Pontigny. Études, témoignages et documents inédits, Paris 1964, 48-76.
CAPPS, Daniel/Lewis RAMBO/Paul RANSOHOFF, Psychology of Religion. A Guide to Information Sources, Detroit/Michigan 1976.
CHADWICK, Henry, Augustin, Göttingen 1987.
CHIDSTER, Albert. J., „In What Year Was G. Stanley Hall Born?", School and Society 63 (1944), 420f.
CLARK, Walter H., The Psychology of Religion, New York 1958.
- „Review of 'Psychology of Religion.' By E. D. Starbuck", Philosophical Review 9 (1900), 554-556.
CURTI, Merle, The Social Ideas of American Educators, Littlefield 1959.
CUTTEN, George Barton, The Psychological Phenomena of Christianity, New York 1908.
ERIKSON, Erik H., Der junge Mann Luther. Eine psychoanalytische und historische Studie, München 1965.
FABER, Hermann, Das Wesen der Religionspsychologie und ihre Bedeutung für die Dogmatik, Tübingen 1913.
FAHLBUSCH, Erwin, Art.: Heilsordnung, ³EKL, Bd. 2, 471-475.
FINNER, Paul F., „Concerning the Centennial of G. Stanley Hall", School and Society 60 (1944), 30f.
FISCHER-APPELT, Peter, „Wilhelm Herrmann", in: Gestalten der Kirchengeschichte, hg. v. Martin GRESCHAT, Bd. 10,1, Stuttgart 1985, 59-69.
FISHER, Sara Carolyn, „The Psychological and Educational Work of Granville Stanley Hall", AJP 36 (1925), 1-52.
FRAAS, Hans-Jürgen, Die Religiosität des Menschen. Grundriß der Religionspsychologie, Göttingen 1990.
FROMM, Erich, Die Furcht vor der Freiheit, Frankfurt/M. u. a. 1983.
GEYSER, Josef, Lehrbuch der allgemeinen Psychologie, Bd. II: Das Bewußtseinsleben der menschlichen Seele, Münster 1920.
GRENSTEDT, Lawrence W., The Psychology of Religion, New York 1952.
GRINDER, Robert E., „The Concept of Adolescence in the Genetic Psychology of G. Stanley Hall", Child Development 40 (1969), 355-369.
GRÖNBAEK, Villiam, Nogle linier i religionspsykologiens udvikling. Edwin D. Starbuck og William James i religionspsykologiens historie of nutid, Lund 1974.

HARPER, Robert S., „The Laboratory of William James", Harvard Alumni Bulletin 52 (1948), 169f.
HEISIG, James W., Art.: Psychology of Religion, Encyclopedia of Religion, hg. v. Mircea ELIADE, Bd. 12, New York/London 1986, 57-66.
HENNING, Christian/Erich NESTLER, Religion und Religiosität. Bad Boller Beiträge zur Religionspsychologie, Frankfurt/M. 1998.
HERMS, Eilert, Radical Empiricism. Studien zur Psychologie, Metaphysik und Religionstheorie William James', Gütersloh 1977.
- „Nachwort", in: William JAMES, Die Vielfalt religiöser Erfahrung in ihrer Mannigfaltigkeit, übers. u. hg. v. Eilert HERMS, Olten 1979, 481-521.
- „William James: Freiheitserfahrung und wissenschaftliche Weltanschauung", in: Grundprobleme der großen Philosophen, hg. v. Josef SPECK, Bd. V, Göttingen 1991, 68-114.
- „Die Wirklichkeit des Glaubens", in: DERS., Offenbarung und Glaube, Tübingen 1992, 138-167.
- „Der religiöse Sinn der olympischen Idee", in: DERS., Sport. Partner der Kirche und Thema der Theologie, Hannover 1993, 25-46.
- „Theologie als Phänomenologie des christlichen Glaubens. Über den Sinn und die Tragweite dieses Verständnisses von Theologie", in: Marburger Jahrbuch Theologie VI. Phänomenologie. Über den Gegenstandsbezug der Dogmatik, hg. v. Wilfried HÄRLE/Reiner PREUL, Marburg 1994, 69-99.
HEURGON-DESJARDINS, Anne (Hg.), Paul Desjardins et les décades de Pontigny. Études, témoignages et documents inédits, Paris 1964.
HILTNER, Sewald, „The Psychological Understanding of Religion", in: Orlo STRUNK JR. (Hg.), Readings in the Psychology of Religion, New York 1959, 74-104.
HOCKING, William Ernest, „Note on Leuba's Theory of the Nature of the Mystic's Love of God", in: DERS., The Meaning of God in Human Experience. A Study of Religion, New Haven/London 1912.
HOLM, Nils G., Einführung in die Religionspsychologie, München/Basel 1990.
- „Historische Einführung", in: Religion und Religiosität. Bad Boller Beiträge zur Religionspsychologie, hg. v. Christian HENNING/Erich NESTLER, Frankfurt/M. 1998.
HOPKINS, P., „A Critical Survey of the Psychology of Religion", in: Orlo STRUNK JR. (Hg.), Readings in the Psychology of Religion, New York 1959, 46-61.
JOHNSON, Paul E., Psychology of Religion, New York 1959.
JONES, Canby, „Die Entwicklung des Quäkertums in Amerika", in: Die Quäker, hg. v. Richenda C. SCOTT, Stuttgart 1974, 22-62.
KÄHLER, Martin, Geschichte der protestantischen Dogmatik im 19. Jahrhundert, München 1962.
KATZ, Michael B., „The 'New Departure' in Quincy, 1873-1881: The Nature of Nineteenth Century Educational Reform", New England Quaterly (März 1967), 3-30.
- The Irony of Early School Reform: Educational Innovation in Mid-Nineteenth Century Massachusetts, Cambridge 1968.
KLEINSORGE, John Arnold, Beiträge zur Geschichte der Lehre vom Parallelismus der Individual- und Gesamtentwicklung, Jena 1900.

KÖBERLE, Adolf, Art.: Heilsordnung, RGG³, Bd. III, 189f.
KOELSCH, William A., Clark University 1887-1987. A Narrative History, Worcester/ Mass. 1987.
MALONY, H. Newton (Hg.), Current Perspectives in the Psychology of Religion, Grand Rapids 1977.
MANN, Ulrich, Einführung in die Religionspsychologie, Darmstadt 1973.
MARÉCHAL, Joseph, Studies in the Psychology of the Mystics, New York 1964.
MARQUARDT, Manfred, „Die Vorstellung des 'ordo salutis' in ihrer Funktion für die Lebensführung der Glaubenden", in: Marburger Jahrbuch Theologie III. Lebenserfahrung, hg. v. Wilfried HÄRLE/Reiner PREUL, Marburg 1990, 29-53.
MEISSNER, William W., Annoted Bibliography in Religion and Psychology, New York 1961.
MEYER, E., „Religionspsychologie und religiöse Erziehung", Monatsblätter für den Ev. Religionsunterricht 3 (1910), 206-218.
MIETH, Dietmar, „Meister Eckhart", in: Gestalten der Kirchengeschichte, hg. v. Martin GRESCHAT, Bd. 4, Stuttgart 1983, 124-154.
MÜLLER-POZZI, Heinz, Die Psychologie des Glaubens. Versuch einer Verhältnisbestimmung von Theologie und Psychologie, München 1975.
MURPHY, Gardner/Joseph K. KOVACH, Historical Introduction of Modern Psychology, New York u. a. ³1972 (1949).
MYERS, Gerald E., William James: His Life and Thought, New Haven/London 1986.
NORDENSKIÖLD, Erik, The History of Biology, New York 1928.
OATES, Wayne E., The Psychology of Religion, Waco/Texas 1973.
ODUM, Howard, „G. Stanley Hall", Journal of Social Forces 3 (1924), 139-146.
PERRY, Ralph Barton, The Thought and Character of William James, 2 Bde., Boston/Toronto 1935.
PFENNIGSDORF, Emil, Praktische Theologie. Ein Handbuch für die Gegenwart, Bd. 1, Gütersloh 1929.
PRATT, James Bisett, „The Psychology of Religion", Harvard Theological Review 1 (1908), 435-454, hier zitiert nach dem Wiederabdruck in: Orlo STRUNK JR. (Hg.), Readings in the Psychology of Religion, New York 1959, 17-31.
PREUL, Reiner, „Zur Bildungsaufgabe der Kirche", in: Marburger Jahrbuch Theologie VIII. Kirche, hg. v. Wilfried HÄRLE/Reiner PREUL, Marburg 1996, 121-138.
- Kirchentheorie, Berlin/New York 1997.
PRUETTE, Loraine, G. Stanley Hall: Biography of a Mind, New York 1926.
PRUYSER, Paul W., „Some Trends in the Psychology of Religion, in: Orlo STRUNK JR. (Hg.), The Psychology of Religion. Historical and Interpretative Readings, New York 1971, 99-116.
ROBACK, Abraham Aaron, History of American Psychology, New York 1952.
RÖSSLER, Dietrich, Grundriß der Praktischen Theologie, Berlin/New York 1986.
ROOS, Dorothy, G. Stanley Hall. The Psychologist As Prophet, Chicago/London 1972.
SANDBERGER, Jörg F., „David Friedrich Strauß", in: Gestalten der Kirchengeschichte, hg. v. Martin GRESCHAT, Bd. 9, 2, Stuttgart 1985, 20-32.
SANFORD, Edmund C., „G. Stanley Hall, 1846-1924", AJP 35 (1924), 313-321.

SCHARFENBERG, Joachim, Sigmund Freud und seine Religionskritik als Herausforderung für den christlichen Glauben, Göttingen 1968.
- Einführung in die Pastoralpsychologie, Göttingen ²1990.
SCHAUB, Edward L., „The Present Status of the Psychology of Religion", Journal of Religion 2 (1922), 362-379.
- „The Psychology of Religion in America during the Past Quater-Century", Journal of Religion 4 (1926), 113-134.
SCHMITZ, Edgar (Hg.), Religionspsychologie. Eine Bestandsaufnahme des gegenwärtigen Forschungsstandes, Göttingen u. a. 1992.
SCHNEIDER, Herbert Wallace, Religion in 20th Century America, Cambridge 1952.
- A History of American Philosophy, New York/London ²1963.
SCOTT, Richenda C. (Hg.), Die Quäker, (Die Kirchen der Welt, Bd. XIV, hg. v. Hans H. HARMS u. a.) Stuttgart 1974.
SEEBERG, Reinhold, Art.: Heilsordnung, ³RE, Bd. 7, 593-599.
SIMS, Nicholas A., „Glaube und Tat in der Quäkererfahrung", in: Die Quäker, hg. v. Richenda C. SCOTT, Stuttgart 1974, 22-62.
STARBUCK, Alexander, The History of Nantucket: County, Island and Town, Boston 1924.
STARBUCK, Maria Eliza, My House and I: A Chronical of Nantucket, Boston 1929.
STARBUCK JAMES, Flora (Hg.), A Genealogy of the Descendents of Samuel and Luzena Starbuck, Paola Alto/California 1962.
STEIGER, Johann A., Art.: ordo salutis, TRE, Bd. XXV, 371-376.
STENGLEIN-HEKTOR, Uwe, „Im Jagdgrund der Erlebnisleute. Bemerkungen zur Ablehnung der Religionspychologie in der Dialektischen Theologie", in: Religion und Religiosität. Bad Boller Beiträge zur Religionspsychologie, hg. v. Christian HENNING/Erich NESTLER, Frankfurt/M. 1998, 79-98.
STEPHAN, Horst/Martin SCHMIDT, Geschichte der deutschen evangelischen Theologie seit dem deutschen Idealismus, Berlin 1960.
STORY, William Edward/Louis N. WILSON, Clark University 1889-1899. Decennial Celebration, Worcester/Mass. 1899.
STRICKLAND, Charles E./Charles BURGESS (Hg.), Health, Growth, and Heredity in Natural Education, New York 1965.
STRUNK, Orlo Jr., „The Present Status of the Psychology of Religion", Journal of Bible and Religion 25 (1957), 287-292.
- (Hg.), Readings in the Psychology of Religion, New York 1959.
- (Hg.), The Psychology of Religion. Historical and Interpretative Readings, New York 1971.
- „Humanistic Religious Psychology: A New Chapter in the Psychology of Religion", in: H. Newton MALONY, Current Perspectives in the Psychology, Grand Rapids 1977, 27-35.
SWIFT, Fletcher H., „Sleuthing for the Birth Date of G. Stanley Hall", School and Society 63 (1946), 249-252.
TESLAAR, James Samuel van, „The Problems and the Present Status of Religious Psychology", Journal of Religious Psychology 7 (1914), 214-236.

THORNDIKE, Edward L., „The Newest Psychology", Educational Review 28 (1904), 217-227.
- „G. Stanley Hall, 1846-1924", National Academy of Sciences, Biographical Memories 12 (1928), 132-180.
TRILLHAAS, Wolfgang, Grundzüge der Religionspsychologie, München 1946.
- Art.: Religionspsychologie, RGG³, Bd. V, 1021-1025.
UREN, A. Rudolph, Recent Religious Psychology, New York 1928.
UTSCH, Michael, Religionspsychologie. Voraussetzungen, Grundlagen, Forschungsüberblick, Stuttgart u. a. 1998.
VERGOTE, Antoine, Religionspsychologie, Olten 1970.
VETTER, George B., Magic und Religion. Their Psychological Nature, Origin, and Function, New York 1958.
WATSON, Robert I., „A Brief History of Educational Psychology", Psychological Record 11 (1961), 209-246.
- The Great Psychologists from Aristotle to Freud, Philadelphia ²1968 (1963).
- /Harry C. LINDGREN, Psychology of the Child and Adolescents, New York/London ⁴1979 (1959).
WENGENROTH, Axel, Science of Man als Religionsphilosophie und Religionskritik bei David Hume und seinen Vorgängern, Frankfurt/M. 1997.
WHYTE, Lancelot Claw, The Unconscious before Freud, London 1979.
WILSON, Louis N., „List of Papers in the Field of Religious Psychology Presented at Clark University", in: Publications of the Clark University Library 2 (1911), 1-9.
- G. Stanley Hall: A Sketch, New York 1914.
WINCH, William Henry, „Review of G. Stanley Hall's 'Adolescence'", Mind 14 (1905), 259-264.
- „List of Papers in the Field of Religious Psychology Presented at Clark University", in: DERS. (Hg.), Publications of the Clark University Library 2 (1911), Worcester/Mass., 1-9.
WULFF, David M., Psychology of Religion. Classic and Contemporary Views, New York 1991.
WYSS, Dieter, Psychologie und Religion: Untersuchungen zur Ursprünglichkeit religiösen Erlebens, Würzburg 1991.
ZINSER, Hartmut, „Religionspsychologie", in: Handbuch der religionswissenschaftlichen Grundbegriffe, hg. v. Hubert CANCIK u. a., Bd. 1, Stuttgart 1988, 87-107.

Abkürzungsverzeichnis

ACL	G. S. HALL/u. a., Aspects of Child Life and Education, Boston 1907.
AGC	G. S. HALL, Aspects of German Culture, Boston 1881.
AJP	American Journal of Psychology
AP	G. S. HALL, Adolescence. Its Psychology and Its Relation to Physiology, Anthropology, Sociology, Sex, Crime, Religion and Education, 2 Bde., New York 1904.
BGI	J. H. LEUBA, The Belief in God and Immortality, Boston 1916.
BSLK	Die Bekenntnisschriften der evangelisch-lutherischen Kirche, Göttingen ^{10}1986.
CC	G. S. HALL, „The Contents of Children's Minds", Princeton Review 11 (1883), 249-272; hier zitiert nach ACL 1-52.
CE I-V	E. D. STARBUCK, „Child Education and Child Nature", Biblical World 30 (1907): „I. The Child-Consciousness and Human Progress", 30-38; „II. The Nature of Child Consciousness", 101-110; „III. The Method of Evolution of Consciousness and of Religion", 191-201; „IV. The Development of Spirituality", 352-360; „V. The Stages of Religious Consciousness", Biblical World 31 (1908), 101-112.
Cl	LUTHERs Werke in Auswahl, hg. v. Otto CLEMEN, Berlin ^{6}1966 (1912).
CPR I/II	E. D. STARBUCK, „Contribution to the Psychology of Religion: I. A Study of Conversion", AJP 8 (1897), 268-308; „II. Some Aspects of Religious Growth", AJP 9 (1897), 70-124.
EP	G. S. HALL, Educational Problems, 2 Bde., New York 1911.
EW	G. S. HALL, „The Education of the Will", Princeton Review 10 (1882), 306-325.
FMP	G. S. HALL, Founders of Modern Psychology, New York/London 1912.
FR	E. D. STARBUCK, „The Feelings and Their Place in Religion", JRP 1 (1904), 168-186.
GM	J. H. LEUBA, God or Man? A Study of the Value of God to Man, London 1934.
JP	G. S. HALL, Jesus, the Christ, in the Light of Psychology, New York/London 1917.
JRP	The American Journal of Religious Psychology and Education (1904-1911), Journal of Religious Psychology, Including Its Anthropological and Sociological Aspect (1912-1915).
LCP	G. S. HALL, Life and Confessions of a Psychologist, New York/London 1924.
LTD	E. D. STARBUCK, Look to This Day, assembled and edited by the STAFF OF THE INSTITUTE OF CHARACTER RESEARCH, University of Southern California 1945.

MPR	J. H. LEUBA, „The Making of a Psychologist", in: Vergilius FERM (Hg.), Religion in Transition, London 1937, 173-200.
MRT	G. S. HALL, „The Moral and Religious Training of Children", Princeton Review 10 (1882), 26-48.
MT	E. D. STARBUCK, „Moral Training in the Public Schools", in: Moral Training in the Public Schools (The California Prize Essays), Boston 1907, 89-121; hier zitiert nach LTD 157-178.
MY	J. H. LEUBA, The Psychology of Religious Mysticism, New York 1925.
NF	J. H. LEUBA, „National Destruction and Construction in France As Seen in Modern Literature and in the Neo-Christian Movement", AJP 5 (1893), 496-539.
ON	J. H. LEUBA, The Origin and the Nature of Religion, London 1909.
PCI	J. H. LEUBA, „The Psycho-Physiology of the Categorical Imperative", AJP 8 (1897), 528-559.
PP	W. JAMES, Principles of Psychology (1890), Cambridge/London 1983.
PR	E. D. STARBUCK, The Psychology of Religion. An Empirical Study of the Growth of Religious Consciousness, London 1899.
PS	Pedacogical Seminary
PSR	J. H. LEUBA, A Psychological Study of Religion, New York 1912.
RC	J. H. LEUBA, The Reformation of the Churches, hg. v. Clarence LEUBA, Boston 1950.
RP	G. S. HALL, Recreations of a Psychologist, New York 1920.
RUM	E. D. STARBUCK, „Religion's Use of Me", in: Vergilius FERM (Hg.), Religion in Transition, London 1937, 201-260.
SP	G. S. HALL, Senescence: The Last Half of Life, New York 1922.
SPR	J. H. LEUBA, „Studies in the Psychology of Religious Phenomena", AJP 7 (1896), 309-385.
VRE	W. JAMES, The Varieties of Religious Experience (1902), in: The Works of William James, hg. v. Frederick H. BURCKHARDT, Bd. 15, Cambridge/London 1985.